PAYS BASQUE
France, Espagne
et NAVARRE

Collection sous la responsabilité d'Anne Teffo

Ont contribué à l'élaboration de ce guide :

Édition	Amaury de Valroger
Rédaction	Alexandra Forterre, Ur Apalategi, Marie-Claude Berger, Iker Elosegi, Claude Labat, Pakea
Cartographie	Véronique Aissani, Fabienne Renard, Thierry Rocher, Géraldine Deplante, Cécile Lisiecki, Michèle Cana
Informations pratiques	www.insee.fr (chiffres population)
Conception graphique	Laurent Muller (couverture), Agence Rampazzo (maquette intérieure)
Relecture	Agnès Jeanjean
Régie publicitaire	michelin-cartesetguides-btob@fr.michelin.com
et partenariats	*Le contenu des pages de publicité insérées dans ce guide n'engage que la responsabilité des annonceurs.*
Remerciements	Équipe Guide Michelin, le Comité départemental du tourisme des Pyrénées-Atlantiques
Contacts	Michelin Cartes et Guides
	Le Guide Vert
	46, avenue de Breteuil 75324 Paris Cedex 07
	ℰ 01 45 66 12 34 – Fax : 01 45 66 13 75
	LeGuideVert@fr.michelin.com
	www.cartesetguides.michelin.fr
	www.viamichelin.com

Parution 2008

Le Guide Vert,
la culture en mouvement

Vous avez envie de bouger pendant vos vacances, le week-end ou simplement quelques heures pour changer d'air ? Le Guide Vert vous apporte des idées, des conseils et une connaissance récente, indispensable, de votre destination.

Tout d'abord, **sachez que tout change**. Toutes les informations pratiques du voyage évoluent rapidement : nouveaux hôtels et restaurants, nouveaux tarifs, nouvelles périodes d'ouverture… Le patrimoine aussi est en perpétuelle évolution, qu'il soit artistique, industriel ou artisanal… Des initiatives surgissent partout pour rénover, améliorer, surprendre, instruire, divertir. Même les lieux les plus connus innovent : nouveaux aménagements, nouvelles acquisitions ou animations, nouvelles découvertes enrichissent les circuits de visite.

Le Guide Vert **recense** et **présente ces changements** ; il réévalue en permanence le niveau d'intérêt de chaque curiosité afin de bien mesurer ce qui aujourd'hui vaut le voyage (distingué par ses fameuses 3 étoiles), mérite un détour (2 étoiles), est intéressant (1 étoile). Actualisation, sélection et appréciation sur le terrain sont les maîtres mots de la collection, afin que Le Guide Vert soit à chaque édition le reflet de la réalité touristique du moment.

Créé dès l'origine pour **faciliter et enrichir vos déplacements**, Le Guide Vert s'adresse encore aujourd'hui à tous ceux qui aiment connaître et comprendre ce qui fait l'identité d'une région. Simple, clair et facile à utiliser, il est aussi idéal pour voyager en famille. Le symbole 👫 signale tout ce qui est intéressant pour les enfants : zoos, parcs d'attractions, musées insolites, mais également animations pédagogiques pour découvrir les grands sites.

Ce guide vit pour vous et par vous. N'hésitez pas à nous faire part de vos remarques, suggestions ou découvertes ; elles viendront enrichir la prochaine édition de ce guide.

L'ÉQUIPE DU GUIDE VERT MICHELIN
LeGuideVert@fr.michelin.com

ORGANISER SON VOYAGE

COMPRENDRE LA RÉGION

SOMMAIRE

DÉCOUVRIR LES SITES

VILLES ET SITES

À l'intérieur du premier rabat de couverture, la **carte générale** intitulée « **Les plus beaux sites** » donne :

  une **vision synthétique** de tous les lieux traités ;
  les **sites étoilés** visibles en un coup d'œil ;
  les **circuits de découverte**, dessinés en vert, aux environs des destinations principales.

Dans la partie « **Découvrir les sites** » :

  les **destinations principales** sont classées par ordre alphabétique ;
  les **destinations moins importantes** leur sont rattachées sous les rubriques « Aux alentours » ou « Circuits de découverte » ;
  les **informations pratiques** sont présentées dans un encadré vert à la fin de chaque chapitre.

L'**index** permet de retrouver rapidement la description de chaque lieu.

Pelote basque (rebot).

OÙ ET QUAND PARTIR

Nos conseils de lieux de séjour

Bordée par l'océan Atlantique à l'ouest et au nord, traversée de nord-ouest en sud-est par le massif pyrénéen et limitée au sud par l'Èbre, la région a de multiples facettes : mer et montagne, ville et campagne. Tous les « pays » ont en commun une grande vitalité, ainsi qu'un profond attachement à leurs traditions. Si les équipements touristiques et de loisirs sont globalement plus développés au nord qu'au sud des Pyrénées, partout, la nature préservée, la richesse du patrimoine architectural, ainsi que la gastronomie, donnent leurs lettres de noblesse à ces régions. Plusieurs types de séjours sont envisageables, une fois que vous en aurez déterminé la durée (un week-end, une ou plusieurs semaines) et selon que vous opterez pour un lieu de résidence fixe, d'où vous rayonnerez dans la région choisie, ou pour des vacances itinérantes. Pour plus d'informations sur les types d'hébergement, les services de réservation, les adresses que nous avons retenues dans ce guide, reportez-vous au chapitre « S'y rendre et choisir ses adresses ».

LA CÔTE BASQUE

De Bayonne à Bilbao, la côte s'étale sur plus de 150 km, dont seulement une vingtaine côté Labourd.

C'est cependant cette portion qui offre une capacité d'accueil à la mesure de sa popularité. Hôtels, chambres d'hôte et campings ne manquent pas, mais **Biarritz**, **St-Jean-de-Luz** et **Hendaye** affichent toutefois complet en été. Il faut alors se reporter sur l'arrière-pays immédiat : **Ascain**, **Sare**, **St-Pée-sur-Nivelle**, **Ainhoa** et **Cambo**, voire au-delà, pour trouver un hébergement.

L'avantage, c'est de pouvoir alors profiter à la fois de la proximité de l'Océan et des montagnes pour pratiquer des sports marins comme le surf, à Anglet et Biarritz, et des activités de plein air telles que la randonnée, vers la Rhune entre autres, ou les descentes en eaux vives sur la Nive.

Côté Guipúzcoa et Biscaye, l'essentiel des hôtels, pensions et gîtes ruraux se concentrent sur le littoral et l'arrière-pays. La plupart des localités n'étant que des petits ports ou de gros bourgs, la capacité d'accueil est cependant limitée. Paradoxalement, il en va de même à **St-Sébastien**. Mais en prenant vos réservations assez tôt, vous n'aurez aucun problème pour aller surfer à **Fontarabie** et à **Mundaka**, lézarder à St-Sébastien ou **Zarrautz**, randonner du côté du **parc d'Urdaibai** et canoter à **Getxo**.

Grotte de la Chambre d'Amour à Anglet.

Stéphane Sauvignier / MICHELIN

LA NAVARRE

Entre Pyrénées à l'est, chaîne Cantabrique au nord et plaine de l'Èbre au sud, la Navarre offre une vaste gamme de paysages et de reliefs, qui appelle surtout le tourisme vert. Les possibilités de randonnée sont infinies entre la forêt d'**Iraty** dans les Pyrénées, les **Bardenas Reales** au sud, et les chemins de St-Jacques qui traversent la province depuis **Roncevaux** et **Sangüesa**. Chambres à la ferme, gîtes ruraux et pensions répondent sans problème à ce mode de vacances. Dans des villes comme **Pampelune** ou **Estella**, les hôtels constituent également de bonnes solutions.

SOULE ET BASSE-NAVARRE

St-Jean-Pied-de-Port, **St-Palais**, **Mauléon** et **Tardets** constituent les quatre pôles importants de la Basse-Navarre et de la Soule. Ils donnent accès à une foule de randonnées : vers la **forêt d'Iraty** pour St-Jean-Pied-de-Port, vers les **gorges de Kakuetta** et **Holçarté** pour Tardets, vers la **forêt des Arbailles** pour Mauléon. L'hébergement est sans doute plus dispersé que sur la côte, mais l'on peut trouver son bonheur aussi bien en chambres d'hôte qu'en hôtels. Pensez toutefois que St-Palais et St-Jean-Pied-de-Port sont sur la route de Compostelle, et qu'il peut y avoir pénurie de logement par l'afflux de pèlerins, notamment en été.

L'ÁLAVA

De même que la Navarre, l'Álava se prête bien au tourisme vert par la présence des parcs naturels de Gorbeia au nord, de Valderejo à l'ouest et d'Izki à l'est. Cependant, son plus grand atout réside dans les vignobles de la Rioja qui environnent **Labastida** et **Laguardia**. Le plus facile est encore de rayonner depuis la capitale, **Vitoria**, qui offre une bonne capacité d'accueil.

Nos propositions d'itinéraires

Si vous souhaitez visiter dans le détail un secteur limité mais marqué par une identité particulière, nous vous proposons ci-dessous des **itinéraires** qui regroupent les principales curiosités de la région.

N'oubliez pas de consulter également la **carte des plus beaux sites** (dans le rabat de la couverture) qui vous invitera sans doute à faire tel ou tel crochet en fonction de vos goûts.

L'ADOUR ET LA CÔTE LABOURDINE

▶ Circuit de 5 jours au départ de Bayonne

1ᵉʳ jour – Profitez de votre premier jour pour flâner dans **Bayonne**. Voyez la cathédrale Ste-Marie et son cloître, les ruelles pavées du vieux centre, avec les chocolatiers de la rue du Port-Neuf. L'après-midi, passez dans le petit Bayonne visiter le Musée basque ou le musée Bonnat. N'hésitez pas en fin de journée à prendre votre voiture pour profiter des plages d'Anglet.

2ᵉ jour – Remontez l'Adour, bordé de champs de kiwis, en suivant la D 261. À Urt, bifurquez vers le sud en direction de La **Bastide-Clairence** et de ses artisans. Partez ensuite au nord-est vers un autre village connu pour ses fabricants de chaises : Came. Vous reviendrez vers Bayonne en faisant un large détour au sud-ouest par les grottes d'Isturitz, avant la fameuse route impériale des Cimes qui se récupère après Hasparren.

3ᵉ jour – Le matin, arrêtez-vous à **Biarritz** pour profiter du point de vue depuis le rocher de la Vierge, visiter le musée de la Mer et déjeuner face aux vagues. Filez ensuite sur **Bidart** et ses plages tranquilles. Vous pourrez y faire une petite sieste avant d'aller à **St-Jean-de-Luz**, voir la maison de Louis XIV et savourer un apéritif bien mérité sur le port.

4ᵉ jour – Quittez la côte pour **Ascain**, petit village typique de l'arrière-pays labourdin où les maisons sont crépies de blanc et les volets peints. Ce sera le point de départ pour monter à **la Rhune** (soit à pied, auquel cas vous en aurez pour la journée AR, soit par le petit train). L'après-midi, redescendez vers **Hendaye** en vous arrêtant au passage à Urtubie visiter le château. À Hendaye même, vous pourrez voir celui d'Abbadie.

5ᵉ jour – Passez la frontière et roulez en direction de **Fontarabie**. Ne cédez pas à la tentation de faire une pause dans le petit centre historique et filez en direction de N.-D.-de-Guadalupe. Le sanctuaire sert de point de départ à divers sentiers de randonnées qui vous permettront de découvrir de beaux points de vue sur cette partie de la Côte basque. Redescendez ensuite vers l'Océan, au niveau du cap Higer, avant de regagner Fontarabie, ses ruelles aux pavés irréguliers, et surtout les bars à tapas du quartier des pêcheurs, si vivants en fin de journée et début de soirée.

Quartier de la cathédrale, Bayonne.

Stéphane Sauvignier / MICHELIN

ST-SÉBASTIEN ET SON PAYS

▶ Circuit de 4 jours au départ de St-Sébastien

1ᵉʳ jour – N'hésitez pas à profiter de cette journée pour lézarder sur la magnifique plage de la Concha, puis flâner dans le vieux Donostia, avant de monter sur le mont Urgull pour contempler la célèbre baie dont la forme parfaite rappelle celle d'un coquillage. La vue est encore plus belle de nuit… Inutile de dire que votre soirée sera consacrée à goûter les fameuses tapas de St-Sébastien, véritable régal pour les petits creux.

2ᵉ jour – Longez la côte vers l'ouest en direction de **Zarautz**. La station jouit d'une belle plage et conserve un vieux centre parsemé de quelques musées (entre autres de la photographie).

Prenez ensuite la direction d'**Azpeitia**, à l'intérieur des terres. Vous visiterez la demeure de saint Ignace de Loyola et la magnifique basilique baroque érigée par les jésuites à son intention. Dans la ville même, le musée du Chemin de fer vous transportera dans l'univers des gares et des trains, comme vous ne l'avez jamais vu.

3e jour – Reprenez la route en direction du sud-ouest et de Bergara. De là, vous rejoindrez **Oñati** et découvrirez ainsi un bourg guipúzcoan typique, avec ses « palais » aux façades austères et, surtout, son ancienne université. Un détour par le site d'**Arantzazu** pour admirer la basilique et vous filerez vers Zumarraga, bourg industriel sans grand intérêt sinon la proximité de l'église Santa María, à la très belle charpente apparente. Soyez pour le dîner à Tolosa.

4e jour – En matinée, faites donc le tour du vieux **Tolosa** et profitez de ses marchés si c'est un samedi. Vous pourrez y acheter de quoi faire un pique-nique avant de vous diriger en voiture vers Andoain, au nord, pour y rallier le chemin de randonnée qui suit la **rivière Leitzaran**. Il donne accès à de beaux paysages. Vous pourrez rejoindre St-Sébastien pour la fin de journée et y dîner. En hiver, privilégiez un repas dans l'une des cidreries qui parsèment l'arrière-pays, dans les alentours d'Hernani.

Bilbao.

Stéphane Sauvignier / MICHELIN

LA BISCAYE, ENTRE TERRE ET MER

▶ Circuit de 5 jours au départ de Bilbao

1er jour – Consacrez cette journée à la découverte de **Bilbao** : le matin, visite du centre historique, ascension jusqu'à la basilique de Begoña pour avoir une vue d'ensemble de la ville, petit tour au marché couvert et déjeuner dans l'un des nombreux bars à tapas du vieux quartier ; l'après-midi, découverte du musée Guggenheim et flânerie le long des berges réaménagées de la ría.

2e jour – Partez vers l'est en suivant la côte : d'abord **Getxo** et son pont transbordeur, puis les plages de Plentzia. Ralliez ensuite Armintza, puis Bakio : la route vous dévoilera de très belles vues sur l'Océan. Après **Bakio**, arrêtez-vous au sanctuaire de Gaztelugatxe battu par les flots. L'après-midi vous trouvera dans les environs de **Bermeo**, où vous pourrez visiter le musée des Pêcheurs avant de vous rendre à **Mundaka**, idéalement placé à l'embouchure de la très belle **ría de Guernica**. Pour découvrir celle-ci, remontez le fleuve jusqu'à Altamira d'où certains sentiers partent vers la **Réserve naturelle d'Urdaibai**.

3e jour – Ne quittez pas Guernica sans avoir visité le musée de la Paix et jeté un œil au célèbre chêne. Partez ensuite vers le sud en direction d'Amorebieta et bifurquez à l'est sur la BI 3231. Elle vous mènera au **balcon de Biscaye**. Ralliez ensuite la côte et le port de **Lekeitio**. Son quai sera tout indiqué pour profiter des produits de la mer avant de reprendre la route vers l'est et **Ondarroa**, dominé par son église. Prenez après la direction de **Markina-Xemein**. Au-delà de ce bourg se trouve le hameau de Bolibar et son musée dédié à l'homme d'État sud-américain. Passez voir la **collégiale de Cenarruza**, puis le village d'Elorrio parsemé de belles maisons blasonnées. Votre périple s'achèvera à **Durango**, où vous ne manquerez pas d'admirer l'église Sta María.

4e jour – Prévoyez de passer une bonne partie de cette journée en randonnée. Le **Parc naturel d'Urkiola** ne se trouve en effet qu'à quelques kilomètres au sud de Durango et il offre une occasion en or de découvrir la Biscaye verte. Le point de départ des itinéraires se situe au col d'Urkiola, repérable à son sanctuaire et à ses parkings. Plus loin vers le sud se trouve **Otxandio**, petit village typique avec son fronton, sa mairie à arcades et ses quelques demeures blasonnées. Au niveau du village, vous bifurquerez en direction de Bilbao que vous rejoindrez par la très jolie BI 2543.

5e jour – Cette dernière journée sera dédiée aux **Encartaciones**, région de collines et de tours fortifiées. Vous quitterez Bilbao en direction de Vitoria afin de rallier Llodio, puis Amurrio. Après ce bourg, vous suivrez l'A 624 qui vous permettra de rejoindre **Balmaseda**, capitale des Encartaciones. En chemin, faites un détour par Maroño et Quejana pour admirer la sierra de Aiara ou contempler le monastère-forteresse. À Balmaseda, flânez dans le cœur historique, voyez la forêt d'arches de l'hôtel de ville, l'office de tourisme installé dans une ancienne église, le pont médiéval et le musée consacré à l'histoire de la ville. Vous y apprendrez l'origine du chemin de croix vivant qui est reconstitué chaque année. L'après-midi, partez à la découverte de la **vallée de Karrantza**, plein ouest.

VITORIA ET LA RIOJA

▶ **Circuit de 4 jours au départ de Vitoria**

1er jour – Une journée à Vitoria vous permettra de découvrir un magnifique centre historique où cathédrale gothique et maisons médiévales le disputent aux églises gothico-baroques et aux palais blasonnés. Côté art et culture, la ville compte plusieurs musées, mais si vous deviez n'en voir qu'un, n'hésitez pas à choisir l'Artium. Son architecture et ses collections d'art moderne et contemporain contrastent de façon agréable avec l'ambiance de la vieille ville mitoyenne.

2e jour – De la route, vous en ferez pour atteindre le **saut du Nervión**, mais vous ne le regretterez pas en découvrant le splendide panorama qui se déploie sur le canyon de Delika et la chaîne Cantabrique ! Pour l'atteindre, vous devez passer par Murguia et Orduña. Le col d'Orduña franchi, vous serez en Castille et à deux pas du Nervión. Pour le retour, continuez votre route pour rejoindre l'Álava. L'A 625 vous mènera jusqu'au village d'Espejo où vous tournerez à gauche pour atteindre **Tuesta** et sa petite église au magnifique portail roman. Quelques kilomètres plus loin, les **salines d'Añana** conservent leurs anciens bassins de séchage au bois cassé. En suivant toujours à l'ouest l'A 2622, vous retrouverez le chemin de Vitoria.

3e jour – La **Rioja alavesa** est réputée pour ses vignobles, principalement concentrés autour de Labastida et de Laguardia, dans la plaine de l'Èbre. Prenez la direction de Madrid, via Miranda de Ebro, puis à la sortie 7, celle de Logroño. Une fois passé la chaîne Cantabrique, les paysages deviennent plus secs et l'horizon se couvre de champs et de vignes. À **Labastida**, l'office de tourisme propose des visites guidées de la ville et fournit des indications sur les meilleures *bodegas*. En fonction de votre curiosité et de votre envie de bons crus, vous arriverez plus ou moins tard à **Laguardia**. Ne courez pas et réservez-vous la visite de ses caves et de son centre historique pour le lendemain.

4e jour – Ne manquez pas de vous inscrire le matin à la visite guidée de l'église Santa María de los Reyes. C'est l'unique moyen de contempler son admirable portail gothique polychrome. Vous aurez ensuite le reste de la journée pour découvrir l'architecture très design de certaines *bodegas*, comme celle d'Ysios, toute proche de Laguardia, ou celle de Marqués de Risca à Elciego. Prenez ensuite la direction de Logroño pour rejoindre **Viana**, étape de pèlerinage sur la route de Compostelle. Son église abrite de très beaux retables. Par Aras, Cabredo, San Roman de Campezo (petit sanctuaire rupestre), vous traverserez le Parc naturel d'Izki et rejoindrez Vitoria.

Laguardia.

ENTRE IRATY ET ARBAILLES

▶ **Circuit de 4 jours au départ de St-Jean-Pied-de-Port**

1er jour – St-Jean-Pied-de-Port est le point de passage obligé pour qui veut rallier le chemin de St-Jacques-de-Compostelle. Le matin, découvrez donc son église, sa citadelle et sa rue principale bordée de maisons des 16e et 17e s. Prenez ensuite la direction de la frontière pour rejoindre l'**abbaye de Roncevaux**, une autre étape incontournable du « chemin des Français » vers Compostelle. Prenez le temps de la visiter. Après quoi vous suivrez la N 135 jusqu'à son intersection avec la NA 140 qui vous mènera plein est au cœur de la **vallée d'Aezkoa**. Tâchez d'atteindre Ochagavía, à l'autre bout de la vallée, avant le soir.

2e jour – **Ochagavía**, joli petit bourg en bordure d'Anduna, permet d'accéder aux principaux sentiers de la sierra de Abodi et de la **forêt d'Iraty**. Vous pourrez vous procurer toutes les informations nécessaires auprès de l'office de tourisme et partir ensuite pour la journée en randonnée vers N.-S. de las Nieves et le lac d'Irabakio.

3e jour – Quittez Ochagavía en direction d'Isaba. À quelques centaines de mètres du village est fléché le paisible sanctuaire de Muskilda. Faites-y une petite halte. Reprenez ensuite votre route. Après Izalzu, vous bifurquerez vers le col de Larrau pour passer côté français et rejoindre le village du même nom. Plus à l'est se trouvent les **crevasses d'Holçarté**, deuxième halte de votre journée. À moins que vous ne préfériez attendre, pour vous arrêter, les fameuses **gorges de Kakuetta**, encore plus à l'est.

À quelques kilomètres, un peu plus en hauteur et comme perdu au bout du monde, le hameau de **Ste-Engrâce** veille toujours sur sa petite église décorée de jolis chapiteaux. Pour la nuit, redescendez vers la « plaine » et Tardets, ou Mauléon.

4e jour – Consacrez votre matinée à découvrir les châteaux de **Mauléon**, cité connue dans tout le Pays basque et ailleurs pour ses espadrilles. Filez ensuite vers **Ordiarp** où vous pourrez apprécier tout le charme d'un bourg typiquement souletin avec ses maisons aux toits incurvés. En prenant ensuite la direction d'Ahusquy, vous pénétrerez dans la **forêt des Arbailles**, magnifique hêtraie que le panorama d'Ahusquy permet d'admirer en partie. Une source, autrefois réputée pour ses vertus curatives, jaillit sur ce sommet. La route, très belle, vous ramène à St-Jean-Pied-de-Port.

ARRIÈRE-PAYS ATLANTIQUE

▶ Circuit de 4 jours au départ de Cambo-les-Bains

1er jour – Cambo permet de rayonner sur tout l'arrière-pays basque. Mais avant de partir, prenez le temps de visiter la célèbre **villa Arnaga** de l'écrivain Edmond Rostand. Vous en apprécierez les généreux volumes intérieurs, la décoration boisée et colorée, les jardins à la française. Vous pouvez alors vous rendre à **Espelette**, capitale du piment. Les façades de ses maisons disparaissent à l'automne derrière les chapelets de piments. Une exposition dans l'ancien château-mairie raconte l'histoire et l'exploitation de ce condiment. Dans l'après-midi, vous filerez vers **Ainhoa**, avant de passer la frontière en direction de Zuggarramurdi, célèbre pour sa grotte des Sorcières.

2e jour – Commencez votre journée par la visite de la **grotte de Sare**. Le parcours constitue une bonne occasion de se plonger dans l'histoire et le folklore basques. Une petite halte à **Sare** vous plongera après dans l'atmosphère typique d'un village labourdin avec son fronton, son église et sa mairie. N'hésitez pas à faire un détour par la **maison Ortillopitz** : vous y découvrirez l'intérieur d'une maison traditionnelle et le mode de vie qu'elle impliquait. Prenez ensuite la direction de la frontière espagnole et de **Bera** pour remonter le cours de la Bidassoa jusqu'à **Doneztebe**. Vous découvrirez ainsi le territoire de l'ancienne confédération des Cinq villages (Etxalar, Arantza, Igantzi, Lesaka et Bera), répartis aujourd'hui de part et d'autre de la N 121A.

Ainhoa.

3e jour – Consacrez votre matinée à la découverte du **Parc naturel de Bertiz**. Vous aurez le choix entre une promenade dans le très beau jardin élaboré et planté par le dernier seigneur de Bertiz, et deux itinéraires balisés parcourant la forêt de chênes et de hêtres. L'accès s'effectue à Oronoz (à côté de la station-service). Ralliez ensuite St-Étienne-de-Baïgorry par la très jolie **vallée du Baztan** qui vous réservera quelques étapes pittoresques comme Elizondo et Erratzu. Au col d'Izpeguy, au niveau de la frontière, prenez le temps d'admirer la splendide vue sur la vallée.

4e jour – Une flânerie sur les bords de la Nivelle vous permettra de découvrir **St-Étienne-de-Baïgorry**, village typique disposé le long de sa rivière.

C'est le point de départ rêvé pour une excursion gourmande vers la **vallée des Aldudes**, réputée pour ses élevages de truites et ses excellentes charcuteries ; un passage s'impose également à **Irouléguy**, à l'est, connu pour son vignoble AOC.

Une fois ces expéditions alimentaires menées, vous pourrez reprendre la route le cœur léger et le coffre bien rempli en direction de Cambo, non sans vous arrêter au passage à **Itxassou**.

Nos idées de week-ends

Voici des propositions pour aller à l'essentiel et profiter pleinement d'une ville le temps d'une escapade.

BIARRITZ-ANGLET-BAYONNE (BAB)

En un week-end, vous aurez le temps de découvrir toute la trilogie en commençant par Bayonne.

Vous pouvez y aller en été au moment des fêtes de Bayonne, mais si vous souhaitez prendre le temps de vous initier à la culture et aux traditions régionales, préférez un week-end au printemps ou à l'automne.

Vous pourrez alors flâner paisiblement dans le vieux **Bayonne** piétonnier, concentré autour de la cathédrale. L'essentiel des commerces y ont élu domicile, dont certains traditionnels comme les boutiques de linge basque, un fabricant de *makhila*, et surtout, les chocolatiers, rue du Port-Neuf.

Vous pourrez ensuite déjeuner dans l'un des nombreux petits restaurants qui parsèment ces rues, disposées entre la place de la Liberté, la cathédrale et le quai du Commandant-Roquebert où se tient un marché le samedi matin. Vous n'aurez après qu'un pas à faire pour franchir la Nive et découvrir le Musée basque et de l'Histoire de Bayonne. Il vous dévoilera l'essentiel de la culture locale. Après une petite pause, et s'il vous reste du courage, faites un tour au musée Bonnat avant de prendre la direction d'**Anglet**, haut lieu du surf. Garez-vous au plus proche de l'eau et marchez sur la promenade aménagée le long des 11 plages. Elle vous mènera fatalement à la Chambre d'Amour ! Vous achèverez votre escapade iodée à la terrasse de l'un des nombreux cafés alignés face aux vagues et au soleil couchant.

Le lendemain sera consacré à la découverte de **Biarritz**. Flânez dans le vieux centre à la recherche des villas de prestige, marchez le long du front de mer pour atteindre le célèbre rocher de la Vierge, profitez des plages et visitez le musée de la Mer, qui vous révélera l'incroyable richesse du biotope du golfe de Gascogne.

SAINT-JEAN-DE-LUZ ET LA CORNICHE BASQUE

Une voiture vous sera indispensable pour découvrir St-Jean-de-Luz et la Corniche basque. Vous n'en aurez cependant pas besoin le samedi matin puisque vous consacrerez cette demi-journée à la visite de **St-Jean-de-Luz** : église St-Jean-Baptiste, maisons Louis XIV et de l'Infante, lèche-vitrine dans le petit centre piétonnier. Pour votre déjeuner, vous aurez l'embarras du choix dans le quartier du port.

L'après-midi, quittez la station pour vous diriger vers **Urrugne** (N 10) et rejoindre, un peu avant ce village, le **château d'Urtubie**. Après votre visite, revenez sur St-Jean-de-Luz et prenez la direction du nord pour découvrir le **musée Jean-Vier**. Vous aurez ensuite tout le loisir de vous détendre en ralliant St-Jean-de-Luz et sa plage. De là, vous pourrez suivre un sentier côtier qui offre de belles vues sur le littoral.

Dimanche, vous visiterez le port voisin de **Ciboure** avant de suivre la très belle route de la corniche qui vous mènera jusqu'à Hendaye. Là, vous trouverez de quoi vous sustenter et, s'il fait beau, vous pourrez profiter de sa belle plage avant de visiter le **château d'Antoine Abbadie** (visite libre uniquement pendant l'été).

Vous rejoindrez enfin St-Jean-de-Luz par l'intérieur des terres, en faisant un détour par **Ascain**, village labourdin traditionnel.

Surfeur allant affronter la vague à Biarritz.

Stéphane Sauvignier / MICHELIN

BILBAO

Un seul week-end à Bilbao permet de saisir tout le dynamisme de cette ville. Dès le samedi matin, plongez dans l'animation du quartier historique, encore très populaire. Boutiques et bars à tapas jalonnent les ruelles, qui débordent vite de monde. Vous retrouverez la même foule au marché couvert de Ribera, posté dans le vieux centre, en bordure de fleuve. L'endroit mérite le coup d'œil pour ses produits et son ambiance.

Les cafés et autres bars ne manquant pas dans le casco viejo (« vieille ville »), vous n'aurez aucun mal à trouver où vous restaurer avant de visiter le Musée diocésain ou le Musée basque. Ce dernier se trouve au pied des escaliers menant à la basilique de Begoña. L'ascension est récompensée par un point de vue dégagé sur la ville.

En redescendant par les jardins de l'Etxe-barria, vous aboutirez non loin de la plaza Nueva, où vous pourrez prendre un verre bien mérité, confortablement assis à une terrasse. Quant à votre soirée, passez-la dans ce même quartier de l'Arenal : les bonnes adresses ne manquent pas. Mais ménagez-vous, car le deuxième jour demandera de l'énergie avec la visite du musée Guggenheim.

Ce bâtiment géant symbolise le nouveau Bilbao. Tandis que le casco viejo s'endort le dimanche, ce site attire les foules. Vous y passerez bien plusieurs heures, parta-gées entre la découverte de son archi-tecture et celle de ses collections d'art contemporain. Vous pourrez ensuite flâner le long de la berge aménagée de façon futuriste, comme en témoignent les réverbères, les ascenseurs, le palais des congrès et le tramway. Ce dernier vous permettra de visualiser toute la transformation de l'ancien port de Bil-bao, sans vous fatiguer.

SAINT-SÉBASTIEN

Voilà une autre destination de week-end à privilégier aux beaux jours, et si pos-sible au mois d'août, lorsque la fête bat son plein. Il s'agit de la Semana Grande, du 8 au 15, dédiée à la Vierge. Cela donne lieu à toutes sortes de célébrations dont les spectaculaires feux d'artifice sur la baie de la Concha.

Si vous souhaitez plus de calme pour jouir du site exceptionnel de la ville, préférez un autre moment, de mai à octobre. Vous pourrez alors commencer votre séjour par une promenade dans le vieux centre : musée de San Telmo, basilique Sta María, plaza de la Constitución et ascension du mont Urgull pour jouir du magnifique panorama sur la baie.

Après la dégustation de quelques tapas ou d'un poisson frais près du port, pour-quoi ne pas aller visiter l'aquarium, puis embarquer pour faire un tour de l'île Santa Clara. Réservez la fin de votre journée pour du farniente bien mérité sur la plage de la Concha. Le soir, vous ne couperez pas à la tradition des tapas et des *pintxos*, réputés dans toute la péninsule Ibérique pour leur diversité et leur goût. La plupart des bars à tapas se trouvent dans le quartier historique.

Pour votre dimanche, si vous disposez d'une voiture, n'hésitez pas à sortir de la ville pour aller visiter le musée Chillida-Leku, grand maître de la sculpture contemporaine. L'après-midi, vous pro-fiterez encore des plages après vous être promené dans le quartier moderne qui borde le fleuve Urumea et fait l'excursion sur le mont Igueldo afin de contempler une dernière fois l'époustouflante vue sur la baie de St-Sébastien.

Pampelune.

PAMPELUNE

Très dynamique, la capitale navarraise se développe régulièrement et a bien restauré son cœur historique. S'il est une occasion à ne pas manquer pour visiter Pampelune, ce sont bien les fêtes de la St-Firmin organisées chaque année du 6 au 14 juillet ! Vous découvrirez alors la profondeur des traditions et le sens inné de la fête qui animent la capitale navarraise pendant ces quelques jours. L'affluence est telle qu'il vous faudra impérativement réserver votre héber-gement plusieurs mois à l'avance.

Cette précaution prise, vous n'aurez plus qu'à profiter pleinement de l'animation des rues : chorales, danses et *peñas* (échoppes-tavernes). Le 7 juillet, tous les notables et les habitants suivent la procession des reliques de St-Firmin. Chaque matin, un lâcher de taureaux a lieu. Les bêtes suivent un tracé précis de 800 m, appelé *encierro*, qui les mène directement aux arènes où elles combat-tront l'après-midi. Assister à l'un de leur combat est incontournable, mais il est en revanche déconseillé de participer aux lâchers de taureaux car il y a des blessés, parfois graves, chaque année.

Entre deux bières et quelques tapas, n'hésitez pas à visiter le Musée diocé-sain et à faire un tour à la citadelle pour profiter de ses pelouses…

oyota RAV 4.
e 4X4 qui ne fait pas toujours travailler ses 4 roues.

On n'a pas besoin de 4 roues motrices tous les jours. Équipé de la transmission intégrale intelligente, le RAV 4 passe automatiquement de 2 à 4 roues motrices en fonction du terrain et des conditions climatiques. Ainsi vous consommez moins (6,6 L/km en cycle mixte) en gardant 4 roues motrices disponibles à tout moment.

TODAY **TOMORROW TOYOTA**

Aujourd'hui, demain.

Les atouts de la région au fil des saisons

Pays basque et Navarre se caractérisent par deux types de climat. Le premier, océanique, apporte douceur et humidité aux régions côtières du Labourd, de Guipúzcoa et de Biscaye, ainsi qu'à la Basse-Navarre et à la Soule. Mais l'Álava et la Navarre sont terres de transition. Passé la barrière montagneuse cantabrique, le climat se fait plus continental au fur et à mesure que la plaine de l'Èbre se profile. Enfin, les terroirs rattachés aux Pyrénées offrent un dernier type climatique, montagneux celui-là, alliant à la fois fraîcheur et forts contrastes de températures.

L'hiver

Sur la côte, l'hiver est plutôt doux, mais attention aux sautes d'humeur de l'Océan qui peut s'emballer lors de grosses tempêtes… C'est l'époque idéale pour découvrir les Pyrénées sous la neige et skier du côté de la forêt d'Iraty. Vous l'aurez compris, ne vous séparez pas de votre ciré sur la côte, et de votre doudoune dans les terres. Attention : en dehors des grandes villes, beaucoup de sites et de musées sont fermés en hiver.

Quel temps pour demain ?

Les services téléphoniques de **Météo France**. Taper 3250 suivi de :

1 : Toutes les prévisions météo départementales jusqu'à 7 jours (DOM-TOM compris).
2 : La météo de votre commune.
3 : La météo de la mer, des plages et des activités nautiques.
4 : La météo de vos sorties en montagne.
5 : La météo des routes.
6 : La météo de vos voyages. Accès direct aux prévisions du département : ☎ 0 892 680 2 (suivi du numéro du département, 0,34 €/mn). www.meteo.fr

Le printemps

Les températures deviennent douces et, à St-Sébastien comme à Bilbao, on peut vite avoir l'impression d'être en été. Mais n'oubliez pas votre imperméable, car les pluies sont fréquentes, sur le littoral comme à l'intérieur des terres. En Álava et en Navarre, le temps se montre moins clément, les températures pouvant être fraîches.

Cette saison n'en réserve pas moins des paysages magnifiques et lumineux, à l'impressionnante palette de verts : vert tendre du blé en herbe, vert lumineux des forêts de hêtres et de chênes, vert foncé des conifères pyrénéens…

En montagne, soyez prudent, car les nuages s'accrochent facilement aux sommets et traînent dans les vallées. Il peut aussi neiger et vous pourrez fort bien trouver le col de Larrau fermé au mois d'avril par exemple. Les années particulièrement pluvieuses et froides réservent ainsi de la neige par endroits jusqu'au mois de mai !

En dépit de ces aléas climatiques, le printemps reste une saison de prédilection pour découvrir les sommets basques. Ils offrent en effet tous les stades de floraison, depuis les bourgeons des feuillus à la base jusqu'à la fine pellicule neigeuse qui recouvre les pics.

L'été

La réputation du Pays basque voudrait qu'il plût tout le temps, mais la réalité ménage heureusement de très belles périodes ensoleillées, parfois troublées dans l'arrière-pays par des orages subits. Les températures grimpent alors très vite. Au sud de la Navarre et de l'Álava, l'atmosphère peut même se révéler étouffante. Si vous partez en randonnée ou sur le chemin de St-Jacques-de-Compostelle, pensez à emporter un couvre-chef et de quoi vous hydrater régulièrement.

Sinon, la saison touristique bat son plein et vous n'avez que l'embarras du choix pour les activités de plein air : surf, voile, kayak, cyclisme, promenades et treks… Se dorer à la plage reste bien sûr l'option la plus recherchée !

Pour éventuellement échapper à la foule de la côte, n'hésitez pas à partir en excursion à l'intérieur des terres : les paysages verdoyants des collines ne laissent pas de surprendre et de rafraîchir.

L'automne

Les chênaies et hêtraies des forêts d'Iraty, des Arbailles ou de la chaîne Cantabrique se couvrent des plus belles couleurs cuivrées et dorées. C'est l'époque où cèpes et girolles se ramassent à la pelle, alimentant une gastronomie dont la réputation n'est plus à faire. L'imperméable et les chaussures de pluie s'imposent certes, mais plutôt par précaution, car l'arrière-saison peut être très belle.

Un programme d'automne au Pays basque pourrait se décliner comme suit : surf ou promenade sur la plage, randonnées en montagne, cueillettes, bonnes tables et calendrier festif bien rempli *(voir la rubrique « Fêtes et festivals »)*.

S'Y RENDRE ET CHOISIR SES ADRESSES

Où s'informer avant de partir

LES ADRESSES UTILES

Ceux qui aiment préparer leur voyage dans le détail peuvent rassembler la documentation nécessaire auprès des professionnels du tourisme de la région qui disposent de documentations très complètes.

Outre les adresses indiquées ci-dessous, sachez que les coordonnées des offices de tourisme ou syndicats d'initiative des villes et sites décrits dans ce guide sont données systématiquement dans l'**encadré pratique** des villes et sites, sous la rubrique « Adresses utiles ».

Comités du tourisme

Comité régional du tourisme d'Aquitaine – Cité Mondiale - 23 parvis des Chartrons - 33074 Bordeaux Cedex - ✆ 05 56 01 70 00 - www.tourisme-aquitaine.fr

Office espagnol du tourisme – 43 r. Descamps - 75016 Paris - ✆ 01 45 03 82 50 - www.spain.info/fr

Comité départemental du tourisme Béarn Pays basque – 4 allée des Platanes - 64100 Bayonne - ✆ 0 820 054 064 (0,118 €/mn) - www.tourisme64.com

Au programme du Guide des loisirs en Béarn et Pays basque : culture et art de vivre, nature, eau, glisse et sports.

Euskadi – www.euskadi.net. Le gouvernement autonome du Pays basque publie plusieurs brochures très bien conçues sur les différents types d'hébergement, la gastronomie, les parcs naturels et les randonnées. Elles sont disponibles en plusieurs langues dans tous les offices de tourisme. N'hésitez donc pas à demander :
le *Guide des petits hôtels et hébergements en milieu rural* ; le *Guide de l'hébergement au Pays basque* ; celui de la *Gastronomie* ; le *Voir, Visiter et Connaître* ; les *Deux chemins pour Compostelle* ; *Randonnée au Pays basque*, *Fêtes et traditions* et enfin, celui portant sur les *Espaces naturels*.

Département de tourisme du gouvernement de Navarre – Parque Tomas-Caballero, 1-4 - Edificio Fuerte del Principe - 31005 Pamplona - ✆ 948 206 540 - www.navarra.es

De son côté, le **gouvernement navarrais** propose une série de brochures très bien détaillées présentant tous les sites dignes d'intérêt de la région (villes, monuments, sites naturels).

Il diffuse également un livret assez complet de tous les hébergements de la province.

Pierre d'Ascain.

Stéphane Sauvignier / MICHELIN

Maison de pays

Maison des Pyrénées-Atlantiques – 20 av. de l'Opéra - 75001 Paris - ✆ 01 53 45 94 64.

Programmation culturelle

Institut culturel basque – Château Lota - 64480 Ustaritz - ✆ 05 59 93 25 25 - www.eke.org

Maison basque de Paris – 59 av. Gabriel-Péri - 93400 St-Ouen - ✆ 01 40 10 11 11. Lieu de rencontre et de réunion pour la communauté basque de Paris, cette adresse propose activités et animations en accord avec le calendrier et la culture basques.

Renseignements sur Internet

Outres les sites précédents, voici quelques adresses où vous trouverez de multiples informations :
www.cotebasque.com
www.turismopaisvasco.com
www.paisvascoturismo.net
www.turismonavarra.com
www.navarra.net/turismo
www.alavaincoming.com
www.bizkaia.net
www.gipuzkoa.net
www.terre-basque.com
www.basquexplorer.com

TOURISME DES PERSONNES HANDICAPÉES

Un certain nombre de curiosités décrites dans ce guide sont accessibles aux personnes à **mobilité réduite** ; elles sont signalées par le symbole &. Le degré d'accessibilité et les conditions d'accueil variant toutefois d'un site à l'autre, il est recommandé d'appeler avant tout déplacement.

Accessibilité des infrastructures touristiques

Lancé en 2001, le **label national Tourisme et Handicap** est délivré en fonction de l'accessibilité des équipements touristiques et de loisirs au regard des quatre grands handicaps : auditif, mental, moteur ou visuel. À ce jour, un millier de sites labellisés (hébergement, restauration, musées, équipements sportifs, salles de spectacles, etc.) ont été répertoriés en France. Vous pourrez en consulter la liste sur le site Internet de Maison de France : **www.franceguide.com**

Le magazine *Faire Face* publie chaque année, à l'intention des personnes en situation de handicap moteur, un hors-série intitulé *Guide vacances*. Cette sélection de lieux et offres de loisirs est disponible sur demande (4,70 €, frais de port non compris) auprès de l'**Association des paralysés de France** : APF - 17 bd Auguste-Blanqui - 75013 Paris - ☎ 01 40 78 69 00 - www.apf.asso.fr - faire-face@apf.asso.fr

Pour de plus amples renseignements au sujet de l'accessibilité des musées aux personnes atteintes de handicaps moteurs ou sensoriels, consultez le site **http://museofile.culture.fr**, qui répertorie nombre de musées français.

Association Handiplage – 39 r. des Faures - 64100 Bayonne - ☎ 05 59 59 24 21 - www.handiplage.fr. Cette association sensibilise les municipalités pour qu'elles facilitent l'accès des plages aux handicapés (places de parking, pose de caillebotis sur les plages, w.c. et douches accessibles, équipements pour se baigner). De plus en plus de plages sont équipées, notamment à Hendaye, St-Jean-de-Luz, Bidart, Anglet, Ciboure, Biarritz.

Handiplage édite aussi un guide touristique *Handi Long*, avec plus de 300 adresses, coups de cœur, bons plans et multiples renseignements nécessaires à un public handicapé. On y découvre des informations détaillées sur les activités de loisirs accessibles, sites touristiques ainsi que les plages aménagées pour les personnes à mobilité réduite.

En Espagne – Informations auprès du Centre de prévention et d'aide aux personnes handicapées - C/Sebastián Herrera, 15 - 28012 Madrid - ☎ 915 068 918/919 - www.fundaciononce.es

Accessibilité des transports

Train – Disponible gratuitement dans les gares et boutiques SNCF ou sur le site www.voyages-sncf.com, le *Mémento du voyageur handicapé* donne des renseignements sur l'assistance à l'embarquement et au débarquement, la réservation de places spéciales, etc. À retenir, le numéro Vert SNCF Accessibilité Service (7j/7, 24h/24) : ☎ 0 800 15 47 53.

Pour vous aider dans vos déplacements, la SNCF a mis en place le service **Accès Plus**. ☎ 0 890 640 650 (0,11€/mn) - www.accessibilite.sncf.com

Avion – **Air France** propose aux personnes handicapées le service d'assistance Saphir, avec un numéro spécial : ☎ 0 820 012 424. Consulter le site www.airfrance.fr

Iberia met à la disposition de ses usagers à mobilité réduite une assistance et une prise en charge allant jusqu'à l'installation dans l'avion. Renseignements auprès d'Iberia : ☎ 0 825 800 965.

ESPAGNE PRATIQUE

Pour définir l'itinéraire entre votre point de départ en France et votre destination en Espagne, consultez les **cartes Michelin** National n° 722 et Région n° 573.

Sachez que la vitesse est limitée à 50 km/h dans les villes et agglomérations, à 90 km/h sur le réseau courant, à 100 km/h sur les routes nationales et à 120 km/h sur les autoroutes et voies rapides. Le port de la ceinture de sécurité est obligatoire.

Formalités d'entrée

Pièces d'identité – La carte nationale d'identité en cours de validité ou le passeport (même périmé depuis moins de 5 ans) sont valables pour les ressortissants des pays de l'Union européenne, d'Andorre, du Liechtenstein, de Monaco et de Suisse.

Santé – Numéro d'urgence unique : le **112**. Les ressortissants de l'Union européenne bénéficient de la gratuité des soins avec la **carte européenne d'Assurance maladie**. Comptez un délai d'au moins deux semaines (fabrication et envoi par la poste) pour l'obtenir auprès de votre caisse d'assurance maladie. Elle est nominative et individuelle ; chaque membre d'une même famille doit en posséder une, y compris les enfants de moins de 16 ans.

cangues

oure

t-Jean-Pied-de-Port

Pierre & Vacances

se redécouvrir

Pays Basque
Résidences Pierre & Vacances

Parce que les week-ends et les vacances sont des moments précieux pour se redécouvrir avec ceux qui comptent vraiment, les résidences Pierre & Vacances d'Arcangues, Biarritz, Bordaberry, Ciboure et Saint-Jean-Pied-de-Port, vous attendent dans un cadre privilégié pour savourer le bonheur d'être réuni.

Les appartements, agréablement décorés et entièrement équipés, offrent un cadre de vie confortable où l'intimité et le rythme de chacun sont préservés. Bien situées, les résidences Pierre & Vacances seront un point de départ idéal pour partir à la découverte du Pays Basque et vivre des moments inoubliables, en famille comme entre amis !

information et réservation **0 891 70 10 48***
(*0,225 €/min en France métropolitaine) **www.pierreetvacances.com**

Véhicules – Pour le conducteur : permis de conduire à trois volets ou permis international. Le conducteur doit être en possession d'une autorisation écrite du propriétaire, si celui-ci n'est pas dans la voiture. Outre les papiers du véhicule, il est nécessaire de posséder la carte verte d'assurance.

Pensez également à vous munir de deux **triangles de signalisation** et d'un **gilet fluorescent**, obligatoires en cas de panne.

Animaux domestiques – Pour les chats et les chiens, un certificat de vaccination antirabique de moins d'un an, un certificat de bonne santé (de moins de 10 jours) et un carnet de santé à jour sont exigés.

Argent

L'Espagne a adopté l'euro depuis 2002. Les chèques sont peu utilisés, mais les chèques de voyage et les principales cartes de crédit internationales sont acceptées dans presque tous les commerces, hôtels, restaurants et par les distributeurs de billets.

Horaires

Les horaires sont assez différents de ceux pratiqués en France. À titre indicatif : déjeuner 13h30-15h30, dîner 21h-23h.

Bureaux de poste – 9h-14h. Les bureaux principaux dans les grandes villes restent ouverts 24h/24.

Banques – En général 9h-14h les jours de semaine. En été, elles sont fermées le samedi.

Magasins – Généralement 9h30 ou 10h-13h30 et 16h30-20h ou 20h30. Cependant, de plus en plus de commerces restent ouverts le midi et même le samedi après-midi. Ils sont fermés le dimanche. En été, dans les régions touristiques, il n'est pas rare de trouver des commerces ouverts jusqu'à 22h ou 23h.

Pharmacies – Généralement 9h30-14h et 16h30-20h. Service de garde assuré la nuit, les dimanches et jours fériés. La liste des établissements de garde est affichée en vitrine des pharmacies.

Sites touristiques – Les horaires sont variables, mais ils ouvrent souvent de 10h à 13h et de 16h à 19h.

Poste - télécommunications

Courrier – Les bureaux de poste sont signalés par le nom *Correos*. Les timbres *(sellos)* sont également en vente dans les bureaux de tabac *(estancos)*.

Téléphone – Pour appeler la France depuis l'Espagne, composer le 00, suivi du 33 et du numéro du correspondant (9 chiffres). De la France vers l'Espagne, composer le 00, suivi du 34 et du numéro de l'abonné (9 chiffres).

Les cartes téléphoniques *(tarjetas telefónicas)* sont en vente dans les bureaux de poste et dans les *estancos*.

Transports

PAR LA ROUTE

Les grands axes

Plusieurs autoroutes convergent vers l'Aquitaine : A 10 (Paris-Bordeaux), A 62 (Toulouse-Bordeaux), A 63 (Bordeaux-Bayonne), A 64 (Toulouse-Pau). Le passage sur l'Espagne se fait par Irún.

Informations autoroutières

3 r. Edmond-Valentin - 75007 Paris - www.autoroutes.fr - ☎ 0 892 681 077.

Les cartes Michelin

Les cartes **Départements** (avec index des localités et plans des préfectures) ont été conçues pour ceux qui aiment prendre le temps de découvrir une zone géographique réduite lors de leurs déplacements en voiture. Pour ce guide, procurez-vous la carte Michelin **Départements 342** (Hautes-Pyrénées, Pyrénées-Atlantiques).

Borne routière de la province d'Álava.

Vous pouvez également consulter la carte **Région 573** (Pays basque et Navarre) au 1/250 000, avec index des localités et plan des principales villes (St-Sébastien, Bilbao, Vitoria et Pampelune). Elle couvre le réseau routier secondaire et donne de nombreuses indications touristiques. Pratique lorsque l'on aborde un vaste territoire ou pour relier des villes distantes de plus de cent kilomètres. Enfin, n'oubliez pas, la **carte de France n° 721** et la **carte d'Espagne-Portugal n° 734** qui offrent une vue d'ensemble des grandes voies permettant d'accéder à ces provinces, des deux côtés de la frontière.

DISTANCE ENTRE LES PRINCIPALES VILLES					
	Bayonne	Bilbao	Pampelune	St-Sébastien	Vitoria-Gasteiz
Bayonne	-	150	112	55	162
Bilbao	150	-	156	99	65
Pampelune	112	156	-	82	94
St-Sébastien	55	99	82	-	111
Vitoria-Gasteiz	162	65	94	111	-

Les informations sur Internet

Le site **www.ViaMichelin.fr** offre une multitude de services et d'informations pratiques d'aide à la mobilité (calcul d'itinéraires, cartographie : des cartes pays aux plans de villes, sélection des hôtels et restaurants du Guide Michelin France, etc.) sur la France et d'autres pays d'Europe.

EN TRAIN

Grandes lignes

Le **TGV** relie Paris à Bayonne en 5h environ. C'est la seule liaison directe. Les autres liaisons ont un changement et se font en partie en train Corail.
Pour aller jusqu'à St-Sébastien, Bilbao, Vitoria ou Pampelune en train, le trajet Paris-Irún existe en TGV. La RENFE prend ensuite le relais.
Le train *Francisco de Goya* fait le trajet de nuit Paris-Madrid via Vitoria. www.elipsos.com

Informations et réservations

SNCF – Ligne directe : ☎ 3635 (0,34 €/mn) - 3615 SNCF - www.voyages-sncf.com
Iberail France (représentation des chemins de fer espagnols « RENFE ») - 57 r. de la Chaussée-d'Antin - 75009 Paris - ☎ 01 40 82 63 60 - www.renfe.es

Trains express régionaux

Les **TER** sillonnent la région au départ de Bayonne, direction Biarritz, Hendaye, Cambo-les-Bains, Ossès et St-Jean-Pied-de-Port. Ces lignes ferroviaires sont renforcées, dans certains cas doublées, par des lignes d'**autocars** (TER).

Informations et réservations sur le réseau régional

Ligne directe : ☎ 3635 (0,34 €/mn) - www.ter-sncf.com/aquitaine

Les bons plans

Les tarifs de la SNCF varient selon les périodes : –50 % en période **bleue**, –25 % en période **blanche**, plein tarif en période **rouge** (*calendriers disponibles dans les gares et boutiques SNCF*).

👁 **Bon à savoir** – L'échange ou le remboursement de billets se fait gratuitement jusqu'à la veille du départ. Le jour même du départ, une retenue est imposée par personne et par trajet. Au-delà de cette date, tout échange ou remboursement est désormais impossible et le billet est perdu. Cette condition s'applique à tous les usagers, titulaires de cartes ou non.

Les cartes de réduction

En vente dans les gares et boutiques SNCF, elles sont valables un an et vous garantissent, dans la limite des places disponibles, des réductions de 25 % à 60 % par rapport à des billets plein tarif. Vous bénéficiez par ailleurs d'un système de cumul de points fidélité vous permettant de gagner des billets.
– **Carte Enfant**[+] : destinée aux enfants de moins de 12 ans et leurs accompagnateurs. 📞 www.enfantplus-sncf.com.
– **Carte 12-25** : pour les 12-25 ans. 📞 www.12-25-sncf.com.
– **Carte Senior** : à partir de 60 ans. 📞 www.senior-sncf.com.
– **Carte Escapades** : permet aux 26-59 ans d'obtenir des réductions sur tout aller-retour de 200 km minimum effectué le samedi ou le dimanche, avec au choix l'aller-retour dans la même journée, ou la nuit du samedi au dimanche passée sur place et le retour effectué le dimanche. 📞 www.escapades-sncf.com.

Tarifs particuliers

Les familles ayant au minimum 3 enfants mineurs peuvent bénéficier d'une **Carte famille nombreuse** (*18 € pour le paiement des frais de dossier*) permettant une réduction individuelle de 30 à 75 % selon le nombre d'enfants (la réduction est toujours calculée sur le prix plein tarif de 2e classe, même si la carte permet de voyager en 1re). Elle ouvre droit à d'autres réductions hors SNCF. 📞 Kit « Familles nombreuses » disponible sur www.voyages-sncf.com ou dans les points de vente SNCF.

Les réductions sans carte

Les usagers ne disposant d'aucune carte d'abonnement peuvent toutefois bénéficier de certaines réductions tarifaires :

– **Billets Prem's** : ni échangeables ni remboursables, ces billets s'achètent uniquement en ligne à des tarifs avantageux (aller simple en TGV à partir de 22 €), pourvu que vous réserviez jusqu'à 90 jours avant votre départ ou hors des périodes d'affluence.

☝ Découvrez sur www.voyages-sncf.com les offres spéciales et bons plans du Net, et demandez à créer une **Alerte résa** pour être informé par mail ou sms des places disponibles sur la destination de votre choix.

– **Offre Loisir :** valable pour tous, sans limite d'âge, cette nouvelle façon de concevoir le voyage récompense clairement l'anticipation de l'achat : plus l'usager réserve à l'avance, meilleurs seront les prix. En fonction de la date de réservation et du taux de remplissage du train, le billet pourra ainsi aller du plein tarif à une réduction de 70 %.

Les réductions de la RENFE

La RENFE propose d'office 20 % de réduction sur tous les trajets nationaux. Sur présentation d'une pièce d'identité ou de toute autre preuve, les enfants de –12 ans ont droit à des réductions allant jusqu'à 40 %.

EN AVION

La région, dotée de plusieurs aéroports, est reliée à de nombreuses villes françaises, espagnoles et européennes (Londres, Paris, Madrid, Lyon, Clermont-Ferrand, Barcelone).

Les trajets sont journaliers, aussi bien sur Iberia que sur Air France. Si les prix commencent vers 200/250 € pour des vols vers Biarritz ou Bilbao (depuis Paris), ils sont plus chers pour les vols transfrontaliers (rarement directs) en direction des autres aéroports basques et navarrais (à partir de 500 €). Certains voyagistes proposent cependant des prix et des promotions.

Les compagnies aériennes

Air France – La compagnie dessert les aéroports de Biarritz et de Bilbao. Renseignements et réservations : ✆ 3654 - www.airfrance.fr

Régional Compagnie aérienne européenne – Cette filiale d'Air France assure les liaisons vers l'aéroport de Biarritz - ✆ 3654 - www.regional.com

Iberia – Cette compagnie dessert les trois aéroports du Pays basque espagnol et celui de Pampelune. Renseignements et réservations : ✆ 0 825 800 965 - www.iberia.fr - ✆ 902 400 500 - www.iberia.es

Les aéroports de la région

Aéroport de Biarritz-Anglet-Bayonne – 7 esplanade de l'Europe - 64600 Anglet - ✆ 05 59 43 83 83 - www.biarritz.aeroport.fr

Aéroport de Fontarabie/St-Sébastien – C/Gabarrari, s/n - 20280 Hondarribia - ✆ 943 668 500.

Aéroport de Bilbao – 48180 Loiu - ✆ 944 869 663 (administration) ou 905 505 505 (infos vols).

Aéroport de Vitoria – 01196 Vitoria - ✆ 902 404 704.

Aéroport de Pampelune – Ctra Zaragoza, Km 5 - 31110 Naoín - ✆ 902 404 704 - www.aena.es

Les bons plans

N'hésitez pas à surfer sur le Net pour bénéficier des meilleures offres (promos, vols de dernière minute).

Voici quelques sites donnant accès à ces billets à bas coût :

www.lastminute.com
www.opodo.fr
www.anyway.com
www.voyagermoinscher.com
www.bevedair.com (au départ de Beauvais)
www.govoyages.fr
www.easyjet.com
www.voyages-sncf.com

Budget

LES BONS PLANS

Le temps d'un week-end

L'agence spécialisée dans le Pays basque, **Bienvenue en France**, organise deux types de week-end prolongé. Le premier concerne la **Côte basque**, depuis St-Jean-de-Luz jusqu'au mont Jaizkibel : deux nuits, deux déjeuners, visite guidée du château d'Abbadia et randonnées. Le deuxième se concentre autour de **Bayonne** avec : visite guidée de la ville, visite du Musée basque, dégustation de chocolat, initiation au golf, dîner cidrerie…

Le même organisme propose des **escapades gourmandes** de 3 ou 6 jours pour découvrir toutes les spécialités locales. Hébergement en hôtel trois étoiles. Repas gastronomiques.

Renseignements : ☎ 05 59 22 05 15 - www.bienvenue-en-france.com

Les chèques-vacances

Ce sont des titres de paiement permettant d'optimiser le budget vacances/loisirs des salariés grâce à une participation de l'employeur. Les salariés du privé peuvent se les procurer auprès de leur employeur ou de leur comité d'entreprise ; les fonctionnaires, auprès des organismes sociaux dont ils dépendent.

Les Jardins de Bakéa, Biriatou.

On peut les utiliser pour régler toutes les dépenses liées à l'hébergement, à la restauration, aux transports ainsi qu'aux loisirs. Il existe aujourd'hui plus de 135 000 points d'accueil.

NOS ADRESSES D'HÉBERGEMENT ET DE RESTAURATION

Au fil des pages, vous découvrirez nos **encadrés pratiques**, sur fond vert. Ils présentent une sélection d'établissements dans et à proximité des villes ou des sites touristiques remarquables auxquels ils sont rattachés.

Pour repérer facilement ces adresses sur nos plans de villes, nous leur avons attribué des pastilles numérotées.

Nos catégories de prix

Pour vous aider dans votre choix, nous vous communiquons également une **fourchette de prix** : pour l'hébergement, le premier prix correspond au tarif d'une chambre simple et le second, au tarif d'une chambre double ; pour la restauration, ces prix indiquent les tarifs minimum et maximum des menus proposés sur place.

Les prix que nous indiquons sont ceux pratiqués en **haute saison** ; hors saison, de nombreux établissements proposent des tarifs plus avantageux, renseignez-vous… Dans chaque encadré, les adresses sont classées en quatre catégories de prix pour répondre à toutes les attentes (*voir le tableau p. 25*).

Petit budget – Choisissez vos adresses parmi celles de la catégorie ☺ : vous trouverez là des hôtels, des chambres d'hôte simples et conviviales et des tables souvent gourmandes, toujours honnêtes.

Budget moyen – Votre budget est un peu plus large. Piochez vos étapes dans les adresses ☺☺. Dans cette catégorie, vous trouverez des maisons, souvent de charme, de meilleur confort et plus agréablement aménagées, animées par des passionnés, ravis de vous faire découvrir leur demeure et leur table. Là encore, chambres et tables d'hôte sont au rendez-vous, avec également des hôtels et des restaurants plus traditionnels, bien sûr.

Budgets confortable et haut de gamme – Vous souhaitez vous faire plaisir, le temps d'un repas ou d'une nuit, vous aimez voyager dans des conditions très confortables ? Les catégories ☺☺☺ et ☺☺☺☺ sont pour vous… La vie de château dans de luxueuses chambres d'hôte pas si chères que cela ou dans les palaces et les grands hôtels : à vous de choisir !

Vous pouvez aussi profiter des décors de rêve de lieux mythiques à moindres frais, le temps d'un brunch ou d'une tasse de thé… À moins que vous ne préfériez casser votre tirelire pour un repas gastronomique dans un restaurant renommé. Sans oublier que la traditionnelle formule « tenue correcte exigée » est toujours d'actualité dans ces établissements !

Se loger

NOS CRITÈRES DE CHOIX

Les hôtels

Nous vous proposons, dans chaque encadré pratique, un choix très large en terme de confort. La location se fait à la nuit et le petit-déjeuner est facturé en supplément.

Certains établissements assurent un service de restauration également accessible à la clientèle extérieure.

Pour un choix plus étoffé et actualisé, **Le Guide Michelin France** et **Le Guide Michelin Espagne-Portugal** recommandent hôtels et restaurants sur toute la France et la péninsule Ibérique.

Pour chaque établissement, le niveau de confort et de prix est indiqué, en plus de nombreux renseignements pratiques. Le symbole « **Bib Gourmand** » sélectionne les tables qui proposent une cuisine soignée à moins de 28 € en province. Le symbole « **Bib Hôtel** » signale des hôtels pratiques et accueillants offrant une prestation de qualité à prix raisonnable.

Les chambres d'hôte

Vous êtes reçu directement par les habitants qui vous ouvrent leur demeure.

L'atmosphère est plus conviviale qu'à l'hôtel, et l'envie de communiquer doit être réciproque : misanthropes, s'abstenir ! Les prix, mentionnés à la nuit, incluent la plupart du temps le petit-déjeuner.

Certains propriétaires proposent aussi une table d'hôte, en général le soir, et toujours réservée aux résidents de la maison.

Il est très vivement conseillé de réserver votre étape, en raison du grand succès de ce type d'hébergement.

👁 **Bon à savoir** – Certains établissements ne peuvent pas recevoir vos compagnons à quatre pattes ou les accueillent moyennant un supplément. Pensez à le demander lors de votre réservation.

Les « paradores »

Le luxe « à l'espagnole ».

Anciens couvents, châteaux ou palais, devenus la plupart du temps propriété de l'État et transformés en hôtels de grand confort, ils occupent en général des sites idéalement placés en centre-ville ou sur des hauteurs avec vues imprenables. Comptez entre 80 et 170 € pour une chambre double (TVA en sus).

Réserver depuis la France – Iberrail France - ✆ 0 825 07 92 00.

Réserver depuis l'Espagne – Requena, 3 - 28013 Madrid - ✆ 902 547 979 - www.paradores.es

Les pensions

Cette formule d'hébergement ne se pratique qu'au sud des Pyrénées. Formule intermédiaire entre l'hôtel et la chambre d'hôte, elle offre convivialité et confort pour un prix généralement correct.

Le petit-déjeuner n'étant pas toujours compris dans la prestation, renseignez-vous auprès de votre hôte.

Le camping

Le **Guide Camping Michelin France** propose tous les ans une sélection de terrains visités régulièrement par nos inspecteurs.

Renseignements pratiques, niveau de confort, prix, agrément, location de bungalows, de mobile homes ou de chalets y sont mentionnés.

LES BONS PLANS

Les services de réservation

Fédération nationale des services de réservation Loisirs-Accueil – 74/76 r. de Bercy - 75012 Paris - ✆ 01 44 11 10 20 - www.loisirs-accueil.fr. La fédération anime et fédère un réseau de 56 centrales de réservation qui proposent un large choix d'hébergements labellisés, notamment Gîtes de France et Clévacances : vous pouvez obtenir les coordonnées des 56 services Loisirs-Accueil sur demande auprès de la fédération.

Clévacances – 54 bd de l'Embouchure - BP 52166 - 31022 Toulouse Cedex - ✆ 05 61 13 55 66 - www.clevacances. com. Cette fédération propose près de 28 000 locations de vacances (gîtes, appartements, chalets, villas, demeures de caractère, pavillons en résidence) et 4 000 chambres dans 22 régions réparties sur 92 départements en France et outre-mer, et publie un catalogue par département.

NOS CATÉGORIES DE PRIX				
	Restauration (prix déjeuner)		**Hébergement** (prix de la chambre double)	
	Province	Grandes villes Stations	Province	Grandes villes Stations
🍽	jusqu'à 14 €	jusqu'à 16 €	jusqu'à 45 €	jusqu'à 65 €
🍽🍽	plus de 14 € à 25 €	plus de 16 € à 30 €	plus de 40 € à 80 €	plus de 65 € à 100 €
🍽🍽🍽	plus de 25 € à 40 €	plus de 30 € à 50 €	plus de 80 € à 100 €	plus de 100 € à 160 €
🍽🍽🍽🍽	plus de 40 €	plus de 50 €	plus de 100 €	plus de 160 €

Chevaux en liberté.

L'hébergement rural

Fédération des Stations vertes de vacances et Villages de neige – BP 71698 - 21016 Dijon Cedex - ℘ 03 80 54 10 50 - www.stationsvertes.com

Bienvenue à la ferme – Le réseau Bienvenue à la ferme, regroupe dans tout le pays des agriculteurs qui proposent des activités d'accueil touristique.

Il propose par région et par département des fermes-auberges, campings à la ferme, fermes de séjour, mais aussi des loisirs variés : chasse, équitation, approches pédagogiques pour enfants, découverte de la gastronomie des terroirs, dégustation et vente de produits de la ferme. C'est bien sûr le cas dans les Pyrénées-Atlantiques où une centaine d'agriculteurs ouvrent leurs exploitations. Voir le site www.alaferme64.com

Maison des Gîtes de France et du Tourisme vert – 59 r. St-Lazare - 75009 Paris - ℘ 01 49 70 75 75 - www.gites-de-france.com. Cet organisme donne les adresses des relais départementaux et publie des guides sur les différentes possibilités d'hébergement en milieu rural (gîtes ruraux, chambres et tables d'hôte, gîtes d'étape, chambres d'hôte et gîtes de charme, gîtes de neige, gîtes de pêche, locations de chalets, locations de chalets et campings et séjours à la ferme, gîtes Panda).

Au sud des Pyrénées – Cette formule d'hébergement (gîtes, chambres d'hôte, appartements, campings ou ferme) s'est aussi développée en Euskadi et Navarre. Vous en aurez la liste et le détail en demandant les brochures dans les offices de tourisme, ou en consultant les sites Internet suivants : www.nekatur.net et www.casasruralesnavarra.com

L'hébergement pour randonneurs

Guide et site Internet – 74 r. Albert-Perdreaux - 78140 Vélizy - ℘ 01 34 65 11 89. Les randonneurs peuvent consulter le site www.gites-refuges.com et le guide *Gîtes d'étape et Refuges, France et frontières* de A. et S. Mouraret. Cet ouvrage et ce site sont principalement destinés aux amateurs de randonnée, d'alpinisme, d'escalade, de ski, de cyclotourisme et de canoë-kayak. Version imprimable payante sur Internet.

Label Saint-Jacques – Il concerne les gîtes et chambres d'hôte situés à proximité des chemins de St-Jacques s'étant engagés à valoriser ce thème : mise à disposition de documentation, décoration intérieure, accueil, etc. Renseignements : Gîtes de France des Pyrénées-Atlantiques - 20 r. Gassion - 64000 Pau - ℘ 05 59 11 20 64 - www.gites64.com

Les auberges de jeunesse

Fédération Unie des Auberges de Jeunesse – Centre national - 27 r. Pajol - 75018 Paris - ℘ 01 44 89 87 27. La carte d'adhésion est délivrée contre une cotisation annuelle de 10,70 € pour les moins de 26 ans, 15,30 € au-delà de cet âge et 22,90 € pour les familles.

Vous trouverez des auberges de jeunesse à Anglet, Biarritz, Les Aldudes, mais aussi en Espagne.

Il y en a davantage côté espagnol et vous pouvez les retrouver sur le site www.reaj.com. Les grandes villes sont particulièrement bien représentées : Bilbao, Pampelune, St-Sébastien, Vitoria-Gasteiz, etc.

Il y en a aussi sur l'itinéraire des Chemins de St-Jacques, que ce soit par la côte ou par l'intérieur des terres (Chemin des Français) : Roncevaux, Estella, Tudela, etc.

POUR DÉPANNER

Les chaînes hôtelières

L'hôtellerie dite « économique » peut éventuellement vous rendre service. Sachez que vous y trouverez un équipement complet (sanitaire privé et télévision), mais un confort très simple. Souvent à proximité de grands axes routiers, ces établissements n'assurent pas de restauration.

Toutefois, leurs tarifs restent difficiles à concurrencer (moins de 45 € la chambre double).

En dépannage, voici donc les centrales de réservation de quelques chaînes :

Akena – ℘ 01 69 84 85 17 - www.hotels-akena.com

B & B – ℘ 0 892 782 929 - www.hotel-bb.com

Etap Hôtel – ℘ 0 892 688 900 - www.etaphotel.com

NOUVELLES CARTES MICHELIN
...aissez-vous porter par votre imagination.

Avec les nouvelles cartes Michelin, voyager est toujours un plaisir :
- Nouveau : carte Départements à relief image satellite
- Nouveau : carte Régions en papier indéchirable
- Qualité des informations routières, mises à jour chaque année
- Richesse du contenu touristique : routes pittoresques et sites incontournables
- Maîtrise de l'itinéraire : votre route selon vos envies

www.cartesetguides.michelin.fr

Une meilleure façon d'avancer

Villages Hôtel – ✆ 03 80 60 92 70 - www.villages-hotel.com

Enfin, les hôtels suivants, un peu plus chers (à partir de 58 € la chambre), offrent un meilleur confort et quelques services complémentaires :

Campanile – ✆ 01 64 62 46 46.

Kyriad – ✆ 0 825 003 003.

Ibis – ✆ 0 825 882 222.

Du côté de l'Espagne, quelques chaînes qui pourront également vous tirer d'affaire :

www.sercotel.es – ✆ 902 141 515.

www.husa.es – ✆ 902 100 710.

www.solmelia.com – ✆ 902 144 440.

Venta.

Se restaurer

Les séjours en Navarre et dans le Pays basque permettent de marier harmonieusement culture, nature et gastronomie. Car si ces régions possèdent un riche patrimoine et des paysages variés, ce sont aussi des pays dédiés au bien-boire et au bien-manger.

Sur les **Côtes guipúzcoane et biscayenne**, les bars à tapas *(voir quelques conseils p. 115)* permettent de déguster une grande variété de produits locaux (asperges, anchois, fruits de mer, etc.) sous forme de canapés ou d'assiettes, accompagnées d'un verre de vin au choix.

Dans les **vallées pyrénéennes**, notamment du côté des Aldudes ou de Roncal, truites, jambons et fromages de brebis sont à l'honneur. Pour accompagner ces spécialités, ne pas hésiter à goûter le vin d'Irouléguy produit du côté de St-Étienne-de-Baïgorry.

En Basse-Navarre et Soule, foies gras et cèpes figurent immanquablement à la carte.

NOS CRITÈRES DE CHOIX

Pour répondre à toutes les envies, nous avons sélectionné des **restaurants**

Omelette aux champignons.

régionaux bien sûr, mais aussi classiques, exotiques ou à thème… Et des lieux plus simples, où vous pourrez grignoter une salade composée, une tarte salée, une pâtisserie ou déguster des produits régionaux sur le pouce.

Quelques **fermes-auberges** vous permettront de découvrir les saveurs du terroir. Vous y goûterez des produits provenant de l'exploitation agricole, préparés dans la tradition et généralement servis en menu unique. Le service et l'ambiance sont bon enfant. Réservation obligatoire !

LES SITES REMARQUABLES DU GOÛT

Le label « Sites remarquables du goût » regroupe à travers toute la France des sites dont la richesse gastronomique s'appuie sur des produits de qualité liés à un environnement culturel intéressant et à une réelle volonté d'accueil touristique. Au Pays basque, il a été décerné au village d'**Espelette**.

👌 Pour en savoir plus : www.sitesremarquablesdugout.com

LES GRANDS CHEFS

Le Pays basque est réputé pour sa gastronomie portée au plus haut par des grands chefs. En voici quelques-uns :

Saint-Sébastien

Juan Mari Arzak et Elena – Les grands-parents de Juan Mari Arzak ont construit cette bâtisse en 1897, à la sortie de la ville, afin d'abriter une taverne - cave à vins. Ses parents prennent la suite et en font un restaurant fréquenté et réputé localement. C'est en 1966 que le jeune Juan Mari reprend l'affaire familiale et fait évoluer la cuisine traditionnelle basque en y incorporant de nouveaux éléments jusqu'à atteindre un niveau de cuisine exceptionnel et un style qui lui est propre. Reconnaissance et distinctions arrivent vite jusqu'à atteindre la consécration suprême dans le Guide Michelin en 1989. Juan Mari Arzak a été le précurseur de la nouvelle cuisine basque espagnole, ouvrant la voie à toute une génération de cuisiniers espagnols. Elena, sa fille, représentant la 4e génération, apporte sa touche féminine et moderniste dans ses préparations personnelles. L'équipe père-fille fonctionne à merveille et est un gage de continuité dans la qualité.

Arzac, Alto de Miracruz 21, ✆ *943 27 84 65.*

Piquillos de Lodosa.

Lasarte-Oria

Martín Berasategui – Certains se souviennent encore du Bodegon Alejandro, au cœur du vieux Saint-Sébastien, où le jeune Martín, après des stages en France et au Pays basque, bouscule les habitudes culinaires de ce restaurant tenu par sa mère et sa tante.

Martín se fait rapidement connaître ; il apporte ses idées récoltées de par le monde et revisite les recettes familiales. Il est rigoureux, travailleur et passionné, cherchant continuellement de nouveaux mariages de saveurs qui feront merveille. Il excelle aussi en pâtisserie. C'est en 1993 qu'il crée son restaurant de Lasarte et, à partir de ce moment, son ascension au firmament gastronomique sera rapide. Martín parle peu mais sait transmettre son art par l'exemple avec simplicité et gentillesse.

Très enraciné dans son Pays basque, Martín Berasategui est un des cuisiniers les plus talentueux de sa génération.

Martín Berasategui, Loidi 4, (8 km de St-Sébastien), ✆ *943 36 64 71.*

Bayonne

Jean-Claude Tellechea – La famille est installée depuis plusieurs générations au Cheval Blanc et l'actuel patron-chef Jean Claude Tellechea y officie depuis plus de 20 ans.

C'est dans cette typique maison basque, ancien relais de poste situé au cœur de la vieille ville dans le quartier du « Petit Bayonne », que l'on accueille toujours avec gentillesse et professionnalisme les nombreux habitués ainsi que les touristes de passage. Les clients se régalent d'une cuisine de terroir habilement revisitée par ce chef sympathique, passionné et modeste qui met aussi bien à l'honneur les produits de la terre que ceux de la mer. Le Cheval Blanc ! Une institution à Bayonne.

Auberge du Cheval Blanc, 68 r. Bourgneuf, ✆ *05 59 59 01 33.*

Bidart

Philippe Ibarboure – Philippe Ibarboure s'est « expatrié » il y a une ving-taine d'années de l'affaire familiale de Guéthary pour créer son hostellerie de charme à Bidart.

Ayant longtemps œuvré avec son frère Martin, il y sert une cuisine classique élaborée qui privilégie les produits régionaux. Désormais, après un parcours dans les grandes maisons, le fils aîné va regagner le giron familial tandis que le cadet continue ses classes avant de venir former un trio au fourneau de cette belle demeure basque lovée dans son écrin de verdure. La pérennité de la dynastie Ibarboure semble assurée…

La Table des Frères Ibarboure, au sud de Bidart par N 10/4 km, ✆ *05 59 54 81 64.*

St-Jean-Pied-de-Port

Firmin Arrambide et Philippe – C'est dans un ancien relais de diligences au cœur de son village natal que Firmin Arrambide régale ses clients d'une cuisine basque gourmande.

Il privilégie les nombreux produits régionaux qu'il adore glaner sur les marchés auprès de ses amis fournisseurs : fermiers, pêcheurs, viticulteurs ayant comme lui l'amour du pays, de ses gens, de ses richesses. La promotion du terroir et le talent du chef font merveille dans cet établissement situé sur la place centrale, face à la citadelle et à deux pas de la Nive. Chez les Arrambide, la fibre culinaire est héréditaire puisque Firmin a succédé à ses parents, installés ici en 1939, et que son fils Philippe règne désormais en maître au fourneau, tandis que le papa garde toujours un œil attentif en cuisine. Firmin Arrambide a mis son expérience au service de la profession, s'investissant beaucoup dans la formation de jeunes cuisiniers qui mettent aujourd'hui à profit les leçons apprises lors de leur passage dans les cuisines des « Pyrénées ».

Les Pyrénées, pl. Charles-de-Gaulle, ✆ *05 59 37 01 01.*

À FAIRE ET À VOIR

Les activités et loisirs de A à Z

Les **comités départementaux** et **régionaux de tourisme** *(voir p. 17)* disposent de nombreuses documentations et répondront à vos demandes d'informations quant aux activités proposées dans leur secteur. Pour trouver d'autres adresses de prestataires, reportez-vous aux rubriques « Visite » et « Sports & Loisirs » dans l'encadré pratique des villes ou sites.

BAIGNADE

Les **plages du littoral** sont en général surveillées durant les mois d'été. Il faut cependant faire attention aux vagues déferlantes du fait de leur puissance et des courants qui entraînent le nageur loin des côtes. Il faut éviter de nager après un repas ou une longue station au soleil ; il ne faut pas sortir de la zone surveillée. En outre, les pavillons hissés chaque jour sur les plages surveillées indiquent si la baignade est dangereuse ou non, l'absence de pavillon signifiant l'absence de surveillance :

Drapeau vert = baignade surveillée sans danger ;

Drapeau jaune = baignade dangereuse mais surveillée ;

Drapeau rouge = baignade interdite.

Si vous préférez des eaux moins tourmentées, optez pour les **lacs intérieurs** comme Urrúnaga ou Ullíbarri, près de Vitoria, en Álava. Mais attention, la baignade n'est pas autorisée partout ; renseignez-vous au préalable dans les offices de tourisme.

Naturisme

Les villages ou les campings naturistes sont bien plus rares que sur la Côte landaise, mais certaines plages du littoral basque sont fréquentées par les naturistes qui peuvent profiter du soleil à Anglet, Biarritz, Bidart ou Hendaye pour la côte nord, St-Sébastien ou Zarautz pour le Guipúzcoa, Ispaster, Ea ou Getxo pour la Biscaye. N'hésitez pas à consulter les sites Internet et la brochure du Comité régional d'Aquitaine. Ils vous donneront la liste des plages et sites agréés, ainsi que des hébergements.

Délégation régionale de naturisme d'Aquitaine – Arnaoutchot - 40560 Vielle-St-Girons - ℘ 05 58 49 11 11 - www.arna.com

Euskal Naturista Elkartea – Apdo. de Correos 4066 - 48080 Bilbao - ℘ 685 702 712 - www.ene-naturismo.org

www.naturismo.org – Fédération nationale des naturistes espagnols.

Amaury de Valroger / MICHELIN

Cabines de bains sur la plage de Zarautz.

CERF-VOLANT

À la fois loisir familial, expression artistique et compétition sportive, la pratique du cerf-volant a acquis depuis une dizaine d'années ses lettres de noblesse en élargissant son domaine d'activité au-delà des plages du littoral atlantique, où on la rencontrait le plus souvent. Les spots les plus réputés se trouvent dans les Landes, mais il n'est pas interdit d'en faire ailleurs…

Fédération française de vol libre – 4 r. de Suisse - 06000 Nice - ℘ 04 97 03 82 82 - www.ffvl.fr/Vol_Libre/Cerf_Volant

CHASSE

Les **Pyrénées** attirent les chasseurs à la recherche de gros gibier. Les amateurs de pièces rares, telles que le lagopède et le coq de bruyère, sont des passionnés qui fréquentent les stations d'altitude. On y pratique bien entendu la chasse à la palombe, en octobre et novembre. Certains prestataires organisent des week-ends ou des journées de chasse à la palombe, avec transfert sur les lieux de chasse.

Du côté des communautés autonomes espagnoles, la législation en vigueur limite la chasse de certaines espèces à des zones et des saisons bien déterminées. Le calendrier de chasse varie suivant les régions. Il est établi au mois d'août, et prévoit les zones et les périodes de chasse autorisées pour chacune des espèces. Chaque chasseur doit posséder un permis de port d'arme délivré par la police des frontières sur présentation du passeport et du permis de chasse français en règle, accompagnés de leur traduction et certifiés par le consulat d'Espagne ; un permis de chasse délivré sur présentation du passeport par les autorités de la région choisie ; une assurance obligatoire.

Union nationale des fédérations départementales des chasseurs – 13 r. du Gén.-Leclerc - 92136 Issy-les-Moulineaux - 𝄞 01 41 09 65 10 - www.chasseurdefrance.com

Federación Española de Caza – C. Francos Rodríguez, 70, 2e étage - 28039 Madrid - 𝄞 913 11 14 11 - www.fecaza.com. Informations sur la législation.

Federación Vasca de Caza – D. José Ma Usarraga Unsain - C/Julián Gayarre, 48 Lonja - 48004 Bilbao (Biscaye) - 𝄞 944 735 060.

Federación Navarra de Caza – D. José Ángel Remírez Arana - av. Navarra, 1 - 3 Bajo - 31012 Pamplona - 𝄞 948 207 964.

COURSES DE TAUREAUX

Les plus célèbres se pratiquent à Pampelune, à l'occasion de la **St-Firmin**, début juillet. Les taureaux qui combattent dans l'arène l'après-midi sont lâchés dans la rue et suivent un parcours très précis de 800 m appelé l'**encierro**. Des jeunes gens courent devant eux pour les exciter et leur montrer la voie. L'exercice peut se révéler dangereux. On ne saurait donc trop recommander de rester prudent et spectateur d'un tel spectacle.

COURSE À PIED

Rien ne vous empêche de courir le long des routes ou sur les chemins du Pays basque pour profiter de leurs paysages tantôt verdoyants et ondulants, tantôt secs et plats. Mais si vous êtes bien entraîné et si la compétition vous intéresse, inscrivez-vous donc à l'**Hiru Kasko**, la course des trois sommets, qui a lieu à Bidarray en juin ou à la **Course des Crêtes** du Pays basque, qui couvre des distances de 8 à 28 km. Depuis 30 ans, ses adeptes prennent le départ à Espelette chaque début de juillet (se renseigner à l'office de tourisme).

Autre course incontournable de l'été : la **Course de la Rhune**, soit 13 km parcourus chaque mois d'août entre Ascain et le sommet de la montagne mythique (6,5 km de montée, 920 m de dénivelé). Petits mollets s'abstenir !

Les plus mordus pourront tenter la **Euskal Trail**, un raid en boucle de 80 km dans la vallée des Aldudes, qui a lieu en juin. La course se fait par équipe de 2, en 2 étapes (environ 40 km, dénivelé de 2 000 m).

CYCLOTOURISME

Le cyclotourisme est une activité de plus en plus répandue. Le Comité départemental du tourisme **Béarn-Pays basque** met à disposition un guide *Vélo* regroupant informations et propositions d'itinéraires. La **montagne Pyrénéenne** se prête également à des randonnées en VTT. La liste des loueurs de cycles est fournie par les syndicats d'initiative et les offices de tourisme.

Cyclotourisme – 12 r. Louis-Bertrand - 94207 Ivry-sur-Seine Cedex - 𝄞 01 56 20 88 88 - www.ffct.org

Federación vasca de ciclismo – Pº de Anoeta, 12 1º - 20014 San Sebastián - 𝄞 943 457 069 - www.fvascicli.com

Federación Navarra de ciclismo – C/Paulino Caballero, 13 - 4ª planta - 31002 Pamplona - 𝄞 948 211 495 - www.fnavaraciclismo.com

ESCALADE

En montagne et en haute montagne, il vaut mieux partir avec un guide ou un moniteur d'escalade breveté d'État, qui connaît bien le terrain et la pratique de ces sports.

Fédération française de la montagne et de l'escalade – 8-10 quai de la Marne - 75019 Paris - 𝄞 01 40 18 75 50 - www.ffme.fr. Des **stages** d'initiation et de perfectionnement sont généralement organisés par divers prestataires.

Pour le versant espagnol, renseignez-vous auprès des offices de tourisme et des fédérations.

Federación Española de Montañismo – C/Floridablanca, 84 - 08015 Barcelona - 𝄞 934 264 267 - www.fedme.es

Federación Navarra de Montaña – C/Paulino Caballero, 13, 5e étage - 31002 Pamplona - 𝄞 948 224 683.

Federación vasca de Montañismo – Pº Anoeta, 24 - 20014 San Sebastián - 𝄞 943 474 279 - www.emf-fvm.com

GOLF

Très verdoyante, la région est idéale pour le développement du golf qui a rapidement trouvé sa place sur le littoral basque, notamment vers Anglet et Biarritz.

L'Espagne n'est pas en reste puisque, parmi les terrains les plus renommés de la péninsule, figure la Real Sociedad de Golf de Neguri, en Biscaye. Pour tout renseignement, contactez les fédérations.

Fédération française de golf – 68 r. Anatole-France - 92309 Levallois-Perret Cedex - ☎ 01 41 49 77 00 ou 0 892 691 818 - www.ffgolf.org

Federación Española de Golf – C/Provisional Arroyo del Fresno Dos, 5 - 28035 Madrid - ☎ 915 552 682 - www.golfspainfederacion.com

Federación Navarra de Golf – C/Av. Navarra, 1 bajo - 31012 Pamplona - ☎ 948 210 132 - www.fnavarragolf.com

Federación Vasca de Golf – Plaza de Euskadi, 1 - 4º Edificio « La Equitativa » - 20001 San Sebastián (Saint-Sébastien) - ☎ 943 293 508 - www.fvgolf.com

Golf de Chiberta à Anglet.

© Golf de Chiberta

Voici quelques golfs très connus :

Pyrénées-Atlantiques
Golf de Biarritz – ☎ 05 59 03 71 80 - www.golfbiarritz.com

Golf d'Arcangues – ☎ 05 59 43 10 56 - www.touradour.com/golfpass.htm (Biarritz).

Makila Golf Club – ☎ 05 59 58 42 42 (Biarritz).

Centre d'Ilbarritz – ☎ 05 59 43 81 30 - www.golf-ilbarritz.com (Bidart).

Golf Epherra – ☎ 05 59 93 84 06.

Golf de Chantaco – ☎ 05 59 26 14 22 - www.golfdechantaco.com (St-Jean-de-Luz).

Golf de La Nivelle – ☎ 05 59 47 18 99 - www.golfnivelle.com (Ciboure).

Golf de Chiberta – ☎ 05 59 52 51 10 - www.golf.chiberta.com (Anglet).

Bon plan
Le **Golf Pass Biarritz** (5 golfs) donne droit à 5 green fees pour 240 € (sept.-juin) ou 300 € (juil.-août). Renseigne-ments au Comité départemental du tourisme. www.golfpassbiarritz.com

Navarre
Club de Golf Ulzama – ☎ 948 305 162 – www.golfulzama.com

Golf Gorraiz – ☎ 948 337 073 - www.golfgorraiz.es

Club de Golf Señorío de Zuasti – ☎ 948 302 940 - www.zuasti.com

Álava
Golf de Larrabea, S.A. – ☎ 945 465 482 - www.larrabea.com (Vitoria).

Complejo Deportivo « Izki Golf » – Urturi - ☎ 945 378 262 - www.izkigolf.com

Biscaye
R.S. de Golf de Neguri – ☎ 944 910 200/408.

Laukariz Club de Campo – Munguía - ☎ 946 740 858 - www.cclaukariz.com

Club de Golf Artxanda – Bilbao - ☎ 944 352 220/21 - www.clubdegolfartxanda.com

Meaztegi Golf – Ortuella - ☎ 946 364 370 - www.meaztegi-golf.com

Guipúzcoa
R.G.C. de San Sebastián – Hondarribia - ☎ 943 616 845 - www.golfsansebastian.com

Golf Basozabal, S.A. – San Sebastián (Saint-Sébastien) - ☎ 943 472 736 - www.golfbasozabal.com

KAYAK DE MER

Cette discipline utilise le même équipement que le kayak, mais avec des embarcations plus longues et plus stables pour mieux résister au roulis. C'est un moyen idéal pour visiter la côte, parfois inaccessible à pied.

Recommandations – Il est interdit de s'éloigner de plus d'un mille (1 852 m) de la côte et il est préférable d'avoir de solides notions du milieu marin. Les premières sorties doivent être encadrées par des navigateurs expérimentés.

NAVIGATION DE PLAISANCE

De l'embouchure de la Gironde à celle de la Bidassoa, de nombreux ports de plaisance peuvent accueillir les bateaux ; les principaux sont Anglet, St-Jean-de-Luz, Fontarabie, St-Sébastien, Zumaia et Getxo. Renseignements auprès des capitaineries des ports.

👆 Pour en savoir plus sur les ports de la côte, vous pouvez consulter *La Côte basque, de Bayonne à Bilbao*, par Nathalie Dupuy, éd. Atlantica.

MICHELIN — VOYAGER PRATIQUE ➡

TOUT POUR CONSTRUIRE VOTRE VOYAGE SUR MESURE

NOUVEAU

Resto coup de ♡

Cité interdite

Location voiture

Hôtel pas cher

À voir

MICHELIN

Pékin

VOYAGER PRATIQUE ➡

PÊCHE

Pêche en eau douce

Les Pyrénées offrent aux pêcheurs un grand choix de rivières, lacs et étangs. Généralement, le cours des rivières est classé en 1re catégorie (salmonidés dominants comme la truite, l'ombre ou l'omble chevalier) ou en 2e catégorie (cyprinidés dominants comme la carpe, la brème ou l'ablette, et carnassiers comme le brochet, le sandre et le black-bass).

Bon à savoir – Quel que soit l'endroit choisi, il convient d'observer la réglementation en vigueur et d'être affilié à une association de pêche et de pisciculture agréée. Il vous faudra même demander un permis de pêche aux services d'Agriculture et de Pêche de la communauté autonome (Euskadi ou Navarre) où vous avez décidé de pêcher.

Pour repérer au mieux votre lieu de pêche, vous pouvez vous procurer la carte halieutique *Truites et saumons en Béarn et Pays basque*.

Club halieutique – Vous trouverez de nombreux renseignements sur le site du club halieutique : **www.club-halieutique.com**

Pour connaître les conditions de pêche de l'autre côté des Pyrénées, contactez les fédérations de pêche espagnoles.

Le permis s'obtient auprès des services officiels d'agriculture de chaque région, sur présentation du passeport.

Federación Española de Pesca y Casting – Navas de Tolosa, 3 - 28013 Madrid - ℘ 915 328 352 - www.fepyc.es

Federación Vasca de Pesca y Casting – P° de Anoeta, 24 2° - 20014 San Sebastián - ℘ 943 466 790 - www.fvpyc.org

Federación Navarra de Pesca y Casting – C/Paulino Caballero, 13 - 31002 Pamplona - ℘ 848 427 850 - www.deportesdenavarra.com

Pêche en mer

L'amateur de pêche en eau salée peut exercer son sport favori à pied, en bateau ou en plongée le long de la Côte basque. Des sorties de pêche en mer sont organisées à la belle saison : pêche à la ligne, à la traîne, au « gros » (thon), pour une demi-journée ou une journée entière en fonction du temps, du nombre de participants et du poisson à prendre. Le matériel est fourni par l'équipage du bateau. Il est conseillé de s'inscrire à l'avance.

Fédération française des pêcheurs en mer – Résidence Alliance, centre Jorlis - 64600 Anglet - ℘ 05 59 31 00 73 - www.ffpm-national.com. Pour tout ren-

Port de pêche de Bermeo.

seignement côté espagnol, contactez les fédérations de pêche *(voir ci-dessus)* ou les offices de tourisme.

PELOTE BASQUE

Chaque village du Pays basque français et d'Euskadi possède son fronton ou son trinquet, où des parties de pelote ont lieu régulièrement. C'est un véritable sport régional, reconnu par le ministère de la Jeunesse et des Sports côté français. Vous pouvez tout aussi bien vous y initier qu'encourager les bons joueurs. En **été**, il est facile d'assister à un match.

Fédération française de pelote basque – Trinquet Moderne - 60 av. Dubrocq - 64100 Bayonne - ℘ 05 59 59 22 34 - www.ffpb.net. Elle donne la liste de toutes les ligues régionales.

Ligue de pelote du Pays basque – Pl. du Jeu-de-Paume - 64240 Hasparren - ℘ 05 59 29 59 40 - www.ligue-pelote-basque.com ou www.lppb.fr

Federación Vasca de Pelota Pedro Uriarte – Barrio Astola, 26 - 48220 Abadiño - ℘ 946 818 108 - www.euskalpilota.com

Federación Navarra de Pelota – C/Juan-de-Labrit s/n - 31001 Pamplona - ℘ 948 226 075 - www.fnpelota.com/es

Pour en savoir plus sur les règles et les traditions de ce sport, reportez-vous à la partie « Comprendre la région ».

PROMENADES EN BATEAU

Sur les fleuves et les rivières, la promenade en bateau constitue une agréable activité permettant de découvrir les paysages le long des berges, comme le long de l'Adour par exemple (de Bayonne à Dax).

Le bassin de ce fleuve est l'un des rares non assujettis à la vignette VNF (Voies Navigables de France). Sa navigation actuelle est très réduite, se limitant aux couralins - nom local d'un bateau à fond plat - et aux pêcheurs professionnels.

En été, quelques voiliers (estivants) et la flottille de l'école de voile de Lahonce circulent dessus, ainsi que des bateaux à moteur de plaisance et deux bateaux-mouches entre Bayonne et Peyrehorade (*Le Bayonne* et *La Hire*).

RANDONNÉE ÉQUESTRE

La randonnée équestre est une activité en plein développement. Il existe des itinéraires balisés en Labourd, Basse-Navarre et Soule, à travers la forêt, la campagne ou la montagne.

Le Comité régional du tourisme d'**Aquitaine** édite la brochure *À Cheval* : pour chaque centre, club ou ferme équestre, cette brochure propose des idées de séjours et de randonnées de 1 à 7 jours et fournit toutes les coordonnées utiles.

De l'autre côté de la frontière, la plupart des centres équestres proposent des excursions. Vous en trouverez la liste sur les sites des fédérations autonomes basque et navarraise.

Comité national de tourisme équestre – Parc Équestre - 41600 Lamotte-Beuvron - ✆ 02 54 94 46 80 - www.ffe.com. Le Comité édite une brochure annuelle, *Cheval nature*, l'officiel du tourisme équestre, répertoriant les possibilités en équitation de loisirs et les hébergements accueillant cavaliers et chevaux.

Federación Vasca de Hípica – Av. Julian Gaiarre, 44 - Bajo - 48004 Bilbao - ✆ 944 734 895 - www.fvh.org

Federación Hípica de Navarra – C/Paulino Caballero, 13 - 31002 Pamplona - ✆ 948 227 475 - www.fnhipica.com

RANDONNÉE PÉDESTRE

Idéale pour découvrir en toute tranquillité les paysages, la randonnée pédestre s'adresse à tout le monde.

La **Fédération française de randonnée pédestre** a mis en place trois sortes de sentiers balisés : les **GR** (sentiers de grande randonnée), les **GRP** (sentiers de grande randonnée de pays) et les **PR** (sentiers de promenade et randonnée). Les GR et les GRP s'adressent aux marcheurs avertis, sur des centaines de kilomètres pour les GR, limités à une seule région pour les GRP. Les PR sont plus accessibles, car faciles, courts et n'exigent pas de préparation spécifique.

Les « GR »

Deux sentiers de grande randonnée traversent le Pays basque français. Le **GR 10** débute à Hendaye et traverse les Pyrénées d'ouest en est, franchissant plusieurs cols de plus de 2 000 m d'altitude. Il s'adresse aux randonneurs bien entraînés, habitués à marcher en terrain varié. De son côté, le **GR 65** suit l'un des tracés traditionnels du pèlerinage de Saint-Jacques-de-Compostelle (celui du Puy-en-Velay). Vous pouvez le rallier à St-Palais.

Bon à savoir : sauf pour les chemins de pèlerinage, l'exactitude du balisage au sud des Pyrénées laisse à désirer. Renseignez-vous dans les offices de tourisme locaux pour récolter une documentation plus précise.

Cavaliers à St-Jean-Pied-de-Port.

Stéphane Sauvignier / MICHELIN

Sentier littoral

Entre Bidart et Hendaye, sur 25 km, un sentier littoral a été aménagé pour découvrir la côte basque. Interdit aux vélos, il est accessible à partir de Bidart, Guéthary, St-Jean-de-Luz, Socoa, Hendaye.

Fédération française de la randonnée pédestre – 64 r. du Dessous-des-Berges - 75013 Paris - ✆ 01 44 89 93 90 - www.ffrandonnee.fr. La fédération donne le tracé détaillé des GR, GRP et PR à travers ses collections de topoguides ainsi que d'utiles conseils. Vous pouvez également acheter les topoguides sur le site Internet.

Centre d'information montagne et sentiers (CIMES-Pyrénées) – 4 r. Maye-Lane - 65420 Ibos - ✆ 05 62 90 09 90. Publication et diffusion d'ouvrages, de guides de randonnée et de cartes au 1/50 000 sur les Pyrénées.

Federación Vasca de Montaña – *Voir la rubrique « Escalade ».*

Parcs naturels

La plupart des parcs naturels d'Euskadi sont pourvus d'une Maison du parc où vous trouverez toutes les indications nécessaires pour vos randonnées.

Parque natural de Aralar (Guipúzcoa) – 𝒷 948 513 233 - Lizarrusti - 20211 Ataun.

Parque natural de Pagoeta (Guipúzcoa) – 𝒷 943 835 389 - Aia.

Parque natural de Urkiola (Biscaye) – 𝒷 946 814 155 - 48211 Abadiño.

Parque natural de Urdaibai (Biscaye) – www.urdaibai.org

Parque natural de Gorbeia – 𝒷 946 739 279 - Gudarien Plaza, s/n - 48013 Areatza.

Parque natural de Izki (Álava) – 𝒷 945 410 502 - 01129 Corres.

Parque natural de Valderejo (Álava) – 𝒷 945 353 146 - 01427 Lalastra.

Pour en trouver les descriptifs sur le net, connectez-vous aux sites des Diputaciones forales :

Diputación foral de Bizkaia – www.bizkaia.net. Sous-rubrique agriculture pour les parcs de Gorbeia et Urkiola.

Diputación foral de Gipuzkoa – www.gipuzkoa.net.

Autres itinéraires

Les comités régionaux et départementaux de tourisme, les syndicats d'initiative et les offices de tourisme éditent leurs propres parcours, faisant découvrir les paysages spécifiques à leur région ou pays, ainsi que le patrimoine culturel et naturel qui s'y rattache. Des brochures sont disponibles gratuitement auprès de ces organismes.

Comité départemental de la randonnée pédestre des Pyrénées-Atlantiques – Centre Nelson Paillou - 12 r. Prof.-Garrigou-Lagrange - 64000 Pau - 𝒷 05 59 14 18 80/06 85 10 93 37 - www.rando64.com.

Randonnées accompagnées

Elles peuvent être intéressantes pour la découverte de la faune et de la flore, et pour les parcours en montagne nécessitant une certaine expérience du terrain.

Chamina Sylva – Naussac - BP 5 - 48300 Langogne - 𝒷 04 66 69 00 44. Circuits de randonnée sans accompagnateur, mais avec carnets de route - www.chamina-voyages.com

La Balaguère – 65400 Arrens-Marsous - 𝒷 0 820 022 021 - www.balaguere.com. Organise des « voyages à pied » dans les Pyrénées ou à l'étranger, libres ou accompagnés, avec ou sans portage, parfois sur des thèmes (histoire, santé, musique) et pour tous niveaux.

UR 2000 – Playa de Laida - B° Arketas - 48311 Ibarrangelu - 𝒷 946 276 661 - www.urdaibai.com. Son point de ralliement se trouve dans

la réserve naturelle d'Urdaibai. Nombreuses activités sportives, dont les randonnées.

Talaia S.L. – Eskurtze Kalea, 5 - Apartado de Correos 1383 - 48080 Bilbao (Biscaye) - 𝒷 944 43 6 242 - www.talaia.com. Cet organisme accompagne les randonneurs pour leur expliquer géographie, histoire et écologie des paysages parcourus.

Les chemins de Saint-Jacques-de-Compostelle

Il existe **quatre itinéraires** principaux et historiques (ceux qu'empruntèrent les pèlerins depuis le Moyen Âge) partant de quatre points différents et aboutissant tous à Ostabat (sauf la route d'Arles qui passe par le col du Somport) ; après Ostabat, un chemin commun, le Camino Francés, conduit à Puente-la-Reina (Espagne) où il rejoint le chemin d'Arles pour finir à St-Jacques-de-Compostelle :

- **Via Turonensis**, ou chemin de Tours, via Poitiers, Aulnay, Saintes, Blaye, Bordeaux et Dax ;

- **Via Lemovicensis**, ou chemin de Vézelay, via Bourges, Neuvy-St-Sépulchre, St-Léonard-de-Noblat, La Coquille, Périgueux, Ste-Foy-la-Grande, Bazas, St-Sever et Orthez ;

Carnet de route du pèlerin ou credential.

- **Via Tolosane**, ou chemin d'Arles, via Montpellier, St-Guilhem-le-Désert, Castres, Toulouse, Auch, Oloron-Ste-Marie et le col du Somport ;

- **Via Podiensis**, ou chemin du Puy-en-Velay, via Saugues, Aubrac, Conques, Cahors, Moissac, Lectoure, Aire-sur-l'Adour et St-Jean-Pied-de-Port.

Ces quatre chemins font étape dans les lieux de pèlerinage traditionnels, mais permettent également de redécouvrir hôpitaux, ponts et croix de chemin qui servaient autrefois aux pèlerins. Ils ont été classés en 1998 au **patrimoine mondial de l'Unesco**.

La Fédération française de randonnée pédestre a balisé le chemin du Puy : il s'agit du **GR 65**, dit « sentier de St-Jacques », et de sa variante, le **GR 653**, qui passe à Pau, reliant le col du Somport à Auch et Toulouse (Midi-Pyrénées). Les autres chemins étant partiellement balisés, mieux vaut se procurer un bon guide ou suivre un « pèlerinage organisé ».

La Balaguère et **Chamina Sylva** – Ces deux spécialistes de la randonnée proposent des circuits accompagnés sur les chemins de St-Jacques *(voir leurs coordonnées ci-avant)*.

Le Comité départemental du tourisme d'**Aquitaine** édite une brochure : *Chemins de St-Jacques-de-Compostelle*. Le Comité départemental du tourisme des Pyrénées-Atantiques propose un *Guide de découverte* consacré aux chemins de Saint-Jacques-de-Compostelle dans le Béarn et le Pays basque.

ROUTES HISTORIQUES

Pour découvrir le patrimoine architectural local, la **Fédération nationale des routes historiques** (www.routes-historiques.com) a élaboré 23 itinéraires à thème. Tracés et dépliants sont disponibles auprès des offices de tourisme ou à La **Demeure historique** – Hôtel de Nesmond - 57 quai de la Tournelle - 75005 Paris - ℘ 01 55 42 60 00 - www.demeure-historique.org

Sur les pas des seigneurs du Béarn et du Pays basque – Cette route fait étape dans quelques-unes des plus belles demeures du Béarn et du Pays basque, témoins de l'histoire de l'Aquitaine, du 12e au 18e s. : châteaux d'Arcangues, d'Urtubie, d'Antoine Abbadie à Hendaye, d'Andurain à Mauléon-Licharre, de Trois-Villes, de Camou et d'Iholdy ; maisons Louis-XIV et de l'Infante à St-Jean-de-Luz, Villa Arnaga à Cambo. Renseignements au château d'Urtubie - 64122 Urrugne - ℘ 05 59 54 62 51 ou 05 59 26 93 99 - www.tourisme64.com

ROUTES THÉMATIQUES

La Route des bastides 64 – Les Pyrénées-Atlantiques comptent 13 bastides que vous pourrez découvrir en vous procurant la plaquette *Bastides du Béarn et du Pays basque*.

Itinéraire de la culture industrielle – Le Guipúzcoa édite une brochure (demandez-la auprès des offices de tourisme) détaillant les anciens sites industriels de la province. La route part de St-Sébastien (Musée naval et musée du Ciment) vers Tolosa et son musée de la Confiserie, puis se dirige vers l'écomusée du Sel de Leintz-Gatzaga en passant par le Parc culturel de Zerain. Viennent ensuite le musée de la Machine-outil d'Elgoibar et celui du Chemin de fer d'Azpeitia. Le circuit aboutit à l'ensemble de la Forge et des Moulins d'Agorregi, à Aia.

La Route gourmande du Pays basque – Comme son nom l'indique, cet itinéraire vous guidera de Bayonne à la vallée des Aldudes pour vous faire découvrir des producteurs et des écomusées qui vous mettront l'eau à la bouche. Miel, chocolat, cidre, gâteau basque, condiments, fromage, vin, truite et jambon… aucune spécialité basque ne manque à l'appel ! Route gourmande des Basques - Ferme Berrain - N 10 - 64501 St-Jean-de-Luz Cedex - ℘ 05 59 54 56 70 - www.routegourmandebasque.com

La Route du fromage Ossau-Iraty brebis Pyrénées – Autre voie gourmande, elle s'étend sur 200 km entre Pays basque Nord et Béarn, à la découverte des producteurs de ce délicieux fromage local. Se renseigner au 05 59 37 86 61.

La Route du vin et du poisson – Le gouvernement d'Euskadi édite une petite carte sur le thème du poisson et du vin, reliant la Côte biscayenne à la Rioja alavesa. Elle recense en fait les parcs naturels et les principaux sites touristiques et culturels des provinces traversées.

La Routes des saveurs – Cette courte brochure publiée par le Comité du tourisme d'Álava recense de façon succincte les sites de production viticole de la Rioja. Disponible dans les offices de tourisme.

La Route du vin rouge – Elle englobe les *bodegas* de la Rioja alavesa *(voir ci-avant le circuit conseillé au départ de Vitoria)*. Renseignements à l'office du tourisme de Laguardia *(voir l'encadré pratique de Laguardia)*.

La Route des cidreries – Si elle n'a rien d'officiel, vous pouvez toujours l'entreprendre de votre propre chef à partir des informations de l'office du tourisme de St-Sébastien. Car c'est dans son arrière-pays, autour d'**Hernani**, que se concentrent les producteurs de cidre et surtout ces auberges où l'on peut boire le précieux breuvage. Certaines cidreries ont conservé la tradition de consommer boissons et nourriture debout, à la bonne franquette.

RUGBY

Animé par de grands clubs comme celui de Biarritz, ce sport est très populaire en Pays basque. D'**octobre à mai**, chaque rencontre dominicale prend l'allure d'une épopée, souvent contée avec beaucoup d'esprit. L'équipe locale est l'objet de toutes les attentions et de discussions interminables, avivées par la subtilité des règles du jeu et les décisions de l'arbitre. En dehors des grands matchs nationaux et internationaux, vous pourrez vous procurer le calendrier des matchs d'amateurs auprès des offices de tourisme et aux adresses suivantes.

Fédération française de rugby – 9 r. de Liège - 75431 Paris Cedex 09 - ✐ 01 53 21 15 39 - www.ffr.fr

Comité de rugby de la Côte basque-Landes – Résidence Soult - 16 av. du Mar.-Soult - 64100 Bayonne - ✐ 05 59 63 36 57.

SKI

Plus que le ski de descente, on pratique surtout le ski de fond dans les Pyrénées basques et navarraises. C'est le cas aux **chalets d'Iraty**, côté nord, dans la vallée de Salazar ou celle de Belagua versant sud.

La station d'**Abodi Salazar**, située au-dessus d'Ochagavia, dispose d'une piste verte, de quatre bleues et d'une rouge. Se renseigner : Carretera de Francia - 31680 Ochagavia (Navarra) - ✐ 948 394 022 ou l'office du tourisme d'Ochagavia *(voir le carnet pratique de la « Forêt d'Iraty » dans « Découvrir les Sites »)*.

Celle de **Larra Belagua**, surplombant la vallée de Roncal et Isaba, déploie quant à elle 25 km de pistes signalisées, partagées entre deux vertes, quatre bleues, une rouge et deux noires. Informations : www.rutasnavarra.com/asp/asp_ski/skisaba.asp

Les Chalets d'Iraty – Larrau - 64560 Licq-Atherey - ✐ 05 59 28 51 29 - www.chalets-pays-basque.com

SPORTS D'EAUX VIVES

L'**Adour** et les nombreux gaves et nives pyrénéens se prêtent à la pratique des sports d'eaux vives. Plusieurs bases nautiques permettent de découvrir les divers aspects de ces activités à travers des animations de groupe, des cours particuliers, des stages ou des séjours « découverte » sur plusieurs sites et avec différents sports d'eaux vives.

Le plus souvent, le matériel, les assurances et l'accompagnement sont compris dans le tarif.

Dans les régions montagneuses, il est conseillé, en été, de sortir l'après-midi en raison du débit d'eau qui s'accroît suite à la fonte des neiges d'altitude.

Canoë-kayak

Le **canoë**, d'origine canadienne, se manie avec une pagaie simple. C'est l'embarcation pour la promenade fluviale en famille, à la journée, en rayonnant au départ d'une base ou en randonnée pour la découverte d'une vallée à son rythme.

Le **kayak**, d'origine inuit, est utilisé assis et se déplace à l'aide d'une pagaie double. Les lacs et les parties basses des cours d'eau offrent un vaste choix.

Fédération française de canoë-kayak – 87 quai de la Marne - 94344 Joinville-le-Pont - ✐ 01 45 11 08 50 - www.ffcanoe.asso.fr. La fédération édite un livre, *France canoë-kayak et sports d'eaux vives* et, avec le concours de l'IGN, une carte, *Les Rivières de France*, avec tous les cours d'eau praticables (parution courant 2008).

Comité départemental de canoë-kayak des Pyrénées-Atlantiques – 12 r. du Prof.-Garrigou-Lagrange - 64000 Pau - ✐ 05 59 14 19 19 - http://cdck64.free.fr

Federación Navarra de Piragüismo – Casa del Deporte - Paulino Caballero, 13 - 31002 Pamplona - ✐ 848 427 850 - www.deportesdenavarra.com

Federación Vasca de Piragüismo – P° de Anoeta, 5 - 20014 San Sebastián - ✐ 943 470 483 - www.fvpiraguismo.org

Canyoning

La technique du canyoning emprunte à la fois à la spéléologie, à la plongée et à l'escalade. Il s'agit de descendre, en rappel ou en saut, le lit des torrents dont on suit le cours au fil de gorges étroites et de cascades.

Deux techniques de déplacement sont particulièrement utilisées : le toboggan (allongé sur le dos, bras croisés), pour glisser sur les dalles lisses, et le saut (hauteur moyenne de 5 à 10 m), plus délicat, où l'élan du départ conditionne la bonne réception dans la vasque. Il est impératif d'effectuer un sondage de l'état et de la profondeur de la vasque avant de sauter.

L'initiation débute par des parcours n'excédant pas 2 km, avec un encadrement de moniteurs brevetés. Ensuite, il demeure indispensable d'effectuer des sorties avec un moniteur sachant « lire » le cours d'eau emprunté et connaissant les particularités de la météo locale.

Évasion 64 – Maison Errola - 64250 Itxassou - ✐ 05 59 29 31 69 - www.evasion64.fr

Loisirs 64 – Porte du Labourd D 918 - 64250 Louhossoa - ☏ 05 59 93 35 65 - www.loisirs64.com. Organise des sorties canyoning, randonnées, rafting, kayak, etc.

Hydrospeed

L'hydrospeed, ou nage en eaux vives, consiste à descendre un torrent, le buste appuyé sur un flotteur caréné très résistant. Il exige une bonne condition physique ainsi que la maîtrise de la nage avec palmes. Le sportif doit porter un casque et une combinaison, qui sont fournis par le prestataire.

Évasion 64 – *Voir ci-avant « Canyoning ».*

UR 2000 – (Biscaye) - *Voir « Randonnée pédestre ».*

Rafting

C'est le plus accessible des sports d'eaux vives. Il s'agit de descendre le cours des rivières à fort débit dans des radeaux pneumatiques à six ou huit places maniés à la pagaie et dirigés par un moniteur-barreur installé à l'arrière. L'équipement isotherme et antichoc est fourni par le prestataire.

UR 2000 – (Biscaye) - *Voir « Randonnée pédestre ».*

SPORTS SOUS-MARINS

Les centres sportifs d'Hendaye, Ciboure et Bidart proposent des sorties de plongée sous-marine. Pour obtenir la liste des clubs de Biscaye et de Guipúzcoa qui en organisent aussi, contactez la fédération basque *(voir ci-après)*. Assurez-vous également d'être en possession de la licence FFESSM et que votre assurance couvre en Espagne. Dans le cas contraire, adressez-vous à la Fedas (fédération espagnole) ou à l'un des clubs de plongée où vous comptez pratiquer.

Fédération française d'études et de sports sous-marins (FFESSM) – 24 quai de Rive-Neuve - 13284 Marseille Cedex 07 - ☏ 04 91 33 99 31 ou 0 820 000 457 - www.ffessm.fr. Regroupe un grand nombre de clubs nationaux et publie un ensemble de fiches présentant les activités subaquatiques de la Fédération et les contacts régionaux.

Federación Vasca de Actividades Subacuáticas – P° de Anoeta, 5 - 20014 San Sebastián - ☏ 943 467 017 - www.ehuif-fvas.org

Federación española de actividades subacuáticas – www.fedas.es

Pour pouvoir pratiquer la **pêche sous-marine** dans les eaux de l'Euskadi, vous devrez en revanche prendre directement contact avec la délégation autonome d'Agriculture et de Pêche.

SURF

Les plages de la Côte basque réservent aux surfeurs des rouleaux impressionnants. Ce n'est d'ailleurs pas un hasard si les plages d'Anglet figurent au palmarès du championnat du monde. Mais que les débutants se rassurent : à condition de savoir nager et de ne pas avoir peur de mettre la tête sous l'eau, tout le monde peut s'adonner à ce sport.

Les meilleurs spots se trouvent à Anglet et Fontarabie. Mais on pratique aussi le surf sur les plages de Bakio, Mundaka ou Getxo, en Biscaye, ou encore à Orio, Deba ou St-Sébastien, en Guipúzcoa.

La Ligue d'Aquitaine de surf (www.surfinaquitaine.com) édite un guide régional *Surfer en Aquitaine*.

Pour obtenir les adresses des clubs et écoles labellisés, contactez les fédérations.

Petit vocabulaire du surf

Le *spot* indique l'endroit propice à la pratique du surf, appréciable selon la houle *(swell)*.

Le *take-off* (départ) s'effectue au *peak*, au sommet de la vague.

Le *tube* désigne le cylindre formé par la vague, dans lequel le surfeur vient se glisser.

Le *roller* est le virage à négocier en haut de la vague.

Le *off-shore* est le vent d'est qui fait se redresser les vagues.

Fédération française de surf – 30 imp. de la Digue-Nord - BP 28 - 40150 Hossegor - ☏ 05 58 43 55 88 - www.surfing-france.com. Les plages des côtes landaise et basque, avec les impressionnants rouleaux du golfe de Gascogne, constituent un paradis pour les adeptes du surf et du bodyboard. À condition de savoir nager et de ne pas avoir peur de mettre la tête sous l'eau, tout le monde peut s'adonner à ce sport. Les meilleurs spots se trouvent à Lacanau-Océan, Le Porge-Océan, Mimizan, Seignosse-Le Penon, Hossegor, Capbreton-Anglet (Sables d'Or et Cavaliers), Biarritz (côte des Basques, Grande Plage et Marbella), Bidart (plage du Centre), Guéthary (Parlementia - pour surfeurs expérimentés), St-Jean-de-Luz (Lafitenia), Hendaye (Grande Plage). Pour obtenir les adresses des clubs et écoles labellisés, s'adresser à la Fédération française de surf.

EHSF (Euskal Herriko Surfing Federazioa-Basque Country Surfing Federation) – Julián Gaiarre, 44 - 48004 Bilbao - ☎ 944 735 125 - www.euskalsurf.com

THALASSOTHÉRAPIE

À la différence du thermalisme *(voir ci-après)*, la thalassothérapie n'est pas considérée comme un soin médical (le séjour n'est d'ailleurs pas remboursé par la Sécurité sociale), même si le patient a la possibilité d'être suivi par un médecin. L'eau de mer possède certaines propriétés qui sont surtout utilisées pour des **stages de remise en forme**, de beauté, des séjours pour futures ou jeunes mamans, des forfaits spécial dos, antistress et antitabac.

La Côte basque compte plusieurs centres de thalassothérapie, proposant des séjours d'une semaine ou d'un week-end, avec ou sans logement. En France, ils sont principalement localisés sur Hendaye, Biarritz, Anglet ou St-Jean-de-Luz. En Espagne, les Côtes guipúzcoane et biscayenne en comptent aussi plusieurs dont quelques-uns sont cités plus bas.

Thalassoline New-Eve SA – 14 av. du Gén.-de-Gaulle - 32600 L'Isle-le-Jourdain - ☎ 05 62 07 77 40 ou 0 800 800 136 (appel gratuit depuis un poste fixe) - ☎ (+33) 5 620 777 40 - pour les appels de l'étranger - www.thalasso-line.com. Cette centrale de réservation vous fera connaître quatre des cinq centres de la Côte labourdine.

Fédération Mer et Santé – 57 r. d'Amsterdam - 75008 Paris - ☎ 01 44 70 07 57 - www.thalassofederation.com

La Perla Centro Talaso Sport – Paseo de la Concha s/n - Edificio la Perla - 20007 San Sebastián - ☎ 943 458 856 - www.la-perla.net

Talasoterapia Zelai – Larretxu, 16 - Playa de Itzurun - 20750 Zumaia - ☎ 943 865 100 - www.talasozelai.com

Talasoterapia H. Emperatriz Zita – Av. Santa Elena, s/n - 48280 Lekeitio - ☎ 946 842 655 - www.aisiahoteles.com

THERMALISME

L'abondance des sources minérales et thermales depuis la rive sud de l'Adour jusqu'aux Pyrénées a fait la renommée de la région dès l'Antiquité. Les eaux pyrénéennes, appartenant à deux grandes catégories, les sources sulfurées et les sources salées offrent un large éventail de **propriétés thérapeutiques**. Le thermalisme fut remis au goût du jour dès la fin du 18e s. et en particulier au milieu du 19e s., grâce à l'amélioration

Détente au centre Serge Blanco, à Hendaye.

© Thalasso Serge Blanco, Hendaye

des transports, à la création par Napoléon III d'une route thermale reliant les stations du Nord, et à l'attrait exprimé par certains membres de la famille royale espagnole pour les thermes de Zestoa en Guipúzcoa.

Prenant le relais du thermalisme mondain d'autrefois, le thermalisme actuel attire des curistes venus se soigner pour des affections diverses.

Toutefois, les stations proposent également des formules de **séjour de confort** (non remboursé), basées sur la « remise en forme ».

☝ Reportez-vous aux encadrés pratiques d'Azpeitia et de Cambo-les-Bains.

Centre national des établissements thermaux – 1 r. Cels - 75014 Paris - ☎ 01 53 91 05 75 - www.cneth.org

Asociación Nacional de Estaciones Termales – C/Rodríguez San Pedro, 56, 3° I - 20815 Madrid - 902 117 622 ou 915 490 300 - www.balnearios.org

Chaîne thermale du soleil/Maison du thermalisme – 32 av. de l'Opéra - 75002 Paris - ☎ 01 44 71 37 00 ou 0 800 050 532 (appel gratuit) - www.sante-eau.com

Les sources sulfurées

Elles se situent principalement dans la zone axiale des Pyrénées, notamment à **Cambo-les-Bains**. Leur température, généralement tiède, peut s'élever jusqu'à 80 °C. Le soufre, qualifié de « divin » par les Grecs, en raison de ses vertus médicales, entre dans leur composition en combinaisons chloro-sulfurées et sulfurées-sodiques.

Sous la forme de bains, douches et humages, ces eaux sont utilisées dans le traitement de nombreuses affections : oto-rhino-laryngologie, maladies osseuses, rhumatismales, rénales et gynécologiques.

Les sources salées

Elles se trouvent en bordure du massif ancien. Les eaux dites « chlorurées-sodiques », de **Zestoa** (Guipúzcoa) sont utilisées sous forme de douches et de bains et soulagent les affections gynécologiques et infantiles.

Celles de **Fitero**, en Navarre, soignent entre autres les rhumatismes.

TRAINS TOURISTIQUES

Voilà un moyen reposant pour les grands et amusant pour les petits de découvrir un site, une ville ou une région.

Au nord des Pyrénées, le plus emprunté est sans conteste le **petit train de la Rhune** *(voir Ascain dans la rubrique « Découvrir les sites »)*, qui monte au sommet mythique de la Rhune (le plus beau point de vue sur le Labourd, dit-on).

Au sud, le **txu txu** de Saint-Sébastien *(voir l'encadré pratique de cette ville)* parcourt la célèbre station balnéaire, tandis que le train à vapeur du musée du Chemin de fer d'**Azpeitia** dévoile un tronçon de voies, aujourd'hui fermées, entre sa gare et celle de Lasao *(voir le musée du Chemin de fer, indiqué dans le chapitre Azpeitia, rubrique « Découvrir les sites »)*.

VIGNOBLE

Visite des caves viticoles

La Navarre et la Rioja alavesa comptent parmi les vignobles les plus réputés de la péninsule Ibérique. Aussi, n'hésitez pas à vous rendre dans les caves pour découvrir la diversité des crus locaux. Elles sont généralement ouvertes à la visite et proposent quelquefois des dégustations (bien entendu, à pratiquer avec modération). Vous trouverez leurs coordonnées dans les offices de tourisme.

Il en va de même avec le vignoble du txakoli (vers Bakio en Biscaye et Getaria en Guipúzcoa) et celui d'Irouléguy, au nord des Pyrénées.

Consejo Regulador Denominación de Origen Navarra – Rua Romana s/n - 31390 Olite - ✆ 948 741 812 - www.vinonavarra.es

Consejo Regulador Denominación de Origen Calificada Rioja – C/Estambrera, 52 - 26006 Logroño - ✆ 941 500 400 - www.riojawine.com

VOILE, PLANCHE À VOILE

La Côte basque fait le bonheur des amateurs de voile et de planche à voile. Les vagues sont belles, les vents sont forts et les sites de pratique, plutôt nombreux.

👆 Voir la rubrique « Sports & Loisirs » dans l'encadré pratique de Biscaye ou de St-Jean-de-Luz.

Fédération française de voile – 17 r. Henri-Bocquillon - 75015 Paris - ✆ 01 40 60 37 00 - www.ffvoile.org

La fédération donne la liste des clubs et des constructeurs, un guide d'information, les calendriers.

Federación Vasca de Vela – P° de Anoeta, 5 - 20014 San Sebastián - ✆ 943 453 767 - http://www.euskalbela.es

Elle recense les clubs nautiques des Côtes guipúzcoane et biscayenne, et fournit le calendrier des régates.

VU DU CIEL

Il existe plusieurs façons de découvrir les superbes paysages du Pays basque et de la Navarre depuis le ciel.

Vol à voile, voile libre, ULM, montgolfière… autant de moyens de transport aériens, plus ou moins difficiles, dont vous trouverez toutes les références en vous reportant aux adresses indiquées ci-dessous.

Federación Navarra de Deportes Aéreos – C/Paulino Caballero, 13 - 31002 Pamplona - ✆ 848 427 850 - www.deportesdenavarra.com

Federación Vasca de los Deportes Aéreos – C/Jose Maria Eskuiza, 16 - 48013 Bilbao - ✆ 944 020 893 - www.eakf.net

Vol à voile

Il se pratique à Itxassou côté français et à partir de différents aérodromes côté espagnol. Contacter les fédérations.

Fédération française de vol à voile – 29 r. de Sèvres - 75006 Paris - ✆ 01 45 44 04 78 - www.ffvv.org

Vol libre

Pas moins de 6 clubs pratiquent cette discipline en Pays basque français. De l'autre côté de la frontière, les fédérations de sports aériens sauront vous orienter vers les associations ou les clubs la proposant.

Fédération française de vol libre – 4 r. de Suisse - 06000 Nice - ✆ 04 97 03 82 82 - http://federation.ffvl.fr

ULM

L'aérodrome d'**Anglet** fait partie des sites habilités par la Fédération française de planeur ultraléger motorisé. Pour le versant espagnol, mieux vaut contacter les fédérations afin de connaître les aérodromes et les clubs proposant cette activité *(voir ci-dessus)*.

Fédération française de planeur ultraléger motorisé – 96 bis r. Marc-Sangnier - 94704 Maisons-Alfort - ✆ 01 49 81 74 43 - www.ffplum.com

LE Guide Vert

Dans la même collection, découvrez aussi :

France Régionaux
- Alpes du Nord
- Alpes du Sud
- Alsace Lorraine
- Aquitaine
- Auvergne
- Bourgogne
- Bretagne
- Champagne Ardenne
- Châteaux de la Loire
- Corse
- Côte d'Azur
- Franche-Comté Jura
- Île-de-France
- Languedoc Roussillon
- Limousin Berry
- Lyon Drôme Ardèche
- Midi-Pyrénées
- Nord Pas-de-Calais Picardie
- Normandie Cotentin
- Normandie Vallée de la Seine
- Paris
- Pays Basque et Navarre
- Périgord Quercy
- Poitou Charentes Vendée
- Provence

France Villes
- Bordeaux
- Deauville
- Lille
- Lyon
- Marseille
- Montpellier
- Nantes
- Nice
- Reims
- Saint-Malo
- Strasbourg
- Toulouse

Idées de week-ends
- La France sauvage
- Les plus belles îles du
  littoral français
- Paris Enfants
- Promenades à Paris
- Week-ends aux
  environs de Paris
- Week-ends dans les vignobles
- Week-ends en Provence

Europe
- Allemagne
- Berlin
- Autriche
- Vienne
- Belgique
  Luxembourg
- Budapest et la Hongrie
- Bulgarie
- Croatie
- Ecosse
- Espagne Atlantique
- Espagne du Centre Madrid
  Castille
- Espagne Méditerranéenne
  Baléares
- Andalousie
- Barcelone et la Catalogne
- Angleterre Pays de Galles
- Londres
- Grèce
- Pays Bas
- Irlande
- Italie du Nord
- Italie du Sud Rome Sardaigne
- Florence et la Toscane
- Rome
- Sicile
- Venise
- Moscou Saint-Pétersbourg
- Pays Baltes
- Pologne
- Portugal
- Prague
- Roumanie
- Scandinavie
- Suisse

Monde
- Canada
- Égypte
- Maroc

Autres activités

Au Gré des Vents – Maison Ur Aldea - 64220 Lecumberry - ☎ 05 59 37 24 18 - www.augredesvents.com. Cette chambre d'hôte propose des excursions en montgolfière pour survoler la Basse-Navarre « au gré des vents ».

La destination en famille

Outre les nombreuses et belles **plages de la Côte basque** qui satisferont les envies de baignade et de châteaux de sable de vos enfants, vous pourrez leur faire dépenser leur énergie débordante en les emmenant se promener dans la forêt des Arbailles, dans le bois de Mixe ou dans l'un des nombreux parcs naturels de Biscaye, de Guipúzcoa ou d'Álava. Certes, le terrain n'est pas plat, mais ça sent bon le sous-bois et on peut toujours espérer rencontrer un Laminak *(voir p. 98)* au détour d'un sentier !

Bienvenue à la ferme *(voir p. 25)* recense 3 fermes pédagogiques et de découverte où vos enfants pourront découvrir les réalités de la vie agricole et rurale : Maison Espondaburu à Sainte-Engrâce, Maison Mountagnes à Came (ferme équestre), ferme Agerria à St-Martin-d'Arberoue (bergerie, fromage Ossau-Iraty). La liste de ces fermes est disponible sur le site Internet www.bienvenue-a-la-ferme.com

Parc de loisirs au mont Igueldo, St-Sébastien.

N'hésitez pas à vous reporter aux carnets pratiques figurant à la fin de chaque chapitre : ils recensent des activités qui conviendront bien souvent à toute la famille (promenades équestres ou avec un âne, bases de loisirs, aquariums, etc.).

Pour une approche plus globale, consultez le tableau de la page suivante : il présente par chapitre une sélection de sites naturels, de musées et de loisirs susceptibles d'intéresser vos enfants. Le sites les plus adaptés au tourisme en famille sont repérés tout au long du guide par le pictogramme 👪.

Que rapporter

Les spécialités basques de toutes sortes ne manquent pas, et vous trouverez certainement un produit à rapporter de votre voyage. Même s'ils sont souvent trop peu nombreux, des artisans et de petites entreprises perpétuent des savoir-faire ancestraux. Quand cela est possible, nous indiquons les adresses de boutiques ou ateliers d'artisans à la rubrique « Que rapporter » dans l'**encadré pratique** des sites.

PRODUITS DU TERROIR

Les labels

Au nord des Pyrénées, le **label AOC** permet de repérer les produits typiques rattachés à un terroir, en l'occurrence le vin d'Irouléguy, le piment d'Espelette et l'ossau-iraty. Il est complété par le label **Idoki**, attribué aux producteurs fermiers adhérant à la charte du même nom (culture bio, volume de production contrôlé, hygiène de transformation assurée, utilisation de produits naturels, traçabilité).

Côté espagnol, il existe également des productions portant la dénomination de **produits d'origine** : le fromage d'Idiazabal, le vin de la Rioja alavesa et le txakoli de Getaria, de Biscaye et d'Álava. D'autres portent l'**Eusko label** (miel du Pays basque, pomme de terre d'Álava, tomate du Pays basque, etc.).

Les produits du terroir

Le Pays basque est bien connu pour sa cuisine. Vous l'apprécierez sur place, mais vous pouvez également acheter les produits à la dernière minute. Pensez à vous équiper d'un sac isotherme ou d'une glacière pour conserver ces denrées périssables durant le transport.

En résumé, nous vous conseillons les **foies gras** *(voir St-Étienne-de-Baïgorry)* mais surtout les **jambons**, qu'ils soient de Bayonne ou Belota.

Côté produits de la mer et des rivières : revenez donc avec les soupes de poissons cuisinées sur la côte, et quelques morceaux de truites fumées ou préparées en rillettes, surtout si elles ont été élevées dans la vallée des Aldudes.

Un passage à **Espelette** s'imposera également pour faire provision de piments. De l'autre côté des Pyrénées, vous pour-

👥 SITES OU ACTIVITÉS À FAIRE EN FAMILLE			
Chapitres du guide	**Nature**	**Musées**	**Loisirs**
Ainhoa	Grottes des Sorcières, grottes d'Urdax		
Anglet			Plages, surf, pêche
Ascain			Petit train de la Rhune
Azpeitia		Musée du Chemin de fer	
Balmaseda	Grotte Pozalagua		Parque del Carpín
Bayonne		Musée basque, L'Atelier du Chocolat	Journées du chocolat
Vallée du Baztan		Centre d'interprétation du parc de Bertiz	
Biarritz		Musée de la Mer, musée du Chocolat	
Bilbao		Funiculaire d'Artxanda, musée Guggenheim, forge El Pobal	
Côte de Biscaye		Baleinier Aita Guria	
Durango	Parc d'Urkiola		
Fontarabie			Le bateau pour aller à Hendaye
Hendaye			Centre nautique, surf
Isturitz	Grottes		
Itxassou	La Forêt des Lapins à Louhossa		
Laguardia	Parc ornithologique de Los Molinos		
Larrau	Gorges de Kakuetta		
Mauléon			Rafting, Aventure parc Aramits
Olite	Lagunes de Pitillas	Château des Rois de Navarre	
Ossès			Parcours Aventure
Pampelune	Parc de la Taconera	Planétarium	
St-Étienne-de-Baïgorry	Visite des fermes piscicoles et des élevages de porcs		Promenades avec un âne, sports d'eaux vives
St-Palais	Bois de Mixe		
St-Pée-sur-Nivelle			Base de loisirs
St-Sébastien		Musée de la Science, Miramon, aquarium, petit train, parc de loisirs du mont Igueldo	Tour de la baie
Sangüesa	Belvédère du défilé d'Arbayún	Château de Javier	
Sare	Grotte	Maison Ortillopitz	Ferme Etxola
Vitoria-Gasteiz		Musée des Cartes à jouer, château de Mendoza, musée du Sel	

rez rapporter dans le même registre des *piquillos* et des piments de **Lodosa**.

Ne quittez pas les Pyrénées sans avoir fait provision de **fromage de brebis** : l'appellation Ossau-Iraty vous garantira l'achat d'un produit de qualité. Son alter ego guipúzcoan, le **fromage d'Idiazabal**, mérite lui aussi le détour et la dégustation.

Les douceurs

Miel, gâteau basque, macarons (*Mouchous*) de St-Jean-de-Luz, chocolat de Bayonne et de Tolosa, confiture de cerise noire d'Itxassou et confiseries de Vitoria : voilà de quoi régaler les gourmands.

Vins et eaux-de-vie

Un séjour dans le Pays basque et en Navarre vous donnera l'occasion de compléter votre cave avec des crus d'ailleurs. Hormis l'irouléguy, produit entre St-Jean-Pied-de-Port et St-Étienne-de-Baïgorry, les autres vins typiques de la région viennent du Sud des Pyrénées. Il s'agit aussi bien de productions très locales, comme le **txakoli** en Guipúzcoa, que de crus renommés comme les vins d'Álava ou de Navarre. Bien entendu, tout cela est à consommer avec modération.

☝ Reportez-vous à la rubrique « Vignoble » p. 114.

On trouve également, en Pays basque, une liqueur élaborée à partir de piment : l'**izarra**.

SPORT

Le chistera

Équipement indispensable à la pelote (au moins l'une de ses trois formes), il prend la forme d'un long gant d'osier courbe, dans lequel la balle vient atterrir avant d'être immédiatement relancée. La maison Gonzales, à Anglet, en fabrique depuis le 19e s. ✆ 05 59 03 85 04.

HABILLEMENT ET DÉCORATION

La gourde

Savez-vous boire à la régalade ? C'est indispensable au Pays basque. Ici, faire couler le liquide directement dans le gosier s'apparente à un art. Et comme tout art, il demande un accessoire adapté : la gourde en peau ou *chahakoa*. Autrefois incontournable, cet objet traditionnel devient de plus en plus difficile à dénicher, les artisans qui la fabriquent disparaissant les uns après les autres. Vous n'en trouverez plus, ou très difficilement, au Nord des Pyrénées, et c'est encore du côté de Pampelune

que vous aurez le plus de chance d'en acheter une.

Le makhila

Cette canne typiquement basque est plus qu'un bâton de marche. Elle possède en effet une fonction honorifique ainsi que défensive puisque que le pommeau cache une lame. Sa fabrication, toujours artisanale, nécessite temps et savoir-faire. Il ne reste que peu d'artisans fabriquant cette canne traditionnelle.

Se renseigner auprès des ateliers de *makhila* :

Monsieur Léoncini – Bayonne - ✆ 05 59 59 18 20.

Monsieur Bergara – Larressore - ✆ 05 59 53 03 05 *(voir p. 182)*.

Stéphane Sauvignier / MICHELIN

Présentation d'un makhila par M. Bergara, atelier Ainciart-Bergara à Larressore.

La pure laine

Dans les **Pyrénées**, la laine apportée par les bergers à la filature est tricotée puis frottée sur un « métier de cardes », qui remplace les chardons d'autrefois, pour donner aux couvertures et aux pull-overs une douceur pelucheuse. On trouve ces produits dans les commerces et les magasins d'usine de production.

L'espadrille

Cousue en spirale, fermée par une toile de lin ou de coton, c'est la chausse par excellence du Pays basque. **Mauléon-Licharre** *(voir cette ville dans la rubrique « Découvrir les sites »)* en est la capitale malgré le net déclin de l'activité.

Mais vous en trouverez également chez Pare-Gabia à Bayonne, Garcia à Bidart ou Armaité à Idaux-Mendy. Elle se déniche aussi en supermarché, sous la marque France-Espadrilles qui cache un regroupement de petits fabricants souletins.

Le béret

Symbole de la France, le béret, originaire du Béarn, est aussi devenu celui du Pays

Linge basque, boutique Jean Vier.

basque. Les plus réputés sont fabriqués à Tolosa, par la **maison Elosegui** de Tolosa. On peut également s'en faire faire sur mesure à Bayonne.

Le linge basque

Vous en trouverez dans toutes les boutiques de linge au nord des Pyrénées. Si vous le voulez, passez voir l'espace décoration de l'**écomusée Jean-Vier** à St-Jean-de-Luz ou la maison artisanale **Ona Tiss** à Saint-Palais.

Fêtes et festivals

Nous proposons ci-dessous une sélection d'importantes manifestations qui se déroulent sur l'ensemble du territoire. D'autres sont également répertoriées dans l'**encadré pratique** des sites à la rubrique « Événement ».

EN FRANCE

Janvier-février

Espelette – Foire aux pottoks (fin du mois).
Biarritz – Festival international des programmes audiovisuels (3e week-end). ℘ 05 59 43 53 20 - www.fipa. tm.fr

Carnaval

Saint-Pée-sur-Nivelle – Février.
Bayonne – Début février.
St-Jean-de-Luz – Début février.
Sare – Carnaval des jeunes.
Hendaye – Mi-février.
Arcangues – 3e semaine.
St-Jean-Pied-de-Port – 3e semaine.
Biarritz – 3e semaine.

Mars

St-Pée-sur-Nivelle – Fête de la confrérie de la Truite.
St-Jean-de-Luz – Défilé et concours des confréries gastronomiques.

Bayonne – Foire aux jambons (3e week-end).
Biarritz – « Quiksilver Biarritz Maïder Arrosteguy » (compétition de surf). « Bi Harriz Lau Xori », festival d'expressions basques et d'ailleurs…

Avril

Gotein – Festival de flûtes (Xiru).
St-Étienne-de-Baïgorry – Journée de la Navarre avec chants et surtout danses.
Biarritz – Fêtes musicales de Biarritz (3e week-end) - ℘ 05 59 22 20 21.

Mai

Bayonne – Journées du chocolat (autour du 8 mai).
Biarritz – Festival des arts de la rue.
Cambo-les-Bains – Festival d'otxote (chant choral à quatre voix égales de huit hommes).
St-Jean-Pied-de-Port – Festival des musiques d'ici et d'ailleurs (dernier week-end).
St-Jean-de-Luz – Festival international du film de surf.
Hendaye – Mai du théâtre.

Juin

Abbayes de l'Adour (Peyrehorade) – Festival des abbayes en Sud Adour : musique classique (juin). ℘ 05 58 91 00 83 ou 05 58 90 99 09 pour réserver - www.festivaldesabbayes.org
Ascain – Fête du pottok (début juin).
Itxassou – Fête de la cerise (début juin).
Biarritz – Les Océanes, festival de la mer.
St-Jean-de-Luz – Udaberria Dantzan, festival de danses traditionnelles (vers le 11 juin).

Juillet

Biarritz – Les Extravagances (festival de musiques actuelles).
La Pierre-St-Martin – Junte de Roncal (le 13 juil.) : célébration du traité le plus ancien d'Europe avec la vallée de Roncal.
Bayonne – La Ruée au jazz (après le 14 juil.).
Espelette – Festival international de danse Gau Argi jeunes enfants, 9/15 ans.
Itxassou – Errobiko Festibala, Festival de la Nive (3e week-end).
Hendaye – Fêtes de la mer (dernier week-end de juil.).

Juillet-août

Bayonne – Les arènes accueillent tout au long de l'été des corridas (novillada et corrida de novillos, corrida portugaise, feria de l'Atlantique).

St-Jean-de-Luz – Internationaux professionnels de Cesta Punta, jeu de pelote (les mardis et vendredis soirs).

Biarritz – Biarritz Master Jaï Alaï (jeu de pelote).

Urrugne et Arcangues – Gala de force basque (juillet et août).

St-Jean-de-Luz/Ciboure – Régates de traînières (vers le 10 juil.).

Fêtes de Bayonne (août).

Août

Cambo-les-Bains – Festival international de théâtre d'Arnaga.

Bayonne – Fêtes de Bayonne où danses, chants réveil du roi Léon, courses de vaches, parties de pelote, bals publics… animent la ville (1re sem.). http://fetes.bayonne.fr

Ascain – Concours de chiens de bergers et Course de la Rhune (début du mois).

St-Étienne-de-Baïgorry – Festival musical de Basse-Navarre (musique baroque la 1re quinz. d'août).

Anglet – Surf de nuit/Airshow (14 août).

Septembre

Biarritz – Quiksilver Pro Junior International de Surf (fin sept.-début oct.).

St-Jean-de-Luz – Académie internationale de musique Maurice Ravel - ☎ 05 59 47 13 00.

Biarritz – « Le Temps d'Aimer », festival de danse (2e sem. de sept.) - Biarritz Culture - ☎ 05 59 22 20 21.

Biarritz – Festival de cinémas et de cultures d'Amérique latine de Biar-

ritz (dernière sem. de sept.) - www.festivaldebiarritz.com

Octobre

Biarritz – Les Translatines, festival de théâtre franco-ibérique et latino-américain

St-Jean-de-Luz – Festival des jeunes réalisateurs.

Bayonne et Biarritz – Festival de théâtre latino-américain.

St-Jean-de-Luz – Festival de chant choral (fin oct.).

Novembre

Biarritz – Festival de cirque « On s'appelle on s'fait un Cirque ! » (fin nov.) - Biarritz Culture - ☎ 05 59 22 20 21.

EN ESPAGNE

Janvier-février

St-Sébastien – La Tamborrada, défilé de fanfares, une des fêtes emblématiques de la ville - www.donostiasansebastian.com/tamborrada
Fêtes patronales (autour du 20 janv.).

Bilbao – Semaine chorale de Biscaye (fév.).

Vitoria – Semaine du cinéma basque (fin fév.-déb. mai).

Carnaval

Mundaka – Carnaval (1re quinz. de fév.).

Tolosa – Carnaval (janv.-mars) - ☎ 943 697 413.

Vallée de la Bidassoa – Le carnaval d'Ituren (fin janv.).; carnaval de Lesaka (fév.-mars).

Semaine sainte

Balmaseda (Biscaye) – Chemin de croix vivant, avec toutes les étapes reconstituées jusqu'à la crucifixion.

Avril

St-Sébastien – Festival du film sous-marin (avril ou mai).

Vitoria – Fête de San Prudencio (17-18 avr.).

Mai

Bilbao – Festival du cinéma fantastique (1re quinzaine).

Vitoria – Festival international du cinéma (2e sem.) et festival international de folklore.

Errenteria – Musikaste : semaine musicale dédiée aux compositeurs basques (3e quinz. de mai) - www.musikaste.com

Pampelune – Festival de flamenco.

St-Sébastien – Festival publicitaire de St-Sébastien.

Juin

Getxo (Biscaye) – Festival International de Blues de Getxo - (déb. juin) - ☏ 944 914 080.

Vitoria – Festival du film vidéo.

La St-Pierre – Patron des pêcheurs, St-Pierre est honoré et célébré dans beaucoup de ports de Biscaye chaque 29 juin (Ondarroa, Lekeitio, Mundaka, etc.).

Juillet

Vitoria – Festival de jeux dans la rue (fin juin-déb. juil.)

Getxo (Biscaye) – Festival international de jazz (1re sem.) - ☏ 944 91 40 80.

Pampelune – Fêtes de la St-Firmin (los Sanfermines) pendant lesquelles ont lieu les fameuses courses de taureaux et les concours de chant (2e sem. de juil.).

Bilbao – Festival international de théâtre de rue.

Markina-Xemein – Les fêtes patronales de Markina-Xemein (16 juil.).

Fontarabie – Fête de la Kutxa (25 juil.).

Tudela – Fêtes patronales de sainte Anne (24-30 juil.).

Fête de la St-Firmin à Pampelune.

© Office Espagnol du Tourisme

Juillet-août

Bermeo – Romaria à la isla de Izaro, fête de la Magdalena (22 juil.).

St-Sébastien – Festival de jazz (dernière sem.) - ☏ 943 440 034. www.jazzaldia.com

Août

Pampelune – Festivals de Navarre.

Vitoria – Nuit de los Faroles, procession du rosaire (4 août) et fêtes de la Vierge Blanche (6 août).

Quinzaine musicale, festival de musique classique - www.quincenamusical.com

Assomption et St-Roque

Bilbao – Semana Grande.

Guernica (Biscaye) – Fête de San Roque (15-18 août).

Llodio (Biscaye) – Fêtes patronales de Laudio/Llodio (2e quinz. d'août) - ☏ 944 034 930.

St-Sébastien – Semana Grande.

Fin août-début septembre

St-Sébastien – Régates de traînières.

Fontarabie – Alarde d'Armes (8 sept.).

Septembre

St-Sébastien – Euskal Jaiak ou Fêtes basques (1re sem.)

Festival international du cinéma - ☏ 943 481 212. www.sansebastianfestival.com

Pampelune – Concours international de chant Julian Gayarre.

Concours international de violon Pablo Sarasate - ☏ 848 424 683.

Octobre

Vitoria – Festival international de théâtre.

Bilbao – Festival de théâtre et de danse contemporaine (oct.-nov.).

Durango – Fête patronale de San Fausto (13 oct.).

St-Sébastien – Festival du film fantastique et Festival de chorales (fin octobre) - Donostia kultura - ☏ 943 481 150

Tolosa – Concours international de chorales (autour de la Toussaint) - ☏ 943 697 413.

Novembre

Bilbao – Festival international de marionnettes, Concours international de chant et Festival de musique du 20e s. et ZINEBI, Festival international de cinéma documentaire et de courts métrages.

Tolosa – Festival international de marionnettes (fin nov.) - ☏ 943 697 413.

Décembre

Durango – Foire aux livres et aux disques basques (1er week-end) - ☏ 946 818 066.

Nos conseils de lecture

Quelques beaux livres, documents, ouvrages pratiques ou romans pour découvrir la région ou un thème.

CULTURE, GÉNÉRALITÉS

Les Basques, peuple de la montagne, Koldo San Sebastian, éd. Elkar, 2007.
L'Archipel basque, C. Dendalteche, éd. Privat, 2005.
Autrefois le Pays basque, C. Bailhé, éd. Milan, 1999.
Les Basques, J. Allières, PUF, 1999.
Pays basque, terre et gens, A. Sorondo, éd. Ellkar, 2004.
La Côte basque, de Bayonne à Bilbao, Nathalie Dupuy, éd. Escales océanes atlantica, 2004.
Le Pays basque vu d'en haut, J. Pattout, J.-Ph. Ségot, éd. Atlantica, 2007.
Fêtes et traditions du Pays basque, O. de Marliave, éd. Sud-Ouest.
Jeux et sports basques, B. Zintzo-Garmendia, éd. J G D.
La Pelote basque : Technique - Compétition - Règles - Pratique, P. Philippe, M. Diament, éd. Milan, 2002.

GASTRONOMIE

La Bonne Cuisine basque, E. Bonche, éd. J G D.
Recettes des sept provinces du Pays basque, J. Pouget, J.-J. Mendia, éd. Aubéron, 1999.
Tapas, B. Pouget, J. Pouget, éd. Aubéron, 2002.

Les thermes de Cambo-les-Bains.

HISTOIRE

Histoire de Bayonne, Pontet, Privat, coll. Univers de France, 1995.
Histoire du peuple basque, J.-L. Davant, éd. Elkar, 2000.
Pays basque (vie d'autrefois), J.-F. Ratonnat, éd. Sud-Ouest, coll. Histoire, 2000.

ITINÉRAIRES

Pays basque/Guide Rando, G. Véron, éd. Rando, 2003.
Randonnées sur les sentiers du Pays basque, de A.-M. Minvielle, éd. Glénat, coll. Rando-Évasion, 2005.
Balades en Pays basque, éd. du Pélican, 1996.
PR/Le Pays basque à pied, topoguide de la Fédération française de randonnée pédestre, 2004.
Balades nature au Pays basque, collectif, éd. Dakota, 2000.

JEUNESSE

Téodosio, C. Labat, éd. Elkar, 2005.
Olentzero, C. Labat, éd. Elkar, 2005.
Ces deux ouvrages sont des contes basques adaptés pour petits et grands enfants…
Bécassine au Pays basque, Pinchon, Cauméry, éd. Gautier Languereau, 1991.
Contes traditionnels du Pays basque, M. Cosem, F. Vincent, éd. Milan, 1996.
Légendes et récits populaires du Pays basque, J.-F. Cerquand, éd. Aubéron, 1996.

LANGUE/TOPONYMIE

La Grammaire basque, P. Lafitte, éd. Elkarlanean, 2002.
Guide de la conversation français-basque, éd. Elkarlanean, 2000.
La Naissance de l'écrivain basque, U. Apalategui, C. Mango, éd. L'Harmattan, 2001.
Noms de lieux du Pays basque et de Gascogne, Michel Morvan, éd. Bonneton, 2004.
Le Comité départemental du tourisme Béarn-Pays basque édite un petit guide : *La Langue basque*.

LITTÉRATURE/ROMANS

La Villa Belza, B. Pécassou-Camebrac, Flammarion, 2007.
Portrait basque, R. Laxalt, éd. Autrement, coll. Littérature, 2001.
Ramuntcho, P. Loti, Folio Gallimard, 1990.
Le Pays basque, P. Loti, éd. Aubéron.
Voyages au Pays basque, Stendhal, T. Gautier, V. Hugo, éd. Pimientos, coll. Voyages d'écrivains au 19e s., 2002.

MUSIQUE

Vous trouverez un grand choix de disques chez Agorila (13 r. Montalibet, 64100 Bayonne, www.agorila.com), spécialisé dans l'édition musicale du Pays basque.

Idem chez Elkar Maison d'édition (www.elkarlanean.com) qui propose des disques en plus de son catalogue de livres.

Musiques et promenades en Pays basque (compilation), éd. Elkar.

Tatoo, Fêtes du Sud-Ouest, Agorila.

Chœurs basques, Argileak, Agorila.

Euskal Herriko Musika, compilation de musiques basques, éd. Elkar.

Desertore, par Oskorri, éd. L'autre Distribution.

Hitaz Oroit, par Benito Lertxundi, éd. Ihl/Elkar.

Bizi Bizian, Errobi, éd. Import 3/Elkarlanean.

Haatik, Amaia Zubiria, éd. Elkar.

PRESSE

Quotidiens

Sud-Ouest

Le Journal du Pays basque

La Semaine du Pays basque

Kiosque à journaux, Balmaseda.

Stéphane Sauvignier / MICHELIN

La République des Pyrénées

Berria (en langue basque)

En Navarre

Diario de Navarra

Diario de Noticias

En Euskadi

El Correo (Biscaye-Álava)

Revue

Pays basque (trimestrielle, Milan Presse).

Bergers menant un troupeau de brebis manech en alpage.
Stéphane Sauvignier / MICHELIN

NATURE

La nature est ici d'une richesse formidable ; sur peu de kilomètres se télescopent l'Océan, une côte rude et déchiquetée, des collines, des vallées plus ou moins encaissées, des montagnes de plus de 2 000 m et même un désert. Tous ces paysages, animaux ou plantes n'existent pas ici par hasard. Soumis à des influences climatiques différentes, ce pays montagneux est également occupé par l'homme depuis des millénaires. Et celui-ci a, au cours du temps, façonné cet espace pour en faire une fantastique mosaïque de milieux et d'écosystèmes très différents.

Enclos dans le Pays basque.

Des paysages variés

La région que nous décrivons s'étend de part et d'autre des Pyrénées, en France (Labourd, Basse-Navarre et Soule) et en Espagne (Álava, Biscaye, Guipúzcoa et Navarre). Or ici ce n'est pas la frontière administrative, mais la ligne de partage des eaux qui marque la limite entre deux versants aux paysages et climats très différents.

DEUX VERSANTS OPPOSÉS

Région charnière entre l'Europe continentale et la péninsule Ibérique, niché au creux du golfe de Biscaye (ou de Gascogne), battu par l'océan Atlantique, traversé par les massifs montagneux (axe pyrénéo-cantabrique), ce territoire de moins de 21 000 km² est bordé au sud-ouest par la vallée de l'Èbre, au nord par l'Adour qui se jette dans l'Océan, à l'ouest par la vallée de Karrantza et à l'est par le massif du pic d'Anie.

Les chaînes de montagne orientées est-ouest forment une ligne de partage des eaux sur l'**axe Gorbea-Irati**. Le versant nord (Biscaye, nord de l'Álava, Guipúzcoa, Labourd, nord de la Navarre, Basse-Navarre et Soule), dont les eaux

débouchent dans l'Atlantique, est soumis à un climat océanique, doux et pluvieux : c'est le **versant atlantique** *(voir p. 56)*, humide, très vert. Sur le versant sud (grande majorité de l'Álava et de la Navarre), les eaux arrivent à la Méditerranée, à travers le cours majestueux de l'Èbre. C'est un climat méditerranéen qui s'impose sur ce **versant méditerranéen** *(voir p. 60)*, sec, de couleur ocre jaune en été. 150 km suffisent pour passer d'un climat de haute montagne à un climat subdésertique.

DES PAYSAGES COMPLEXES

Relief, sols et climats conditionnent les types de végétation et modèlent fortement les paysages.

La **Côte atlantique** est dure, déchiquetée, avec très peu d'espaces de calme, les chaînes de montagne venant se heurter directement à l'Océan. Ce sont essentiellement des falaises de **flysch** (formations géologiques prenant l'allure d'un empilement de couches de roches dures et tendres) qui plongent brutalement dans l'Océan, témoins de la violence des éléments lors de l'émergence des montagnes. Elles ont à subir les attaques incessantes de la mer, et des phénomènes d'érosion spectaculaires rendent l'habitat en haut de ces falaises périlleux.

Les **estuaires**, les criques apportent un peu de calme sur cette côte et sont peuplés depuis fort longtemps. Ils recèlent des écosystèmes complexes et primordiaux qu'il convient de préserver pour les générations futures.

Sans activité humaine, l'intérieur de la région serait couvert de **forêts**, avec de grandes chênaies en plaine et dans les collines. Les **montagnes** seraient recouvertes de hêtres et sapins au nord, pins sylvestres et hêtres au sud, et seules les zones très escarpées et la haute montagne échapperaient aux forêts avec, au-delà de 2 200 m, des pelouses alpines.

L'altitude de 2 000 m est dépassée vers l'est, au-delà du pic d'Orhi, dans les Pyrénées basques, où se trouvent les exceptionnels paysages de la forêt subalpine de pins à crochets dans le **karst de Larra** (Navarre).

L'EMPREINTE DE L'HOMME

Aujourd'hui, le Pays basque et la Navarre sont un pays de moyennes montagnes entrecoupées de vallées agricoles plus ou moins larges, avec des villes et des complexes industriels enfoncés au creux du relief. La plupart des massifs montagneux, souvent calcaires (du crétacé, voire du jurassique), mais également schisteux ou granitiques, culminent vers les 1 000-1 500 m. Les massifs de Gorbea, Anboto, Aitzkorri, Aralar, Urbasa, Andia, Lokiz, Izko présentent d'immenses pâturages et des forêts. Les pentes des moyennes montagnes sont couvertes de prairies, de landes, voire par des plantations récentes de pins de Monterey *(Pinus radiata)* ou d'eucalyptus en Biscaye et Guipúzcoa.

Agriculture et industries

Les premières traces de présence humaine remontent bien avant, mais les paysages actuels découlent des activités d'une civilisation de paysans-éleveurs qui existe ici depuis le néolithique, c'est-à-dire depuis environ 4 000 ans. La révolution néolithique a eu comme conséquence la domestication des animaux et des végétaux, l'établissement de villages, puis de villes, et l'augmentation de la population.

Les sommets des montagnes se sont dénudés sous la pression du feu des hommes et des besoins de leurs troupeaux. L'**industrie minière et métallurgique** très ancienne (plus de 2 000 ans !), comme en témoignent les mines à Aiako Harriak (Guipúzcoa), Banka (Basse-Navarre), Larrau (Soule), Goizueta (Navarre), Gallarta (Biscaye), s'est accompagnée d'une très forte déforestation due à la fabrication de charbon. Puis, au début du 19e s., l'exploitation massive du minerai de Biscaye enclenche le processus d'industrialisation qui a fait la richesse de cette région.

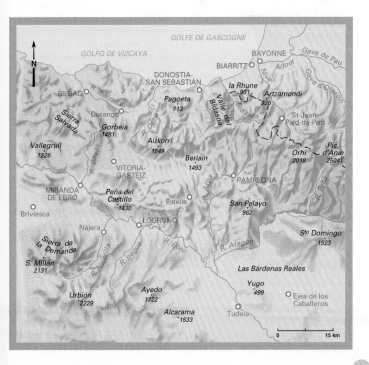

Stéphane Sauvignier / MICHELIN

Les Aldudes.

La population rurale de Biscaye et du Guipúzcoa quitte ainsi la campagne pour la ville. Les terres agricoles y sont moins exploitées et les montagnes du Guipúzcoa et de la Biscaye sont envahies depuis les années 1950 par des plantations de pins de Monterey.

Plus à l'est, les provinces du Labourd, de la Basse-Navarre et de la Soule, mais également à l'ouest, la vallée de Karrantza *(voir p. 64)*, ont conservé leurs paysages de bocages et de montagnes pastorales, l'agriculture y étant toujours vivante.

Au 21e s., le paysage agricole existe toujours, et certaines pratiques ancestrales sont toujours vivantes : transhumances de plusieurs dizaines de kilomètres, écobuages pour nettoyer et fertiliser les pâturages. Les paysans entretiennent les prairies grâce à leurs troupeaux ou laissent des parcelles en jachère traditionnelle dans les zones méditerranéennes.

Le versant atlantique

Toute la partie nord de la région, du fond de la Biscaye aux confins souletins en passant par le Guipúzcoa et le nord des provinces d'Álava et de Navarre constitue ce versant vert, humide, tempéré, océanique. Ici, les écarts de température sont faibles et les précipitations abondantes, allant de 1 200 mm à plus de 3 000 mm en haute montagne.

UN RÉSEAU DE MONTAGNES INEXTRICABLE

Les montagnes proches de la côte n'atteignent pas les 1 000 m. Leurs pentes abruptes sont souvent recouvertes de **forêts** naturelles (chênes pédonculés, châtaigners) ou artificielles (pins de Monterey ou eucalyptus en Guipúzcoa

et Biscaye). La biodiversité et la richesse naturaliste en sont très affectées, ces plantations ayant comme conséquence d'appauvrir considérablement les milieux. Dans les zones plus accessibles, les forêts laissent la place aux prairies ou aux landes à fougères ou à ajoncs, landes qui servent également de pacages aux troupeaux de brebis, vaches et pottoks. Ces reliefs peu élevés ont été de tout temps utilisés comme zones d'hivernage des troupeaux qui passent la belle saison sur les estives des montagnes.

C'est en s'éloignant encore de la côte à travers les **vallées étroites**, complètement occupées par les routes, agglomérations et zones industrielles, que les montagnes prennent plus d'importance et que les paysages ruraux caractéristiques dominent.

Différents trajets, comme de Tolosa à Azpeitia par Errezil (en Guipúzcoa) ou de Markina à Guernica par Aulesti (en Biscaye), permettent d'apprécier la diversité et la complexité de ces paysages traditionnels de ce versant. La traversée du **col d'Osquich** permet d'avoir une vue remarquable sur la Soule, province très agricole, dominée au loin par les Pyrénées. Prairies de fauche, prairies pâturées et maïs dominent ces espaces cultivés. Plus haut, d'énormes entailles faites par les eaux dans les épaisses couches calcaires du Crétacé sont visibles : ce sont les **gorges d'Ehüjarre**, **Kakuetta**, **Holçarté**… Le Guipúzcoa et la Biscaye sont dans une grande mesure industrialisés, mais curieusement, les marges occidentales de la Biscaye, à peu de kilomètres des mines de fer de Somorrostro qui marquèrent l'essor industriel du Pays basque aux 18e et 19e s., sont restées très agricoles. Mais partout, l'horizon est réduit, parfois écrasé par les pentes.

Lorsque les montagnes ne retiennent pas les nuages chargés de pluie venant de la mer, elles apparaissent comme des sentinelles qui dominent les villages et les vallées : Txindoki, Anboto, Ernio, Behorlegi, Orhi, etc.

La douceur du climat est telle que la végétation reste verte toute l'année. De rares fougères subtropicales subsistent même dans quelques ravins encaissés, témoins de la flore d'avant la formation des Pyrénées.

UNE CÔTE SAUVAGE ET ABRUPTE…

Cette côte est extrêmement découpée, très sauvage et abrupte par endroits, comme on peut l'observer sur la corniche au sud de Zokoa ou autour d'Elantxobe en Biscaye. Le haut des falaises est occupé par une végétation caractéristique de landes, parfaitement adaptée aux bourrasques et à l'excès de salinité. Les arbres n'arrivent pas à se développer ici et seuls des **arbustes**, sculptés par le vent, arrivent à s'élever un peu du niveau de la lande à bruyère vagabonde ou de la pelouse littorale.

Curieusement, c'est proche de ces grandes falaises, en Biscaye près de Bakio ou en Guipúzcoa près de Getaria, que subsiste depuis le 13e s. un vignoble original donnant un vin blanc vif et pétillant, le **txakoli** (AOC).

Peu de plages...

Pour une distance à vol d'oiseau de 130 km, l'Océan longe le Pays basque sur plus de 200 km, dont moins de 30 km de plages ! Les rares plages, au sable généralement fin, se répartissent sur toute la côte (Laida, Arrigorri en Biscaye, Ondarreta, Fontarabie en Guipúzcoa, Hendaye ou Bidart au Labourd) mais n'ont rien à voir avec l'étendue des plages landaises. Elles sont souvent surmontées par d'imposantes falaises de plus de 50 m comme Ogoño ou Dunbarriak à Hendaye.

Mais des vagues réputées

Mise au goût du tourisme grâce aux villes de Biarritz, Saint-Sébastien ou Lekeitio, la Côte basque est le berceau européen du surf. La qualité de ses tubes est mondialement reconnue et s'explique par une succession de coïncidences géographiques. Le **golfe de Gascogne** forme une espèce d'entonnoir, où viennent s'écraser les vagues formées par les tempêtes et dépressions de l'Atlantique Nord.

D'autre part, le plateau continental est ici très court et les fonds marins plongent de manière très abrupte, ce qui permet d'obtenir ces **vagues puissantes et rondes** que recherchent les amateurs de sensations fortes. Les vagues les plus spectaculaires sont situées au large, entre Hendaye et Ciboure, sur un site appelé **Belharra**, où le fond rocheux fait que des vagues démesurées s'écrasent en pleine mer !

Les **surfeurs** du monde entier viennent ici se mesurer aux vagues fameuses de Mundaka, de Sopela en Biscaye, de Zarautz ou Getaria en Guipúzcoa ou Biarritz en Labourd.

... ET DES ZONES HUMIDES AUTOUR DES ESTUAIRES

L'**Adour**, qui prend sa source dans les Pyrénées centrales, est le seul « grand fleuve », avec un cours de plus de 300 km qui se jette dans l'Océan, à Bayonne.

Cette embouchure est récente, puisqu'elle fut définitivement stabilisée au 16e s., grâce à un canal creusé par Louis de Foix, à travers les dunes. Des **barthes**, prairies humides inondables abritant des tortues d'eau douce comme la cistude d'Europe, longent encore l'Adour ou la Nive en Labourd. D'autres fleuves, au cours plus rapides, se jettent dans le golfe de Biscaye par le biais d'estuaires.

La **zone d'Urdaibai**, estuaire du fleuve Oka près de Guernica, constitue un bel exemple d'harmonie entre l'homme et la nature et, à ce titre, est inclus depuis 1984 dans le réseau des réserves de la biosphère de l'Unesco. Dans ses eaux saumâtres, ses vasières et ses prés salés se reproduisent bon nombre de poissons et d'invertébrés jouant un rôle essentiel dans les chaînes alimentaires et les écosystèmes marins. Urdaibai est également un lieu de halte pour bon nombre d'oiseaux migrateurs.

Prendre la vague.

Une côte capricieuse

Le golfe de Gascogne – ou de Biscaye – est remarquable pour la variété de ses ressources sous-marines et ses écosystèmes côtiers. Ces richesses qui ne sont pas inépuisables ont toujours été largement exploitées, et même parfois surexploitées.

UNE VIE ADAPTÉE AU BORD DE MER

Sur les rochers et les plages

La zone battue par les vagues, notamment les rochers, abrite une vie intense de **crustacés** (crevettes, crabes, etc.) ou d'invertébrés (patelles, oursins, moules, étoiles de mer, etc.) et constitue un écosystème important. Les plages sableuses ou les vasières situées dans les estuaires abritent, quant à elles, des espèces fouisseuses comme des **annélides** (appelés communément « vers de vase ») et des **coquillages** comme les coques, les tellines… Les prélèvements au cours de pêches à pied de nombre de ces animaux côtiers (oursins, moules, huîtres, crabes, etc.) sont tellement intenses, qu'une réglementation a dû être mise en place sur les côtes du Guipúzcoa et de Biscaye.

La zone des marées est aussi le lieu de vie des **algues**, notamment algues rouges ou brunes, dont certaines espèces sont ramassées en période hivernale après les grandes tempêtes, pour fabriquer de l'agar-agar, un gélifiant alimentaire.

La côte basque, riche en falaises, est assez pauvre en colonies **d'oiseaux marins** qui y trouvent en revanche la tranquillité nécessaire à leur reproduction.

Le **cormoran huppé** y niche en petits effectifs et les **goélands argentés** se reproduisent en nombre dans l'île inhabitée d'Izaro, en Biscaye. Un curieux petit oiseau ne se posant sur terre que pour se reproduire, le **pétrel tempête**, niche dans des rochers face à la grande plage de Biarritz ainsi que dans une grotte dans la falaise d'Ogoño en Biscaye.

Au-dessus des falaises

Sur les falaises, hors d'atteinte des vagues, c'est le domaine des **pelouses** ou de la **lande à bruyère,** où des arbustes arrivent à pousser, comme l'arbousier, le tamaris, ou le baccharis, espèce venant de régions tropicales. La flore locale abrite de nombreuses raretés dont des espèces endémiques de **séneçon** et d'**armérie**. Les **dunes** ont quasiment disparu suite aux aménagements et implantations d'habitations… Seuls des vestiges subsistent, notamment du côté d'Anglet, où on peut observer le **lis des sables**. Très fréquentes sur la zone méditerranéenne, les quelques **chênaies vertes**, forêts impénétrables, sont reléguées ici dans des pentes raides comme à Urdaibai, proche de Guernica ou Deba en Guipúzcoa. De même, si les forêts de **chênes-lièges** ont disparu, la race atlantique de cet arbre essentiellement méditerranéen existe toujours, surtout sur la côte, à la limite des Landes.

UN OCÉAN AUX RESSOURCES LIMITÉES

Une grande variété de poissons

Le golfe de Gascogne est une sorte de « cul-de-sac » de l'océan Atlantique. L'effet du **Gulf Stream**, courant marin

Falaises de roche feuilletée (flysch) à Socoa.

chaud, s'y fait sentir et explique la présence de poissons habituellement rencontrés dans des eaux subtropicales, comme les **murènes** ou des **balistidés**. Le réchauffement de la planète s'y fait également ressentir et on assiste à une augmentation de l'abondance de **poissons des eaux chaudes**, au détriment des espèces boréales comme le cabillaud, le lieu jaune ou le merlan. En revanche, les grandes profondeurs qui se trouvent à peu de kilomètres des côtes expliquent la présence de **poissons de type abyssaux**.

Dans les eaux douces soumises aux marées (pouvant atteindre quelques kilomètres en amont des embouchures) vivent des espèces adaptées à des niveaux de salinité assez faibles. L'**alose** fréquente ces milieux de même que d'autres espèces migratrices, comme l'anguille ou le saumon. En mer, les espèces pélagiques prennent le dessus.

La baleine

Marsouins, dauphins et, plus rarement, des **phoques gris** sont parfois visibles de la côte. Mais le golfe de Biscaye est l'un des meilleurs sites au monde pour l'observation de **cétacés** : rorquals, orques, globicéphales, cachalots, curieuses baleines à bec, dauphins… s'y rencontrent. À peu de kilomètres de la côte, les fonds sous-marins passent brutalement de - 200 m à - 4 000 m. Ces reliefs impressionnants sont à l'origine de courants marins remontants, propices à la prolifération du plancton et attirant notamment ces grands mammifères marins. Par contre, il est devenu quasiment impossible d'y observer la **baleine de Biscaye**, celle-ci étant au bord de l'extinction. Cette baleine (également appelée « baleine des Basques ») fit l'objet d'une chasse attestée depuis le 12ᵉ s. Bon nombre de ports et de villes côtières arborent son image dans leurs armoiries. D'une taille voisine des 15 mètres, elle s'identifie par l'absence d'aileron sur le dos et par la présence d'une excroissance sur la mâchoire supérieure, souvent infestée de parasites. Elle migrait à l'automne vers les eaux tempérées entre la péninsule Ibérique et les Açores pour s'y reproduire pendant l'hiver et était donc proche des côtes basques pendant toute cette saison. Les techniques de chasse et surtout de navigation ayant évolué, la pression de chasse augmenta jusqu'au déclin irrémédiable des populations dès le 16ᵉ s. Les pêcheurs basques se retournèrent alors vers une espèce voisine dans les mers polaires avant d'abandonner également, faute de baleines !

Et autres pêches...

Les efforts de pêche hauturière s'orientèrent vers la pêche à la **morue** dans les eaux de Terre-Neuve, d'Islande ou du Spitzberg dès le 15ᵉ s. Plus récemment, dans les années 1950 et 1960, les thoniers, notamment des ports de Saint-Jean-de-Luz et Ciboure, allèrent pêcher le **thon** au large des côtes africaines au niveau du Sénégal et de la Côte-d'Ivoire… Vint ensuite la pêche à la **sardine**, à l'**anchois**, au chinchard… Éternel recommencement où s'affrontent nécessités économiques et biologie des populations de poissons. Globalement, les espèces « nobles » comme le merlu, la sole, la dorade et le bar ont vu leurs stocks décimés par la surpêche.

Emblème de la chasse à la baleine, fronton de l'église Ste-Eugénie à Biarritz.

Stéphane Sauvignier / MICHELIN

Des poissons migrateurs

L'**anguille** a un comportement migratoire extraordinaire. Elle naît dans la mer des Sargasses (entre les Antilles et la Floride), traverse l'Atlantique au cours d'un long périple pour s'engouffrer dans les fleuves et rivières basques. C'est alors, en plein hiver, que les pêcheurs essaient, avec de plus en plus de difficultés, de capturer ces **civelles**, les fameuses pibales se vendant à prix d'or. Après quelques années passées à grandir en eau douce, les anguilles, terribles carnassières, repartent pour se reproduire dans la mer des Sargasses.

Les **saumons** aussi remontent les quelques rivières basques non polluées et vont frayer en hiver dans la Bidassoa, et en amont, à travers l'Adour. Après 3 ans de vie locale, les jeunes saumons, après des modifications physiologiques importantes, migrent vers les mers lointaines et froides du Groenland, d'où ils reviennent au bout de quelques années, pour se reproduire et souvent mourir dans les rivières qui les ont vu naître.

Vignoble de Laguardia.

Le versant méditerranéen

Très différent du nord, ce versant est une région sèche qui, avant les phénomènes d'exploitation des mines puis d'industrialisation de la zone atlantique, fut la partie riche. Elle constituait un véritable grenier pour les régions voisines.

LES COLS, LIMITES CLIMATIQUES

Il est très fréquent, notamment en été, lorsque l'on traverse les cols de Barazar, Urkiola, Etxegarate, Azpiroz, Belate, Izpegi ou Ibañeta, d'émerger enfin d'un brouillard dense enveloppant le versant atlantique et de découvrir un ciel bleu, le soleil et une visibilité extraordinaire, portant la vue à des dizaines de kilomètres. Sous nos pieds et au-delà est le versant méditerranéen, celui qui fut très tôt voué à l'agriculture, aux céréales, à la vigne, à l'olivier… L'Èbre, qui prend sa source plus à l'ouest, au sud des monts Cantabriques, atteint ici son statut de grand fleuve et continue sa route vers la Méditerranée, après avoir reçu, au cours de son passage, les eaux des rivières descendant des principaux massifs : Zadorra, Ega, Arga, Aragon…

DES PLAINES ET VALLÉES FERTILES

Les plaines de cette région méditerranéenne sont sèches, terriblement sèches en été. Mais elles sont également fertiles. La plaine d'Álava, la région entre Estella et Olite en Navarre sont le domaine des cultures de blé, d'orge ainsi que de la pomme de terre ou de la betterave. L'olivier et l'amandier trouvent ici des conditions méditerranéennes et l'huile d'olive de Navarre et d'Álava est réputée pour sa qualité. La **vigne** trouve ici des terroirs nobles (Rioja, vins de Navarre) et le vignoble de la Rioja d'Álava, installé au pied du massif de Toloño, prend une coloration extraordinaire à chaque automne.

L'un des plus curieux paysages de ces plaines se trouve à **Añana** au sud-ouest de l'Álava, où depuis le Moyen Âge, des sources salées étaient jusqu'à une époque récente exploitées avec des terrasses exposées au soleil où le sel était récolté après évaporation de l'eau.

Plus au sud, l'irrigation à partir de l'Èbre permet une production importante de **légumes**. Dans cet immense jardin *(voir p. 65)* sont cultivés des artichauts, piments, tomates, haricots, maïs ainsi que les asperges de Navarre. On produit même du riz à l'extrémité méridionale de la Navarre !

Les vallées sont plus larges, plus fertiles, mais toujours sous le regard des montagnes. Sakana, large trouée reliant Irurtzun en Navarre à Vitoria-Gasteiz en Álava, est ainsi dominée par les massifs d'Aralar, Urbasa, Andia, mais aussi par le Beriaín, ressemblant à la formidable étrave d'un bateau voulant naviguer au milieu de la vallée.

Ici, il tombe entre 500 et 1 000 mm de pluie par an, souvent de manière brutale au printemps ou à l'automne. L'été y est chaud, l'hiver froid, donnant une touche continentale à ce climat méditerranéen. Les zones non cultivées sont recouvertes d'une végétation de type **garrigue**, avec des arbustes épineux, ou de pelouses desséchées en été, mais vertes et riches en fleurs et en odeurs au printemps. Les cigognes blanches font partie du paysage et établissent leurs nids imposants sur les églises, châteaux ou autres édifices.

Le long des cours d'eau, ce sont des **forêts « couloirs »** qui prédominent, extrêmement importantes puisqu'elles permettent de relier, par des biotopes adéquats, des lieux très éloignés les uns des autres. Les ormes, peupliers et saules peuvent y atteindre des tailles considérables et les oiseaux en sont les rois.

Les rivières aux eaux froides et oxygénées des montagnes conviennent aux poissons nobles tels que les truites ; ces dernières laissent leur place dans les eaux plus chaudes et plus calmes à des espèces comme les barbeaux et les gardons.

MONTAGNES SAUVAGES ET BOISÉES

Les massifs montagneux, orientés principalement est-ouest, donnent un caractère très marqué au paysage. Ils reçoivent plus de précipitations et abritent l'essentiel des **forêts**. Hêtres, pins sylvestres et chênaies méditerranéennes (chênes verts, chênes kermès, chênes pubescents) se partagent les pentes plus ou moins abruptes. Les plateaux et les sommets sont ici aussi devenus d'immenses **pâturages**.

Ces forêts et ces zones plus ouvertes abritent des milieux très différents, remarquables tant par leur faune que par leur flore.

Les montagnes, atteignant les 1 000-1 500 m d'altitude, étaient autrefois bien peuplées, mais de nombreux villages des austères vallées navarraises (Aezkoa, Urraul, etc.) se vidèrent à partir des années 1950, et les forêts ont doucement reconquis une partie des territoires jadis défrichés par les habitants.

D'immenses **canyons** balafrent les montagnes qui barraient le passage aux puissantes rivières montagnardes, ce qui donne des paysages tout à fait extraordinaires. Les **foz** de Burgi, Arbayún et Irunberri sont de remarquables exemples.

L'une des originalités de ces montagnes est qu'elles sont, pour une large part, calcaires, certaines ayant des réseaux karstiques importants.

Une multitude de gouffres, grottes et rivières souterraines minent ces massifs, au plus grand profit des insectes cavernicoles, étranges invertébrés adaptés à l'obscurité absolue.

UN DÉSERT PLEIN DE VIE AU SUD DE LA NAVARRE

Les Bardenas, à l'extrême sud, sont en fait une steppe, ou plutôt un paysage steppisé. Très peu de zones boisées subsistent, il s'agit alors de pins d'Alep et de chênes verts. Les plantes sont ici particulièrement adaptées au climat méditerranéen : elles économisent l'eau grâce à leurs feuilles petites, charnues, parfois recouvertes d'une épaisse cuticule, souvent avec une pilosité blanche permettant de refléter le soleil et d'éviter la transpiration… Elles ont aussi une singulière capacité à profiter des pluies occasionnelles pour fleurir et se reproduire. Ainsi, les cycles biologiques peuvent-ils être très courts, avec des périodes de plusieurs années à l'état de graine, dans l'attente de conditions pour pouvoir germer… Mais ce paysage de steppe aride est également lié à l'activité humaine, notamment à la dent de ses troupeaux, puisque depuis des temps très anciens, les troupeaux de la vallée de Roncal viennent y hiverner…

Les Bardenas abritent une avifaune de steppe très particulière *(voir p. 62)*.

Proches ou au cœur de ce désert, les zones d'eau sont de véritables oasis. C'est ici que viennent s'abreuver tous les oiseaux, les mammifères et que vivent les amphibiens, grenouilles et autres reptiles. Les bosquets aussi forment des oasis et permettent aux oiseaux arboricoles de s'y reproduire.

Eguaras, en plein milieu de Bardena la Blanca (sud de Murillo), est un véritable havre de paix…, où la complexité et la diversité des milieux et des espèces atteignent leur apogée.

Las Bardenas : le désert.

Iker Eloregi/ MICHELIN

Une biodiversité extraordinaire

Avec ces climats, reliefs et paysages différents, le Pays basque et la Navarre sont d'une richesse extraordinaire au niveau des espèces animales ou végétales. Ici sont recensés des milliers de plantes, des centaines d'espèces d'oiseaux, des dizaines de mammifères, de batraciens et reptiles, de poissons, des dizaines de milliers d'insectes ou autres invertébrés…

QUELQUES ESPÈCES RARES

La nature réserve parfois des surprises, même pour les spécialistes qui observent attentivement les nombreux écosystèmes régionaux. Certaines espèces comme le **lagopède alpin**, la **dryade octopétale** ou le **pic à dos blanc** vivent ici dans la haute montagne ainsi que dans les Pyrénées, les Alpes et la taïga ou la toundra arctique. Cela s'explique par le retrait des glaciers vers le nord et en altitude à la fin de la dernière glaciation qui a permis à des espèces adaptées à ces rudes milieux de vivre sous nos latitudes, en se réfugiant dans les montagnes.

D'autres espèces ne se retrouvent nulle part ailleurs ; il s'agit essentiellement de plantes et d'insectes. On parle alors d'espèces endémiques, nées à la suite de l'isolement des populations d'origine, les montagnes jouant alors un rôle d'île ou de refuge, propices aux phénomènes de spéciation.

Iker Bloseg / MICHELIN

Euprocte.

Une sorte de triton, l'**euprocte des Pyrénées**, que l'on retrouve dans les torrents des Pyrénées basques, en est un exemple.
En montagne, de curieuses et rares zones humides, les tourbières, abritent une plante carnivore se nourrissant d'insectes : la **drosera**.

UNE RICHE AVIFAUNE

La zone méditerranéenne abrite des **oiseaux** hauts en couleur : huppe fasciée, guêpiers multicolores qui chassent les hyménoptères en vol, rollier au plumage d'un bleu intense. La garrigue abrite plusieurs espèces de **fauvettes** : orphée, passerinette, mélanocéphale, des jardins, à tête noire, grisette, pitchou… Une diversité impressionnante de petits oiseaux ! Tous ces insectivores migrent vers le sud du Sahara pendant la saison hivernale.

Les bordures de **rivières** hébergent rossignols, loriots d'un jaune intense ou les discrètes mésanges rémiz qui y suspendent leurs nids délicats.

Les grandes zones humides

Les grandes zones humides, outre leur rôle essentiel pour le repos et l'alimentation des oiseaux migrateurs, hébergent aussi des oiseaux fort rares.

Ainsi le beuglement sourd du **butor étoilé** hante-t-il les nuits de printemps de la lagune de Pitillas. Spatules, avocettes, limicoles en tout genre utilisent les marais et vasières des estuaires de la Bidassoa à Txingudi, Urola à Zumaia, Urdaibai vers Guernica. Les lagunes endorréiques, vestiges d'une mer qui exista et qui se « vida » dans la Méditerranée lorsque l'Èbre réussit au Miocène à percer la barrière catalane qui se trouve au sud de l'Álava et de la Navarre, abritent également canards et limicoles. Toutes ces zones humides forment des écosystèmes originaux et très riches, ce qui explique que plusieurs soient classées dans la liste des zones humides d'importance internationale (sites RAMSAR).

Les oiseaux des steppes

Tout à fait au sud de la Navarre, dans ses zones les plus sèches, ce sont des espèces africaines d'oiseaux qui sont les plus remarquables : dans les Bardenas, le **sirli de Dupont**, petite alouette au bec légèrement recourbé caractéristique des steppes des bordures nord du Sahara, s'observe entre les touffes de graminées. Les gangas, oedicnèmes et autres oiseaux des steppes et déserts sont ici dans leur milieu de prédilection. C'est dans les plaines céréalières navarraises, près de Lerin, où se reproduisent les **perdrix rouges** et les **outardes canepetières**, que finissent de disparaître les dernières grandes outardes, victimes de la chasse, de l'agriculture intensive et de l'éclatement de leur aire de distribution.

Genette.

Rodolphe Corbel / MICHELIN

DES MAMMIFÈRES DISCRETS

Souvent difficiles à observer, ils laissent en revanche nombre de traces et d'indices pour les yeux avertis. On les trouve en grand nombre, depuis la minuscule musaraigne pygmée à l'ours, en passant par les chauves-souris, le cerf, le chevreuil ou l'isard et le rare **vison d'Europe**. Ce dernier fréquente les zones humides et les abords de ruisseaux ; il risque de disparaître à cause de la destruction et de la pollution de ses milieux de prédilection, et du développement des populations de visons d'Amérique, échappés d'élevages…

En septembre, le majestueux et impressionnant brame du **cerf** s'entend aussi bien dans les hêtraies des Arbailles que dans la forêt d'Iraty ou dans le massif de Gorbea. Le chevreuil voit ses populations croître et se développer vers l'ouest. Le sanglier, quant à lui, règne sur les forêts méditerranéennes, difficiles à pénétrer… Fouines et renards peuvent vivre très près des habitations.

La **genette**, que les Égyptiens apprivoisaient comme animal de compagnie est présente partout en zone méditerranéenne, alors que le chat sauvage hante les forêts montagnardes.

Le **loup** est présent à l'extrémité occidentale de la Biscaye et il est probable qu'il remontera vers l'est dans les montagnes et les Pyrénées occidentales à partir des proches sierras de la meseta (plateau) de Castille. Suivant sa discrétion qui sera liée aux ressources qu'il trouvera (animaux sauvages ou domestiques), sa cohabitation avec les éleveurs sera facile ou pas… L'avenir le dira.

LA RICHESSE DES RIVIÈRES

Les rivières, dont la qualité est inégale, recèlent encore bien des trésors comme le saumon, qui remonte toujours vers ses frayères de la Bidassoa ou de la Nivelle, mais également la truite, omniprésente dès que la qualité de l'eau le permet. Le **desman**, curieux mammifère endémique des Pyrénées, ressemblant à une souris palmée avec une petite trompe en guise de museau, hante également les rivières basques.

La **loutre** est présente dans la Bidassoa et surtout les rivières comme l'Irati ou l'Arga se jetant dans l'Èbre. Le castor, illégalement introduit, est présent sur l'Aragon avant sa jonction avec l'Èbre. Les tortues d'eau douce, cistude d'Europe et émyde lépreuse barbotent dans les bras les plus calmes de ces rivières.

UNE FORTE DENSITÉ DE CHAROGNARDS

C'est dans les montagnes que se localisent les plus grandes colonies mondiales de **vautours fauves**, avec plus de 300 couples qui se reproduisent dans le canyon d'Arbayún. Menacés de disparition à la fin des années 1960, ils ont su profiter de la protection légale dont il font l'objet, ainsi que de l'augmentation conséquente et assez récente des cheptels. Ils sont aujourd'hui visibles du centre-ville de la plupart des grandes villes de la région !

Vautour fauve en vol.

Stéphane Sauvignier / MICHELIN

D'autres charognards comme le **vautour percnoptère** (qui hiverne en Afrique et revient se reproduire ici chaque année) ou le rare **gypaète barbu** (connu pour casser les os en les lançant sur des rochers afin de pouvoir les ingurgiter plus facilement) profitent de cette manne. L'aigle royal, chasseur de rongeurs, d'oiseaux et charognard à ses heures, est également présent, mais de manière plus discrète.

Une montagne pastorale

Une longue tradition pastorale a profondément marqué la région. On retrouve dans l'origine des paysages, mais également dans la répartition de certaines espèces végétales ou animales, la trace de cette activité importante que fut l'élevage.

UNE TRADITION DE TRANSHUMANCE

Les plus vieilles nécropoles régionales sont celles que l'on trouve en montagne, sur les lieux de transhumance. Si les rituels et leurs significations ne sont pas connus, elles prouvent qu'il y a 4 000 à 5 000 ans, des éleveurs vivaient et mourraient dans ces lieux. Les conditions de vie et les activités économiques ont évolué, mais on retrouve encore les restes d'anciennes organisations, avec des transhumances pouvant être importantes (les troupeaux de la vallée d'Erronkari sont dans les Pyrénées en été, puis dans les steppes désertiques des Bardenas pendant l'hiver).

Brebis manech à tête noire.

Amaury de Valroger / MICHELIN

Tous les **massifs pastoraux**, et ils sont nombreux (Gorbea, Andia, Urbasa, Aralar, Garazi, Arbailles, Haute-Soule…) sont toujours occupés à la belle saison par des milliers de brebis, vaches et chevaux. Les bergers utilisent alors de petites **cabanes** souvent très anciennes (*txabola*, *etxola* ou *kaiolar*) qui offrent aujourd'hui des conditions de vie moins spartiates qu'auparavant. Les porcs aussi peuvent transhumer, transformant ainsi le petit lait issu de la fabrication de fromage et finissant de s'engraisser avec les faînes, glands et châtaignes à l'automne. Cette transhumance dans les pacages de montagne est une nécessité pour les éleveurs, puisque les prairies proches des fermes sont alors disponibles pour la fenaison, qui constitue la réserve alimentaire des troupeaux en hiver.

DES RACES LOCALES ADAPTÉES

Les éleveurs ont, au fur et à mesure du temps, domestiqué et sélectionné leurs bêtes. Aujourd'hui, plusieurs races de brebis, de chevaux et de vaches subsistent encore.

Les ovins

Les **ovins** sont représentés par plusieurs races autochtones, avec un rameau à viande, la race **rasa navarraise**, très présente dans toute la zone méditerranéen. Elle est extrêmement rustique, très adaptée à la sécheresse et produit chaque année ses 2 voire 3 agneaux. Elle est également bonne laitière et son lait est utilisé pour la fabrication du fromage. Au niveau des races laitières, trois races existent aujourd'hui : les types **manech** (**manex** ou **latxa**) qui peuvent être cornus ou pas, à tête rousse ou à tête noire et qui sont les plus productifs en lait. C'est essentiellement avec leur lait qu'est produit le fromage de brebis, connu par le grand public par ses appellations d'origine contrôlée, Idiazabal, Erronkari-Roncal ou Ossau-Iraty.

La deuxième est la race **basco-béarnaise** qui, comme son nom l'indique, se retrouve en Béarn et à l'extrémité nord-est du Pays basque, en Soule. C'est une grande brebis cornue, à tête blanche et très adaptée à la haute montagne.

La **karranzana**, grande brebis au nez busqué, à tête rousse ou noire, est concentrée à l'ouest de la Biscaye, dans la vallée de Karrantza.

La richesse en races est liée aussi à la richesse des conditions écologiques, les éleveurs sélectionnant les animaux les mieux adaptés aux conditions locales. C'est un véritable travail de patience, d'observation qui demande un effort collectif et du temps… L'œuvre de plusieurs générations.

Les bovins

Les montagnes de Navarre, du Guipúzcoa et du Labourd recèlent les derniers troupeaux de **betizu**. Ces petites **vaches** sont considérées comme les descendantes des vaches domestiquées par nos ancêtres. Extrêmement vives, d'un comportement sauvage, on peut les rencontrer dans les montagnes au-dessus d'Hernani ou d'Espelette.

Plus grande, avec une robe blonde froment et des cornes en forme de lyre, la **pyrénéenne** est encore très présente en Navarre et a été largement utilisée dans la création de la blonde d'Aquitaine, pour ses qualités maternelles et bouchères.

Cochons

Une race de porc, le **porc pie noir du Pays basque**, s'est également conservée et permet aux éleveurs de la vallée des Aldudes en Basse-Navarre de produire une viande de très haute qualité. Cette race s'étendait auparavant sur une zone plus importante et valorisait de manière conséquente les faînes, glands et châtaignes.

Pottoks pie et meules de fougères.

Truie pie noir basque.

Chevaux

Une race de cheval existe ici, le **pottok**, petit poney à la robe généralement baie mais parfois pie, longtemps utilisé dans les mines et ayant aujourd'hui perdu de l'intérêt économique. En revanche, son rôle est capital dans le maintien du paysage et des prairies en moyenne montagne, en dessous des 1 000 m, dans les landes à ajoncs et à fougères.

La trace des troupeaux

L'impact de ces élevages est visible, puisqu'ils ont été l'acteur principal de l'élimination des forêts d'altitude au profit des pâturages. Les plateaux d'Aralar, Andia, Urbasa, les montagnes de Garazi, de Soule sont de véritables gazons entretenus par des milliers de ruminants à chaque nouvelle saison. Si les grandes transhumances anciennes ont disparu, les troupeaux basques font encore à pied ou en camion des dizaines de kilomètres pour retrouver leurs pacages. Les *cañadas*, chemins publics réservés aux transhumances, existent encore par endroits, et une *cañada* était utilisée pour acheminer les taureaux de combat depuis leurs élevages au sud de la Navarre jusqu'à Deba sur la Côte atlantique, ce qui en faisait en quelque sorte un *encierro* à rallonge !

Apport de plantes du Nouveau Monde

Les ports basques furent des entrées importantes de la plupart des plantes venant du Nouveau Monde. Maïs, pommes de terre, haricots, tomates, courges, potirons et piments sont cultivés depuis très longtemps au Pays basque et en Navarre, suffisamment longtemps pour que les paysans aient là aussi utilisé leur savoir-faire pour sélectionner ces végétaux et produire des variétés adaptées aux conditions locales. Aujourd'hui, plusieurs variétés sont réputées, comme les **piments** d'Espelette, de Lodosa ou de Guernica, les **haricots** de Tolosa, ainsi que le grand roux basque, maïs encore utilisé par des paysans soucieux de la qualité de leurs productions. En fait, plus de 600 espèces actuellement présentes dans la région proviennent de pays lointains. Si certaines ont été introduites volontairement à des fins alimentaires ou ornementales, d'autres sont rentrées « clandestinement » et se sont développées au point de devenir envahissantes et problématiques : l'**herbe des pampas** forme des fourrés impénétrables, empêche la végétation autochtone de pousser et rend stérile des zones humides…

Un carrefour migratoire fragile

La jonction de la péninsule Ibérique et de l'Europe continentale est une extraordinaire voie de passage pour les oiseaux migrateurs. Des millions d'oiseaux le traversent surtout pendant leur migration postnuptiale, après s'être reproduits en Europe continentale. Ce spectacle extraordinaire ne saurait faire oublier le problème récurrent de la chasse à la palombe et, plus largement, les défis écologiques auxquels sont confrontées ces régions.

LE SPECTACLE FASCINANT DES MIGRATIONS

C'est une énorme proportion du patrimoine ornithologique européen qui se concentre sur l'ouest des Pyrénées, lors de sa migration d'automne. Ces barrières naturelles y sont plus faciles à traverser puisqu'elles perdent de l'altitude…

Nord-sud

Le spectacle commence dès le mois de **juillet** : les milans noirs et les martinets commencent leur voyage vers l'Afrique subsaharienne, à plus de 5 000 km ! **Août** est le mois des bondrées apivores, rapaces forestiers se nourrissant de nids de guêpes. **Septembre** est le mois de la plus grande diversité : aigles bottés, balbuzards pêcheurs, hirondelles, alouettes, bergeronnettes, pipits, verdiers, pinsons, cigognes blanches, cigognes noires… **Octobre** : avec les pigeons ramiers passent aussi les pigeons colombins, les hirondelles, les

milans royaux et des multitude de petits passereaux. **Novembre** et **décembre** : les vagues de migrateurs en route vers le sud s'achèvent avec les grues.

Sud-nord

La région est à nouveau survolée par les migrateurs qui, cette fois-ci, vont retrouver, au nord, leurs sites de reproduction. Les grues remontent dès **février**, les hirondelles, palombes en **mars**… Cette migration prénuptiale, plus étalée dans le temps, l'est également dans l'espace. Moins spectaculaire, elle n'en reste pas moins indispensable pour la reproduction de ces espèces.

LE DÉCLIN DES PALOMBES TRANSPYRÉNÉENNES

Les fameuses palombes monopolisent les esprits de beaucoup de chasseurs pendant un mois, de mi-octobre à mi-novembre. Les forêts, les cols et les montagnes sont alors pris d'assaut par des milliers de fusils et une pétarade incessante retentit dans tous les coins… Le « **pigeon ramier** », également appelé **palombe**, est chassé depuis très longtemps, mais la pression de chasse à laquelle doit faire face cette espèce, et notamment sa population migratrice, a beaucoup augmenté au cours des dernières décennies. Des voix s'élèvent depuis plus de 25 ans pour la diminuer, en laissant par exemple des « couloirs » de migration que les oiseaux pourraient traverser sans risques…

En effet, la migration des pigeons ramiers est réétudiée depuis la fin des années 1970 à partir de comptages effectués par l'association Organbidexka Col Libre sur une série de cols tels Organbidexka, Lindux et Lizarrieta. Ces études confirment que cette population de palombes transpyrénéennes, se reproduisant en Europe du nord et du nord-est et hivernant dans les *dehesas* (forêts ouvertes) ibériques est en déclin.

INDUSTRIALISATION ET POLLUTION

Certaines régions comme la Biscaye et le Guipúzcoa ont été longtemps montrées du doigt comme ayant les rivières les plus polluées d'Europe. Une absence de prise de conscience environnementale au niveau industriel pendant des décennies explique que des **rivières** comme le Nervión, Urola et Oria, étaient il y a encore peu de temps des cours d'eau sans vie, gravement pollués par des métaux lourds. Si depuis quelques années, de sérieux efforts ont été réalisés

Stéphane Sauvignier / MICHELIN

Palombière.

Alexandra Forterre / MICHELIN

Parc naturel de Valderejo.

afin de réduire les émissions et les rejets, certains niveaux de polluants restent toujours préoccupants.

La **mer** a reçu pendant des décennies des tonnes de déchets industriels et est malheureusement souillée volontairement (dégazages) ou accidentellement (naufrages des pétroliers *Erika* et *Prestige*) par des hydrocarbures.

Loin de ces pollutions, certains sites miniers abandonnés, comme les fameuses salines d'Añana, sont en train de réussir leur reconversion.

En outre, passerelle entre l'Europe continentale et la péninsule Ibérique, le Pays basque, adossé à l'Océan et coincé par les montagnes, est devenu une voie de passage pour laquelle d'immenses **infrastructures** ont été réalisées ou sont en projet (autoroute de Salies-de-Béarn à Pampelune). Ces infrastructures (autoroutes, voies ferrées, zones portuaires, etc.) sont souvent destructrices de paysages et de milieux naturels fragiles.

Deux énormes projets à très forts enjeux illustrent l'importance des questions d'environnement : le projet de centrale nucléaire de Lemoiz et le barrage d'Itoiz. Le premier, situé sur une petite crique en Biscaye, fut définitivement abandonné après les travaux dans les années 1980, suite à une opposition sans précédent de la population.

Le second, un énorme **barrage** sur la rivière Irati au niveau d'Itoiz en Navarre, fut imaginé dans les années 1970 et réalisé au début du 21e s. dans des zones naturelles protégées. Son utilité (irrigation) est remise en cause par l'évolution de la politique agricole européenne et les craintes des opposants semblent se confirmer : placé sur des terrains géologiquement instables, il provoque des petits séismes au fur et à mesure de son remplissage.

UN RÉSEAU D'ESPACES LÉGALEMENT PROTÉGÉS

Comme dans nombre de pays industrialisés, la demande sociale de protection des espaces et des espèces fragiles voit ici son application sous forme de réserves naturelles, parcs naturels ou réserves intégrales. Les contextes administratifs et les niveaux de protection sont très différents. Ainsi, les protections côté français ne sont en aucune manière comparables à celles en vigueur dans les provinces espagnoles. Ici pas de réserves naturelles, juste un arrêté de biotope sur ce qui reste des marais de Txingudi à Hendaye et quelques sites classés.

En revanche, en Biscaye, près de 23 000 ha constituent la réserve de la biosphère Unesco à Urdaibai près de Guernica, protégeant ainsi un écosystème et un patrimoine exceptionnel. De grands **parcs naturels**, plus récents, existent à **Valderejo** (environ 3 500 ha à l'extrémité occidentale de l'Álava), **Urkiola** (5 000 ha) et **Gorbea** (20 000 ha) en Biscaye, et à **Aralar** (11 000 ha) en Guipúzcoa. Ces quatre parcs naturels concernent des massifs montagneux abritant une flore et une faune caractéristiques.

Enfin, un très important réseau de **réserves naturelles**, parcs recouvrant plusieurs dizaines de milliers d'hectares, protège légalement en Navarre des milieux aussi divers que des bordures de rivières, des fragments de forêts primitives de haute montagne, des zones humides, des montagnes pastorales ou des steppes arides.

HISTOIRE

Il est difficile de retracer l'histoire des territoires basques et navarrais. Ils ont connu des évolutions politiques propres qui les ont parfois rapprochés, mais parfois aussi éloignés. Séparés par des frontières nationales ou régionales, ils ont surtout en commun la fameuse langue basque, plus ou moins présente selon les régions, et l'expérience des fors, une organisation politico-juridique originale qui a marqué profondément la société jusqu'au 19e s., avant de disparaître.

« Bataille de Las Navas » (1212), par Horace Vernet en 1817, château de Versailles.

Des origines à nos jours

PRÉHISTOIRE, PROTOHISTOIRE

L'ouest pyrénéen conserve le témoignage d'un peuplement humain ancien. Entre 300 000 et 40 000 av. J.-C., une quarantaine de sites attestent de la présence de l'homme de Neandertal.

Les scientifiques sont mieux renseignés sur le **paléolithique supérieur** : les grottes d'Isturitz (Basse-Navarre), de Santimamiñe (Biscaye) et d'Ekain (Guipúzcoa) sont des gisements importants de l'art pariétal. Les fouilles ont fait apparaître qu'à la fin de cette période et au néolithique, la région était peuplée par un homme à la morphologie différente des autres types européens, que certains ont nommé le « type pyrénéen occidental », car on en a retrouvé la trace de Burgos à la Garonne. D'où venait-il et comment expliquer ses particularités ? Les chercheurs en biologie, sérologie ou linguistique proposent différentes réponses mais, à ce jour, aucune ne s'impose. Par la suite, les vagues successives de peuplement ont métissé ce type, tout en lui conservant des originalités que l'on retrouve aujourd'hui dans la région.

La **révolution néolithique** parvient jusqu'à l'homme pyrénéen puisque entre 4 000 et 3 000 av. J.-C., des signes de domestication sont repérés et que faucilles ou meules attestent des débuts de l'agriculture. À cette période, les dolmens, premiers monuments funéraires, apparaissent le long des voies pastorales. Des noyaux urbains (La Hoya en Álava) s'organisent aussi, signes de sédentarisation. L'ère du métal débute : on travaille le cuivre, puis le fer au 1er millénaire.

Au 6e s. av. J.-C., **Celtes** et **Ibères** arrivent en Europe occidentale, apportant des innovations techniques. Les esprits et les pratiques évoluent, le rituel de l'incinération s'impose : on dépose les cendres du défunt au cœur d'un cercle de pierre nommé « baratz » ou « cromlech ».

Ces nouveaux peuplements permettent un brassage des populations ; l'actuelle Navarre est alors le territoire des Vascons.

DES ROMAINS À L'INVASION MUSULMANE

Romanisation, christianisation

La Rome conquérante, qui a déjà envahi la péninsule Ibérique, fait irruption dans la région : la **vallée de l'Èbre** tombe entre ses mains au 2e s. av. J.-C. Prétextant une révolte en Hispanie, Pompée affermit une emprise sur le nord : il fonde **Pompaelo** (Pampelune) en 75 av. J.-C. sur le site vascon de Iruña. Puis, l'**Aquitaine** est conquise par César en 56 av. J.-C. Entre ces deux zones romaines les Vascons tentent de résister. Il faut attendre l'avènement d'Auguste pour qu'ils intègrent l'Empire.

Provinces de l'Empire – Au 1er s. de notre ère, l'ensemble des territoires basques et navarrais actuels sont sous l'autorité romaine : le sud relève de la province de Tarraconaise et le nord d'une province d'Aquitaine qui s'étend jusqu'à la Loire. Une inscription découverte à Hasparren (Labourd) mentionne la création, au 3e s., de la province de **Novempopulanie** entre Pyrénées et Garonne.

Romanisation – Tous les peuples de l'Empire, dont celui des Vascons est le plus important, subissent un processus de romanisation : les nouveaux maîtres tracent de grandes routes et réaménagent les voies pastorales. Même si les Vascons y sont toujours chez eux, Rome pénètre jusqu'au plus profond de la montagne : le trophée d'Urkulu, érigé non loin de la voie qui traverse les Pyrénées dans le pays de Cize, témoigne de la présence romaine.

Le castrum de Lapurdum (Bayonne), le port d'Oiasso (Irún), le camp d'Imus Pyraeneus (Saint-Jean-le-Vieux), la grande villa de Comunión (Álava), le trésor monétaire de Barcus (Soule) ainsi que l'exploitation des mines de fer et de cuivre dans les montagnes navarraises et bas-navarraises sont autant de preuves de la romanisation du peuple vascon.

Christianisation – Par ailleurs, le christianisme se diffuse dans la région dès les premiers siècles de notre ère. Le processus est long (des zones païennes existent toujours au 10e s.), mais il ne semble pas marqué par des luttes religieuses.

Fin de l'Empire, arrivée des Barbares

La crise qui frappe l'Empire au 5e s. a ici de graves répercussions : en 407, les **Barbares** entrent en Novempopulanie. Ils franchissent les Pyrénées en 409. Entre 451 et 454, de graves troubles se répandent dans la région de Pampelune : soulèvement des Vascons ou révolte des paysans appauvris ? Les rebelles sont néanmoins écrasés par une **armée wisigothe** au service de Rome.

Alors que l'Empire disparaît, la puissance wisigothe tente de s'imposer en Tarraconaise et en Aquitaine. Repoussés par les Francs, les Wisigoths se replient sur la péninsule Ibérique, où ils fondent leur royaume. De nombreuses rivalités opposent les Francs, au nord, les Wisigoths, au sud, et les Vascons qui se replient entre les deux. Tout au long du 6e s., les **rois wisigoths de Tolède** interviennent en territoire vascon pour mettre fin aux troubles qui agitent la région. Les chroniques franques relatent des entreprises similaires au nord des Pyrénées. Le mythe des féroces **Vascons** descendant des montagnes et semant la terreur est en train de se forger.

Au 7e s., les Francs créent un duché de Vasconie pour surveiller ce peuple turbulent. Au sud, des expéditions militaires très dures sont lancées contre les Vascons qui s'allient maintenant à l'aristocratie régionale. En 710, une guerre civile éclate entre les partisans du roi de Tolède et son rival soutenu par les Vascons. C'est dans ce contexte difficile que les musulmans débarquent dans la péninsule.

UN ROYAUME À PAMPELUNE

Le royaume de Tolède, affaibli, s'effondre sous les coups des armées musulmanes. Pampelune tombe en 714, les Pyrénées sont franchies en 720. Les Francs stoppent leur avancée à Poitiers, en 732, et reprennent peu à peu le contrôle du territoire vascon.

En 778, Charlemagne assiège sans succès les musulmans à Saragosse. Il ne peut se permettre un long siège et décide de regagner son royaume. Sur le chemin du retour, il fait raser les murailles de Pampelune, principale cité des Vascons dont la fidélité est incertaine. Lorsque l'arrière-garde de l'armée de Charlemagne, conduite par son neveu Roland, passe les Pyrénées près de **Roncevaux**, les Vascons lui tendent une embuscade, vengeant ainsi l'attaque contre Pampelune.

Charlemagne charge alors son fils d'un royaume d'Aquitaine pour maîtriser la

Roland sonnant du cor à Roncevaux.

Vasconie. Ce terme, que l'on retrouve dans les textes médiévaux sous le nom de *Wasconia*, désigne le territoire dominé par les Vascons ; établis à l'origine dans l'actuelle Navarre, ils ont été repoussés, à partir du 6e s., au nord des Pyrénées (future Gascogne).

Naissance des principautés vasconnes

Les Vascons trouvent un allié de taille avec les Banu Qasi, une famille wisigothe convertie à l'islam. Ainsi, en 824, le Vascon **Eneko Arista**, soutenu par ce clan, s'empare de la vieille Pompaelo : le royaume de Pampelune est né.

Outre-Pyrénées, une dynastie locale prend le titre de **ducs des Vascons** au 9e s., car le pouvoir carolingien déclinant ne protège plus la région agressée par les incursions normandes (Bayonne est pillée vers 840). Les ducs se lient à la famille royale de Pampelune.

En 905, **Sanche Ier de Pampelune** amorce la **Reconquista** (c'est ainsi que l'on nomme la campagne de reconquête des territoires pris par les musulmans) en récupérant la vallée de l'Èbre. Ses efforts sont ruinés par le calife de Cordoue qui attaque le petit royaume et brûle la cathédrale en 924. Une alliance entre chrétiens (Castille, Léon et Pampelune) permet de repousser le calife. Les attaques ne cessent pas pour autant : en 997, al Mansûr, nouvel homme fort de Cordoue, écrase les Navarrais et entre dans Pampelune, dont le roi se soumet.

L'apogée du royaume de Pampelune

La situation bascule au tournant de l'An Mil : al Mansûr meurt, le califat plonge dans l'anarchie. En 1004, **Sanche III** (surnommé « le Grand ») devient roi de Pampelune. Se gardant d'intervenir dans les affaires musulmanes, il renforce son patrimoine en réoccupant la Côte atlantique, l'Álava et la Rioja. Son entreprise majeure consiste à réunir les principautés chrétiennes sous un seul sceptre. Maître des comtés pyrénéens, il hérite de la Castille, pèse sur la destinée du royaume de Léon et s'allie aux Catalans. Sanche est proche de son cousin le duc de Vasconie (ou Gascogne) dont il revendique l'héritage dès 1022. Il offre la charge de vicomte de Labourd (Bayonne) à un parent et reçoit l'hommage du seigneur de Soule. À sa mort en 1035, Sanche III, maître de l'Espagne chrétienne, est appelé « el Mayor ».

LE MOYEN ÂGE (11e-14e S.)

Les vicissitudes du royaume de Pampelune

Le patrimoine de Sanche le Grand est partagé entre ses fils : Garcia hérite du royaume de Pampelune, Ramiro reçoit l'Aragon et Fernando, qui obtient le comté de Castille, devient, par mariage, roi de Léon. Mais les ambitions de Fernando poussent les frères à la guerre. **Garcia III** est tué en 1054 ; son fils Sanche tombe à son tour, victime d'un complot familial. Les cousins se partagent son royaume. Rioja, Álava, Biscaye et Guipúzcoa vont à la Castille. Le roi d'Aragon s'attribue le Centre, autour de Pampelune. Désormais, le destin des Navarrais est lié à celui des rois d'Aragon qui se lancent dans la Reconquista : Saragosse tombe en 1118, puis Tudela en 1119. Mais à la mort d'**Alfonso Ier** d'Aragon, les Navarrais reprennent leur indépendance et désignent leur nouveau roi : le comte Garcia, qui devient ainsi **Garcia IV le Restaurateur**.

Affirmation de la Navarre

Sanche VI, qui succède à Garcia IV en 1150, récupère temporairement l'Álava, le Guipúzcoa et la Biscaye. Mais ces territoires convoités ont maintenant

---

Fueros ou fors

À partir du 12e s., les rois d'Aragon et de Navarre, lancés dans la Reconquista, accordent des franchises et des libertés à ceux qui acceptent de s'installer aux franges de la chrétienté. Un accord mutuel est passé : le roi concède sa protection ainsi que de nombreux avantages (notamment fiscaux) en échange de quoi ces populations chrétiennes gardent les frontières et s'engagent à servir leur souverain. Peu à peu, ces franchises, appelées **fueros**, s'étendent à des bourgs marchands (appelés **francos**) et à des communautés plus vastes.

À partir de la fin du 13e s. en Navarre, et tout au long des 15e et 16e s., les **fueros** généraux sont rédigés dans chaque territoire : 1483 en Álava, 1491 en Guipúzcoa, 1514 en Labourd, 1520 en Soule et 1526 en Biscaye. C'est un véritable pacte qui s'établit entre le peuple et son monarque. C'est aussi la source de cette grande autonomie politico-administrative dont ont bénéficié les Basques et les Navarrais au cours de l'Histoire.

OCÉAN ATLANTIQUE
DUCHÉ D'AQUITAINE
Bayonne
OUTRE-PORTS
St-Sébastien
LABOURD
Guernica
St-Jean-
Pied-de-Port
GUIPÚZCOA
BISCAYE
SOULE
MONTAGNES
ROYAUME
SANGUESA
ÁLAVA
Pampelune
DE
ROYAUME DE NAVARRE
ESTELLA
ROYAUME
CASTILLE
RIBERA
D'ARAGON
Tudela

**LA NAVARRE
AU XIVᵉ SIÈCLE**

leur personnalité propre. Le comté de Biscaye est favorable à la Castille. La seigneurie de Guipúzcoa suit peu à peu la voie biscayenne. Le comté d'Álava, terre stratégique, reste en bons termes avec Pampelune. Sanche VI développe les trois seigneuries, faisant de St-Sébastien et Vitoria de véritables noyaux urbains. Il est le premier monarque à abandonner le nom de « roi de Pampelune » pour prendre celui de **« roi de Navarre »** à partir de 1178. Il s'allie au roi d'Angleterre, devenu duc d'Aquitaine, se rapprochant ainsi des vicomtes de Labourd et de Soule qui sont sous domination anglaise.

Son fils, **Sanche VII**, dit « le Fort », perd définitivement Durango, le Guipúzcoa et l'Álava en 1200. Allié à la Castille lors de la croisade de 1212 contre les musulmans, il s'illustre toutefois à la bataille de **Las Navas** de Tolosa.

Des princes français en Navarre – Sanche VII s'éteint en 1234 sans héritier. C'est à son neveu, **Thibaud de Champagne**, que revient la couronne. Ce grand prince de France réorganise le royaume : le **fuero** de Navarre est mis par écrit et les *merindades* (circonscriptions), instituées. Son fils **Thibaud II** emmène les Navarrais en croisade à Tunis. En 1274, le trône passe à **Jeanne Iʳᵉ**, épouse du roi de France Philippe le Bel, qui considère alors la Navarre comme l'annexe de son royaume. Refusant ce second rôle, les Navarrais se choisissent une nouvelle reine. En 1329, ils proclament Jeanne, la petite-fille de Philippe le Bel : avec son mari le comte d'Évreux, **Jeanne II** poursuit la modernisation du royaume.

Les autres provinces

Basse Navarre, Labourd et Soule – Les territoires voisins de la Navarre connaissent des évolutions différentes : autour de Saint-Jean-Pied-de-Port, la future Basse-Navarre relève directement du royaume de Navarre. Elle s'est organisée en vallées.

En conflit permanent avec le duc d'Aquitaine, le vicomte de Soule perd sa seigneurie en 1307. En 1193, le vicomte de Labourd est chassé de Bayonne par les Anglais et le siège de l'administration est déplacé à Ustaritz. Au siècle suivant, c'est ce village qui accueille le Bilçar (assemblée régionale populaire).

Álava, Biscaye et Guipúzcoa – Malgré une résistance farouche, l'Álava est annexée, puis intégrée au royaume de Castille en 1332. Les comtes de Biscaye fondent Bilbao en 1300. La Biscaye est incorporée à la Castille en 1379. Les **rois de Castille** doivent jurer de respecter les *fueros* sous l'**arbre de Guernica**. Le Guipúzcoa est une « Merindad Mayor » du royaume de Castille en 1335. La Junte (assemblée) se réunit pour la première fois en 1397.

LA CRISE DE LA FIN DU MOYEN ÂGE

Les conséquences de la guerre de Cent Ans

Charles II de Navarre qui est aussi comte d'Évreux, s'engage contre le roi de France lorsque débute la guerre de Cent Ans. Prétendant au trône de France, il devient un allié des Anglais. Labourdins et Souletins, vassaux du duc d'Aquitaine, se retrouvent aussi dans le camp anglo-navarrais. Il n'est pas rare de trouver dans les Grandes Compagnies (troupes de soldats pillards) des hommes surnommés « le Bascot ».

À partir de 1387, **Charles III de Navarre** inaugure quarante ans de paix pour son royaume : il se réconcilie avec le roi de France. À sa mort, son gendre, le roi d'Aragon, usurpe le pouvoir à Pampelune. Alors que la France reconquiert l'Aquitaine sur les Anglais (la Soule est prise en 1449, le Labourd en 1451), la Navarre sombre dans la guerre civile.

Fin du royaume de Navarre

Deux grandes familles navarraises, les **Gramont** et les **Beaumont**, se livrent une lutte acharnée, ruinant le royaume et entraînant dans leur sillage toute la noblesse navarraise. Les appétits français et castillan se réveillent : la Navarre, exsangue, est devenue une proie facile. En 1479, la couronne passe aux Foix-Béarn. Catherine de Foix-Béarn a épousé Jean d'Albret, héritier d'une riche famille d'Aquitaine. Jean et Catherine tentent de redresser leur royaume mais ils ne peuvent éviter le pire : en 1512, le roi Ferdinand d'Aragon envahit la Navarre. Les Albret s'enfuient.

Malgré une résistance parfois héroïque (bataille d'Amaiur en 1522), la Navarre perd définitivement son indépendance pour devenir une vice-royauté dans la couronne de Castille. Seul subsiste le petit territoire du nord des Pyrénées dans lequel les Albret règnent toujours : c'est le royaume de « **basse** » **Navarre**, dont le centre administratif se trouve à Saint-Palais. **Jeanne III d'Albret** devient reine en 1555. Elle essaie d'implanter la Réforme protestante dans son royaume et ravive ainsi les démons de la guerre civile. Henri III, son fils, est un temps chef du Parti protestant.

En 1589, **Henri III de Navarre** devient Henri IV de France par le jeu des héritages dynastiques. L'indépendance de la Basse-Navarre est désormais en sursis.

L'ÉPOQUE MODERNE (1589-1789)

Le morcellement du royaume de Navarre

Avec le choix d'Henri IV de porter le titre de roi de France et de Navarre, le vieux royaume abattu au sud ne subsiste désormais que comme une annexe du royaume de France. Il n'en conserve pas moins un statut à part, celui de royaume et non de province, distinction qu'il conservera jalousement jusqu'à la

Les cagots

Durant tout le Moyen Âge, on recense au Pays basque français une population marginale dont on sait encore aujourd'hui peu de choses, les **cagots**. Ils font l'objet de discriminations terribles : accès séparés à l'église et au cimetière, mariage interdit avec les autres citoyens, impossibilité d'exercer certains métiers ou toute charge publique, obligation de porter une marque distinctive…
Les historiens sont partagés sur les raisons de cet ostracisme, certains y voyant le signe d'un handicap ou de la lèpre, d'autres évoquant leurs origines arabes ou wisigothes.

Révolution. Cette nuance étant acquise, le rattachement de la Basse-Navarre à la France est officialisé par l'**édit d'union**, signé par Louis XIII, en 1620. Les rois de France deviennent automatiquement rois de Navarre. Enfin, en 1659, le **traité des Pyrénées** confirme le partage de la Navarre entre les royaumes de France et d'Espagne, fixant peu ou prou les limites actuelles entre les deux États. C'est à l'occasion du **mariage de Louis XIV** avec l'infante Marie-Thérèse d'Espagne, mariage hautement politique puisqu'il scelle une alliance entre deux ennemis traditionnels, que ce traité est signé sur l'île des Faisans, en plein milieu de la Bidassoa, fleuve désormais frontière.

Sous le régime des fors

À partir du moment où la Basse-Navarre est intégrée au royaume de France, l'État central en pleine puissance sous Louis XIV impose son organisation administrative, ses impôts et ses lois. Mais, comme cela avait été le cas durant l'occupation anglaise, la société parvient à maintenir ses modes ancestraux d'organisation communautaire. Ainsi, durant cette période, les territoires basques et navarrais vivent sous le **régime des fors**, c'est-à-dire qu'ils bénéficient d'institutions spécifiques, d'un système politique original où la gestion des affaires est assurée par des assemblées de pays. Ces institutions donnent aux provinces des autonomies particulières, assurant aux petits propriétaires des droits qui n'existent pas dans d'autres pays, ou y sont le monopole de la noblesse ou de l'Église. Les droits de chasse et de port d'arme, par exemple, sont généralisés à toute la société.

Les assemblées populaires – Au-delà de particularismes sociaux forts, la population dispose également d'une organisation politique propre, qu'elle arrive à conserver sous différents règnes, même en plein absolutisme. Héritées des périodes antérieures, des institutions populaires régissent la société. Ainsi, la vie publique est-elle régie de manière communautaire à plusieurs niveaux. Dans chaque **paroisse**, l'assemblée des maîtres de maison se réunit tous les dimanches sous le porche de l'église, et débat à égalité de voix de la vie du village. Dans la province de Labourd, nobles et clercs en sont même exclus !

Tous les ans, chaque paroisse élit un représentant pour siéger à l'assemblée de pays, appelée selon les provinces *biltzar* (Labourd), *silviet* (Soule), états (Navarre), *juntas* (provinces du sud). Cette assemblée débat de la loi régissant le pays de manière très autonome, puisque ni représentants du roi, ni noblesse, ni clergé ne sont admis. Les privilèges de l'assemblée varient selon les provinces mais ils peuvent être très étendus : levée et gestion de l'impôt (un forfait négocié avec le pouvoir lui est versé), privilèges judiciaires, militaires (propre police), autorité sur la coutume et ses modifications.

Ces institutions, relativement démocratiques pour l'époque, garantissent le respect des particularismes locaux à tous les niveaux, et même au niveau du droit. La législation française en matière de succession ou de mariage ne s'est véritablement imposée en Pays basque qu'à partir du milieu du 20e s. Au fur et à mesure que le pouvoir royal tente de mettre ces particularismes au pas, en particulier au 17e s., des révoltes s'ébauchent et se développent. C'est le cas de la **révolte de Matalas** (1661), en Soule, simple soulèvement antifiscal.

Des particularismes forts – Enfin, de part et d'autre de la frontière, le Pays basque se caractérise aussi par la permanence de traits culturels et religieux propres, que l'État ou l'Église ont tolérés jusqu'au 20e s. Alors que le concile de Trente réglemente de manière précise le rôle des prêtres, leur formation et la doctrine religieuse, la société basque conserve une foi mêlée de paganisme, rendue encore plus suspecte par l'omniprésence de la langue basque. Au fil des siècles, cela motive des tentatives de répression sans pitié. Ainsi, par exemple, en 1609, une campagne d'Inquisition est menée au Pays basque français par **Pierre de Lancre** pour éradiquer la « sorcellerie ». Le procès qui s'ensuit marque une réelle reprise en main par l'Église qui se solde par de nombreuses condamnations au bûcher. À la même époque, des procès similaires se tiennent à Logroño, du côté espagnol.

LA RÉVOLUTION FRANÇAISE

À la fin du 18e s., la révolution de 1789 entraîne la chute de la monarchie française et la fin des particularismes basques.

Les députés de l'Assemblée nationale constituante votent l'abolition des privilèges le 4 août 1789. Mais cela ne suffit pas à calmer les révolutionnaires. Leur principe est qu'aucune partie du territoire français ne doit connaître de régime de faveur ou de statut particulier. L'Assemblée constituante crée donc quatre-vingt-trois départements pour remplacer les trente-quatre anciennes provinces. Tout l'édifice politique de la société basque vole alors en éclats. Le Pays basque français est intégré au département des Basses-Pyrénées,

Maison de l'Infante à St-Jean-de-Luz.

futures Pyrénées-Atlantiques. « Ma province proteste » : c'est par ces mots que le député labourdin Dominique-Joseph Garat fait part à l'Assemblée nationale nouvellement créée de son désaccord vis-à-vis de la création du département des Basses-Pyrénées. Le 8 février 1790, l'Assemblée nationale approuve la subdivision du département en 6 districts ainsi que la désignation de Pau comme chef-lieu.

Alors que la Révolution, puis l'Empire imposent un modèle politique et social à l'ensemble des régions françaises, balayant les derniers vestiges de l'organisation sociale et politique du Pays basque français, les institutions perdurent côté espagnol jusqu'au milieu du 19e s. C'est par deux **guerres dites « carlistes »** que les *fueros* disparaissent, faisant les frais de querelles dynastiques madrilènes (sur les trois guerres carlistes, deux seulement ont touché le Pays basque et la Navarre). En effet, lorsque le roi Ferdinand VII meurt sans fils, sa succession est convoitée par deux camps opposés : celui, libéral, de sa fille Isabelle et celui, conservateur, de son frère Carlos. Ce dernier obtient le soutien des campagnes basques et de la Navarre en se posant comme farouche défenseur de la foi catholique et des *fueros*. Une première guerre éclate en 1833, qui aboutit à la défaite des partisans de Carlos (les « carlistes »). Les Basques voient leurs autonomies provinciales considérablement réduites lors de la convention de Vergara en 1839. Une seconde guerre éclate en 1873, qui voit à nouveau les troupes carlistes défaites. La loi du 21 juillet 1876 supprime cette fois totalement les *fors*, mais les Basques et les Navarrais obtiendront deux ans plus tard des avantages fiscaux (accords économiques).

LE 19e S., PÉRIODE CHARNIÈRE

La révolution industrielle

Entre-temps le contexte européen a considérablement changé. Nous sommes désormais en plein 19e s., siècle de l'industrialisation.

Celle-ci profite à l'économie du Pays basque espagnol, où la construction navale et la production minière, en plein essor, dopent l'activité. Cela favorise le développement urbain, en particulier dans la région de Bilbao qui est propulsée au rang de grand centre industriel. Cet envol économique provoque une création massive d'emplois et l'arrivée de nombreux immigrants d'autres provinces espagnoles.

La révolution industrielle s'accompagne également de progrès techniques, en particulier dans le domaine des transports. Cela va d'ailleurs faciliter la traversée de l'Atlantique, à une époque où se développe l'émigration.

Côté français, l'industrialisation est quasiment absente. La véritable nouveauté se trouve plutôt dans l'apparition et le développement du tourisme balnéaire, promu à Biarritz par l'impératrice Eugénie, épouse de Napoléon III. Cette éclosion, qui se confirme tout au long du 20e s., va marquer l'ensemble du littoral de manière presque continue jusqu'à nos jours.

L'ÈRE DES NATIONALISMES

En France

C'est dans ce contexte que le Pays basque est confronté à l'autre grand phénomène marquant du 19e s., l'apparition des nationalismes. En France, la République est proclamée après la chute du Second Empire. Mais le nationalisme français reste un phénomène intellectuel, limité à la classe politique, car le peuple lui-même ne semble pas éprouver le sentiment d'appartenance nationale. La IIIe République attribue cette carence de l'identité nationale à la méconnaissance généralisée du français. Elle met en place deux principaux moyens pour y remédier : l'école et l'armée. Tandis que le nouveau système éducatif, gratuit et obligatoire, répand la langue française et diffuse une histoire et une géographie nationales aux enfants, le service militaire se charge de transformer les jeunes adultes en citoyens-soldats. Au lendemain des deux guerres mondiales, les Basques se sentent largement Français.

En Espagne

De l'autre côté des Pyrénées, les choses sont radicalement différentes, car l'Espagne n'a pas une tradition d'état-nation comme la France. Affaiblie par des problèmes sociaux liés à son industrialisation rapide, en Biscaye notamment, l'Espagne doit faire face au développement des régionalismes. En 1895, le Biscayen Sabino Arana-Goiri fonde le **Parti nationaliste basque (PNV)**, et entraîne une partie de la population dans un nationalisme radical.

En 1923, une crise politique majeure contraint le roi Alphonse XIII à nommer **Primo de Rivera** « président du directoire militaire chargé du gouvernement », sorte de dictature qui va durer sept ans, de 1923 à 1930. Ce dernier remet en cause le statut particulier d'autonomie

« Guernica » par Pablo Picasso.

de la Catalogne. Il doit démissionner en 1930 ; sa chute entraîne l'exil du roi et la naissance de la IIe République, le 14 avril 1931. Deux mois plus tard, comme les Catalans, les Basques proposent un projet d'autonomie incluant les trois provinces basques et la Navarre. C'est le **statut d'Estella**, qui sera plusieurs fois renégocié avec la jeune République espagnole, jusqu'à ce qu'il soit finalement reconnu par celle-ci au lendemain du soulèvement militaire de Franco. Si les premières négociations prévoient un statut intégrant la Navarre, celle-ci reste finalement à part après un vote très tendu des maires de la province.

La guerre de 1936 – En juillet 1936, le **général Franco** entreprend de renverser le régime avec le soutien d'une partie de l'armée en Afrique du Nord et dans la péninsule même. La guerre civile éclate. La République a besoin du soutien des nationalistes basques et leur reconnaît un statut d'autonomie très étendu, donnant au gouvernement basque dirigé par **José Antonio Agirre** les droits de frapper monnaie, posséder des ambassades ou lever une armée. En février 1937, l'offensive franquiste s'accentue sur le Pays basque. Le 26 avril, Franco fait envoyer l'aviation de son allié Hitler, qui teste ses nouveaux bombardiers sur la ville de **Guernica**, symbole des anciennes institutions populaires biscayennes. Le premier bombardement de populations civiles de l'Histoire cause l'indignation internationale, mais l'armée basque capitule le 26 août à Santona. La guerre d'Espagne s'achève en 1939, mettant en place une dictature qui durera 40 ans.

L'apparition de l'ETA – La dictature s'attaque résolument au nationalisme basque, et le gouvernement basque est contraint à l'exil. Le président Agirre meurt en 1960, laissant des cadres du PNV épuisés et impuissants. C'est une nouvelle génération de militants qui opère la mutation du nationalisme basque durant les années 1960.

Voulant rompre avec les schémas traditionnels du nationalisme basque hérités de la fin du 19e s., une nouvelle mouvance apparaît, qui devient en 1959 **ETA** (*Euskadi ta Askatasuna*, Pays basque et liberté). D'abord symbolique, l'action clandestine franchit un pas en 1968 avec l'assassinat du chef de la police de St-Sébastien, Meliton Manzanas.

Le Pays basque connaît alors plusieurs états de siège et des pics de tension, notamment le **procès de Burgos** en 1970. Pour servir d'exemple, le tribunal militaire y condamne six militants basques à mort. Mais une campagne de soutien se crée et prend une ampleur internationale, contraignant Franco à commuer leur peine en réclusion à perpétuité.

L'escalade terroriste d'ETA atteint un sommet avec le spectaculaire attentat contre le premier ministre espagnol Carrero Blanco, dauphin probable du dictateur, le 20 décembre 1973. Lorsque Franco meurt le 20 novembre 1975, c'est la dictature qui s'achève.

Juan Carlos Ier, petit-fils d'Alphonse XIII et chef d'État intérimaire depuis quelques mois, est proclamé roi d'Espagne dès le 22 novembre. Il prend très vite le contre-pied de la politique de Franco et choisit la mise en place d'une **monarchie parlementaire** et donc d'élections libres.

Si rien ne change en France, d'importantes évolutions ont lieu côté espagnol, avec les statuts particuliers de l'**Euskadi** (Communauté autonome

Quelques dates clés

Ier s. av. J.-C- 4e s. apr. J.-C. – Présence romaine en Pays basque
778 – Défaite de Charlemagne à Roncevaux
824 – Eneko Arizta, premier roi de Pampelune, futur royaume de Navarre
1004 – Avènement de Sanche le Grand, apogée politique du royaume de Navarre
1152 – Mariage d'Aliénor d'Aquitaine avec Henri Plantagenêt. Le Labourd et la Soule passent sous suzeraineté anglaise
1212 – Victoire de Las Navas de Tolosa
1234 – Mort de Sanche le Fort, fin de la dynastie navarraise
1451 – Prise de Bayonne par les armées françaises
1522 – Défaite d'Amaiur (vallée du Baztan). La Navarre est totalement conquise par la Castille
1589 – Henri III de Navarre devient Henri IV de France
1620 – Édit d'Union de la Basse-Navarre au royaume de France
1659 – Traité des Pyrénées, qui fixe les limites des royaumes de France et d'Espagne
1789 – Début de la Révolution française et abolition des fors, institutions populaires basques au nord des Pyrénées
1876 – Fin de la seconde guerre carliste et abolition définitive des fors au sud des Pyrénées
1895 – Création du Parti nationaliste basque
1936 – Premier gouvernement autonome basque et début de la guerre
1937 – Bombardement de Guernica et conquête franquiste du Pays basque
1959 – Création de l'ETA
1975 – Mort de Franco
1979 – Promulgation du statut d'autonomie d'Euskadi
1982 – Promulgation du régime foral de la Navarre

basque) et de la **Communauté forale de Navarre**.

Cela ne suffit pas pour une partie des Basques dont certains veulent aller jusqu'à l'indépendance, ou au moins l'autodétermination.

Pour en savoir plus sur l'histoire récente de la région, voir le chapitre « La région aujourd'hui ».

Quelques personnalités à travers les siècles

Cette présentation sommaire ne prétend pas à l'exhaustivité. Nous présentons ici quelques personnages qui ont eu une influence ou un rôle majeur dans le monde de la politique, des arts, des idées ou de la culture, bref, les hommes qui ont activement participé à la construction de la région telle que nous la connaissons aujourd'hui.

Hommes politiques et militaires

Sanche III le Grand – Roi de Pampelune entre 1003 et 1035, il est l'un des souverains occidentaux les plus puissants de son époque. Dominant la majorité des terres chrétiennes de la péninsule Ibérique, il ouvre les cols pyrénéens aux pèlerins de Saint-Jacques, permet la diffusion de la réforme monastique bénédictine ainsi que le développement de l'art roman dans ses possessions.

Juan-Sebastián de Elkano – Marin du village guipúzcoan de Getaria, il est le second de Magellan lorsque celui-ci entreprend son voyage. C'est lui qui accomplit le premier tour du monde en achevant l'expédition en 1522, après que le grand navigateur eut été tué.

Henri IV de France ou Henri III de Navarre – Roi de Navarre par sa mère Jeanne d'Albret et prince de France par son père Antoine de Bourbon, Henri est le plus proche cousin du dernier Valois. À la mort de ce dernier en 1589, il hérite du royaume de France, apportant avec lui son patrimoine du sud-ouest, notamment la Basse-Navarre.

Les frères Garat – Dominique et Dominique Joseph Garat, avocats, sont originaires d'Ustaritz. Ils sont délégués par la province de Labourd à l'Assemblée nationale nouvellement créée en 1789. Dans l'enthousiasme de la nuit du 4 août, ils votent l'abolition des privilèges, mais s'opposent à l'intégration des provinces basques au nouveau département des Basses-Pyrénées. Dominique-Joseph continuera sa carrière politique : ministre de la Justice en 1792, de l'Intérieur en 1793, il sera sénateur sous l'Empire.

Maréchal Jean Isidore Harispe – Originaire de St-Étienne-de-Baïgorry, il s'engage dès la Convention (1793-1795) aux côtés des révolutionnaires. Organisateur d'un corps d'armée appelé Chasseurs basques, il participe aux guerres napoléoniennes et est nommé maréchal sous le Second Empire.

Sabino Arana-Goiri – Né en 1865 à Abando, près de Bilbao, il est le fondateur en 1895 du Parti nationaliste basque, dont il est l'idéologue, formulant une pensée qui imprégnera le premier nationalisme basque. Son idéologie est religieuse, très conservatrice, voire xénophobe, et il réclame la restauration des anciens *fors*. Il crée le néologisme « Euskadi », patrie des Basques, ainsi que *l'ikurriña*, le drapeau basque, qui apparaît pour la première fois publiquement un 14 juillet ! Il meurt en 1903.

José Antonio Agirre – Alors qu'il n'est qu'un avocat biscayen d'à peine plus de trente ans, il devient successivement maire de Guetxo en 1931, puis député et enfin, en 1936, premier président d'Euskadi. Contraint à la fuite après la victoire franquiste, il dirige le gouvernement basque en exil jusqu'à sa mort en 1960.

Hommes d'Église… et de lettres

Ignace de Loyola – Ce noble guipúzcoan défend la cité conquise de Pampelune pour le roi de Castille lorsqu'un

Juan-Sebastián de Elkano (Getoria).

boulet navarrais le blesse gravement. Contraint à rester alité des mois entiers, il renie son passé militaire et fonde en 1537, avec son ami navarrais **François-Xavier**, la Compagnie de Jésus (ou jésuites). Ignace se consacre à la consolidation de son ordre religieux à Rome tandis que François-Xavier évangélise l'Asie (Inde et Japon). Saint Ignace devient le patron du Guipúzcoa et de la Biscaye, François-Xavier celui de la Navarre.

Bernat Dechepare – Curé du village de Saint-Michel au 16e s., il est l'auteur du premier texte entièrement écrit en basque : *Contrapas*. Ce chant qui promet un bel avenir à l'euskara (langue basque) est aujourd'hui encore très populaire.

Bernard de Goyhenetche, dit Matalas – Curé du village souletin de Moncayolle, il prend en 1661 la tête d'une révolte anti-

« Henri IV jouant avec ses enfants », par Dominique Ingres (musée du Petit Palais, Paris).

fiscale. Sa fin tragique (il est trahi, arrêté puis décapité) en a abusivement fait un mythe pour les nationalistes basques.

Louis-Lucien Bonaparte – Petit-neveu de Napoléon Ier, il fait partie du courant européen éclairé du 19e s. qui s'intéresse aux peuples primitifs de l'Europe, et notamment aux Basques. Il est l'un des piliers de ce que l'on appellera la « bascologie », ou études basques, et l'auteur notamment de la première carte des dialectes de la langue basque en 1863.

Jose Miguel de Barandiaran – Préhistorien, ethnologue et anthropologue guipúzcoan, prêtre de son état, il est l'auteur d'une œuvre scientifique colossale. Son attention principale est portée à l'approfondissement de l'étude des origines des Basques ainsi qu'au recueil des légendes et récits de la mythologie. Refondateur de la société d'études basques Eusko Ikaskuntza, il n'en oublie pas moins son sacerdoce, enseignant l'histoire des religions au séminaire.

Jose-Maria Iparragirre – Considéré comme un véritable barde, poète et voyageur, au début du 19e s., c'est l'auteur de l'hymne basque, *Gernikako arbola*, chant universaliste teinté d'idéologie carliste.

Miguel de Unamuno – Né à Bilbao en 1864, ce philosophe, mais aussi poète et écrivain, a compté parmi les hommes les plus influents dans la vie politique basque et espagnole au début du 20e s. Ses prises de position contre le pouvoir lui ont valu plusieurs destitutions de ses fonctions universitaires, et même un exil aux Canaries par Primo de Rivera. Socialiste, voire même marxiste et internationaliste à ses débuts, il fut un polémiste talentueux qui, face aux dures réalités sociales de l'époque, a évolué vers un certain pragmatisme avant sa mort en 1936.

Artistes

Eduardo Chillida – Sculpteur guipúzcoan du 20e s. Porte-drapeau d'une nouvelle génération d'artistes d'après-guerre, il travaille principalement le fer et réfléchit sur l'espace et ses modes d'occupation. Ses œuvres se retrouvent dans de nombreuses villes du monde (Barcelone, Milan, Dallas), l'installation la plus célèbre, **Les Peigne-vents**, se trouvant à Saint-Sébastien.

Maurice Ravel – Né à Ciboure en 1875, dans une maison aisément reconnaissable à son style hollandais, Ravel est le compositeur du fameux Boléro, mais également de plusieurs autres pièces directement inspirées du Pays basque et de sa musique populaire. Il passa régulièrement ses vacances dans son port d'origine jusqu'en 1910.

Les pèlerins de Saint-Jacques

Vieux de plusieurs siècles, le chemin de Saint-Jacques-de-Compostelle rassemble encore aujourd'hui des jacquets de plus en plus nombreux. Le long de l'ancienne voie romaine allant de Bordeaux à Astorga, passant par Saint-Jean-Pied-de-Port, en Basse-Navarre, c'est un pèlerinage toujours chargé d'émotions.

L'APÔTRE

Selon la légende, l'apôtre Jacques serait venu évangéliser l'Espagne. De retour en Palestine, il fut décapité et son corps, transporté par deux de ses disciples, aurait échoué sur la Côte de Galice. Il aurait alors été enterré à Compostelle. Lors de la reconquête de l'Espagne, Jacques serait apparu dans un combat sur un cheval blanc, terrassant les Maures (d'où son surnom de Matamore). Sanctifié, l'apôtre devint le patron des chrétiens, symbole de la Reconquête.

LE CHEMIN DE LA FOI

Au Moyen Âge, le tombeau de saint Jacques le Majeur attire en Espagne une foule considérable de pèlerins. La dévotion envers « Monsieur saint Jacques » est si vivante que **Santiago** (Compostelle) devient un lieu de rassemblement exceptionnel. Depuis le premier pèlerinage français accompli par l'évêque du Puy en 951, des millions de jacquets, jacquots ou jacobits, ont pris la route pour aller vénérer les reliques de l'apôtre à partir des villes de regroupement que

Saint Jacques.

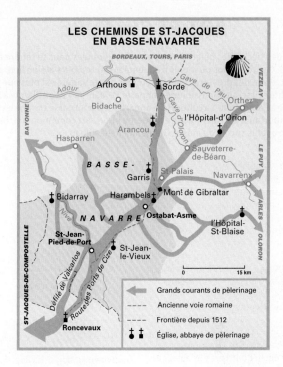

LES CHEMINS DE ST-JACQUES
EN BASSE-NAVARRE

constituaient pour l'Europe entière Paris, Vézelay, Le Puy, Autun et Arles.

Une organisation très complète d'**hospices** facilitait le voyage et pourvoyait, le long des principaux itinéraires, à l'hébergement des pèlerins et au maintien de leur bonne santé spirituelle. Les itinéraires convergeaient en Basse-Navarre avant le franchissement des Pyrénées, opérant leur jonction à Ostabat. St-Jean-Pied-de-Port représentait la dernière étape avant l'ascension vers le col frontière. Les pèlerins gagnaient Roncevaux par la route des hauteurs, section de l'ancienne voie romaine de Bordeaux à Astorga. Chaque pèlerin portait une croix de feuillage faite de ses mains avant la montée. Au terme de la première escalade, au col de Cize (Ibañeta), près de la « Croix de Charles », le jacquet priait, chantait et plantait sa croix. À l'ermitage voisin, la cloche sonnait par temps de brouillard et durant une partie de la nuit afin de rallier les égarés.

LE PÈLERIN

Au Moyen Âge, la pratique des grands pèlerinages, tel celui de Compostelle, fit du pèlerin un personnage familier des villages qui ponctuaient le chemin. Il était accueilli avec respect, voire enthousiasme, car il contribuait à la vitalité du commerce local. Son costume ressemblait à celui des voyageurs de l'époque : une vaste cape et un mantelet court

(esclavine), une panetière (musette), une gourde, un couvert et une écuelle. En plus de cela, il était équipé d'un coffret en tôle contenant les papiers et les sauf-conduits, d'un gros bâton à crosse (bourdon) et des insignes du pèlerinage : coquille et médaille. À son retour, le fidèle qui avait pris la coquille et le bourdon était considéré comme un notable. Les confréries de St-Jacques avaient leur chapelle particulière dans les églises ; elles constituaient des fraternités (frairies) et conservaient les comptes-rendus de voyage.

Au cours des siècles, la foi des jacquets s'est émoussée. Lucre et brigandage rassemblaient des bandes de « coquillards », faux pèlerins, dont fit partie le poète **François Villon**. Avec les guerres de Religion, le protestantisme et le jansénisme, les mentalités changèrent et la méfiance populaire voyait volontiers sous la pèlerine un aventurier ou un escroc. Si au 16e s., les pérégrinations se raréfient, au 18e s., quiconque voulait se rendre à St-Jacques-de-Compostelle devait se munir d'un extrait de baptême légalisé par l'autorité de police, d'une lettre de recommandation de son curé, légalisée, et d'un formulaire, dûment rempli, de son évêque. Depuis une vingtaine d'années, les pèlerins reprennent la route de Saint-Jacques-de-Compostelle.

🕭 *Pour en savoir plus sur les pèlerins du 21e s., voir p. 184 et 260.*

ART ET CULTURE

Depuis des siècles, les pèlerins traversent les Pyrénées pour se rendre à Compostelle. Ces voies plus ou moins fréquentées ont toujours été un lien, parfois très fort, entre des provinces bien différentes. Cette variété est plus que jamais d'actualité et il serait impossible de comparer St-Jean-de-Luz ou Biarritz à Bilbao, Bayonne à Pampelune. La culture ici n'appartient pas au passé comme en témoigne l'importance de l'architecture moderne et de l'art contemporain, réveillés par l'incroyable succès du musée Guggenheim de Bilbao.

Église Santa María de Eunate.

Art roman

À partir du 10e s., on assiste au repeuplement de la région et à la reconstruction d'églises : au nord des Pyrénées après la victoire des ducs de Gascogne sur les Normands ; au sud après la Reconquête sur l'Islam grâce aux rois d'Asturie-Léon, Castille et Navarre, et à l'aide légendaire de saint Jacques « Matamoros » lors de la bataille de Clavijo (844).

LE RAYONNEMENT DES CHEMINS DE ST-JACQUES

La diversité des chemins de Saint-Jacques à travers le Pays basque fait surgir quantité de monastères, lieux d'hospitalité et de prière, et de nombreuses églises et chapelles. Route côtière à travers le Labourd (Lahonce), le Guipúzcoa, la Biscaye (Cenarruza-Ziortza) et l'Álava (Estibaliz). Route très ancienne du col du Somport, passant par Jaca, Leyre et Sangüesa. Route d'Ostabat et Roncevaux, la plus fréquentée à partir du 11e s.

Bâtisseurs et sculpteurs transmettent styles et motifs décoratifs d'une région à l'autre (Toulouse, Jaca, etc.). D'autres passent de Compostelle à Pampelune : ainsi, Pierre de Roda (Rodez), évêque de

Pampelune et ancien moine de Conques, appelle maître Esteban sur le chantier de sa cathédrale. Des ouvriers, prisonniers arabes ou chrétiens mozarabes, introduisent, sur les murs et les fenêtres, des éléments décoratifs musulmans : entrelacs, rosaces, larges palmettes. Les coupoles à nervures sur plan octogonal à **l'Hôpital-Saint-Blaise**, **Eunate** et **Torres del Rio** témoignent de l'influence de l'art califal de Cordoue. Ces deux derniers édifices, bâtis sur le modèle du Saint-Sépulcre de Jérusalem, devaient être des chapelles funéraires, car des escaliers, logés dans des tourelles adjacentes, permettent d'accéder au toit pour entretenir la lanterne des morts, toujours visible à Torres del Rio.

Art de confluences, l'art roman est aussi un art populaire : dans les villages qui se créent, des artisans locaux ornent les bâtiments religieux de sculptures, parfois assez frustes mais d'une grande force expressive. Ainsi à Villatuerta en Navarre (1062) ou dans le groupe très curieux de la vallée d'Orba, au sud de Pampelune. Deux églises, Orisain et Olleta, et deux ermitages isolés, Echano et Catalain, présentent une très belle décoration sculptée, exécutée par la même équipe au 12e s. Grand nombre de ces édifices comportent un porche méridional en appentis, supporté par des arcades ou des colonnes à chapiteaux.

Au nord des Pyrénées, subsistent bien peu des anciens hôpitaux et monastères : en Labourd, Lahonce, en Basse-Navarre, Bidarray, en Soule, L'Hôpital-Saint-Blaise et, perdue au fond d'une vallée, la **collégiale Sainte-Engrâce** (1075) aux superbes chapiteaux polychromes qui dépendait de la puissante abbaye navarraise de Leyre.

LE TRIOMPHE DU ROMAN EN NAVARRE

Car la Navarre est terre d'élection de l'art roman. Deux règnes exceptionnels encadrent cette période :

- **Sanche le Grand (1004-1035)** est le fondateur du Chemin des Français ou Camino Francés (Pampelune, Puente-la-Reina, Estella). Il domine un très vaste royaume où s'élèvent de nombreux monastères : Irache, San Millan et surtout Leyre, « cœur et centre du royaume » dont les abbés sont évêques de Pampelune. La crypte, avec ses colonnes ramassées et ses énormes chapiteaux, décorés de simples volutes, soutient un chevet à trois vaisseaux, abside et absidioles, d'une audacieuse hauteur (10,60 m) consacré en 1057. Ce chevet est le prototype des grandes constructions romanes du 11e s. espagnol, car il précède Jaca, Léon et même Santiago.

- **Sanche le Fort (1194-1234)**, enterré à Roncevaux, grand champion de la croisade contre les Maures (victoire de Las Navas de Tolosa 1212) voit s'achever l'ère romane avec Sainte-Marie de Tudela, bâtie sur une ancienne mosquée et surtout avec les églises d'Estella, véritable synthèse de l'art du pèlerinage. Les influences musulmanes dans l'art chrétien après la Reconquête vont former le **style mudéjar**.

Art gothique

Après le succès du roman en Navarre, les souverains venus de Champagne vont faciliter le développement du style gothique qui va s'étendre dans les régions voisines.

LE ROYAUME DE NAVARRE

Le neveu et héritier de Sanche le Fort est **Thibaud Ier de Champagne**. Avec les rois champenois, suivis des capétiens, l'influence gothique pénètre le royaume. Premiers exemples : les monastères cisterciens d'Iranzu, fondé en 1176, Fitero et la Oliva (deuxième moitié du 12e s.). Ces églises ont des croisées d'ogives et piliers d'une sobre rigueur avec des éléments encore romans à la Oliva (le chevet).

L'église romane d'**Ujué**, dont la vénérable statue de la Vierge sanctifie le rôle de forteresse face aux royaumes musulmans, fut enveloppée à la fin du 14e s. par la splendide église gothique construite par Charles II le Mauvais.

La ville royale d'**Olite** connaît une activité intense dès le 13e s. : San Pedro, Santa María la Real, une partie du château royal agrandi ensuite aux 14e et 15**e** s.

À **Pampelune**, la cathédrale romane fut ravagée en 1277 lors de guerres civiles. La reconstruction gothique (1312) est amplifiée de 1387 à 1425 par Charles III le Noble : nef, bas côtés et cloître sont de style flamboyant avec de remarquables sculptures (« la Puerta Preciosa »). Mais la façade fut détruite au 18e s. pour laisser place au néoclassique.

LES PROVINCES BASQUES EN FRANCE ET EN ESPAGNE

Le vif développement urbain du 13e s. favorise l'essor de l'architecture gothique. En témoignent quelques édifices civils et surtout les cathédrales des principales villes. À **Bayonne**, après l'incendie de 1258 qui ravagea la ville et la cathédrale romane Sainte-Marie, l'évêque Raymond de Martres fit appel à des maîtres d'œuvre sans doute champenois. L'influence de Soissons et de Reims est frappante dans l'abside avec son déambulatoire dont les voûtes se prolongent vers les chapelles rayonnantes, la croisée du transept et les sculptures du portail sud. Les clefs de voûte polychromes de la nef datent du 14e s., à l'époque de

Cathédrale et cloître de Bayonne.

la domination anglaise, le cloître et la façade ouest, avec les lys de France, sont du 15e s. Mais les flèches, harmonisées avec ce gothique flamboyant, ne furent élevées qu'en 1877.

En Biscaye, il faut citer la cathédrale Santiago récemment restaurée au cœur de **Bilbao**, la basilique de **Lekeitio**, le portail flamboyant de **Guanes**… En Álava, à **Vitoria**, la cathédrale Santa María est l'objet d'un exemplaire chantier de restauration qui remet en valeur la nef et le portail du plus pur « gothique français ». À **Laguardia**, Santa María de los Reyes présente un admirable portail sculpté du 14e s. Bien protégées du vent et de la pluie, les élégantes statues gothiques conservent la polychromie exécutée sans doute au 17e s. En Guipúzcoa, les églises Santa María de **Deba** et San Salvador de **Guetaria** sont de beaux exemples du gothique des 14e et 15e s.

De la Renaissance au néogothique

Le développement économique s'accompagne d'une richesse décorative très marquée pendant la Renaissance en Espagne. Elle devient très ostentatoire dans le baroque qui se diffuse partout, du 16e au 18e s. en réaction à l'austérité de la Réforme, avant un retour vers le gothique au 19e s.

LA RENAISSANCE

Avec la richesse venue du Nouveau Monde, le 16e s. est une période de grandes constructions en Pays basque espagnol : achèvement d'anciennes

Portail de l'université d'Oñati.

Stéphane Sauvignier / MICHELIN

églises avec des voûtes aux articulations très complexes en pierre ou en bois, marquées encore par le gothique. Le style Renaissance, avec la disposition harmonieuse, symétrique des corps de bâtiments et l'importance donnée aux portails sculptés, apparaît à partir de 1526 : chapelle et université du Saint-Esprit à **Oñati** en Guipúzcoa. Le séminaire royal de **Bergara**, l'église d'**Elorrio**, etc., sont des exemples d'églises-halles à trois nefs de même hauteur, créant un espace unifié sur un modèle nordique. Sous l'influence castillane, la décoration sculptée des portails est souvent de **style plateresque**, imitant l'orfèvrerie.

LE BAROQUE DE LA FIN DU 16e AU 18e S.

Le baroque marque profondément l'architecture, soit avec un style assez sobre mais imposant (églises d'Elgoibar et Segura en Guipúzcoa), soit avec un décor sculpté surabondant (ancienne cathédrale Santa María de **Saint-Sébastien**). Il a produit une œuvre grandiose en Guipúzcoa : le **sanctuaire de Loyola** en l'honneur de saint Ignace, fondateur de l'ordre des Jésuites. Conçu par l'Italien Carlo Fontana (1634-1714), élève du Bernin, l'influence romaine est visible dans la spectaculaire coupole de 65 m de hauteur et le majestueux portique d'entrée.

Les églises à galeries en Labourd et Basse-Navarre

Pour faire face à l'accroissement de la population au 16e s., l'évêque de Bayonne conseille en 1556 aux villageois d'Ossès d'agrandir leur église en hauteur et de la garnir de galeries de bois. Cette disposition architecturale simple et peu coûteuse est adoptée presque partout, même dans les églises reconstruites après les destructions dues aux protestants. Les massifs **clochers-porches** abritent souvent une salle servant autrefois de lieu de réunion communal. Avec leur nef unique, leur plafond en bois, souvent peint, et leurs galeries sculptées et datées, les églises s'ouvrent largement sur le chœur, décoré d'un retable étincelant de dorures.

Les églises souletines comportent généralement des tribunes sans galeries latérales. Elles offrent de curieux **clochers-calvaires** : murs pignons à trois frontons de hauteur inégale, surélevés de croix pour rappeler la Crucifixion et la Trinité (*voir par exemple l'église de Gotein au sud de Mauléon-Licharre*).

Retable de l'église de St-Jean-de-Luz.

Stéphane Sauvignier / MICHELIN

Les retables

Déjà apparus à la fin de l'époque gothique (retable flamand de Lekeitio en Biscaye), les retables prennent une importance considérable à partir de la Contre-Réforme lorsqu'ils servent l'enseignement religieux et l'exaltation de la foi catholique. Ils réaffirment les dogmes : Trinité, Incarnation, Résurrection et vénèrent la Vierge et les saints autour du tabernacle eucharistique. Pour ces signes ostentatoires de la richesse d'une paroisse ou d'une ville, avec l'éclat des dorures, les sculpteurs rivalisent d'ingéniosité dans l'agencement des différents niveaux ou registres, des multiples volets, bas côtés, autels latéraux. Outre les documents écrits, l'étude des styles des figures, des détails d'habillement, de la présence ou non d'éléments profanes permet de dater ces ouvrages et de reconnaître la marque d'un sculpteur ou d'une dynastie de sculpteurs.

En **Pays basque espagnol et en Navarre**, presque toutes les églises présentent de magnifiques retables, certains du 16e s. (Oñati, Bergara en Guipúzcoa, Galdakao en Biscaye, Artziniega en Álava, Arguiñano et Ciriza en Navarre), la majeure partie du 17e, du 18e et même du 20e s. (Arantzazu en Guipúzcoa).

En **Pays basque français**, le plus important est à Saint-Jean-de-Luz (1665), mis en place par le sculpteur Martin de Bidache, après le mariage de Louis XIV ! Les retables du Labourd et de Basse-Navarre datent presque tous du 17e s. Certains semblent provenir du sud.

LE NÉOGOTHIQUE DU 19e S.

L'engouement pour le Moyen Âge, le sauvetage et la redécouverte des grandes cathédrales influencent les nouvelles constructions religieuses, car le style gothique apparaît alors comme le mieux adapté à l'expression de la foi, suivant un courant artistique en vogue.

Parmi les édifices néogothiques, on peut citer Saint-André à Bayonne, Sainte-Eugénie à Biarritz et, en zone rurale, les églises rebâties des chefs-lieux de canton : Ustaritz, Saint-Palais, Hasparren, Bidache… En Guipúzcoa, la ville de Saint-Sébastien, très marquée par l'influence française, se dote d'une nouvelle cathédrale de ce style.

Architecture traditionnelle

Une ferme aux murs blancs et aux boiseries rouges trônant dans un écrin de verdure… Dès le 19e s., la maison basque (etxea) est victime de ce cliché réducteur qui ne concerne que la maison rurale de la façade océanique, et qui ne résume pas la diversité de formes, de plans et de matériaux observable aujourd'hui. Voici quelques clés pour apprécier cet art de bâtir, loin des idées préconçues et des images surannées.

LA MAISON RURALE

Inventaire rapide

Vers 1930, le géographe Théodore Lefèbvre, parcourant l'ensemble des provinces, inventorie plusieurs types de maisons rurales en fonction de leur site d'implantation et des activités humaines qu'elles abritent. Ce travail permet encore aujourd'hui de distinguer les principaux types.

– Dans le **Pays basque « atlantique »**, l'habitat rural est généralement dispersé et les maisons blocs abritent à la fois les hommes, les animaux et les récoltes. Les constructions, blanchies à la chaux, font appel à des matériaux légers, permettant les encorbellements.

– Les **régions près de l'Èbre** sont vouées au vin, au blé et à l'horticulture. Dans les « pays à vin », les maisons bâties au-dessus des caves se groupent sur des buttes ou des terrasses pour laisser les terres alluviales aux cultures ; dans les « pays à blé », l'habitat est plus dispersé et les maisons se développent en largeur pour abriter une étable et les récoltes ; une cour permet le battage. On trouve peu de bois dans ces constructions qui font largement appel à l'argile.

– Les **maisons de Haute-Navarre** sont regroupées sur les hauteurs. Le climat rude impose des constructions massives faisant appel au bois et à la pierre. Dans certaines vallées, on peut encore découvrir des greniers sur piliers.

– En **Basse-Navarre**, l'habitat est dispersé mais les maisons peuvent être rassemblées par quartiers d'importance variable. Les constructions munies parfois de balcons possèdent souvent de beaux encadrements de portes et de fenêtres en grès, la pierre du pays.

– Dans la **vallée de la Soule**, les maisons réunies le long d'une route ou près d'un pont sont petites et peu profondes. Les murs en galets, la charpente dont la forte pente se termine par un ressaut (coyau), la toiture couverte d'ardoises et percée de lucarnes sont les caractéristiques de ces maisons montagnardes qui peuvent posséder plusieurs dépendances délimitant une cour.

Les linteaux des maisons navarraises

Beaucoup de maisons rurales, en particulier dans les provinces de Navarre et de Basse-Navarre, portent des linteaux au-dessus de leurs portes d'entrée et parfois de leurs fenêtres. Ces pierres sculptées présentent des symboles solaires tels que rosaces, « croix basques », ostensoirs… mais on peut y lire surtout le nom de la maison, suivi des prénoms et des noms du maître et de la maîtresse de maison, de la date de construction ou de reconstruction et, parfois, du nom du « maître maçon ». Ces inscriptions témoignent de l'importance de la maison dans la société traditionnelle : « l'**etxe** » donnait son nom aux habitants. Celui qui possédait la maison était moins un propriétaire qu'un conservateur.

Les plus anciennes maisons

Des recherches récentes ont permis de retrouver quelques maisons très anciennes qui, bien qu'ayant subi de nombreuses modifications au cours des siècles, témoignent d'un art de bâtir exceptionnel.

Certaines de ces maisons semblent remonter au 14e s. Elles sont constituées d'une ossature de bois dont les pièces principales sont des portiques assemblés par des « queues d'arondes ». La pierre ne s'est imposée qu'à partir des 16e-17e s. dans ces constructions dont les murs étaient eux aussi garnis de planches. Il s'agit là d'un type d'habitat vascon dont on trouve des traces jusque vers la Garonne.

Maisons d'Ainhoa, typiques de l'architecture labourdine.

L'évolution des maisons rurales

Les constructions rurales n'ont jamais été des modèles figés, mais elles se sont continuellement adaptées aux modes de vie. C'est ainsi qu'en Pays basque français, l'introduction du maïs au 16e s. a nécessité plus de place pour entreposer le matériel agricole et les récoltes, mais aussi pour accueillir l'augmentation de la population résultant de ce contexte économique favorable. Les agrandissements en largeur et en hauteur, tout en s'intégrant dans la volumétrie traditionnelle, ont fait davantage appel à la pierre.

On peut encore lire ces évolutions sur les façades des maisons rurales en observant les murs pignons dont l'allure plus ou moins symétrique est soulignée par les jeux de lignes des pans de bois.

Les maisons fortes

L'architecture vernaculaire (régionale) comprend encore de nombreux types de constructions. Parmi les plus typiques citons les **maisons-tours** ou maisons fortes, connues principalement en Pays basque espagnol. Ce sont des constructions fortifiées et imposantes, généralement « posées comme des sentinelles au centre des vallées » (Baeschlin).

Si l'épaisseur des murs et l'étroitesse des ouvertures indiquent leur destination défensive, il s'agit aussi d'exploitations agricoles. Elles datent de l'époque où les habitants des vallées se livraient aux luttes fratricides (entre le 13e et le 15e s.). Elles servaient de refuge quand un raid était annoncé. Beaucoup portent un **blason** sur leur façade.

Les « palacios »

Connus seulement dans les provinces du sud, les palacios ont été construits entre le 15e et le 18e s., souvent sur d'anciennes maisons tours. Progressivement, les palais ont abandonné leur caractère militaire pour devenir d'agréables résidences donnant plus d'importance à la décoration extérieure. C'est ainsi que les tours défensives placées aux angles des constructions militaires sont devenues des pinacles d'ornement.

LA MAISON ET LA SÉPULTURE

Dans la société traditionnelle, il existait un lien très étroit entre le monde des vivants et celui des morts. La maison était reliée à la sépulture par un chemin particulier *(hil bide)* que tout cortège funèbre devait emprunter. On ne pouvait vendre la maison sans vendre la tombe

Stèle funéraire avec croix basque gravée.

Stéphane Sauvignier / MICHELIN

s'y rapportant. Avant l'aménagement des cimetières, chaque maison possédait sa sépulture dans la nef de l'église. Lors des offices, les femmes de la maison prenaient place sur une dalle appelée *jarleku* pour accomplir les rites funéraires tandis que les hommes étaient relégués au fond, puis plus tard, dans des galeries. Au cimetière, la sépulture de la maison, orientée vers le soleil levant, était généralement signalée par une stèle discoïdale portant sculptés le nom de la maison et différents signes dont certains renvoient à des conceptions très anciennes du monde et de la vie. C'est le cas notamment de la fameuse « **croix basque** », symbole solaire, souvent composée de trois éléments : le disque, représentant le ciel, le carré, la terre, et les quatre têtes, ou *lauburu*, orientées vers la droite, illustrant le mouvement, le passage.

LES MAISONS URBAINES

L'architecture basque traditionnelle ne se limite pas à la maison rurale. Il existe de nombreux types de maisons urbaines, mais, à l'origine, beaucoup étaient construites selon les principes des maisons rurales : même matériaux, mêmes techniques. Ces maisons destinées aux activités des négociants, des artisans et des bourgeois, s'adaptaient au parcellaire urbain. Citons par exemple les deux types de maisons existant à **Bayonne** dès le Moyen Âge : dans la haute ville, près de la cathédrale, les maisons possédaient de belles caves voûtées pour abriter les marchandises, tandis que, dans les quartiers gagnés sur les barthes (marécages), elles étaient construites sur pilotis avec un rez-de-chaussée muni d'arceaux donnant sur un canal. À l'origine, ces édifices ne possédaient que deux étages avant d'être rehaussés d'un ou deux niveaux lorsque les faubourgs furent rasés sur ordre de Vauban au 17e s.

Place de la Constitution à Saint-Sébastien.

Architecture urbaine

LES GRANDES ÉVOLUTIONS DU 19e S.

Urbanisme dans des villes en pleine croissance

Dès le début du 19e s., l'architecture urbaine se démarque complètement de l'architecture rurale. Destinée à des édifices municipaux de prestige, elle emprunte le style officiel à la mode dans les années 1800-1840, le **néoclassicisme**. Portiques et frontons, alignements de colonnades ou d'arcades, tous ces éléments se retrouvent dans les grandes villes. En Biscaye, la Casa de Juntas de Guernica, les mairies de Bilbao et d'Orduña, à Vitoria le palais de la Deputación et à Bayonne, alors seule ville importante du nord, le vaste édifice un peu fourre-tout construit en 1842. Mairie, théâtre, douanes et même musée et bibliothèque sont logés dans un bâtiment inspiré du grand théâtre de Bordeaux élevé au 18e s.

Aménagements de places

À Vitoria et Bilbao, les **« plazas nuevas »** sont de majestueux quadrilatères très centrés, quasiment fermés. À Saint-Sébastien, la place de la Constitution est enserrée dans un réseau de rues quadrillées à angles droits car la ville se rebâtit après les destructions du début du 19e s. Ce même quadrillage caractérise les nouveaux quartiers, les **« ensanches »** (extensions) de Pampelune, Vitoria, Saint-Sébastien. **Bayonne** est encore coincée dans ses fortifications de place forte. Elle ne peut qu'élever d'un ou deux étages ses vieilles maisons, utiliser les arrière-cours et remblayer les quais sur la Nive pour loger le théâtre-mairie entre deux places anciennes agrandies. La ville s'ouvre sur les Allées Marines, partiellement défigurées au 20e s., à l'époque large promenade ombragée de 4 rangées d'arbres majestueux. Ce nouvel ensemble urbain déplace le centre-ville des abords de la cathédrale vers le confluent Nive-Adour.

L'explosion industrielle du côté espagnol

Le triomphe de l'industrie sidérurgique, la présence de très nombreuses manufactures au sud entraînent la transformation des vallées du Guipúzcoa et de la Biscaye en « rues d'usines » et de lourds changements urbains, surtout à Bilbao qui se dote néanmoins d'un théâtre, d'un musée des Beaux-Arts, d'une université, Deusto, dirigée par les jésuites… tout cela dans un style éclectique assez pompeux comme dans les villas cossues des beaux quartiers.

Essor du tourisme sur la côte

Dès 1830, les **« bains »** de **Biarritz** sont à la mode et attirent des Basques venus affronter l'Océan à la fin de l'été, des Bayonnais tout proches et quelques étrangers, espagnols ou anglais. On se loge alors dans ces « maisons rustiques à contrevents verts et toits roux, posées sur la bruyère » (Victor Hugo 1843). En 1855, la villa Eugénie, de style Louis XIII, destinée au couple impérial s'élève au-dessus de la Grande Plage et du premier pavillon de bains « à la mauresque ». Le seul témoignage encore existant, bien que remanié, de ce style balnéaire oriental est le **casino d'Hendaye**.

Avec l'arrivée spectaculaire de la haute aristocratie européenne, naît une architecture balnéaire sophistiquée et variée, d'inspiration très « éclectique ». C'est le règne de tous les « néos » qu'ils soient historiques (néo-Louis XIII et XIV ; néogothique ou néorenaissance) ou géographiques : andalou/irlandais/anglo-normand. On retrouve aussi ces belles demeures à Saint-Sébastien devenu résidence royale d'été (palais Miramar).

Le style néobasque

L'architecture néobasque s'élabore à l'extrême fin du 19e s. avec deux villas à **Biarritz**, Toki Eder et Haïtzura, et surtout la superbe demeure d'Edmond Rostand à Cambo, la **villa Arnaga** (œuvre de Tournaire) voulue expressément par l'écrivain en style basque pour mieux s'intégrer « entre montagnes mauves et Nive bleue ». Au 20e s., les maisons blanches, aux boiseries rouges ou vertes, toits dissymétriques à deux versants et vastes porches d'entrée, se répandent. D'abord dans les somptueuses villas début de siècle, puis schématisées, réduites à un catalogue assez directif d'éléments identifiants du régionalisme basque dans la seconde moitié du siècle lorsque le tourisme de masse s'amplifie.

ARCHITECTURES MODERNE ET CONTEMPORAINE

En France

Pour les bâtiments collectifs, certains architectes n'hésitent pas à agrandir démesurément le volume de la maison labourdine, pour édifier d'énormes hôtels-résidences, quand d'autres préfèrent résolument le style Art déco : à **Bayonne**, les douanes (Benjamin Gomez, 1938), à **Biarritz**, le casino municipal (Alfred Laulhé, 1929) et le musée de la Mer (Joseph Hiriart, 1932), et à **Saint-Jean-de-Luz**, le casino de Robert Mallet Stevens. Ce dernier bâtiment a été défiguré depuis. Des villas particulières sont aussi de véritables manifestes des qualités décoratives et stylistiques de l'Art déco. Après la Deuxième Guerre mondiale, ces recherches régionalistes, ou modernistes, se sont appauvries. À côté d'une véritable remise en valeur du patrimoine architectural, commencent à apparaître quelques réhabilitations et créations dignes d'intérêt : Foyer des jeunes travailleurs à Bayonne, VVF d'Anglet, Ikastola, médiathèque de Biarritz…

En Espagne

On peut noter, avant la guerre civile, quelques réussites modernistes : club nautique de Saint-Sébastien (Aizpurua, 1929), constructions de Victor Eusa à Pampelune. Dans les années 1950, la **basilique d'Arantzazu**, s'inscrivant dans le renouveau de l'architecture religieuse, relance la collaboration entre artistes de renom, principalement basques (*voir p. 93*).

Depuis les années 1980, le gouvernement basque d'**Euskadi** développe une politique ambitieuse en matière d'urbanisme et de création architecturale.

Vitoria-Gasteiz, devenue capitale politique, a été dotée d'un palais de justice, d'un palais du Gouvernement et d'un musée d'art moderne, l'Artium. À **Saint-Sébastien**, l'apparition des deux cubes de verre translucide du centre culturel du Kursaal (Rafael Moneo, architecte) sur une nouvelle plage-promenade a transformé l'ancien *ensanche* de Gros. Symbole le plus célèbre du pari culturel de rénovation d'une ville administrative et industrielle, la « Flor de Titanio » de **Bilbao**, le musée Guggenheim. Depuis 1997, l'œuvre de Frank Gehry, véritable fleur futuriste sur les rives du fleuve, a fait entrer Bilbao dans les grands circuits touristiques internationaux. À signaler également, toujours à Bilbao, le métro de sir Norman Foster, l'aéroport de Sondika par Santiago Calatrava, le nouveau Palais des congrès et de la musique Euskalduna, de Federico Soriano et Dolores Palacios, évoquant les anciens chantiers navals…

La **Navarre** à son tour, grâce notamment au statut d'autonomie, se lance dans des constructions ou rénovations audacieuses : université Opus Dei, musée de Navarre, fondation Oteiza, sièges d'entreprises industrielles…

Des aménagements urbains ont été réalisés en commun par le sculpteur Eduardo Chillida et l'architecte Luis Peña Ganchegui (Peigne des Vents à Saint-Sébastien, plaza de los Fueros à Vitoria). Des chais et boutiques vinicoles sont édifiés dans la prestigieuse **Rioja alavesa** par Gerhy, Calatrava et Philippe Mazières. En dehors des villes, on note la renaissance de villages et de bourgs adroitement aménagés, équipés de mobiliers urbains contemporains.

Bodega, par Santiago Calatrava, à Ysios.

Alexandra Forterre / MICHELIN

ABC d'architecture

Les dessins présentés dans les planches qui suivent offrent un aperçu visuel de l'histoire de l'architecture dans la région et de ses particularités. Les définitions des termes d'art permettent de se familiariser avec un vocabulaire spécifique et de profiter au mieux des visites des monuments religieux, militaires ou civils.

L'HÔPITAL-ST-BLAISE – Plan de l'église (12ᵉ-13ᵉ s.)

Cette petite église romane de Soule, située sur les chemins de St-Jacques, surprend par ses décors très révélateurs de l'influence hispano-mauresque.

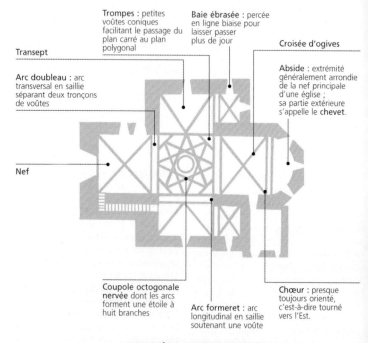

Trompes : petites voûtes coniques facilitant le passage du plan carré au plan polygonal

Baie ébrasée : percée en ligne biaise pour laisser passer plus de jour

Croisée d'ogives

Transept

Abside : extrémité généralement arrondie de la nef principale d'une église ; sa partie extérieure s'appelle le **chevet**.

Arc doubleau : arc transversal en saillie séparant deux tronçons de voûtes

Nef

Coupole octogonale nervée dont les arcs forment une étoile à huit branches

Arc formeret : arc longitudinal en saillie soutenant une voûte

Chœur : presque toujours orienté, c'est-à-dire tourné vers l'Est.

MONASTÈRE DE LEYRE – Crypte (11ᵉ s.)

Remarquable pour ces courtes colonnes et ses robustes chapiteaux, la crypte a été construite pour sup[...] l'église supérieure, de même plan.

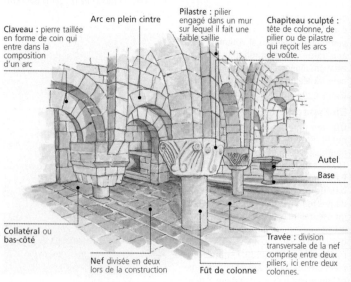

Claveau : pierre taillée en forme de coin qui entre dans la composition d'un arc

Arc en plein cintre

Pilastre : pilier engagé dans un mur sur lequel il fait une faible saillie

Chapiteau sculpté : tête de colonne, de pilier ou de pilastre qui reçoit les arcs de voûte.

Autel

Base

Collatéral ou **bas-côté**

Nef divisée en deux lors de la construction

Fût de colonne

Travée : division transversale de la nef comprise entre deux piliers, ici entre deux colonnes.

LAGUARDIA – Portail de l'église Sta-Maria-de-los-Reyes (12ᵉ-17ᵉ s.)

Sculpté au 12ᵉ s., ce portail gothique impressionne toujours par la richesse de son décor polychrome restauré et protégé depuis le 17ᵉ s.

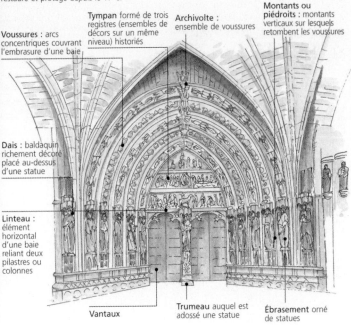

Tympan formé de trois registres (ensembles de décors sur un même niveau) historiés

Archivolte : ensemble de voussures

Montants ou piédroits : montants verticaux sur lesquels retombent les voussures

Voussures : arcs concentriques couvrant l'embrasure d'une baie

Dais : baldaquin richement décoré placé au-dessus d'une statue

Linteau : élément horizontal d'une baie reliant deux pilastres ou colonnes

Vantaux

Trumeau auquel est adossé une statue

Ébrasement orné de statues

ST-JEAN-DE-LUZ – Intérieur de l'église St-Jean-Baptiste (17ᵉ s.)

Transformées pour la plupart au 17ᵉ s., les églises basques se distinguent par leur nef unique sur les murs latéraux de laquelle sont posées des galeries. Un retable monumental occupe le chœur.

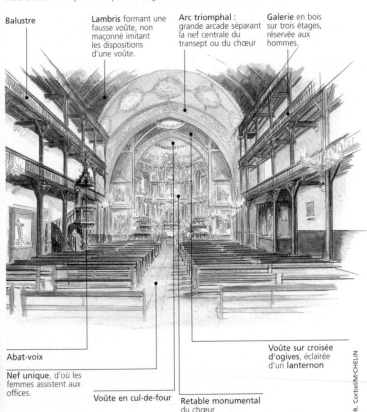

Balustre

Lambris formant une fausse voûte, non maçonné imitant les dispositions d'une voûte.

Arc triomphal : grande arcade séparant la nef centrale du transept ou du chœur

Galerie en bois sur trois étages, réservée aux hommes.

Abat-voix

Nef unique, d'où les femmes assistent aux offices.

Voûte en cul-de-four

Retable monumental du chœur

Voûte sur croisée d'ogives, éclairée d'un **lanternon**

R. Corbel/MICHELIN

89

ZARAUTZ – Tour Luzea (15ᵉ s.)

Ce superbe palais-tour, sans doute le plus beau de la province, allie la solidité de sa construction et la beauté de son décor gothique.

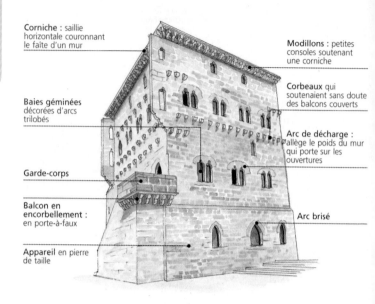

Corniche : saillie horizontale couronnant le faîte d'un mur

Modillons : petites consoles soutenant une corniche

Baies géminées décorées d'arcs trilobés

Corbeaux qui soutenaient sans doute des balcons couverts

Arc de décharge : allège le poids du mur qui porte sur les ouvertures

Garde-corps

Balcon en encorbellement : en porte-à-faux

Arc brisé

Appareil en pierre de taille

OÑATI – Université du Saint-Esprit (16ᵉ s.)

Dans cette université représentative de l'architecture Renaissance en Pays basque, la simplicité de l'appareil contraste avec la richesse décorative de son portail et des pilastres d'angle.

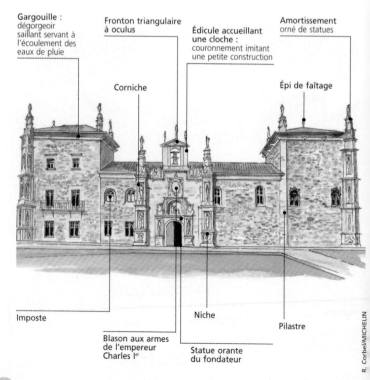

Gargouille : dégorgeoir saillant servant à l'écoulement des eaux de pluie

Fronton triangulaire à oculus

Édicule accueillant une cloche : couronnement imitant une petite construction

Amortissement orné de statues

Corniche

Épi de faîtage

Imposte

Niche

Blason aux armes de l'empereur Charles Iᵉʳ

Statue orante du fondateur

Pilastre

R. Corbel/MICHELIN

CAMBO-LES-BAINS – Villa Arnaga (début 20ᵉ s.)

Cette imposante maison à pans de bois, construite par Tournaire pour Edmond Rostand, est un des plus célèbres exemples de style néobasque.

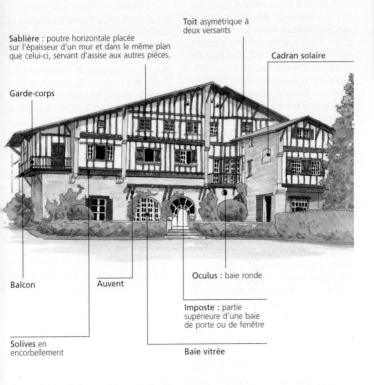

Toit asymétrique à deux versants

Sablière : poutre horizontale placée sur l'épaisseur d'un mur et dans le même plan que celui-ci, servant d'assise aux autres pièces.

Cadran solaire

Garde-corps

Balcon

Auvent

Oculus : baie ronde

Imposte : partie supérieure d'une baie de porte ou de fenêtre

Solives en encorbellement

Baie vitrée

BILBAO – Musée Guggenheim (fin 20ᵉ s.)

La spectaculaire «fleur de titane», que l'on doit à Franck O. Gehry, séduit par sa silhouette sculpturale aux formes audacieuses.

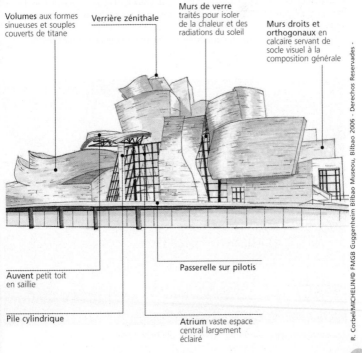

Volumes aux formes sinueuses et souples couverts de titane

Verrière zénithale

Murs de verre traités pour isoler de la chaleur et des radiations du soleil

Murs droits et orthogonaux en calcaire servant de socle visuel à la composition générale

Auvent petit toit en saillie

Passerelle sur pilotis

Pile cylindrique

Atrium vaste espace central largement éclairé

Art moderne

La peinture a longtemps été influencée, tant au nord qu'au sud des Pyrénées, par la volonté de décrire le charme des paysages et des maisons, « l'exotisme » des manifestations ludiques, sportives et religieuses, la beauté des rivages et des montagnes. Des « vues » quasiment cartographiques du 18e s. , on passe au « pittoresque » des lithographies et tableautins romantiques. À partir de la fin du 19e s., l'évolution picturale diverge entre les peintres français qui se fixent sur la côte et ceux des provinces du sud où naît une véritable école basque, centrée sur Bilbao, « nouvelle Athènes ».

MULTIPLES TENDANCES JUSQU'EN 1950

Le dynamisme espagnol

La **Navarre**, malgré son brillant passé artistique, reste très proche de l'enseignement académique madrilène.

Dans la riche **Biscaye**, les commandes affluent : décoration du palais foral de Biscaye à Bilbao ou de la Casa de Juntas à Guernica. Le musée des « Bellas Artes », fondé en 1914, s'ouvre largement aux artistes locaux. Dans les associations et cénacles divers les discussions artistiques sont multiples. Faut-il suivre les directives nationalistes de Sabino Arana, au risque de tomber dans la très académique peinture d'histoire ? Faut-il revenir aux valeurs fortes de la peinture espagnole, les couleurs austères, la force expressive du dessin comme le

voulaient les intellectuels de « la génération de 98 » ? Le meilleur représentant de cette génération, **Ignacio Zuloaga (1870-1940)**, est aussi le plus connu de ces artistes, car la majeure partie de sa carrière s'est déroulée à Paris. Il a son musée à Zumaia et représente avec une grande force théâtrale les personnages et les lieux typiques de l'espagnolisme. Faut-il enfin écouter les conseils socialisants de Miguel de Unamuno en 1899 : « Il faut dorénavant la poésie de la sueur, celle de la fumée des usines, de la buée des tavernes » ? C'est la voie qu'adopte **Aurelio Arteta (1879-1940)**.

Les peintres les plus novateurs, formés à Paris ou à Bruxelles, sont bien représentés dans les musées des Beaux-Arts de Bilbao et de Vitoria : **Dario de Regoyos**, marqué par l'impressionnisme, **Francisco Iturriño**, par le fauvisme, **Aurelio Arteta**, par le cubisme, **Nicolas de Lekuona**, par le surréalisme.

De l'ensemble des œuvres picturales émerge la force d'une humanité solide, burinée par les travaux de l'usine et des champs, campée fièrement sur sa terre. **Arteta** et les **frères Arrue** sont les symboles de ce que l'on appelle le *costumbrismo* (régionalisme) basque.

Le néobasque en France

Les peintres, souvent originaires d'autres régions de France, soulignent aussi la vigueur et la dignité du peuple basque tout en accentuant le côté intemporel, sinon archaïque, des paysages et des travaux agricoles. Une vision idyllique des paysages, des maisons, des activités sportives et religieuses. Une facture très classique à peine marquée parfois d'im-

Tableau représentant Léon Bonnat et ses élèves, par Marie Garay.

Alexandra Vaquero / © Musée Bonnat, Bayonne

pressionnisme ou de cubisme. Au Musée basque de Bayonne figurent des œuvres célèbres de **Gustave Colin**, **Marie Garay**, **Henri Zo**, **Ramiro Arrue**…

L'école bayonnaise, formée autour du peintre plus parisien que basque, **Léon Bonnat**, reste très académique : portraits, scènes de genre, parfois hispanisants.

LES CRÉATIONS CONTEMPORAINES

Sculpture

Le **groupe « Gaur »** renouvelle la sculpture au Pays basque espagnol. Profondément nationaliste, ce groupe fondé en 1964 par le sculpteur charismatique Jorge Oteiza, veut mettre les nouvelles expressions de la sculpture et de la peinture à la recherche des racines profondes de l'identité basque. Les artistes les plus célèbres y adhèrent mais chacun poursuit sa propre quête. **Remigio Mendiburu** s'inspire de formes organiques, **Néstor Basterrechea** réfléchit sur la mythologie basque.

L'évolution sculpturale de **Jorge Oteiza (1908-2003)**, grand prix de sculpture à São Paulo en 1957 et auteur de la très discutée frise des 14 Apôtres d'Arantzazu, est bien représentée à la fondation Alsasua de Pampelune. Il est passé de formes figuratives primitivistes à une recherche approfondie sur le vide.

Eduardo Chillida

E. Chillida (1924-2002) est le plus reconnu internationalement, le plus honoré aussi au Pays basque, que ce soit dans sa ville natale de Saint-Sébastien ou avec ses nombreuses œuvres en places publiques en collaboration avec l'architecte Ganchegui, ou encore dans les divers musées. La **fondation Chillida-Leku**, inaugurée en 2000, montre l'évolution du sculpteur par rapport au matériau et à l'espace. Non figuratifs, monumentaux ou réduits, les volumes sont tantôt denses, refermés sur eux-mêmes, tantôt déchiquetés, tantôt inscrits dans l'espace en puissantes courbes.

Un peu écrasés par ces rénovateurs, les jeunes artistes peinent parfois à trouver leur voie. Il y a pléthore de sculptures abstraites en acier corten. Certaines individualités bien marquées émergent cependant. La diversité de leurs œuvres marque les places publiques de Saint-

Sébastien : **Andres Nagel**, plaza de Europa, **Ricardo Ugarte**, bâtiment de la Kutxa, **Aitor de Mendizabal**, plaza de Irún. Dans un autre genre, **Augustin Ibarrola** a transformé la forêt d'Oma, près de Guernica, en sculpture vivante. En France, à côté de **Jesus Etchevarria**, avec ses séries narratives et symboliques, on trouve de nombreux artistes qui s'expriment de manières diverses : figurative (**Christiane Giraud**), abstraite (**Claude Viseux**, **Jean Escaffre**), avec des matériaux et des techniques fort variés (**Killy Beall**, **Benoît et Jacques Lasserre**)…

Forêt d'Oma, par Agustin Ibarrola.

Alexandra Forterre / MICHELIN

D'autres jeunes artistes discutent d'ailleurs le concept de sculpture, adoptent les installations multimédias, les créations éphémères : **Cristina Iglesias**, **Txomin Badiola**…

Peinture

La peinture se modifie profondément et suit les courants internationaux. La rupture avec le traditionalisme basque se fait dans les décennies 1960-1970. Elle est symbolisée en Espagne par l'apparition des peintres du groupe « Gaur » tournés vers l'abstraction : **Ricardo Balerdi**, **José Antonio Sistiaga**. En France, il n'y a pas de véritable « école ». Actuellement, les jeunes artistes s'orientent vers une expression beaucoup plus technologique en utilisant tous les médias possibles. Mais d'autres restent fidèles à la peinture, figurative ou abstraite : notamment **Lydie Aricks**…

Actuellement, les liens nord-sud se développent grâce au rôle de « passeurs » de certains musées (Bonnat à Bayonne, San Telmo à Saint-Sébastien, Artium à Vitoria). Grâce aussi aux centres culturels comme Arteleku en Guipúzcoa, la « Tabacalera » de Saint-Sébastien, les Biennales d'art contemporain…

Une langue isolée au cœur de l'Europe

Objet de fascination pour les linguistes du monde entier, la langue basque fait partie, avec la famille des langues finno-ougriennes (le finnois, l'estonien et le hongrois), des seules langues non indo-européennes du Vieux Continent et l'on a coutume de la considérer comme la plus ancienne d'Europe. Elle possède, en outre, la particularité de n'être apparentée à aucune autre langue répertoriée, ce qui en fait une langue isolée. Son enracinement géographique actuel date de plusieurs millénaires bien que la première mention écrite de son existence ne remonte qu'à la Guerre des Gaules de César.

DES ORIGINES MYSTÉRIEUSES

Les hypothèses concernant l'origine de la langue basque (**euskara**) sont nombreuses. On s'est plu par le passé à faire des Basques les survivants de l'Atlantide ou bien, de la langue basque, une des 72 langues mères créées par Dieu lors de la destruction de la tour de Babel ! Pour la communauté scientifique internationale, cinq hypothèses méritent le respect, bien qu'aucune n'ait établi de certitude.

Quelques hypothèses…

Le **basco-ibérisme** a voulu relier l'euskara à la langue des Ibères.
Le **basco-chamito-sémitisme**, dans le prolongement de cette hypothèse, fait provenir la langue basque d'Afrique du Nord.

Une troisième voie explorée au milieu du 20e s. est la **basco-caucasique** qui entend relier la langue basque aux langues non apparentées du Caucase.

Selon la **théorie des substrats**, l'ancêtre de la langue basque aurait été parlé dans toute l'Europe occidentale avant la venue par vagues successives des peuplades indo-européennes. Cette hypothèse a été plus récemment élaborée à partir des données tirées de l'étude génétique des populations européennes actuelles. On y observe une concentration décroissante et régulière à partir du Pays basque vers le reste de l'Europe occidentale d'un certain type d'ADN. Or, l'on sait que la population européenne durant la dernière glaciation s'est réfugiée dans le bassin aquitain ainsi que les Pyrénées, seules zones encore habitables. Ainsi, le repeuplement du continent se serait-il fait à partir de ces zones. Chose que l'étude de la topographie tendrait à démontrer. Ce dernier point, qui vient sceller l'alliance inédite entre la linguistique et la génétique des populations, est le plus contesté par les linguistes traditionnels.

Enfin, la thèse de l'**apparentement na-déné-caucasique** soutient que le basque ferait partie d'une plus vaste famille de langues qui aurait occupé le continent eurasien avant la venue des populations parlant l'eurasiatique (dont l'indo-européen). Cette association de langues aussi éloignées dans l'espace que le basque et les langues na-déné parlées en Alaska, ne convainc pas davantage les tenants de la linguistique historique classique, d'autant que cette hypothèse délaisse l'analyse interne de la langue au profit de l'étude statistique des correspondances lexicales interlinguistiques.

Hervé Champollion / MICHELIN

Linteau et son inscription basque.

Quelques règles de prononciation

Très différente des langues latines voisines, la langue basque n'est pas facile à comprendre. Tous les locuteurs basques sont au moins bilingues, la pratique n'est donc pas nécessaire pour le touriste.

Pour ceux qui veulent utiliser quelques mots *(voir lexique dans 2e rabat de couverture)*, voici quelques règles de base de prononciation. L'écriture est phonétique :
- Le E se dit « é »
- le U « ou »
- le G « gu »
- le J « y »
- le N « nn »
- le Z « s »
- le S « sh »
- le X « ch ».

SPÉCIFICITÉS DU BASQUE

L'originalité de la langue ne réside pas tant dans son **vocabulaire**, dont on estime que 75 % proviennent de langues géographiquement voisines, que dans sa grammaire. La langue basque qui est dotée de 22 cas de **déclinaison** est agglutinante – les mots sont formés en « collant » au radical des préfixes, suffixes, voire des infixes. Si l'on ajoute à cela un système de **conjugaison** fort complexe, cela explique la fréquence de mots relativement longs. Ainsi, *daramakizudalako* signifie « parce que je te l'apporte ». Le basque suit généralement une **syntaxe** sujet-objet-verbe. Le **genre** (féminin/masculin) n'existe pas, sauf attaché au verbe pour le tutoiement. L'euskara est original par bien des traits dans le contexte européen proche. Pourtant, les éléments qui la constituent, pris séparément, n'en demeurent pas moins communs à beaucoup d'autres langues du monde. Quelques exemples : l'**ergatif**, cas de déclinaison qui vient marquer de la lettre k le sujet d'une verbe transitif, est introuvable en Europe occidentale mais on le trouve dans certaines langues du Caucase ou dans le Tibétain ; de même, son **système numérique** présente la particularité d'être vicésimal (base 20) comme en gaulois, breton ou en vieux français.

L'euskara se sert de l'alphabet latin et possède une gamme phonétique proche de celle du latin classique. Toutes les lettres se prononcent, l'écriture est donc **phonétique**. Ce qui donne à la lecture pour un mot comme *euskalduna* (le bas-que, littéralement, celui qui possède la langue basque) : éouchcaldouna !

UNIFICATION DE LA LANGUE

Le 5 octobre 1968, l'**Académie de la langue basque** jette les bases de cette unification. L'abandon des intérêts provinciaux – le Pays basque compte **quatre dialectes** dotés d'une tradition littéraire écrite – est soutenu voire précédé par les écrivains eux-mêmes. Ceux-ci contribueront par leurs œuvres à promouvoir l'**euskara batua** (le basque unifié), qui a aujourd'hui un rôle important dans l'enseignement et dans la vie culturelle.

UNE LANGUE MINORITAIRE MAIS DYNAMIQUE

Une présence contrastée

La langue basque est aujourd'hui parlée, écrite, audiovisuellement diffusée et enseignée aux enfants comme aux adultes. On dénombre 700 000 bascophones sur une population totale de 3 millions d'habitants.

Son assise est fragile **côté français** où la langue est en perte de vitesse et ne bénéficie d'aucune officialité, la France n'ayant pas ratifié la Charte européenne des langues minoritaires.

En Espagne, on doit distinguer la **Communauté autonome basque** dans laquelle elle jouit de la co-officialité totale avec le castillan depuis 1979 et la **Communauté forale de Navarre** dans laquelle ladite co-officialité (1982) se limite à certaines zones. Grâce à l'officialisation, l'euskara s'est hissé depuis un quart de siècle au rang de langue moderne et ouverte sur le monde (de la science, de l'administration, des médias, du droit, etc.). Sévèrement pénalisée sous le régime franquiste en Espagne ainsi que sous la IVe République française, puisque les enfants osant parler leur langue maternelle dans les enceintes des écoles étaient punis, la langue basque rattrape aujourd'hui son retard.

L'enseignement

L'enseignement bilingue n'est plus le fait exclusif des **ikastolas** (écoles associatives créées à partir des années 1960). Côté espagnol, depuis 1983, l'enseignement bilingue s'est rapidement développé dans le système d'éducation public de la Communauté autonome basque où l'on trouve trois modèles d'enseignement concurrents, selon le degré de bilinguisme proposé. Il s'est également développé, à moindre échelle, du côté français. Le **public** (depuis 1983), le **privé**, et les ikastolas désormais sous contrat avec l'État proposent l'euskara tantôt comme matière, tantôt comme langue d'enseignement. Plusieurs réseaux d'enseignement de l'euskara pour les adultes se sont mis en place notamment pour répondre aux besoins d'un public qui – au Pays basque espagnol – a besoin d'atteindre un certain niveau de maîtrise de la langue pour postuler à des emplois publics.

Les médias

Le Pays basque espagnol est actuellement doté d'un **quotidien** (Berria) entièrement rédigé en basque, d'une **chaîne de télévision publique**, ETB, qui émet exclusivement en euskara, de nombreuses **radios bascophones**, d'une presse locale variée et vivante, ainsi que d'une industrie culturelle (**édition** de livres, de musique) capable, par exemple, de produire 1 200 ouvrages par an en langue basque. La Foire du livre et du disque de Durango, qui a lieu tous les ans au début du mois de décembre et réunit des dizaines de milliers de visiteurs et de professionnels autour de la production bascophone, constitue un des moments forts de la vie culturelle du Pays basque.

« Guero » (1643), de Pedro Aguerre « Axular ».

Littérature

Les premiers écrits en basque

En 1545, paraît à Bordeaux le premier livre jamais imprimé en langue basque, le Linguae vasconum primitiæ de **Bernat Dechepare**. Il s'agit d'un recueil de poèmes dans lequel l'auteur, conscient d'être le fondateur de la littérature basque, revendique la valeur littéraire et universelle de l'euskara et invite l'élite sociale de son temps à en prendre acte.

Jeanne d'Albret, reine protestante du royaume de Navarre, décide de financer la traduction du Nouveau Testament en langue basque en 1563. Il s'agit pour la reine esseulée et menacée autant par la Castille que par la France, toutes deux catholiques, de rallier par ce geste le peuple à sa cause politique. Cette tâche sera accomplie par le pasteur **Joannes Leizarraga**. L'œuvre aurait pu jouer le rôle qu'a joué la Bible protestante de Luther pour la constitution de l'allemand littéraire mais l'Histoire en décidera autrement.

Des lettres sans littérature

Le démantèlement de la Navarre marque le début d'une longue ère de disette littéraire au cours de laquelle l'euskara sera au mieux asservi à des fins utilitaires (religieuses), au pire défendu… en français ou en espagnol ! Cette période assistera tout de même à l'éclosion du premier génie littéraire basque, **Pedro Aguerre « Axular »** (1556-1644), auteur du volumineux ouvrage d'ascèse Guero (1643), sommet de la prose classique. Parmi la cohorte d'apologistes de la langue basque écrivant en français ou en espagnol, le père jésuite **Larramendi** exercera une influence notable sur la littérature grâce à sa Grammaire de l'euskara publiée en 1729, puis grâce à son Dictionnaire basque-castillan-latin (1745).

Identité et littérature

Le 19e s. marque le retour à une inspiration profane sous l'impulsion des Lumières allemandes. Exhortés par le théoricien de l'« esprit de la nation » **Herder** à puiser dans le trésor de la tradition orale l'essence de l'âme basque, les auteurs basques vont créer une tradition littéraire romantique et identitaire en accord avec l'esprit du temps.

C'est l'époque où de prestigieux philologues tels que **Humboldt** visitent le Pays basque (1801), celle où le **prince Louis-Lucien Bonaparte**, neveu de Napoléon III, étudie les dialectes basques et leur répartition géographique (1869). C'est aussi l'époque où se constitue l'image du Pays basque qui perdurera jusqu'à la fin de la Deuxième Guerre mondiale. L'attachement viscéral à la terre et à la maison, la religiosité constitutive de l'âme basque, l'euskara comme rempart moral contre les agressions du monde moderne… On retrouve ces motifs tant dans les œuvres des auteurs bascophones – des poètes surtout, **Jean-Baptiste**

Elissamburu (1828-1891) étant à juste titre le plus célébré – que dans celles des écrivains hispanophones ou francophones (**Pierre Loti** et son *Ramuntcho*). La disparition des *fors* ou coutumes écrites au Pays basque espagnol suite à la deuxième guerre carliste, en 1876, va donner à cette célébration identitaire une tonalité sombre. C'est dans ce contexte que le premier romancier basque, **Txomin Agirre**, va décrire sous un jour idyllique le monde rural traditionnel dans *Kresala (Eau de mer* - 1906*)* et *Garoa (Fougère* -1912*)*, ouvrant la voie au roman régionaliste basque. Ce n'est pas le point de vue de **Pio Baroja** (1872-1956) qui, confronté à la misère d'une partie de la société, se dresse avec vigueur contre toutes les règles religieuses et sociales. Ses héros sont volontiers révolutionnaires et aventuriers (*Mémoire d'un homme d'action* - 1918-1935).

Le changement de nature du projet littéraire des écrivains des années 1927-1937 accompagne l'avènement de la IIᵉ République espagnole (1931), qui accorde son premier statut d'autonomie au Pays basque, ainsi que la montée en puissance du nationalisme basque. Une nouvelle génération de poètes entend mettre en avant sa connaissance de la littérature universelle pour rompre avec le passé. Ils s'attachent essentiellement à recréer les principaux thèmes et motifs du symbolisme en les conformant à la pensée catholique et bien-pensante du nationalisme. **Esteban Urkiaga « Lauaxeta »** (1905-1937), fusillé par les franquistes, est le théoricien de cette modernité, tandis que **José María Agirre « Lizardi »** (1896-1933) accouche de son chef-d'œuvre lyrique *Biotz begietan (Dans le cœur et dans les yeux)* en 1932.

Langue basque et modernité

L'unification de la langue par l'**Académie de la langue basque** à partir de 1968 marque une tournant majeur soutenu par des écrivains comme le souletin **Jon Mirande** (1925-1972), le guipúzcoan **José Luis Alvarez Enparantza « Txillardegi »** (né en 1929) ou le biscayen **Gabriel Aresti** (1933-1975. En outre, ces auteurs « hétérodoxes » (parce qu'ils rejettent le catholicisme bourgeois du Parti nationaliste basque et son réformisme politique) libèrent la littérature basque de ses principaux tabous – sexuels, politiques ou langagiers – et la mettent au diapason des courants littéraires en vogue en Europe. Existentialisme, poésie sociale, néopaganisme, érotisme, humour noir…

constituent les principales nouveautés introduites par ces auteurs. D'autres écrivains, plus jeunes, continueront d'élargir l'horizon de la littérature de langue basque. **Ramon Saizarbitoria** (né en 1944) introduit les formes du nouveau roman tandis que la romancière **Arantxa Urretabizkaia** (née en 1947) explore les voies du monologue intérieur.

L'autonomie du fait littéraire

Dans le contexte de la « Transición » démocratique espagnole, un groupe de jeunes écrivains revendique l'autonomie du fait littéraire et le « désengagement » politique de l'écrivain. **Le groupe littéraire « Pott » (Désastre)**, constitué dès 1978 à Bilbao, comporte quelques-unes des figures les plus marquantes de la vie littéraire basque des années 1980 et 1990, dont le poète et nouvelliste **Joseba Sarrionaindia** (né en 1958), auteur d'une œuvre poétique raffinée et de quelques recueils de nouvelles, ainsi que **Bernardo Atxaga** (né en 1951). Ce dernier obtient le prix national de littérature d'Espagne et une reconnaissance de la critique internationale inédite pour un auteur de langue basque avec le recueil de nouvelles romancées *Obabakoak* (1988), depuis traduit en plus de vingt langues. Il y propose une relecture tragique du ruralisme littéraire de l'époque romantique.

Les années 1990 sont marquées par l'arrivée à maturité du genre romanesque qui ose enfin le réalisme urbain et contemporain. Le génie ironique de **Ramon Saizarbitoria** éclot en une série de romans où l'inconscient collectif basque contemporain est analysé avec autant de profondeur que d'humour : *Hamaika pauso (Les Pas incomptables* - 1995*)* ; *Gorde nazazu lurpean (Garde-moi sous terre* - 2000*)*.

Régulièrement traduite, légitimée par la critique universitaire et constituant désormais un véritable marché, la littérature basque vit sa période la plus faste. En témoignent des romans comme ceux d'Iban Zaldua (*Mentiras, mentiras, mentiras* - 2006*)* ou l'accueil fait à la compilation de contes : *Mende berrirako ipuinak (Pintxos. Nuevos cuentos vascos* - 2005*)*.

La littérature populaire

Il existe également un riche versant populaire de la littérature de langue basque, principalement constitué de l'art des improvisateurs-poètes ou *bertsolari* et des diverses formes du théâtre souletin (mascarade et pastorale).
Voir aussi p. 108.

La mythologie basque

Les légendes basques constituent un patrimoine singulier qui, étant donné la facilité de passage offerte par le territoire, s'est continuellement enrichi d'apports étrangers. Bien que largement influencés depuis par le christianisme, les mythes primitifs permettent d'entrevoir les mentalités des populations présentes sur notre continent avant l'arrivée des peuples indo-européens.

LE CIEL BASQUE

Dans le ciel des Basques, ou plus exactement dans le firmament, on ne rencontre guère que le **Soleil (Eguzki)** et la **Lune (Hilargi)** qui sont deux sœurs, filles de la Terre. Jadis, les bergers adressaient une invocation au soleil couchant : « Soleil sainte et bénie, va rejoindre ta mère ! » Cette absence de divinités au-dessus des hommes est en opposition avec les mythes indo-européens pour lesquels les dieux commandent aux hommes depuis leur demeure céleste inaccessible, et exigent en retour que les hommes offrent des sacrifices dont la fumée doit monter afin de bien marquer la distance entre le divin et l'humain.

LE MONDE SOUTERRAIN

Les légendes basques constituent un ensemble de récits fortement liés au paysage et mettant en scène des personnages qui vivent dans les profondeurs de la terre ou en surface.

Mari, la Dame des grottes

Mari est le personnage central de cette mythologie. D'après les éléments recueillis, cet être féminin est considéré comme la personnification des forces de la nature et, si son nom a été probablement influencé par celui de la Vierge chrétienne, on suppose qu'elle doit beaucoup aux déesses antiques : Cybèle, Isis, Mithra… Mari traverse l'espace sous la forme d'une tourmente, d'une faucille de feu ou d'un vautour. Elle habite les cavités souterraines dans lesquelles elle enferme les filles des hommes. Étrangement, ces rapts ont pour but d'apprendre aux jeunes captives certains travaux domestiques, mais Mari les libère toujours, non sans leur offrir des présents. Souvent Mari est appelée « la Dame » et on connaît dans toute la chaîne Pyrénéenne de nombreuses grottes sensées abriter une « Dame Blanche ».

Des animaux… rouges

Dans ce monde souterrain vivent des animaux surprenants : **Zezengori (le taureau rouge)**, **Behigorri (la vache rouge)**… Peu de récits sont parvenus à leur sujet, mais on reste surpris de la coïncidence entre ce bestiaire légendaire et les figures peintes dans les grottes ornées entre Lascaux, Niaux et Altamira (zone par ailleurs riche en toponymes basques)

DANS LA MONTAGNE

Des hommes forts

La mythologie basque nous présente les **Gentils** (les païens) comme le peuple des origines qui vit dans la montagne et possède le secret de l'agriculture et de la technologie. Les **humains** (que les légendes appellent « chrétiens ») s'emparent de ces secrets par ruse afin de les faire connaître dans les vallées. Plusieurs récits racontent que la race des Gentils s'est autodétruite après la chute de la première neige, signe qui annonçait l'arrivée d'une ère nouvelle, en l'occurrence le christianisme.

Dans la profondeur des forêts vivent les **Basa Jaun** et les **Basa Andere** (hommes et femmes sauvages) qui effraient les humains par leur aspect monstrueux : certains Basa Jaun sont couverts de poils, d'autres n'ont qu'un pied, l'un d'entre eux est un cyclope. Cependant, les bergers respectent ces créatures frustres qui protègent les troupeaux en signalant l'arrivée des orages.

Les Laminak

La nuit, le long des ruisseaux, les Laminak coiffent leur longue chevelure avec des peignes en or. Ce sont essentiellement des êtres féminins de petite taille et pourvus de pattes de canards. Généralement, les Laminak sont bienveillantes envers les humains pour lesquels elles accomplissent divers travaux en échange de nourriture. Travailleuses infatigables, elles peuvent construire un pont ou une maison en une nuit… mais leur entreprise est toujours interrompue par le chant du coq, car les Laminak ne peuvent vivre au soleil. Parfois, une femme se rend dans leur demeure souterraine, pour les aider à accoucher. En remerciement, les Laminak lui proposent de choisir entre un pot de charbon et un pot d'or. Malheur à celle qui prend l'or : il se transformera en charbon !

On dit que les Laminak ont disparu lorsque le pays s'est couvert d'églises.

© Musée basque et de l'Histoire de Bayonne

« Le diable prêche en basque », par José Gonzales de la Pena (1888-1961).

SUR LA CÔTE

Peu de légendes ont été recueillies sur les côtes du Pays basque. Non pas que le littoral ait été moins fécond en mythes mais sans doute parce que les influences extérieures y ont été plus précoces. Cependant, on y retrouve les mêmes personnages à quelques variantes près : les Laminak ont l'apparence de sirènes.

DES MYTHES INFLUENCÉS PAR LE CHRISTIANISME

Comme toutes les mythologies, la mythologie basque a progressivement assimilé des personnages fameux : on peut citer le **roi Salomon** qui parcourt le ciel à la poursuite d'un gibier ou encore **Roland**, le neveu de Charlemagne, qui marque son passage en lançant çà et là des rochers qui portent toujours le nom de « pierres de Roland ». Le « pas de Roland », lui, se trouve près d'Itxassou.

Olentzero

Ce charbonnier, solitaire et ivrogne, travaille lui aussi dans la montagne mais, lorsqu'il apprend la naissance du Christ, il descend dans la vallée porter la nouvelle. Chaque année, au moment du solstice d'hiver, il réapparaît, noir de charbon, dans les villes et les villages où sa venue annonce le retour des beaux jours. Cette fête populaire rend manifeste le métissage entre le vieux mythe des Gentils et les traditions chrétiennes de Noël.

Les sorcières

Ici, comme ailleurs en Europe, on craint les sorcières. À l'origine, le terme de **sorgin (sorciers)** correspond aux acolytes de Mari, mais ensuite, il a désigné les personnes accusées de jeter des sortilèges ou suspectées de participer au sabbat pour rendre un culte au Diable.

Le serpent

Herensuge est un serpent monstrueux à une ou plusieurs têtes, ou bien c'est un dragon redoutable qui sème la terreur et exige des sacrifices humains. Ce mythe, très répandu en Occident, le présente comme un animal maléfique en lien avec les forces telluriques, et le christianisme a contribué à son développement. Une légende navarraise raconte comment un chevalier vint à bout du monstre avec l'aide de saint Michel. Là où cela se complique c'est que dans la mythologie basque, le serpent est l'époux de Mari…

Les grottes, lieux magiques

Les légendes basques présentent les gouffres et les grottes comme les lieux de rencontre entre les êtres mythiques et les humains, ces derniers cherchant à dérober les immenses richesses de ces cavités.

À **Saint-Martin-d'Arberoue**, on racontait de génération en génération que la colline de Gaztelu abritait le trésor des **Laminak**. C'est précisément sous ce sommet que l'on a découvert les fameuses grottes d'Isturitz et d'Oxocelhaya !

Dans une falaise de **Bidarray**, une petite grotte abrite une stalagmite ressemblant à un tronc humain. La tradition veut que ce soit là le corps d'une jeune bergère pétrifiée, mais elle est devenue la grotte du saint qui « sue », dont les eaux sont réputées pour guérir les maladies de peau.

Musique

La musique et les chants font partie intégrante de la culture, aussi bien au Pays basque qu'en Navarre. Les sources les plus anciennes en témoignent, tels les écrits du géographe grec Strabon (1er s. av. J.-C.), les actes du troisième concile de Tolède du 6e s., les textes sur le pèlerinage de Compostelle de Aimeri Picaud au 12e s. et ceux de Voltaire, philosophe français du 18e s.

HISTOIRE

De tradition orale, ce patrimoine musical n'a toutefois été recensé et mis par écrit qu'au 19e s. sous l'impulsion de particuliers comme Antoine d'Abbadie, et surtout le père Donostia, Resurreccion Maria de Azkue ou Salaberry. Ces derniers ont réalisé un colossal travail de compilation en parcourant les provinces basques pour noter et répertorier chants et mélodies. Leurs travaux ont ainsi permis d'identifier des morceaux remontant au 17e s. Le risque était que cette retranscription figeât les harmonies et les textes en leur donnant un cadre écrit. Il n'en a rien été.

Dès le début, ces passionnés d'ethnologie et de musicologie ont adapté les morceaux anciens qu'ils répertoriaient, et leurs disciples et lecteurs ont pris la suite. Aujourd'hui, les bibliothèques des archevêchés et avant tout le centre d'archives d'Eresbil offrent aux chercheurs et aux artistes des sources inépuisables d'inspiration.

INSTRUMENTS

La musique basque s'appuie essentiellement sur les instruments à vent et les percussions.

Les plus répandus sont le **txistu**, flûte à trois trous déjà représentée il y a 22 000 ans dans la grotte d'Isturitz et dont l'une des variantes régionales est par exemple la **txirula** en Soule.

Vient ensuite la **gaïta**, ou **dulzaïna**, qui s'apparenterait à un hautbois et dont le son ressemble à celui d'une flûte arabe. Quant à l'**alboka**, c'est une corne dans laquelle on souffle pour produire une note continue. Le rythme est marqué par le **txalaparta**, formé de deux corbeilles et de planches sur lesquelles on frappe avec des bâtons. Sa version en métal se nomme la **tobera**.

Enfin, le **trikitixa**, un accordéon diatonique très apprécié des artistes contemporains, complète l'ensemble.

CHANTS ET MÉLODIES

Chants

Vecteur de culture, le chant est omniprésent, depuis les offices religieux jusqu'aux fêtes patronales. Celles-ci donnent parfois lieu à des défis entre **otxote** (formation à huit voix) ou entre **bertsolari**, ces poètes qui improvisent en public des vers chantés. Des deux côtés de la frontière, chanter est une telle institution que même pendant les parties de pelote, les points sont psalmodiés ! On ne compte plus les festivals de musique et de chant, dont les principaux sont organisés au sud des Pyrénées.

Les chants les plus anciens se reconnaissent à leur caractère modal (à l'instar du grégorien), tandis que les musiques plus récentes sont au contraire tonales, et syllabiques pour les mélodies populaires, c'est-à-dire qu'à chaque note correspond une syllabe. L'une des formes mélodiques les plus répandues, le **zortziko**, adopte un rythme irrégulier de 5 croches par mesure pour accompagner les danses.

Au niveau du répertoire, chaque région a développé ses propres traditions musicales, comme celle des complaintes, en Soule, mais certaines mélodies sont connues de tous. Elles correspondent généralement à des poèmes épiques. Le plus répandu est le **chant de Lelo**, relatant la résistance des Cantabres (supposés être les ancêtres des Basques) face aux troupes romaines conduites par Auguste. Il provient d'un manuscrit du 16e s. Celui de **Beotibar** nous est parvenu par des fragments de textes datant eux aussi des 16e et 17e s. et raconte la sanglante bataille de Beotibar qui eut lieu

Txistu et tambour.

Chœur basque « Aizkoa ».

en 1321 entre Guipúzcoans et Navarrais. Autre chant arrivé jusqu'à nous, le **chant « Jeiki jeiki »** fait allusion à la rivalité qui opposa marins basques et hollandais à propos des zones de pêche à la morue à la fin du 18ᵉ s. Quant au **chant d'Altabizkar**, il s'inspire certes de la chanson de Roland, mais a été écrit au 19ᵉ s.

La Navarre a une forte tradition musicale, surtout chorale. Incontournable, la « **Jota navarra** » est apparue, semble-t-il, au début du 19ᵉ s. Ce chant, sensiblement différent de la jota d'Aragon, est un bref poème très expressif sous forme de quatrains. Raimundo Lanas (1908-1939), surnommé « le rossignol navarrais », en est considéré comme le meilleur interprète. La jota est aussi une danse, distincte de la jota chantée en Navarre.

Chœurs

Aujourd'hui, le patrimoine musical est transmis et développé entre autres par le biais des **sociétés chorales** qui ont adapté les chansons populaires pour l'orphéon. Dans le nord, on n'en compte pas moins d'une cinquantaine dont les plus renommées seraient Oldarra de **Biarritz**, le chœur d'hommes d'**Arcangues**, Adixkideak, celui d'**Hendaye**, Gaztelu-Zahar, et le chœur mixte Xaramela de **Bayonne**. Elles s'inspirent pour beaucoup du répertoire folklorique contrairement à leurs homologues d'Euskadi et de Navarre, de plus grande ampleur, mais qui interprètent pour la plupart du classique lors de festivals comme celui de Tolosa.

C'est le cas du très réputé **orphéon de St-Sébastien** (140 chanteurs des deux sexes), du Coro Caso de St-Sébastien aussi, qui regroupe quatre chœurs (l'un de 45 hommes, un autre de 70 garçons, un troisième de chant grégorien et un dernier mêlant hommes et enfants), du chœur mixte d'Andra Mari de Renteria et de la **société chorale de Bilbao** avec ses 140 chanteurs.

Interprètes

En plus de ces ensemble choraux, interprètes et musiciens contemporains se font le relais de la tradition en arrangeant ou en créant textes et musiques à partir des mélodies d'antan. C'est ainsi qu'**Oskorri** adapte les chansons populaires en s'inspirant du folk. **Beñat Achiary** est connu pour ses improvisations vocales. **Amaia Zubira** prête quant à elle sa voix grave et chaleureuse à des textes aussi bien anciens qu'actuels. Enfin, l'auteur-compositeur **Benito Lertxundi** est l'un des rares artistes contemporains à être chanté par tout le Pays basque de son vivant. Et la liste ne s'arrête pas là. Le basque chanté a aussi trouvé de nouvelles expressions, dans le rock notamment.

Rock basque

Des groupes comme **Kortatu**, fondé au sud des Pyrénées par les frères Muguruza au début des années 1980 et devenu Negu Gorriak en 1990, Sukarra, Sustraia ou Akelarre marchent tous sur les traces d'**Anje Duhalde** et **Niko Etxart** qui ont choisi, dans les années 1970, de faire du rock en langue basque. Le premier forme avec un autre guitariste, Mixel Ducau, un duo appelé **Errobi** qui fera la passerelle entre folk et rock, tandis que le second tournera pendant près de 20 ans avec son groupe **Minxoriak**. Revendicatif sur fond de crise économique en Euskadi dans les années 1980, le rock basque a su s'inspirer de courants extérieurs comme le courant punk, puis le rap, le reggae, et aujourd'hui le hip-hop, la techno, etc.

LA RÉGION AUJOURD'HUI

Riche de ses traditions, la région l'est aussi de ses différences qui ne s'atténuent guère avec le temps. Comment comparer l'ambiance de St-Jean-de-Luz à celle de Bilbao, le statut de la Navarre à celui du Pays basque français, le développement industriel d'Euskadi et le choix du tourisme Vert du Labourd à la Soule ? Le principal lien reste la langue mais aussi cet art de vivre, de chanter, de faire la fête, de profiter des trésors gastronomiques de ces belles régions.

Saint-Sébastien.

La population

Ce territoire compte aujourd'hui près de 3 millions d'habitants. Ceux-ci sont cependant très inégalement répartis : avec 262 000 habitants, le Pays basque français fait figure de nain démographique, comparé aux 2,6 millions d'habitants côté espagnol.

EN FRANCE

Concentration sur le littoral

Les principaux traits démographiques du Pays basque se sont accentués tout au long des 19e et 20e s. Aujourd'hui, le littoral du Labourd concentre plus des deux tiers des habitants. La croissance constante de la population (plus 15 % en 25 ans) est principalement due à l'attractivité touristique exercée par la côte. Le solde migratoire, largement positif, permet de couvrir et même dépasser le déficit du solde naturel. Les nouveaux arrivants sont principalement des familles jeunes avec enfants, même si la part des retraités attirés par le cadre de vie reste importante. Ce phénomène qui s'amplifie ne va pas sans poser des problèmes de logement : l'offre est insuffisante et, comme dans de nombreuses régions françaises, certaines villes (Saint-Jean-de-Luz, Biarritz) connaissent une flambée des prix inquiétante pour les familles à revenus moyens et la jeunesse locale. La crise s'étend peu à peu vers l'intérieur des terres…

Évolutions dans les terres

La Basse-Navarre et la Soule voient leur population se stabiliser (respectivement 26 000 et 14 000 habitants) après une longue phase d'exode rural. Certains cantons sont néanmoins toujours en crise, la part des plus de 50 ans représentant souvent 40 à 50 % des habitants. En revanche, les migrations pendulaires prennent de l'ampleur, entraînant l'installation des populations actives en périphérie de l'espace urbain (en Labourd intérieur et Basse-Navarre), le long des voies menant au BAB (ensemble Bayonne-Anglet-Biarritz).

EN ESPAGNE

La Navarre

Hégémonie de Pampelune – Plus de 190 000 personnes (près d'un Navarrais sur trois) vivent aujourd'hui dans l'agglomération pamplonaise dont l'emprise sur le territoire prouve le dynamisme. Ces dernières années, les banlieues résidentielles sortent de terre à grande vitesse, englobant les villages proches dans une large ceinture périurbaine. La Navarre connaît depuis plus de quarante ans une forte augmentation de la population liée à l'industrialisation. Les migrations internes ont été importantes, favorisant le développement des espaces urbains : en trente ans, la population de Tudela (métropole du sud navarrais) est passée de 16 000 à 26 000 habitants quand celle de Pampelune doublait. La capitale navarraise affiche aujourd'hui sa volonté hégémonique, se dotant d'un réseau autoroutier qui fait d'elle un carrefour de voies de communication.

Au sud, la vallée de l'Èbre reste une zone densément peuplée (environ 120 000 habitants) grâce à son agriculture productiviste et à sa proximité avec ses voisins d'Aragon et de Rioja.

Désertification des vallées pyrénéennes – Ces vallées, principalement au nord-est, subissent de plein fouet la crise du monde rural : l'attraction de Pampelune y est très forte et la désertification succède à l'exode rural : populations vieillissantes, activités déclinantes, villages abandonnés, plus rien ne retient les jeunes actifs dans les vallées d'Arce, d'Aezcoa et de Salazar. En revanche, la vallée du Baztan, plus dynamique, est parvenue jusqu'à aujourd'hui à conserver ses jeunes générations. À défaut de devenir la deuxième couronne de banlieues-dortoirs de Pampelune, les vallées du nord espèrent trouver leur salut dans une route à grande capacité qui relierait le Sud de la France à Pampelune, faisant de ce territoire une zone de passage du transit international. Néanmoins, ce projet suscite de vives réactions de la part des associations écologiques et une opposition massive des populations et élus de Basse-Navarre, très concernés aussi par cette affaire.

La Communauté autonome basque (CAB) ou Euskadi

Un foyer de peuplement du Pays basque – L'Álava, le Guipúzcoa et la Biscaye sont inégalement peuplés. La suprématie biscayenne (1 140 196 habitants en 2006) est un phénomène assez récent : jusqu'à l'orée du 19e s., c'est le Guipúzcoa qui, des trois, est le plus peuplé. À partir de 1860, le processus d'industrialisation qui touche tout le littoral affecte plus particulièrement la région de Bilbao qui connaît alors une véritable explosion démographique. Ce phénomène est dû à la conjugaison de deux éléments : d'une part, le fort taux de natalité des campagnes biscayennes

et, d'autre part, l'arrivée massive de main d'œuvre d'autres régions espagnoles (d'Estrémadure et d'Andalousie) pour travailler dans le secteur industriel. En quarante ans, la population augmente de 168 % ; en 1900, un Basque sur deux vit en Biscaye.

Le Guipúzcoa connaît aussi une forte augmentation de sa population, mais la croissance y est moins spectaculaire qu'en Biscaye. L'Álava reste à l'écart du processus d'industrialisation jusque dans les années 1950, ce qui se ressent du point de vue démographique (304 325 habitants aujourd'hui). Ce territoire a longtemps gardé sa vocation agricole traditionnelle (il a joué pendant des siècles le rôle de grenier à blé de la Biscaye et du Guipúzcoa), même si Vitoria-Gasteiz se développe rapidement à partir de 1960 (en 40 ans, elle passe de 75 000 à 229 000 habitants).

Aujourd'hui, la Communauté autonome connaît les problèmes des pays industrialisés : une population vieillissante et un taux de fécondité parmi les plus bas d'Europe. L'immigration a aussi nettement ralenti dans les années 1980, sous le coup de la récession industrielle. La croissance démographique de ces territoires est donc négative sur ces vingt dernières années.

Enfin, le littoral touristique (de Saint-Sébastien à Mundaka) est victime de son succès : il souffre, comme la Côte labourdine, d'une flambée des prix rendant les logements inaccessibles aux jeunes actifs.

ÉMIGRATION, DIASPORA

L'émigration n'est pas un fait basque. Au 19e s., elle touche toute la population européenne. Cependant, si l'on rapporte l'ampleur du phénomène à la population, on se rend compte qu'il fut extrêmement important au Pays basque, concernant quasiment toutes les familles. L'écrivain souletin Lhande ne dit pas autre chose lorsqu'il annonce que pour être un véritable Basque, il faut notamment « avoir un oncle en Amérique ».

Outre les départs traditionnels vers les régions parisienne ou bordelaise, le Nouveau Monde est la principale destination des Basques qui quittent leur terre : des étendues immenses s'offrent à eux ; ils y seront bergers, producteurs de lait ou encore commerçants. Beaucoup s'enrichissent et retournent ensuite au pays, mais nombre d'entre eux restent.

Les Basques ont joué dès le 16e s. un rôle prépondérant dans l'**histoire de l'Amérique latine** : les Biscayens **Mendoza** et

Zabala fondent respectivement Buenos Aires en 1533 et Montevideo en 1726. **Iturbide**, héros de l'indépendance mexicaine, est originaire de la vallée navarraise du Baztan. La famille du Libertador **Bolivar**, tout comme celle du **Che Guevara**, est originaire de Biscaye.

Argentine, Uruguay, Cuba, Chili et Mexique sont les destinations favorites des Basques en Amérique du Sud. Autre grande terre d'accueil, le nord-ouest des États-Unis (Californie, Idaho, Montana, Nevada, Utah et Wyoming), très prisé au début du 20e s.

Partout où ils s'installent, ils s'organisent en communauté : des frontons sont construits, des « maisons basques » (centres de retrouvailles et de fêtes), fondées, pour regrouper tous les Basques, quelle que soit leur origine. La diaspora nord-américaine compte aujourd'hui quelques personnalités de renom telles que Paul Laxalt, ex-sénateur du Nevada et Robert, son frère écrivain, ou enfin, Peter Cenarrusa, sénateur de l'Idaho.

Organisation politique et administrative

EUSKADI : COMMUNAUTÉ AUTONOME BASQUE

La fin du franquisme et les premières années qui la suivent voient le pluralisme politique se remettre en place, dans un cadre institutionnel nouveau, celui d'une monarchie parlementaire. C'est ainsi que le **statut d'autonomie de Guernica**, adopté par référendum en 1979, s'applique à un territoire appelé Communauté autonome basque ou d'Euskadi, qui regroupe les trois provinces de **Guipúzcoa**, **Biscaye** (Vizcaya) et **Álava**. Chaque province est administrée par une *diputación*, et est représentée au parlement autonome de Vitoria-Gasteiz par 25 députés.

Ce **parlement** est investi de compétences très larges, qui font de lui l'autonomie la plus étendue d'Europe, même si toutes les compétences prévues par le statut de 1979 ne lui ont pas encore été totalement transférées par le gouvernement espagnol. Depuis les premières élections libres, le gouvernement qui dirige la Communauté est aux mains du **Parti nationaliste basque (PNV)**.

Trois présidents s'y sont succédé : Carlos Garaikoetxea, Jose-Antonio Ardanza et, actuellement, **Juan-Jose Ibarretxe**.

LA COMMUNAUTÉ FORALE DE NAVARRE (NAVARRA)

La Navarre reste un cas particulier, extrêmement sensible. À l'origine intégrée aux premiers projets de statuts d'autonomie des années 1930, elle choisit de ne pas s'y associer lorsque le statut est finalement adopté en 1936. Très attachée à son passé foral, elle est également très religieuse et refuse tout lien avec les nationalistes basques qui soutiennent la république espagnole laïque, et qui, en outre, s'apprêtent à faire entrer des communistes au gouvernement. La Navarre est tellement hostile à la République qu'elle se soulève aux côtés de Franco, et s'éloigne toujours plus des autres provinces basques durant la dictature. Lorsque le statut de **1979** est voté, c'est presque naturellement que la Navarre choisit sa propre voie. Elle négocie en 1982 son **régime de communauté forale**.

LE PAYS BASQUE FRANÇAIS

Au Pays basque français, le découpage administratif hérité de la Révolution française est resté inchangé : les trois provinces du **Labourd**, de la **Basse-Navarre** et de la **Soule** sont intégrées au département des **Pyrénées-Atlantiques** (anciennement Basses-Pyrénées). En parallèle à la naissance du nouveau nationalisme basque sous le franquisme durant les années 1960, le mouvement Enbata se crée au nord. Pour lui, l'avenir du Pays basque passe par un fédéralisme européen et la revendication du département Pays-basque. En 1973, une nouvelle branche clandestine apparaît, Iparretarrak, qui privilégiera l'objectif d'un statut d'autonomie. En 1981, l'espoir d'une avancée significative naît avec l'avènement au pouvoir de François Mitterrand, qui s'était déclaré favorable au département et à l'officialisation de la langue basque. Mais il ne donnera jamais suite à ces propositions. La question du département reviendra au centre des débats à la fin des années 1990.

EN ESPAGNE, CES VINGT DERNIÈRES ANNÉES...

Une situation complexe

Le statut d'autonomie exceptionnel obtenu en 1979 par la Communauté autonome basque (Euskadi) ne règle pas le problème du nationalisme. Confronté à des demandes d'autonomies de plusieurs régions (Andalousie, Catalogne, Galice, etc.), l'État espagnol affirme sa vision d'une nation espagnole

PAYS BASQUE ET NAVARRE

unique composée de provinces aux statuts différents. Le problème est particulièrement complexe au Pays basque où le terrorisme d'ETA envenime un dialogue difficile avec les nationalistes.

Le passif humain s'alourdit rapidement : plus de 800 crimes sont commis par l'ETA au cours des dernières décennies. Pour sortir de cette crise, l'État espagnol utilise tous les moyens, alternant négociations et tractations secrètes, ouverture et fermeté ; au cours des années 1980, une « guerre sale » est menée par le Groupe Anti-terroriste de Libération (GAL).

Des moments de grande tension et de forte mobilisation anti-terroriste ont régulièrement agité toute l'Espagne. Un des points culminants de ces évènements restera certainement les manifestations géantes dans tout le pays contre le terrorisme après l'assassinat du jeune conseiller politique basque Miguel Angel Blanco en juillet 1997.

Les forces en présence

On peut schématiquement distinguer les trois composantes suivantes dans la vie politique basque en Espagne :
- une frange espagnole représentée par le **Partido Popular (PP)**, de droite, et le **Partido Socialista (PSOE)** de gauche ;
- une frange nationaliste basque radicale ou « gauche abertzale », autour d'**ETA** et de sa vitrine politique **Herri Batasuna** (Unité populaire) aujourd'hui interdit ;
- enfin une frange nationaliste modé-

rée autour du **PNV** (Parti nationaliste basque) qui gouverne la Communauté autonome basque (Euskadi) depuis sa création.

La vie politique basque est marquée par une alternance d'accalmies, de trêves et de reprises de tension entre les séparatistes et le gouvernement espagnol.

L'espoir suscité par l'ouverture au dialogue du président Zapatero s'évanouit avec l'attentat à l'aéroport de Madrid qui fait deux morts le 30 décembre 2006. Les tensions s'avivent encore lors des élections de mai 2007. ETA annonce la rupture du cessez-le feu permanent le 5 juin 2007, laissant planer, malgré l'arrestation de plusieurs de ses membres, la menace de nouvelles violences.

Une question d'identité

L'identité basque est fièrement revendiquée aujourd'hui par de nombreux Basques espagnols. Elle n'est cependant, pour la majorité d'entre eux, nullement antinomique avec un fort sentiment d'appartenance à la nation espagnole. En cela, les Basques sont proches des habitants de la plupart des autres provinces espagnoles qui assument et revendiquent également leur double identité, nationale et régionale.

Cette fierté d'appartenance permet, pour le plus grand bonheur des touristes, de maintenir aussi vivaces des traditions et une culture parmi les plus fortes et les plus originales d'Europe.

Activités économiques

Globalement, on peut dire que le Pays basque et la Navarre forment le territoire le plus industriel de la Communauté européenne. En valeur absolue en 1999, sur 976 106 actifs, 361 858 (soit 37,1 %) relevaient du secteur industriel, la proportion étant de 26 % en France. 59,3 % des actifs figurent dans le secteur tertiaire, et 3,7 % dans l'agriculture ou la pêche.

AGRICULTURE ET PÊCHE EN DIFFICULTÉ

Agriculture : entre résistances et modernité

En France, l'agriculture est en perte de vitesse : le nombre d'exploitations agricoles a chuté de 11 353 à 5 939 en 40 ans. Activité agricole et pêche reculent devant les progrès de l'urbanisation et de l'activité touristique. Les quelques résistances sont liées à un fort attachement culturel à la terre et à l'exploitation familiale, qui fait que l'un des descendants finit par accepter de prendre la succession de manière à ce que le patrimoine ne soit pas démembré. Ainsi, alors que le taux d'agriculteurs français de plus de 55 ans ayant une succession atteint 27 %, il monte jusqu'à 41 % en Pays basque.

Même en recul, l'activité agricole en Pays basque présente des permanences anciennes. Sur les franges les plus septentrionales, c'est la production de maïs qui domine, ainsi qu'un élevage à viande et à lait. Vers les zones plus montagneuses de Cize, Baïgorry ou de Soule, c'est l'élevage ovin d'estive ou de petites exploitations encore consacrées à la polyculture. Sur toute la zone méditerranéenne, c'est-à-dire en Navarre et en Álava, le paysage plus aride est propice à la culture du blé, de l'orge, de la vigne et de l'olivier. L'agriculture y est moderne et riche, et se permet même de tenter la riziculture irriguée aux portes du désert des Bardenas. En Guipúzcoa et Biscaye enfin, zones côtières à forte influence océanique et largement industrialisées, l'agriculture est marginale.

Pêche : une situation contrastée

La pêche est également en grande difficulté, alors qu'il s'agit d'un des secteurs d'activité traditionnels majeurs du peuple basque au cours de son histoire. La raison principale en est l'appauvrissement de la ressource. En outre, les relations entre pêcheurs se sont considérablement dégradées à cause des différentes pêches pratiquées (la guerre, parfois ouverte, oppose schématiquement pêcheurs traditionnels et chalutiers pélagiques). La pêche du Pays basque espagnol peut heureusement profiter de subventions européennes, et si les grands ports de pêche y sont moins nombreux que par le passé (les principaux sont Ondarroa, Lekeitio, Bermeo et Pasaia), ils sont florissants et modernes. On ne peut en dire autant de la pêche en France qui est en grande difficulté. Aussi n'y reste-t-il qu'une seule criée, à Saint-Jean-de-Luz, dont la valeur des ventes a beaucoup baissé ces dernières années.

POIDS INÉGAL DU SECTEUR SECONDAIRE

Si la tradition industrielle est ancienne en Biscaye et en Guipúzcoa (milieu du 19e s.), elle est récente en Álava et en Navarre et reste très peu développée en Basse-Navarre, Labourd et Soule.

En Euskadi – Au début des années 1980, le Gouvernement autonome de Vitoria doit redresser l'économie d'Euskadi qui connaît une crise sans précédent. Il se fixe alors trois axes majeurs : parier sur la technologie de pointe, renforcer la qualité du produit et internationaliser l'activité. En 1990, le secteur sidérurgique traditionnel est intégralement reconverti : Euskadi reste le premier **producteur d'acier** d'Espagne, tandis qu'il consolide le secteur automobile et crée ex nihilo une nouvelle industrie aéronautique. Cette politique économique est fondée sur le **système des clusters** : réseaux regroupant les entreprises d'un même secteur industriel ainsi que les représentants du gouvernement, dont le but est de travailler en commun dans la recherche et le développement de ce secteur pour le rendre toujours plus compétitif. C'est une véritable réussite, favorisant une croissance économique exemplaire ces quinze dernières années dans la Communauté Autonome Basque.

Le **modèle coopératif** est également en bonne santé : la MCC (Mondragon Cooperative Corporation, en Guipúzcoa), dont l'un des fleurons les plus célèbres est le groupe électroménager Fagor, emploie 83 000 personnes aujourd'hui.

En Navarre – Le développement industriel tardif (milieu du 20e s.) est essentiellement tourné vers l'agroalimentaire (30 % des emplois industriels), la chimie et les matériaux des construction. Le

Stéphane Sauvignier / MICHELIN

Retour de pêche au port de St-Jean-de-Luz.

secteur automobile y est également puissant puisque le groupe SEAT-Volkswagen, installé aux portes de Pampelune, représente à lui seul 25 % de la production industrielle navarraise.

En France – Le développement industriel ne semble pas aussi brillant de ce côté des Pyrénées : les quelques grandes entreprises de la Côte basque sont en difficulté, d'autres ont fermé leurs portes ces dernières années. L'industrie de l'espadrille en Soule connaît les mêmes problèmes. Quelques entreprises telles Turboméca aux portes de Bayonne et Sokoa à Hendaye, affichent quand même leur dynamisme. D'autres ont un rôle de soutien comme la société de capital-risque Herrikoa (fondée sur l'actionnariat populaire) qui aide, avec un certain succès, à la création et au développement des entreprises en Pays basque.

TOURISME BALNÉAIRE, TOURISME VERT ET SURF

Le tourisme est une activité récente en Pays basque. Certes, dès l'époque romaine, les villes d'eaux y étaient prisées, mais le véritable envol de cette activité date du 19e s., et est largement circonscrit au littoral labourdin. La **vogue des bains de mer** s'étend à la côte basque par Biarritz, sous le Second Empire. C'est l'impératrice Eugénie, épouse de Napoléon III, qui en fait la promotion, puis l'accès vers les plages basques est facilité par la construction du chemin de fer jusqu'à Hendaye au milieu du siècle. Du côté espagnol, Saint-Sébastien a profité de l'intérêt de la reine Marie-Christine d'Auriche, qui y a séjourné et fait construire le palais de Miramar.

Avec les congés payés, le tourisme se démocratise et prend de plus en plus de place dans les politiques locales. Actuellement, on estime à 15 % son poids dans l'activité économique du Pays basque français.

Le **tourisme vert** se développe également ces dernières décennies. Il est fondé sur trois piliers : la randonnée pédestre en montagne, la découverte de la gastronomie du Pays basque (organisée en Labels, AOC) et l'accueil en gîte rural ou chez l'agriculteur. Il constitue un revenu complémentaire non négligeable pour le monde rural en quête d'un nouveau souffle.

Le surf – Le Pays basque a encore un autre atout dans sa manche depuis 1957 : le surf *(voir p. 40)*. Ce sport connaît une popularité grandissante, au point de compter aujourd'hui plus de 30 000 licenciés et 150 000 pratiquants, quand ils n'étaient respectivement que 5 000 et 100 000 en 1994. Le surf a même fait son entrée dans les épreuves physiques du baccalauréat. De l'avis des spécialistes, les meilleurs spots se trouvent vers Hendaye, Anglet et Guéthary ; Fontarabie, St-Sébastien, Mundaka, Orio ou Getxo en Guipúzcoa et Biscaye.

Cet engouement a généré une véritable manne économique pour la côte. Quelque 170 entreprises d'Aquitaine en vivent. En 2005, près de 65,7 % des salariés basques de l'habillement travaillaient pour le surfwear, et en 2007, Anglet a inauguré une ZAC (Baia Park) dédiée aux sports de la glisse. La même année, Biarritz a célébré les 50 ans de ce sport en lançant la construction d'une Cité du Surf. Elle organise aussi chaque année la Quiksilver Cup. C'est ainsi que surf rime avec Pays basque !

La vie culturelle aujourd'hui

Une intense activité culturelle se développe tout au long de l'année au Pays basque et en Navarre, même si l'été reste la saison la plus riche. Les manifestations sont tellement nombreuses qu'il serait impossible d'en faire ici un rapport exhaustif. Nous en présenterons donc à grands traits les principaux aspects.

AUX FONDEMENTS, LA LANGUE BASQUE

La langue basque, l'Euskara, est à la base de l'originalité de la culture basque. C'est pour cela que de nombreuses associations qui défendent cette langue sont à l'origine de nombreux événement festifs tout au long de l'année.

Le bertsu

Le bertsolarisme est une exception culturelle basque pas forcément très accessible aux touristes qui ne connaissent pas la langue : il s'agit en effet d'un chant versifié et improvisé en langue basque, dont les règles sont strictes. Selon le *bertsulari* biscayen Amuriza, le *bertsu* est le « sport national des mots ». Les écoles de *bertsu* ont fleuri partout en Pays basque ces dernières années, après une phase de désaffection.

Tous les quatre ans, un concours général rassemble les meilleurs versificateurs des quatre coins du Pays basque.

Longtemps marqué par la ruralité, l'art du bertsolarisme est aujourd'hui porté par des jeunes générations très prometteuses.

LE CHANT, SOUS TOUTES SES FORMES

Chanter est une véritable institution en Pays basque. On chante partout, pour tout, avec ou sans accompagnement, avec ou sans livret, en amateur ou en professionnel.

Très encadré côté espagnol où les chorales sont nombreuses, le chant l'est de plus en plus en France, même s'il est encore fréquent d'entrer dans un bar où la sonorisation a été coupée pour laisser chanter à tue-tête les clients, toutes générations confondues.

Pour en savoir plus sur la musique, et le chant en particulier, reportez-vous aux p. 100-101.

LA DANSE

Le répertoire de danses traditionnelles est extrêmement riche ; chaque vallée, chaque village parfois, a ses danses propres.

Des **palloteos** (bâtons) d'Ochagavia aux couleurs de la mascarade souletine, des **inguruntxo mixtes** aux **zortziko** formés de huit garçons, il est impossible de faire l'inventaire de toutes les danses existantes.

Les danseurs de toute la région se retrouvent régulièrement lors du **Dantzari Eguna**, journée en l'honneur de la danse. Chaque année, les enfants des écoles de danse du Pays basque français se rencontrent également lors du **Dantzari Ttiki** ou du **Dantzari Gazte** (pour adolescents).

Pour plus d'informations, consultez le site de la Fédération des danseurs EDB : http://iedb.blogspot.com.

Fêtes de Bayonne.

© OT de Bayonne

LE THÉÂTRE EN DIFFICULTÉ

Le théâtre populaire est un peu en perdition au Pays basque. Si elle résiste encore au nord, la grande tradition des **Tobera**, théâtre joué sur la place publique où l'on dénonçait les problèmes du village, est en voie d'extinction. Quelques auteurs présentent encore leurs pièces, mais ils sont de moins en moins nombreux.

C'est en Soule que la **Pastorale** (forme théâtrale très codifiée héritée du Moyen Âge, où bons et mauvais s'affrontent) connaît un regain d'intérêt depuis les années 1970. Les représentations, qui durent plusieurs heures, attirent des milliers d'amateurs chaque été.

DE NOMBREUSES FÊTES

La fête, un art de vivre en Pays basque et en Navarre, est parfois victime de son succès. Les fêtes patronales se succèdent toute l'année et s'intensifient l'été. Chants, danses, concours sportifs, **txaranga** (ensembles instrumentaux appelés aussi **bandas**), rien ne manque pour que les festivités soient réussies.

Fêtes locales

Chaque ville, chaque village, chaque quartier défend son originalité, même si, depuis quelque temps, certaines fêtes sont en voie de « pampelunisation ».

La renommée internationale des **Sanfermines** (fêtes de Pampelune) n'est plus à démontrer : des millions de personnes se pressent chaque année dans la capitale navarraise pour huit jours de liesse, début juillet.

Les **fêtes de Bayonne** (qui est jumelée avec Pampelune) connaissent également un succès grandissant début août. Les couleurs rouge et blanche de Pampelune ont d'ailleurs été adoptées par les Bayonnais depuis quelque temps. Ces couleurs sont peu à peu reprises par les villages voisins, tout comme certaines pratiques, au détriment de l'ancienne « façon de faire la fête » du monde rural…

Certaines fêtes sont inaugurées par les personnages populaires. Ainsi **Célédon**, reconnaissable à sa blouse et à son parapluie, descend du clocher de l'église pour lancer les festivités de la Virgen Blanca à **Vitoria-Gasteiz**. À **Bilbao**, c'est **Marijaia**, une géante aux bras levés, qui inaugure la *Semana Grande*.

On compte aussi de nombreuses fêtes thématiques : **carnavals** à la fin de l'hiver, foires diverses, **tamborradas** ou **alardes** en l'honneur d'Irún, Fontarabie et Saint-Sébastien… tout, en Pays basque, est une occasion pour faire la fête.

Fêtes religieuses

Difficile de passer sous silence les nombreuses fêtes religieuses qui marquent le calendrier, surtout côté espagnol. L'excentricité des carnavals précède les solennités de la Semaine sainte qui peuvent être impressionnantes comme à Balmaseda ou Durango. D'autres manifestations traditionnelles sont réputées comme la procession du Corpus Cristi (très beaux masques et danses) à Oñati, les fêtes de la Virgen del Carmen sur la Côte de Biscaye, la fête de Saint Ignace (Azpeitia, Getxo), etc.

Joaldunak d'Ituren-Zubieta.

© Office espagnol du Tourisme

Musique, festivals

Les instruments de musique traditionnels tels la *gaita*, le *txistu*, la *xirula*, l'*alboka* ou la *txalaparta* sont de tous les événements. Mais il existe aussi des festivals internationaux qui dépassent le cadre de l'expression culturelle basque. Ainsi, entre la fin juin et la mi-juillet, les **festivals de jazz** de Getxo (Biscaye), Saint-Sébastien et Vitoria attirent les mélomanes de toute l'Europe.

Depuis 2002, Vitoria dispose également de son **festival de rock** Azkena, qui a déjà accueilli des géants tels Iggy Pop ou les Pogues.

Enfin, le septième art n'est pas en reste puisque, en 2005, le **festival de cinéma de Saint-Sébastien** fête ses 54 ans d'existence. De son côté, la ville de Biarritz organisera son quinzième **Festival de cinéma et culture d'Amérique latine** en 2006.

🕯 *Pour retrouver le calendrier des principales fêtes, voir p. 47.*

Sports et jeux

LA PELOTE BASQUE

Héritière du jeu de paume, la pelote a connu bien des évolutions, surtout avec l'arrivée du caoutchouc au 19e s.

Alliant la rapidité au coup d'œil, l'intelligence stratégique à la finesse, la pelote n'est donc pas vraiment née au Pays basque mais elle y est devenue une véritable institution au point d'être une référence en France et dans le monde. La pelote basque se pratique en effet dans les onze ligues françaises mais aussi beaucoup en Amérique latine.

Principaux éléments

La tenue – Elle est constituée de tennis, d'un pantalon et d'une chemisette de couleur blanche. Seule tache de couleur, la ceinture, ou *cinta*, permet d'identifier les équipes.

Les terrains – Il y a trois types de terrains différents. De forme très caractéristique, le « **fronton place libre** », se retrouve sur les places de villages. Le mur, ou *frontis*, s'élève jusqu'à 10 m de haut pour 16 m de large. L'aire de jeu, ou *cancha*, peut atteindre 120 m de long.

Souvent couvert, le « **mur à gauche** » se distingue du précédent par la présence de murs sur la gauche et au fond.

Salle à quatre murs, complètement fermée, le **trinquet** a quelques spécificités : le *xilo*, un trou à droite sur le mur de face (à 1,20 m du sol), un toit incliné (sur la gauche et au fond), un filet…

Partie de pelote basque (rebot).

La pelote – Plus grosse qu'une balle de tennis, elle doit allier la dureté à l'élasticité. Elle comporte un noyau de caoutchouc serré et moulé, enrobé de coton et protégé d'une ou deux épaisseurs de cuir. Elle pèse un peu plus de 100 g et peut atteindre des vitesses de 300 km/h.

La pelote de gomme creuse est de plus en plus utilisée.

Gants et raquettes – Même si la « main nue » est à l'origine de ce jeu, gants et raquettes ont fait leur apparition et déterminent différents types de spécialités. Le **chistera** est une prolongation du gant par une sorte de gouttière courbe en osier. Le **rebot** est une variante plus petite, tandis que la **pala** est une raquette en bois massif qui peut prendre différentes tailles et formes.

Spécialités

Difficile, pour le profane, de s'y retrouver dans les quelque 22 spécialités dont nous ne présentons ici que les plus célèbres. Dans les grandes parties, les *pelotaris*, en chemise et pantalon blancs, se distinguent par la couleur de leur ceinture, bleue ou rouge. Ils bondissent d'un bout à l'autre de la piste et renvoient la balle d'un puissant moulinet de bras. Le *txatxaria* (crieur) chante les points d'une voix sonore.

Le grand chistera – Depuis 1900, la formule la plus appréciée des touristes est le jeu au grand chistera. Ce « grand jeu », très rapide, à deux équipes de trois joueurs, fut popularisé par les prouesses de **Joseph Apesteguy** (1881-1950), devenu célèbre sous le nom de Chiquito de Cambo. La pelote, lancée contre le mur du fronton, est reprise de volée, ou après un premier rebond, à l'intérieur des limites tracées sur le terrain.

La cesta punta – Une variante du jeu de chistera, spectaculaire et athlétique, connaît une faveur plus récente : la *cesta punta*, importée d'Amérique latine. Elle se joue sur un fronton espagnol couvert (*jaï-alaï*) à trois murs (devant, derrière, à gauche). Le but se marque sur le « mur à gauche », entre deux des lignes verticales numérotées.

Et autres variantes… – Les connaisseurs basques préfèrent d'autres jeux, plus anciens et plus subtils : le « **jeu net** » (*yokogarbi*) au petit gant (chistera de petit format), le jeu à main nue. Le jeu de **rebot** se joue à deux équipes se faisant face. Pour engager le point, le buteur fait rebondir la pelote sur un billot et la lance à la volée, vers le mur, dans le camp adverse.

On retrouve dans les jeux en trinquet, pratiqués en salle, le cadre des anciens jeux de paume. La pelote est lancée à **main nue**, avec une palette de bois (**paleta**, de plus en plus utilisée) ou la raquette argentine (jeu de **xare**). Dans le jeu de **pasaka**, pratiqué avec le gant, les murs sont utilisés comme les bandes d'un billard.

Stéphane Sauvignier / MICHELIN

Le « zakulari » (porteur de sac).

Rodolphe Corbel / MICHELIN

LES JEUX DE FORCE

Le goût du défi est un trait essentiel du caractère basque. Ainsi la tradition se plaît-elle à mettre en concurrence des équipes de douze colosses venus défendre l'honneur de leur village. Chacun des équipiers a sa spécialité parmi huit épreuves, inspirées des activités quotidiennes à la ferme. Ces jeux animent de nombreuses fêtes locales, dont la plus connue est celle de St-Palais.

L'**orga yoko** (lever de la charrette) consiste à faire tourner à bout de bras une charrette de 350 kg sur son timon en faisant le plus grand nombre de tours possible, tandis que l'*aizkolari* (bûcheron) doit couper à la hache des troncs de 35 à 60 cm de diamètre le plus vite possible, et que le *segari* (scieur de bois) scie dix troncs de 60 cm de diamètre, toujours le plus rapidement possible. Le **zakulari** (porteur de sac) court avec un sac de 80 kg sur les épaules.

Le **lasto altari** (lever de bottes de paille) consiste à hisser à 8 m de hauteur une botte de paille de 45 kg le plus grand nombre de fois possible en deux minutes.

Pour le **harri altxatzea** (lever de pierres), on effectue une levée de pierres de 250 ou 300 kg le plus de fois possible. Les *esneketariak* (porteurs de bidons de lait) doivent parcourir la plus grande distance avec deux bidons de 40 kg.

Enfin, la **soka tira** (tir à la corde), épreuve reine, oppose deux équipes de huit hommes tirant chacune de son côté une corde afin que le milieu de celle-ci (marqué par un foulard noué) franchisse un repère au sol.

MUS

Ce jeu de carte, dont on trouve une première mention au 18e s., serait originaire du Pays basque. Deux couples de joueurs s'opposent en faisant des paris ou mises, avec un décompte de points variables suivant les options choisies.

Le jeu se compose de 4 séries de 10 cartes chacune. Ce sont les ors, les coupes, les épées et les bâtons. Chaque série est constituée de trois figures (roi, cavalier, valet) et de sept cartes numérales.

TRAÎNIÈRES

Comme pour les autres jeux de force, les courses de traînières font revivre des gestes et matériels disparus. Ces bateaux étaient d'anciens bateaux de pêche, à voile et avirons, autrefois utilisés avec les filets tournants pour la pêche à la sardine. Aujourd'hui, le Kevlar et le carbone ont remplacé le bois et, au lieu de revenir au plus vite au port pour vendre les poissons, les équipages (13 rameurs) se mesurent dans de mémorables courses dont la plus célèbre a lieu dans la magnifique baie de la Concha.

LE RUGBY

Est-il besoin de rappeler que le Sud-Ouest est la patrie du rugby français ?

Le Pays basque ne déroge pas à la règle et compte même dans ses clubs un grand champion, le **Biarritz Olympique**.

Ce club créé en 1898 a pris ce nom en 1913 et a rapporté cinq fois le fameux Bouclier de Brennus (trophée attribué au champion de France) au Pays basque : 1935, 1939, 2002, 2005, 2006.

Stéphane Sauvignier / MICHELIN

Rugby : « ascenseur » en touche par l'équipe du Biarritz Olympique.

Gastronomie

Les gourmands n'auront pas trop d'un séjour pour découvrir et savourer toutes les spécialités du Pays basque et de la Navarre, tant est grande la multitude des produits et des recettes. Ces provinces ont fait de la gastronomie un art de vivre, et ce n'est sans doute pas un hasard si la région concentre de part et d'autre de la frontière une quinzaine de restaurants étoilés.

DES PRODUITS TRÈS VARIÉS

Les poissons

Avec près de 200 km de côtes s'étalant depuis Bayonne jusqu'à l'estuaire du Nervión, il est normal que Labourd, Guipúzcoa et Biscaye aient tiré de la mer leurs principales ressources alimentaires. Autrefois, chaque saison apportait son poisson : au printemps, l'**anchois**, à partir du 29 juin, le **thon** et, pendant l'hiver, la **dorade**, sans oublier les pêches plus lointaines qui ramenaient de Terre-Neuve la morue.

Aujourd'hui, grâce au commerce mondial ou à la congélation, on trouve de ces poissons toute l'année mais, si vous le pouvez, dégustez-les de préférence en saison, sur les nombreux ports de pêche de la côte.

La **morue** en risotto, en salade ou en ragoût n'en sera que meilleure. Le **marmitako guipúzcoan**, ragoût à base de thon, de pommes de terre, de tomates et de poivrons en prendra plus de goût, et le **ttoro**, cette soupe de poissons préparée avec ail et piment à St-Jean-de-Luz, n'en aura que plus de saveur.

Fruits de mer et coquillages

Autres spécialités venues de la mer et tout aussi délectables : les **chipirons**, sorte de petits encornets apprêtés dans leur encre ou avec de l'huile d'olive et de l'ail. Ce sont des grands classiques des bars à tapas. En Guipúzcoa, les restaurants proposent également du **crabe farci**, tandis que ceux de Biscaye mettent à leur carte les **palourdes d'Urdaibai** et les **araignées de mer**.

Poissons d'eau douce

Plus à l'intérieur des terres, la truite occupe une place de choix dans les assiettes. Fraîche ou fumée, les recettes la mettant en valeur ne manquent pas. Enfin, s'il est une spécialité aquatique incontournable et de plus en plus recherchée, c'est bien la **pibale**, future anguille qui remonte les cours d'eau à la recherche d'un endroit où grandir en paix. Sa pêche est strictement réglementée aujourd'hui, ce qui en fait un mets de choix, notamment pour les fêtes. Frite dans l'huile et l'ail, elle se déguste dans une cassolette à l'aide d'une petite fourchette de bois.

Viandes et charcuterie

Outre la mer, les provinces basques et navarraises peuvent se prévaloir de vastes espaces montagneux où agneaux, veaux et porcs paissent en toute tranquillité. Leur viande se retrouve tout naturellement dans les menus des *etxekoandreak* (maîtresses de maison) ou des restaurants, qui vous proposeront de l'**axoa** du côté d'Espelette (sorte de ragoût d'agneau ou de veau coupé en dés avec du piment), du **boudin** vers Llodio (Biscaye) et, partout, du **jambon**.

Jambon de Bayonne et piments.

Jambons – Celui de Bayonne ne se présente plus. Côté espagnol, la gamme est très large, allant du savoureux **jabugo** à la viande de cochon sauvage ou de sanglier au **serrano** (viande des montagnes), en passant par le délicieux **bellota**, préparé avec de la viande de cochon nourri de glands et de châtaignes. Vous ne verrez pas un bar à tapas ou un restaurant sans son cuissot prêt à la coupe !

Gibier – Des deux côtés des Pyrénées, la chasse est aussi à l'honneur, offrant en saison gibiers à plumes et à poils, dont les fameuses **palombes**, tirées à l'automne vers Saint-Jean-Pied-de-Port.

Fruits, légumes et épices

De par la surface importante de forêts et l'hygrométrie parfois élevée de certaines zones géographiques, les champignons sont à l'honneur dans la cuisine basque, et plus particulièrement le cèpe. Ainsi, il n'est pas une fête en Álava sans que ce mets ne figure au menu. Chanterelles, morilles, russules et girolles lui font parfois concurrence.

Rien ne manque dans le panier de la ménagère basque ou navarraise, et surtout navarraise puisque la vallée de l'Èbre constitue un véritable potager à ciel ouvert. On y produit tout : asperges, fèves, bettes, artichauts, haricots verts, courgettes, betteraves, aubergines, petits pois, laitues, choux, poireaux oignons... Autant de produits qui entrent dans la composition des tapas, ou de plats comme la piperade, sorte de ratatouille relevée au piment avec œufs brouillés et jambon.

Certaines communes s'enorgueillissent d'une production bien particulière, comme Guernica pour le piment vert, Fontarabie pour le petit pois, Tolosa pour le haricot, Lodosa pour le *piquillo*, Espelette pour le piment (AOC depuis 2000) et Itxassou pour la cerise noire, dont la confiture accompagne si bien l'Ossau-Iraty. Vous ne vous déplacerez pas dans le pays sans goûter ou ramener l'un de ces produits typiques.

Fromage

Culture pastorale oblige, les Basques et les Navarrais utilisent le lait des brebis pour produire des fromages. Ce sera l'Ossau-Iraty, AOC depuis 1980, dans les Pyrénées-Atlantiques, et plus spécifiquement aux abords de la forêt d'Iraty dont il tire son nom. Il se fabrique à partir du lait entier de brebis manech à tête noire ou rousse, brassé, moulé et pressé puis salé au gros sel et affiné au minimum trois mois. Sur le versant navarrais, ce sera le fromage de Roncal, obtenu grâce au lait entier des brebis latxa qui est travaillé puis salé et affiné entre les mois de décembre et juillet. Quant au délicieux fromage d'Idiazabal, il est produit à la frontière entre Navarre et Guipúzcoa. Il s'agit d'un fromage à pâte sèche, élaboré exclusivement avec du lait de brebis latxa et affiné au moins deux mois. Autre produit laitier que vous retrouverez sur les tables des deux côtés de la frontière hispano-française : le *mamia*, du lait caillé de brebis que l'on déguste avec du miel liquide.

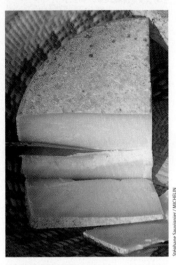

Fromage basque Ossau-Iraty.

Douceurs

Impossible de repartir du Pays basque sans avoir goûté à son chocolat ! Les meilleurs se dénichent à Bayonne, St-Sébastien ou Tolosa, selon une tradition remontant au 16e s. Les amateurs de sucreries apprécieront également les *vasquitos* et *nesquitas* de Vitoria, ou les spécialités à base d'œufs et d'amandes produites par les différentes congrégations religieuses du sud des Pyrénées. Côté pâtisseries, les gourmands se régaleront des macarons de St-Jean-de-Luz, de *goxua* (une sorte de baba au rhum nappé de crème pâtissière et de caramel) et, bien entendu, de gâteau basque au cœur de cerise ou de crème d'amande.

Vins

Pour accompagner tous ces plats, rien ne vaut un petit verre de vin. Or, Pays basque comme Navarre ne manquent pas de références. La carte des vins offre en effet une large gamme de saveurs issues de quatre principaux vignobles.

Cru côtier – Celui du **txakoli** demeure le plus confidentiel avec seulement 80 ha

Gâteau basque à la crème ou à la confiture de cerise

Pour 5-6 personnes – *300 g de farine, 120 g de beurre, 200 g de sucre cristallisé, 2 œufs, 2 cuillers à soupe de rhum ou d'essence de vanille, une pincée de sel.*

Mélangez d'abord beurre et sucre, puis farine, sel et arôme. Malaxez le tout et faites durcir la pâte au frais le temps de préparer la crème, s'il s'agit d'un gâteau basque à la crème. Pour la préparer (*½ l de lait, 3 œufs, 15 g de sucre semoule, 2 cuillers à soupe de rhum ou d'essence de vanille*) : fouettez ensemble œufs et sucre, ajoutez

la farine et mélangez. Versez ensuite la moitié du lait bouilli, tournez puis mettez le tout sur le feu jusqu'à ébullition, pendant 1mn. Ajoutez le rhum ou l'essence et laissez refroidir.

Étirez votre pâte sur une épaisseur de 4 à 5 mm. Prenez-en 60 % pour en garnir votre moule, beurré et fariné. Répartissez au choix la crème refroidie ou bien la confiture de cerise noire, puis appliquez la pâte restante pour fermer le moule. Abaissez les bords de la pâte, rayez-la à l'aide d'une fourchette. Passez-la à l'œuf pour la faire dorer et enfournez pendant 30 à 40mn, à feu doux (160 °C).

Gâteau basque à la confiture de cerise.

Stéphane Sauvignier / MICHELIN

---

exploités du côté de Getaria et de Bakio, sur le golfe de Biscaye. Élaboré à partir d'un cépage local, il se caractérise par une légère acidité et une mousse à peine perceptible. Normalement blanc et sec, il se déguste aussi sous forme de vin rouge dans les alentours de Bakio, devenant alors *txakoli ojogallo.*

Irouléguy – En taille lui succède le vignoble d'Irouléguy avec 200 ha initialement plantés par les moines de Roncevaux au 13e s. non loin de St-Étienne-de-Baïgorry. Déclaré AOC en 1970, il produit des vins rouges exclusivement à partir de tannat (*bordelesa* en basque), de cabernet franc (*acheria*) et de sauvignon. Les blancs s'obtiennent quant à eux à partir de courbu (*xuri cerratia*) et de manseng (*ixiriota xuri*).

Les vins de la Rioja – La Rioja alavesa couvre de son côté quelque 8 000 ha plantés essentiellement de *tempranillo*, un cépage qui donne un vin rouge généralement fruité et tannique, surtout s'il est complété par du graciano et du grenache. Les plus réputés sont produits dans les environs de Labastida. Côté blanc, le vignoble d'**Álava** en produit à partir de Viura.

La Navarre – Enfin, avec 13 000 ha de *tempranillo* et de grenache, la Navarre arrive en tête des productions, en volume comme en qualité. Les **navarra** produits autour de Tafalla, Tudela et Estella comptent en effet aujourd'hui parmi les meilleurs vins d'Espagne.

Cidre

Ceux que le vin ne tenterait pas pourront toujours se reporter sur le cidre, dont les Basques se revendiquent les premiers producteurs, avant même les Bretons et les Normands. Ils dégustaient autrefois ce breuvage acidulé et pétillant directement au tonneau, ou *kupela.*

Actuellement, la tradition se perd un peu, mais les cidreries ne continuent pas moins à proposer du cidre maison en hiver.

Spiritueux

Pour le **patxaran** en revanche, point de saison. Cette liqueur de prunelles, qui titre à 25 ° peut se déguster à tout moment de l'année, tout comme l'*izarra*, spécialité d'Hendaye. Élaboré à partir de plantes aromatiques, de graines, d'écorces et d'Armagnac, cet alcool peut être de couleur verte (à dominante de menthe poivrée) ou jaune (à dominante d'amandes amères).

LE PLAISIR DE MANGER

Étant donné l'abondance de produits et leur qualité, il est facile de bien manger dans le Pays basque et en Navarre, quelle que soit la formule retenue. La gamme de repas est en effet très large, allant du simple poisson frais cuit à la braise sur le quai d'un petit port jusqu'aux agapes de plusieurs heures. Celles-ci peuvent se faire pour vous dans l'un des nombreux **restaurants étoilés** de la région (*voir les grands chefs p. 28*).

Les sociétés gastronomiques

En pays basque espagnol, on se régale au sein des sociétés gastronomiques – **txokos** en Biscaye –, véritables institutions masculines instaurées au 19e s. L'Euskadi en répertorie plus de 1 000, dont au moins 500 pour le seul Guipúzcoa, la palme revenant à St-Sébastien avec une centaine de sociétés, dont les plus prestigieuses et anciennes sont Gaztelubide et Euskal Billera. Jusqu'à une période très récente, elles étaient l'apanage des hommes, qui se réunissaient entre eux pour cuisiner, se transmettre les recettes de père en fils et se retrouver dans un espace réservé.

Depuis peu, les femmes commencent à créer les leurs, transmettant elles aussi leur savoir-faire par ce biais, et non plus seulement depuis leur cuisine.

Dans les deux cas, la mixité est a priori exclue, mais il en existe aujourd'hui qui ont ouvert leurs portes aux deux sexes. La tradition la plus répandue est néanmoins de rester entre hommes, ou femmes, et d'accueillir conjoints, famille ou amis seulement à des heures ou des jours spécifiques.

Apprendre à « tapear »

Il n'est cependant pas besoin de restaurants étoilés ou de cercles privés pour goûter au meilleur des produits basques ou navarrais, surtout au sud des Pyrénées, et plus spécialement sur la côte. Il suffit pour cela de *tapear*, c'est-à-dire d'aller dans les bars et les cafés pour se délecter de **tapas**, sortes de mises en bouche oscillant entre amuse-gueules et sandwichs - les plus sophistiquées s'appelant **pintxos**.

Elles peuvent constituer de véritables repas si l'on en prend plusieurs, car le choix est vaste, allant des **piquillos** et des olives marinées jusqu'à l'assiette de jambon à la coupe en passant par les fameuses **tortillas** (omelettes), les **patatas bravas** (pommes de terre sautées avec ou sans mayonnaise pimentée), les **chipirones** ou les tranches de pain garnies de thon, de crevettes, de poivrons, de champignons ou de tout autre produit dont le cuisinier aurait eu l'idée et la fantaisie. Elles s'accompagnent de bière, de vin, de café ou de jus d'orange frais. Un vrai régal !

Même si elles sont servies à toute heure, le meilleur moment pour les déguster tombe en fin de journée (c'est-à-dire vers 20h côté espagnol). À cette heure-là, les bars sont littéralement pris d'assaut par les jeunes, les retraités, les parents et les enfants. Chacun papote tout en se servant directement au comptoir, sous l'œil amical du serveur. On peut aussi désigner à ce dernier toutes les tapas dont on a envie et récupérer l'assiette qu'il aura préparée. Si l'on peut payer à ce moment-là, la plupart du temps, l'addition se règle après dégustation, une fois son verre ou son assiette terminés, voire rapportés au comptoir. Le serveur liste alors les consommations. Gare à celui qui essaierait de frauder : il a bonne mémoire et se souvient toujours de ce qui a été pris !

Au final, l'endroit est aux Basques ce que le pub est aux Anglais et le café aux Français : un pilier incontournable de convivialité. La gourmandise en plus ! En la matière, la réputation de Saint-Sébastien est inégalable, suivie de près par Fontarabie.

Chais Brama dans le vignoble d'Irouléguy.

Site de Gaztelugatxe.

Ainhoa★

651 AINHOARS
CARTE GÉNÉRALE C2 – CARTE MICHELIN RÉGION 573 C25
PYRÉNÉES-ATLANTIQUES (64)

C'est LE village basque par excellence. Tout y est : maisons rouge et blanche, fronton de pelote qui fait presque corps avec l'église, cimetière hérissé de stèles discoïdales. Au coucher du soleil, la montagne elle-même prend une teinte « rouge basque ».

- ▶ **Se repérer** – 8 km au sud-ouest de Cambo-les-Bains, dans le Labourd. La petite D 20 mène au centre de ce village-rue.
- 👁 **À ne pas manquer** – Le site de la grotte des Sorcières, à Zugarramurdi.
- 🕐 **Organiser son temps** – Le village constituant un point départ de randonnées ou d'excursions vers la vallée du Baztan, on pourra le visiter avant de partir en promenade ou en fin d'après-midi, lorsque la lumière le rase et l'enflamme.
- 👥 **Avec les enfants** – Découvrez les nombreuses grottes des environs.
- 🕯 **Pour poursuivre la visite** – Voir aussi la vallée du Baztan, Sare et Espelette.

Se promener

Rue principale★

C'est une haie de maisons des 17e et 18e s. aux toits débordants, aux façades de guingois sous la chaux propre datant de la dernière Saint-Jean, aux volets et aux colombages colorés, aux poutres ornées de frises et d'inscriptions. On ne sait laquelle choisir ! Les vastes *lorios* (porches) des maisons conservent des anneaux d'attache pour les mules, souvenirs du temps où Ainhoa était, outre une halte pour les pèlerins, un relais pour les marchands transitant par la frontière espagnole.

Église

Précédée d'un clocher-porche, elle est dédiée à Notre-Dame de l'Assomption et arbore un agencement et une décoration typiquement basques : boiseries dorées du chœur (17e s.), nef à double galerie et plafond à caissons.

Notre-Dame-de-l'Aubépine

Prenez la rue à gauche de la mairie et suivez le balisage du GR. Comptez 2h AR. Pèlerinage lun. de Pentecôte avec messe en basque à 10h30 - 🕿 *05 59 29 92 60.*

🚶 Sur le tracé du GR 10, ce sentier pierreux est un chemin de croix qui vous mène à la chapelle Notre-Dame-de-l'Aubépine, construite sur les lieux où la Vierge serait apparue dans un buisson… d'aubépine. Ce lieu de pèlerinage basque peut être l'occasion d'une belle promenade. En haut, vue d'ensemble sur Ainhoa et panorama sur la rade de St-Jean-de-Luz et Socoa. Plus loin apparaissent les premiers villages espagnols au pied des hautes montagnes navarraises.

Aux alentours

Zugarramurdi

7 km au sud-ouest par la D 20, puis la NA 4401 après la frontière.
Difficile d'imaginer, en parcourant aujourd'hui ce mignon petit bourg, que son nom est associé depuis des siècles à la sorcellerie. Pourtant… en 1610, plus de 300 personnes y furent arrêtées pour crime, et une quarantaine, condamnées, entre autres pour avoir organisé des messes noires dans la grotte jouxtant le village.

Cueva de las Brujas (grotte des Sorcières)★ – *Ne manquez pas le panneau directionnel sur la place de l'église.* 🕿 *948 599 305 - tte la journée - 3 € (enf. 1,20 €).* 👥 Un parcours balisé mène au canyon creusé par le ruisseau de l'Enfer, lieu de réunion pour les sorcières jusqu'à ce que l'Inquisition les décime au 17e s. Tout autour du site, différentes sentes reprennent le tracé d'anciens chemins de contrebande. Une très belle vue sur le village et ses alentours attend les plus motivés depuis le mirador aménagé en haut de la colline.

Urdazubi

5,5 km au sud-ouest par la D 20 puis, en Espagne, par la N 121B et la NA 4402.
De petits canaux et une rivière sillonnent ce village dont le nom signifie « eau et pont ». Il conserve quelques maisons anciennes en son centre, signalé par la massive silhouette de l'église San Salvador, dernier vestige d'un monastère prémontré, autrefois hôpital pour les pèlerins en route vers Compostelle.

Stéphane Sauvignier / MICHELIN

Maisons basques.

Cuevas de Urdax o Gruta de Ikaburu (grotte d'Urdazubi) – *Tournez à droite avant d'arriver au village. Prenez à nouveau à droite à l'embranchement et comptez 500 m ☎ 948 599 241 - visite guidée mars-oct. : tte la journée ; reste de l'année : mat., w.-end tte la journée - fermé lun. (sf mars-oct.), 1er janv. et 25 déc. - 4 € (enf. 2 €).* Patiemment sculptée par l'Uxturme (« ruisseau humble ») dans lequel évoluent toujours truites et anguilles, cette grotte déploie de fascinants tableaux de silex, de marbre, de colonnes de calcite (dont la crèche) et de racines d'arbres prises dans des gangues de calcaire.

Ainhoa pratique

Se loger

⊖⊖ **Hôtel Ohantzea** – *Au bourg - ☎ 05 59 29 90 50 - www.hotelohantzea.com - fermé janv.-Pâques - P - 10 ch. 50/80 € - ☕ 6,50 €.* Cette ancienne ferme de 1660, transformée en hôtel en 1927, fut le premier établissement de ce type à Ainhoa. Le lieu ressemble aujourd'hui à un véritable musée ! On y découvre des photos d'antan, des meubles anciens et de magnifiques tableaux. Les chambres, rénovées, sont peu luxueuses mais leur charme suranné mérite quand même que l'on s'y arrête.

⊖⊖ **Hôtel-Restaurant Oppoca** – *Au bourg - ☎ 05 59 29 90 72 - www.oppoca.com - fermé 3 sem. en janv. et de mi-nov. au 20 déc. - P - 12 ch. 65/95 € - ☕ 7 € - rest. 20/50 €.* Les murs de cette demeure basque datent de 1663. Ils accueillent des chambres confortables où règne une ambiance d'autrefois. Dès l'arrivée des beaux jours, le jardin offre un cadre parfait pour les petits-déjeuners. Au restaurant, cuisine gastronomique.

Se restaurer

Bon à savoir – Face à la concurrence des prix ibériques, à la multiplication des hypermarchés avec cafétéria ou snack de l'autre côté de la frontière, les restaurants d'Ainhoa et des alentours ont décidé de privilégier la cuisine gastronomique. Une bonne occasion de profiter des savoureuses spécialités régionales.

⊖⊖ **Hôtel-restaurant Etchartenea** – *Dancharia - à la frontière - ☎ 05 59 29 90 26 - fermé merc. - 18 €.* Une halte originale que ce restaurant situé à même la frontière. La terrasse, sous les arbres et au bord de l'eau, est fort sympathique mais attention, si vous empruntez le petit pont enjambant le ruisseau, vous vous retrouverez en Espagne ! Cuisine familiale.

Que rapporter

Pierre-Oteiza – *R. Principale, D 422 - ☎ 05 59 29 30 43 - www.pierreoteiza.com - tlj sf lun. 10h-13h, 14h30-19h - fermé janv.* Fabrication artisanale de succulents jambons de porc « pie noir » de la vallée des Aldudes et de plats cuisinés basques.

Pains d'Épice d'Ainhoa – *Grande-Rue, au bourg - à côté du magasin Parfums et Senteurs du Pays Basque - ☎ 05 59 29 34 17 - www.pain-epice.net - 10h-12h30, 15h-18h30 - fermé janv., de nov. à mi-déc. et merc. mat. d'avr. à oct.* Seul un chevalet portant la mention « Pains d'épices d'Ainhoa » indique l'existence de ce fabriquant. À peine entré, on est enivré par l'odeur du miel à laquelle se mêlent, selon la saison, sept autres parfums : pain d'épice nature, bergamote, pruneaux/armagnac, gingembre confit toute l'année, chocolat et orange à Noël et figue en été.

Anglet

37 900 ANGLOYS
CARTE GÉNÉRALE C1 – CARTE MICHELIN RÉGION 573 B25
PYRÉNÉES-ATLANTIQUES (64)

Impossible de passer à Bayonne ou à Biarritz sans s'arrêter à Anglet : ce serait comme oublier de respirer. Avec sa forêt et ses plages à perte de vue, cette station de bord de mer fait en effet figure de poumon vert pour la communauté d'agglomération de Biarritz-Anglet-Bayonne (BAB), d'où son surnom de « paradis vert ». Les activités sportives s'y comptent à la pelle et les animations égaient ses rues et son bord de mer au printemps et en été. À vous les vagues, les balades sous les pins et les soirées festives !

- **Se repérer** – Anglet assure la jonction entre Bayonne, à l'est, et Biarritz au sud-ouest. Selon votre point de départ, vous y accéderez par l'avenue de Bayonne et la N 10, ou l'avenue de Biarritz et la D 910. Pour rejoindre les plages, visez les quartiers de la Chambre d'Amour, de Chiberta ou de La Barre. En suivant les panneaux Montbrun ou Chiberta, vous trouverez la forêt du Pignada. Quant à celle du Lazaret et au port de plaisance, vous les dénicherez au Blancpignon.

- **À ne pas manquer** – Les vagues de la plage des Cavaliers, pour leur rondeur et leur taille, particulièrement impressionnantes en automne.

- **Organiser son temps** – Une petite promenade dans le quartier de la Chambre d'Amour permet un premier contact animé avec Anglet. Vous pouvez ensuite vous diriger vers les plages pour prendre un bon bain de mer ou choisir de découvrir la forêt du Pignada et ses sentiers. Les activités sportives ne manquent pas : natation, surf, golf, équitation, VTT ou marche à pied.

- **Pour poursuivre la visite** – Voir aussi Bayonne et Biarritz.

Comprendre

Une vocation nourricière – Le nom d'Anglet apparaît pour la première fois dans des documents du 13e s. À l'époque, le village se trouvait sous domination anglaise, comme le reste du Labourd, après le mariage d'Aliénor d'Aquitaine avec Henri Plantagenêt en 1152. Il fournissait alors Bayonne en produits de bouche, ce qu'il continua à faire après la chute de la ville devant les troupes de Charles VII, en 1451.

La révolution du 19e s. – La canalisation de l'Adour, décidée en 1578, ne bouleversa pas cette vocation, en dépit de la submersion de terres arables. Ce n'est qu'au 19e s. qu'Anglet se réorganisa grâce à l'intérêt porté à la côte par Napoléon III et l'impératrice Eugénie. Grâce à eux, la forêt du Pignada et de nouvelles infrastructures voient le jour : un hippodrome, sur le site de la Barre, puis un établissement de bains (1884) et des villas qui se déploient sur le littoral pour former le quartier de la Chambre d'Amour.

L'essor du 20e s. – Le tout est de mieux en mieux desservi : par la route, par le chemin de fer (1877), puis par l'avion dans les années 1930. Aujourd'hui, Anglet fait partie de la communauté d'agglomération qui compte quelque 110 000 habitants.

Plage des Sables d'Or.

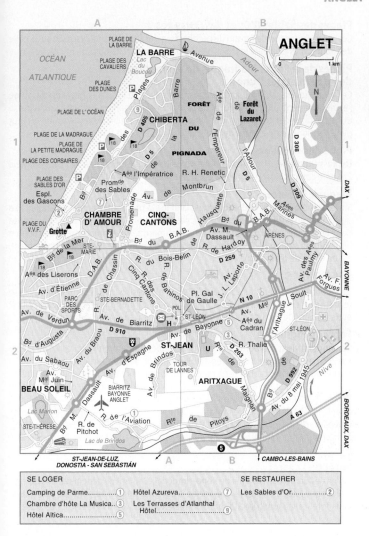

SE LOGER

Camping de Parme..............① Hôtel Azureva...................⑦
Chambre d'hôte La Musica..③ Les Terrasses d'Atlanthal
Hôtel Altica........................⑤ Hôtel............................⑨

SE RESTAURER

Les Sables d'Or...............②

Séjourner

Le site d'Anglet présente les mêmes caractéristiques que les stations de la Côte d'Argent landaise du nord de l'Adour : un terrain plat, une côte basse bordée de dunes et un arrière-pays planté de pins.

LES PLAGES

11 plages de sable fin, pour certaines de renommée internationale, se succèdent le long des 4 km du littoral angloys. Une **promenade** les longe, permettant de profiter tout à la fois de la côte et de la ville. Elle relie le quartier de la Chambre d'Amour à celui de La Barre (au nord).

Plages du VVF et du Club

La première de ces plages doit son nom à la présence d'un village vacances, construit en 1970 selon les plans des architectes Hebrard, Gresy et Percillier. La silhouette et les détails du bâtiment principal évoquent un paquebot.

La seconde accueille le très réputé Anglet Surf Club. Ses locaux ont trouvé place dans l'ancien **établissement des bains**, bâtiment emblématique des années 1930 réhabilité en 2007 pour accueillir une salle des congrès Entre les deux, la **grotte de la Chambre d'Amour** attire les romantiques de tous les horizons. En effet, selon la légende, Saubade et Loarens s'aimaient, mais leurs familles étaient rivales. Les deux jeunes gens avaient donc pris l'habitude de se retrouver en cachette dans la grotte. Mais suite à un orage, la marée monta plus vite que de coutume et les noya. À vous d'y croire ou pas…

Plages des Sables d'Or et des Corsaires

Ces deux plages sont le terrain de prédilection des familles angloyses. En août, celle des Sables d'Or accueille le Quiksilver Air Show, ou Surf de nuit.

Plages de la Petite Madrague, de la Madrague, de l'Océan et des Dunes

Ces étendues de sable fin sont les plus tranquilles du littoral angloys en raison de l'environnement, plus sauvage, et de la proximité du golf de Chiberta, voulu par le duc de Windsor et conçu par Tom Simpson en 1927. Un blockhaus, vestige du mur de l'Atlantique érigé à partir de 1942, veille encore sur les flots.

Plage des Cavaliers

La plus réputée des 11 plages d'Anglet accueille chaque année depuis 11 ans la O'neill Pro, une compétition intégrée au Championnat du monde de surf.

Plage de la Barre

Située à l'embouchure de l'Adour, c'est la plage la plus septentrionale d'Anglet. Elle doit son nom à une vague mythique, cassée aujourd'hui par la digue construite dans les années 1970. Côté terre, deux lacs marquent l'emplacement de l'ancien hippodrome créé en 1870. Un **parc écologique**, avec une Maison de l'environnement, est en cours de réalisation.

LES FORÊTS

Autre atout d'Anglet : ses 250 ha de pinède plantés sous le Second Empire. Ils se répartissent entre les forêts du Pignada (au nord, la plus grande), du Lazaret à l'est et de Chiberta le long de la côte.

Forêt du Pignada★

Son nom lui vient des pommes de pins, appelées localement « pignes ». Elle s'étale sur 220 ha et comprend des aires de pique-nique, des sentiers goudronnés et des sentes que l'on peut arpenter à pied, à cheval ou en VTT. Un Parcours Vitalité de 2,5 km a été aménagé en son centre et, à l'angle de la promenade de la Barre et de l'avenue de l'Adour, le **Parcours Aventure** propose, dans les arbres, des itinéraires adaptés à chacun. Adultes et enfants pourront choisir, selon leur niveau, entre les parcours arboricoles Castors, Crockett ou Indiana. ℘ 05 59 63 30 90 - www.evolution2. com/paysbasque - juil.-août : tte la journée ; avr.-juin et de sept. à mi-nov. : w.-end et j. fériés apr.-midi - se renseigner pour les tarifs..

Forêt du Lazaret

L'allée de l'Empereur, l'avenue du Prince-Impérial… autant de dénominations qui rappellent que Napoléon III est à l'origine de la pinède d'Anglet. Aujourd'hui, cette partie de la forêt est circonscrite à 20 ha, mais reste toujours aussi agréable à parcourir.

Anglet pratique

Adresses utiles

Office de tourisme – 1 av. de la Chambre-d'Amour ou 1 espl. des Dauphins - 64600 Anglet - ℘ 05 59 03 77 01 ou 05 59 03 93 43 - www.anglet-tourisme.com - tte la journée - fermé j. fériés (sf avr.-oct.).

Aéroport Biarritz-Anglet-Bayonne – 7 espl. de l'Europe - 64600 Anglet - ℘ 05 59 43 83 83 - www.biarritz.aeroport.fr

Se loger

⊖ **Hôtel Altica** – 10 allée du Cadran - ℘ 05 59 52 11 22 - altica-anglet@altica.fr - 50 ch. 38/48 € - ⊊ 4,50 €. Cette construction récente qui borde la route nationale conviendra pour l'étape. Prix attractifs et chambres fonctionnelles : l'hôtel affiche souvent complet grâce à ses deux principaux atouts, aussi pensez à réserver.

⊖ **Hôtel Azureva** – 48 prom. des Sables - à 300 m de la plage et quartier « Chambre d'Amour » - ℘ 05 59 58 04 70 - jm. bertereche@azureva-vacances.com - fermé déc.-fév. - ℗ - 135 ch. 40/55 € - ⊊ 4,50 € - rest. 11,50 €. Ce centre de vacances propose désormais des nuitées en plus de ses locations à la semaine. Les chambres sont certes un peu exiguës et avant tout fonctionnelles, mais certaines offrent une jolie vue sur l'Océan. Vous apprécierez les prix ultra compétitifs et pourrez également profiter des nombreuses animations du lieu.

⊖ **Camping de Parme** – ℘ 05 59 23 03 00 - www.campingdeparme.com - ouv. 31 mars-8 nov. - 197 empl. 28 € - restauration. Reprise en 2002, cette affaire propose de beaux emplacements en terrasses ombragés et séparés par des haies parfaitement taillées. Les allées goudronnées sont agrémentées de fleurs. Elles desservent également un ensemble de chalets en bois de bon confort et des mobile homes souvent neufs. Restaurant près de la piscine.

🍴🍴 **Chambre d'hôte La Musica** – *4 r. Thalie -* 𝄞 *05 59 42 24 97 - www.touradour. com - fermé janv. -🚭- 3 ch. 60/65 € ⌚ - repas 15/20 €.* La propriétaire de cette charmante villa basque vous accueille comme si vous étiez des amis. Elle propose trois chambres pas très grandes mais totalement indépendantes. Celle baptisée « Garçonnière », en rez-de-jardin, est très tranquille. La plage, le golf et le centre-ville sont à deux pas.

🍴🍴🍴 **Les Terrasses d'Atlanthal Hôtel** – *153 bd des Plages -* 𝄞 *05 59 52 58 58 - www.atlanthal.com -* 🅿 *- 48 ch. 102/119 € ⌚ (avec 1 accès au centre de remise en forme) - rest. 17 €.* Un accueil souriant vous attend dans cet hôtel fonctionnel situé au bord de l'Océan. Les chambres, équipées de balcons, se ressemblent toutes au niveau du décor ; celles côté mer sont plus chères. Bon à savoir : l'hôtel, directement relié au centre Atlanthal (thalassothérapie et remise en forme), fournit les peignoirs.

Se restaurer

👁 **Bon à savoir** – Situé face à l'Océan, ce quartier d'Anglet joliment baptisé « **Chambre d'Amour** » est un lieu incontournable. Il concentre de nombreux points de restauration (brasseries, snacks, sandwicheries et un restaurant asiatique). L'endroit regroupe également les boutiques de surf (location, vente et réparation).

🍴 **Les Sables d'Or** – *7 esplanade des Gascons -* 𝄞 *05 59 03 68 53 - fermé janv. - 10,50 € déj. - 9/22 €.* Ce restaurant jouit déjà d'une solide réputation. Les fidèles ont même poussé le patron à ouvrir 7 j/7 ! Côté décor : joli panorama sur l'Océan. Côté cuisine : plats simples, produits de qualité et intéressantes formules proposées sur l'ardoise. Au n° 7, L'Indigo, offre en outre une ambiance plus feutrée.

Que rapporter

Mandion – *3 av. de Bayonne - à St-Jean -* 𝄞 *05 59 63 86 16 - celine@mandion.com - 8h-19h30.* La belle vitrine de chez Mandion avec ses inscriptions « Glacier, pain bio au levain, pâtisserie » en gros caractère vaut le coup d'œil ! Son décor fait de panières, coffrets et boîtes en tout genre met en valeur les spécialités : gâteaux basques, tourons et une longue liste de chocolats. Rayon traiteur très complet.

Fabrique de chisteras Gonzalez – *6 allée des Liserons -* 𝄞 *05 59 03 85 04 - visite : 17h les lun., merc. et vend. - fermé sam. apr.-midi, dim. et j. fériés - 4 €.* Depuis 1887, la fabrique Gonzalez confectionne manuellement des chisteras, ces gouttières en osier prolongeant le gant protecteur. En une heure, vous apprendrez tout sur l'histoire et la fabrication de la pelote et du chistera.

Sports & Loisirs

Atlanthal – *153 bd des Plages -* 𝄞 *05 59 52 75 75 - www.atlanthal.com - 9h-21h.* Ce lieu regroupe à la fois un centre de thalassothérapie et un espace de remise en forme (piscine, gym, musculation). Il dispense des soins classiques ou spécialisés (shiatsu, sophrologie…), préventifs ou curatifs. Il propose également de nombreux séjours à thème : minceur, anti-stress, anti-tabac ou future maman.

Le Club de la Glisse (École française de surf) – *Av. des Goëlands - Plage Marinella, lieu-dit La Chambre d'Amour -* 𝄞 *06 09 86 52 31.* Ce club labellisé par la Fédération française de surf est une des rares écoles ouvertes toute l'année. Installé sur la plage de Marinella, il dispense des cours aussi bien aux débutants qu'aux « glisseurs » confirmés qui souhaitent se perfectionner.

Yacht Club Adour Atlantique d'Anglet – *118 av. de l'Adour -* 𝄞 *05 59 63 60 31 - www.ycaa-voile.fr - fermé 25 déc.-1er janv. - 25 à 35 €.* Si vous voulez pêcher vous-même votre dorade, votre chinchard ou vos poissons de rocaille, sachez que ce club organise maintes sorties en mer. Les mardi, jeudi et samedi : initiation ou perfectionnement à la pêche sportive à moins de 5 km des côtes. Le mercredi : pêche hauturière au thon (départ avant 3h du matin). Initiation à la voile le week-end.

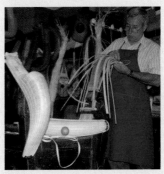

Chisteras, maison Gonzalez.

Golf de Chiberta – *104 bd des Plages -* 𝄞 *05 59 52 51 10.* Le golf de Chiberta s'étire le long du littoral. Adossé aux dunes, il bénéficie d'un bel environnement, à deux pas de la forêt d'Anglet et de l'océan. La partie la plus intéressante borde le lac de Chiberta dont les abords sont joliment fleuris d'hortensias. Le site abrite également un complexe hôtelier.

Événement

Surf de nuit – Chaque année le 14 août, démonstration de surf de nuit.

Forêt des **Arbailles** ★

CARTE GÉNÉRALE D2 – CARTE MICHELIN RÉGION 573 C26-27
PYRÉNÉES-ATLANTIQUES (64)

Aucune route ne pénètre au cœur de ce massif. Il ne se découvre que par les chemins de traverse. Mais qui s'en plaindrait ? C'est le meilleur moyen de capter la lumière mystérieuse de ses hêtraies, les effluves de mousse et de champignons et le son du vent malmenant les branches ou caressant l'herbe des prairies. C'est aussi la seule façon de rencontrer les Laminak, s'ils le veulent bien…

- **Se repérer** – La forêt s'étend sur les hautes surfaces (1 265 m au pic de Behorléguy) d'un bastion calcaire bien détaché entre les sillons du Saison, du Laurhibar et de la Bidouze, à l'est de St-Jean-Pied-de-Port. À cette hêtraie, criblée de gouffres, succède, au sud, une zone pastorale s'achevant à pic face à la frontière.

- **À ne pas manquer** – Le panorama depuis Ahusquy.

- **Organiser son temps** – On peut au choix faire le tour du massif forestier en moins d'une journée, ou bien entreprendre une randonnée d'une ou plusieurs heures.

- **Pour poursuivre la visite** – Voir aussi St-Jean-Pied-de-Port, St-Palais, Mauléon-Licharre et Iraty.

Fatale gourmandise

Non loin de la source d'Ahusquy vivait un redoutable serpent à sept têtes du nom d'**Herensuge**. Il habitait la grotte d'Azalegi et se nourrissait des bergers et des troupeaux qui passaient à proximité de son antre. Lassé de voir régner la terreur sur les estives, le fils du comte Zaro imagina une ruse pour se débarrasser du monstre. Il emplit la peau d'une vache de poudre et d'allumettes, et l'incorpora à un troupeau destiné au festin de l'immonde bête. Celle-ci, comme à son habitude, aspira le tout et prit feu tout en s'envolant vers Itxasgorrieta, la mer rouge du couchant.

Cet être maléfique aurait occupé d'autres lieux mythiques, comme le gouffre d'Aralar en Navarre.

Comprendre

Un paysage varié – Les 4 535 ha des Arbailles s'étendent sur un grand massif calcaire parsemé d'énormes dolines (dépressions circulaires tapissées d'argile), de crevasses inattendues et de gouffres où l'eau circule, discrète. Cette diversité de reliefs explique la grande variété de paysages : hêtraies, pâturages, reliefs doux et crêtes ravinées.

Le secteur compte aussi de nombreuses grottes et autres abris rocheux qui servaient déjà de protection aux hommes préhistoriques avant d'être utilisés comme bergeries ou caches de contrebande. De tout temps, l'homme a su tirer parti de ce milieu naturel qui offrait eau, bois de hêtre, gibier et champignons (cèpes ou girolles).

L'un des cœurs de la mythologie basque – L'homme en a également fait le lieu de toutes les légendes. Selon la tradition, on y croiserait des **Laminak**, ces petits êtres malicieux au talent de bâtisseurs reconnu, qui habitent les grottes et les sources. On dit aussi que **Basa Jaun**, le seigneur des forêts, géant malveillant selon les uns, esprit protecteur selon les autres, aurait entreposé son or dans l'une des cavités de la forêt. Quant au dragon **Herensuge**, il n'est plus depuis longtemps…

Circuit de découverte

36 km – env. 2h.

St-Just-Ibarre

Ce village bas-navarrais posté en lisière de Soule compte sept quartiers, symbolisés par les sept bassins de la fontaine moderne dressée à côté de la mairie.

Maison de St-Michel-Garicoïts – *Depuis l'église, descendez vers la rivière en passant derrière la mairie. Franchissez le pont. À la fourche, prenez à droite, puis à gauche sur la départementale. Au hameau, suivez à droite la direction « Ibarre ». À l'entrée du village, un panneau à droite indique la maison. Entrée gratuite. Pas de parking.*

Les herbes folles envahissent le chemin menant à la maison natale de **saint Michel Garicoïts (1797-1875)**, fondateur des pères de Bétharram *(sanctuaire décrit dans le guide Aquitaine)*. La confiance est ici totale puisque la clé se trouve sur la porte ! Un autel est aménagé au centre de la pièce principale, sur laquelle donnent différentes portes de bois *(pour les ouvrir, passer le doigt dans l'orifice et soulever le loquet)* : celle du débarras, celle de la chapelle et celle de la cuisine, avec son âtre, sa pierre à évier, sa table et son vaisselier. La visite donne une très bonne idée de l'architecture intérieure d'une ferme d'époque.

Quittez St-Just par la D 918 en direction de Mauléon. Après 9 km, prenez à droite la D 348 en direction d'Ordiarp et d'Aussurucq.

Chevaux sur la route du col d'Ahusquy.

Aussurucq★
Pittoresque village composé de fermes anciennes, du château de Ruthie (tours du 15ᵉ s.) et d'une église entourée de son cimetière. Notez le clocher-calvaire, typique de la Soule.

Suivez la D 147 vers Ahusquy.

Ahusquy★★
De ce lieu de rassemblement de bergers basques, établi dans un site panoramique, subsiste une auberge (rénovée). En montant par la piste, sur 1 km, vous pouvez aller « déguster » l'excellente source d'Ahusquy (derrière un abreuvoir nettement visible sur la pente) qui, jusqu'à la Deuxième Guerre mondiale, justifiait des cures très courues (affections des reins et de la vessie).

Une randonnée d'une demi-journée permet de rejoindre le plateau d'Elzarreko depuis la fontaine - *10 km - env. 5h30 AR - 420 m de dénivelé - balisage jaune.*

Continuez sur la D 117.

Col d'Aphanize
Dans les pacages autour du col évoluent librement les chevaux. Les pâturages servent de lieux d'estive pour de nombreux troupeaux. Un kilomètre à l'est du col, la **vue★★** devient immense, du pic des Escaliers, immédiatement au sud, au pic de Ger, à l'horizon au sud-est, en passant par le pic d'Orhy, le pic d'Anie et le massif de Sesques (entre Aspe et Ossau).

Randonnée

Sources de la Bidouze
À la sortie de St-Just en direction du col d'Osquich et de Mauléon, prenez le premier embranchement qui descend vers la vallée et la rivière. Suivez les panneaux. Le départ, bien fléché, se fait à la hauteur du parking. 9 km - 3h AR - 350 m de dénivelé.

Après avoir longé quelques prairies, le sentier s'enfonce dans les sous-bois et grimpe alors jusqu'à la grotte d'où jaillit la rivière. Prenez garde de bien suivre le balisage, car l'endroit peut se révéler escarpé.

Forêt des Arbailles pratique

Se loger

🛏 **Chambre d'hôte Ibaremborde** – À Ibaremborde - 64470 Etchebar - à Ibaremborde par Lacarry - ☎ 05 59 28 59 48 - perso.orange.fr/blanchet.artiere/- 📠 - 4 ch. 39/42 € ⊡. Cette ferme typiquement basque plaît à ceux qui recherchent les grands espaces, la nature et le calme absolu. Les chambres, aménagées dans l'ancienne grange, sont meublées en sapin blanc. La suite, indépendante, possède une mezzanine qui plaira aux enfants. Pour la détente, yoga et randonnées à dos d'âne.

🛏🛏 **Chambre d'hôte Maison Elichondoa** – 64120 Pagolle - 13 km à l'ouest de Mauléon-Licharre par D 918 puis D 302 - ☎ 05 59 65 65 34 - www.elixondoa.com

com - 🛏 - 4 ch. 48 € 🍽 - repas 20 €. Dans un petit village basque, cette ferme du 17e s. bien restaurée sera parfaite pour méditer au calme en pleine nature. Campagne et collines pour décor extérieur, vieilles poutres, pierre apparente et couleurs gaies à l'intérieur : un charme pastoral rare ! Petite cuisine à disposition des hôtes près de la piscine.

🍽🛏 **Maison Biscayburu** – *64470 Sauguis-St-Étienne - à l'est par D 918 - ☎ 05 59 28 73 19 - www.chambres-hotes-pays-basque.com - fermé vac. de Noël -🛏 - 4 ch. 50/55 € 🍽.* Cette ancienne ferme restaurée dont le nom signifie « la maison en haut de la colline » offre un magnifique panorama sur la vallée et les Pyrénées. Ses chambres, décorées avec goût, bénéficient d'une grande tranquillité. Le matin, l'odeur du petit-déjeuner, préparé par le patron, ex-boulanger, aide au réveil.

Se restaurer

🍽 **L'Auberge de Primus** – *Au bourg - 64470 Lacarry-Arhan-Charritte-de-Haut - ☎ 05 59 28 54 87 - à partir de 11 €.* Cette accueillante petite auberge propose d'appétissants casse-croûte à base de charcuterie, piperade, garbure et fromage de brebis. La décoration intérieure reste simple. Dès les beaux jours, les tables sont dressées sur l'agréable terrasse. Un bon moment en perspective !

🍽 **Hôtel-restaurant Epherre** – *Au bourg - 64130 Aussurucq - 10 km au sud de Mauléon-Licharre par D 918 et D 147 rte de la Forêt-des-Arbailles - ☎ 05 59 28 00 02 -*

fermé fév. et lun. - 12/27,50 € - 8 ch. 37/47 € - 🍽 6 €. Cette petite auberge qui se trouve au centre du village propose une cuisine traditionnelle très copieuse, toujours élaborée avec des produits du terroir. La terrasse ombragée est bienvenue en été. Chambres simples et calmes.

🍽🛏 **L'Auberge d'Ahusquy** – *Col de Burdin sur D 117 - 64130 Ahusquy - ☎ 05 59 28 57 27 - fermé 11 nov.-15 juin -🛏 - 20/28 €.* Seul le son des cloches suspendues au cou des vaches pourra éventuellement perturber votre repas. C'est dire si cette auberge isolée, nichée à plus de 1 000 m d'altitude, au col de Burdin, est tranquille ! Vous y dégusterez une cuisine familiale, tout en profitant de la vue imprenable sur les Pyrénées.

Sports & Loisirs

Randonnées – La forêt des Arbailles demeure un massif volontairement très préservé, c'est pourquoi la plupart des randonnées balisées ne font que l'effleurer, comme celles des sources de la Bidouze ou d'Ahusquy. Son cœur profond n'est accessible qu'aux randonneurs accompagnés d'un guide. L'office du tourisme de Tardets vous en fournira une liste. Lui-même organise, en collaboration avec certains guides, des sorties estivales dans le massif. N'hésitez pas à prendre contact avec lui *(reportez-vous à l'encadré pratique de Mauléon-Licharre)*.

Ascain★

Azkaine

3 097 AZKAINDARS
CARTE GÉNÉRALE C2 – CARTE MICHELIN RÉGION 573 B25
PYRÉNÉES-ATLANTIQUES (64)

Le sommet de la Rhune à un jet de pierre, une place de village on ne peut plus basque, des maisons labourdines où le bleu, le vert ou le rouge tranchent sur les crépis blancs, et l'inévitable fronton de pelote où jouent les enfants : voilà Ascain en toute saison !

▶ **Se repérer** – Le bourg se trouve à 6 km au sud de St-Jean-de-Luz par la D 918. Construit au bord de la Nivelle, il est aussi dominé par trois sommets : la Rhune, l'Esnaur et le Bizkarzun.

🅿 **Se garer** – Des parkings aménagés derrière l'église permettent d'accéder facilement à pied au centre du village.

👁 **À ne pas manquer** – L'église, sorte de réplique en plus simple de celle de St-Jean-de-Luz.

🕑 **Organiser son temps** – Visitez le village avant de partir en promenade le long de la Nivelle ou sur la Rhune. Pour ce sommet, prenez en compte la folle circulation et la forte fréquentation estivales.

👪 **Avec les enfants** – L'ascension de la Rhune en petit train, mais en évitant si possible les périodes trop chargées.

♿ **Pour poursuivre la visite** – Voir aussi St-Jean-de-Luz, Sare, St-Pée-sur-Nivelle.

Hervé Champollion / MICHELIN

Train de la Rhune.

Comprendre

Entre terre et mer – De par sa proximité avec l'Océan, Ascain a fourni de nombreux marins aux flottilles régionales. Le village disposait d'un port sur la Nivelle *(voir « Découvrir »)* et constituait un important centre de construction navale qui faisait venir le chanvre du nord et le bois des Landes ou des Pyrénées. Mais son économie était également pastorale du fait de son implantation au pied des sommets pyrénéens. Les Azkaindars ont ainsi vécu de cette double richesse jusqu'à une période avancée.

Une tradition d'accueil – La frontière espagnole étant toute proche, Ascain s'est trouvé lié aux Basques de Guipúzcoa aussi bien par le commerce que par l'histoire. Pour preuve l'accueil prodigué aux exilés ibériques lors des guerres carlistes du 19e s. et pendant la guerre civile de 1936-1939. À l'inverse, les sentiers de contrebande servirent de points de passage pour ceux qui fuyaient la France entre 1940 et 1945. Actuellement, c'est aux visiteurs curieux de découvrir une authentique communauté labourdine qu'Ascain offre l'hospitalité.

Découvrir

Il faut prendre le temps de flâner dans cet agréable village.

N.-D. de l'Assomption – Un massif clocher-porche dresse sa silhouette au bord de la place. Il marque l'entrée de l'église, inaugurée par Louis XIII en 1626. Admirez les trois étages de galeries, la voûte peinte, les pierres funéraires en granit de la Rhune et le retable du 18e s. L'ensemble, inscrit en 1988 à l'Inventaire, rappelle l'église de St-Jean-de-Luz. Dans le cimetière, ne manquez pas la stèle discoïdale de 1657.

☛ Derrière l'église, les parkings marquent le départ de plusieurs chemins de randonnées : celui des Bergeries, celui de St-Ignace et celui des Sommets.

Pont romain – Cet ouvrage de 40 m a été édifié au 17e s. mais selon la méthode romaine, reconnaissable aux arches inégales et à la chaussée à deux pentes. Une pierre sculptée en tête de personnage, surnommée « césar », sert d'indicateur pour le niveau de l'eau.

Portua – Ancien port local ancré sur la Nivelle, au nord du bourg. Les canoës ont remplacé les gabares, autrefois chargées de pierres ou de produits manufacturés et agricoles.

Manoir Azkubea – Cette demeure du 16e s., située à 500 m du village sur la route des carrières, se reconnaît à son portique à boules et à son donjon. C'est aujourd'hui une propriété privée.

Aux alentours

La Rhune★★★

Renseignez-vous au préalable sur la visibilité au sommet (s'il y a des nuages, vous ne verrez rien !). Prendre un vêtement chaud. ✆ 05 59 54 20 26 - www.rhune.com - juil.-août : tte la journée - 17 mars-30 juin et 1er sept.-5 nov. : mat. et apr.-midi - 13 € AR (-10 ans 8 € AR).

La Rhune (en basque, *larrun* : « bon pâturage ») est la montagne-emblème du Pays basque français. De son sommet-frontière où trône un émetteur de télévision, le **panorama★★★** porte jusqu'à l'Océan, la forêt des Landes, les Pyrénées basques et, au sud, la vallée de la Bidassoa. Un obélisque rappelle que l'impératrice Eugénie en fit l'ascension à dos de mulet en 1859, assurant ainsi sa notoriété mondaine.

En haute saison, la D 4 qui y mène est littéralement prise d'assaut. Si vous partez assez tôt, peut-être pourrez-vous profiter tranquillement de la route qui s'élève au-dessus d'un gracieux vallon jusqu'au col de St-Ignace (alt. 169 m). Là, le petit chemin de fer à crémaillère de 1924 mène en 35mn au sommet. Son allure (8 km/h) laisse tout le loisir d'admirer les vautours fauves, les pottoks et les manechs (brebis locales à tête noire) qui paissent tranquillement. Retour possible à pied *(munissez-vous de bonnes chaussures)*.

Ascain pratique

Adresse utile

Office de tourisme – *R. Ernest-Fourneau - 64310 Ascain - ✆ 05 59 54 00 84 - www. ascain-tourisme.fr - juil.-août : mat. et apr.-midi sf dim. apr.-midi ; sept.-juin : mat. et apr.-midi.*

Se loger

⊖⊖ **Hôtel Axafla-Baïta** – *Rte d'Olhette - 2 km à l'est par rte du col d'Ibardin - ✆ 05 59 54 00 30 - www. hotels-basque.com/hotel-axafla-baita - fermé du 12 nov. à déb. déc. - 🅿 - 11 ch. 50/60 € - ⊡ 7 € - rest. 20/35 €.* La famille Inda tient cet établissement depuis trois générations. En 2003, elle a décidé de tout refaire du sol au plafond. Résultat : onze chambres récentes ; certaines ouvrent leurs fenêtres sur la montagne. À table, recettes basques servies, selon la saison, sur la belle terrasse ou devant la cheminée.

⊖⊖ **Chambre d'hôte Arrayoa** – *À la sortie du village - ✆ 05 59 54 06 18 - 🍴 - 4 ch. 55 € ⊡.* Ferme d'élevage de brebis et canards à l'écart du village. Calme, accueil charmant, grande salle commune dotée d'un coin cuisine et d'une bibliothèque, chambres au mobilier campagnard, fronton privé et prix raisonnables en font une adresse très courue. Vous pourrez repartir avec quelques conserves maison (confit ou foie gras).

Que rapporter

Cidre Txopinondo Sagarnotegia – *Rte de St-Jean-de-Luz, ZA Lan Zelai - 64310 Ascain - ✆ 05 59 54 62 34 - www.txopinondo. com.* Monsieur Lagadec, seul artisan cidrier côté français, fabrique de goûteuses spécialités : Sagarnoa (boisson fermentée à base de pomme), Muztioa (jus), Dultzea (pâte de fruits accompagnant le fromage de brebis) et Patxaka (liqueur anisée aux pommes sauvages). Visitez aussi son petit musée-atelier du goût.

Azpeitia

13 884 HABITANTS
CARTE GÉNÉRALE B2 – CARTE MICHELIN RÉGION 573 C23 – GUIPÚZCOA

Le massif d'Izarraitz entoure d'un écrin de verdure cette petite ville dressée en bordure du fleuve Urola. Rien ne trouble sa tranquillité, hormis les visiteurs venus contempler le monumental sanctuaire dédié à l'enfant du pays, St-Ignace-de-Loyola.

- ▶ **Se repérer** – Au sud-ouest de Saint-Sébastien, Azpeitia se situe en dehors des grands axes routiers. On y accède par la N 1 au sud, via Tolosa, ou bien par la côte à la hauteur de Zumaia.
- ▣ **Se garer** – Au sanctuaire de St-Ignace-de-Loyola ou bien dans le centre-ville, près du couvent des Mères franciscaines.
- ◔ **Organiser son temps** – Azpeitia et ses environs peuvent faire l'objet d'une journée d'excursion, avec par exemple la découverte de la ville et de ses musées en matinée, et celle des vallées avoisinantes l'après-midi.
- ▲ **Avec les enfants** – Le passionnant musée du Chemin de fer.
- ♨ **Pour poursuivre la visite** – Voir aussi la Côte de Guipúzcoa, Saint-Sébastien, Tolosa et Oñati.

Intérieur de la basilique San Ignacio de Loyola.

Comprendre

Religion et métallurgie – L'existence d'Azpeitia est attestée dès le 14e s. grâce à un acte officiel datant de 1310, mais sa fondation même remonterait au 11e s.

Si la construction du sanctuaire de St-Ignace, au 17e s., apporta une certaine notoriété au bourg, ce dernier dut surtout sa prospérité à la métallurgie dont il devint l'un des principaux centres régionaux.

Aujourd'hui, Azpeitia met plutôt en valeur son patrimoine historique et rural, toujours facteur de dynamisme pour la commune.

Un soldat de Dieu – **Ignace de Loyola** naît dans la tour de Loyola en 1491, dans une famille d'ancienne, mais petite, noblesse. Officier, il est blessé au siège de Pampelune. Pour occuper ses huit mois de convalescence, il s'adonne à la lecture d'ouvrages pieux et c'est un « soldat de Dieu » qui quitte, en 1522, le manoir de Loyola : il part en pèlerinage pour Arantzazu, puis Montserrat et enfin se retire dans une grotte à Manresa en Catalogne où il écrit les *Exercices spirituels*. Il arrive à Paris en 1528. Au collège Ste-Barbe, il se lie avec le Savoyard Favre ainsi qu'avec deux compatriotes, Laínez et **François-Xavier**. Un jour, à Montmartre, tous jurent de se consacrer au prosélytisme et de rester unis. En 1537, ils sont ordonnés prêtres ; Ignace a 46 ans. À Rome, il est reçu par le pape qui approuve les statuts de la **Compagnie de Jésus** en 1540. Il mourra en 1556.

Saint Ignace a été canonisé en 1622 en même temps que saint François-Xavier, saint Philippe Neri, sainte Thérèse d'Avila et saint Isidore le Laboureur.

Se promener

Agréable petite ville de province dont le centre a conservé quelque charme.
Partez du kiosque à musique qui fait face à la halle dressée sur la rivière.

Hôtel de ville

Bâtiment à arcades construit en 1711, reconnaissable à son cadran, fixé sous le toit, et à son blason d'angle. Ce dernier représente une crémaillère encadrée de deux loups.

Plaza Txikia

Remarquez à gauche la façade mudéjar (art chrétien influencé par l'art musulman, voir p. 81) de la casa Altuna, tout en motifs géométriques obtenus par un effet de renfoncement de certaines briques. *Engagez-vous dans la rue Eliz.*

San Sebastián de Soreasu

Sa façade d'inspiration néoclassique du 18e s. tranche avec les traditionnels styles gothique et baroque des églises basques. Si vous arrivez à l'heure de la messe, glissez-vous à l'intérieur pour voir les fonts baptismaux où fut baptisé saint Ignace.
Face à l'église se dresse une façade de style mudéjar ; il s'agit de la **casa Antxieta** (1507).
Revenez Plaza Txikia par la rue Santiago, à gauche de l'église. Elle passe devant l'ancien lavoir municipal datant de 1842. Une fois sur la place, prenez la rue Enparan.

Rue Enparan

Elle délimite le vieux centre, avec la rue Eliz, et conserve quelques façades intéressantes, comme celle de la maison Basozabal, la plus ancienne demeure du village.
Traversez la rivière.

Palacio de Enparan

Cette construction date de 1320, mais a été modifiée par la suite en 1535 et 1750. Son style massif témoigne de sa fonction défensive. Face à elle, le couvent des Mères franciscaines affiche la même architecture.
Revenez à votre point de départ par le Foru Ibilbidea qui longe le cours d'eau.

Visiter

San Ignacio de Loyola★

 943 025 000 - mat. et apr.-midi, dim. et j. fériés mat.
Près d'Azpeitia, à côté de l'ancien manoir de la famille de saint Ignace, les jésuites construisirent à la fin du 17e s., sur les plans de l'architecte romain Carlo Fontana, un **sanctuaire** qui est devenu un important lieu de pèlerinage. De grandes solennités s'y déroulent le jour de la Saint-Ignace, le 31 juillet.

Santa Casa – Au premier niveau, on aperçoit les meurtrières de la tour du 15e s. La plupart des pièces ont été transformées en chapelles et surchargées de décorations. On voit ainsi la chambre où Ignace naquit, celle où il passa sa convalescence et où il se convertit. La visite se prolonge par un diorama sur la vie du saint et des panneaux sur la Compagnie de Jésus, qu'il fonda en 1534.

Basílica★★ – On doit ce splendide exemple d'architecture baroque aux plans de Carlos Montana, retouchés par Martin de Zaldua. Son inauguration eut lieu en 1738. Ne manquez pas d'étudier de près le **maître-autel★**, churrigueresque (du nom de l'artiste cité plus bas, réputé pour la profusion de ses torsades et de son ornementation), dessiné par Ignacio de Ibero. La richesse de sa marqueterie de pierre ne laisse pas d'impressionner le visiteur, quels que soient ses goûts.

Statue de saint Ignace.

Stéphane Sauvonier / MICHELIN

Une statue en argent de saint Ignace *(voir illustration)* trône en son centre depuis 1758. Circulaire, elle est surmontée d'une vaste coupole (65 m de haut) construite par Churriguera.

Maison de saint Ignace – Accolée à la basilique et enchâssée dans les bâtiments du sanctuaire, la maison natale de saint Ignace (1491-1556) présente le cadre dans lequel il naquit et se convertit.

Museo Vasco del Ferrocarril★ (musée basque du Chemin de fer)

Trajet jusqu'à Lasao en train. 5 km, 35mn AR. 943 150 677 - www.euskotren.es - & *- mat. et apr.-midi, dim. et j. fériés mat. - fermé lun., 22 déc.- 7 janv. - 2 €.*

 Voilà une reconversion plutôt réussie : au lieu de conserver sa gare désaffectée, Azpeitia l'a reconvertie en musée du Chemin de fer, utilisant pour cela tous les bâtiments libérés, depuis le hall de gare jusqu'aux ateliers d'entretien et aux hangars. On peut pour une fois traverser toutes les voies sans risques, et découvrir des espaces jusque-là réservés aux cheminots.

Incontournable, le hangar aux locomotives : petit coup de cœur pour les wagons « salon » en bois de Ashbury (1895) et le monstre rutilant qu'est la Robert Stephenson de 1887. Un tram fait un trajet de quelques mètres sur les rails, pour le plus grand plaisir des tout-petits.

Wagon au Museo vasco del Ferrocarril.

Le reste des bâtiments abrite les machines d'entretien, un musée des Uniformes, des distributeurs de billets. Même les guides sont en uniforme des chemins de fer pour vous expliquer la mécanique !

Museo Ingurugiro Etxea (musée de l'Environnement)

Garez-vous au sanctuaire de St-Ignace-de-Loyola, franchissez la rivière et longez-la en direction d'Azpeitia. Loiola-Auzoa, 1 - 943 812 448 - www.ingurugiroetxea.org - & *- mat. et apr.-midi, dim. et Sem. sainte mat. - fermé j. fériés - gratuit.*

Ce centre d'interprétation sur l'environnement a ouvert ses portes en 1998 dans l'ancienne casa Egibar. Quatre salles sur deux niveaux replacent la terre dans son contexte écologique, abordant les ressources naturelles, les sources de pollution et les solutions possibles à travers des panneaux explicatifs et des maquettes.

Aux alentours

Azkoitia

4,5 km à l'ouest par la GI 631.

Tranquille bourgade dont le quartier ancien borde la rivière, à l'instar de la massive casa Idiakaz Ederra et de la torre Idiaquez qui encadrent le parvis de l'église **Sta María la Real (16e s.)**. Celle-ci s'enorgueillit d'accueillir l'un des derniers orgues construits en 1898 par la firme Cavaillé-Coll. Vous pourrez l'admirer uniquement pendant les offices.

La rue principale relie l'hôtel de ville au vieux centre, où l'on peut encore admirer d'anciennes maisons fortifiées.

La **promenade** plantée menant à San Ignacio de Loyola offre une vue magnifique sur le sanctuaire jésuite, dont le dôme contraste avec la rectitude des bâtiments.

Circuit de découverte

AU CENTRE DU GUIPÚZCOA

36 km environ 1h. Quittez Azpeitia par la GI 2635, puis la GI 3720.

La route à flanc de montagne révèle un paysage de bois et de prairies. Quelques fermes la bordent, signalées par la présence d'oies, de poules ou d'ânes sur la voie.

Beizama

Accroché à la pente, ce petit hameau se concentre autour de sa mairie (17e s.) et de son église Renaissance (16e-17e s.). Joli point de vue sur la vallée depuis le parvis.

Poursuivez jusqu'à Santutxo et prenez à gauche la vallée d'Errezil par la GI 2634.

Errezil

L'**église St-Martin** (13e-16e s.), qui abrite un joli retable en bois doré, domine les toits de ce village posté au pied du mont Ernio (1 072 m). Ce dernier marque le centre géographique de la région.

La route continue jusqu'à Azpeitia dans un paysage de collines verdoyantes et de crêtes austères.

Azpeitia pratique

Se loger

⊖⊜🛏 **Balneario de Cestona** – *Zestoa -* ☎ *943 147 140 - www.relaistermal.com -* 🅿 *- 130 ch. 90/120 € ⊑ - rest. 21 €.* Ce grand hôtel thermal profite d'un environnement boisé de toute beauté. Bâti en 1895, il jouit d'une belle renommée grâce aux nombreux soins thérapeutiques dispensés sur place. Ses chambres, vastes et confortables, sont bien entretenues. Au restaurant, deux ambiances totalement différentes : mauresque ou classique.

Se restaurer

⊖⊜🛏 **Kiruri** – *Loiola Hiribidea, 24 -* ☎ *943 815 608 - kiruri@wanadoo.es - fermé 20 déc.-7 janv. et lun. soir - 30/50 €.* Cet établissement est tenu par la même famille depuis trois générations. Bien que destiné surtout à l'accueil de groupes et de réceptions, son accueillant restaurant porte une attention soignée aux clients de passage. Plats à la carte uniquement.

Balmaseda

7 090 HABITANTS
CARTE GÉNÉRALE A2 – CARTE MICHELIN RÉGION 573 C20 – BISCAYE

Tradition et inventivité, ce pourrait être la devise de la capitale des Encartaciones. Balmaseda a en effet su préserver ses coutumes, comme celle de la Semaine sainte vivante, et mettre en valeur son patrimoine, mais de façon originale, quitte à reconvertir certains monuments en musée ou en centre culturel. Résultat : un cœur historique où l'on a plaisir à flâner, et un point de départ idéal pour rayonner dans la région si pittoresque des Encartaciones.

- **Se repérer** – 30 km à l'ouest de Bilbao. Le vieux Balmaseda s'étire en quatre rues parallèles le long du río Cadagua, encadré à l'ouest par l'office de tourisme, et à l'est par l'hôtel de ville et l'église San Severino.

- **Se garer** – Les parkings se concentrent principalement à l'est de la ville, de part et d'autre de la rivière. Celui qui se situe derrière l'hôtel de ville vous rapprochera le plus du centre.

- **À ne pas manquer** – L'intérieur de l'office de tourisme, situé dans l'ancienne église Sta Clara.

- **Organiser son temps** – Une matinée suffit pour arpenter les rues du vieux Balmaseda. L'après-midi pourra être consacrée à la vallée de Karrantza, avec un détour par le musée des Encartaciones.

- **Avec les enfants** – Rendez visite aux animaux et aux dinosaures du parc del Carpín et découvrez la grotte Pozalagua.

- **Pour poursuivre la visite** – Voir aussi Bilbao et Llodio.

La vieille ville bordant la Cadagua.

Stéphane Sauvignier / MICHELIN

Comprendre

Une position stratégique – Balmaseda s'enorgueillit de compter parmi les cités fondatrices de Biscaye, voire la première puisque ses actes remontent à 1190. Elle se développa entre les collines et la rivière, à l'endroit le plus facile à fortifier. L'emplacement était aussi idéalement choisi d'un point de vue commercial, puisqu'il se trouvait sur la route menant en Castille. La ville n'eut qu'à réutiliser l'ancienne voie romaine pour assurer sa prospérité.

La cité commerçante – Marchands, aubergistes et artisans développèrent leurs activités. Signe de cette manne commerciale, les archives de la cité attestent de la présence d'une communauté juive jusqu'à la fin du 15e s., date de leur expulsion sur ordre des Rois Catholiques. Ce n'est qu'à partir du 18e s. que cette source de richesse se tarit, suite à l'ouverture d'une nouvelle voie de communication vers la Castille, qui passait par Orduña.

Nouveaux départs – Au 19e s., Balmaseda dut aussi faire face aux destructions des différentes guerres (napoléoniennes, carlistes) qui ne l'épargnèrent pas du fait de sa position stratégique entre la côte et la Castille. Mais à la fin du siècle, le chemin de fer relança son activité économique grâce à l'implantation d'ateliers et de services dans la ville. Aujourd'hui, c'est sur son patrimoine et ses services que s'appuie la capitale des Encartaciones.

Se promener

Balmaseda déploie tout son charme en fin de matinée ou en fin de journée, lorsque l'animation des rues atteint son apogée.

Casa consistorial – La forêt d'arcades qui caractérise le rez-de-chaussée de la **mairie** du 18e s. n'est pas sans rappeler celle de la mosquée de Cordoue, d'où son surnom bien trouvé de « Mezquita ». Les piliers ne sont cependant pas aussi anciens et datent pour la plupart du début du 20e s.

La Semaine sainte

Chaque année, au moment du jeudi et du vendredi de la Semaine sainte, la reconstitution de la Passion du Christ draine à Balmaseda des milliers de personnes. La tradition, qui remonterait au 15e s. et à une épidémie de peste, est confirmée par écrit au 18e s. Sa mise en scène a sans cesse évolué, passant d'une simple procession à la reconstitution de la Passion, laquelle comprend aujourd'hui neuf tableaux vivants. Les spectateurs assistent donc à la Cène, à la prière du mont des Oliviers, à l'arrestation de Jésus, à sa confrontation avec le grand prêtre, puis Ponce Pilate, à son chemin de croix et à sa crucifixion, joués et mis en scène par les habitants. Des amateurs dignes de vrais professionnels !

Devant le bâtiment se déploie une vaste place où les habitants de Balmaseda se réunissent à l'ombre de l'église pour commenter les événements de la journée ou pour déguster un verre et des tapas entre amis.

San Severino – Jouxtant l'hôtel de ville, cette église gothique du début du 15e s. embaume l'encaustique. On peut y admirer un certain nombre d'ajouts ultérieurs comme la chapelle centrale, commandée en 1545 par Juan de Urrutia. Des sculptures maniéristes ornent son retable, attribué aux frères Beaugrant. Notez également les bas-reliefs de style Art nouveau dans la nef de droite. De son côté, l'extérieur affiche un style baroque avec un clocher du 18e s., décoré d'un double balcon ornemental.

Engagez-vous dans la calle Correria aboutissant à la plaza de los Fueros. Chemin faisant, vous passerez devant le palais Urrutia.

Palacio Urrutia – Maison du 17e s. reconnaissable à son portail encadré de colonnes néoclassiques.

Prenez la calle El Cubo, puis le campo de las Monjas.

Conjunto (Ensemble) Monumental Sta Clara – Occupé jusqu'en 1985 par des clarisses, ce couvent datant de 1675 abrite aujourd'hui un hôtel, et son **église★**, l'office de tourisme. L'étape en ce lieu reconverti est indispensable, ne fût-ce que pour admirer le magnifique orgue rococo de 1770 et les superbes retables baroques des 17e et 18e s. !

Revenez vers le vieux centre en longeant la rivière Cadagua.

Puente Viejo – Ce pont médiéval, autrefois point de passage obligé sur la route de Castille, aurait été édifié au début du 13e s. Bien que postérieure, sa tour est devenue le symbole de Balmaseda. Elle faisait partie de l'enceinte fortifiée de la ville et en constituait l'une des principales entrées. En raison de son arche centrale surélevée qui rendait le charriage difficile, ce pont fortifié fut supplanté au 17e s. par un autre, construit plus en aval.

Peu après le pont, tournez à gauche vers la place St-Jean.

Plaza San Juan – Sur cette place très centrale se dressent deux églises. La plus moderne (début du 20e s.) a été reconvertie en un centre culturel inauguré en 2005 : Klaret Antzokia. La seconde, anciennement San Juan Bautista del Moral, fondée au 15e s., abrite depuis 2003 un musée consacré à l'histoire de la ville *(voir « Visiter »)*.

Suivez la rue Martin-Mendia pour passer devant le palais Horcasitas.

Palacio Horcasitas – La sobre façade de ce palais construit à la fin du 17e s. ou au début du 18e s. arbore le blason de la famille Horcasitas. Celle donnant sur la ruelle voisine offre un bel exemple de style néoclassique.

La rue Martin-Mendia vous ramènera à la place St-Séverin.

Visiter

Museo de la Historia de la Villa (musée de l'Histoire de la ville)

℘ 657 795 806 - ♿ - de mi-juin à mi-sept. : mat. et apr.-midi, w.-end mat. ; reste de l'année : merc., vend. et w.-end mat., mar. et jeu. apr.-midi - fermé lun. et j. fériés - 1 €.

La nef de l'ancienne église San Juan Bautista del Moral réunit une série d'objets et de panneaux explicatifs illustrant l'histoire de Balmaseda, son patrimoine et ses traditions, parmi lesquelles la célèbre Passion vivante du Christ. D'autres sont consacrés aux hommes illustres de la ville, comme l'écrivain Martin de Heros ou les artistes Rodet et Dapena.

La galerie supérieure présente quelques objets du 19e s. provenant de la famille Llaguno, permettant de recomposer une sorte d'intérieur bourgeois typique de l'époque.

Stéphane Sauvignier / MICHELIN

Place de la mairie.

Aux alentours

LAS ENCARTACIONES

Cette appellation désigne le territoire occidental de la Biscaye, délimité par la Cantabrie, la Castille et le Nervión. C'est une région au relief accidenté, dont les vallées et les villages, encore tournés vers une économie pastorale et agricole, ont conservé toute leur authenticité.

Güeñes

10 km à l'est par la BI 636 en direction de Bilbao. Après environ 7 km, tournez à gauche et traversez Araguren pour rejoindre Güeñes par la BI 3651.

Sta María – Intéressante église gothique du 16e s. au mobilier et à la décoration recherchés. Son **portail★** comprend de belles portes en bois clouté ainsi qu'une ornementation marquant la transition entre les styles gothique et Renaissance.

Avellaneda

7 km au nord par la BI 630, puis la BI 2701.

Museo de las Encartaciones – *Le musée se trouve sur la route de Muzkiz, dans la montagne. ℘ 946 504 488 ou 946 104 815 - ♿ - mat. et apr.-midi, dim. et j. fériés mat. - fermé lun., 1er et 6 janv., 25 déc. - gratuit.*

Un bâtiment moderne précédé de piliers bleus marque l'entrée de ce musée qui occupe l'ancienne demeure fortifiée (15e s.) où se réunissaient jusqu'au 19e s. les représentants des villages. Les différentes salles abordent chacune un thème ou une période historique, reconstituant la géographie et l'histoire de la région.

Ainsi, la pièce d'exposition évoquant la romanisation présente-t-elle par exemple la coupe d'une voie romaine ; celle du haut Moyen Âge, la reproduction de tympans. Les tours défensives du bas Moyen Âge illustrent quant à elles les guerres d'influence que se livraient les seigneurs de l'époque.

La démarche qui se veut didactique est bien illustrée grâce à des maquettes, des costumes, des outils, des photos, des sculptures et de nombreux panneaux explicatifs.

Musée des Encartaciones.

Circuit de découverte

LA VALLÉE DE KARRANTZA

36 km – Une demi-journée. Quittez Balmaseda en direction de Castro-Urdiales, puis restez sur la BI 630.

Nuestra Señora del Buen Suceso

L'église rendant hommage à la sainte patronne de la vallée présente une silhouette trapue, aux murs épais. Un beau jour de l'an 1670, la Vierge Marie apparut à María Rozas, jeune fille sage et exemplaire du village de Campillos. Elle lui demanda de prévenir le curé et les habitants afin qu'ils élèvent une église pour sa statue, trouvée le 18 septembre. Les fidèles s'exécutèrent et le temple fut dressé à l'endroit de l'apparition.

Depuis l'auvent et la porte principale, la **vue** est imprenable sur le magnifique retable baroque du 18e s. qui orne le fond de la nef, derrière l'autel. Ses trois panneaux encadrent la statue de Notre-Dame du « Buen Suceso » (67 cm) en bois polychrome du 17e s.

De petites **arènes** s'appuient contre l'édifice. Elles accueillent les corridas organisées le 18 septembre, à l'occasion du pèlerinage et de la fête de la sainte patronne (ce jour-là, une messe est célébrée chaque heure). Vous pourrez pique-niquer à proximité, des tables en bois étant dressées à cet effet près de l'église.

Non loin de là, le **monument à la Vierge**, réalisé par le sculpteur Joaquín Lucarini Macazaga en 1953, veille sur la vallée du haut de ses 14 m.

Reprenez la BI 630 en direction de Santander. Après El Cajello, tournez à droite en direction de Paules.

Biañez

Église St-André – Mitoyenne du cimetière, cette église des 14e et 15e s. occupe une petite éminence à l'entrée du village. L'un de ses murs intérieurs est entièrement recouvert de fresques mises au jour lors de la restauration d'un retable. Les peintures s'organisent en trois panneaux verticaux représentant de gauche à droite : la Passion, le martyr de saint André et la Cène.

Traversez le village et prenez la direction de Paúles.

El Carpín

𝒫 944 479 206 ou 946 107 066 - www.karpinabentura.com - ♿ - de mi-juin à mi-sept., w.-end et vac. scol. : tte la journée - 6 € (-16 ans 4 €). Billet combiné avec la grotte Pozalagua.

👪 Propriété d'été de l'ingénieur Urbano Peña y Chávarri au début du 20e s., ce parc de 20 ha a par la suite servi de jardin d'enfants, de caserne et d'hôpital pendant la guerre civile. Depuis 1996, il accueille une cinquantaine d'espèces protégées parmi lesquelles les chouettes, les kangourous, les sangliers, les loups et les panthères noires. La plupart des animaux sont nés en captivité, les autres étant là en convalescence.

Avant ou après les avoir admirés, vous pourrez vous amuser à découvrir la faune préhistorique en parcourant un chemin inspiré de *Jurassic Park*. Bruitages, mannequins et explications se déclencheront automatiquement à votre passage. Attention au tyrex !

Revenez sur la BI 630 et prenez à droite. Traversez Molinar. Juste avant Ríoseco, tournez à droite et montez jusqu'à Ranero. La grotte se trouve au-delà du village, au bout d'une route menant à une carrière et longeant la montagne sur la droite.

Cueva Pozalagua (grotte Pozalagua)

𝒫 649 811 673 - www.karrantza.com - ♿ - visite guidée tte la journée - fermé lun. (sf férié), Sem. sainte, se renseigner pour les autres fermetures - 5 € (enf. 2,10 €).

👥 Cette grotte a été découverte en 1957 par des ouvriers qui travaillaient à la carrière voisine. Comme eux, vous découvrirez d'amples salles, hautes parfois de 30 à 50 m, ornées de gigantesques stalactites colorées et de « gours », successions de petits barrages de carbonate.

La grotte contient aussi quelques orgues, mais sa véritable spécificité tient dans ses **stalactites excentriques★**, ainsi appelées en raison de leur orientation défiant toutes les lois de la gravité. Elles se forment en effet en voile autour d'une goutte d'eau et peuvent ainsi être horizontales ou courbes. Particulièrement nombreuses à Pozalagua, elles tapissent une partie de la voûte, la transforment en une sorte de prairie fossilisée.

Revenez à Balmaseda par la BI 630.

Balmaseda pratique

Adresse utile

Office de tourisme – C/Martín Mendía, 2 - 48800 Balmaseda - ℘ 946 801 356 - de mi-juin à mi-sept. : mat. et apr.-midi, dim. et j. fériés mat. ; reste de l'année : mat. et apr.-midi, w.-end et j. fériés mat.

Visites

La Encartada – Bº El Peñueco, 11 - 48800 Balmaseda - ℘ 946 800 778 - www. laencartadamuseoa.com - Sem. sainte-oct. : mat. et apr.-midi ; reste de l'année : mat., sam. mat. et apr.-midi - fermé lun., 1er janv., 25 déc. - 5 € (enf. 3 €). Ancienne usine de bérets fondée en 1892. Son architecture et ses machines sont encore en état.

Se loger et se restaurer

😊🍽 **Hôtel San Roque** – Campo de los Monjas, 2 - ℘ 946 102 268 - informacion@ sanroquehotel.net - 🅿 21 ch. 55/70 € - ☕ 6 € - rest. 12,50 €. Ce bel hôtel se trouve dans l'enceinte même du couvent de Sainte-Clara construit au 17e s. Ses chambres, où dominent la pierre et le bois, possèdent beaucoup de charme. Avec sa pyramide en verre et son abondante végétation, le fabuleux patio suscitera à coup sûr votre admiration.

Événements

Marché médiéval – Toute la communauté participe à cette reconstitution d'un Balmaseda médiéval, où échoppes et étals de marchands, d'artisans et négociants envahissent les rues de la vieille cité.

Semaine sainte – Semana Santa, représentation vivante de la Passion du Christ. Cette reconstitution de la Passion draine chaque année plusieurs milliers de personnes.

La Bastide-Clairence ★

990 BASTIDOTS
CARTE GÉNÉRALE D2 – CARTE MICHELIN RÉGION 573 B26
PYRÉNÉES-ATLANTIQUES (64)

Véritable image de carte postale avec ses adorables maisons blanchies à la chaux, ses linteaux colorés et sculptés, et sa petite église protégée des intempéries par un porche, cette bastide paraît comme figée dans le temps. L'impression est renforcée par le calme de sa rue principale et des ruelles adjacentes. Mais on n'en savoure que mieux le cadre, classé parmi les plus beaux villages de France, ainsi que les vitrines des artisans installés là. Voyage dans le temps assuré…

▸ **Se repérer** – Le village occupe une colline à une quinzaine de kilomètres à l'est de Bayonne par l'A 64.

◉ **À ne pas manquer** – Les stèles sous abri de l'église à La Bastide-Clairence.

◕ **Organiser son temps** – Un après-midi suffira pour flâner dans la bastide et errer ensuite de village en village à la découverte du Labourd et des berges de l'Adour.

👥 **Avec les enfants** – Prendre le temps d'observer les artisans à l'œuvre.

✎ **Pour poursuivre la visite** – Voir aussi Bayonne, Isturitz et St-Palais.

Comprendre

Terre d'accueil - Cette bastide fut fondée en 1312 dans la vallée de la Joyeuse par Louis Ier, roi de Navarre et futur roi de France sous le nom de **Louis X le Hutin**. Son but était d'assurer à la région un débouché sur la mer. Attirée par les privilèges de ce nouveau village, une population composite s'y implanta : Basques, Gascons, mais aussi pèlerins de St-Jacques-de-Compostelle, que l'on appelait les « francos ». Le 17e s. vit également l'arrivée d'une colonie juive, fuyant l'Espagne et le Portugal. Aujourd'hui encore, on parle aussi bien français que basque ou gascon à La Bastide-Clairence. Cela tient à son histoire et au brassage de sa population. Il semblerait toutefois que l'on emploie, intra-muros, plus souvent le gascon que le basque.

Se promener

Vous pourrez visiter les ateliers des nombreux artisans d'art qui se sont installés à La Bastide-Clairence (potier, tisserand, ébéniste, etc.).

La rue montante a déjà, avec ses maisons blanches barrées de rouge, un air de village du Labourd *(voir le circuit à St-Jean-de-Luz)*.

Église

Typiquement basque avec ses étages de galeries, elle est flanquée de deux couverts pavés de dalles funéraires des plus vieilles familles de La Bastide, que l'on appelle ici le « cimetière préau ».

Rue principale de La Bastide-Clairence.

Amaury de Valroger / MICHELIN

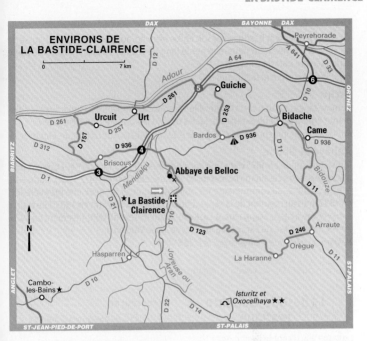

ENVIRONS DE
LA BASTIDE-CLAIRENCE

Circuit de découverte

DE LA BIDOUZE À L'ADOUR

81 km - env. 1h30. Quittez La Bastide-Clairence par la D 123 en direction de St-Palais. À La Haranne, prenez la D 246 vers Orègue, puis Arraute. Suivez ensuite la D 11 en direction de Bidache et bifurquez à droite après 3 km vers Came.

Came

Traversé par la Bidouze dont les berges sont aménagées en promenades, Came se consacre, depuis le 19e s., à la confection artisanale de **chaises**, utilisant des bois comme le hêtre, le merisier, le chêne, le noyer et, pour le paillage, le jonc des marais de l'Adour. Plusieurs ateliers chaisiers sont encore installés dans le village.
Prenez la D 936 en direction de Bidache.

Bidache

Les seigneurs de Gramont établis là depuis le 14e s. tirèrent parti de la situation féodale de leurs terres à la limite de la Navarre, du Béarn et du royaume de France pour s'ériger en princes souverains. Le bourg est encore navarrais par l'aspect de son unique rue aux maisons claires et percées de portes cintrées.

Antoine III, seigneur de Gramont, reçut Mazarin à l'époque de la paix des Pyrénées et se rendit en Espagne pour demander la main de l'infante Marie-Thérèse pour Louis XIV.
Continuez sur la D 936 en direction de Bayonne.

La route monte parmi les premières collines basques. En vue de Bardos, faites halte sur un terre-plein. À gauche, **vue★★** sur les Pyrénées basques jusqu'au pic d'Anie, premier sommet (alt. 2 504 m) de la haute chaîne.
Dans Bardos, prenez la direction de Guiche par la D 253.

Guiche

Le parvis de l'église de St-Jean-Baptiste offre un joli panorama sur les méandres de la Bidouze et le paysage moutonnant caractéristique de ce coin du Labourd.

Au-dessus de l'entrée du cimetière, une amusante construction sur piles dite « **maison du Fauconnier** » (ancienne mairie). À l'intérieur de l'église, des vitraux modernes aux couleurs vives égayent la nef menant au retable des 17e et 18e s.

Plus bas, à Guiche-Bourgade, se dressent les ruines du **château de Gramont** avec son donjon carré. L'édifice appartient à l'illustre famille depuis 1534, après avoir fait partie du sytème défensif anglais pendant la guerre de Cent Ans. Il domine le minuscule port de Guiche, à la confluence de l'Adour.
Suivez la Bidouze pour longer ensuite le fleuve sur la D 261.

La route passe à côté de vergers de kiwis, reconnaissables à leur culture en treilles.

Urt

Village typiquement basque avec son église blanche, au sobre intérieur rehaussé de galeries et d'orgues. On peut marcher le long de l'Adour en suivant la petite route asphaltée qui part de son port.

Rejoignez Urcuit par la D 261, puis la D 257.

Urcuit

Comme sa voisine **Urt**, cette petite ville s'est mise à l'ambiance basque, avec sa charmante **église** à galerie extérieure. Stèles discoïdales dans le cimetière attenant.

Ralliez Briscous, puis prenez la D 936 et la D 123 en direction de La Bastide-Clairence.

Abbaye de Belloc

Monastère fondé en 1875 dans une ancienne métairie du nom de Bel-Locq par trois missionnaires diocésains d'Hasparren, dont Jean-Léon Bastres (1832-1904). Florissante à la fin du 19e s., sa communauté fut obligée de quitter les lieux une première fois en 1880, puis au moment de la séparation de l'Église et de l'État en 1905. Elle trouva alors refuge dans le Guipúzcoa, à Lazkano, avant de revenir définitivement en 1926. Son église inspirée de l'art brut a été élevée après Vatican II.

Rejoignez La Bastide-Clairence par la D 123.

La Bastide-Clairence pratique

Voir aussi l'encadré pratique de Bayonne.

Se loger

Chambre d'hôte La Croisade – *Rte de St-Palais - 64240 La Bastide-Clairence - 15 km au nord-ouest des grottes par D 251 et D 10 -* 05 59 29 68 22 *- www.la-croisade.com - réserv. conseillée - 4 ch. 57/60 € - repas 23 €.* Les pèlerins de St-Jacques-de-Compostelle faisaient jadis halte dans cette imposante maison basque. Les chambres sont d'un goût exquis : meubles patinés, douceur des coloris… Le salon, avec ses murs cirés, ses tapis et sa grande cheminée, donne envie de rester. Table d'hôte deux à trois fois par semaine.

Chambre d'hôte La Maison Maxana – *R. Notre-Dame - 64240 La Bastide-Clairence -* 05 59 70 10 10 *- www.maison-maxana.com - 5 ch. 90/110 € - repas 30 €.* Rêveries, Romances, Voyages… : le nom de chacune des chambres de cette maison d'hôte donne le ton. Ici, tout est raffiné. Le mariage des meubles anciens et des éléments tantôt africains, asiatiques ou modernes est très réussi. Le petit-déjeuner près de la piscine et l'accueil distingué laissent aussi un bon souvenir.

Camping Les Collines Iduki – *64240 La Bastide-Clairence -* 05 59 70 20 81 *- www.iduki.net - réserv. indispensable - 34 appartements 330/1 350 €/sem. pour 6 pers. - restauration.* Ce petit village de chalets et maisonnettes à l'architecture basque se trouve à deux pas du bourg. Adossé à une colline, il possède de beaux espaces ombragés, des fleurs et des bosquets. La décoration intérieure des habitations est également très soignée. Les plus : la piscine et le restaurant gastronomique.

Se restaurer

« Odile » – *Au bourg - 64520 Bardos -* 05 59 56 82 65 *- fermé 1 sem. en août, 1 sem. vac. de Toussaint et fêtes de fin d'année - 11,50/26 € - 6 ch. 45 € - 6 €.* Nombre d'habitués se régalent des petits plats basques mitonnés par Odile. Sa cuisine est simple, servie sans chichi et surtout à des prix très intéressants. Si vous le pouvez, attablez-vous dans la petite salle à manger du fond, plus calme. L'été, la terrasse plaît aussi. Pour dormir : chambres rénovées et propres.

Que rapporter

Bon à savoir – La plupart des artisans de **La Bastide** se trouvent autour de la place des Arceaux. Vous pourrez visiter, entre autres, la poterie Agothéa, l'ébéniste La Rose Bleue, l'atelier du créateur de bijoux Oumah, un verrier, un tisserand, un graveur sur pierre et un sculpteur sur métaux ferreux. Le petit village de **Came** quant à lui perpétue depuis le 19e s. la fabrication artisanale de chaises. Il héberge aujourd'hui encore une douzaine d'ateliers spécialisés (chaisier, ébéniste, sculpteur). Des panneaux de la « Route de la chaise » indiquent leur situation.

Sports & Loisirs

Domaine du Lac de Saimes – *Base de loisirs - 64520 Sames -* 05 59 56 46 43 *- http://domainedulac.tectobois.com - w.-end en juin et sept. ; tlj en juil.-août 11h-19h.* Un bel endroit que cette base de loisirs aménagée autour d'un lac de 18 ha. Sa plage de sable est agrémentée de palmiers, cascades et bassins (baignade surveillée). Les activités ne manquent pas : toboggans aquatiques, pédalos, barques, minigolf, tennis et pêche. Pour les petites faims : bar, glacier et restaurant.

Bayonne★★

44 300 BAYONNAIS
CARTE GÉNÉRALE C1 – CARTE MICHELIN RÉGION 573 B25
PYRÉNÉES-ATLANTIQUES (64)

De hautes maisons de poupées aux bois peints se pressent les unes contre les autres le long de la Nive. Alentour, les vieilles rues chuchotent des mots d'antan : Argenterie, Salie, Pilori… Bayonne est un étrange mélange d'histoire de France et d'ambiance de fête. De quoi alimenter vos journées et vos soirées aux accents basques. Et, comme le dit la chanson, « garçons et filles gambillent pendant six jours de la Nive à l'Adour. »

- **Se repérer** – Les trois quartiers de la vieille ville sont délimités par la confluence de ses deux fleuves : l'Adour et la Nive. Le Vieux et le Petit Bayonne se trouvent au sud et le quartier Saint-Esprit au nord. Le Nouveau Bayonne, où se situent les arènes, jouxte quant à lui le Vieux Bayonne.

- **Se garer** – Le centre-ville est piétonnier ou parcouru de petites ruelles qui rendent difficile le stationnement. Garez-vous plutôt dans l'un des nombreux parkings aménagés en bord de fleuve ou en périphérie des vieux quartiers.

> ### Le saviez-vous ?
> Certains ferronniers et armuriers de la ville se sont rendus tristement célèbres en inventant la **baïonnette**, utilisée par toute l'infanterie française à partir de 1703.

- **À ne pas manquer** – Les impressionnantes collections du Musée basque. Elles vous permettront de découvrir et de comprendre toutes les spécificités de la culture basque.

- **Organiser son temps** – Shopping dans le Vieux Bayonne le matin, visite du Musée basque ou du musée Bonnat l'après-midi, et petit verre bien mérité en soirée, dans l'un des nombreux cafés bordant la Nive ou les ruelles du Petit Bayonne.

- **Avec les enfants** – Le délicieux parcours de l'Atelier du Chocolat.

- **Pour poursuivre la visite** – Voir aussi Anglet, Biarritz.

Comprendre

Dot de princesse – Au 12e s., Bayonne fait partie de la dot d'Aliénor d'Aquitaine. Lorsqu'elle se remarie avec Henri Plantagenêt, la ville devient donc anglaise et le restera trois siècles. Durant la guerre de Cent Ans, flottes bayonnaise et anglaise courent bord à bord, le port regorge de marchandises et la ville est florissante. Lorsque le 20 août 1451 les troupes françaises cernent la ville, les habitants voient… une croix blanche dans le ciel ! Un tel signe divin en faveur de la reddition anglaise ne peut qu'être de bon présage ! L'avenir ne sera malheureusement pas à la hauteur de leurs espérances… L'intégration de Bayonne au domaine royal français, après 1451,

Hervé Champollion / MICHELIN

Quais de la Nive.

ne va pas sans grincements de dents : non seulement il faut payer une indemnité de guerre, mais en plus, les rois de France empiètent plus largement sur les libertés locales que ne le faisaient les lointains souverains britanniques. Par exemple, les actes et lois ne doivent plus être rédigés en gascon, mais en français. Les Bayonnais en garderont longtemps du ressentiment. Fort heureusement, Charles IX décidera de rendre vie au port ensablé (l'embouchure de l'Adour s'étant déplacée au nord) : un chenal direct vers la mer est ouvert en 1578.

Courses lointaines – Au 18e s., l'activité de Bayonne atteint son apogée. Les échanges avec l'Espagne, la Hollande, les Antilles, la pêche à la morue sur les bancs de Terre-Neuve, et les chantiers de construction entretiennent une grande activité dans le port. Bayonne est déclarée port franc en 1784, ce qui triple son trafic. Les prises de guerre sont fabuleuses et les bourgeois arment maints bateaux corsaires. Les ministres de Louis XIV fixent par ordonnance le mode de partage du butin : un dixième à l'amiral de France, les deux tiers aux armateurs, le reliquat à l'équipage. Une somme est retenue pour les veuves, les orphelins et le rachat des prisonniers aux Barbaresques.

Se promener

Place de la Liberté AB1

Située au débouché du pont Mayou, qui traverse la Nive à l'entrée de la vieille ville, elle est bordée par l'hôtel de ville et le théâtre. Les armoiries et la devise de la ville sont dessinées sur le pavage de marbre : *nunquam polluta*, « jamais souillée ».
Depuis la place, engagez-vous dans la rue du Port-Neuf.

Rue du Port-Neuf A1-2

Le nom de cette charmante artère piétonne, bordée de maisons des 18e et 19e s., s'explique par le fait qu'elle occupe, comme beaucoup d'autres ruelles du quartier, l'emplacement d'un canal qui servait autrefois de port. Elle abrite sous ses arcades les meilleurs chocolatiers de la ville et mène à tout un lacis de petites rues commerçantes qui constituent le cœur du Vieux Bayonne. Notez la belle maison à colombages, à l'angle de la rue de la Monnaie et de la rue Orbe.
La rue de la Monnaie conduit à la cathédrale.

Cathédrale Ste-Marie★ A2

Visite autorisée lun.-sam. 10h-11h45, 15h-17h45, dim. 15h30-17h45 - possibilité de visite guidée de la cathédrale et de la tour : se renseigner à l'office de tourisme. Elle a été bâtie du 13e au 16e s., dans le style un peu sévère des églises du nord. Au 19e s., on ajouta la tour nord et les deux flèches. À l'intérieur, remarquez les vitraux Renaissance, en particulier la *Prière de la Chananéenne* qui date de 1531 *(2e chapelle à droite en entrant)*. Dans la 6e chapelle, une plaque commémorative de 1926 rappelle le miracle de Bayonne *(voir plus haut, siège de 1451)*. De l'axe central de la nef, on peut juger des belles proportions et de l'harmonie de l'édifice avec son élévation à trois niveaux. Gagnez le déambulatoire. Adoptant le parti architectural champenois, les voûtes en ogive rejoignent celles des cinq chapelles absidiales rayonnantes, décorées à la fin du 19e s. Ne manquez pas, dans le bras gauche du transept, le heurtoir ciselé (13e s.), appelé « anneau d'asile » ; on raconte que le criminel pourchassé qui y posait les doigts était en sécurité.

Cloître★ A2

Accès par la place Louis-Pasteur. 📞 *05 59 46 11 43 -* ♿ *- mat. et apr.-midi - fermé 1er janv., 1er Mai, 1er nov., 25 déc. - gratuit.* Il n'en subsiste que trois côtés formant un bel ensemble gothique (14e s.), avec ses baies jumelées. De la galerie sud, vue sur la cathédrale.
Revenez au portail de la cathédrale et, par la rue des Gouverneurs, gagnez le Château-Vieux et les remparts.

Château-Vieux A1-2

Construit au 12e s., puis retouché par Vauban au 17e s., le Château-Vieux témoigne encore de l'architecture militaire médiévale. Il ne se visite pas (domaine militaire oblige), mais si la porte est ouverte, vous pourrez toujours voir la cour intérieure.

Jardin botanique A1

En surplomb des remparts, le jardin botanique prend des accents japonais dans l'allée des Tarides *(près du monument aux morts)*, regroupant quelque 1 000 espèces de plantes. 📞 *05 59 46 60 93 - de mi-avr. à mi-oct. : mat. et apr.-midi - fermé dim. et lun. - gratuit.*
Revenez au rempart Lachepaillet et engagez-vous dans la rue des Faures depuis la rue des Prébendés, afin de rejoindre la place Montaut.

Place Montaut A2

Cette place jouxte un quartier un peu endormi et pourtant typique du Vieux Bayonne, avec ses habitations anciennes (maison du 18ᵉ s. au n° 51 de la rue des Faures, ou du 17ᵉ s. aux n° 14-16, 21 et 23 de la rue Douer). Les noms de ses rues (Faures, Douer pour « tonnelier », « Vieille Boucherie ») indiquent une activité artisanale ancienne, qui se maintient vaille que vaille.

Prenez la rue de Luc et la rue de la Poissonnerie pour rejoindre le pont Pannecau.

Autre époque, autres pratiques : les femmes infidèles ou de mauvaise vie étaient jetées du **pont Pannecau**, dans une cage en fer *(copie au Musée basque)*. Aujourd'hui, vous le traverserez paisiblement pour rejoindre le petit Bayonne, qui, face au Grand Bayonne de tradition marchande, conserve son atmosphère populaire et une ambiance festive le soir, avec l'ouverture de ses petits bars « branchés ». Admirez au passage l'harmonie des façades 18ᵉ et 19ᵉ s. des maisons quai Galuperie (à gauche) et quai Chaho (à droite). *Par la rue Pannecau, ralliez la place Paul-Bert.*

Place Paul-Bert B2

Deux édifices notables occupent cette place, dont le Château-Neuf. Élevé après la prise de Bayonne par les Français et remodelé au 19ᵉ s., il abrite aujourd'hui des administrations et une annexe du Musée basque *(prendre à gauche après l'entrée et passer sous le porche)*, mais son esplanade arrière est accessible et offre un très beau point de vue sur l'Adour et la ville.

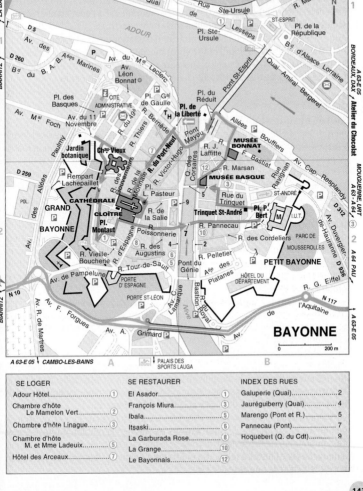

À deux pas de lui se dresse l'église St-André, édifiée de 1856 à 1862 dans un style néogothique. Tableaux de Léon Bonnat et Eugène Pascau à l'intérieur.

Dirigez-vous vers la rue du Trinquet, face à l'église.

Trinquet St-André B2

Ce trinquet des 17ᵉ et 18ᵉ s. témoigne de l'évolution du jeu de paume. On y joue encore, chaque jeudi, des parties de *pala*, et des parties à main nue y sont aussi organisées. Admirez la vieille charpente.

Rejoignez le Musée basque par la rue Pontrique et la rue Marengo.

Maison Dagourette

Construite après 1612, cette maison bourgeoise classée Monument historique illustre bien l'opulence des marchands bayonnais de l'époque. Elle fut transformée en hôpital et habitée par des visitandines avant d'être rachetée par la ville en 1922. Elle accueille depuis 1924 le **Musée basque et de l'Histoire de Bayonne**★★★ *(voir « Visiter »).*

Les rues Marsan et Jacques-Laffitte vous mèneront ensuite au musée Bonnat.

Musée Bonnat★★ B1

Le bâtiment du n° 5 de la rue Jacques-Laffitte (1899) a été spécifiquement conçu par l'architecte Planckaert pour recevoir les collections et les œuvres de Léon Bonnat *(voir « Visiter »).* Remarquez l'éclectisme du style et la richesse de la décoration.

Revenez place de la Liberté par le pont St-Esprit et le pont Mayou.

Les plus courageux peuvent continuer la promenade en franchissant l'Adour.

Quartier St-Esprit

Il n'a été annexé à Bayonne qu'en 1857. Déployé au pied de la citadelle *(ne se visite pas)*, il mêle toutes les époques architecturales, depuis le 18ᵉ s. jusqu'à nos jours.

Sa **collégiale**, à l'origine romane du 11ᵉ s., concentre différents styles architecturaux. Le porche actuel date de 1891, les auvents côté gare ont été élevés en 1950 mais, à l'intérieur, le chœur est de style gothique flamboyant et l'on peut admirer un bois sculpté polychrome du 15ᵉ s. représentant la fuite en Égypte.

Autre monument incontournable de cette rive : la **synagogue** néoclassique, construite en 1837, qui conserve aujourd'hui sa vocation cultuelle. Sa présence rappelle que la communauté juive a été une composante sociale importante de Bayonne après l'arrivée au 16ᵉ s. de marchands juifs chassés de la péninsule Ibérique.

Visiter

Musée basque et de l'Histoire de Bayonne★★★ B2

Maison Dagourette. 37 quai des Corsaires - ☎ 05 59 46 61 90 - www.musée-basque.com - ♿ - juil.-août : tte la journée - reste de l'année : mat. et apr.-midi - fermé lun. et j. fériés (sf juil.-août) - 5,50 € (enf. gratuit) ; billet combinée avec le musée Bonnat : 9 €.

Il est installé dans une maison bourgeoise du 17ᵉ s., classée Monument historique. Les collections d'origine, rassemblées par William Boissel dans le souci de conserver la tradition basque, ont été enrichies et sont présentées de façon dynamique avec une scénographie très actuelle. À l'entrée, l'exposition de **stèles discoïdales** est placée sous un puits de lumière moderne, percé à l'intersection des trois bâtiments qui composent le musée. Dans l'espace suivant, des images animées sont projetées sur un mur dans une **ambiance sonore** (mots, chants, bruits) signée Beñat Achiary. Des salles aux couleurs claires et acidulées accueillent ensuite les quinze sections thématiques qui visent à faire comprendre la société basque d'aujourd'hui avec les objets et les rites d'hier.

Au rez-de-chaussée : l'**agropastoralisme**, où les grosses charrues sont encadrées par des vitrines renseignant sur les bergers ou l'alimentation (insolites fours à chocolat et touchantes poupées de maïs). Avant de rejoindre le 1ᵉʳ étage, on fait une halte dans l'auditorium où sont projetés des films ethnographiques.

Au 1ᵉʳ étage, on pénètre dans une **maison basque**, avec son mobilier et sa vaisselle traditionnelle (repérer le *zuzulu* – banc à haut dossier qui protégeait des courants d'air, réservé aux maîtres de maison), puis on découvre l'artisanat (espadrilles de taille !) et le costume traditionnel. Les salles suivantes s'ouvrent sur l'activité maritime et fluviale (spectaculaire **plan relief** de la ville en 1805), et le commerce.

Le 2ᵉ étage débute par des pièces très colorées consacrées aux jeux et sports (collection impressionnante de **pelotes**), aux danses et à la religion populaire, puis s'assombrit pour traiter du deuil (découvrez le rôle qu'y jouent les abeilles…), s'égaie à nouveau avec l'histoire religieuse et littéraire, avant de dégager des pistes plus récentes comme le **néobasque**.

Huile sur toile (1927) « Euskal Herria », par Henri Zo.

Musée Bonnat★★ B1

5 r. Jacques-Laffitte - ℘ 05 59 59 08 52 - www.museebonnat.bayonne.fr - &. - de déb. mai à fin oct. : tte la journée ; reste de l'année : mat. et apr.-midi - fermé mar. et j. fériés (sf juil.-août) - 5,50 € (enf. gratuit) ; billet combiné avec le Musée basque : 9 €.

Léon Bonnat (Bayonne, 1833-1922) fit fortune en portraiturant la grande bourgeoisie de son temps. Grand esthète, il mit son argent au service de l'art. Ses collections (13e-19e s.), patiemment assemblées et enrichies depuis, font aujourd'hui les beaux jours du musée qui porte son nom.

Ce dernier a abandonné en 1999 la traditionnelle organisation chronologique des collections au bénéfice du **regroupement thématique**, mêlant écoles et périodes. Un système d'**exposition par roulement** permet d'autre part de mettre en valeur l'ensemble des réserves. Les salles présentent donc une subtile combinaison de collections permanentes et d'œuvres « temporaires ».

On retrouve ainsi avec certitude le grand tryptique *Bonnat et ses élèves basques et béarnais* (voir illustration p. 92), les dessins de **Paul Helleu**, un artiste de la Belle Époque qui sut charmer la haute société par l'élégance de ses portraits (il inspira à Proust le personnage d'Elstir et découvrit, selon Mallarmé, « une couleur inconnue entre le délice et le bleu ») ; les esquisses de **Rubens** et les sculptures en terre cuite de la collection Cailleux, tout comme les sujets religieux chrétiens, l'histoire du Christ, de la Vierge, des saints (le *Christ bénissant* et une *Sainte Vierge*, Toulouse vers 1330, ou encore une *Tête de Christ*, de l'école vénitienne, une *Vierge et l'Enfant à la grenade* de l'école de Botticelli).

En revanche, les **portraits** de Bonnat tournent. Les thèmes du nu, les allégories, les scènes de genre, les animaux et les études de figure réunissent, selon les saisons, Ingres, Degas, Delacroix, Flandrin, Géricault, Hoppner, Puvis de Chavanne, Rembrandt, Rubens, Tiepolo… Il en va de même avec la collection de **peinture espagnole** qui comprend des œuvres de Murillo, comme *San Salvador de Horta et l'inquisiteur d'Aragon*, de Goya (*Portrait de don Francisco de Borja*), ou du Greco, auxquelles s'ajoutent des tableaux de l'école aragonaise *(Saint Martin)* et des scènes de la Bible ou de mythologies (*Le Serment des Horaces*, de l'école de David).

Le musée possède enfin une collection d'archéologie antique, des céramiques et de l'orfèvrerie provenant de la collection Petithory, ainsi que des dessins originaux de grands maîtres français et étrangers, exposés plus rarement.

L'Atelier du Chocolat★

7 allée de Gibéléou. ZA Ste-Croix, dans le quartier St-Esprit. Fléchage depuis la place de la République. Suivez le bd d'Alsace-Lorraine, passez sous la voie ferrée et au rond-point, prenez à gauche puis tout de suite à droite. ℘ 05 59 55 00 15 - www.atelierduchocolat.fr - lun.-sam. mat. et apr.-midi ; juil.-août : tte la journée - 5,60 € (4-12 ans 2,80 €).

Le chocolatier Andrieu a élaboré autour de son laboratoire un parcours didactique allant des origines géographique et historique du chocolat jusqu'au produit fini, en passant par toutes les étapes de sa fabrication : composition, enrobage, moulage, tablage, décoration, emballage. Agréablement éclairé et surtout très olfactif, le circuit alterne astucieusement panneaux explicatifs, vision directe des ateliers, exposition de machines anciennes et film pédagogique afin d'illustrer au mieux cette filière gourmande. Des écrans-quizz et une dégustation clôturent la visite.

👁 Les artisans-chocolatiers ne travaillant pas l'après-midi (des écrans-vidéo montrent alors l'activité de chaque atelier), prévoyez de préférence une visite en matinée.

Aux alentours

La Nive

🚶 Promenade incontournable de tous les Bayonnais, le bord de la Nive se rallie au niveau du ponton du club d'aviron (pont du Génie). Suivant le tracé d'une ancienne voie de halage, le chemin peut conduire les plus motivés jusqu'à Ustaritz, à environ 11 km de là : une bonne occasion de sortir de Bayonne et de découvrir notamment les paysages verdoyants de la plaine d'Ansot, objet d'un plan d'aménagement.

Circuit de découverte

ROUTE IMPÉRIALE DES CIMES★

De Bayonne à Hasparren – 25 km. Sortir de Bayonne par la D 936 ; la quitter aux dernières propriétés de St-Pierre-d'Irube pour la D 22, à droite.

Napoléon Ier fit aménager cette route sinueuse comme tronçon d'une liaison straté-gique de Bayonne à St-Jean-Pied-de-Port par les hauteurs. La **vue★** se dégage sur la Côte basque et les sommets des Pyrénées proches de l'Océan ; la Rhune, les Trois Couronnes et le Jaizkibel qui, de cette distance, donne l'illusion d'une île escarpée. Aux approches d'Hasparren, les Pyrénées basques s'étalent, plus en profondeur.

Bayonne pratique

Adresse utile

Office du tourisme de Bayonne – *Pl. des Basques - 64018 Bayonne Cedex - ℘ 0 820 426 464 - juil.-août : tte la journée, dim. et j.fériés mat. ; reste de l'année : tte la journée - fermé dim. et j. fériés (sf juil.-août).*

Visites

Visites guidées – Bayonne, qui porte le label Ville d'art, organise des visites-découverte thématiques de la ville - *juil.-août : visites thématiques par des guides-conférenciers - 5 € (-12 ans gratuit)* - visite découverte du patrimoine en famille à partir de questions de jeux et de devinettes - *4 € (-7 ans gratuit)* - visite guidée du Musée basque - *9 € (-12 ans gratuit)* - renseignements à l'office de tourisme - *℘ 0 820 426 464 - www. bayonne-tourisme.com*

Se loger

👁 **Bon à savoir** – Durant les fêtes de Bayonne, inutile de chercher un hôtel ou un logement quelconque, tout est complet longtemps à l'avance.

🛏 **Chambre d'hôte Linague** – *Chemin Linague - 64990 Urcuit - 15 km à l'est de Bayonne rte de Urt et chemin à gauche - ℘ 05 59 42 97 97 - www.relaislinague.com - ⊠ - 4 ch. 52/60 € ⊇ - repas 16/20 €.* Implantée au cœur d'un domaine de 12 ha où gambadent des chevaux, cette jolie ferme du 17e s. conserve pieusement ses vieilles pierres et poutres. Trois chambres marient tissus aux tons vifs ou pastel,

meubles anciens chinés ici ou là, avec une literie de qualité. Au rez-de-chaussée, Espelette, plus petite est également agréable. Table d'hôte souvent tournée vers l'Espagne.

🛏 **Chambre d'hôte M. et Mme Ladeuix** – *26 av. Salvador-Allende - 40220 Tarnos - 5 km au nord de Bayonne par N 10 - ℘ 05 59 64 13 95 - heleneladeuix@hotmail.com - ⊠ - 5 ch. et 1 gîte 55/75 € ⊇.* Voilà qui séduira les accros du silence. Un parc de chênes, châtaigniers, mimosas, bananiers et autres poiriers et érables, une vaste pelouse avec piscine, un enclos où paissent les brebis près des cages à lapins et des poules… Les chambres sont simples mais confortables. Un gîte pour quatre personnes.

🛏🛏 **Adour Hôtel** – *13 pl. Ste-Ursule - ℘ 05 59 55 11 31 - www.adourhotel.net - 12 ch. 65/90 € - ⊇ 7 € - rest. 18 €.* Il fait bon séjourner dans cet hôtel rénové, situé à deux pas de la gare. Le décor de chacune des chambres s'inspire d'un thème local : piment d'Espelette, surf, fêtes de Bayonne, pelote basque, tauromachie, chocolat… Les salles de bains sont très réussies. Parmi les plus : l'accueil convivial et la location de vélos.

🛏🛏 **Hôtel des Arceaux** – *26 r. Port-Neuf - ℘ 05 59 59 15 53 - www.hotel-arceaux. com - 11 ch. 65 € - ⊇ 6,50 €.* Ce petit hôtel, situé dans une rue piétonne du centre-ville, constitue un point de départ idéal pour visiter le Vieux Bayonne et les rives de l'Adour. Choisissez de préférence les chambres rénovées, peintes chacune dans une couleur différente. L'accueil vraiment sympathique vous assure un séjour attrayant.

Chambre d'hôte Le Mamelon Vert – *1 chemin de Laborde - ℘ 05 59 74 59 70 - www.mamelonvert.com - fermé vac. de Noël - 🅿 - 5 ch. 70/120 € ⌑ - restaurant 40/60 €.* Cette maison de style régional qui surplombe l'Adour propose de confortables chambres décorées de gravures et meubles anciens ; la « Rouge » et la « Bleue » ont beaucoup de cachet. Selon son envie, la propriétaire prépare des plats tout simples, traditionnels ou… thaïlandais.

Se restaurer

👁 **Bon à savoir** – Durant les fêtes de Bayonne, beaucoup de restaurants suppriment leur carte classique pour ne proposer qu'un menu, un peu moins cher souvent, rapide et simple.

Le Bayonnais – *38 quai des Corsaires - ℘ 05 59 25 61 19 - fermé 13-28 juin, 28 juil.-4 août, 7-29 nov., dim. de sept. à juin et lun. - 15 €.* L'enseigne de ce restaurant installé sur les quais de la Nive annonce la couleur : la carte propose une cuisine ancrée dans le terroir. La salle à manger régionale est égayée de vieilles photos de la ville et du Pays basque. Une adresse comme on les aime.

Ibaïa – *45 quai de l'Am.-Jauréguiberry - ℘ 05 59 59 86 66 - fermé dim. hors sais. et lun. - 15/25 €.* Dans cette bodega-bar à vins, les appétissants jambons et bouquets d'aulx suspendus au plafond et les grandes tables rustiques garantissent une ambiance conviviale. Pour un prix modéré, on déguste, « à la bonne franquette », tortillas, chipirones et crevettes à la plancha arrosés d'un gouleyant petit cru régional.

La Grange – *26 quai Galuperie - ℘ 05 59 46 17 84 - fermé dim. hors sais. - 18,50/35 €.* Le « plus » de ce restaurant est sa grande terrasse bordant la Nive. La salle à manger offre une ambiance résolument campagnarde, avec une fresque représentant une grange et une collection d'outils agricoles. On propose ici une cuisine simple et copieuse, riche de toutes les saveurs du terroir basque.

Itsaski – *43 quai Jauréguiberry - ℘ 05 59 46 13 96 - fermé dim. soir hors sais. et lun. - 18,60/45 €.* Ce restaurant installé sur les quais de la Nive est souvent bondé. Sa salle à manger aménagée façon intérieur de bateau plaît beaucoup, de même que sa cuisine résolument axée sur les produits de la mer (poisson grillé à la plancha, plateaux de fruits de mer). Sa terrasse regarde le Petit Bayonne.

El Asador – *Pl. Montaut - ℘ 05 59 59 08 57 - fermé 7 juin-2 juil., 20 déc.-7 janv., dim. soir et lun. - réserv. obligatoire - 20 €.* Voyage en Pays basque espagnol dans ce petit restaurant de grillades à la *plancha*. La patronne qui prépare avec passion et talent les plats d'ici est très fière de la fraîcheur de ses poissons et gambas.

À déguster sous des affiches tauromachiques des années 1950.

François Miura – *24 r. Marengo - ℘ 05 59 59 49 89 - fermé dim. soir et merc. - 20/31 €.* Une discrète façade vitrée du Vieux Bayonne dissimule cette élégante salle à manger : belles voûtes en briques rouges, murs de pierres apparentes, mobilier design et tableaux contemporains. La carte et le menu (très apprécié des habitués) proposent un bon choix de plats au goût du jour assorti de suggestions du marché.

La Garburada Rose – *℘ 05 59 59 39 50 - fermé 25 juin-14 juil., 25 août-10 sept., dim. et lun. - 28 €.* La garbure tient la vedette sur la carte de ce restaurant simple et convivial, installé dans le vieux Bayonne. Cadre rustique égayé de tableaux colorés.

Jambons de Bayonne.

Stéphane Sauvignier / MICHELIN

Faire une pause

Salon de Thé L. Raux – *Pl. des Halles - ℘ 05 59 59 34 61 - patisserie.raux@ wanadoo.fr - tlj sf dim. apr.-midi 9h-19h30 ; 1er janv.-15 juin et 15 sept.-31 déc. : tlj sf dim. apr.-midi et lun. - fermé apr.-midi des j. fériés.* Pâtissier, chocolatier, traiteur et salon de thé sont réunis sous cette enseigne proche des halles. Vous aurez le choix entre sandwiches, tartes salées, viennoiseries, macarons, gâteaux basques et la spécialité maison, le Daudet (ganache chocolat noir et crème brûlée à l'orange parfumée au Cointreau).

En soirée

👁 **Bon à savoir** – Situé à l'angle formé par la Nive et l'Adour, **le Petit Bayonne** est le quartier jeune de la ville, le creuset de l'animation nocturne. Aux premières chaleurs, l'ambiance tourne irrésistiblement à la fête grâce aux bars et restaurants qui pullulent alentour. Entre la rue des Cordeliers, la rue Pannecau et celle des Tonneliers, on ne compte pas moins d'une trentaine d'établissements. Parmi eux, signalons la Txalupa (au n° 26 de la rue des Cordeliers) et le Killarney Pub (au n° 35).

Chai Ramina – *11 r. Poissonnerie - ☎ 05 59 59 33 01 - mar.-jeu. 9h30-20h, vend.-sam. jusqu'à 2h - fermé 1er-15 janv.* Ramina, un ancien champion de rugby, s'est reconverti depuis 25 ans en pilier de comptoir de son propre pub, un bar de vieux copains où des Bayonnais de souche chahutent comme des enfants. Si l'on y boit surtout du whisky, la faute en revient à une carte qui n'en propose pas moins de 300 !

La Luna Negra – *R. des Augustins - ☎ 05 59 25 78 05 - www.lunanegra.info - merc.-sam. 19h-2h - fermé août (sf fêtes de Bayonne déb. août) - 7 à 15 €.* L'art vous toutes ses facettes est à l'honneur dans ce café-théâtre dynamique qui propose chaque soir un divertissement : pièce de théâtre, spectacle de chansons, cabaret, one man show, concert de jazz, de blues, de rock ou musique de chambre… Petite restauration sur place avec sélection de produits régionaux.

Théâtre de Bayonne - Scène Nationale – *Pl. de la Liberté - ☎ 05 59 59 07 27 - renseignements réserv. : tlj sf dim. et lun. 10h-13h, 15h-18h - fermé de mi-juil. à fin août et j. fériés.* C'est la scène nationale de Bayonne et du Sud Aquitain qui gère ce théâtre (580 places). On y donne toutes sortes de spectacles : théâtre, danse, musique, humour, représentations pour les enfants…

Que rapporter

Marché – Autour des **halles** de type Baltard, construites sur le quai du Com.-Roquebert, un marché alimentaire a lieu du lundi au vendredi 7h-13h (15h30-19h vendredi et veilles de fêtes), le samedi 6h-14h. D'autres marchés ont lieu au carreau des halles (bords de la Nive - mardi, jeudi et samedi), pl. de la République (vendredi), pl. des Gascons (quartier des Hauts de Ste-Croix - mercredi et samedi) et au Polo Beyris (vendredi). Marché à la brocante vendredi (7h-14h), pl. Paul-Bert.

Jambon de Bayonne – À l'instar de Grandgousier, Marguerite de Navarre était friande, dit-on, de ce jambon d'Amezta, « jambon de chêne », auquel les porcs basques, nourris de glands, donnèrent ses lettres de noblesse. L'un d'eux, malencontreusement noyé dans une source d'eau salée de Salies-de-Béarn, fut repêché par des bergers… qui trouvèrent la recette à leur goût.

Maison Montauzer – *17 r. de la Salie - ☎ 05 59 59 07 68 - www.montauzer.fr - tlj sf dim. 7h-12h30, 15h30-19h30, lun. 7h30-12h30 - fermé j. fériés.* Parmi les spécialités de cette charcuterie, boudin, tripes et jambon Ibaïona proviennent de porcs élevés exclusivement au Pays basque et nourris aux céréales. Conformément à la tradition, ce jambon est séché de 15 à 18 mois à l'air vivifiant du pays et des quatre saisons dans un séchoir à Guiche.

Pierre-Ibaïalde – *41 r. des Cordeliers - ☎ 05 59 25 65 30 - pierre@pierre-ibaialde. com - été : tlj sf dim. 10h-13h30, 14h30-18h30 ; reste de l'année : tlj sf dim. 9h-12h30,* 14h-18h - fermé j. fériés. Après la visite de cette conserverie artisanale, vous saurez tout sur le jambon de Bayonne. Pierre Ibaïalde vous explique les étapes de la fabrication du jambon et fait déguster ses produits : jambon et foie gras.

Chocolat Cazenave – *19 r. du Port-Neuf - ☎ 05 59 59 03 16 - www.lantegiak.com - tlj sf dim. et lun. 9h-12h, 14h-19h ; vac. scol. : tlj sf dim. - fermé 3 sem. en oct. et j. fériés.* Au 17e s., Bayonne fut la première ville en France à fabriquer du chocolat. Les chocolatiers s'installèrent alors en grand nombre dans la rue du Port-Neuf. Il n'en reste aujourd'hui que deux : Cazenave (depuis 1854) et Daranatz (depuis 1930).

M. Leoncini – *37 r. Vieille-Boucherie - ☎ 05 59 59 18 20 - tlj sf dim. 16h-18h30, sam. 10h-12h.* C'est l'un des derniers artisans à perpétuer la tradition du makhila qui est une canne basque en bois de néflier (sculpté à vif) renfermant une lame effilée. On l'utilise pour la marche et pour la défense.

Sports & Loisirs

Adour Hôtel – *13 pl. Ste-Ursule - près de la gare SNCF, rive droite - ☎ 05 59 55 11 31 - www.adourhotel.net.* Cet hôtel est le seul établissement de la ville à louer des vélos. Les locations se font à la demi-journée, à la journée, pour un week-end, plusieurs jours, une semaine ou un mois. Avant d'enfourcher votre bicyclette, vous devrez bien sûr verser une caution obligatoire.

Trinquet moderne (FFPB) – *60 av. Dubrocq - ☎ 05 59 59 22 34 - tlj à partir de 9h.* De nombreuses parties de main nue, à laquelle les Français excellent lors des compétitions de niveau mondial, se déroulent entre les parois de verre de ce trinquet couvert.

Trinquet St-André – *2 r. du Jeu-de-Paume - ☎ 05 59 25 76 81 - tlj sf dim. 9h-22h - fermé j. fériés.* Ce trinquet du 17e s. est l'un des plus vieux de France. Les Basques viennent y faire leur partie de pala avant de se retrouver au bar. Des compétitions de main nue ont lieu du 1er jeudi d'octobre au dernier jeudi de juin. Les palettes en bois sont louées à l'heure.

Tennis - L'Aviron bayonnais – *Av. André-Grimard - ☎ 05 59 63 33 13 - http:// tennisavironbayonnais.oldiblog.com - avr.-août : tlj 9h-13h, 16h-20h30, merc. et sam. 9h-18h ; sept.-mars : tlj horaires variables - fermé j. fériés.* Le cadre dans lequel se situe ce club de tennis, les anciennes fortifications de Vauban, est suffisamment insolite pour ne pas manquer la visite, à défaut d'aller y jouer. Le club existe depuis 1922. Il est doté de 12 courts (10 en terre battue et 2 en *green set*). Deux grands tournois sont organisés : l'un à Pâques et l'autre durant la 1re quinzaine d'août.

Événements

Fêtes de Bayonne – Pendant 5 jours, début août, le cœur des Bayonnais bat au rythme des musiques traditionnelles basques lors des Fêtes de Bayonne. Après les courses de vaches landaises à St-André, les corridas et le corso lumineux, on danse sur les grandes places au son des txirula (flûtes) et des ttun-ttun (tambours).

Foire au jambon de Bayonne – La foire réunit, depuis 1426, les fermiers basques à Pâques pour vendre leur production sur les quais de la Nive.

Journées du chocolat – ℰ *0 820 426 464.* Chaque printemps, durant deux jours, le chocolat est à l'honneur à Bayonne, la cité qui accueillit la première, il y a quatre siècles, les juifs portugais « faiseurs de chocolat » chassés de leur pays par l'Inquisition.

Vallée du **Baztan**★
Valle del Baztan

CARTE GÉNÉRALE C2 – CARTE MICHELIN RÉGION 573 C25 – NAVARRE

De vertes prairies où chevaux et moutons paissent entre des murets de pierre, des pentes sèches où l'herbe se fait drue, des villages aux fiers blasons et des habitants attachés à leurs traditions : pas de doute, vous êtes dans la vallée du Baztan !

- **Se repérer** – Les principaux accès à la vallée passent par Ainhoa au nord, le col d'Izpegui à l'est en venant de St-Étienne-de-Baïgorry, ou bien par le sud via Elizondo, pour ceux qui arriveraient de Pampelune.
- **Organiser son temps** – Comptez une journée pour découvrir toute la vallée, sachant que le Parc naturel de Bertiz constitue à lui seul une destination.
- **Avec les enfants** – Le centre d'interprétation du parc de Bertiz.
- **Pour poursuivre la visite** – Voir aussi la vallée de la Bidassoa, Ainhoa et Sare.

Comprendre

Au fil de l'eau – Une rivière a donné son nom à la vallée encaissée entre le massif du Bost Herri (commune de Cinco Villas) à l'ouest et le pays de Quint à l'est *(voir St-Étienne-de-Baïgorry)*. Du nord au sud, le climat et le paysage changent une fois franchi le col de Belate (847 m). Ils deviennent alors plus secs, voire méditerranéens, proches en couleurs des jaune et ocre de la paline navarraise.

Une identité forte – La vallée dispose de son propre blason, un échiquier encadré par des rameaux de laurier, autour duquel se rallient les 18 villages du Baztan. Cet honneur remonte au temps de la bataille de Las Navas de Tolosa, en 1212, où les seigneurs locaux aidèrent le roi chrétien Sanche le Fort à vaincre le souverain almohade (dynastie musulmane du Maroc). Quatre entités siègent aujourd'hui à la Junta General, héritage de Sanche III qui créa en 1025 la seigneurie de Baztan.

La verdoyante vallée du Baztan.

Geneviève Corbic / MICHELIN

Circuit de découverte

42 km. Comptez une journée d'excursion en partant de la frontière française depuis Ainhoa sur la N 121ᴮ.

Pico Gorramakil

Accès à partir du col d'Otxondo (570 m) par la NA 2655. Une très belle route mène à ce sommet qui offre une vue dégagée sur la vallée.
Revenez sur la N 121ᴮ et, après environ 7 km, tournez à gauche.

Amaiur

Un écrin de verdure enchâsse cette commune navarraise, la dernière à avoir lutté pour l'indépendance de la province face à Charles Quint en 1522.

L'église se trouve en dehors du village, que l'on rejoint par une route bordée de murets de pierre. Une fois franchi l'entrée marquée par une arche surmontée d'un toit, une rue unique se déploie, dévoilant une succession de maisons blasonnées de grès rouge ou crépies de blanc.

Arrêtez-vous devant celle du nº 30 pour en admirer le hall ouvert et la belle porte cloutée. Face à elle, une autre arbore des clous imposants. Presque en bout de rue, au nº 47, se détachent les arcades du palacio Borda (17ᵉ s.). Admirez au nº 51, face à la petite fontaine, la porte ornée de clous, les balcons et les poutres sculptées de la maison blasonnée.

🐾 Un petit oratoire clôt le village. À sa gauche se détache un chemin menant à un monument commémoratif, érigé en 1922 pour rappeler la **bataille de 1522** en faveur de l'indépendance navarraise. Il offre un beau point de vue sur le village en contrebas, ainsi que sur la vallée *(comptez 10mn d'ascension).*

Rejoignez la N121ᴮ et prenez la première intersection sur la gauche, la N 2600 qui vous conduira à Erratzu via Bozate.

Le charmant cloître d'Erratzu.

Erratzu

Village de montagne dont les maisons anciennes et l'église sont construites en **grès rosé**. Ne manquez pas d'admirer l'adorable petit cloître jouxtant l'église. Ses galeries sont ornées de stèles. À proximité, le palais Apeztegia du 17ᵉ s. déploie sa sobre façade derrière une sorte d'enclos de pierre ouvert par un portique. De l'autre côté de la rivière, la rue Iturri-Zaharra présente d'étroits trottoirs de galets.

La route menant au col d'Izpegui s'enfonce parmi les feuillus et dévoile de très beaux points de vue sur la vallée.

Gorostapolo

2 km au sud d'Erratzu, en passant à droite de l'église et de son cloître.

🐾 Garez-vous dans le hameau aux ruelles pavées de grosses pierres rosées. Vous retrouverez les mêmes sur le chemin pentu qui part à droite de l'ermitage, posté à l'entrée du village, dans le virage. Attention, le pavage peut se révéler glissant par temps de pluie ! Le sentier descend vers un petit pont pour remonter ensuite

légèrement à travers prairies et bois jusqu'à une cascade, que l'on entend plus que l'on ne voit entre les feuillages *(30 mn AR - balisage blanc-vert)*.
Revenez sur vos pas afin de gagner Elizondo, à l'extrémité sud de la vallée, par la N 121^B.

Elizondo

Capitale de la vallée, ce bourg abrite de belles demeures édifiées par les anciens gouverneurs et administrateurs des Indes occidentales, ou par les Indianos, ou Americanos, ces Basques émigrés en Amérique du Sud, et revenus fortune faite. Certaines sont bien sûr blasonnées !

Il donne accès à une myriade de hameaux comme Arraioz ou Ziga, où se pratiqua, paraît-il, la sorcellerie (l'Inquisition y organisa des procès en 1725).
Continuez sur la N 121^B pour atteindre Oronoz.

Parc de Bertiz★

Oronoz – Accès à côté de la station-service, en limite du bourg. 🞠 948 592 421 - www. parquedebertiz.es - *tte la journée - fermé 1er janv. et 25 déc. - 2 € (-18 ans gratuit).*

Parc naturel depuis 1984, ce domaine couvre 2 040 ha, dont 1 869 de forêts (chênaies et hêtraies principalement). Ses bois et ses prairies abritent une faune diversifiée, depuis la salamandre jusqu'au desman des Pyrénées (sorte de taupe). Pedro Ciga en fut le dernier seigneur, dépositaire des terres autrefois données en cadeau par le roi Charles III (14e s.). Il planta les essences exotiques du jardin et fit construire un nouveau palais, tout en restaurant l'ancien. Il fit don de l'ensemble à la députation de Navarre en 1949, à la condition de tout laisser en l'état. Le palais Aizkolegi le domine, en offrant au regard un large panorama sur le parc et les vallées alentour.

Juste à l'entrée du domaine se trouve un magnifique jardin, riche de nombreuses essences et d'un tracé rappelant les parcs à l'anglaise. Un **centre d'interprétation** donne les clés pour comprendre l'écosystème particulièrement humide de Bertiz.

Plusieurs itinéraires balisés partent de l'entrée du parc *(demandez le plan à la guérite)*. Le plus court (700 m) et le plus facile s'engage tout de suite à gauche pour suivre la Bidassoa. Les autres s'enfoncent dans la forêt, à partir du chemin appelé Aizkolegi *(balisage vert - le seul autorisé à bicyclette)*. Le dénivelé varie de 200 m à 680 m suivant le parcours retenu.

Vallée du Baztan pratique

Adresses utiles

www.valledebaztan.com – Ce site créé par un passionné de la région donne de nombreuses informations pratiques et touristiques sur la vallée.

Centro de Turismo Rural (Bertiz) – 31720 Oyeregui - 🞠 948 592 386 - de mi-juil. à fin août, Sem. sainte et ponts : mat. et apr.-midi ; reste de l'année : tlj sf lun. mat. et apr.-midi - fermé 1er et 6 janv., 25 déc.

Se loger

⌂ **Chambre d'hôte Casa Kordoa** – Erratzu - 🞠 948 453 222 - www.kordoa.com - 🅿 - 6 ch. 40 € - 🍽 3,50 €. Installée dans une jolie ferme bâtie en pierre et dirigée par un ménage accueillant. Coquet salon et chambres correctes aux poutres apparentes, dotées de salles de bains complètes.

⌂⌂ **Antxitonea, Trinketea** – Braulio Iriartu, 16 - Elizondo - 🞠 948 581 807 - antxitonea@terra.es - 25 ch. 60/75 € - 🍽 4,50 € - rest. 10/18 €. Cette grande bâtisse du 19e s. entièrement restaurée possède de précieux atouts. La plupart de ses chambres, d'un grand confort et décorées avec goût, ouvrent leurs fenêtres sur le fleuve Baztan. Surtout, elle dispose d'un trinquet, pièce équipée d'un fronton où l'on joue à la pelote basque (tournois fréquents).

Se restaurer

⌂⌂ **Juan Simón** – Ctra de Pamplona - Ventas-de-Arraiz - 🞠 948 305 052 - www. restaurantes-vasconavarros.com/ juansimon - 16 € - 10 ch. 50/58 € - 🍽 5 €. Cet établissement centenaire se distingue par sa façade ornée de balcons fleuris. Son intérieur s'avère tout aussi séduisant : colonnes, poutres apparentes, cheminée, lampes en fer forgé, belle vaisselle… Dans l'assiette : goûteux petits plats maison et spécialités basques et navarraises.

⌂⌂ **Santxotena** – Pedro-Axular s/n - Elizondo - 🞠 948 580 297 - rest. santxotena@telefonica.net - fermé 1re quinz. de sept., 19 déc.-10 janv., dim. soir en été et lun. - 22/29 €. Le service en salle soigné, l'attention aimable et l'ambiance chaleureuse sont des valeurs à la hausse dans ce restaurant où est proposée une carte traditionnelle.

Biarritz★★

30 055 BIARROTS
CARTE GÉNÉRALE C1 – CARTE MICHELIN RÉGION 573 B25
PYRÉNÉES-ATLANTIQUES (64)

Mondaine, comédienne, hâlée, houleuse. Plage des Fous et Années folles. Biarritz est-elle une vraie ville ou un décor extravagant né d'une imagination débridée ? Pour s'en assurer, entrez en coulisses et touchez les accessoires : humez le rose des hortensias, heurtez-vous à l'écume blanche à la pointe des hautes vagues, sentez le sable fin glisser entre vos doigts… Un doute persiste cependant : le « rayon vert » sur la mer, un artifice de cinéma ?

- ▶ **Se repérer** – Biarritz forme avec Anglet et Bayonne une même et grande agglomération. Cette station balnéaire se trouve à 8 km de Bayonne par la D 810 et la D 910.
- 🅿 **Se garer** – Circuler et se garer dans Biarritz demande beaucoup de patience, quelle que soit la saison. Mieux vaut donc laisser sa voiture aux abords immédiats (par exemple près du phare) et marcher, c'est encore le meilleur moyen de découvrir la ville.
- 👁 **À ne pas manquer** – Le rocher de la Vierge, le musée de la Mer.
- 👥 **Avec les enfants** – Le musée de la Mer, avec en particulier le repas des phoques, est toujours apprécié des plus jeunes qui ne se feront pas prier pour faire également un tour au musée du Chocolat : difficile alors d'attendre la dégustation !
- 🕐 **Pour poursuivre la visite** – Voir aussi Anglet, Bidart, Bayonne, Guéthary.

Front de mer avec le Port-Vieux.

Comprendre

Baleines et crinolines – Au début du 19e s., Biarritz n'est qu'un port baleinier, une pauvre bourgade perdue dans la lande, quand les Bayonnais prennent l'habitude de venir s'y baigner. Le trajet se fait à dos d'âne ou de mulet. Puis la noblesse espagnole découvre les charmes du lieu. Dès 1838, la **comtesse de Montijo** et sa fille Eugénie y viennent chaque année. Devenue impératrice des Français, Eugénie décide Napoléon III à l'accompagner sur la Côte basque. Cette première visite a lieu en 1854. L'empereur est séduit à son tour et fait construire, l'année suivante, une résidence, la villa Eugénie *(aujourd'hui devenue l'Hôtel du Palais)*. Biarritz devient célèbre. Charme, luxe, accueil discret attirent maints grands personnages : peu de stations balnéaires offrent un livre d'or aussi riche que Biarritz. Les villas surplombant la mer témoignent de cet engouement mondain pour la ville.

Artistes – En plus d'être une destination très prisée de la jet-set (le duc et la duchesse de Windsor aimaient à s'y reposer), Biarritz a toujours attiré les artistes. Sarah Bernhardt et Lucien Guitry s'y sont produits en leur temps, Rostand, Ravel, Stravinski, Loti, Cocteau ou Hemingway y sont passés dans les Années folles et, plus récemment, les cinéastes l'ont choisie comme lieu de tournage, qu'il s'agisse d'André Téchiné pour son *Hôtel des Amériques* (1981) ou Éric Rohmer en 1986, pour *Le Rayon vert*. La station sert aussi de décor pour certaines scènes de films tels que *Mes nuits sont plus belles que vos jours* (1989), *Quelqu'un de bien* (2002) de Patrick Timsit ou *Brice de Nice* (2005), une comédie faisant l'apologie du surf.

Découvrir

LES PLAGES

« Quand on se prend à hésiter entre deux plages, l'une d'elles est toujours Biarritz », disait Sacha Guitry. Fleurie d'hortensias, la station doit beaucoup de son charme à ses **jardins-promenades** aménagés à flanc de falaise, sur les rochers et le long des trois principales plages, rendez-vous internationaux des surfeurs et hauts lieux de l'animation biarrote de jour comme de nuit.

Grande Plage D3

Dominée par le **casino municipal**, c'est la plus mondaine. Au 18e s., on y menait se baigner les aliénés (les bains de mer, c'est bien connu, peuvent tout guérir !). Elle en a gardé son nom de « Côte des Fous ».

Autre relique des années passées : les fameuses cabines en toile, que l'on peut louer même si beaucoup sont réservées d'une année sur l'autre. ℘ 06 03 75 62 96 - *location de mi-juin à mi-sept., sur la Grande Plage.*

Elle est prolongée, au nord, par la **plage Miramar**.

Plage du Port-vieux C3

C'est ici que l'on amenait les baleines pour les dépecer. Abritée entre deux bras de rochers, cette petite plage garde un intérêt local et familial. Les enfants peuvent s'initier au surf en toute sécurité. C'est aussi le repère des « Ours Blancs », un club devenu mythique de nageurs courageux et passionnés qui se baignent par tous les temps, toute l'année.

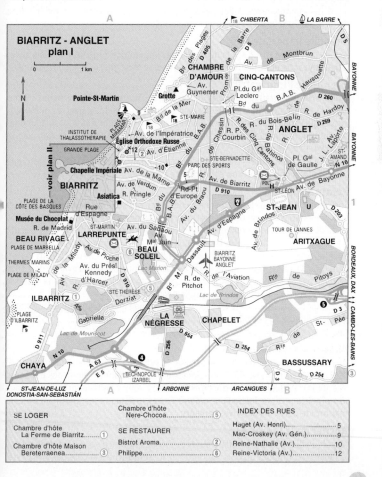

SE LOGER	Chambre d'hôte Nere-Chocoa .... ⑤	INDEX DES RUES
Chambre d'hôte La Ferme de Biarritz .... ①	SE RESTAURER	Haget (Av. Honri) 5
Chambre d'hôte Maison Bereterraenea .... ③	Bistrot Aroma .... ②	Mac-Croskey (Av. Gén.) 9
	Philippe .... ⑥	Reine-Nathalie (Av.) 10
		Reine-Victoria (Av.) 12

Plage de la Côte-des-Basques C4

La plus sportive et la plus exposée des plages de Biarritz, au pied d'une falaise périodiquement protégée contre les éboulements, doit son nom à un « pèlerinage à l'Océan » qui, le dimanche suivant le 15 août ou le 2e dimanche de septembre, rassemblait jadis pour un bain collectif les Basques de l'intérieur. Aujourd'hui, on y voit surtout des surfers (ce fut le premier spot en Europe). À marée haute, baignade impossible ! Plus au sud, on rencontre les **plages de Marbella** et de la **Milady**.

Se promener

À Biarritz, tout est récifs écumants, tourelles, arcades, donjons, escaliers, tours et détours. Un éclectique baroque où se balader est un plaisir enchanteur.

Nouvelle vague

En 1957, le scénariste américain Peter Viertel tourne dans la région *Le soleil se lève aussi*. Il se fait envoyer de Californie une curieuse planche qui nargue les rouleaux. La mode du surf allait bientôt déferler sur Biarritz comme une vague de fond…

50 ans plus tard, ce sport a fait son apparition au baccalauréat, en Aquitaine, et la station porte désormais le surnom de « capitale européenne du surf ». Un titre qui lui va bien, surtout depuis qu'elle a lancé, à l'occasion du cinquantenaire, la construction de la **Cité du Surf**, sur le site d'Ilbarritz, en lisière de Bidart, ainsi que la réhabilitation de l'**établissement des bains** *(voir « Se promener »)*, qui accueillera à terme plusieurs écoles de surf.

ENTRE TERRE ET MER

1/2 journée - départ de l'office de tourisme.

Château Javalquinto D3

Square d'Ixelles. Haut lieu mondain depuis le Second Empire, Biarritz s'est couvert de villas et de résidences somptueuses, dont celle-ci, de style néogothique, dessinée par son propriétaire, le duc d'Osuna. Elle abrite aujourd'hui l'office de tourisme.

Avant de rejoindre la rue Pellot, passez par celle des Cent-Gardes, pour voir la **Tête de Régina**, du sculpteur espagnol Manolo Valdès.

Chapelle impériale A1

Rue Pellot. Édifiée au 19e s. à la demande de l'impératrice Eugénie, elle mêle styles roman-byzantin et hispano-mauresque *(visites, se renseigner à l'office de tourisme)*.

Avenue de l'Impératrice A1

Église orthodoxe russe – *8 av. de l'Impératrice.* Construite en 1892, année de l'alliance entre la France et la Russie, elle accueillit des personnalités parmi les nombreux Russes qui venaient en vacances à Biarritz. De style byzantin, elle vaut surtout pour son intérieur : icônes provenant de St-Pétersbourg. ℘ 05 59 24 16 74 *-mar., jeu. et sam. apr.-midi, dim. mat.*

Villa La Roche Ronde – De 1884, elle se reconnaît à son pur style néogothique avec ses toits crénelés et son échauguette en proue.

Pointe St-Martin A1

Son **phare**, à 73 m au-dessus du niveau de la mer, offre une belle **vue★** sur la ville et les Pyrénées basques. Vous ne regretterez pas d'avoir monté 248 marches ! ℘ 05 59 22 37 00 *- se renseigner pour les horaires - 2 €.* Juste à côté, la **villa Etchepherdia** adopte le modèle des fermes basques.

Revenez vers le centre-ville par la plage et l'allée Winston-Churchill. Vous verrez, dans le jardin de la Grande Plage, l'**Arbre-Main**, sculpture en bronze haute de 4,50 m réalisée par l'artiste polonaise Magdalena Abakanowicz. En fin de plage, après le casino, le boulevard du Gén.-de-Gaulle passe en contrebas de la place Bellevue, réaménagée par l'architecte Wilmotte. Elle est ornée d'une sculpture géométrique de Jorge Oteiza : la **Ferme basque**.

Continuez en direction du Rocher de la Vierge.

Plateau de l'Atalaye C3

Atalaye signifie « promontoire » en basque : ici s'élevait une tourelle d'où l'on guettait l'arrivée des baleines ; des feux y étaient allumés pour donner l'alerte aux pêcheurs. Vue sur le minuscule abri du **port des Pêcheurs**, coincé entre le rocher du Basta et le promontoire où se dressait une *atalaye*. En bas, le petit port est charmant avec ses maisons de pêcheurs aux vives couleurs.

Rocher de la Vierge★ C3

Napoléon III eut l'idée de faire creuser ce rocher, entouré d'écueils, et de le relier à la falaise par un pont de bois. Aujourd'hui, il est rattaché à la côte par une passerelle métallique sortie des ateliers d'Eiffel et qui, par gros temps, est inaccessible, les paquets de mer embarquant par-dessus la chaussée. Surmonté par une statue immaculée de la Vierge, le rocher est un peu le symbole de Biarritz.

La Perspective C4

Promenade tracée au-dessus de la plage de la Côte-des-Basques où se trouve l'**établissement des bains**, un bâtiment Art déco en cours de réhabilitation. **Vue★★** dégagée jusqu'aux trois sommets basques : la Rhune, les Trois Couronnes et le Jaizkibel. *Toute l'année, le littoral s'illumine de la tombée de la nuit à 1h du matin en hiver et à 3h en été.*

Admirez, perchée sur un piton rocheux à la pointe de la Côte des Basques, la **villa Belza** de style éclectique, bâtie pour Marie Belza Dubreuil en 1880 et devenue cabaret russe dans les Années folles.

Retournez vers le centre par la rue Gambetta et la place Clemenceau, elle aussi réaménagée par Jean-Michel Wilmotte.

Visiter

Musée de la Mer★C3

Esplanade du Rocher-de-la-Vierge - ℘ 05 59 22 75 40 - www.museedelamer.com - &
- avr.-déc. : tte la journée - 7,50 € (enf. 4,80 €).

Ce musée né dans les années 1930 se devait alors de répondre non seulement à des critères de fonctionnalité mais aussi au raffinement esthétique recherché par la riche clientèle de la ville. D'où la subtile et fraîche décoration intérieure : mosaïques, fresques murales, fontaine. Son propos : présenter une approche diversifiée du biotope marin, des activités humaines qui y sont rattachées et, d'une façon générale, des liens privilégiés qui unissent Biarritz et l'Océan depuis des siècles.

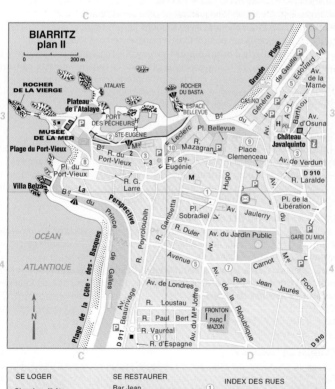

SE LOGER	SE RESTAURER	INDEX DES RUES
Chambre d'hôte Villa Vauréal.............①	Bar Jean...........................①	Atalaye (Pl.)........................ 2
Hôtel Atalaye.............③	Chez Albert....................②	Goélands (Rue des)............ 3
Hôtel Gardenia............⑤	Clos Basque...................③	Rocher de la Vierge (Espl. du)...................... 5
Hôtel Maïtagaria........⑦	La Pizzeria des Arceaux....⑤	
Le Petit Hôtel...............⑨	Le Passage....................⑦	
	La Santa Maria...............⑧	
	Tikia................................⑩	

Rocher de la Vierge.

En sous-sol, série d'**aquariums** présentant la faune particulièrement riche du golfe de Gascogne. Au niveau 1, la salle de Folin évoque le pionnier de l'océanographie dans le golfe et l'historique du musée de la Mer inauguré en 1935. La **galerie des Cétacés**, étayée par une présentation sur la pêche à la baleine, expose des moulages ou des squelettes d'animaux échoués ou capturés sur la Côte basque (rorquals, orques, dauphins). Maquettes d'embarcations, instruments de navigation complètent la section consacrée aux techniques de pêche.

Au niveau 2, présentation subaquatique de phoques et squales.

Le ballet aquatique des phoques invite à monter jusqu'au dernier niveau, où l'on ne manquera pas le repas des phoques, sur la plage, en terrasse (10h30 et 17h).

Juste à côté, la **Galerie d'ornithologie** fait connaître l'ensemble des oiseaux de la côte et des Pyrénées, sédentaires comme migrateurs : un système interactif, dans une rotonde, permet d'entendre les chants et cris d'une quarantaine d'entre eux.

Mais la **terrasse** est également une belle occasion de profiter d'une splendide vue plongeante sur le rocher de la Vierge et d'un vaste panorama embrassant la côte depuis sa partie landaise jusqu'au cap Machichaco.

Planète Chocolat (musée du Chocolat) A1

14 av. Beaurivage - ℘ 05 59 23 27 72 - www.lemuseeduchocolat.com - ⚙ - vac. scol. ttes zones : tlj sf dim. mat. et apr.-midi ; reste de l'année : tte la journée - 6 € (-12 ans 4 €).

👥 Voilà un musée pour les gourmands. On y entre, alléché par l'odeur, et on se retrouve plongé dans le chocolat jusqu'au cou : outils anciens, affiches de réclame, moules, sculptures, etc. Dégustation en fin de visite.

Asiatica - Musée d'Art oriental A1

1 r. Guy-Petit - ℘ 05 59 22 78 78 - www.museeasiatica.com - ⚙ - vac. scol. : tte la journée, w.-end. et j. fériés apr.-midi ; hors vac. scol. : apr.-midi - possibilité de visite guidée sur demande (2 sem. av.) - 7 € (enf. 5 €).

Cette collection d'art asiatique axée sur la vie de Bouddha vous propose un voyage insolite, documenté et coloré dans les provinces de l'Inde *(sous-sol)*, en Chine, au Népal et au Tibet *(rez-de-chaussée)*.

Biarritz pratique

Adresse utile

Office de tourisme – *Square d'Ixelles - 64200 Biarritz -* ℘ *05 59 22 37 10 - www. biarritz.fr - tte la journée - fermé 1er janv. et 25 déc.*

Se loger

👁 **Bon à savoir** – L'Hôtel du Palais, élégante villégiature offerte par Napoléon III à l'impératrice Eugénie, est l'établissement le plus luxueux de la ville, proposant de superbes chambres et suites ainsi que deux restaurants. À défaut d'y séjourner, vous pouvez y prendre un verre (voir rubrique « En soirée »).

🛏 **Hôtel Gardenia** – *19 av. Carnot - ℘ 05 59 24 10 46 - www.hotel-gardenia. com - fermé déc.-fév. - 19 ch. 46/62 € - ⬚ 6 €.* Cet établissement central à la façade rose a le charme d'une maison particulière. Ses chambres, coquettement décorées, sont calmes et régulièrement rafraîchies. Sa réception et son salon ont été refaits avec borne Internet et connection wifi. Hôtel non-fumeurs. Prix doux vu la situation.

🛏 **Hôtel Atalaye** – *6 r. des Goélands, plateau de l'Atalaye - ℘ 05 59 24 06 76 - www.hotelatalaye.com - fermé 14 nov.- 15 déc. - 24 ch. 47/74 € - ⬚ 6 €.* Cette imposante villa 1900 a emprunté son nom au superbe plateau de l'Atalaye qui surplombe l'océan Atlantique. Chambres et salles de bains progressivement rénovées, que l'on choisira de préférence côté mer. Garage fermé (pour les deux roues et matériel de surf, golf, etc.). Parking (gratuit hors saison) à proximité.

🛏 **Chambre d'hôte La Ferme de Biarritz** – *15 r. Harcet - ℘ 05 59 23 40 27 - www.fermedebiarritz.com - fermé 2-15 janv. et 1er-15 déc. - ⛔ 🅿 - 5 ch. 50/80 € - ⬚ 8 €.* Cette ferme basque du 17e s. renaît à la vie grâce à une restauration fort réussie. Les chambres compensent leur petite taille par leur confort et leur jolie décoration (sol en coco, meubles anciens et luminaires contemporains). Le petit-déjeuner se prend dans le jardin ou devant la cheminée.

🛏 **Hôtel Maïtagaria** – *34 av. Carnot - ℘ 05 59 24 26 65 - www.hotel-maitagaria. com - fermé 1er-15 déc. - 15 ch. 57/69 € - ⬚ 7,50 €.* Sympathique accueil familial dans ce petit hôtel situé face à un jardin public et à 500 m de la plage. Les chambres, d'ampleur variée, sont fonctionnelles et très bien entretenues. Plaisant jardinet fleuri sur l'arrière.

🛏 **Le Petit Hôtel** – *11 r. Gardères - ℘ 05 59 24 87 00 - www.petithotel-biarritz. com - 12 ch. 59/92 € - ⬚ 9 €.* Coquet petit hôtel situé dans une rue tranquille non loin de la Grande Plage. Il abrite des chambres très bien insonorisées, décorées dans des tons bleus ou jaunes ; toutes disposent d'un accès Internet.

🛏 **Chambre d'hôte Nere-Chocoa** – *28 r. Larreguy - ℘ 06 08 33 84 35 - www. nerechocoa.com - ⛔ 🅿 - 5 ch. 65/70 € - ⬚ 9 €.* Cette maison blanche au milieu des chênes centenaires a hébergé d'illustres hôtes tels l'impératrice Eugénie et la fille de Ferdinand de Lesseps. Entièrement rénovée, elle abrite de vastes chambres aux salles de bains immaculées. Les pièces communes exposent de nombreux tableaux. Accueil charmant et érudit.

🛏 **Chambre d'hôte Villa Vauréal** – *114 r. Vauréal - ℘ 06 10 11 64 21 - www. villavaureal.com - fermé 3-31 janv. - 5 ch. 80/160 € - ⬚ 8 €.* Dans cette confortable villa, le bien-être des clients est un souci constant. Les chambres, portant chacune le nom et la couleur d'un fruit, sont équipées d'une cuisinette tandis que les suites s'agrémentent d'une cheminée. En saison, petit-déjeuner dans le jardin où voisinent des platanes, un magnolia, un mimosa et un figuier.

🛏 **Chambre d'hôte Maison Bereterraenea** – *Quartier Arrauntz - 64480 Ustaritz - 11 km au sud-est de Biarritz par D 932 sortie Arrauntz - ℘ 05 59 93 05 13 - http://perso.wanadoo.fr/bereterraenea/- fermé nov.-avr. - ⛔ - 4 ch. 60/65 € - .* Tournée vers un verger de pommiers à cidre, (vente à emporter), cette maison basque du 17e s. domine la vallée de la Nive. Simple et bien rénovée avec ses murs blancs et ses pierres de montagne, elle a retrouvé sa noblesse d'antan. Chambres sobres avec poutres et portes anciennes.

Se restaurer

🍴 **Tikia** – *1 pl. Ste-Eugénie - ℘ 05 59 24 46 09 - 9,50 € déj. - 12,50/20 €.* En basque, Tikia signifie « petit ». Il est vrai que l'endroit n'est guère spacieux, mais on s'y sent bien grâce à un joli décor façon cabine de bateau avec lambris vernis, miroirs en forme de hublot, objets marins et grandes baies vitrées offrant une vue imprenable sur la mer. Au menu : brochettes géantes.

🍴 **Bar Jean** – *5 r. des Halles - ℘ 05 59 24 80 38 - fermé 1er janv.-6 fév., mar. et merc. hors sais. - 7,70 € déj. - 13/33 €.* Un petit tour en Espagne dans ce vrai bar à tapas proche des halles de Biarritz. L'ambiance est populaire et très animée, la décoration hispanique avec ses faïences, arcades, affiches taurines et son patio charmant. Au menu, spécialités basques et espagnoles avec tapas, bien sûr.

🍴 **Le Passage** – *30 av. Édouard-VII - ℘ 05 59 22 59 55 - www.restaurant-lepassage.com - 13,60/36 €.* Cette adresse réunit en un même lieu trois activités. La boutique est spécialisée dans les arts de la table. Le restaurant mitonne une copieuse cuisine traditionnelle et le salon de thé sert des brunchs le dimanche. En sus : des paniers « nomade » à réserver à l'avance pour déjeuner sur la plage juste en face.

👁🍽 **La Santa Maria** – *Espl. du Port-Vieux - ☎ 05 59 24 92 25 - fermé nov.-mars - 15,24/30 €*. On choisira cet endroit pour sa situation les pieds dans l'eau, sous la protection de la Vierge. La terrasse, aménagée à même les rochers, offre une vue imprenable sur la petite plage et l'Océan. À éviter par mer forte ! Glacier, cocktails l'après-midi.

🍽🍽 **La Pizzeria des Arceaux** – *20-24 av. Édouard-VII - ☎ 05 59 24 11 47 - 17,60/27,50 €*. Belle ambiance dans cette pizzeria à deux pas de la mairie ! Sous les fresques en faïence et les miroirs, les pizzas cuites au four à bois sont dévorées par une clientèle biarrote jeune et branchée. En entrant, jetez un petit coup d'œil à la table des desserts, histoire de vous mettre en appétit.

🍽🍽 **Le Clos Basque** – *12 r. Louis-Barthou - ☎ 05 59 24 24 96 - fermé 21-27 juin, 18-31 oct., 14-27 fév., dim. soir et lun. hors sais. - 24/28 €*. Pierres apparentes et azulejos donnent un air ibérique à la petite salle à manger où règne une ambiance conviviale. Terrasse d'été très courue. Spécialités régionales.

🍽🍽 **Philippe** – *30 av. du Lac-Marion - ☎ 05 59 23 13 12 - lafargue.philippe@hotmail.com - fermé 20 mars-2 avr., 20 nov.-3 déc., lun.et mar. sf juil.-août - 50/75 €*. Cuisines ouvertes sur la salle, cheminée où l'on prépare agneau et cochon de lait au feu de bois : ce chaleureux restaurant a séduit les Biarrots. Dépôt-vente d'art contemporain.

🍽🍽🍽 **Bistrot Aroma** – *18 r. de la Bergerie - ☎ 05 59 22 09 37 - natachateissier@hotmail.com - fermé 1er-8 janv., 5-26 juin, 4-11 sept., dim. et lun. sf le soir en sais. - 27/38 €*. Arômes et saveurs à la mode italienne (beau choix de pâtes) proposés dans un bistrot agréablement convivial. Joli décor actuel empreint de sobriété ; petit patio d'été.

🍽🍽🍽 **Chez Albert** – *Au port des Pêcheurs - ☎ 05 59 24 43 84 - www.chezalbert.fr - fermé 5 janv.-10 fév., 1er-15 déc. et merc. sf juil.-août - 38 €*. Ambiance conviviale dans ce restaurant ouvert sur le petit port des Pêcheurs. Salle à manger rustique, égayée de nappes basques bleues et blanches, et prolongée d'une terrasse dressée sous les parasols. Cuisine simple de produits de la mer.

Faire une pause

Betjeman and Barton – *23 av. de Verdun - ☎ 05 59 24 31 48 - tlj sf lun. mat. et dim. 10h-12h30, 15h-19h30*. On apprécie cette boutique pour la diversité des produits proposés : plus de 60 sortes de thés, des tisanes à foison, un large choix de théières, tasses et mugs provenant d'Angleterre, du Maroc, de Chine, du Japon, sans oublier les cakes et confitures typiquement « british » que vous pourrez déguster dans le salon de thé.

En soirée

👁 **Bon à savoir** – La **place Eugénie** connaît une vive animation après 22h : brasseries et *bodegas* dans la rue du Port-Vieux y contribuent largement. Le port des Pêcheurs accueille bars et brasseries, pour prendre un verre près des bateaux de pêche. Située plus à l'intérieur de la ville, la place **Georges-Clemenceau** est bordée de brasseries, piano et *bodegas*. Enfin, la **Grande Plage** est fréquentée aussi bien en journée qu'en soirée grâce à la proximité de la mer, du **café de la Grande Plage** (idéal pour prendre un verre après un bain de mer) et du casino.

Casino Barrière de Biarritz – *1 av. Édouard-VII - centre-ville, face à la Grande Plage - ☎ 05 59 22 77 77 - www.lucienbarriere.com*. Situé sur la Grande Plage, cet immense casino de style Art déco rénové vous ouvre ses portes tout au long de l'année. Vous y trouverez une salle de jeux de table, des machines à sous, trois restaurants, le Café de la Grande Plage et une discothèque « Le BL ».

Bar Impérial (Hôtel du Palais) – *1 av. de l'Impératrice - ☎ 05 59 41 64 00 - www.hotel-du-palais.com - 9h-0h - fermé fév.* « La Villa Eugénie », témoin des amours de Napoléon III et de l'impératrice Eugénie, est devenue le majestueux Hôtel du Palais, doté d'un bar de standing, l'Impérial. Face à l'Océan, vous pourrez tremper vos lèvres dans une coupe de champagne tout en rêvant aux fastes d'antan. Pour parfaire le charme du lieu, un pianiste joue chaque soir entre 20h et 23h.

Le Caveau – *4 r. Gambetta - ☎ 05 59 24 16 17 - tlj 23h-5h - fermé 10 j. en fév. et 10 j. en oct.* Bar-discothèque le plus branché de la région où vous croiserez de superbes créatures des deux sexes et les inévitables stars en vacances. Tout ce petit monde vient ici pour faire la fête autant que pour se montrer, bien évidemment.

Que rapporter

Maison Pariès – *1 pl. Bellevue - ☎ 05 59 22 07 52 - www.paries.fr - sais. : 9h-19h ; hors sais. : 9h-13h, 14h30-19h*. Fidèle à plus d'un siècle de tradition familiale, la maison Pariès élabore de nombreuses spécialités telles que le Mouchous, sorte de macaron à base d'amandes fraîches, le Kanouga, caramel tendre au chocolat, les célèbres gâteaux basques et les tourons. Le rayon chocolat n'est pas en reste avec une cinquantaine de variétés exquises.

Maison Arostéguy – *5 av. Victor-Hugo - ☎ 05 59 24 00 52 - www.arosteguy.com - tlj sf lun. mat. et dim. 9h30-13h, 15h-19h30 (ouv. dim. mat. Pâques et juil.-août) - fermé 25 déc.* Fondée en 1875, cette célèbre épicerie (anciennement « Épicerie du Progrès ») a conservé ses murs, ses étagères et sa façade d'époque. On y déniche des spécialités difficiles à trouver ailleurs : millésimes rares du Bordelais, thés, épices et produits basques.

Chocolats Henriet – *Pl. Clemenceau -* ☎ *05 59 24 24 15 - chocolat.henriet@ wanadoo.fr - 9h-19h.* Fondée après la Seconde Guerre mondiale, la boutique Henriet est une référence en matière de chocolat et de spécialités gourmandes : calichous (caramel au beurre d'Échiré et à la crème fraîche), rochers de Biarritz (chocolat amer, écorces d'oranges, amandes).

Cazaux et fils – *10 r. Broquedis -* ☎ *05 59 22 36 03 - tlj sf dim. 10h-12h30, 15h-19h, j. fériés sur demande préalable.* La Maison Cazaux se voue à l'artisanat d'art poterie-céramique depuis le 18ᵉ s. Jean-Marie Cazaux parle volontiers de son métier qu'il qualifie d'« austère » et de « solitaire ». Cette boutique se consacre également à la création personnalisée à la demande, depuis l'extraction de la terre jusqu'à la vente du produit fini. Travail sur mesure, dessin fait à la main.

Surfeur en action.

Sports & Loisirs

Biarritz Olympique – *Stade Aguilera -* ☎ *05 59 01 64 64 - www.bo-pb.com - 9h-12h30, 13h45-20h - fermé 1ᵉʳ janv., 1ᵉʳ Mai et 25 déc.* Ce complexe regroupe le stade de rugby du Biarritz Olympique, des courts de tennis, une piste d'athlétisme, des salles de musculation, de fitness, de danse…

Euskal Jaï Fernand Pujol – *R. Cino-del-Duca -* ☎ *05 59 23 91 09 - ouv. les jours de matchs.* Cette école de pelote basque organise des compétitions de *cesta punta* de juin à septembre, presque chaque lundi, mercredi et samedi.

Plaza Berri (Fronton Mur à Gauche) – *42 av. du Mar.-Foch -* ☎ *05 59 22 15 72 - tlj 8h-22h - fermé 1 sem. Toussaint - 6 € (enf. gratuit).* En juillet et août, des galas de pelote basque (main nue, *paleta* cuir et petit chistera) sont organisés chaque mardi et vendredi soir à partir de 21h (billetterie dès 20h30). En dehors des périodes de compétitions, vous pourrez vous essayer à la *pala* (raquette en bois).

Sobilo – *24 r. Peyroloubilh -* ☎ *05 59 24 94 47 - www.holiday-bikes.com - 9h-19h.* Location de VTT, rollers, scooters, motos et voiturettes pour égayer vos balades dans le Pays basque. Organisation de randonnées cyclistes et nombreuses possibilités de multiactivités.

Accor Thalassa Biarritz – *13 r. Louison-Bobet - prendre sortie « Biarritz-La Négresse » n° 4, suivre dir. gare SNCF. Au rd-pt de la Négresse, prendre la dir. centre-ville puis celle du Phare et du Golf de Biarritz. L'hôtel se trouve à gauche -* ☎ *05 59 41 30 01 - www.accorthalassa.com - 8h30-12h30, 14h30-18h30 - fermé 1ᵉʳ janv. et 25 déc.* Emplacement idéal face à l'Océan pour ce centre de thalassothérapie composé de quatre pavillons. L'un des nombreux programmes de soins vous conviendra sûrement : remise en forme, jambes toniques, rééducation, « jeune maman », « masculin tonic », minceur, anti-stress, etc. Également, espace beauté dernier cri.

Thermes Marins – *80 r. de Madrid -* ☎ *05 59 23 01 22 - www.biarritz-thalasso. com - avr.-oct. : lun.-vend. 8h30-12h30, 14h30-18h30, sam. 8h30-12h30, dim. 10h-12h, 16h-19h ; nov.-mars : lun.-vend. 9h-12h, 14h30-18h30, sam. 8h30-12h30, dim. 10h-12h, 16h-19h - fermé 1 sem. en janv.* Centre de thalassothérapie doté d'une piscine de détente et d'un jacuzzi où vous pourrez bénéficier de nombreux soins : douche à fusion, douche sous-marine, bain aéro-marin, massages, application d'algues…

Club hippique de Biarritz – *Allée Gabrielle-Dorziat -* ☎ *05 59 23 52 33 - www. biarritzcheval.com - 9h-21h - fermé 1ᵉʳ janv. et 25 déc.* 30 chevaux, 37 poneys et 15 Shetland vous attendent dans ce club situé à proximité du lac de Mouriscot. Cours, stages et balades en forêt.

Hippodrome des Fleurs – *Av. du Lac-Marion -* ☎ *05 59 43 91 56 - ouv. les jours de courses.* Depuis cinquante ans, on assiste ici, en nocturne, aux courses de trot qui ont lieu en juillet-août. Piste cendrée de 800 m avec des virages relevés.

Lagoondy Surf Camp – *47 av. du Braou -* ☎ *05 59 24 62 86 - www.lagoondy.com - école de surf : 10h-19h, inscription au Rip Curl Surf Shop - fermé janv. et lun. hors sais. - 35 € la séance.* École de surf agréée par la Fédération française de surf.

Golf Le Phare – *Av. Édith-Cavell -* ☎ *05 59 03 71 80 - www.golfbiarritz.com - hte sais. : merc.-lun. : 7h30-20h ; moyenne sais. : 8h-19h30 ; basse sais. : 8h-19h - fermé mar. sf vac. de Pâques, en été et vac. de Noël - de 45 à 72 €.*

Piscine municipale – *Bd du Gén.-de-Gaulle -* ☎ *05 59 22 52 52 - www.biarritz.fr - horaires variables selon calendrier scol.* Au bord de l'Océan, cette piscine jouit de bassins d'eau de mer chauffée, ainsi que de jacuzzi, d'un hammam, et d'un sauna.

Étienne Larribère / MICHELIN

Bidart

5 614 BIDARTAIS
CARTE GÉNÉRALE C2 – CARTE MICHELIN RÉGION 573 B25
PYRÉNÉES-ATLANTIQUES (64)

Cette petite commune côtière aurait pu se faire dévorer par sa célèbre voisine Biarritz, mais rien de tel n'est arrivé : Bidart a préservé son identité et son authenticité. Il suffit de s'attabler à l'une des terrasses de sa place centrale, face à l'église et à la mairie, pour s'en convaincre.

- **Se repérer** – Bidart se trouve à 6 km au sud-ouest de Biarritz par la D 911.
- **À ne pas manquer** – La vue qui se déploie depuis la corniche.
- **Organiser son temps** – Prévoyez une journée à la plage, éventuellement entre-coupée par un déjeuner ou quelques verres sur la place du village.
- **Pour poursuivre la visite** – Voir aussi Biarritz, Bayonne et Guéthary.

La Côte basque à Bidart.

Découvrir

Station la plus haut postée de la Côte basque, Bidart est nichée au bord de la falaise. De la chapelle Ste-Madeleine, située sur la corniche *(accès par la rue de la Madeleine, au centre du village)*, le **panorama★** englobe le Jaizkibel (promontoire fermant la rade de Fontarabie), les Trois Couronnes et la Rhune.

La **place centrale**, avec sa trilogie église-mairie-fronton, est quelque peu encombrée par les terrasses de café. Des compétitions et parties de pelote très suivies ont lieu au fronton principal. L'**église** au clocher-porche est caractéristique du pays : beau plafond en bois et galeries superposées. Immense retable rutilant de couleurs, du 17ᵉ s.

La rue de la Grande-Plage et la promenade de la Mer, rampe en forte descente, mènent à la **plage du Centre**.

Aux alentours

Arcangues

8 km au sud-est par la D 254. Ce village avec son église, son fronton et son auberge compose un décor à proprement parler pittoresque. À l'intérieur de l'église, à galeries sculptées, grand lustre Empire et bas-relief illustrant la décollation de saint Jean-Baptiste, patron de la paroisse.

Le cimetière paysager aux nombreuses stèles discoïdales offre un **panorama★** sur les Pyrénées basques. Voir, à l'extrême gauche de la première terrasse en descendant, la tombe de Mariano Eusebio Gonzalez Garcia, plus connu sous le nom de **Luis Mariano**, prince de l'opérette décédé le 14 juillet 1970.

Château d'Arcangues – ℘ 05 59 43 04 88 - www.chateaudarcangues.com - de déb. juil. à mi-sept. : mat. et apr.-midi - fermé lun. - 6 € (-12 ans gratuit). Construit en 1900 et inscrit à l'Inventaire supplémentaire des Monuments historiques. Seules les salles du rez-de-chaussée se visitent. Elles révèlent d'intéressantes pièces de mobilier du 18ᵉ s., des tapisseries d'Aubusson et des Gobelins, une collection d'autographes (Paul Valéry, Malraux, Anna de Noailles, de Gaulle…), dont le plus ancien est une lettre patente de Louis XIII reconnaissant la validité du titre de marquis d'Arcangues. La chambre de Wellington conserve la même disposition qu'à l'époque où le duc y dormit (1813).

Bidart pratique

Adresse utile

Office de tourisme – *R. Errétéguia, résid. Gidalekua - 64210 Bidart -* 📞 *05 59 54 93 85 - www.bidarttourisme.com - juil.-août : lun.-sam. tte la journée ; reste de l'année : lun.-vend. mat. et apr.-midi.*

Se loger

🛏 **Chambre d'hôte Itsas Mendi** – *Av. de Biarritz, lieu-dit Ilbarritz -* 📞 *05 59 23 36 54 - http://itsas.mendi.free.fr - fermé 2 sem. en déc. -* 🍴 *- 4 ch. 39/60 € -* 🍽 *7 €. Cette belle maison basque, un peu proche de la route, se trouve à 500 mètres du golf et des plages. Ses chambres, toutes installées au premier étage, sont de faible ampleur ; leur décoration reste sobre. L'été, vous prendrez votre petit-déjeuner sur la terrasse surplombant la piscine.*

🛏 **Camping Oyam** – 📞 *05 59 54 91 61 - www.camping-oyam.com - ouv. de déb. juin à fin sept. -* 🍴 *- réserv. conseillée - 230 empl. 30 € - restauration. Cette adresse propose de nombreuses possibilités d'hébergement : chalets de qualité, mobile homes, camping sous la tente et, depuis 2005, nuitées dans de confortables appartements avec terrasse ou balcon, au sein d'une résidence à l'architecture basque.*

🛏🍴 **Chambre d'hôte Irigoian** – *Av. de Biarritz -* 📞 *05 59 43 83 00 - www.irigoian. com -* 🅿 *- 5 ch. 80/110 € -* 🍽 *8 €. Cette ferme du 17ᵉ s., sauvée de la ruine en 1994, jouit d'un bel emplacement au bord d'un golf et près de l'Océan. Les chambres aménagées dans le grenier sont du meilleur goût : plancher, jolies teintes sur les murs et salles de bains spacieuses. Ouverture d'un fitness avec hammam fin 2007.*

Se restaurer

🍴 **Chez Auguste** – *R. de l'Uhabia, RN 10 - plage Uhabia -* 📞 *05 59 54 94 01 - fermé 12 nov.-8 déc. -* 🍴 *- 10/18 €. Cette petite adresse presque en bord de plage est une perle rare : bon choix de plats, assiettes généreuses et prix plus que raisonnables. Aussi ne vous étonnez pas que la terrasse soit comble. Reste la salle à manger décorée simplement où vous passerez aussi un bon moment.*

🍴🍴 **La Parrilla** – *D 810, « Le Plateau de Bidart » -* 📞 *05 59 54 78 94 - fermé lun. soir hors sais. - formule déj. 12,50 € - 15,50/30,50 €. Voici une petite adresse parfaite pour qui veut prendre un repas rapide et de bonne qualité. Le décor, blanc et bois, est sympathique et les grillades (au feu de bois) sont préparées sous vos yeux, à même la salle. La semaine, possibilité d'une formule buffet pour les entrées et les desserts.*

Faire une pause

Au Bois du Moulin – *ZA de Bassilour -* 📞 *05 59 41 94 01 - fermé 15 sept.-30 avr. - 10 à 25 €. Scrutez le ciel pour savoir si ce petit restaurant pourra vous accueillir aujourd'hui : en effet, comme dans les guinguettes d'antan, les tables sont toutes dressées à l'extérieur, sous l'ombrage de grands arbres, d'une pergola et de quelques parasols. Carte très simple : salades, charcuterie et plat du jour.*

Que rapporter

Moulin de Bassilour – *ZA de Bassilour -* 📞 *05 59 41 94 49 - 8h-13h, 14h30-19h - fermé 2ᵉ et 3ᵉ sem. de janv. et d'oct. Dans ce moulin en activité depuis 1741, on fabrique artisanalement des gâteaux basques fourrés à la crème ou à la cerise noire, mais également des sablés, des pains et des gâteaux de maïs…*

© www.chateaudarcangues.com

Golf d'Arcangues.

Sports & Loisirs

👁 **Bon à savoir** – *Bidart ne compte pas moins de six plages. Cependant, seules deux d'entre elles sont accessibles en voiture. Il s'agit des plages d'Ilbarritz et d'Ubahia. De nombreux restaurants et boutiques de loisirs longent cette dernière. On peut, entre autres, y louer un scooter des mers ou une planche à voile.*

Les amateurs de golf ont l'embarras du choix avec celui d'**Ilbarritz** *(av. du Château -* 📞 *05 59 43 81 30 - www.golfilbarritz.com)* et celui d'**Arcangues** (📞 *05 59 43 10 56)*.

École de Surf Taïba – *Lot. 170 - résidence Zirlinga -* 📞 *06 14 01 13 11 - www.surf-taiba.com - juil.-août : 9h-18h30 et dim. hors sais. École de surf agréée par la Fédération française de surf.*

Vallée de la **Bidassoa**
Valle del Bidasoa

CARTE GÉNÉRALE C2 – CARTE MICHELIN RÉGION 573 C24-25 – NAVARRE

À la frontière du Pays basque français, la Bidassoa s'est encaissée dans les granits en un étroit sillon appelé gorge d'Endarlaza. Mais avant de s'y engager, elle s'est aussi frayé un chemin entre les contreforts des Pyrénées-Atlantiques, caractérisés par de grasses prairies et des champs de maïs entourant des villages aux maisons typiquement basques.

- **Se repérer** – La vallée se rallie côté français par Ascain, St-Jean-de-Luz ou Hendaye, via la D 4. Versant espagnol, la N 121 part de la frontière entre Hendaye et Irún pour remonter la rivière et aboutir à Bera, verrou nord de la vallée. Par le sud, on y accède depuis Pampelune par la N 121^A ou depuis Tolosa par la NA 170.
- **À ne pas manquer** – L'adorable village d'Etxalar.
- **Organiser son temps** – Une journée suffit pour parcourir la vallée et ses villages, en prenant en compte la circulation qui peut se révéler intensive.
- **Pour poursuivre la visite** – Voir aussi la vallée du Baztan, Fontarabie, Hendaye, St-Jean-de-Luz et Ascain.

Découvrir

Depuis la frontière française au nord, la route suit le tracé de la rivière Bidassoa qui pénètre dans l'ancienne confédération des « Cinco Villas ». Celle-ci comprend cinq charmantes cités situées sur de petites routes transversales de part et d'autre de la N 121^A : Etxalar, Arantza, Igantzi, Lesaka et Bera.
En dehors de ces chemins de traverse, le charme de la route est beaucoup moins prégnant que dans la vallée voisine du

Village fleuri de Bera (Vera de Bidasoa).

Baztan en raison de l'intense trafic routier. Armez-vous de patience et profitez quand même des paysages verdoyants !

Circuit de découverte

48 km. Comptez une bonne demi-journée en parcourant la vallée du nord au sud. Départ depuis Bera par la N 121^A.

Bera/Vera de Bidasoa

Cette bourgade se répartit en deux principaux quartiers, dont celui d'Alzate. Les maisons les plus intéressantes s'y trouvent, comme celles des n°s 5, 23 et 25. Les façades sont très caractéristiques de l'architecture basque avec leurs pans de bois, leurs poutres travaillées et, parfois, l'avant-toit abritant un balcon de bois à la fine balustrade.
L'autre quartier se concentre autour de l'église, en direction d'Irún. La plaza Herrikoetxea est entourée de maisons blasonnées et son **hôtel de ville** baroque arbore les fresques de quatre femmes symbolisant la Justice, la Prudence, la Tempérance et la Fortitude. Il se trouve en contrebas de l'église St-Sébastien.
Reprenez la N121^A et quittez-la après 2,5 km pour aller à Lezaka, sur la droite.

Lesaka

On peut se garer au pied de l'église.
Impossible de rester insensible au charme de ses maisons à pans de bois qui longent la rivière. Parmi elles trône une tour du 15e s., dont l'alter ego a été érigé du côté de l'église, près d'un calvaire. Elles auraient servies de QG à Wellington pendant les guerres napoléoniennes. Les demeures présentent les détails les plus intéressants se situent rue Albiztur. Au n° 23, ce sont les poutres qu'il faut regarder ; au n° 2, les

pans de bois ; au n° 12, la porte cloutée et, au n° 5, datant de 1578, le travail effectué sur les poutres du toit ainsi que sur les galeries des maisons voisines. Un ancien lavoir municipal jouxte la maison, à droite.

St-Martin-de-Tours – Étonnant **portail**★ baroque caché par une tour-porche pour cette église édifiée au 16e s. L'entrée de droite est ornée de **sculptures** naïves représentant Dieu le Père, des angelots, Adam et Ève, saint Jean-Baptiste (à gauche) et saint Paul (à droite). L'entrée de gauche est moins décorée, se contentant d'une représentation de saint Pierre et d'angelots dans les voussures.

Gagnez Igantzi en suivant les panneaux.

Igantzi

Ses principaux centres d'intérêt résident dans l'**église** que précède un petit porche crépi et la plaza de los Fueros où se trouve une élégante maison blasonnée à colonnades.

Poussez jusqu'à Arantza en sortant du bourg, direction Doneztebe, et en prenant à gauche la NA 4020.

Arantza

La façade de sa mairie à arcades affiche un blason encadré par deux petits personnages à robe rouge. Son église rassemble autour d'elle quelques vieilles maisons aux parements de pierre. Celle qui fait face au clocher arbore des poutres et une balustrade de bois travaillé.

Revenez sur la N 121ᴬ et prenez à gauche. Remontez vers Bera et prenez à droite la NA 4400 pour Etxalar.

Etxalar

Imaginez un village rassemblé autour de son église en pierre rosée, elle-même précédée d'une pelouse où les stèles discoïdales sont disposées de manière à vous mener à l'édifice. Le tout baigne dans la lumière du soleil couchant qui enflamme les façades des maisons immaculées et caresse leurs jardinets bien entretenus. Vous ne repartirez plus !

Retournez sur la N 121ᴬ et descendez vers le sud en direction de Doneztebe.

Sunbilla

Un pont médiéval enjambe la rivière. N'hésitez pas à le parcourir afin de contempler la végétation se reflétant dans l'eau ainsi que les maisons bordant la Bidassoa. Celle qui fait l'angle à l'extrémité droite du pont présente des poutres très travaillées. Remarquerez-vous le petit personnage sculpté sous le toit ?

Après l'église, juste à côté de la maison blasonnée, monte une petite voie pavée de galets.

Doneztebe★

De loin la bourgade la plus animée de la vallée, Doneztebe concentre son activité dans son cœur historique, autour de la rue commerçante qui passe devant l'**église**. Embaumant l'encaustique, celle-ci abrite trois retables baroques dorés. Notez la patine et l'usure du banc de maître, à gauche de l'allée centrale. Non loin de là, vous repérerez la mairie à ses arcades en grès et aux blasons ornant son avant-corps.

Vallée de la Bidassoa pratique

Adresse utile

Office du tourisme de Bera – *P° Eztegara, 11 - 31780 Bera -* 🖉 *948 631 222 - Sem. sainte et de mi-juin à mi-sept. : mat. et apr.-midi - fermé dim. mat. et lun.*

Se loger et se restaurer

😋😋 **Lenkonea** – *Plaza de los Fueros, 2 - Vera-de-Bidasoa -* 🖉 *948 625 540/948 625 542 - reservas@* hotelchurrut.com *- fermé 2 sem. entre janv.-fév. - 16 € déj. - 20 € - 17 ch. 115/200 € -* 🛏 *12 €.* Décor minimaliste, tables harmonieusement placées sous des poutres apparentes judicieusement éclairées, assiettes soignées et service attentif : ce restaurant a décidément tout pour séduire. Intéressant menu dégustation et délicieux desserts maison.

Événements

Le carnaval d'Ituren (fin janv.).
Carnaval de Lesaka (fév.-mars) et fête de la Saint-Fermin (6-10 juil.).

Bilbao★★

353 173 HABITANTS
CARTE GÉNÉRALE A2 – CARTE MICHELIN RÉGION 573 C21 – BISCAYE

Bilbao bouge! Longtemps endormie, voire en déclin, cette ancienne grande ville industrielle sans charme est en train de réussir sa mutation en dynamique capitale régionale. Un incessant ballet de grues accompagne ces transformations qui modifient complètement et durablement son visage. Sans renier son passé, la ville en pleine effervescence surprend ses visiteurs par des réalisations audacieuses : un métro conçu par l'architecte anglais Norman Foster, la passerelle Zubi-Zuri et le nouveau terminal de l'aéroport dessinés par Santiago Calatrava sans oublier, bien-sûr, le fameux musée Guggenheim conçu par Frank O. Gehry et véritable symbole des ambitions de la cité. Le rayonnement culturel de Bilbao dépasse désormais largement les limites de la région et la ville accueille de nombreux touristes attirés par son patrimoine, l'animation de ses rues et la beauté de la côte.

Théâtre Arriaga.

● **Se repérer** – La capitale de la Biscaye est située à 69 km au nord de Vitoria-Gasteiz, à 102 km à l'ouest de Saint-Sébastien, mais surtout à 14 km de la mer, au fond de la ría de Bilbao qui forme l'estuaire du río Nervión. Sa rive droite, moutonnante, concentre les quartiers historique et étudiant, tandis que la rive gauche rassemble l'ancien quartier des affaires et le nouveau Bilbao, déployé tout au long du fleuve. Le fait d'être entourée de monts comme le Pagasarrin ou Artxanda a valu à la ville d'être affectueusement surnommée « el botxo » (le trou).

▣ **Se garer** – Abandonnez votre voiture dès que possible dans un parking (public ou privé, vers la plaza Nueva par exemple ou du côté du palacio Euskaldena), car se garer en ville se révèle une véritable gageure. Les temps de stationnement sont limités et les zones tarifaires variables. Un vrai casse-tête, qui oblige à calculer son temps et son argent. Préférez les transports en commun!

👁 **À ne pas manquer** – L'extraordinaire musée Guggenheim.

◔ **Organiser son temps** – On peut arpenter les principaux quartiers de Bilbao en une journée, mais si l'on veut prendre son temps et en consacrer aux musées, un week-end sera nécessaire. Si vous le pouvez, avant d'aller déguster des tapas dans le quartier historique, promenez-vous le long du Nervión au soleil couchant ; la ría bordée de tous les styles architecturaux prend des allures intemporelles en début de soirée, lorsque les rayons du soleil sont rasants.

👪 **Avec les enfants** – Prendre le funiculaire d'Artxanda pour admirer la ville de haut, visiter le musée Guggenheim ou le musée maritime, ainsi que la forge de El Pobal.

◔ **Pour poursuivre la visite** – Voir aussi la Côte de Biscaye, Balmaseda, Llodio et Guernica.

Comprendre

Un port – Fondée au début du 14e s. par Don Diego López de Haro, seigneur de Biscaye, Bilbao s'est très vite lancée dans le commerce maritime qu'elle développe grâce à l'autorité du consulat instauré au 16e s. (ce dernier ne sera dissout qu'en 1829). Elle noue des relations avec l'Europe du Nord (France et Flandres, puis Angleterre), mais doit lutter au 17e s. pour son indépendance territoriale et décisionnelle. La prospérité retrouvée au 18e s., sa population atteint alors les 10 000 habitants. Toutefois, c'est la révolution industrielle qui assura à la cité un rayonnement définitif après les guerres carlistes (Bilbao fut plusieurs fois assiégée mais ne tomba pas).

L'industrie – Elle s'est développée depuis le milieu du 19e s. avec l'exploitation des mines de fer qui se trouvaient dans les montagnes environnantes. Les bateaux emportaient ce minerai vers l'Angleterre et revenaient chargés de houille, ce qui a permis de mettre en place une importante sidérurgie. Celle-ci fut florissante jusqu'à la crise des années 1970-1980. À cette période, la cité dut fermer certains sites et repenser son aménagement. Aujourd'hui, le musée Guggenheim et les berges parsemées de bâtiments modernes témoignent d'une reconversion réussie.

La « ría » et le Grand Bilbao – La ría est en fait un immense port fluvial, le premier port d'Espagne pour le trafic de marchandises. Depuis 1945, le Grand Bilbao réunit les communes qui la bordent jusqu'à l'Océan, de Bilbao à Getxo. Les industries (sidérurgie, chimie, chantiers navals) se concentrent sur la rive gauche à Baracaldo, Sestao, Portugalete d'où part le pont transbordeur construit en 1893, et à Somorrostro (importante raffinerie de pétrole). Santurtzi, port de pêche, est connu pour ses sardines fraîches. Sur l'autre rive, la ville d'Algorta, plus aérée, a un caractère plutôt résidentiel, tandis que Deusto est célèbre pour son université.

Se promener

La vieille ville **(casco viejo)**, fondée au début du 14e s. sur la rive droite du Nervión, a été surnommée las **Siete Calles** (les Sept Rues) en raison de son plan. Elle est adossée à la colline qui porte le sanctuaire de Begoña. Sur la rive gauche, de l'autre côté du pont del Arenal, le centre moderne, **El Ensanche**, aujourd'hui quartier d'affaires, a été réuni à Bilbao au siècle dernier. Autour de l'élégant parc Doña Casilda Iturriza s'étend un quartier résidentiel aux immeubles cossus.

CASCO VIEJO★ (VIEILLE VILLE)

1h30, sans les visites. Départ depuis le pont del Arenal.

El Arenal E2

Autrefois zone sableuse qui s'étendait jusqu'à la place Unamuno, cette vaste esplanade sert aujourd'hui de promenade aux touristes et aux habitants du quartier. Un élégant kiosque, en son centre, accueille chaque dimanche l'ensemble musical municipal.

Teatro Arriaga (théâtre Arriaga) – Du nom du compositeur Juan Crisóstomo de Arriaga (1806-1826). Il fut construit en 1890 par Joaquín Rucoba, et restauré après les inondations de 1983. Son style extérieur et intérieur est résolument néobaroque.

> ### Funiculaire
>
> 👥 Le funiculaire d'Artxanda, inauguré en 1915, permet d'atteindre le sommet de cette colline qui domine la ville depuis la rive droite. Panorama imprenable assuré sur le Nervión, le Guggenheim et toute l'étendue de Bilbao ! *Carretera de Artxanda a Sto Domingo, 27 - ℘ 944 454 966 - www.bilbao.net - tte la journée (toutes les 15mn) - 0,84 € (-12 ans 0,36 €).*

San Nicolás de Bari – Église baroque (1756) dédiée au saint patron des navigateurs. Elle se reconnaît à son dôme octogonal, précédé par deux tours-clochers. À l'intérieur, les statues du maître-autel baroque (18e s.), représentant saint Nicolas, flanqué de saint Laurent et de saint Vincent, ont été réalisées par Juan Pascual de Mena.

Banco de Bilbao – Face à l'église, ce bâtiment opulent, signé par le Français Lavalle et inauguré en 1868, sert actuellement de centre de conférences et d'exposition.

Prenez la calle de Los Fueros et contournez la plaza Nueva par la gauche afin de rejoindre la plaza Unamuno.

Plaza de Don Miguel de Unamuno E3

Le buste de cet écrivain (1864-1936), dont la maison natale se trouve dans la calle Ronda toute proche, trône sur une colonne corinthienne au centre de la place.

Celle-ci permet d'accéder directement au **Museo Vasco** *(voir « Visiter »)*, derrière lequel s'élève l'église des Santos Juanes (17e s.), d'aller au **Museo de Pasos** *(voir « Visiter »)*, ou bien encore de monter par les escaliers de Mallona à la **basílica de Begoña** *(voir « Visiter »)*. Ces escaliers donnent aussi l'occasion d'atteindre le **parque Etxebarria**, poumon vert de la capitale biscayenne.

Revenez vers la plaza Nueva par la calle Sombrería.

Plaza Nueva E3

Entourée de portiques néoclassiques et de 64 arcades élevées au 19e s., elle tire son nom de son opposition avec une ancienne place qui se trouvait de l'autre côté de la vieille ville, vers San Antón. Un marché aux livres et aux oiseaux s'y installe chaque dimanche.

Sortez sur la rue Correo et suivez-la en direction des Siete Calles et de la cathédrale.

Catedral de Santiago E3

Érigé en cathédrale en 1950, l'édifice gothique date pour sa partie la plus ancienne du 14e s. Les chapelles et le cloître furent construits au siècle suivant dans un style

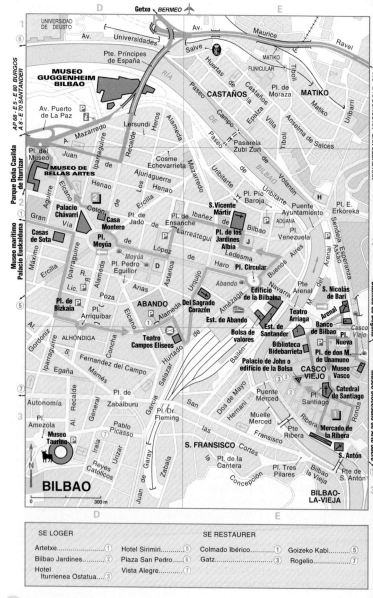

flamboyant, tandis que le grand portail Renaissance était élevé au 17e s.

Engagez-vous dans la calle Sota, qui touche au chevet de la cathédrale pour aboutir rue Ronda qui conduit, par la droite, au Nervión et à San Antón.

San Antón E3

15e s. Son plan et sa silhouette de style gothique sont complétés par une façade Renaissance et une tour baroque. Elle fut édifiée à la place d'une tour défensive. L'intérieur abrite un retable platéresque (Renaissance espagnole) de Guiot de Beaugrant.

Deux options s'offrent ensuite à vous : vous pouvez remonter le Nervión en passant devant le pont de San Antón, où l'on prélevait autrefois le péage, pour rejoindre le **Museo Diocesano de Arte Sacro** *(voir « Visiter »)* jouxtant la plaza de La Encarnación, ou bien aller faire quelques courses de bouche au marché de la Ribera.

Immeubles du Vieux Bilbao.

Alexandra Forterre / MICHELIN

Mercado de la Ribera E3

Accolé à l'église, le marché de la Ribera occupe l'emplacement de l'ancienne plaza Vieja. Construit en 1929, il comprend 11 500 m^2 répartis sur trois niveaux, chacun dédié à un type de produit : poissons, viandes ou fruits et légumes. Sa surface en fait le marché couvert le plus important d'Espagne.

Revenez dans le vieux quartier par la calle Tenderia. Sur la plaza de Santiago, prenez sur la gauche et marchez jusqu'à l'intersection des rues Sta María et Pelota.

Palacio de John o Edificio de la Bolsa E3

Cette demeure (18e s.) tire son premier nom d'un émigrant est-européen, Leandro Yohn. Son deuxième lui vient d'une entreprise de ferronnerie et de quincaillerie qui occupa un temps ses murs. Notez l'image de la Vierge de Begoña ornant la façade.

Engagez-vous sur votre droite dans la rue del Perro. Elle mène à la **fontaine** du même nom construite, paraît-il, avec les pierres de l'ancien rempart.

Parvenu à l'intersection avec la rue Bidebarrieta, tournez à gauche.

Biblioteca Bidebarrieta E3

De style éclectique, ce bâtiment accueille aujourd'hui la bibliothèque municipale. Notez dans son hall la phrase interdisant l'entrée aux carlistes (façon de rappeler que Bilbao ne tomba jamais entre leurs mains).

Poussez jusqu'au bout de la rue pour retrouver le teatro Arriaga et el Arenal.

EL ENSANCHE

2h30. Départ depuis la plaza Moyúa.

Plaza Moyúa D2

Cette belle place reconnaissable à son terre-plein fleuri porte le nom d'un des anciens maires de Bilbao. On la surnomme également la place elliptique du fait de son dessin. Elle permet d'apercevoir les monts Artxanda et le Pagasarri qui dominent la ville.

Palacio Chávarri – Seul exemple espagnol connu des réalisations de l'architecte Paul Hankar, cette demeure de style éclectique porte le nom de l'industriel basque pour lequel elle fut construite en 1894.

Prenez la rue qui fait face au Carlton, Alameda Recalde, et tournez à gauche à la première intersection, dans la rue Colón de Larreátegui.

Casa Montero – Aussi appelée « casa Gaudí », elle fut réalisée en 1901 dans un style moderniste inspiré de l'Art nouveau, comme en témoignent les fenêtres extérieures. Admirez la richesse de sculpture des balcons.

Continuez sur la rue Colón de Larreátegui jusqu'à la prochaine intersection et prenez ensuite la rue Elcano en direction du Nervión. Admirez au passage la vue sur le musée Guggenheim dans la perspective de la calle Iparraguirre.

Museo de Bellas Artes★ D2 *(voir « Visiter »)*

Ses deux bâtiments, l'un de 1945 et l'autre des années 1960, abritent la deuxième collection d'œuvres d'art d'Espagne après celle du Prado à Madrid.

Parque Doña Casilda de Iturrizar D2

La veuve de Tomás Epalza, connue pour sa générosité et ses bonnes œuvres, a donné son nom à ce parc dessiné entre 1912 et 1920. Ombragé et odorant, il ménage d'agréables surprises comme cette pergola, où sont organisés des événements culturels en été, ou encore la fontaine cybernétique agrémentée d'un son et lumière.

Son extrémité ouest aboutit face au **Palacio Euskalduna de Congresos y de la Música** *(voir « Visiter »)*, tout près du **Museo Marítimo** *(voir « Visiter »)*.

Sortez du parc côté sud, sur la calle José Anselmo Clavé et gagnez sa parallèle, la Gran Vía Don Diego López de Haro, pour marcher en direction de la plaza Moyúa.

Passé la calle Maximo-Aguirre, jetez un œil à l'impressionnant ensemble des **casas de Sota**, sur le trottoir de droite, identifiables à leur avant-toit typiquement basque et au style éclectique de l'ensemble. Ces immeubles datent de 1919 et furent dessinés par Manuel Ma de Smith.

Tournez à droite à l'intersection suivante, pour vous engager dans la calle Iparraguirre.

Plaza de Bizkaia D2

Elle est bordée par le bâtiment éclectique de la Alhóndiga (1909) ainsi que par des immeubles Art déco *(à l'intersection des rues Iparraguirre et Licenciado Poza, en débouchant sur la place)*.

Traversez la place en diagonale pour prendre la rue Alameda Urquijo. Parvenu à l'Instituto Media (à gauche) et au bâtiment en brique de la poste (à droite), tournez à droite dans la rue Bertendona.

Teatro Campos Eliseos (théâtre des Champs-Élysées) D3

Réalisé en 1902, il arbore une belle façade Art nouveau aux détails de mosaïque.

Rejoignez la rue Alameda Urquijo par la rue Lutxana. Vous aboutirez devant l'église néogothique **Del Sagrado Corazón** (1891).

Gagnez la Gran Vía Don Diego López de Haro et prenez-la en direction du pont del Arenal, à droite.

Plaza Circular E2

Une colonne surmontée d'une statue en hommage à Don Diego López de Haro, fondateur de la ville, trône en son centre. Dans ses abords immédiats se trouvent quelques bâtiments parmi les plus importants del Ensanche.

Estación de Abando (gare de Abando) – *Calle Hurtado de Amézaga.* Un grand vitrail de 301 pièces illustrant les différentes activités économiques de la Biscaye égaie son hall depuis 1948.

Statue de Don Diego López de Haro, plaza Circular.

Bolsa de valores (Bourse) – *Calle Olavarri, entre la gare de Abando et celle de Santander, près du Nervión - 10h30-17h.* Bâtiment construit en 1905. Ses sous-sols servirent de prison pendant la guerre civile. Aujourd'hui, il abrite la Bourse de Bilbao.

Estación de Santander (gare de Santander) – *Le long du Nervión.* Œuvre de Severino de Achúcarro (1898), elle témoigne des constructions de la Belle Époque qui incorporaient le fer dans leurs structures.

Edificio de la Bilbaina – *Juste avant le pont del Arenal, sur la droite, contre la station de Santander.* Cet immeuble d'angle édifié en 1913 d'après les plans de Emiliano Amann y Amann abrite un club privé très sélect, organisé sur le modèle anglais.

Depuis la plaza Circular prenez la calle de Buenos Aires, puis retrouvez la calle Colón de Larreátegui, deuxième à gauche.

Plaza de los Jardines Albia E2

Ornée de la statue de l'écrivain biscayen Antonio de Trueba, elle est bordée du palais de justice, de l'église **San Vicente Mártir** (16ᵉ s.) où repose l'homme de lettres basque, et du fameux café Iruña à la décoration néomudéjar.

Rejoignez la Gran Vía Don Diego López de Haro.

Au nº 10 se dresse la façade néoclassique de la **Banco de España** (1923), qui fait concurrence aux colonnes corinthiennes et au dieu Mercure de la **Banco de Bilbao** (1922) toute proche.

Revenez à la plaza Moyúa.

Musée Guggenheim.

Visiter

Museo Guggenheim Bilbao★★★ D1

C/Abandoibarra, 2 - ℘ 944 359 080 - ᴅ - www.guggenheim-bilbao.es - tte la journée - fermé lun. (sf juil.-août) - 12,50 € (-12 ans gratuit).

👥 Cette brillante étoile architecturale, financée par le gouvernement basque, s'ajoute à la constellation de musées gérée par la Fondation Solomon R. Guggenheim, qui comprend les deux sièges new-yorkais (le bâtiment emblématique de Frank Lloyd Wright et celui de Soho) et la collection Peggy Guggenheim de Venise.

L'édifice – L'architecte canadien Frank O. Gehry (prix Pritzker d'architecture en 1989) a imaginé, dans la zone industrielle au bord du Nervión, une colossale sculpture de titane, en calcaire jaune et en verre, mariée au pont de la Salve. Il est parvenu à revaloriser l'environnement immédiat et à intégrer l'édifice dans le paysage, en faisant s'entremêler bassins, estuaire et mur de verre du grand atrium, et en incorporant le pont à la tour-sculpture qui se dresse à l'extrémité de la grande salle.

Principal matériau choisi, le titane recouvre le musée d'écailles où jouent toutes les nuances de la lumière. L'imposante silhouette, composée d'un enchevêtrement de courbes, dégage un extraordinaire dynamisme.

L'originalité extérieure se confirme avec le fascinant intérieur, où les courbes s'affrontent, se superposent et s'enlacent. Le regard se porte sur les murs, les plafonds, les passerelles, les volumes, tous différents et sans cesse surprenants. Le musée compte dix-neuf galeries distribuées sur trois niveaux autour du monumental atrium central haut de plus de 50 m. La plus grande galerie, longue de 130 m, se glisse sous le pont jusqu'à la tour-sculpture.

La collection de la Fondation Solomon R. Guggenheim – Fondée dans les années 1930 et consacrée à l'art du 20ᵉ s., elle est l'une des plus riches au monde et comprend des œuvres significatives de tous les mouvements, depuis les grands maîtres de l'avant-garde classique aux représentants des tendances les plus récentes en passant par l'expressionnisme abstrait, le Pop Art, l'art conceptuel et le minimalisme. Elle inclut également des toiles d'artistes espagnols. Le fonds est présenté par roulement entre les différents musées Guggenheim qui organisent aussi de grandes expositions temporaires d'œuvres étrangères à la fondation.

Museo Marítimo★★ (Musée maritime) D2

Muelle Ramón de la Sota, 1 - ℘ 946 085 500 - www.museomaritimobilbao.org - tte la journée - fermé lun. - 5 €.

👫 Dans pas moins de 7 000 m² il aborde de façon didactique et parfois ludique ce que fut l'activité maritime, commerciale et industrielle du port de Bilbao, sans oublier celle de ses chantiers navals (le musée regarde d'ailleurs vers la zone de digues des anciens chantiers Astilleros Euskalduna).

Le rez-de-chaussée se concentre sur le développement de la ría ; une salle est consacrée à Evaristo de Churruca (1841-1917), qui aménagea l'estuaire au 19e s. Prenez le temps de contempler les chaloupes de sauvetage, le mur lumineux dédié aux activités humaines et surtout, l'**épave d'Urbieta★** (15e s.) mise au jour en 1998 dans l'estuaire de Guernica. Des panneaux expliquent sa restauration.

Le second niveau présente Bilbao sous son aspect port de commerce, port industriel et chantier naval. Le marché de San Anton est ainsi reconstitué, tout comme la salle du Consulat qui régentait l'activité marchande. Une grande carte murale interactive permet de suivre les routes commerciales de différentes époques. D'autres espaces traitent de l'industrialisation de la ville, de la cartographie et de la navigation à voile (documentaires, photos et maquettes à l'appui). La visite intérieure s'achève par la construction navale moderne, illustrée par un film, de très belles maquettes et des rouleaux de plans.

Quelques bateaux en cale sèche sont ouverts à la visite, à l'extérieur du musée : le voilier *BBK Euskadi Europa 93*, un bateau de sauvetage de 1980, un bateau de pêche en bois de 1958 (*Nuevo Antxustegui*)…

Museo de Bellas Artes★ (musée des Beaux-Arts) D2

Pl. Museo, 2 - ℘ 944 396 060 - www.museobilbao.com - ⅏ - tte la journée, dim. et j. fériés mat. - possibilité de visite guidée sur demande préalable dim. 12h - fermé lun., 1er et 6 janv., 25 déc. - 5,50 € (-12 ans gratuit), 9,50 € visite guidée. Ses deux bâtiments sont situés dans le parc Doña Casilda Iturriza.

La **section d'art ancien★★** (rez-de-chaussée du bâtiment ancien) met à l'honneur l'école espagnole du 12e au 17e s. On y remarquera, dans les salles romanes, un Christ en croix de l'école catalane du 12e s. et, dans les salles consacrées à la peinture classique espagnole (16e-17e s.), des œuvres de Morales, du Greco, de Valdés Leal, de Zurbarán, de Ribera et de Goya.

Les peintres flamands et hollandais du 15e au 17e s. sont aussi très bien représentés avec notamment *Les Usuriers* de Quentin Metsys, *La Pietà* de Ambrosius Benson, *La Sainte Famille* de Gossaert. Quant à la section d'art basque (premier étage), elle abrite les grands maîtres de la peinture basque : Regoyos, Zuloaga, Iturrino, etc.

Enfin, la section d'art contemporain (bâtiment moderne) est riche en œuvres d'artistes espagnols (Solana, Vázquez Díaz, Sunyer, Gargallo, María Blanchard, Luis Fernández Oteiza, Chillida, Tàpies, etc.) et étrangers (Delaunay, Léger, Kokoschka, Bacon, etc.).

Museo Diocesano de Arte Sacro (musée diocésain d'Art sacré) E3

Pl. de la Encarnación, 9B - ℘ 944 320 125 - ⅏ - mat. et apr.-midi, dim. et j. fériés mat. - fermé lun., 1er janv., 25 déc. - 2 €.

L'intéressant Musée diocésain qu'accueille l'ancien couvent de l'Incarnation (16e s.) est remarquable pour sa collection d'orfèvrerie basque (admirez le calice en argent doré du 18e s. exposé dans un étui de 20 cm de haut) et pour son ensemble de Vierges à l'Enfant en bois du 12e au 15e s. Parmi toutes ces statues, une se distingue par le sujet inattendu qu'elle aborde : sainte Anne et la Vierge enfant représentées en train de coudre. Le musée présente également des œuvres d'art religieux contemporain, comme le Christ Pantocrator en bronze de Vincente Larrea réalisé en 1973.

Museo Taurino D3

Plaza de Toros de Vista Alegre. Martín Agüero, 1 - ℘ 944 448 698 - www.plazatorosbilbao. com - mat. et apr.-midi - fermé w.-end et j. fériés - 1,20 €. Affiches et documents iconographiques abordent ici l'histoire de la tauromachie à Bilbao, et plus généralement en Biscaye. On découvre ainsi le nom et le visage des plus grands toreros depuis le 17e s. : « Paquiro » (1805-1851), Manolete (1917-1946), etc. avec l'explication des techniques qui ont fait leur réputation.

Museo de Pasos E3

Iturribide, 3 - ℰ 944 150 433 - mat. et apr.-midi, dim. et j. fériés mat. - fermé lun. - 2 €.
Il serait dommage de ne pas pousser jusqu'à cette vieille demeure jouxtant la plaza
M. Unamuno si vous êtes dans le quartier historique. Elle abrite en effet, dans un cadre
bien briqué, les *pasos* (scènes sculptées sur la Passion) qui sont portés en procession
à l'occasion de la Semaine sainte. Ornements et patrimoine des confréries sont aussi
exposés.

Basílica de Begoña E3

On peut s'y rendre en voiture par la route de San Sebastián (avenida de Zumalacárregui),
ou alors prendre l'ascenseur dans la rue Esperanza Ascao. Du sommet, vue panoramique
intéressante de Bilbao. À la sortie du parc de Mallona, suivez la rue principale, à droite,
qui mène directement au sanctuaire. En dehors des offices. ℰ 944 127 091 - se renseigner
pour les horaires.
L'image de Notre-Dame de Begoña, patronne de la Biscaye, est conservée dans
un *camarín* (niche) en argent, au-dessus du maître-autel de l'église érigée au
16ᵉ s.

Palacio Euskalduna de Congresos y de la Música D2

Av. Abandolbarra, 4 - ℰ 944 035 000 - www.euskalduna.net - visite guidée du bâtiment
sur demande - 2 €.
Dessiné par les architectes Federico Soriano et Dolores Palacios, et inauguré en 1999,
ce bâtiment de verre, de béton et de métal représente le nouveau Bilbao. L'une de
ses façades, tapissée de fer rouillé, évoque les constructions navales qui occupaient
autrefois le site.
L'édifice peut servir de point de départ pour une promenade le long du Nervión
en remontant en direction du Guggenheim : l'occasion de découvrir les aménagements urbains les plus modernes de la ville.

Cloître du Museo Vasco.

Museo Vasco (Musée basque) E3

Pl. Miguel de Unamuno, 4 - ℰ 944 155 423 - www.euskal-museoa.org - ♿ - tte la journée,
dim. mat. - fermé lun. et j. fériés - 3 € (-10 ans gratuit).
Le Musée basque est installé dans l'ancien collège San Andrés au cœur de la
vieille ville. Sa vaste collection ethnographique fait approcher les activités
basques traditionnelles : pêche, tissage du lin, artisanat, forgeage. Admirez la
remarquable croix de procession en bois polychrome (16ᵉ s.), dans la vitrine
consacrée aux croyances et à la religion des marins. Elle provient de l'île d'Izaro,
dans la ría de Guernica, et appartenait à une communauté franciscaine, dispersée au 17ᵉ s.
Au centre du cloître classique se dresse la mystérieuse *Idole* de Mikeldi. Au dernier
étage, l'accent est mis sur une immense maquette en relief de la Biscaye. Au
même niveau, vous pourrez admirer des armoires à archives datant de 1761.

Aux alentours

Getxo D1

16 km au nord-ouest le long de l'estuaire. Une fois à proximité ou sur place, repérez-vous aux noms des quartiers (voir ci-après). Attention : la circulation en fin de journée ressemble à celle du périphérique parisien aux heures de pointe.

Six quartiers composent cette commune accolée à Bilbao, sur le bord droit de l'estuaire du Nervión. De son embouchure en direction de l'est et de Gorliz, vous traverserez ou longerez Sta Ana, Las Arenas, Romo, Neguri, Algorta et Andra Mari.

Les plages – Trois d'entre elles sont en connexion avec la ville : celle de las Arenas, à deux pas de l'embouchure, celle de Ereaga, plus vaste et déjà agréablement isolée du bâti, et Arrigunaga, entre le vieux port et Andra Mari. Les autres se trouvent toutes au-delà d'Andra Mari, dans un environnement plus sauvage.

Vieux port – Autrefois très actif, il attire aujourd'hui les amateurs de *poteo* (tournée des bars à tapas) qui s'assoient à l'occasion sur ses marches pour contempler les avions en approche dans le soleil couchant.

Paseo (promenade) – *Se garer au-delà du vieux port ou au parking de la playa de Ereaga. 2h AR.* ⚓ Ce front de mer où la foule passe et repasse pour voir et être vue donne tout son sens au mot « promenade ». En fin de journée, un flot élégant de promeneurs l'envahit pour profiter des dernières heures du jour, et rencontrer amis et relations.

Il commence (ou se termine) au vieux port, passe devant la plage de Ereaga où se trouve l'office de tourisme, puis emprunte le boulevard Arriluze bordé par la casa de Náufragos, avec sa tour-phare (1920), que surplombent des habitations modernes et trois villégiatures de la Belle Époque : le palacio Arriluez, le caserio Aizgoyen et le palacio Lezama Legizamón (1902).

Tournant ensuite à angle droit, il longe encore l'eau et des maisons au genre un peu hétéroclite, dont la casa Cisco (1909-1911) de style nordique signée Manuel María Smith, le palacio Kai-Alde (1925) du même architecte et le palacio Itxas Begi (1927) aux influences basque et anglaise. Il aboutit enfin à la **plage de las Arenas** et au **monument Churruca**, symbolisant le combat entre la mer et la terre. Réalisé en 1939, il a été érigé en hommage à l'ingénieur du même nom qui avait travaillé à l'aménagement du port extérieur.

De là, on peut admirer le pont-transbordeur et le dôme de **N.-S. de las Mercedes** (1947), qui abrite l'orgue le plus imposant du Pays basque.

Puente Bizkaia/puente Colgante (pont suspendu) – ✆ *944 801 012 - www.puente-colgante.com - mat. et apr.-midi - 3 €.*

Il s'agit du pont transbordeur le plus ancien au monde. Contemporain de la tour Eiffel, œuvre de Alberto de Palacio réalisée en collaboration avec Ferdinand Arnodin, il fut inauguré en 1893 et a transporté depuis lors plus de 650 millions de personnes jusqu'à Portugalete, sur la rive opposée. Enjambant le Nervión, l'ouvrage fait à juste titre figure de porte d'entrée de la Biscaye dans l'imaginaire collectif. Il est classé, depuis 2006, au Patrimoine mondial de l'Unesco.

Une **passerelle panoramique** piétonne de 160 m de long *(accessible par ascenseur)* permet de contempler tout l'estuaire d'une hauteur de 50 m.

Aquarium – *Puerto deportivo de Getxo. Muelle de Arriluce s/n -* ✆ *944 914 661 -* ♿ *- mat. et apr.-midi - fermé lun., 1er janv. et 25 déc. - 3 € (-14 ans 2 €).*

Espace dédié à la vie marine (végétation, invertébrés et poissons) dans les eaux atlantiques et tropicales.

El Pobal

30 km. Quittez Bilbao en suivant la direction de Balmaseda et Santander pour rejoindre l'A 8. Roulez en direction de Santander. Prenez la sortie Muskiz, La Arena, Playa, Hondartza. Traversez Muskiz et suivez la direction de Santelices, puis de Rojadillo. Quelques kilomètres après Santelices, sur la gauche, vous trouverez un parking en bord de route (faites demi-tour à une petite rocade aménagée une centaine de mètres plus loin).

Ferrería de El Pobal/El Pobaleko Burdinola (forge de El Pobal) – ✆ *629 271 516 - www.bizkaia.net/elpobal - mi-avr.-mi-oct. : mat. et apr.-midi, dim. et j. fériés mat. ; reste de l'année : mat. - fermé lun., 1er et 6 janv., 25 déc. - 3 € (- 12 ans gratuit).*

Un vallon verdoyant où coule une rivière, un sentier menant à des maisons de pierre et des salles où les rayons du soleil dansent dans la poussière : voilà le site plutôt poétique de l'ancienne forge de Pobal, construite au 16e s. par la puissante famille des Salazar.

Fermée en 1965, elle a rouvert ses portes en 2004 après 14 ans de travaux qui ont permis de restaurer le corps de logis, le four à pain, le moulin et l'atelier. Tous ces bâtiments ont été retouchés au fil du temps et illustrent en fait l'état des lieux à la fin du 19e s. Le barrage, le canal et le tunnel hydraulique datent eux du 18e s. La forge produisait socs de charrue, armes, lames, etc. Les stocks de charbon et les outils y sont toujours prêts à l'emploi, pour les démonstrations. Si vous les manquez, guides et brochures éclaireront quand même votre visite.

Gallarta

20 km. Quittez Bilbao en suivant la direction de Balmaseda et Santander pour rejoindre l'A 8. Roulez en direction de Santander. Sortez à Gallarta, puis suivez la signalisation. Parvenu au village (au stop, prenez à droite), traversez-le. Le musée se trouve presque à sa sortie, dans la descente en virage qui mène à son pôle industriel (dir. Olluerta).
Museo de la Minería del País Vasco (Meatzaritzaren Museoa) – *Bo Campodiego, N 3.* ℰ *946 363 682 - www.museominero.net - mat. et apr.-midi, dim.-mar. mat. - 2,50 € (- 18 ans 1,50 €).*
Il est établi dans les anciens abattoirs du bourg de Gallarta, attaché à l'ancienne mine à ciel ouvert de Bodovalle (fermée en 1993). Ce musée illustre et explique par des photos, une myriade d'objets et des panneaux, les transformations techniques, environnementales et humaines que l'exploitation minière a opérées dans les communes qui en vivaient en Biscaye. L'activité employait dans la région jusqu'à 13 000 personnes par an.

Bilbao pratique

Adresses utiles

Office du tourisme de Bilbao – *Plaza Ensanche, 11 - 48009 Bilbao -* ℰ *944 795 760 - lun.-vend. mat. et apr.-midi - fermé w.-end et j. fériés.*

Office du tourisme de Getxo – *Playa de Ereaga s/n - 48992 Getxo -* ℰ *944 910 800 - www.getxo.net - de mi-juin à mi-sept. : tte la journée ; reste de l'année : mat. et apr.-midi.*

Gare de Santander à Bilbao.

Alexandra Fortere / MICHELIN

Transport

BILBAO

Aéroport – *48180 Loiu -* ℰ *902 404 704.*

Transports en commun – *Renseignements au* ℰ *944 254 025.*

Métro : carte à 5 €, donne accès au tramway, métro, funiculaire jusqu'à expiration du crédit de la carte. *Billet simple 1,25 € (1 zone) ; 1,40 € (2 zones) ; billet AR 2,50 € (1 zone), 2,80 € (2 zones) ; billet 1 j. 3 € (1, 2 ou 3 zones). Billet creditrans : c'est*

un billet à tarif réduit pour le métro de Bilbao, le Bilbobus, le Biskaia bus, l'ascenseur de la Salve, le funiculaire de Artxanda, le pont suspendu et le tramway de Bilbao. *Le billet peut être rechargé avec 5 €, 10 € ou 15 € et il est valide jusqu'au 31 décembre.*

Bus – ℰ *902 543 210 - bus : billet occasionnel 1,15 €, billet creditrans 0,53 € - tramway : billet ordinaire 1,10 € ; billet creditrans 0,60 €.*

À GETXO

Liaisons par bateau – *Groupement des bateaux de Portugalete -* ℰ *944 964 703 - trajet : Sestao - Portugalete - Santurtzi et Getxo - 4 € AR (-10 ans 2,50 €).*

Visites

Taxi-tour à Getxo – ℰ *944 910 800 - sur demande à l'office de tourisme - deux itinéraires, 10 € (20mn), 35 € (1h30).*

Sorties en mer - *Se renseigner à l'office du tourisme de Getxo - possibilité de partir en mer avec un skipper. Comptez une demi-journée pour les abords immédiats (40 €) ; une journée pour aller jusqu'à Gorliz par exemple (70 €) ; un week-end pour rejoindre Bermeo ou Lekeitio (160 €), et une semaine pour rallier la France (540 €).*

Se loger

⊖⊖ **Hôtel Plaza San Pedro** – *Luzarra, 7 -* ℰ *944 763 126 - www.hplazasanpedro.com - 19 ch. 48/55 € -* ⊒ *3 €.* Établissement familial, dans le quartier universitaire de Deusto. Les chambres sont agréables pour leur catégorie, avec moquette au sol et, pour la plupart, une salle de bain de type cabine de douche.

⊖⊖ **Hôtel Vista Alegre** – *Pablo-Picasso, 13 -* ℰ *944 431 450 - info@hotelvistaalegre. com - 35 ch. 56/120 € -* ⊒ *5,50 €.* Cet établissement bénéficie d'une gestion efficace et ses chambres fonctionnelles d'un mobilier standard. Son agréable accueil familial est l'atout majeur de l'hôtel qui reçoit une clientèle fidèle de voyageurs.

🛏️🍴 **Hôtel Iturrienea Ostatua** – *Santa-María-Kalea, 14* - 𝒫 *944 161 500* - *info@iturrieneaostatua.com* - *21 ch. 60 €* - ⛶ *8 €.* Hôtel de charme situé au cœur de la vieille ville, dans une vieille maison à la façade bleue convenablement rénovée. Il est décoré avec goût, avec profusion d'antiquités et œuvres d'artistes locaux. Les chambres ne sont pas très grandes, mais elles sont agréables et ont des planchers en bois.

Tramway de Bilbao.

Stéphane Sauvignier / MICHELIN

🛏️🍴 **Hôtel Artetxe** – *Ctra Enékuri-Artxanda, 7* - 𝒫 *944 747 780* - *eartetxe@hotelartetxe.com* - 🅿 - *fermé 20-30 déc.* - *12 ch. 65/77 €* - ⛶ *6 €.* Ancienne maison de campagne construite en pierre, occupant un emplacement magnifique avec la ville comme toile de fond. Chambres aux meubles de chêne ; la plupart des salles de bains sont équipées de douches.

🛏️🍴 **Hôtel Bilbao Jardines** – *Jardines, 9* - 𝒫 *944 794 210* - *info@hotelbilbaojardines.com* - 🅿 - *32 ch. 60/90 €* - ⛶ *4,50 €.* À peine ouvert, cet hôtel fait déjà parler de lui grâce à la qualité de son accueil. Les chambres, parquetées et fonctionnelles, possèdent de grandes fenêtres. Les plus tranquilles ouvrent sur le patio et aperçoivent la bibliothèque de Bilbao. Petit-déjeuner continental.

🛏️🍴 **Hôtel Sirimiri** – *Pl. de la Encarnación, 3* - 𝒫 *944 330 759* - *jon@hotelsirimiri.net* - 🅿 - *28 ch. 75/100 €* - ⛶ *10 €.* Situé dans la vieille ville, sur la rive droite de la ría de Bilbao, près du musée d'Art sacré. Installations modernes et fonctionnelles, chambres de belle ampleur, salles de bains spacieuses et bien équipées.

Se restaurer

🍴 **Colmado Ibérico** – *Alameda de Urquijo, 20* - 𝒫 *944 436 001* - *colmado@colmadoiberico.com* - *fermé dim.* - *10 €.* Grand espace au comptoir bien garni en brochettes et plats rapides. Il comporte une salle de restaurant où est servie une carte spécialisée dans les produits ibériques.

🍴 **Gatz** – *Santa María, 10* - 𝒫 *944 154 861* - *www.bargatz.com* - *fermé 2ᵉ quinz. de sept.* - 🚭 - *10 €.* Situé dans le centre de la vieille ville et lieu de rendez-vous incontournable pour les amoureux de la « cuisine en miniature ». L'endroit a été primé à plusieurs reprises pour la qualité et la créativité de ses pintxos.

🍴🍴 **Rogelio** – *Ctra de Basurto a Castrejana, 7* - 𝒫 *944 273 021* - *fermé 22 juil.-1ᵉʳ sept. et dim.* - *35 €.* Établissement réputé dans la région, composé d'un bar à l'allure rustique et d'une salle de même style à l'étage. Plats simples mais élaborés à partir de produits de qualité.

🍴🍴🍴 **Goizeko Kabi** – *Particular de Estraunza, 4* - 𝒫 *944 421 129* - *gkabi.bi@telefonica.net* - *fermé 1ʳᵉ quinz. d'août et dim.* - *54/62 €.* Situé près du musée des Beaux-Arts, il s'agit d'une véritable institution gastronomique dans le Pays basque. Cuisine de haut niveau, bien équilibrée entre tradition et innovation, qui excelle pour la qualité de ses poissons.

En soirée

Café Boulevard – *Arenal, 3* - 𝒫 *944 153 128* - *www.cafesdebilbao.net.* Il s'agit du plus vieux café de Bilbao, inauguré en 1871 par la famille Pérez Yarza. Vous y trouverez des cafés, tisanes, churros et quelques menus à des prix intéressants, mais il est surtout connu par la beauté de son cadre (hauts plafonds, stucs, motifs dorés, marbres, miroirs…) et les rencontres poétiques qui y ont lieu.

Café Iruña – *Jardines de Albia* - 𝒫 *944 237 021* - *www.cafesdebilbao.net.* Situé sur une place agréable, ce café fondé en 1903 est devenu l'un des classiques de Bilbao. Sa décoration est surprenante (plafonds et éléments d'inspiration mudéjar). Idéal pour prendre un verre le soir.

Cotton Club – *Gregorio-de-la-Reuilla, 25* - 𝒫 *944 104 951* - *cottonclub@cottonclubbilbao.com* - *tlj sf dim. 16h30-3h (vend.-sam. : 5h).* Ce lieu branché plaît à une clientèle trentenaire. On peut y boire un verre tout en écoutant des musiques diverses jouées par des groupes ou chanteurs de la scène espagnole. Le décor affiche une multitude de photos de cinéma et d'autographes laissés par des personnalités lors de leur passage. Un bel endroit !

Victor Montes – *Plaza Nueva, 8* - 𝒫 *944 157 067* - *restaurante@victormontesbilbao.com.* Surtout connue pour son bar à tapas, cette institution locale vous accueille dans un sympathique décor à base de bouteilles de vin. Ses pintxos (tapas basques dont le nom signifie « aliment piqué sur un cure-dent ») ravissent le palais. Parmi les spécialités : les canapés de saumon, le jambon Bellota…

Que rapporter

Alacena de Victor Montes – *Plaza Nueva, 12* - ☎ *944 154 385*. Ce lieu propice aux plaisirs gourmands vend des spécialités du Pays basque et une belle sélection de produits ibériques tels que jambons, foie gras, charcuteries diverses, fromages, anchois, douceurs… La cave répertorie quelque 700 références de vins espagnols et étrangers, dont un Petrus à 1 200 € la bouteille.

Sombreros Gorostiaga – *Victor, 9 (Casco Viejo)* - ☎ *944 161 276*. Établissement créé en 1857 par la famille Gorostiaga. Vous pourrez y admirer et acheter les réputées boinas (bérets) basques, ainsi qu'une belle collection de chapeaux de fabrication artisanale. N'hésitez pas à bavarder avec le propriétaire qui vous renseignera sur les plus belles pages de l'histoire du chapeau et de la boina basque.

Événements

Semaine chorale de Biscaye (fév.).

Festival du cinéma fantastique (1re quinz. de mai).

Festival international de théâtre de rue (1re quinz. juil.).

Aste Angusia/Semana Grande (mi-août).

Festival de théâtre et de danse contemporaine (oct.-nov.) - www.badbilbao.com

Festival international de marionnettes (nov.).

Concours international de chant (nov. les années paires) - ☎ 944 246 533 - www.concursocantobilbao.com

Zinebi, Festival international de cinéma documentaire et de court-métrages (fin nov.).

Côte de **Biscaye** ★

CARTE GÉNÉRALE AB2 – CARTE MICHELIN RÉGION 573 B21-22 – BISCAYE

À la suite du Guipúzcoa, la Côte de Biscaye enchaîne les plages et les ports sur fond de collines verdoyantes. Plus sauvage que sa voisine, et mieux préservée des industries et de l'urbanisme excessif, elle a su ménager de véritables petits coins de paradis dont la réserve d'Urdaibai n'est pas le moindre. Mais parcourir ce littoral, c'est aussi découvrir des villes chargées d'histoire et de symboles comme Guernica ou Bilbao. En clair, la Côte de Biscaye comblera tout à la fois les amateurs de grands espaces, les sportifs, les amoureux de farniente et les assoiffés de culture.

- ▶ **Se repérer** – La côte commence à partir d'Ondarroa, à 51 km à l'ouest de Saint-Sébastien, et s'arrête à l'estuaire du Barbadun, à 25 km à l'ouest de Bilbao. La ría de Guernica en marque approximativement le milieu.
- 👁 **À ne pas manquer** – La vision de l'ermitage de Gatzelugatxe sur son éperon rocheux battu par la mer.
- 🕐 **Organiser son temps** – Découvrir l'intégralité de la côte peut faire l'objet d'un long week-end itinérant. Mais elle peut aussi se découvrir par tronçons (d'Ondarroa à Guernica, de Guernica à Bilbao) ou bien par thème (histoire, plages, ports).
- 👪 **Avec les enfants** – Visitez le baleinier de Bermeo.
- 👣 **Pour poursuivre la visite** – Voir aussi Guernica, Bilbao.

Comprendre

La façade atlantique de Biscaye – C'est 150 km de côtes découpées en falaises abruptes et vertes, en estuaires paisibles et en plages immenses de sable fin. La variété des sites y est presque infinie, réservant au visiteur des paysages immuables et souvent sauvages. La Réserve naturelle d'Urdaibai, sur la ría de Guernica, en est le meilleur exemple, mais l'on se sent tout aussi proche de la nature lorsque l'on observe le ressac depuis le sanctuaire de Gaztelugatxe ou que l'on admire l'étendue de la baie de Gorliz.

Les hommes ne sont bien sûr pas absents de ces magnifiques paysages, mais hormis dans la ría de Bilbao, fortement urbanisée, ils s'y intègrent parfaitement et ont globalement mieux contrôlé les constructions que dans la province voisine du Guipúzcoa. En suivant la côte, vous découvrirez donc plutôt des petits ports sympathiques, comme ceux d'Elantxobe ou de Mundaka, que des grands bourgs aux longues barres comme Bakio. Mais même ceux-là ont su conserver un quartier historique ou un port encore actif.

Vue sur la côte rocheuse de Biscaye.

La pêche est en effet un élément incontournable de l'économie et de la culture locales. Que ce soit à Lekeitio, Ea, Elantxobe, Mundaka ou Bermeo, il n'est pas rare de voir les filets en train d'être rapiécés à même le quai, ou les gens se presser le soir au retour des bateaux pour profiter de la pêche du jour. Inutile de dire que les poissons que l'on déguste dans les bars à tapas et les restaurants de ces pittoresques ports sont des plus frais !

Découvrir

Ondarroa/Ondarrie

L'agglomération s'allonge entre la colline et la boucle du río Artibay, sur une langue de terre où sa curieuse église surélevée ressemble à une figure de proue. Cernées par le fleuve, les hautes maisons basques, où pavoise le linge qui sèche, composent un **tableau** pittoresque.

Son histoire officielle débute en 1327, lorsqu'elle reçut les privilèges entérinant l'occupation du site. Presque abandonnée après l'incendie qui la ravagea en 1463, elle poursuivit néanmoins ses activités au travers de la pêche à la baleine, du commerce et de ses chantiers navals. Aujourd'hui, la ville possède encore des conserveries et des usines de salaison de poisson.

L'actuel cœur historique est relativement circonscrit du fait d'un autre incendie, provoqué en 1794 par les troupes françaises.

Sta María – Fin 15e s. L'église affiche un style gothique tardif, à la décoration extérieure soignée (plinthes à thèmes floral et animal, rosaces et gargouilles). Notez l'alignement de 12 figures, les « **kortxeleko-mamus** », évoquant les personnages d'une cour médiévale : le roi, le fifre, un musicien, le pèlerin, la pèlerine, des arbalétriers, une nourrice, la reine, un moine, un courtisan, un chevalier.

Confrérie des pêcheurs – L'office de tourisme occupe aujourd'hui cette demeure de pierre identifiable à son clocheton. Elle appartenait autrefois à la puissante confrérie des pêcheurs fondée au 14e s., dont le rôle principal consistait à appliquer la réglementation et assurer la vente de la pêche.

La Antigua – Ancienne paroisse d'Ondarrie, cette église du 15e s. perchée sur l'une des collines de la ville associe styles gothique (d'origine), néoclassique et baroque.

Circuits de découverte

D'ONDARROA À LA RÍA DE GUERNICA

51 km - env. 1h. Quittez Ondarrie par la BI 3438, qui offre de superbes vues sur la côte.

Lekeitio

Outre sa superbe plage, Lekeitio comprend un vieux centre où rien ne manque. Vous pourrez donc arpenter les quelques rues de l'ancien quartier des artisans *(on y accède par la Berriotxoa kalea depuis la mairie)*, à la recherche du **palais Uriarte** ou de la tour Turpin. Vous pourrez aussi simplement prendre Espeleta Kalea pour découvrir le **quartier des pêcheurs★** et rejoindre à tout moment le port, sur lequel donnent quelques terrasses de cafés. Dans l'après-midi, les femmes reprisent parfois les filets à même le quai.

Sta María – ☎ *946 844 017 (office de tourisme) - avr.-août : lun.-sam. mat. et apr.-midi - possibilité de visite guidée sam. 11h et 17h, dim. 11h - gratuit.* L'église (15ᵉ s.), de style gothique tardif, se trouve quasiment sur le port : impossible de la manquer ! Si en plus, vous avez la chance d'y pénétrer, vous pourrez admirer son magnifique **retable** gothico-flamand du 16ᵉ s. (1512), l'un des plus grands d'Espagne avec ceux de Tolède et de Séville.

La route s'enfonce ensuite à l'intérieur des terres.

Ispaster

Cette bourgade constituée au 19ᵉ s. conserve toutefois quelques bâtiments antérieurs, comme en témoignent sa jolie église du 15ᵉ s., de style Renaissance et le palais baroque Arana (1700), reconnaissable à ses deux corps de logis en forme de tour.

Plage d'Ogeia – *À la sortie du village, juste avant le cimetière, prenez la route à droite. Elle traverse la forêt qui surplombe la plage.* Insoupçonnable, cette plage se déploie dans une baie au sable ocre et aux rochers affleurants.

Ea

Adorable, ce charmant port miniature est coincé entre deux collines au fond d'une calanque. Ses maisons anciennes suivent les berges de la rivière, enjambée par de petits ponts de pierre.

🚶 *Départ à gauche de l'église Nuestra Señora de Jesús, à l'entrée du bourg, avant la rivière - suivez le balisage blanc-jaune - 1h20.* Agréable randonnée, très ombragée. Seul le début se révèle un peu sportif avec deux pentes, relativement raides. Le reste de la promenade se poursuit à travers bois et prairies. Attention, parvenu aux deux maisons donnant sur la route principale, n'hésitez pas à suivre la voie de garage de la seconde : elle donne accès à la forêt. Une fois revenu sur la route, suivez-la à gauche jusqu'aux maisons, où vous reprendrez le sentier. Il débouche à la fin sur la côte et le sanctuaire de Talako Ama, dévoilant une **vue**★ magnifique sur la mer.

Jusqu'à Elantxobe, la route paraît flotter entre terre et mer, réservant de magnifiques points de vue sur le bleu des flots et le vert des collines.

Elantxobe★

Obligation de parquer sa voiture à l'entrée du village, en hauteur.

Village tranquille à l'écart des grands axes routiers. Les marins ont profité de l'ébauche d'une baie pour y construire leur port de pêche et y suspendre leurs maisons à l'abrupt du cap Ogoño (300 m). Préparez-vous à descendre et à monter des marches !

🚶 **Cap Ogoño** – *1h AR - départ depuis le cimetière, accessible à pied par une forte pente, ou en voiture par le hameau qui précède Elantxobe, un panneau avec le symbole d'un appareil photo signalant le cap. Attention, ne prenez pas la voie qui longe le mur du cimetière, très pentue, mais la route qui dessert les quelques maisons à flanc de collines. Le sentier commence après la dernière, à gauche.*

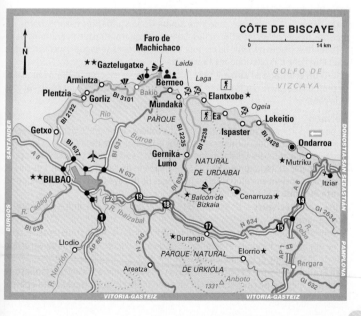

Petits mollets s'abstenir ! Cette promenade demande en effet un effort constant, récompensé néanmoins par de très belles vues sur le littoral, notamment une magnifique échappée sur la plage de Laga et sur la côte vers Ea ! Le cap lui-même disparaît sous la végétation.

Poursuivez en direction de Laida.

Plage de Laga – Dos à Elantxobe, elle déploie 575 m de sable rose jusqu'au pied du cap Ogoño.

Plage de Laida – Elle se situe à l'embouchure de la ría de Guernica et jouit de son cadre incroyable : eaux translucides et vert tendre des terres.

En remontant vers Guernica, on découvre sa **ría★** aux calmes horizons, l'île d'Izaro, la tache blanche de Sukarrieta et l'île de Chacharramendi.

Guernica/Gernika-Lumo *(voir ce nom)*

Le site de Gaztelugatxe.

DE GUERNICA À ALGORTA

60 km - env. 1h30 - Quittez Guernica par la BI 2235 en direction de Mundaka.

Urdaibai *(voir Guernica)*
Continuez sur la BI 2235 jusqu'à Mundaka.

Mundaka

Toute la vie de Mundaka se concentre autour de son petit port naturel, bordé de maisons de pêcheurs traditionnelles. Son principal atout réside néanmoins dans ses superbes plages de sable fin et, pour les surfeurs, dans sa vague gauche, réputée pour être l'une des plus longues au monde.

D'un ermitage à l'autre *(1h AR)* – Deux ermitages côtiers encadrent Mundaka. La promenade passe par le port et l'église, offrant de très belles vues sur les plages et la côte.

Bermeo

Ce port important est spécialisé dans la pêche côtière. Dominant le vieux port (Puerto Menor), le quartier des pêcheurs se tasse sur le promontoire de la Atalaya. Quelques murailles et la tour des Ercilla *(musée des Pêcheurs, voir ci-après)*, à la sévère façade de granit (14ᵉ s.), témoignent de l'origine ancienne de l'agglomération. Les rois et seigneurs venaient autrefois jurer les privilèges de Biscaye dans l'église gothique de **Santa Eufemia** (15ᵉ s.), proche des quais.

Musée des Pêcheurs – ☎ 946 881 171 - mat. et apr.-midi, dim. mat. - fermé lun. et j. fériés - gratuit.

Si la muséographie date un peu, le contenu n'en aborde pas moins tous les aspects de la vie des pêcheurs, depuis les techniques jusqu'à la religion, les fêtes, la construction navale, la confrérie et la vente du poisson.

San Francisco – Situé à l'opposé du port et du parc Lamera, il s'agit du monastère le plus ancien de Biscaye (1357). On en aperçoit le cloître à travers une épaisse grille.

Aita Guria★ (Centro de interpretación de la pesca de la ballena) – *Lamera s/n - 48370 Bermeo* - ℘ *946 179 121 - mat. et apr.-midi, dim. et j. fériés mat. - fermé lun. (hors sais.) - 5 € (-14 ans. 3 €).* 🚶🚶 Cette reconstitution d'un baleinier du 17e s. transporte le visiteur au temps des grandes campagnes de pêche de Bermeo. Ses trois mâts et le roulis suffisent à mettre dans l'ambiance ! Une voix off présente la cabine du capitaine, les cuisines et la cale, permettant de bien comprendre les conditions de vie à bord.
Suivez la route de la côte et, après 3 km, tournez à droite.

Faro de Machichaco (phare de Machichaco)

En s'écartant un peu du phare vers la gauche, on bénéficie d'une jolie vue sur la côte très découpée à l'ouest.
La route s'élève en corniche, ménageant de magnifiques vues sur la mer.

Gaztelugatxe★★

Nombre de stationnements réduit. Parking au belvédère, dans la descente, et quelques places supplémentaires devant le pont qui mène à la presqu'île.

Un **belvédère★** domine la presqu'île de **San Juan de Gaztelugatxe**, creusée d'arches où la mer vient écumer. Un sentier d'environ 200 marches monte à l'ermitage dont la présence est attestée déjà au 11e s. Chaque année, pour la Saint-Jean, a lieu un pèlerinage.
Après Bakio, prenez à droite la BI 3152.
Le parcours en **corniche★**, de Bakio à Arminza, est très dégagé. D'un belvédère, **vue★** intéressante sur la côte, Bakio, la vallée cultivée et l'arrière-pays boisé.

Armintza

Unique havre, mais bien modeste, sur une section de côte sauvage et inhospitalière parce que très abrupte.
Rejoignez la BI 3151 en direction de Lemoiz et suivez-la jusqu'à Gorliz.

Gorliz

Séduisante plage à l'anse parfaite, située sur l'embouchure du río Butrón. À son extrémité nord, se trouve un site de dunes pétrifiées vieilles de 6 000 ans. À sa suite, un sentier s'engage le long de la côte. Un autre mène au phare.

Plentzia

Accolé à la plage de Gorliz, ce centre ostréicole, jadis port de pêche et de commerce, s'est converti au tourisme grâce à ses plages.
Museo Municipal Plasentia de Butrón – ℘ *946 77 37 25 - merc.-vend. 11h-14h et vend. 17h-20h, sam. 11h-14h, 17h-20h et dim. 11h-14h - fermé de mi-déc. à déb. janv. - gratuit.* Installé dans l'ancien hôtel de ville (16e s.), ce petit musée retrace l'histoire maritime de Plentzia à travers des maquettes, des objets, des peintures et des archives.
Suivez la BI 2122 pour rallier Getxo, puis Bilbao.

Getxo *(voir Bilbao)*

Côte de Biscaye pratique

Adresses utiles

Office du tourisme de Bermeo – *Lamera, s/n - 48370 Bermeo* - ℘ *946 179 154 - 1er juil.-17 sept. : tte la journée, dim. et j. fériés mat. et apr.-midi ; reste de l'année : mat. et apr.-midi, dim. et j. fériés mat. - fermé 1er et 6 janv., 9 et 16 sept., 25 déc.*

Office du tourisme de Lekeitio – *C/ Independentzia Enparantza, z/g - 48280 Lekeitio* - ℘ *946 844 017 - 15 juin-15 sept. : mat. et apr.-midi ; reste de l'année : mat. et apr.-midi, dim. et j. fériés mat. - fermé merc. (sf 15 juin-15 sept.), 1er janv. et 25 déc.*

Office du tourisme de Mundaka – *Kepa Deuna, z/g - 48360 Mundaka* ℘ *946 177 201 - avr.-déc. : mat. et apr.-midi, dim. et j. fériés mat. ; reste de l'année : mat. - fermé lun. (avr.-déc.), 1er janv., 25 et 31 déc.*

Office du tourisme d'Ondarroa – *C/ Erribera, 9 - 48700 Ondarroa* - ℘ *946 831 951 - www.ondarroa.net - de mi-juin à mi-sept. : mat. et apr.-midi ; reste de l'année : mat. - fermé 1er janv. et 25 déc.*

Visites

Visite guidée de Bermeo – ℘ *677 256 092 ou 666 791 021 - www.hegaluze.com - 21 juin-21 sept. - promenade en barque de Hegaluze à Urdaibai (1h) 12 € (enf. 7 €).*

Visites guidées – *Circuit sur demande aux offices du tourisme de Lekeitio, Ondarroa et Markina.*

Se loger

🛏 **Hôtel Emperatriz Zita** – *Av. Santa-Elena - Lekeitio* - ℘ *946 842 655 - ezita@ aisiahoteles.com -* 🍴 **P** *- 42 ch. 25/55 €* 🛏. Hôtel situé en bord de mer qui occupe les murs de la villa qui accueillit, entre

1922 et 1931, la dernière impératrice de l'Empire austro-hongrois, Zita. Chambres amples, confortables et bien décorées. Centre de thalasso.

Hôtel Ibaigune – *Barrio-Larrabe, 48 - Murueta - 946 257 282 - www.ibaigune. com* - 🅿 *- 20 ch. 42/53 € ⌷ - rest. 9,80/30 €.* L'architecture de cet hôtel implanté en pleine campagne s'inspire des constructions traditionnelles basques. Les chambres, parquetées, sont bien équipées. Si possible, demandez celles du dernier étage d'où vous pourrez admirer l'estuaire et la réserve d'Urdaibai. Au restaurant, service impeccable.

Se restaurer

Asador Pelotari – *Bizkaiko-Jaurerria, 25 - Bermeo - 946 881 553 - info@ asadorpelotari.com - fermé 15-30 nov. - 8/40 €.* Ouvert en 2005, ce restaurant fait déjà l'unanimité aussi bien auprès des touristes que des locaux. Son décor est particulièrement soigné : photos dédicacées de joueurs de pelote basque et vitraux colorés créant une plaisante lumière. Sa riche carte de poissons et viandes cuits au bois de chêne vert plaît beaucoup.

Beitxi – *Eskoikiz, 6 - Bermeo - 946 880 006 ou 946 885 372 - beitxijdatea@ euskalnet.net - 10 € déj. - 23/48 €.* Ce restaurant, organisé sur deux étages, connaît un franc succès. Les produits utilisés en cuisine sont de belle qualité, le service attentif plaît à la clientèle et les petits plats basques régalent le palais. Les plus ? Le vin inclus dans le menu et la musique d'ambiance qui accompagne votre repas.

Erretegi Joxe Manuel – *Arana-tar-Sabin, 23 - Ondarroa - 946 830 104 - 40/50 €.* Ce délicieux restaurant se dresse face au fleuve et à deux pas du quartier historique. Sa spécialité : les poissons et viandes de Cantabrie cuisinés sur le gril. Les produits sont ultra frais ; le chef possède même son propre vivier de fruits de mer. La carte, écrite en plusieurs langues, ravit les touristes.

Sports & Loisirs

Bon à savoir – Les sportifs, et notamment les passionnés d'activités nautiques, se régalent dès qu'ils séjournent en territoire basque. En effet, la côte de la Biscaye offre un grand choix de sorties en mer (promenades en bateau, surf, plongée, canoë-kayak, pêche au thon, voile…) par le biais du programme « Côte basque Toutes voiles dehors ».

À Getxo, vous pratiquerez des activités plus en lien direct avec la nature (canyoning, escalade, spéléologie, etc.) et à Sopelana, vous pourrez vous envoler en parapente.

Les plages – La côte de Biscaye présente, sur 150 kilomètres, de nombreuses plages très différentes les unes des autres.

Les plus importantes se trouvent entre Abra et Billano. Elle se nomment **Areeta**, **Ereaga**, **Arrigunaga**… Celles dépendant de Sopelana se caractérisent par leurs paysages sauvages ; celles de Gorliz, qui partage avec Plentzia la magnifique baie verte, forment un ensemble unique et attrayant.

Enfin, ne terminez pas votre périple sans visiter la plage de Bakio. Longue de 6 kilomètres, elle alterne falaises et promenades. Elle est également le rendez-vous des surfeurs.

Femmes reprisant des filets.

Hipika Eskola Maruri – *B° Ergoien, 57 - Maruri-Jatabe - 655 707 478 - beduino@ mixmail.com.* Le centre hippique de Maruri dispense des cours pour tous les niveaux dans les domaines suivants : équitation, domptage, dressage, saut d'obstacle et entraînement au concours équestre. Il organise également de simples promenades à cheval.

Zugarramurdi Bidaiak – *Behea, 15 (Nasa Kalea) - Ondarroa - 34 946 13 42 59 ou 659 58 13 89 - junetorri@euskalnet. net.* Ceux qui souhaitent apprendre à manier la voile peuvent contacter cet organisme installé sur le port d'Ondarroa. Si vous préférez vous laisser guider, embarquez à bord du Txo, un voilier de 13 mètres bien équipé. Les sorties durent 2 heures, une demi-journée, un week-end… et donnent un bel aperçu de la Côte basque.

Cambo-les-Bains★

4 416 CAMBOARS (KANBOARS)
CARTE GÉNÉRALE C2 – CARTE MICHELIN RÉGION 573 B25
PYRÉNÉES-ATLANTIQUES (64)

Verte et limpide, c'est bien entendu ce que l'on attend d'une station thermale. Elle eut ses célébrités : Edmond Rostand, Sarah Bernhardt, Anna de Noailles. En somme, tout y est pour vous donner un air de « début de siècle ».

- **Se repérer** – À 30 km à l'est de St-Jean-de-Luz par la D 918. Le Haut-Cambo, quartier administratif, commerçant et résidentiel, groupe ses propriétés et ses hôtels sur le rebord d'un plateau qui domine la Nive ; le Bas-Cambo, vieux village basque, est situé près de la rivière. En amont se trouve le quartier thermal (direction Hasparren).
- **À ne pas manquer** – La villa Arnaga.
- **Organiser son temps** – Une fois la maison d'Edmond Rostand et l'église visitées, Cambo peut servir de point de départ pour rayonner à la journée ou la demi-journée sur l'intérieur du Pays basque.
- **Pour poursuivre la visite** – Voir aussi Espelette, Itxassou, Isturitz.

Comprendre

Edmond Rostand – Venu à Cambo soigner sa pleurésie à l'automne 1900, il tombe sous le charme et décide de s'y installer à demeure. Son œuvre théâtrale *Chantecler*, née de ses promenades à travers la campagne basque, et la villa Arnaga suffiront, jusqu'en 1910, à matérialiser ses rêves.

Joseph Apesteguy – Ce célèbre *pelotari* surnommé « Chiquito de Cambo » (1881-1950), mit à l'honneur le jeu de pelote basque dit « au grand chistera ». Il était très en vogue, à l'époque, de venir y assister… d'autant que l'on risquait d'y croiser Édouard VII, roi d'Angleterre.

L'entrée des thermes de Cambo.

Stéphane Sauvignier / MICHELIN

Séjourner

Thermes

Dans un parc planté de palmiers, l'établissement thermal est un petit bijou de style néoclassique (1927) paré de mosaïques Art déco et de ferronneries. Les deux sources thermales sourdent aux abords du parc.

St-Laurent

Une magnifique galerie sculptée et un retable baroque en bois doré du 17e s., niché dans un chœur chaudement coloré, caractérisent cette église dominant la Nive.

Visiter

Villa Arnaga★★ *(voir ABC d'architecture)*

☎ 05 59 29 83 92 - www.arnaga.com - juil.-août et oct. : tte la journée ; avr.-juin et sept. : mat. et apr.-midi - fermé nov.-mars - 6 € (-18 ans 3 €).

« Toi qui viens partager notre lumière blonde… n'entre qu'avec ton cœur, n'apporte rien du monde », écrit Edmond Rostand sur le seuil de sa villa d'Arnaga. « Je ne mesure que les beaux jours », lui répond un cadran solaire, de l'autre côté de la maison. Lumineuse, elle l'est en effet, cette belle demeure. Clarté et chaleur des lambris boisés, fraîcheur des peintures décoratives et des frises de carreaux, raffinement des faux marbres et des trompe-l'œil, éclat des vitraux de couleur… Nombreux documents aussi sur la famille Rostand et la carrière du poète : dessins originaux des costumes de *Chantecler*, épées d'académicien d'Edmond et de Jean Rostand, lettres de Léon Blum, Jules Renard, Cocteau, etc.

Les jardins de la villa Arnaga.

L'immense villa de style basque-labourdin s'élève sur un promontoire aménagé en jardins à la française. La perspective vers les montagnes d'Itxassou s'achève sur un pavillon à pergola évoquant la gloriette du château de Schönbrunn à Vienne.

Aux alentours

Larressore

3,5 km au nord-ouest par la D 932 en direction de Bayonne, puis, au rond-point, la D 650 à gauche. À côté du fronton, l'atelier **Ainciart-Bergara★**, fondé avant la Révolution, est animé par des artisans de cette même famille qui, selon des méthodes d'antan, fabriquent des **makhilas**. Il s'agit de cannes finement ouvragées, symboles de liberté pour le peuple basque. C'est à la fois un bâton de marche et une arme de défense (une pointe d'acier acéré est dissimulée dans le manche). Que son pommeau soit d'or, d'argent ou de maillechort, le « makhila cuir » est gainé dans sa partie supérieure de cuir tressé ; le « makhila d'honneur », quant à lui, a un manche de métal. Tressage du cuir, coloration naturelle des bois et montage des pièces restent des secrets de famille bien gardés. En face de l'**atelier**, ne manquez pas l'espace d'exposition, la **Maison du makhila**, avec un documentaire sur les étapes de la fabrication (30mn). ℰ *05 59 93 03 05 - www.makhila.com - ⅇ - tlj sf dim. et j. fériés mat. et apr.-midi - fermé fin août (se renseigner) - atelier gratuit, Maison du makhila : 3 €.*

Jatxou

6 km au nord-ouest par la D 932 dir. Bayonne, puis, au rond-point, la D 650 à droite.
St-Sébastien – Construite au 13e s., cette église a été agrandie en 1782 et son porche comprend une salle capitulaire où se réunissait l'assemblée paroissiale. À l'intérieur, admirez le beau plafond de bois peint, au centre duquel se détachent la mitre papale et les évangélistes. Le retable du 18e s. est dédié à saint Sébastien.

Ustaritz

6,5 km au nord-ouest par la D 932 en direction de Bayonne.
Après la décision de Richard Cœur de Lion de séparer Bayonne du Labourd à la fin du 12e s., le village resta capitale de la province jusqu'en 1790. À partir de 1451, il accueillit le Biltzar, une assemblée locale qui avait pour charge d'administrer les biens collectifs, de répartir les impôts et de gérer les rapports entre communautés.

Quelques belles maisons traditionnelles à colombages avec leurs volets rouges ou verts subsistent dans le centre du bourg. Si vous flânez dans les alentours immédiats, vous verrez également certaines des villas construites à la fin du 19e s. par les « Américains », ces Basques revenus des Amériques après y avoir fait fortune.

La Maison labourdine (Elizalderena) – *Quartier Arrauntz - www.lamaisonlabourdine. com - ℰ 05 59 70 35 41/06 62 07 35 41 - avr.-oct. : apr.-midi - possibilité de visite guidée mat. sur demande préalable - fermé lun. - 5 € (-18 ans 3 €).* Cette ancienne auberge (17e s.) restaurée rassemble objets et documents évoquant les campagnes labourdines d'autrefois. Un coin école, une épicerie (début 19e s.) et une bergerie ont été reconstitués. Dégustation et vente de produits régionaux à la boutique.

Cambo-les-Bains pratique

Adresse utile

Office de tourisme – *Av. de la Mairie - 64250 Cambo-les-Bains -* ℘ *05 59 29 70 25 - www.cambolesbains.com - juil.-sept. : mat. et apr.-midi, dim. mat. ; reste de l'année : tlj sf dim. mat. et apr.-midi - fermé j. fériés (sf juil.-août).*

Se loger

⬦ **Hôtel Le Trinquet** – *R. Trinquet -* ℘ *05 59 29 73 38 - www.hotel-trinquet-cambo.com - fermé 2 nov.-1er déc. et mar. sf du 29 juin au 19 sept. - 12 ch. 26/45 € -* ⊑ *6 €.* Cette grande maison a pris le nom d'une variante de la pelote basque. Les chambres, simples et bien entretenues, sont aménagées au-dessus d'un café. Ambiance familiale.

⬦ **Hôtel Ursula** – *Quartier Bas-Cambo - 2 km au nord de Cambo-les-Bains -* ℘ *05 59 29 88 88 - hotel.ursula@wanadoo.fr - fermé déc. -* **P** *- 15 ch. 45/55 € -* ⊑ *9 €.* Ce petit hôtel situé dans le pittoresque quartier du Bas-Cambo met à votre disposition de grandes chambres bien tenues, garnies d'un mobilier fonctionnel.

⬦ **Chambre d'hôte Soubeleta** – *Chemin Soubéléta - 64250 Itxassou -* ℘ *05 59 29 22 34 - 5 ch. 52/60 € -* ⊑. Sur les hauteurs, imposante demeure du 17e s. dont la tourelle et la façade agrémentée d'un bel encadrement en granit sculpté sont restées intactes. Deux chambres volumineuses nanties de meubles de famille possèdent une cheminée en marbre. Les deux autres sont plus petites mais toutes bénéficient d'une bonne tenue.

⬦⬦ **Hôtel Chez Tante Ursule** – *Quartier Bas-Cambo - 2 km au nord de Cambo-les-Bains -* ℘ *05 59 29 78 23 - chez.tante. ursule@wanadoo.fr - fermé 15-28 fév. et mar. -* **P** *- 7 ch. 44 € -* ⊑ *7 €.* Ce petit hôtel est idéalement situé en bordure du fronton de Bas-Cambo, vous assisterez peut-être à une partie de pelote. Chambres rustiques ou décor plus actuel à l'annexe. Cuisine régionale servie dans une pimpante salle à manger à l'âme basque.

⬦⬦ **Chambre d'hôte Domaine de Silencenia** – *64250 Louhossoa - 10 km au sud-est de Cambo-les-Bains dir. St-Jean-Pied-de-Port -* ℘ *05 59 93 35 60 - www. domaine-silencenia.com -* ⊏⧠ *- 5 ch. 85 €* ⊑ *- repas 35 €.* Une douce quiétude règne en cette maison de maître du 18e s. où tout est synonyme d'un véritable art de vivre. Chaque chambre raconte une des passions du propriétaire : rugby, pêche au gros, vin et bonne chère… La cuisine exalte les produits du terroir et s'accompagne de bons crus sélectionnés par Philippe.

⬦⬦⬦⬦ **Chambre d'hôte Domaine Xixtaberri** – *Rte d'Hasparren - 4 km à l'est de Cambo-les-Bains par D 10 -* ℘ *05 59 29 22 66 - www.xixtaberri.com - réserv. conseillée - 5 ch. 103 € -* ⊑ *8,50 € - repas 24 €.* La route est escarpée jusqu'à cette maison, mais vous serez récompensé par la vue sur les Pyrénées et la Côte basque. Spécialités régionales à déguster sous la tonnelle ou dans la coquette salle à manger. Cueillette en métayage (myrtilles et cerises) et vente de produits du domaine. Chambres de charme personnalisées.

Se restaurer

⬦ **Le Pavillon Bleu** – *Thermes de Cambo-les-Bains -* ℘ *05 59 29 38 38 - fermé de mi-déc. à mi-fév., ouv. midi, le soir se renseigner - 13,90/29 €.* Belle architecture, décor intérieur en boiseries claires, terrasse tournée sur un jardin planté de palmiers, accueil agréable, service efficace, cuisine associant recettes d'aujourd'hui et produits du terroir : ce restaurant a tout pour séduire.

⬦ **Venta Burkaitz** – *Col des Veaux - 64250 Itxassou - à partir d'Itxassou, dir. Pas de Roland puis Artzmandi -* ℘ *05 59 29 82 55 - fermé le soir et merc. sf en sais. -* ⊏⧠ *- 13,75/35,10 €.* Sur le versant espagnol, *venta* composée de deux salles : la plus authentique conserve son traditionnel comptoir où l'on peut prendre l'apéritif ou acheter alcools et conserves ; la seconde, en véranda, offre une jolie vue sur la vallée. Copieuse cuisine locale.

⬦⬦ **Bellevue** – *R. des Terrasses -* ℘ *05 59 93 75 75 - www.hotel-bellevue64.com - 18/37 € - 1 ch. 60/95 € -* ⊑ *6,50 €.* Tableaux modernes sur murs immaculés et mobilier actuel créent le décor soigné de ce restaurant dédié aux saveurs régionales. Au bistrot, cadre simple et convivial. L'autre charme de cette maison du 19e s., bien rénovée : ses suites familiales d'esprit contemporain.

Que rapporter

Boutique Irrintzina – *Pl. Duhalde, lieu-dit les Allées -* ℘ *05 59 29 71 60 - tlj sf dim. (sf en sais.) 9h-12h30, 14h30-19h15.* Lainages pyrénéens et beau linge basque. Mercerie et ouvrages.

Sports & Loisirs

Établissement thermal – *Av. des Thermes -* ℘ *05 59 29 38 13 - 8h-17h30 - fermé de janv. à mi-fév. et dim.* Cet établissement construit dans les années 1930 a bénéficié d'une cure de jouvence qui n'a pas dénaturé son joli cadre d'esprit Art déco. Forfaits à la demi-journée ou séjours thématiques de plusieurs jours : « détente et vitalité », « spécial souffle », « objectif minceur »… Institut de Beauté sur place.

Les chemins de St-Jacques★★★

CARTE GÉNÉRALE BD3-2 – CARTE MICHELIN RÉGION 573
PYRÉNÉES-ATLANTIQUES (64) – NAVARRE

Expérience intense et inoubliable : c'est le sentiment de tous ceux qui ont marché, pédalé ou galopé vers Compostelle. Qu'ils soient partis par conviction religieuse ou par envie de grands espaces, tous reconnaissent avoir vécu une véritable aventure, à la fois physique et humaine. Richesse des rencontres, beauté des paysages et intérêt des sites historiques sont au rendez-vous de ce parcours mythique. N'hésitez donc pas à prendre votre bâton et vos bottes de sept lieues pour le découvrir à votre tour !

Pèlerin au site de la Vierge d'Orisson, au-dessus de St-Jean-Pied-de-Port.

- **Se repérer** – Vous pouvez rallier le chemin vers St-Palais et le suivre en passant par St-Jean-Pied-de-Port pour traverser ensuite la Navarre via Pampelune.
- **À ne pas manquer** – Le centre historique de St-Jean-Pied-de-Port, l'abbaye de Roncevaux, pour son histoire, l'adorable église de Sta María de Eunate, près de Puente-la-Reina, les églises d'Estella (et plus particulièrement celle de San Pedro) et celle de Viana.
- **Organiser son temps** – Comptez en moyenne 25 km par étape journalière.
- **Pour retrouver les principaux sites des chemins** – Voir aussi St-Palais, St-Jean-Pied-de-Port, Roncevaux, Pampelune, Puente-la-Reina, Estella et Viana, mais aussi, plus au sud de la Navarre, Sangüesa.

Comprendre

Le renouveau – Desservi par de longues périodes d'insécurité et de lourdes démarches administratives *(voir p. 78)*, le pèlerinage de Compostelle connaît aujourd'hui un regain d'intérêt. Il est actuellement plus facile d'entreprendre le voyage puisqu'une carte d'identité ou un passeport suffisent à franchir les frontières. D'autre part, même s'il est fortement recommandé, le livret du pèlerin *(voir encadré pratique)* n'est plus indispensable.

Au 21e s., les pèlerins prennent la route pour toutes sortes de raisons : démarche mystique, besoin de faire le point, envie de culture historique, simple désir de randonnée. Leurs motivations sont diverses, mais toutes aboutissent à une expérience personnelle forte, ainsi qu'un voyage au cœur de l'histoire et de la culture européennes. Ce n'est pas un hasard si depuis 1998, les tronçons français figurent au Patrimoine mondial de l'humanité et que le Comité régional de tourisme d'Aquitaine estime le nombre de personnes ayant marché sur ces chemins en 2003 entre 32 000 et 37 000 personnes. Autre signe qui ne trompe pas : de nouveaux gîtes ouvrent chaque année le long du Chemin des Français, rendant vie à des villages navarrais autrefois désertés.

Découvrir

Credencial en poche *(voir encadré pratique)*, voici les principaux itinéraires à suivre.

Itinéraire côté français – Autrefois, une organisation très complète d'**hospices** facilitait le voyage et assurait l'hébergement et le bien-être spirituel des pèlerins. Actuellement, il s'agit de gîtes d'étape. Moins nombreux, ils jalonnent les mêmes itinéraires qui convergeaient en Basse-Navarre, à Ostabat, avant d'atteindre St-Jean-Pied-de-Port. Aujourd'hui encore, les pèlerins gagnent Roncevaux par la route des hauteurs. Auparavant, chacun portait une croix de feuillage pour la planter près de la « Croix de Charles », au col de Cize (Ibañeta). Certains le font toujours. Mais la cloche de l'ermitage voisin ne sonne plus par temps de brouillard ni la nuit afin de rallier les égarés.

De l'autre côté de la frontière – Comme en France, plusieurs itinéraires sont possibles. Celui des Asturies a souffert de sa mauvaise réputation, au 15ᵉ s., suite aux incursions côtières barbaresques. Il est encore aujourd'hui le moins fréquenté. Le plus connu et le plus emprunté est le « Camino Francés » (Chemin des Français), que ce guide aborde en priorité. Débutant au Somport et à Roncevaux, il est jalonné d'églises et de monastères où l'on retrouve nettement les influences françaises. Ceux qui viennent du **Somport** passent par Santa Cruz de la Séros, San Juan de la Peña, le monastère de Leyre et Sangüesa avant de rejoindre Puente-la-Reina. Le trajet est plus court pour ceux qui partent de Roncevaux, car l'unique et grande étape avant Puente-la-Reina est Pampelune.

Les chemins de St-Jacques pratique

Adresses utiles

www.chemins-compostelle.com – L'Association de coopération interrégionale « Les chemins de Saint-Jacques-de-Compostelle » fournit réponses pratiques et conseils. 4 r. Clémence-Isaure - 31000 Toulouse - ☏ 05 62 27 00 05.

www.aucoeurduchemin.org – Le site de l'Association des amis du chemin de St-Jacques répond à toutes les questions (dates, logistique, itinéraires).

www.saint-jacques.info – À consulter pour le côté culturel de votre démarche.

www.webcompostella.com – Ce site aborde conseils pratiques et aspects spirituels.

Avant le départ

Pensez à voyager léger. Limitez votre bagage au strict nécessaire : affaires de toilette, pharmacie, habillement adapté à la saison, poncho imperméable, chaussettes, chaussures de marche, gamelle et gobelet, duvet, carte internationale de téléphone. Soyez prévoyant et renseignez-vous auprès de votre assurance. Demandez aussi la carte européenne d'assurance maladie pour d'éventuels frais médicaux en Espagne *(voir p. 18)*.

Formalités

Une carte d'identité ou un passeport sont indispensables à tout voyage transfrontalier, mais le vrai pèlerin doit aussi se munir d'une sorte de carte officielle, appelée *creanciale* lorsqu'elle est délivrée par l'évêché (le sien ou celui de départ), ou *credencial* lorsqu'elle est émise par une association de pèlerins. Cette carte fait office de passeport, chaque étape du chemin étant tamponnée par une instance officielle (civile ou religieuse). Elle permet parfois d'avoir des réductions sur l'entrée de certains musées ou monuments, mais elle est surtout indispensable, côté espagnol, pour accéder aux gîtes. Enfin, c'est sur sa présentation que sera délivrée la *compostela* à St-Jacques.

Se loger

L'association « Les Haltes vers Compostelle » regroupe des gîtes au confort assuré. Viennent ensuite les gîtes d'étape traditionnels, souvent des dortoirs (réservation conseillée en France, peu pratiquée en Espagne où il faut être muni de la *credencial - voir ci-dessus*). On peut aussi s'arrêter dans des chambres d'hôte, ou des *pensiones*. Hôtels souvent plus onéreux. Quant au bivouac, il est interdit en Espagne.

L'équipement du pèlerin.

Stéphane Sauvignier / MICHELIN

Durango ★

26 511 HABITANTS
CARTE GÉNÉRALE B2 – CARTE MICHELIN RÉGION 573 C22 – BISCAYE

L'abord plutôt moderne de Durango ne révèle rien du charme de son quartier historique, ramassé autour de la basilique et de son gigantesque porche où bruisse toujours le son des conversations. Il ne dit rien non plus des hectares protégés du parc d'Urkiola, ni des palais d'Elorrio tout proches. Ce sera à vous de les découvrir !

Fresques de la façade de la mairie.

- **Se repérer** – Implantée sur l'axe Saint-Sébastien-Bilbao (A 8), Durango n'est qu'à 30 km à l'est de la capitale biscayenne et occupe une position stratégique entre la côte et les monts du parc d'Urkiola. Sa vieille ville concentrée autour de trois rues borde la rivière Mañaria.
- **Se garer** – Le centre étant piétonnier, mieux vaut chercher à vous garer du côté de la gare, qui n'est pas loin du cœur historique.
- **À ne pas manquer** – Le porche de la basilique Sta María.
- **Organiser son temps** – Visiter la ville le matin et s'échapper pour une randonnée dans le parc d'Urkiola l'après-midi.
- **Avec les enfants** – Les itinéraires pédagogiques partant de la Maison du parc d'Urkiola.
- **Pour poursuivre la visite** – Voir aussi Llodio, Guernica, Oñati et Vitoria-Gasteiz.

Comprendre

La fondation – Le toponyme « Durango » daterait du haut Moyen Âge. Pour certains, il dériverait du vocable Urazango, pour d'autres, il viendrait du nom Padurango. Jusqu'à la fin du 11e s., le village dépend de Pampelune et de la Navarre puis, après 1095, passe à la Biscaye avant de devenir castillan à la fin du 12e s. Ce n'est qu'à cette période que le village reçoit ses lettres de fondation.

Hérésie – Au 15e s., un franciscain du nom d'Alonso de Mella diffusa diverses idées en connexion avec la doctrine des frères du Libre Esprit ou de Wiclifitas y Husitas en rapport avec la sexualité, la richesse critiquable de l'Église, etc. Ses adeptes furent condamnés ou durent prendre la fuite entre 1442 et 1444.

Troubles – Après avoir été dévastée par la peste en 1517 et 1597, une inondation destructrice (1544) et un incendie ravageur (1554), la ville doit supporter le coût des guerres castillanes contre la France au 17e s., puis l'occupation napoléonienne au siècle suivant. Pendant les guerres carlistes, elle soutient les libéraux.

Prospérité – L'industrie apporte la richesse à la ville au 20e s., malgré les dégâts de la guerre civile (Durango, républicaine, a été bombardée comme Guernica).

Se promener

Franchissez la Mañaria à la rue Andra-Mari.

Basilica Sta María★★

Cette église du 14e s. recèle un superbe **retable★** Renaissance en bois doré du 16e s. dédié à la Vierge (scènes de l'Annonciation, de la Nativité, de l'Assomption, etc.), mais elle mérite surtout le détour pour la magnifique **charpente★★** de son porche, dont la hauteur et les volumes impressionnent. Il sert de lieu de rencontre et de marché à la population.

En poursuivant la rue Andra-Mari par le chevet, vous atteignez Kurutziaga.

Cruz de Kurutziaga★

Dressée devant l'église des pères jésuites, cette croix originale ressemble à un calvaire breton, car elle est sculptée sur ses deux faces (paradis, Adam et Ève, les 12 apôtres). Elle fut dressée en réparation de l'hérésie de Mella *(voir « Comprendre »)*.

Revenez sur vos pas et prenez la rue Kalebarria à gauche.

Plaza Balbino

Jolies maisons basques, l'une traditionnelle, avec briques et pans de bois, et l'autre à colonnades.

Sta Ana

L'église se dresse sur une **place★** du même nom, au sol pavé de galets et décoré d'une croix tracée à l'aide de pierres. Un petit arc de pierre, aussi baptisé Sta Ana et construit en 1566, complète le tableau. C'est l'unique vestige des anciennes portes de la ville. Il a été retouché en 1744 (éléments classiques).

Prenez la rue Arte.

Hôtel de ville

Vous ne pourrez pas manquer ce bâtiment, car il arbore en façade une fresque rococo (refaite en 1937 selon le dessin d'origine réalisé en 1722 par Ignacio de Zumárraga).

Revenez à la rue Andra-Mari par la rue Arte, ou sa parallèle à gauche, Barenkalea.

Aux alentours

Urkiola

11 km au sud par la BI 623.

Maison du parc Toki Alai – ℰ 946 814 155 - tte la journée, w.-end mat. et apr.-midi - gratuit.

Cartes de randonnées et informations sur la biodiversité et la géologie du parc y sont disponibles.

Itinéraires pédagogiques de 1h au départ de la maison et aboutissant au sanctuaire.

San Antonio – Construite sur un sanctuaire du 7e s., l'église présente une façade murée, ornée simplement d'une porte et d'un vitrail en hauteur. Les restes d'un cloître lui servent de parvis. L'intérieur révèle une absence de chœur, ce qui donne une allure très contemporaine à l'ensemble.

Beaux **points de vue** sur le parc d'Urkiola depuis le belvédère aménagé dans les bois (suivre le chemin de croix, sur la gauche).

Comptez une demi-journée de marche AR depuis le sanctuaire pour atteindre le mont Amboto.

Parc naturel d'Urkiola

Fondé en 1989, il couvre près de 6 000 ha du massif montagneux karstique qui est à cheval entre la Biscaye et l'Álava. Ses paysages se composent de prairies et de falaises austères où nichent les vautours fauves. Les forêts, quant à elles, ne couvrent qu'un tiers de sa superficie et font actuellement l'objet de plantations de pins et de mélèzes du Japon pour augmenter leur surface. Sur la partie forestière déjà existante, on verra selon l'altitude des chênaies, des hêtraies ou des pinèdes. Enfin, sachez que si vous partez à l'assaut de son plus haut sommet, l'Amboto (1 327 m), vous risquez fort de rencontrer Andra Mari, la déesse basque de la Nature, qui niche selon la légende dans les grottes des hauteurs.

Otxandio

18 km au sud par la BI 623. Après Andaparaluzeta, faites quelques centaines de mètres et prenez à gauche la BI 3451. Ce petit village ne manque pas de caractère, avec ses ruelles serrées et sa place qui regroupe, comme il se doit, l'hôtel de ville (1742) et ses arcades, le mur de pelote, le préau où se réfugier en cas de pluie, et l'église Sta Marina du 16e s. dont le **portail★**, très simple, révèle l'existence d'un sanctuaire antérieur.

Elorrio★

12 km au sud-ouest par la BI 632 en direction d'Arrasate. Après Apatamonasterio, continuez sur 3 km, puis prenez à gauche en direction d'Elorrio.

Ce village fondé en 1356 concentre un nombre impressionnant de **palais** des 17e et 18e s. sur seulement quelques rues. La plus blasonnée est celle de Berrio-Otxoa, mais vous verrez aussi de belles façades dans les rues San Pio X, Gernikako, Erreka ou Urarka, pour ne citer qu'elles.

Ne manquez pas de faire un arrêt sur la charmante plaza Gernikako Arbola, dominée par la basilique de la Purísima Concepción (15e s.). Elle conserve les reliques du saint patron de la Biscaye, san Valentín de Berrio-Otxoa, qui mourut martyr au Vietnam en 1861. Il était né en 1827 dans le palais d'Arriola.

Durango pratique

Adresses utiles

Office de tourisme – *Askatasun Etorbidea, 2 - 48200 Durango* - ✆ *946 033 938* - *horaires : se renseigner.*

Parc naturel d'Urkiola – *Puerto de Urkiola* - ✆ *946 814 155* - ♿ - *fermé 1er et 6 janv., 13 juin, 25 déc. - gratuit.*

Se loger et se restaurer

⊖⊖ **Hôtel Kurutziaga** – *Kurutziaga, 52* - ✆ *94 620 08 64 - kurutziaga@teleline.es* - 🅿 *- fermé 24-31 déc. - 18 ch. 71,20/89 €* - 🛏 *8 € - rest. 17,53 €*. Petite réception et petit espace de détente qui jouxte la cafétéria. Chambres entièrement équipées, bien que les salles de bains des chambres individuelles ne comportent qu'une cabine de douche. Salle claire et pavillon extérieur pour les banquets à la décoration originale mariant le fer et le verre.

Événements

Romería à Urkiola (13 juin).

Fête patronale de San Fausto (13 oct.). Les jours qui précèdent et qui suivent cette date sont synonymes de festivité dans toute la ville.

Foire du livre et du disque basque (1re quinz. déc.) - ✆ *946 033 938.*

Espelette★

1 879 ESPELETTARS
CARTE GÉNÉRALE C2 – CARTE MICHELIN RÉGION 573 B25
PYRÉNÉES-ATLANTIQUES (64)

Un charmant village bien vivant, aux rues tortueuses et pentues, bordées de maisons on ne peut plus basques. En automne, les façades se couvrent du rouge foncé des guirlandes de piments mises à sécher.

- **Se repérer** – À 6,5 km à l'ouest de Cambo-les-Bains.
- **Se garer** – Se garer en haut du village et le parcourir à pied.
- **Organiser son temps** – Espelette est un village où il fait bon flâner, notamment pendant les jours de marché *(voir encadré pratique)*.
- **Pour poursuivre la visite** – Voir aussi Cambo-les-Bains, Ainhoa et Itxassou, St-Pée-sur-Nivelle.

Piments d'Espelette séchant sur un volet.

Stéphane Sauvignier / MICHELIN

Comprendre

Le piment – Introduit au Pays basque via l'Amérique et l'Espagne au 17e s., le piment devient très vite le condiment favori de ses habitants : brûlé au four et réduit en poudre, on le mit d'abord dans le chocolat et il remplaça le poivre dans la cuisine locale (poulet basquaise, *tripotxa* – boudins de veau –, *axua* – émincé de veau –, etc.).

Un succès grandissant – Le piment d'Espelette a gagné ses lettres de noblesse en décrochant l'AOC en 1999. Cette reconnaissance a relancé son exploitation, le nombre de producteurs passant d'une trentaine en 1997 à une cinquantaine en 2000. Pas de doute, cette épice est devenu la plante à tout faire des Espelettars, mais qui s'en plaindrait ? En bain de pieds, ce fruit soigne même les grippes et les bronchites ! *Pour plus d'informations : www.pimentdes pelette.com*

Se promener

La balade dans le village vaut à elle seule le détour, mais consacrez une attention particulière à l'église du 17e s. et à l'ancien château.

Église

En bas d'Espelette. Galeries traditionnelles des églises basques. Dans la chapelle des Ezpeleta, beau retable du 16e s. À voir également, les stèles discoïdales des 17e et 18e s. dans le cimetière attenant.

Le saviez-vous ?

Ezpeleta, en basco-latin, signifierait « ensemble de buis ». C'est en tout cas le nom d'une grande famille. Les Ezpeleta furent faits barons du lieu au 15e s.

Le **pottok** est un petit cheval docile, trapu, pansu, qui vit en troupeaux à demi sauvages sur les versants inhabités des montagnes. Jadis, il travaillait dans les mines locales. Il sert désormais à la randonnée.

Ancien château

La mairie est installée dans ce château, élevé au 11e s., mais plusieurs fois détruit et reconstruit. **Exposition** permanente sur le piment. ℘ 05 59 93 95 02 - ♿ - *mat. et apr.-midi, sam. mat. - fermé dim. et j. fériés - gratuit.*

Espelette pratique

Adresse utile

Office de tourisme – *145 rte Karrika-Nagusia - 64250 Espelette - ℘ 05 59 93 95 02 - www.espelette.com - juil.-août : mat. et apr.-midi - reste de l'année : tlj sf sam. mat. et apr.-midi - fermé dim. et j. fériés.*

Piments rouges d'Espelette.

Visite

Randonnées au clair de lune – *Le mar., 19h-23h. Inscription à l'office de tourisme.* Promenades en soirée avec un accompagnateur en montagne pour découvrir le pastoralisme, la contrebande, la côte basque de nuit…

Se loger

🛏🍴**Hôtel Euzkadi** – *285 Karrika Nagusia - ℘ 05 59 93 91 88 - http://hotel-restaurant-euzkadi.com - fermé mar. hors sais. et lun. - 27 ch. 54/63 € - ⚏ 8 € - rest. 18/34 €.* On ne peut rater cette adresse typiquement basque tant le rouge de sa façade se voit de loin. Chambres entièrement rénovées dans le bâtiment principal, climatisées, d'un réel confort. Piscine et tennis. Vous dégusterez une cuisine régionale dans un cadre rustique agrémenté de guirlandes de piments d'Espelette.

Se restaurer

🍴**Pottoka** – *Pl. du Jeu-de-Paume - ℘ 05 59 93 90 92 - francoiseaguerre953@orange.fr - fermé 2 sem. en fév. et lun. hors sais. - 14/28 €.* De magnifiques piments d'Espelette décorent ce restaurant typiquement basque. La cuisine accorde une large place aux produits du terroir. Goûtez donc l'Axoa (épaule de veau haché assaisonnée du piment local), le gâteau basque ou le gratin de fraises. C'est un régal ! L'été, la terrasse couverte est recommandée.

Que rapporter

Marché – Mercredi matin (et samedi matin en juillet et août).

Maison Bipertagia – *Pl. du Jeu-de-Paume - ℘ 05 59 93 83 76 - 15 fév.-31 oct. : tlj sf lun. 10h-13h, 14h-19h - fermé 3 sem. en janv. et 3 sem. en déc.* Cette maison organise des dégustations de piment d'Espelette. Sitôt en bouche, qu'il soit en poudre, séché, en purée ou en gelée, son goût se diffuse en même temps qu'une douce chaleur. À découvrir aussi : le Gotoxi, une sauce à grillades, l'huile d'olive pimentée et la piperade maison.

Ttipia – *Pl. du Marché - ℘ 05 59 93 97 82 - www.ttipia.fr - 10h-18h30 ; été : 9h-19h - fermé janv.* Le village d'Espelette est bien connu des gastronomes pour son fameux piment. Cette boutique propose évidemment la spécialité locale, mais aussi une belle sélection d'autres savoureux produits régionaux : foies gras, conserves de canard, vin d'Irouléguy, confitures de cerises noires, fromages, jambons, etc. Vous y trouverez également du linge basque.

Ferme Kukulu – *Rte d'Itxassou - 4 km au sud-est par D 249, rte d'Itxassou - ℘ 05 59 93 92 20.* Le fromage de brebis fabriqué par les bergers de la ferme Kukulu a déjà obtenu maintes récompenses. La grande qualité du lait et de l'affinage (de 4 à 16 mois selon les goûts) y sont bien sûr pour beaucoup. La maison vend également des spécialités basques et le Mamia (caillé de brebis).

Événements

La Foire au pottok a lieu le dernier mar. et merc. du mois de janvier sur le fronton. Ambiance de foire agricole très authentique. ℘ 05 59 93 95 02.

La Fête du piment d'Espelette se déroule le dernier dimanche d'octobre. Au programme : bénédiction du piment, défilé des confréries et nomination des Chevaliers du piment d'Espelette. ℘ 05 59 93 95 02.

Estella ★★

Lizarra

13 708 HABITANTS
CARTE GÉNÉRALE C3 – CARTE MICHELIN RÉGION 573 D23 – NAVARRE

Estella est dispersée sur un terrain accidenté de part et d'autre de l'Ega. La noblesse des façades de brique ou de pierre de taille rappelle l'illustre destin de cette cité choisie comme résidence par les rois de Navarre au 12ᵉ s., puis par les prétendants carlistes au 19ᵉ s. Chaque premier dimanche de mai a lieu, en souvenir, le Rassemblement des carlistes. Elle fut également une étape importante sur le chemin de St-Jacques.

- **Se repérer** – Estella se trouve sur le versant sud des sierras d'Andía et d'Urbasa, à côté de la N 111 qui relie Pampelune à Logroño (48 km au sud-ouest).
- **Se garer** – Le long de la rivière, dans le parking jouxtant la station des autobus, plaza de la Coronación.
- **À ne pas manquer** – L'église San Pedro et son cloître.
- **Organiser son temps** – Flânez donc une journée dans la ville, vous ne le regretterez pas, en vous réservant la fin de la journée pour prendre un verre sur la plaza de los Fueros.
- **Pour poursuivre la visite** – Voir aussi Puente-la-Reina et Viana.

Comprendre

« Estelle la Bella » – C'est ainsi que l'appelaient au Moyen Âge les pèlerins de St-Jacques-de-Compostelle. Estella était une étape importante du « chemin » et, de ce fait, possède plusieurs monuments de grande valeur artistique datant pour la plupart de l'époque romane. En outre, en 1076, le roi Sanche Ramírez lui avait attribué certains privilèges qui attirèrent des commerçants et des aubergistes, essentiellement des francs-bourgeois. La plupart s'établirent sur la rive droite de l'Ega.

Les pèlerins venaient vénérer la Vierge du Puy, dont le sanctuaire, reconstruit dans le style moderne, se dresse à l'emplacement où, le 25 mai 1085 dit la légende, des bergers, alertés par une pluie d'étoiles, découvrirent une statue de la Vierge. Des hospices que l'on y avait construits, celui de St-Lazare réservé aux lépreux était le plus célèbre.

Stéphane Sauvignier / MICHELIN

Palacio de los Reyes de Navarra.

Se promener

Plaza de San Martín

À l'origine, c'était le centre du quartier des francs-bourgeois tout bouillonnant de l'animation de ses échoppes et de ses auberges. Aujourd'hui, rien ne trouble le calme de cette harmonieuse petite place, si ce n'est le clapotis de sa fontaine. Sur un des côtés, l'ancien hôtel de ville arbore une façade blasonnée du 16ᵉ s.

Palacio de los Reyes de Navarra★

Jouxtant la place San Martín, le palais des Rois de Navarre est un exemple exceptionnel d'architecture civile romane du 12ᵉ s. Sa longue façade est percée d'arcades et de baies géminées remarquables par leurs chapiteaux. Il abrite aujourd'hui le **Museum Gustavo de Maeztu y Whitney** *(voir « Visiter »)*

Prenez à gauche la calle San Nicolás.

Iglesia de San Pedro de la Rúa *(voir « Visiter »)*

Au bout de la rue, un arc marque l'ancienne entrée de la cité.

Revenez sur vos pas et continuez dans la calle de la Rúa.

Calle de la Rúa

C'était le chemin qu'empruntaient les pèlerins. Au nᵒ 7, le palais de frère Diego de Estella présente une façade platéresque décorée d'un blason. Admirez au nᵒ 6 le toit monumental du palacio San Cristobal, et les arcades gothiques des nᵒˢ 25, 27, 28 et 31, correspondant à d'anciennes boutiques et des hospices jacobites.

Elle débouche sur les berges où se dresse l'église du Santo Sepulcro (passez sous le pont routier).

Détail du portail de l'église San Miguel.

Iglesia del Santo Sepulcro

Elle vaut surtout pour son **portail★** nettement gothique. On reconnaît sur trois registres : la Cène, les trois Marie au Sépulcre et l'Enfer, le Calvaire. Les niches qui encadrent le portail abritent des saintes et des saints traités avec un certain maniérisme.

Passez sur l'autre rive par le pont de la Cárcel (reconstruit en 1973) et montez la calle Asteria dans son prolongement pour rejoindre l'église San Miguel.

Iglesia San Miguel

Elle se trouve dans un quartier qui était peuplé de Navarrais à la fin du 12ᵉ s., et dont les rues étroites ont gardé un cachet médiéval. Son **portail nord★** semble avoir été conçu comme un défi lancé aux habitants de l'autre rive. Au tympan, le Christ est entouré des évangélistes et de personnages énigmatiques. Sur les voussures, on distingue des anges portant des encensoirs, les vieillards de l'Apocalypse, les prophètes et patriarches, des scènes évangéliques et des martyres de saints. Sur les chapiteaux : enfance du Christ et scènes de chasse. Sur les murs au registre du haut, huit statues-colonnes représentent des apôtres. Au registre du bas, deux **hauts-reliefs★★**, les plus achevés et expressifs du portail, montrent à gauche saint Michel terrassant le dragon, à droite les trois Marie au Sépulcre. Par la noblesse des attitudes, l'élégance des drapés, l'expression des visages, cette dernière scène est un chef-d'œuvre de la sculpture romane.

L'intérieur est très dépouillé à l'exception de retables dorés, baroques ou néoclassiques. Notez le retable peint dans le transept gauche.

Revenez à la plaza San Martín par la calle Zapatería, en contrebas de San Miguel, et le pont.

Visiter

Iglesia de San Pedro de la Rúa

948 556 301 - se renseigner pour les horaires à l'office de tourisme.

Sur les contreforts de la falaise où se trouvait le château, l'église se dresse face au palais des Rois de Navarre. Le bâtiment garde des parties remarquables des 12e et 13e s.

Le **portail**★, au sommet d'un escalier monumental, ouvre sur le mur nord ; les chapiteaux et les voussures sont richement sculptés, mais son originalité réside dans l'arc d'entrée en tiers-point, bordé de petits lobes, qui témoigne de l'influence de l'art califal. On peut voir des portails de même type dans la région, à Puente-la-Reina et à Cirauqui, d'autres en Saintonge et dans le Poitou. À l'intérieur, remarquez les trois absides romanes : dans celle du centre, une Vierge à l'Enfant romane, un Christ gothique et une colonne faite de trois serpents entrelacés ; dans l'abside gauche, un Crucifix roman.

Le **cloître**★ roman a perdu deux galeries au 16e s. lorsque l'on fit sauter le château voisin. La virtuosité technique et l'esprit inventif du sculpteur des **chapiteaux**★★ font regretter les parties manquantes. La galerie nord représente des scènes de la vie du Christ et des saints Laurent, André et Pierre. Les thèmes végétaux et animaliers occupent la galerie ouest où l'architecte facétieux a glissé un groupe de quatre colonnes obliques.

Museum Gustavo de Maeztu y Whitney★

San Nicolas, 1 - 948 546 037- www. museogustavodemaeztu.com - mat. et apr.-midi, dim. et j. fériés mat. - fermé lun. - gratuit.

Installé dans l'ancien palais des Rois de Navarre, ce musée rassemble sur deux niveaux les œuvres du peintre Gustavo de Maeztu y Whitney (1887-1947). Seul un tiers de la collection peut être exposé à chaque fois. Travail de la couleur, souci du détail dans les paysages comme dans les personnages : son trait déborde de puissance et d'épaisseur. Le premier palier aborde la représentation de la femme, le second présente des dessins, des esquisses, des portraits et des scènes rurales.

> **Navarrais d'adoption**
>
> De père cubain (originaire de Navarre) et de mère anglaise, Gustavo de Maeztu y Whitney naît à Vitoria en Álava. Il grandit et étudie les arts à Bilbao. Il part à Paris, voyage à travers l'Espagne pour fixer scènes et paysages, vit entre Madrid et Barcelone. Après un séjour à Londres, il revient et s'installe à Estella à partir de 1936. Il y restera jusqu'à sa mort en 1947.

Basilica N.-S. du Puy

Située sur la colline qui domine San Miguel et la plaza de los Fueros, il s'agit d'une église moderne construite en 1951 par l'architecte Víctor Eúga. Une statue de la Vierge à l'Enfant trône en son centre (beau travail d'orfèvrerie), mise en valeur par les jeux de lumière et le travail du bois qui caractérisent l'édifice. On y voit de nombreuses étoiles.

Aux alentours

Lerin

23 km au sud par la NA 122.

Iglesia – *948 530 036 - se renseigner pour les horaires.* Un splendide **retable**★ baroque occupe tout le chœur de l'église qui possède une impressionnante hauteur sous voûte.

Circuits de découverte

LA ROUTE DES COLS

96 km – 2h. Quittez Estella par la NA 120.

Monasterio de Iranzu★

À 9 km d'Estella, accès signalé de la NA 120, presque en sortie d'Arbarzuza, sur la gauche. Ne manquez pas le panneau !

948 520 006 - ♿ - avr.-sept. : mat. et apr.-midi ; reste de l'année : apr.-midi - fermé lun.

Isolé dans une **gorge**★ sauvage, cet ancien monastère cistercien construit à la fin du 12e s. est transformé en collège. C'est un bon témoin de l'architecture cistercienne à la transition du roman et du gothique. Les fenêtres du cloître – celles qui n'ont pas été décorées par la suite d'un remplage gothique très fleuri – sont caractéristiques du style : arcatures romanes, oculus et grand arc de décharge. Parmi les salles donnant sur ses galeries, en plus de la salle capitulaire, voyez la cuisine dotée d'une gigantesque cheminée intérieure. L'église, dont le chevet plat est décoré d'un « triplet » (trois fenêtres symbolisant la Trinité), ce qui est fréquent chez les cisterciens, est voûtée d'ogives assez frustes.

Route du puerto de Lizarraga★★
(route du col de Lizarraga)

Juste à la sortie du tunnel (alt. 1 090 m) et avant d'amorcer la descente rapide au milieu des prairies et des bois, s'arrêter au **belvédère★** qui domine la verdoyante vallée d'Ergoyena.

Cloître du monastère d'Iranzu.

Continuez jusqu'à Etxarri-Aranatz pour prendre la N 240ᴬ vers l'ouest jusqu'à Altsasu et, là, tournez à gauche vers Estella-Lizarra.

Route du puerto de Urbasa★★ (route du col d'Urbasa)

La montée au col, assez raide entre de grands rochers isolant des bouquets d'arbres, est d'une beauté sauvage. Par contraste, le grand vallon boisé que l'on traverse ensuite apparaît d'une aimable fraîcheur. À la descente, après le col (927 m), les vues sont embellies par de hauts escarpements calcaires, puis c'est le cheminement dans les gorges du río Urenderra aux eaux limpides.

Revenez sur Estella.

SUR LES PAS DES PÈLERINS

30 km – 3h. Quittez Estella en direction d'Ayegui. Le monastère se trouve à la sortie de ce village.

Monasterio de Irache★

🕿 *948 554 464 - mat. et apr.-midi, lun.-mar. apr.-midi - fermé déc. - gratuit.*

Dès le 10ᵉ s. une abbaye bénédictine existait ici. Étape importante sur le chemin de St-Jacques, elle adopta la règle cistercienne, puis devint au 16ᵉ s. un centre universitaire dirigé par les bénédictins. Le monastère a fermé ses portes en 1833.

Iglesia★ – L'abside d'un roman très pur fait face à une nef où la croisée d'ogives reste primitive. À la Renaissance, la coupole sur trompes a été refaite et le *coro alto* ajouté. La façade, comme la plupart des bâtiments conventuels, a été reconstruite au 17ᵉ s. Admirez le beau travail de bois et d'orfèvrerie de la **statue de la Vierge★★**.

Claustro – D'architecture Renaissance, le cloître est orné d'une fontaine moussue et décoré de culs-de-lampe et de chapiteaux relatant la vie du Christ et de saint Benoît.

👁 Avis aux amateurs de vin : les chais qui bordent le monastère jouxtent le chemin de St-Jacques. C'est donc d'abord à l'attention des pèlerins qu'a été aménagée dans le mur même de la *bodega* une fontaine… à vin, mais rien n'empêche de goûter au breuvage, avec modération !

Après le monastère, continuez la route pour rejoindre la N 111 en direction de Los Arcos. Villamayor de Monjardín sera à droite après 4 km.

Villamayor de Monjardín

Village étape sur la route de Compostelle, il comporte une jolie église du 12ᵉ s., **San Andres**, au portail roman et au clocher baroque (18ᵉ s.). L'édifice est censé être ouvert toute la journée, mais s'il pleut, la personne en charge de son entretien peut décider de la fermer pour limiter les empreintes boueuses des pèlerins sur le sol immaculé. Légèrement en dehors de la commune, sur le chemin de St-Jacques (signalisation à l'entrée du village), se dresse une jolie **fontaine gothique★**, plutôt romantique avec son escalier qui descend jusqu'à une piscine d'eau pure.

Pour ceux qui voudraient poursuivre sur la route de Compostelle, qu'ils continuent sur la N 111 jusqu'à Los Arcos *(voir Viana)*. Les autres reviendront sur Estella via Arellano.

Revenez sur la N 111 et tournez à gauche en direction d'Estella. Après quelques mètres, prenez à droite la direction d'Arellano.

Arellano

San Roman – *Demandez la clé à la mairie.* Jolie petite église close d'un muret contre lequel courent de petits bancs de pierre. L'intérieur abrite des grisailles et une fresque de 3 m de hauteur représentant saint Christophe portant l'enfant Jésus (16e s.). De part et d'autre du retable, vestiges d'une fresque du 14e s. : l'Annonciation et un apôtre.

Revenez à Estella par Discatillo, puis la NA 122.

Estella pratique

Adresse utile

Office de tourisme – *C/San Nicolás, 2 - 31200 Estella - ℘ 948 556 301 - de la Sem. sainte au 11 oct. : mat. et apr.-midi, dim. et j. fériés mat. ; reste de l'année : tte la journée, w.-end et j. fériés mat. - fermé 1er et 6 janv., 25 déc.*

Se loger

⊖ **Hôtel Fonda san Andrés** – *Plaza de Santiago, 50 - Estella - ℘ 948 550 448 ou 948 554 158 - 24 ch. 35/38 € ⊑.* Cet hôtel occupe un bel édifice dont la façade en brique, ornée de balcons, attire le regard. L'intérieur reste plus modeste. Les chambres, impeccablement tenues et meublées dans le style castillan, possèdent, pour certaines, une petite terrasse. Dans le salon, fauteuils confortables et TV avec grand écran panoramique.

⊖🍽 **Hôtel Yerri** – *Avda de Yerri, 35 - Estella - ℘ 948 546 034 - 🅿 24 ch. 60/65 € - ⊑ 5,50 € - rest. 10 €.* Voici un hôtel pratique, situé à moins de 10 minutes à pied du centre-ville. Ses chambres, confortables et bien équipées, affichent un style actuel. Au restaurant : décor coloré, éclairage soigné et tables bien dressées.

⊖🍽 **Hôtel Irache** – *Prado de Irache, 7 - Ayegui - ℘ 948 551 150 - info@hotelirache. com - 🅿 - 31 ch. 75/103 € - ⊑ 8,50 € - rest. 18 €.* Chambres classiques et appartements de type studio avec chambre séparée. Certaines salles de bains sont équipées d'une cabine de douche. Salles bien agencées. Salle à manger d'aspect rustique. Service d'un bon niveau.

Se restaurer

⊖ **Casa Faustina** – *Magdalena, 58 - Barindano - ℘ 948 539 493 ou 948 539 150 - 13 €.* Vous ne serez pas déçu par cette petite adresse fort sympathique. Le décor des différentes salles, composé de troncs d'arbres torturés, de tableaux et de figurines en terre cuite, surprend. Dans l'assiette, goûteuse cuisine familiale et menu dégustation.

⊖🍽🍽 **Navarra** – *Gustavo-de-Maeztu (Los Llanos), 16 - Estella - ℘ 948 551 069 - fermé janv., 25 déc., dim. soir et lun. - 26/39 €.* Installé dans une ancienne villa avec jardin. Décoration de style navarrais médiéval. L'extérieur attrayant s'allie à un aménagement soigné, avec un linge de table individuel et des tables en azulejos.

Fontarabie★★

Hondarribia/Fuenterrabia

15 940 HABITANTS
CARTE GÉNÉRALE C2 – CARTE MICHELIN RÉGION 573 B24 – GUIPÚZCOA

Station balnéaire fréquentée et important port de pêche, Fontarabie conserve un centre historique digne d'intérêt qui s'appréhende le nez en l'air, pour ne rien perdre des détails architecturaux de ses vieilles maisons. Côté charme, le quartier des pêcheurs n'a rien à lui envier et nombreux sont les Espagnols ou les Français à venir « tapear » dans ses cafés animés.

- **Se repérer** – Fontarabie occupe une position stratégique sur l'embouchure de la ría de la Bidassoa, face au port français d'Hendaye. Son vieux quartier s'accroche à une colline tandis que la marina, quartier animé de pêcheurs, s'étale face à la mer.

- **Se garer** – Au pied de ses remparts.

- **À ne pas manquer** – Le vaste panorama depuis l'ermitage San Marcial.

- **Organiser son temps** – La journée peut se dérouler sous le signe de la flânerie dans la vieille ville, du farniente sur la plage, de la randonnée si vous souhaitez rejoindre le cap Higuera à pied, mais il est un rendez-vous à ne pas manquer : l'heure des tapas dans le quartier des pêcheurs !

- **Avec les enfants** – Prendre le bateau pour rejoindre Hendaye *(voir Fontarabie pratique)*.

- **Pour poursuivre la visite** – Voir aussi Hendaye, la Côte du Guipúzcoa et la vallée de la Bidassoa.

Comprendre

Cité frontalière et portuaire – Du fait de sa situation stratégique en bord d'estuaire, Fontarabie n'a eu d'autre choix que de se fortifier très rapidement pour protéger sa position. Les plus anciennes traces de fortifications remontent ainsi au 7e s. Les remparts actuels datent quant à eux du règne des Rois Catholiques. Et ils se révélèrent par la suite fort utiles pour résister aux assauts d'ennemis désireux de posséder ce port florissant qui commerçait avec les Flandres et l'Europe entière.

Bataille mémorable en 1638 – Les troupes françaises de Condé assiègent la ville depuis deux mois. La ville ne doit son salut qu'à l'intercession de N.-D. de Guadalupe. En souvenir de cet épisode et pour honorer la Vierge, Fontarabie organise chaque année une *alarde* (sorte de parade militaire) le 8 septembre *(voir Fontarabie pratique)*.

Se promener

Entre les effluves de lessive et les trilles mélodieuses des oiseaux en cage, les ruelles escarpées de la vieille ville ne manquent pas de pittoresque, tandis que la marina déborde d'une activité plus festive avec ses boutiques et ses cafés.

LA CIUDAD VIEJA (la vieille ville)

Sur la butte dominant la Bidassoa, l'ancienne place forte est encore entourée de remparts. Percée dans ces murailles qui datent du 15e s., la **puerta de Santa María** est surmontée des armes de la ville et de deux anges vénérant N.-D. de Guadalupe.

Calle Mayor★

Étroite rue très pittoresque, bordée de maisons anciennes aux balcons de fer forgé et corniches en bois sculpté. Voyez

Détail de façade (blason).

plutôt : les galeries des n°s 26, 24, 22 ; les blasons de la casa Consistorial au n° 28 ; les poutres travaillées du palais Zuloaga au n° 8, et la très belle porte ouvragée de la maison de Casadevante au n° 5, là où fut négociée la trêve du siège de 1638.

Sta María

Gothique, remaniée au 17e s. (tour baroque), l'église Santa María est un édifice imposant étayé à l'abside par d'épais contreforts. C'est là que, le 3 juin 1660, six jours avant la cérémonie solennelle à St-Jean-de-Luz, don Luis de Haro, ministre espagnol, épousa par procuration, au nom de Louis XIV, l'infante Marie-Thérèse.

Place centrale de la vieille ville.

Château

Le château de Charles Quint fut construit au 10e s. par le roi de Navarre Sanche II Abarca. Charles Quint le fit restaurer au 16e s. Aménagé en *parador* (hôtel de luxe), il donne sur la place d'armes qui offre une belle vue sur la mer.

MARINA

Le quartier des pêcheurs et la nouvelle ville qui s'étage derrière lui se déploient le long de la ría.

Calle San Pedro

Bordée de maisons de pêcheurs aux balcons et aux volets de bois rouges, verts ou bleus, cette rue dégage une atmosphère de gaieté communicative. C'est dans ses rez-de-chaussée et les rues adjacentes que se concentrent tavernes et bars à tapas. Trois rues la séparent du front de mer, caractérisées par des immeubles de taille modeste, dont les boutiques ont parfois deux entrées, une sur l'avant, l'autre sur l'arrière.

Front de ría

Sans charme particulier en raison des immeubles en béton qui le ponctuent, il se déroule jusqu'au port de plaisance en longeant à un moment une sorte de jetée dont les pierres sont couvertes de croquettes pour chats (ces animaux y viennent en nombre).

Plage – Depuis la plage, on voit les bateaux de pêche sortir du port. Les jeunes viennent y décortiquer des graines de tournesol et les retraités y promener leur chien.

Marina – Belle **vue**, à travers une forêt de mâts, sur la vieille ville et le clocher de Sta María. À voir en fin de journée avec la chaîne des Pyrénées en toile de fond.

Aux alentours

N.-S. de Guadalupe

4 km à l'ouest par lu GI-3440, en direction de Pasai Donibane par le Jaizkibel. Laissez votre voiture au parking de l'église.

Cette chapelle, que jouxte l'enceinte d'un ancien fort, est le centre de convergence d'un vaste réseau de randonnées, allant du cap Higuera *(voir ci-après)* au mont

Jaizkibel (voir la côte de Guipúzcoa). La promenade menant à ce dernier commence par une pente très inclinée et emprunte ensuite les crêtes, révélant d'époustouflantes **vues★★** sur le littoral et la mer (4 km - balisage blanc-rouge).

Cabo Higuera (cap Higuera)

4 km au nord. Quittez Fontarabie par le port et la plage. Prenez la route de gauche.

En montant parmi les villas vers le cap, la route offre une belle **vue★** sur la plage, la ville et la jetée. De l'extrémité du cap, on distingue la Côte française et Hendaye.

Ermita de San Marcial

9 km au sud-est. Sortez de Fontarabie en direction de Béhobie et prenez la première route à droite après l'usine Palmera. Au premier carrefour, tournez à gauche.

Une route étroite conduit au sommet boisé (225 m). De la terrasse près de l'ermitage, **panorama★★** étendu sur St-Sébastien et la plage d'Hendaye au loin et, plus près, sur Fontarabie, Irún et l'île des Faisans, rivage-frontière qui a été le cadre de différents faits historiques – parmi lesquels la signature du traité des Pyrénées en 1659, stipulant le mariage de Louis XIV avec l'infante Marie-Thérèse.

Fontarabie pratique

Adresse utile

Office de tourisme – C/Javier Ugarte, 6 - 20286 Hondarribia - ✆ 943 645 458 - www. bidasoaturismo.com - juil.-sept. : tte la journée, w.-end et j. fériés mat. et apr.-midi ; reste de l'année : mat. et apr.-midi, w.-end et j. fériés mat. - fermé 1er et 7 janv., 8 sept., 24, 25 et 31 déc.

Transports

Aéroport deFontarabie-St-Sébastien – C/Gabarrari, 22 - 20280 Hondarribia - ✆ 902 404 704.

Liaisons par bateau – Visite en bateau de Hondarribia à Hendaye - 1,50 €.

Visites

Hondarribia Tours – ✆ 943 645 435 - visites guidée de Fontarabie, Saint-Sébastien - promenades à la Baie de Txingudi, le Guggenheim (Côte), Guggenheim (Pays du vin) et Pays Basque français - se renseigner pour tarifs.

Excursions Jolaski – ✆ 943 616 447 ou 639 617 898 - visite guidée d'Hondarribia.

Se loger

⊖⊜ **Chambre d'hôte Maidanea** – Barrio de Arkoll - Santiago Auzoa - Hondarribia - ✆ 943 640 855 - ⬚ ⼹ - 5 ch. 47/55 € - ⬚ 5 €. Le couple de propriétaires a insufflé son propre style à cette maison de campagne, avec un salon-bibliothèque, une salle de petit-déjeuner et des chambres modernes.

⊖⊜⊜ **Hôtel Obispo** – Pl. del Obispo, 1 - Hondarribia - ✆ 943 645 400 - recepcion@ hotelobispo.com - 16 ch. 84/140 € ⬚. Cet hôtel qui a beaucoup de charme est installé dans un palais du 14e-15e s. dans la partie haute de la vieille ville. Les chambres sont toutes différentes et combinent avec bonheur le bois des poutres, la pierre pour quelques-uns de ses murs, le mobilier et les tissus pour créer une ambiance très accueillante.

Se restaurer

⊖ **Gran Sol** – San-Pedro, 65 - Hondarribia - ✆ 943 642 701 - fermé 2 sem. en janv., 1 sem. en juin, 1 sem. en sept. et lun. - 8 €. Cet établissement traditionnel a été repris par le fils du propriétaire. Vous pourrez y déguster au comptoir de délicieuses brochettes très bien préparées.

⊖⊜⊜⊜ **Ramón Roteta** – Irún, 1 - Hondarribia - ✆ 943 641 693 - rroteta@ terra.es - fermé fév., dim. soir et mar. - 58 €. Belle villa du début du 20e s., à l'intérieur plein de charme. D'un classicisme raffiné et d'une ambiance élégante, ses salles sont soigneusement tenues.

⊖⊜⊜ **Alameda** – Minasoroeta, 1 - Hondarribia - ✆ 943 642 789 - reservas@ restalameda.com - fermé 11-17 juin, 8-14 oct., 24 déc.-6 janv., dim. soir, mar. soir et lun. - 62 €. Restaurant familial bien dirigé, dont la cuisine a su s'adapter aux temps modernes. Il comprend une terrasse et deux salles de restaurant agréablement aménagées.

Événements

Fête de la Kutxa (25 juil.).
Alardes d'armes (8 sept.).

Guernica
Gernika-Lumo

15 855 HABITANTS
CARTE GÉNÉRALE B2 – CARTE MICHELIN RÉGION 573 C21 – BISCAYE

Un musée sur la paix, un centre-ville à la fois paisible et animé, et une réserve naturelle riche en biodiversité : relevée de ses cendres, Guernica semble dédiée à la paix et à l'harmonie. Un équilibre difficile à trouver face au développement économique et urbain, mais qu'elle gère pour l'instant avec brio.

▶ **Se repérer** – On trouvera Guernica au fond de l'estuaire du même nom, à 34 km à l'est de Bilbao.

🅿 **Se garer** – En lisière de ville, le long de la rivière, ou bien en centre-ville. Attention à respecter les horaires de stationnement, car la police veille !

👁 **Ne pas manquer** – Le musée de la Paix.

🌿 **Pour poursuivre la visite** – Voir aussi la Côte de Biscaye, Durango, Bilbao.

Comprendre

Un centre de pouvoir – Depuis le Moyen Âge, les représentants biscayens se réunissent à Guernica, au pied du chêne tutélaire. Ils y recevaient notamment le serment des seigneurs de Biscaye qui promettaient de respecter les privilèges locaux. Isabelle la Catholique elle-même se plia à la coutume en 1483. Mais les privilèges qui réglaient la bonne marche de la région furent abolis en 1876. Adaptés et rétablis en 1979, ils régissent à nouveau la province et donnent un nouveau souffle à l'institution depuis cette date. Quant à l'arbre millénaire, ses restes sont abrités sous un petit temple derrière la **Casa de Juntas**.

La ville-symbole – La célèbre toile de **Picasso** *Guernica (voir p. 75)* a immortalisé le drame dont a été victime cette petite ville pendant la guerre civile : le 26 avril 1937, jour de marché, une escadrille allemande a soudain bombardé la localité, faisant plus de 2 000 morts.

Découvrir

Le centre-ville de Guernica se concentre autour du musée de la Paix, ouvert sur une place à arcades derrière laquelle se dressent les quelques maisons rescapées du bombardement de 1937.

Jouxtant cet ensemble, le parc des Peuples d'Europe accueille des œuvres de Chillida et Moore, exposées dans le jardin attenant au palais Udetxea (accès par une passerelle) qui accueille le siège du patronat de la réserve d'Urdaibai. On peut y avoir des informations sur la biosphère et la faune du parc naturel. De l'autre côté du parc des Peuples, derrière le parlement, se trouve le couvent des clarisses.

Vers la ría

Possibilité de garer sa voiture au parking du stade.

🚶 Cette promenade qui longe l'estuaire de Guernica débute au pont menant au centre-ville. Joggeurs, cyclistes et maîtres avec leurs chiens se partagent cet axe vert qui devient de plus en plus sauvage au fur et à mesure que Guernica s'éloigne et que se rapproche Urdaibai.

Visiter

Musée de la Paix★★

📞 946 270 213 - www.museodelapaz.org - ♿ - juil.-août : tte la journée, dim. mat. ; reste de l'année : mat. et apr.-midi, dim. mat. - fermé lun. - 4 € (- 18 ans 2 €).

La visite, très émouvante, se divise en trois espaces : le premier définit la paix au travers de citations de personnalités

Vitrail de la Casa de Juntas.

Alexandra Forterre / MICHELIN

célèbres (Martin Luther King, Ghandi, Chateaubriand, etc.) et un essai de typologie ; le deuxième revient sur l'histoire tragique de Guernica (admirable mise en condition dans une pièce d'habitation reconstituée) ; et le troisième aborde la question de la paix aujourd'hui (conflit basque, politique pénitentiaire, tortures, marches pour la paix, etc.).

Casa de Juntas

℘ 946 251 138 - www.jjggbizkaia.net - mat. et apr.-midi - gratuit.

Toujours debout en dépit des bombardements de la guerre civile, ce bâtiment de 1826 abrite le parlement de Biscaye.

Salle du Vitrail – Ainsi nommée pour le gigantesque vitrail posé en 1985 au plafond. Sa bordure arbore les monuments les plus significatifs de chacune des villes de Biscaye. Des panneaux et des objets présentent et illustrent l'histoire de la province et de ses représentants.

Salle du Parlement ou Sta María la Antigua – Jusqu'au début du 19e s., les Biscayens se réunissaient autour du chêne pour régler la bonne marche de leur province, et ils prêtaient serment dans un sanctuaire : Sta María la Antigua. Devenu trop petit, ce dernier a été remplacé en 1826 par l'actuelle salle qui occupe le centre du Parlement. Notez la disposition en ellipse, tout à fait adaptée pour des célébrations religieuses. Des portraits de différents seigneurs de Biscaye et des tableaux évoquant les serments des *fueros* ornent ses murs.

Chêne – L'arbre actuel, planté en 1860, se dresse face à la tribune. Son prédécesseur, dont il ne reste que le tronc, est protégé par un petit temple construit en 1929, un peu à l'écart.

Palacio Alegría – Museo Euskal Herria

℘ 946 255 451 - www.bizkaia.net/euskalherriamuseoa - ♿ - mat. et apr.-midi, dim. mat. - fermé lun. - 3 € (- 26 ans 1,50 €).

Belle demeure épargnée par le bombardement de 1936. Le musée s'attache à expliquer l'histoire de la maison, puis celle plus large de l'habitat basque (maquette à l'appui) et de la navigation. À l'étage, vous découvrirez toutes les personnalités qui ont contribué à redonner un souffle à la culture basque au 19e s.

Aux alentours

Cuevas de Santimamiñe

6 km au nord-est par la BI 2238 en direction de Lekeitio. Après 2,5 km, prenez à droite la BI 4244. Fermé à la visite.

En 1917, on découvrit dans ces grottes des peintures et gravures rupestres de l'époque magdalénienne et d'intéressants gisements archéologiques. Désormais, pour les sauvegarder, les salles ornées de peintures sont fermées à la visite.

Bosque de Oma

8 km au nord-est par la BI 2238 en direction de Lekeitio. Après 2,5 km, prenez à droite la BI 4244. ⟲ Comptez 45mn depuis le parking des grottes. Le chemin monte, bordé d'épineux puis de de pins, et redescend sur 300 m pour mener au bois peint.

Des formes géométriques capricieuses, des silhouettes humaines qui se cachent derrière les troncs et d'immenses taches de couleur témoignent de l'union entre l'art et la nature qu'a voulu inscrire en ce lieu boisé Agustín Ibarrola.

Parque natural de Urdaibai

Sur la rive gauche de l'estuaire en direction de Mundaka. ℘ 946 257 125 - ♿ - juin-août tte la journée ; reste de l'année : w.-end et j. fériés tte la journée - fermé à Noël - gratuit.

Déclaré réserve de la biosphère par l'Unesco en 1984, il couvre 220 km², soit près de 22 municipalités ou 10 % de la Biscaye. Il s'étale sur les deux versants de l'estuaire, englobant aussi bien la côte sableuse que les zones marécageuses et les forêts de résineux et de chênes verts.

25 milieux végétaux différents ont été répertoriés entre les forêts, les maquis et les landes, les rochers, l'eau et les sables côtiers. Cette diversité fait le bonheur des oiseaux migrateurs et des mammifères, mais aussi celui des poissons et des amphibiens qui évoluent dans la zone.

Observatoire des oiseaux – *Dir. Mundaka, par la BI-2235. À Altamira, repérez sur la droite un panneau, planté tout de suite après le petit pont, indiquant la réserve d'Urdaibai. La route mène à la station de chemin de fer. Garez-vous et traversez la voie, en faisant bien attention. Au bosquet, vous trouverez un panneau explicatif. Suivez le sentier à gauche.* On accède à l'observatoire *(15mn)* par une vaste étendue herbeuse et parfois

Embouchure de la ría de Guernica.

marécageuse, qui mord sur la ría encadrée par les collines. On a ainsi l'impression d'être au cœur de l'estuaire où s'ébattent spatules, hérons, aigrettes, etc.

Plages – Elles sont signalées par les panneaux « Hondartza », à droite de la BI-2235, mais sont finalement peu nombreuses. À **Sukarrieta**, la plage officielle, toute petite, se trouve face au jardin botanique, planté sur son rocher. La plupart des habitants profitent en fait de la marée basse pour descendre à même le sable de la ría et se baigner éventuellement dans les mares.

Circuit de découverte

80 km – env. 2h. Quittez Guernica (Gernika-Lumo) par la BI 635 au sud, en direction de l'A 8. À Zugaztieta, prenez à gauche la BI 3231. Traversez Aiuria, puis Urrutxua, et continuez vers Munitibar.

Balcón de Bizkaia (Balcon de Biscaye)★

Ce belvédère tourné vers les paysages montagneux dévoile, au-delà du faîte des arbres, une mosaïque de prés et de forêts.

Continuez sur la BI 3231 et, à Munitibar, tournez à droite vers Bolibar sur la BI 2224.

La route en descente vers Bolibar révèle par intermittences de très belles échappées sur le monastère de Cenarruza, isolé sur sa colline.

Juste avant Bolibar, prenez à droite en direction de Ziorta.

Cenarruza★

N'hésitez pas à sonner à la boutique pour que le moine convers vienne vous ouvrir.

Charmant monastère (14ᵉ s.) regroupé autour de la collégiale de Cenarruza. L'attrait du site tient autant à son environnement champêtre qu'à la sobriété de son architecture. L'histoire raconte que durant la messe de l'Assomption célébrée à Sta Lucia de Garay en l'an 968, un aigle survola l'assemblée des fidèles pour s'emparer d'un crâne dépassant des sépultures de l'église. Depuis, les armoiries de Cenarruza représentent la scène. Vous pourrez en voir une représentation sur le mur extérieur de la porte est.

Collégiale – ℘ 946 844 017 *(office de tourisme) - avr.-août : lun.-sam. mat. et apr.-midi - possibilité de visite guidée sam. 11h et 17h, dim. 11h - gratuit.* Jetez un œil à son petit cloître avant d'entrer dans l'église, d'une simplicité émouvante. Son seul luxe se concentre dans le petit retable polychrome de l'autel qui abrite le tombeau de l'abbé Irusta (1485-1563). En sortant, notez les sculptures réalisées sur les poutres du auvent, et tournez-vous vers la porte pour ne pas manquer les figures naïves qui la surmontent.

Revenez à Bolibar.

Bolibar

L'église forteresse Santo Tómas, fondée au 10ᵉ s. et reconstruite aux 17ᵉ et 18ᵉ s., paraît occuper tout l'espace de cette petite commune d'où serait originaire Simon Bolivar. Un petit musée, installé dans une maison traditionnelle située à quelques mètres derrière l'église, lui est consacré.

Museo Bolivar – ☎ 946 164 114 - www.simonbolivarmuseoa.com - juil.-août : mat. et apr.-midi ; reste de l'année : mat. - fermé lun. - gratuit.

Le premier étage évoque l'histoire du village médiéval, et le deuxième présente la vie et la carrière de l'homme d'État au travers de panneaux et de documents d'archives.

Quittez Bolibar en direction de Markina-Xemein par la BI 633.

Markina-Xemein

Mentionnée pour la première fois dans les textes en 1355, cette commune jouait un rôle défensif sur la frontière avec le Guipúzcoa.

San Miguel de Arretxinaga – Chapelle légèrement excentrée dans le quartier d'Arretxinaga. À l'intérieur, trois gigantesques rochers se soutiennent mutuellement, faisant comme une grotte à la statue de saint Michel (16e s.).

Église des Carmélites – *Dans le village, en direction de Durango.* 18e s. Elle abrite trois magnifiques retables en bois doré.

Kalea Guen – Cette rue conserve encore deux maisons-tours aux nos 5 et 7. Voyez à proximité l'hôtel de ville (16e s.) aux colonnes baroques de grès rose.

Place principale – Bel espace dégagé, sur lequel donne l'église et des maisons anciennes, comme le palais baroque Solartekua, repérable à ses blasons.

Revenez à Guernica par la BI 3448 qui part vers Aulesti, à l'ouest. Là, vous prendrez la direction de Guernica.

Guernica pratique

Adresse utile

Office du tourisme de Guernica – C/ Artekalea, 8 - 48300 Gernika-Lumo - ☎ 946 255 892 - www.gernika-lumo.net - juil.-août : tte la journée ; reste de l'année : mat. et apr.-midi, dim. et j. fériés mat. - fermé 1er et 6 janv., 24, 25 et 31 déc.

Visites

Les itinéraires proposés dans la ville sont balisés au sol par des carreaux de céramique de différentes couleurs.

Visite des bombardements – À l'office de tourisme pour les groupes (10 pers.) - mar.-merc. 10h30- 2,22 €.

Train – Euskotren - ☎ 902 543 210 - le train relie Gernika, Mustaka et Bermeo en passant par Bilbao - 1,20 €.

Se loger

⊖ **Pension Akelarre** – Barrenkale, 5 - Gernika-Lumo - ☎ 946 270 197 ou 656 762 217 - akelarre@hotelakelarre.com - 17 ch. 37/51 € - ☲ 4,50 €. Cette coquette pension a beaucoup de charme. Les chambres personnalisées allient avec bonheur l'esthétique au confort. Le salon, aménagé au dernier étage, offre un accès gratuit à Internet. Il dispose surtout d'une terrasse avec solarium et vue panoramique sur les toits de la ville.

⊖⊖ **Hôtel Gernika** – Carlos-Gangoiti, 17 - Gernika-Lumo - ☎ 946 250 350 - h_gernika@hotel-gernika.com - 🅿 - fermé 22 déc.-8 janv. - 40 ch. 76 € - ☲ 6 €.

Établissement familial disposant d'un bar élégant et d'un agréable espace de détente. Deux types de chambres : les plus modernes possèdent la climatisation et des salles de bains en marbre.

Se restaurer

⊖ **Gernika** – Industria, 12 - Gernika-Lumo - ☎ 946 250 778 - 9,50/18 €. D'entrée, cette petite adresse inspire la sympathie. Le décor – murs en pierre, tables bien dressées et belle collection d'horloges anciennes – est chaleureux. Les spécialités basques plaisent au palais. La musique d'ambiance et l'accueil souriant rendent le lieu encore plus agréable.

⊖⊖⊖ **Zallo Barri** – Juan-Kaltzada, 79 - Gernika-Lumo - ☎ 946 251 800 - restaurante@zallobarri.com - ouv. seult déj. sf jeu., vend. et sam. - 33/43 €.

Établissement moderne au décor minimaliste dont les salles de restaurant sont séparées par des cloisons amovibles, pour distinguer le service à la carte du service des menus. Bien aménagé, il propose une cuisine moderne intéressante.

Événements

Carnaval de Markina-Xemein – ☎ 946 167 454 - le dimanche de carnaval (fév.-mars).

Fêtes patronales de Gernika-Lumo, Andra Mari et San Roque (14-18 août).

Fête de San Miguel à Markina-Xemein (29 sept.).

Grand marché (dernier lundi d'oct.).

Guéthary

1 284 HABITANTS
CARTE GÉNÉRALE C2 – CARTE MICHELIN RÉGION 573 B25
PYRÉNÉES-ATLANTIQUES (64)

La plus petite commune de la Côte basque ne s'en laisse pas conter et dispose d'atouts de poids pour contrebalancer l'attrait de ses voisines plus importantes : la tranquillité et les plages. Le « joyau de la Côte basque » préserve en effet son calme tout en accueillant l'année durant les surfeurs, attirés par ses spots réputés.

- **Se repérer** – La station se concentre entre la D 810 et la mer, descendant en pente plus ou moins douce vers les plages et son petit port.
- **Se garer** – Près de la gare. Évitez le port en voiture, il est très vite saturé et le demi-tour n'est pas évident.
- **À ne pas manquer** – La vue depuis la terrasse surplombant la plage.
- **Pour poursuivre la visite** – Voir aussi St-Jean-de-Luz, Biarritz et Bidart.

Descente vers la plage de Guéthary.

Stéphane Sauvignier / MICHELIN

Comprendre

Du port de pêche à la station balnéaire – Les premières traces d'activités humaines à Guéthary remontent à l'époque romaine, avec la présence de saloirs attestée par une épitaphe du 1er s. Mais sa principale source de richesse a toujours été la mer. Jusqu'au 19e s., on y chassait notamment la baleine franche noire, qui évoluait dans le golfe de Gascogne. L'animal était ramené au port où on le dépeçait sur le plan très incliné, encore visible aujourd'hui. Les pêcheurs pistaient aussi les bancs de thons et de sardines, mais leur port ne bénéficiant pas de mouillage, l'activité a progressivement disparu au 20e s. Aujourd'hui, les villas de style labourdin ont remplacé le quartier des pêcheurs et les surfeurs ont investi ses eaux. Guéthary a réussi sa reconversion !

Visiter

Musée municipal Saraleguinea

Parc André-Narbaïts - 117 av. du Gén.-de-Gaulle - ☎ 05 59 54 86 37 - www.musee-de-guethary.fr - mai-oct. : apr.-midi - fermé mar., dim. et j. fériés - 2 € (-15 ans gratuit). Belle maison de style néobasque (1900), édifiée pour un Basque ayant fait fortune en Amérique. Le musée présente les œuvres du sculpteur polonais **Georges Clément de Swiecinski** (1878-1958). La visite se poursuit dans le parc qui est parsemé de Laminaks réalisés par le mosaïste Michel Duboscq (son atelier se visite) ou Claude Viseux.

Église St-Nicolas

Au-delà de la D 810, sur la hauteur d'Elizaldia, l'**église** renferme un Christ en croix et une Pietà du 17e s., ainsi que le monument de Mgr Mugabure (1850-1910), enfant du pays devenu le premier archevêque de Tokyo.

Guéthary pratique

Adresse utile

Office de tourisme – 74 r. du Comte-de-Swiecinski - 64210 Guéthary - ✆ 05 59 26 56 60 - www.guethary-france.com - de mi-juin à mi-sept. : mat. et apr.-midi ; reste de l'année : mat. et apr.-midi, sam. mat. - fermé dim. et j. fériés. Il propose un plan comprenant 2 promenades qui permettent de découvrir le village.

Se loger

⊖ **Chambre d'hôte Mᵐᵉ Urtizberea-Arbieu** – 46 r. Assombrenea - ✆ 06 77 97 51 18 - ⊀ - 5 ch. 40/52 € ⊡. Dans le bourg mais à l'écart de l'agitation balnéaire, cette grosse maison au milieu d'un jardin abrite cinq chambres au 1ᵉʳ étage. Toutes sont identiques avec un confort modeste, compensé par une tenue irréprochable.

⊖⊜⊜ **Hôtel Brikéténia** – R. de l'Empereur - ✆ 05 59 26 51 34 - fermé 2 nov.-14 mars - **P** - 18 ch. 85/95 € - ⊡ 10 €. Cette jolie maison à colombages, relais de poste du 17ᵉ s., aurait reçu Napoléon. Chambres bien rénovées ou anciennes ; certaines ont vue sur l'Océan. Petit-déjeuner soigné.

Se restaurer

👁 **Bon à savoir** – L'office du tourisme de Guéthary voisine avec plusieurs petites adresses proposant des casse-croûte, assiettes et salades tout à fait honorables, souvent servis en terrasse.

⊜⊜⊜ **Villa Janénéa** – 352 av. du Gén.-de-Gaulle - ✆ 05 59 26 50 69 - gaellethibon@aol.com - fermé janv., fév., merc. soir, jeu. sf j. fériés et vac. scol. - 30 €. Sobre salle à manger de style contemporain, complétée d'une terrasse côté rue et côté jardin. Cuisine au goût du jour personnalisée.

Sports & Loisirs

👁 **Bon à savoir** – La grande plage de Parlementia, que se partagent Guéthary et Bidart, est sans aucun doute la plus agréable du coin. Surveillée en juillet et en août, sa côte est longée par un sympathique chemin piétonnier. Les plages de Cenitz et de Harotz Costa (sentier près du port) ne sont pas surveillées.

École de surf de Guéthary – 582 av. du Gén.-de-Gaulle - ✆ 06 08 68 88 54 – http://surf.guethary.free.fr - 15 juin-15 sept. : 9h-12h30, 15h-18h30 ; reste de l'année : sur RV. École de surf et de bodyboard depuis 1996. Cours et stages assurés par des moniteurs brevetés d'État. Location de matériel et vente d'accessoires.

Côte de **Guipúzcoa** ⋆

CARTE GÉNÉRALE BC2 – CARTE MICHELIN RÉGION 573 C24-23-22 – GUIPÚZCOA

Sans doute moins préservée que celle de Biscaye, la Côte guipúzcoane n'en demeure pas moins riche en plages de sable fin, en petits ports et en routes de corniche panoramiques. Entre mer et collines, vous découvrirez un pays à l'identité bien marquée.

- ◗ **Se repérer** – L'itinéraire croise et recroise l'A 8, depuis Irún, à la frontière française, jusqu'à Mutriku, à 46 km à l'ouest de St-Sébastien.
- 👁 **À ne pas manquer** – La corniche basque d'Hondarribia à Pasai.
- ◷ **Organiser son temps** – Un long week-end peut suffire pour parcourir l'intégralité de cette côte, étape à St-Sébastien comprise.
- ⚭ **Pour poursuivre la visite** – Voir aussi Hendaye, St-Sébastien et Azpeitia.

Découvrir

IRÚN

Au premier abord, la ville-frontière d'Irún ne déborde pas de charme. Mais ses rues réservent tout de même quelques surprises agréables.

Andra Mari del Juncal

Bel exemple d'église gothique basque du 16ᵉ s. Notez l'extérieur austère et massif, à l'exception du portail baroque. L'intérieur abrite un orgue Cavaillé Coll et la plus ancienne statue de la Vierge de la province.

Plaza de San Juan Harria

Bordée de vieilles demeures et de l'hôtel de ville (18ᵉ s.), elle arbore une colonne datant de 1564, symbolisant l'indépendance de la ville (l'histoire dit qu'elle commémorerait la résistance à l'invasion française).

Oiasso - Museo romano

Eskoleta, 1. À deux pas de la plaza de San Juan Harria, à l'opposé de l'hôtel de ville. ℰ *943 639 353 - www.oiasso.com - mat. et apr.-midi - 4 € (6-16 ans 3 €).*

Entrepôt, puis école, ce vaste bâtiment rénové abrite aujourd'hui un musée consacré aux origines d'Irún. Des panneaux et quelques vestiges archéologiques replacent l'antique Oiasso dans le contexte romain et autochtone, avant d'aborder sa vie et son activité. Au premier étage, un film en 3 D fait la joie des enfants qui peuvent se déplacer par exemple dans les thermes romains. Le deuxième étage s'attache à l'urbanisme et au port, plaque tournante du commerce impérial, à travers un film et les découvertes archéologiques faites à Irún.

Ermita Sta Elena – *En lisière de centre-ville, à proximité du cours d'eau, après le petit pont de pierre sur la droite en direction de l'ermitage San Martial et de la France. Demandez à l'accueil du musée Oiasso.* En complément du musée, la chapelle présente des vestiges de sépultures datant de l'époque romaine.

Face au pont, remarquez la fontaine Sta Elena, de style baroque.

Parque Ecológico de Plaiaundi/Plaiaundiko Parke Ekologikoa

Entre la voie ferrée et l'aéroport. Visez la gare, passez au-dessus des voies de chemin de fer, poursuivez tout droit jusqu'au rond-point et suivez le fléchage. ℰ *943 619 389 - www.euskadi.net/txingudi -* &. *- mat. et apr.-midi - fermé 24, 25 et 31 déc., 1ᵉʳ et 6 janv. - gratuit.*

Déployée sur la baie de Txingudi, Fontarabie et Irún, cette réserve de 23,4 ha protège une zone de marécages riche en faune et en flore (jusqu'à 212 espèces d'oiseaux y nichent en période de migration). De la zone d'activités qui en avait pris possession demeure un stade, encadré par des étangs où s'ébattent aigrettes, martins-pêcheurs et canards. Leurs rives sont jalonnées d'observatoires : pensez aux jumelles. Un sentier en fait le tour, ponctué de panneaux et de belles vues sur la baie… et la piste de l'aéroport ! Le centre d'interprétation présente toute la biodiversité et l'histoire du site. On peut également y emprunter des jumelles contre une pièce d'identité.

Amaury de Valroger / MICHELIN

Le site de Getaria côté plage.

Circuit de découverte

ROUTE DE LA CORNICHE

43 km – env. 1h15. Quitter Irún par la N 638.

Fontarabie/Hondarribia/Fuenterrabia★★ *(voir ce nom)*

Sortez du bourg par la GI 3440.

Route de Jaizkibel

Le **parcours★★** sur cette route est magnifique surtout au coucher du soleil. À 5 km, la **vue★** depuis la chapelle de N.-D. de Guadalupe dévoile l'embouchure de la Bidassoa et la Côte basque française. La route s'élève ensuite dans les pins et les ajoncs, dominant la mer. À l'Hostal du Jaizkibel, situé à proximité du sommet de 584 m, un belvédère offre une très belle **vue★★** *(table d'orientation).*

La descente sur Pasai Donibane découvre des **aperçus**★ magnifiques sur la côte déchiquetée, les monts Cantabriques et les monts Ulía, ainsi que sur Urgull et Igueldo qui dominent St-Sébastien.

Pasai Donibane★

Entourant une baie remarquablement abritée puisqu'elle ne communique avec l'Océan que par un étroit goulet, Pasai comprend trois agglomérations : **Pasai Antxo** (port de commerce), **Pasai Donibane**★ et **Pasai San Pedro** (les ports de pêche). Ils occupent la première place sur la Côte basque pour la valeur du poisson pêché. On y pratique en particulier la pêche lointaine à la morue. Pour accéder à **Pasai Donibane**★, laisser la voiture à l'entrée du village ou prendre la vedette à San Pedro. L'arrivée en vedette ménage une **vue** pittoresque sur les hautes façades aux balcons de bois peints de couleurs vives. L'unique rue du village se faufile entre les maisons et sous leurs voûtes, dévoilant au passage l'église St-Jean-Baptiste (17ᵉ s.), les maisons de Victor Hugo et de Lafayette, et de petits embarcadères charmants. On peut longer la rade jusqu'à l'Océan par le chemin du Phare *(3/4h)*.

Ne manquez pas, dans l'une des premières petites venelles filant vers l'eau, le **Centre de recherche et de construction d'embarcations traditionnelles Ontziola**, qui perpétue les techniques de construction navale du Pays basque. Il recrée les bateaux les plus usités aux 18ᵉ et 19ᵉ s. Il faut compter au moins un an, beaucoup de chênes des Landes et plusieurs apprentis (certains viennent du Japon) pour en reconstituer ne fût-ce qu'un. Un espace d'exposition est aménagé dans le hangar même de construction. Le centre assure aussi des visites guidées du chantier et de la baie.

Lezo

Village où corsaires et constructeurs navals se partageaient la vedette. Sa basilique Santo Cristo du 16ᵉ s. abrite l'une des rares représentations en Europe d'un **Christ imberbe** (13ᵉ s.), avec celles d'Azitain (Eibar) et de Cracovie (Pologne). Impressionnante de sobriété et de jeunesse, l'image n'en est que plus douloureuse.

Rentería/Errenteria

Son centre médiéval, compris entre la plaza de los Fueros et la rivière, a été classé « ensemble monumental ». Il comprend une dizaine de rues et de ruelles alignant quelques manoirs des 16ᵉ, 17ᵉ et 18ᵉ s. Seul le blason les distinguent des autres maisons anciennes, plus communes. Voyez l'hôtel de ville du 17ᵉ s., N.-S. de la Asunción qui conserve un retable néoclassique du 18ᵉ s. et un autre, l'« autel des âmes », de la fin du 15ᵉ s., ainsi que l'ermitage Sta María Magdalena, un peu excentré par rapport au quartier.

St-Sébastien/Donostia/San Sebastián★★ *(voir ce nom)*

ROUTE DES PLAGES

58 km – env. 1h. Quittez St-Sébastien par l'A 8 en direction de Bilbao. Au niveau de la sortie 10, prenez la direction de Pampelune et Vitoria et sortez presque immédiatement à Txikierdi. Prenez ensuite la direction d'Usurbil et suivez la N 634.

Orio

Église St-Nicolas – Cette église reconstruite à la Renaissance conserve tout de même des allures de forteresse, rappelant l'époque où elle servait de tour de guet.

Nagusia kalea – La rue principale qui la longe est bordée de maisons anciennes des 15e, 16e, ou 17e s., souvent blasonnées.

En chemin pour Zarrautz, n'hésitez pas à faire un détour par la GI 2631 qui monte à Aia. En plus d'être ombragée, la route ménage de beaux points de vue sur la côte et passe devant l'arboretum d'**Iturraran**, lequel abrite aires de pique-nique, parcours fléché et surtout la Maison du **parc de Pagoeta**. Vous y trouverez toutes les informations nécessaires pour effectuer quelques randonnées dans cette zone qui s'étend sur les hauteurs au sud de Zarautz. *943 835 389 - &. - août-sept. : tlj sf lun. mat. et apr.-midi, w.-end et j. fériés mat. ; reste de l'année : w.-end et j. fériés mat. - gratuit.*

Redescendez sur la N 634.

Zarautz

Cette station balnéaire, célèbre depuis que la reine Isabelle II en fit au 19e s. sa villégiature, est aménagée dans un site agréable qui forme un amphithéâtre de collines autour d'une immense **plage**. Le quartier ancien a conservé deux beaux **palais** : dans la calle Mayor, la **tour Luzea**, avec d'élégantes fenêtres *(voir p. 90)*, et, dominant la plage, celui du marquis de Narros (16e s.), aux angles garnis d'échauguettes. À côté, à l'écart de l'église Santa María, s'élève le clocher.

Tour Luzea à Zarautz.

Stéphane Sauvignier / MICHELIN

Ensemble archéologique et monumental de Sta-Maria-la-Real – *943 835 281 - www.menosca.com - mat. et apr.-midi, dim. apr.-midi - fermé lun. - 1,20 €.* Il comprend la tour-clocher et l'église mitoyenne du 15e s., dans lesquels ont été mis au jour des sépultures (visibles) et des gisements remontant pour certains à l'âge du Fer. La tour présente, en visite libre, l'histoire de la Côte basque et de Zarautz. La visite de l'église se fait à heures fixes avec un guide.

Photomuseum – *943 130 906 - www.photomuseum.name - mat. et apr.-midi - fermé lun., 1er janv., Vend. saint, 26 juin, 31 juil., 9 sept. et 25 déc. - 6 € (- 18 ans 3 €).* Espace consacré à l'art de la photo (paysages, portraits, surréalisme,...) et à l'histoire de ses techniques, depuis la lithographie jusqu'au numérique avec appareils et clichés à l'appui, en passant par ses applications scientifiques en médecine, botanique, etc.

Après Zarautz, la route, taillée en **corniche★★** au bord de l'Océan jusqu'à Zumaia, devient très pittoresque. On arrive bientôt en vue du rocher *(el ratón, « la souris » ou île San Antón) de Getaria.*

Parque natural de Aia

Zone frontalière avec la Navarre, ce parc de 6 145 ha correspond au massif d'Aiako Harria, qui termine l'axe pyrénéen. Ses sommets les plus hauts culminent à 806 m pour l'Irumugarrieta et 821 m pour le Txurrumurru. Mais ce sont encore les Peñas de Aia, avec leurs 833 m à seulement 10 km du littoral, qui demeurent les plus connues. On y accède depuis Irún ou Oiartzun, village que l'on rejoint via Renteria. Terrain d'escalade et de randonnées, le domaine comprend aussi bien des zones de pâturage que des hêtraies ou des chênaies, les rochers d'altitude étant réservés aux vautours.

www.aiapagoeta.com.

La vieille ville de Zumaia.

Amaury de Valroger / MICHELIN

Avant d'accéder à ce pittoresque port, faites un détour par l'intérieur des terres jusqu'à **Zestoa**. C'est une petite station thermale qui dut sa renommée au 19e s. à l'infant Francisco de Paula Antonio, frère de Fernando VII. En 1927, l'établissement de bains de la ville, encore en activité aujourd'hui, accueillait jusqu'à 6 000 pensionnaires *(voir Azpeitia pratique)*.

Getaria

Près du « ratón », auquel il est relié par une digue, Getaria est un petit port de pêche réputé pour ses *chipirones* (nom des calmars sur cette côte) et ses poissons grillés. On n'y part plus, de nos jours, pour la pêche à la baleine, ni pour les Indes comme **Juan-Sebastián de Elkano**, natif de Getaria, qui ramena des Philippines, où Magellan avait été assassiné, l'unique bateau restant de l'expédition, concluant ainsi le premier tour du monde (1522). Une rue étroite mène à l'**église de San Salvador** (13e-15e s.) dont le chœur s'appuie sur un arc où passe une ruelle (crypte). À l'intérieur, belle galerie de style flamboyant.

Musée Balenciaga – *Fermé par travaux*. Présentation d'une vidéo sur le grand couturier et exposition de certaines de ses créations.

Zumaia

À l'embouchure de l'Urola, Zumaia possède deux plages.

La première, **Itzurun**, est cernée par les falaises. On y accède, depuis le pied de l'**église San Pedro** (15e s.) à l'impressionnante nef unique (grand retable de Juan de Anchieta, 16e s.), par un passage bordé de très hauts murs. La meilleure vue sur ses **falaises** plissées s'obtient depuis le sanctuaire San Telmo *(depuis le pied de San Pedro, par la rue San Telmo, prenez la 2e à gauche et suivez-la jusqu'au bout)*.

La deuxième plage, **Santiago**, se trouve à l'entrée de la localité. C'est à proximité de celle-ci que vécut le peintre **Ignacio Zuloaga** (1870-1945). Sa maison a été convertie en **musée**, où sont exposées ses œuvres, aux couleurs ardentes, aux tracés vigoureux, illustrant des thèmes réalistes et populaires, mais aussi sa collection personnelle (tableaux du Greco, de Goya, de Zurbarán, de Morales). *C/Santiago Etxea s/n -* ☎ *943 862 341 - avr.-sept. : apr.-midi - fermé lun.-mar. - 6 €*

Les falaises de flysch sont particulièrement belles entre Zumaia et Deba et vont bénéficier du classement « biotope protégé ».

Icíar/Itziar

Le sanctuaire-forteresse renferme, dans un retable en bois sombre, une souriante Vierge romane du 12e s. habillée d'un manteau somptueux.

Deba

À l'embouchure du Deva, c'est un petit port de pêche. L'**église Santa María la Real** cache, sous le porche de sa façade fortifiée, un beau **portail gothique★** dont la statuaire montre beaucoup de naturel. Son cloître présente des arcades compliquées. *À Deba, prenez la GI 638.*

Sur le trajet en **corniche★** de Deba à Lekeitio, du promontoire qui ferme l'estuaire du Deva, **vue★** splendide sur la côte.

Mutriku★

Mutriku s'honore de posséder l'une des plages les plus enchanteresses de la Côte basque, la **plage de Saturraran**.

Son petit centre ne manque pas d'attrait non plus, entre ses maisons blasonnées et ses ruelles mystérieuses. Voyez plutôt le palais Arrietakua (18e s.) à l'avant-toit joliment sculpté ou le palais Zabiel aux colonnes torsadées. Au détour des rues, vous apercevrez aussi le magnifique blason du palais Olazarra-Mizquia (17e s.).

Côte de Guipúzcoa pratique

♿ Voir aussi l'encadré pratique d'Azpeitia.

Adresses utiles

Office du tourisme de Getaria – *Parque Aldamar, 2 - 20808 Getaria - ☎ 943 140 957 - de mi-juin à mi-sept. et Sem. sainte : mat. et apr.-midi, dim. mat. - fermé lun.*

Office du tourisme d'Irún – *B° de Behobia - 20305 Irún - ☎ 943 622 627 - mat. - fermé w.-end et j. fériés.*

Office du tourisme de Mutriku – *Pl. Txurruka s/n - 20830 Mutriku - ☎ 943 603 378 - www.mutriku.net - juil.-août et Sem. sainte : mat. et apr.-midi ; reste de l'année : tlj sf lun. mat. et apr.-midi, dim. et j. fériés mat. - fermé 1er et 6 janv., 24, 25 et 31 déc.*

Office du tourisme d'Orio – *Herriko Enparantza, 1 - 20810 Orio - ☎ 943 830 904 - www.oriora.com/Camping - juin-sept. et Sem. sainte : mat. et apr.-midi, dim. mat. ; mai et oct. : sam. mat. et apr.-midi, dim. mat.*

Office du tourisme de Pasai Donibane – *Casa de Victor Hugo - Donibane, 63 - 20110 Pasai Donibane - ☎ 943 341 556 - www.oarsoaldea-turismo.net - mat. et apr.-midi fermé 1er janv. et 25 déc.*

Office du tourisme de Zarautz – *Nafarroa, 3 - 20800 Zarautz - ☎ 943 830 990 - www.turismozarautz.com - de mi-juin à mi-sept. : mat. et apr.-midi, dim. et j. fériés mat. ; reste de l'année : mat. et apr.-midi, sam. mat. - fermé dim. (sf de mi-juin à mi-sept.), 6 janv., 9 sept., 24 déc.-1er janv.*

Office du tourisme de Zumaia – *Kantauri plaza, 13 - 20750 Zumaia - ☎ 943 143 396 - www.zumaiaturismoa.com - de mi-juin à mi-sept. : mat. et apr.-midi ; reste de l'année : mat. et apr.-midi - fermé dim. apr.-midi, lun., mar. mat. (sf de mi-juin à mi-sept.), 1er janv. et 25 déc.*

Se loger

⛳🏨 **Hôtel Zarauz** – *Nafarroa, 26 - Zarautz - ☎ 943 830 200 - hzarauz@ hotelzarauz.com - fermé 22 déc.-7 janv. -* **P** *- 75 ch. 79/105 € - ☕ 7,25 € - rest. 10,80 €.* Hôtel confortable bénéficiant d'un bon équipement. Chambres classiques, un peu vieillottes, mais compensées par des parties communes avenantes.

⛳🏨 **Hôtel Roca Mollarri** – *Zumalakarregi, 11 - Zarautz - ☎ 943 890 767 - info@hotel-rocamollarri.com -* **P** *- fermé 18 déc.-7 janv. - 12 ch. 79/106 € ☕.* Bel établissement dont une partie est consacrée à l'hôtel et l'autre aux habitations privées. Géré de main de maître, il propose des chambres chaleureuses et accueillantes.

⛳🏨🍽 **Hôtel Zelai** – *Playa de Itzurun - Zumaia - ☎ 943 865 100 - info@ talasozelai.com - 28 ch. 85/140 € - ☕ 10 € - rest. 15 €.* Orienté vers le tourisme de santé car les installations ont été développées autour d'un centre de thalassothérapie. Chambres fonctionnelles et lumineuses dont la moitié offrent de belles vues.

Se restaurer

🍽🍽🍽 **Karlos Arguiñano** – *Mendilauta, 13 - Zarautz - ☎ 943 130 000 - kahotel@ karlosnet.com - fermé janv., fêtes de Noël, dim. soir, mar. soir en hiver et merc. - 31/60 € - 12 ch. 120/190 € - ☕ 10 €.* Ancien petit palais en pierre connu sous le nom de Villa Aiala, où le propriétaire a su recréer un environnement très accueillant avec deux salles soignées et des chambres chaleureuses.

Sports & Loisirs

Alitan-Sub – *Aritzbatalde, 2 - Zarautz - ☎ 943 132 647 - alitan-sub@alitan-sub. com.* Pêche sous-marine ou sportive, plongée, cours d'apnée, conférences sur l'Océan, promenades en mer… : si vous souhaitez faire du tourisme actif, ce club nautique, fondé en 1989, répondra à vos attentes grâce à ses multiples activités organisées pour les débutants comme pour les pratiquants confirmés.

Buceo Euskadi – *Iriagirre, 4 - Mutriku - ☎ 943 19 50 88 ou 617 333 003 - buceo@ buceoeuskadi.com.* Si vous n'avez jamais essayé la plongée, un conseil : contactez le centre Buceo Euskadi. Il propose aux débutants un programme baptisé « À la découverte de la plongée » très bien pensé. Les plongeurs confirmés peuvent quant à eux parcourir les fonds marins de l'Euskadi grâce aux nombreuses sorties en mer (tous niveaux).

Mutriku Arraun Taldea – *Kaia z/g apartatua, 88 - Mutriku - ☎ 605 751 127.* Mutriku a la chance de posséder l'une des plus belles plages de la Côte basque. Ses anses rocheuses sont également le prétexte à de sympathiques balades en kayak. La société Mutriku Arraun Taldea en loue plusieurs, individuel ou à 2 places. Point de départ : le port de Mutriku.

Zarpar – *Okerra, 1-3° A - Zestoa - ☎ 696 570 217 - jasper@euskalnet.net.* Pour découvrir la Côte cantabrique, rien de tel que de louer un voilier. Le bateau en question s'appelle *Le Tilaine.* Il mesure 10,5 m de long. À son bord, vous pourrez observer les dauphins et les baleines, visiter le Pays basque (plusieurs escales) ou partir à la découverte de la Cantabrie et des Asturies.

Begi-Bistan – *Puio, 2-2B - Donostia - ☎ 657 794 677 - begi-bistan@terra.es.* Cet organisme de loisirs offre une gamme variée de services, en collaboration avec les offices de tourisme locaux. Parmi les propositions les plus intéressantes : la visite culturelle de Zumaia, Getaria et Orio, le trekking côtier, les sorties naturalistes et les activités nautiques (kayak, bateau, plongée…).

Hendaye ★

12 596 HENDAYAIS
CARTE GÉNÉRALE C2 – CARTE MICHELIN RÉGION 573 B24
PYRÉNÉES-ATLANTIQUES (64)

Quelques brasses dans la Bidassoa et on se retrouve en Espagne. Ville-frontière entre mer et montagne, Hendaye vit, au cours des siècles, son sol foulé par bien des escarpins royaux. Mais pour l'heure, oubliée l'Histoire, elle se contente de bronzer, nager, surfer…

- **Se repérer** – Sur la rive droite de la Bidassoa qui vient se jeter dans l'Océan, Hendaye est formée de trois quartiers : Hendaye-Gare, Hendaye-Ville et Hendaye-Plage.
- **Se garer** – Près des plages.
- **À ne pas manquer** – Le château d'Antoine Abbadie.
- **Avec les enfants** – La longue plage en pente douce et le centre nautique restent des valeurs sûres pour les jeunes.
- **Pour poursuivre la visite** – Voir aussi la Côte du Guipúzcoa, la vallée de la Bidassoa, St-Jean-de-Luz.

Comprendre

L'incontournable Bidassoa – *Hendi* signifie « grand » en basque et *ibaï*, « rivière ». Ce serait donc la Bidassoa qui aurait donné son nom à la ville. L'île des Faisans illustre à merveille la situation stratégique de ce fleuve. Aujourd'hui, il n'en reste qu'un lambeau de terre boisé menacé par les flots, mais ce fut un haut lieu diplomatique. En 1463, Louis XI y rencontra Henri IV, roi de Castille. En 1526, François Ier, prisonnier en Espagne, y est échangé contre ses deux fils. En 1615, deux fiancées royales, Élisabeth, sœur de Louis XIII, choisie pour l'infant d'Espagne, et Anne d'Autriche, sœur de l'infant, choisie pour Louis XIII, prirent là officiellement contact avec leur nouvelle patrie. En 1659, on y signa le traité des Pyrénées si bien que, au printemps suivant, l'île fut le théâtre de préparatifs fiévreux pour le mariage de Louis XIV avec Marie-Thérèse, fille de Philippe IV d'Espagne. Vélasquez (qui mourra d'un refroidissement contracté au cours des travaux) décora le pavillon où fut signé le contrat de mariage. Chaque délégation désirant rester sur son territoire, le bâtiment fut divisé par une frontière imaginaire.

Une ville-frontière – De par sa situation stratégique en bord de fleuve, Hendaye a toujours fait office de frontière, en subissant les inconvénients. Jusqu'au 18e s., la cité se trouve en effet régulièrement en conflit avec les villes espagnoles d'Irún et de Fontarabie, notamment à propos des droits de pêche sur le fleuve et le golfe. Cela aboutit même à la destruction d'Hendaye en 1793.

La prospérité ne revient qu'à partir de 1864, avec l'arrivée du chemin de fer. Hendaye voit alors se construire le château d'Abbadie (1864), le casino de style mauresque (1884), un golf et l'hôtel Eskualduna (1911), ainsi qu'une flopée de villas d'inspiration basque témoignant de son attrait balnéaire. Mais son atout économique est avant tout lié au train, puisque la ville devient un nœud ferroviaire incontournable entre l'Espagne et la France (notamment en raison de la différence d'écartement des rails entre les deux pays, qui nécessitait des arrêts).

Illustres Hendayais – L'écrivain **Pierre Loti** est mort à Hendaye le 10 juin 1923, dans une modeste maison basque *(r. des Pêcheurs)*. La station est aussi la ville natale de **Bixente Lizarazu**, un des champions de l'équipe de France de football qui a remporté la Coupe du monde en 1998.

Séjourner

Hendaye-Plage

Si une chose ne manque pas à Hendaye-Plage, c'est bien le vert dans les jardins ou sur les avenues : magnolias, palmiers, tamaris, eucalyptus, mimosas et lauriers foisonnent. Dans l'ancien casino mauresque, vous flânez entre boutiques, cafés et restaurants. Il est le point de départ du GR 10 traversant les Pyrénées d'ouest en est.

Au nord-est de la plage, vous pouvez voir les rochers des Deux-Jumeaux, au large de la pointe de Ste-Anne ; à l'opposé, le **cap du Figuier★** (Cabo Higuer), déjà en Espagne, marque l'embouchure de la Bidassoa. Une piste cyclable relie la plage au centre-ville par la baie de Chingoudy.

Baie de Chingoudy

L'estuaire de la Bidassoa forme à marée haute un lac tranquille, la baie de Chingoudy, où l'on peut pratiquer toutes sortes d'activités nautiques. Port de plaisance avec navettes pour le petit port de pêche espagnol de **Fontarabie★** (**Hondarribia/Fuenterrabía**) – *(voir l'encadré pratique)*.

Visiter

Église St-Vincent

Grande église de type basque. La présentation actuelle – fragments de retable détachés de leur meuble, statues en bois polychrome – permet de détailler chaque œuvre. À droite, un baptistère a été installé dans une niche à fronton du 17e s. ; un bénitier roman décoré de la croix basque sert de cuve. La première galerie des tribunes supporte un petit orgue dont le buffet doré est décoré d'une Annonciation. Remarquez dans la chapelle du Saint-Sacrement, un grand **crucifix★**, œuvre sereine du 13e s.

Plage des Deux-Jumeaux.

Aux alentours

Domaine d'Abbadia

Sortez d'Hendaye par la D 912 en direction de St-Jean-de-Luz (par la corniche). Tournez à gauche en suivant le fléchage « Domaine d'Abbadia ». Attention, chiens, VTT et cueillette sont interdits. ℘ 05 59 20 37 20 - www.abbadia.fr - plusieurs formules de visites commentées sont proposées de mi-juin à mi-septembre. Prévoir des jumelles pour observer les oiseaux. À la pointe Ste-Anne, le domaine d'Abbadia est un site naturel protégé qui vous fait profiter des principales caractéristiques géographiques de la Côte basque : prairies couvertes de landes à ajoncs et à bruyères s'arrêtant en falaises abruptes sur la mer. Là encore, vous pouvez voir les fameux rochers des Deux-Jumeaux et, à l'aide de jumelles, observer les oiseaux migrateurs, tels que le pluvier argenté, le busard cendré, l'outarde canepetière et le milan royal.

Château d'Antoine Abbadie★★

Suivez la D 912 que l'on quitte à gauche pour entrer dans le parc du château. ℘ 05 59 20 04 51 - www.academie-sciences.fr/Abbadia.htm - juin-sept. : tte la journée, w.-end apr.-midi ; oct.-mai : tlj sf dim. et lun. apr.-midi - fermé j. fériés, de mi-déc. à fin janv. - 6,60 € (enf. 3 €).

Étonnant bâtiment néogothique, ce château est la demeure de l'explorateur et astronome Antoine Abbadie (1810-1897). Ce savant éclairé, après dix ans passés à mesurer l'Éthiopie pour la mettre en cartes, vint s'installer dans le pays d'origine de son père. Il choisit la pointe Ste-Anne pour faire bâtir un château digne de ses rêves africains, mais servant son goût pour le Moyen Âge et surtout pour la science. Pour ce faire, il fit appel à Viollet-le-Duc et à son élève Edmond Duthoit. Le mélange ne manque pas de piquant : tours crénelées à la médiévale et toits en poivrière dominent le parc planté d'essences et de plantes exotiques. Dans toutes les pièces – peintes, ornées de fresques, tendues de cuir de buffle… –, on peut lire des vers, des devises en anglais, en basque et en amharique (langue éthiopienne). Dans le grand **salon**★, peint en bleu foncé, brillent les monogrammes d'Antoine et de son épouse Virginie. Une façon de s'élever au rang d'étoile… L'observatoire conserve une lunette méridienne, utilisée par des prêtres astronomes jusqu'en 1975 ; elle servait principalement à déterminer le positionnement des étoiles dans le ciel.

Château d'Abbadie.

Biriatou

5 km au sud-est. Quittez Hendaye par la route de Béhobie.

Au-delà de Béhobie, la route longe la Bidassoa avant de s'élever en serpentant vers ce minuscule village. Une placette à fronton, l'auberge attenante, quelques marches et une église : voilà une image de carte postale. La vue s'étend sur les montagnes boisées, la rivière-frontière en contrebas et l'Espagne de l'autre côté.

Hendaye pratique

Adresse utile

Office du tourisme d'Hendaye – *67 bd de la Mer - 64700 Hendaye -* ℰ *05 59 20 00 34 - juil.-août : tte la journée, dim. et j. fériés mat. ; reste de l'année : tlj sf dim. journée avec interruption, j. fériés le matin - fermé 1er janv., 1er Mai, 8 Mai, 1er nov., 11 Nov. et 25 déc.*

Transports

Train – *0 800 872 872 - www.ter-sncf.com/aquitaine. Le forfait Passbask, utilisable tlj en juil.-août (le reste de l'année le w.-end), permet de voyager librement entre Bayonne et San Sebastián. En vente dans toutes les gares SNCF d'Aquitaine et celles d'Euskotren.*

Navette maritime – *Une navette maritime relie le port d'Hendaye à Fontarabie (Hondarribia) en 5mn - dép. ttes les 15mn - 1,50 €.*

Visites guidées

L'office de tourisme propose deux visites guidées : l'une concentrée autour du bourg historique, et l'autre sur le côté plage. *4 €.*

Se loger

⌂ **Camping Dorrondeguy** – ℰ *05 59 20 26 16 - www.camping-dorrondeguy.com - ouv. avr.-nov. - réserv. conseillée - 120 empl. 22 €.* Le propriétaire de camping très agréable a repris l'affaire fondée par sa grand-mère en 1950. Il propose des emplacements bien ombragés et séparés par des haies, des mobile homes tout neufs et un charmant petit village de cinq chalets. Parmi les loisirs, un fronton de pelote basque.

⌂ **Camping Ametza** – ℰ *05 59 20 07 05 - ametza@neuf.fr - ouv. juin-sept. - réserv. indispensable - 300 empl. 26 € - restauration.* Le camping Ametza reste une valeur classique et sûre. Parmi ses principaux atouts : l'accueil souriant, le cadre boisé et ombragé, le bon entretien des lieux, le bar-snack-épicerie et la piscine. Si vous ne voulez pas dormir sous la tente, optez pour les mobile homes ou les chalets.

⌂⌂ **Hôtel Valencia** – *29 bd de la Plage -* ℰ *05 59 20 01 62 - www.hotelvalencia.net - fermé 15 déc.-janv. -* **P** *- 22 ch. et appart. 47/77 € -* ⌸ *7 €.* En face de la grande plage d'Hendaye. La salle des petits-déjeuners, située au 1er étage, et quatre chambres bénéficient de la vue sur l'Océan et les côtes espagnoles. Décor et mobilier fonctionnels. Bar et salon de thé au rez-de-chaussée. Également studios et appartements très bien aménagés.

⌂⌂ **Hôtel Uhainak** – *3 bd de la Mer -* ℰ *05 59 20 33 63 - www.hotel-uhainak.com - fermé de fin nov. à janv. -* **P** *- 14 ch. 53/73 € -* ⌸ *6 €.* Seule la route qui longe le bord de mer sépare cet hôtel de la grande plage d'Hendaye. Les chambres et les salles de bains possèdent de beaux volumes. Celles du premier étage ont un balcon (à choisir de préférence côté océan) et sont meublées dans le style basque. Accueil simple et convivial.

⌂⌂ **Hôtel Les Jardins de Bakéa** – *R. Herri-Alde - 64700 Biriatou -* ℰ *05 59 20 02 01 - www.bakea.fr - fermé 14-31 janv., 8-18 oct., lun. et mar. -* **P** *- 25 ch. 53/120 € -* ⌸ *9,50 €.* Cette maison régionale du début du 20e s. est en pleine rénovation : elle devrait proposer huit confortables chambres, dont quatre mansardées.

⊜⊜⊜⊜ **Serge Blanco** – *Bd de la Mer -* 𝄞 *05 59 51 35 35 - www. groupesergeblanco.com - fermé 11-26 déc. - 79 ch. 127/203 € - ⊑ 13 € - rest. 38/75 €.* Ce centre de thalassothérapie est idéal pour vous bichonner le corps et… l'esprit. Les chambres, fonctionnelles, possèdent un balcon donnant sur l'Océan, la marina ou la cour intérieure. Restauration adaptée à votre envie : gastronomique, diététique ou simple grill l'été.

Se restaurer

⊜ **Restaurant du Casino** – *121 bd de la Mer -* 𝄞 *05 59 48 02 48 - casino.hendaye@ club-internet.fr - 14/25 €.* Ce restaurant a des airs de brasserie cossue : banquettes confortables, nappes colorées, terrasse face à la plage et service efficace. Sa carte propose des produits très frais et bien mitonnés. À goûter en priorité : le poisson grillé à la plancha, la selle d'agneau en croûte de sauge et les frites maison.

⊜ **La Cidrerie** – *D 810 - 64700 Biriatou -* 𝄞 *05 59 20 66 25 - fermé 2 sem. en oct., 25 déc.-1er janv. - 11/22 €.* À La Cidrerie, vous boirez bien sûr du cidre de la propriété, que vous accompagnerez d'une copieuse côte de bœuf ou d'une daurade grillés, spécialités de la maison. Le décor est simple – murs blancs, bois et petites fenêtres – et le service sans chichi.

⊜⊜ **Marco Polo** – *2 bd de la Mer, résidence La Croisière -* 𝄞 *05 59 20 64 82 - polom@wanadoo.fr - fermé 7 janv.-1er fév., le soir de nov. à mars sf sam. et vac. d'hiver - 22/39 €.* On pourrait se croire en croisière sur un bateau dans ce restaurant avec ses boiseries claires, ses rampes et objets en cuivre. Et par ses larges baies vitrées, la baie d'Hendaye, l'estuaire de la Bidassoa, la mer et… l'Espagne. Dans l'assiette, les poissons tiennent la vedette.

⊜⊜ **Enbata** – *76 av. des Mimosas -* 𝄞 *05 59 48 88 88 - www. groupesergeblanco.com - fermé 4-26 déc. - formule déj. et dîner 20 € - 28/35 €.* L'hôtel d'Ibaïa abrite plusieurs formules de restauration, dont l'Enbata. On dresse ses tables sur les terrasses de l'établissement - côté marina et côté piscine -, ainsi que dans des salles modulables. Le décor est contemporain et la cuisine, au goût du jour, emprunte son vocabulaire aux saveurs du terroir.

En soirée

👁 **Bon à savoir** – Les noctambules français prolongent souvent leurs sorties festives à **Irún**, de l'autre côté de la frontière. La vie nocturne s'y concentre autour de la place San Juan et de la rue Karrika Nagusia. Là, des dizaines de bars à tapas ouvrent jusqu'à des heures indues.

Casino de Sokoburu – *121 bd de la Mer, port d'Hendaye -* 𝄞 *05 59 48 02 48 - casino. hendaye@wanadoo.fr - 10h-4h.* Ce casino situé face à la plage et à proximité du centre de thalassothérapie vous permet de tenter fortune aux machines à sous tous les jours dès 10 h du matin… Black-jack et roulette fonctionnent en soirée. Pub, restaurant et animations.

Sports & Loisirs

Complexe Hôtelier et thalassothérapie – *125 bd de la Mer -* 𝄞 *05 59 51 35 35 - info@thalassoblanco. com - hôtel : 24h/24h ; thalasso : 9h-18h fermé 3 sem. en déc.* Week-end initiation thalasso comprenant une nuit en pension complète, 3 soins d'hydrothérapie (sam.) et accès libre à l'espace de remise en forme (dim.)

L'Hendayais II – *Port de Plaisance de Sokoburu -* 𝄞 *05 59 47 87 68 - fermé nov.-Pâques (sf pour les groupes).* La découverte de la côte basque à bord de *L'Hendayais II* montre tour à tour les falaises de schiste, la petite baie de Loya au pied du château d'Abbadie et les contreforts des Pyrénées. Les sorties durent de 45 minutes à deux heures. Si vous le souhaitez, vous pouvez aussi participer à une pêche en mer.

Bidassoa Surf Club – *1 bis r. de la Corniche -* 𝄞 *05 59 48 32 80.* École de surf labellisée par la Fédération française de surf.

Centre nautique – *64 av. des Mimosas -* 𝄞 *05 59 48 06 07 - www.hendaye.com - tlj sf w.-end 9h-12h, 14h-18h ; été 18h30.* Pratique de la voile et de la planche à voile. Location de kayak.

Memphis Jet – *Port de la Floride, zone technique -* 𝄞 *06 21 06 40 28 - memphisjet64700@aol.com.* Découvrir la côte basque en jet-ski, sans permis, est désormais possible grâce à cette société spécialisée dans la randonnée en mer. En compagnie d'un moniteur, vous longerez les côtes d'Hendaye, St-Jean-de-Luz, St-Sébastien et Biarritz. Sensations inoubliables en perspective !

Onaka – *R. des Aubépines - à côté de la poste de la plage -* 𝄞 *05 59 20 85 88 - www. onaka.fr.* Cette école de surf est un lieu incontournable pour qui veut pratiquer une activité sportive à Hendaye. Au programme : apprentissage et location de surf, randonnées à vélo ou à VTT (pour adultes et enfants), baptême de plongée, sorties en raft ou en kayak, skate et journée « Découverte de la pelote basque ».

Yakanoë – *Plage de Sokoburu -* 𝄞 *06 74 97 49 36 - www.yakanoe.com.* Découverte du littoral et des rivières basques en pirogue hawaïenne ou en kayak de mer. Initiation ou stages plus sportifs.

Forêt d'**Iraty** ★

CARTE GÉNÉRALE D2 – CARTE MICHELIN RÉGION 573 C-D26
PYRÉNÉES-ATLANTIQUES (64) ET NAVARRE

À cheval sur la frontière, la hêtraie d'Iraty, qui dès le 18e s. fournissait des mâts de navire aux marines de France et d'Espagne, constitue l'un des plus vastes massifs feuillus d'Europe. La forêt est traversée par deux sentiers pédestres, les GR 10 et 11, qui enchanteront les amoureux de la nature.

- **Se repérer** – On atteint le nord de la forêt d'Iraty par la D 18 en provenance de St-Jean-Pied-de-Port (32 km à l'ouest). Côté navarrais, le massif forestier se rejoint par la NA 140 qui relie les trois vallées à l'est de Roncevaux. On parvient alors à la forêt depuis Orbaizeta ou, plus à l'est, depuis Ochagavía.

- **Se garer** – Versant français, laissez votre voiture aux chalets d'Iraty ou un peu plus haut que le chalet de Cize, à proximité de l'embranchement avec la D 301 sur le parking herbeux à gauche de la route. Pour le massif sud, garez-vous à la fábrica de Orbaizeta pour rejoindre le GR 11. Depuis Ochagavía, montez jusqu'à N.-S. de las Nieves et vous retrouverez le GR 11. Mais vous pouvez déjà partir à pied de la ville.

- **Organiser son temps** – Les randonnées dans le massif s'échelonnent de une à plusieurs heures, avec des degrés de difficulté différents. Le choix est donc très large.

- **Pour poursuivre la visite** – Voir aussi St-Jean-Pied-de-Port, Larrau et Roncevaux.

Comprendre

Poumon vert – La plus grande hêtraie d'Europe couvre 17 195 ha de plateaux, de montagnes et de vallées comme celles d'Aezkoa et de Salazar, en Navarre. Ses sommets pointent en moyenne à 1 300-1 400 m, mais le plus haut, le mont Orhy, qui est aussi le plus oriental, culmine sur la frontière à quelque 2 021 m.

Eau vive – La forêt et le massif tirent leur nom de l'Irati, une rivière qui naît de la convergence des torrents Urtxuria et Urbeltza, au niveau de N.-S. de las Nieves. De là, elle file se jeter dans le lac d'Irabia pour ensuite couler vers Orbaizeta, puis vers le sud. À la même latitude que Pampelune, elle bifurque vers le sud-est en direction de Sangüesa, pour rencontrer l'Aragón.

Protection – Deux zones sont particulièrement préservées : la **Reserva Integral de Lizardoia**, au nord du lac d'Irabia, et la **Reserva Natural de Mendilatz**, au nord-ouest du même lac, vaste hêtraie-sapinière occupant un plateau karstique.

Faune et flore – Des zones comme celles-ci sont plantées de hêtres, de sapins, de houx ou de sorbiers, et constituent un habitat naturel idéal pour une foule d'animaux sauvages : oiseaux (roitelet triple-bandeau, rouge-gorge, pic noir et pic à dos blanc), petits mammifères (musaraigne, rat musqué, loir), petits carnassiers (chat sauvage, putois, belette, marte, renard, blaireau) ou seigneurs des forêts (cerf, sanglier, chevreuil).

Activités – Au cours des siècles, les hommes ont trouvé matière à exploiter le massif. Charbonniers, forestiers, forgerons, mineurs et bergers ont occupé ses pentes jusqu'au 20e s. Aujourd'hui, Iraty est surtout parcouru par les troupeaux et les randonneurs.

Découvrir

LE NORD DU MASSIF

Chalets d'Iraty

Le petit village de loisirs des Chalets d'Iraty fut construit dans les années 1960 au cœur de la forêt d'Iraty. Entre 1 200 et 1 500 m d'altitude, les 45 km de pistes de ski de fond et les nombreux sentiers pédestres offrent une vue unique sur la montagne.

Plusieurs sentiers de randonnée partent du village mais deux pénètrent plus avant dans la forêt : celui de la **crête d'Orgambideska**, qui amène à une altitude de 1 420 m (*1h, facile*) et, dans son prolongement, celui du **pic d'Orhy** (*5h AR, relativement difficile, à n'entreprendre que bien équipé et par beau temps*) qui rejoint le sommet (*départ sur le chemin asphalté face à la réception*). Les randonnées les plus faciles commencent quant à elles derrière le chalet d'accueil, en descendant vers le centre hippique.

Col Bagargui★

Vue★ à l'est sur les montagnes de haute Soule et les hautes Pyrénées d'Aspe et d'Ossau. Proche sur la droite, la masse du pic d'Orhy où convergent les transhumances, plus loin, les sommets calcaires du massif du Pic-d'Anie derrière lesquels se profile le pic du Midi d'Ossau. Sous les couverts de la forêt s'échelonnent les différents centres du village touristique d'Iraty.

Col de Burdincurutcheta

À 9 km à l'ouest des Chalets d'Iraty. Faites halte 1 km en contrebas au nord du col, à l'endroit où la route se rapproche d'une crête rocailleuse.

Vue sur les contreforts, tout lacérés, du massif-frontière, séparés par des vallons ; au loin s'épanouit le bassin de St-Jean-Pied-de-Port, centre du pays de Cize. Non loin de là, le **plateau d'Iraty** sert d'estive aux chevaux et têtes de bétail.

LE VERSANT NAVARRAIS

Orbaizeta

Le village conserve deux greniers à grains, sortes de petites maisons surélevées que vous trouverez presque au chevet de l'église. Au-delà du bourg, la NA 2032 continue à monter pour atteindre, 4 km plus loin, une fourche.

Fábrica – En tournant à gauche à la fourche, et après 2 km en fond de vallée sur une route défoncée, vous déboucherez sur le quartier de Larraun, en contrebas duquel se dressent les ruines d'une fabrique d'armes construite sous Charles III et fermée en 1873. On peut les apercevoir en descendant l'escalier de fer qui s'ouvre sur la place, à gauche de l'église, reconvertie en hangar.

🔎 *Prenez à gauche de l'église et après quelques mètres, descendez vers la rivière et la bergerie. Passez devant le bâtiment et continuez sur la droite.* Un panneau balisé marque le départ d'une randonnée.

Paysage vallonné en bordure de forêt d'Iraty avec troupeau de brebis manech.

Stéphane Sauvignier / MICHELIN

Arrazola et Irabia – Si vous tournez à droite à la fourche, vous verrez fléchées les forêts d'Iraty et d'Irabia. La route passe par l'aire de pique-nique d'**Arrazola**, d'où part une randonnée. En poursuivant votre chemin, vous aboutirez 15 mn plus tard au barrage d'Irabia, construit en 1922. Garez-vous au parking du bas. Le barrage se trouve à 3 mn de là. Un chemin en fait le tour *(balisage 53C - 1/2 journée)*. Vous pouvez le commencer par la rive sud et revenir par le chemin 52C, qui se contente de longer la même rive en surplomb *(1h30 AR)*.

Ochagavía

Autre point de départ pour la découverte du massif et du GR 11, c'est un mignon petit village à cheval sur l'Anduna. Son vieux pont à double arche enjambe le cours d'eau pour relier notamment l'office de tourisme et le **Centre d'interprétation de la nature** *(voir « Iraty pratique »)* au reste du bourg. Ce dernier est parcouru de rues irrégulièrement pavées et bordées de maisons anciennes, convergeant plus ou moins vers l'église San Juan Evangelista du 16ᵉ s.

Boucles – Deux itinéraires partent du village : l'un de derrière l'église *(2h, 6 km, facile)* en direction de Muskilda *(voir Roncevaux)* et l'autre du camping d'Otsate *(1h30, 4 km, facile)*. Demandez la documentation à l'office de tourisme.

N.-S. de las Nieves – *Comptez 3/4h de voiture.* La route traverse la sierra d'Abodi et passe devant un parking où vous pourrez vous garer pour rejoindre à pied la chapelle, si vous le souhaitez bien sûr. Vers celle-ci convergent différents sentiers de randonnée qui permettent de faire simplement le tour du lac d'Irabia *(18 km)* ou de longer le torrent Urtxuria.

Abodi – *17 km au nord-est par la NA-140 et NA-2011, dir. France, col de Larrau. www.esquiescolar.com/pistas.htm.* Un petit chalet-restaurant, à gauche dans le virage, marque l'entrée de la sierra d'Abodi et de ses sentiers de ski de fond. C'est aussi le point de départ de nombreuses randonnées.

Forêt d'Iraty pratique

Adresse utile

Office du tourisme et Centre d'interprétation de la Nature d'Ochagavia – *Ctra. Izalzu s/n - 31680 Ochagavia - ℘ 948 890 641 - de mi-juin à mi-sept. : mat. et apr.-midi, dim. mat. ; reste de l'année : mat., sam. mat. et apr.-midi. www.ochagavia.com*

Se loger

Les Chalets d'Iraty – *64560 Larrau - ℘ 05 59 28 51 29 - www.chalets-pays-basque.com - réserv. conseillée - 40 chalets 280 à 700 €/sem. pour 6 pers.* Les amateurs d'espace, de grand air et de calme trouveront leur bonheur en louant un de ces chalets disséminés dans la forêt d'Iraty. Certains se trouvent tout près de l'accueil, du restaurant et de l'épicerie. D'autres sont totalement isolés. Les jours de neige, une chenillette est même nécessaire pour les rejoindre.

Se restaurer

Restaurant d'Iraty – *Au col de Bagargui sur D 19 - 64560 Larrau - ℘ 05 59 28 55 86 - fermé 2 sem. en nov. et lun. sf vac. scol. - réserv. conseillée le soir - 13/25,50 €.* Ce restaurant jouit d'une situation exceptionnelle à 1 327 mètres d'altitude et en pleine forêt. L'hiver, les tables sont dressées autour de la cheminée centrale. L'été, la terrasse vous accueille pour profiter pleinement de la magnifique vue sur les Pyrénées. Dans l'assiette (fort bien garnie), goûteux plats régionaux.

Le Chalet Pedro – *Dans la forêt d'Iraty (près de la D 18) - 64220 Mendive - ℘ 05 59 28 55 98 - www.iraty.chaletpedro. com - ouv. 10 avr.-11 nov., vac. scol. et dim. en hiver et fermé merc. en avr.-mai - 16/29 €.* À deux pas de la frontière espagnole, ce charmant chalet est niché dans un petit vallon au milieu de la forêt. Décor simple style bistrot familial avec ses tables en chêne. Au menu : truites de la rivière (en saison), anguilles, côte de bœuf au piquillos, etc. Location d'appartements dans la maison d'en face.

Sports & Loisirs

Ski de Fond - Iraty – *Au col de Bagargui - 64560 Larrau - ℘ 05 59 28 51 29 - www. chalets-pays-basque.com - 8h-12h, 13h30-19h.* La station de ski de fond de Larrau offre l'hiver quelque 40 kilomètres de pistes damées. On peut louer tout le matériel de ski et des raquettes à la demi-journée, à la journée ou à la semaine. Ceux qui sont déjà équipés se procurent ici les forfaits (à la journée ou à la semaine). L'école de sports de montagne est ouverte pendant les vacances scolaires.

Grottes d'**Isturitz** et d'**Oxocelhaya** ★★

CARTE GÉNÉRALE D2 – CARTE MICHELIN RÉGION 573 B26
PYRÉNÉES-ATLANTIQUES (64)

Un calme de cathédrale, de belles orgues, des colonnes monumentales, des draperies majestueuses. Quels compagnons purent travailler à ces merveilles ? Ces artisans sont l'eau, le calcaire… et le temps. Plus tard, les hommes occuperont les lieux à l'étage au-dessus, laissant des trésors pour les archéologues. C'est donc un étonnant voyage au centre de la Terre, au cœur de la colline de Gaztelu, qui vous attend.

- **Se repérer** – Les grottes se trouvent à 14 km à l'ouest d'Hasparren et à 21 km à l'est de St-Palais. Accès par le village de St-Martin-d'Arberoue.
- **Se garer** – Se garer dans le parking aménagé à l'orée du site (aire de pique-nique).
- **Organiser son temps** – Entre la visite des grottes et celle d'Hasparren, comptez une demi-journée.
- **Pour poursuivre la visite** – Voir aussi La Bastide-Clairence, Cambo-les-Bains, Itxassou, Ossès et St-Palais.

© Grotte d'Isturitz

Grotte d'Isturitz.

Comprendre

Passionnantes découvertes – En 1895, les ouvriers qui travaillent dans l'exploitation de phosphate de la **grotte d'Isturitz** trouvent des pierres taillées. Présentées au pionnier de la préhistoire, E. Piette, celui-ci pressent l'importance de cette mise au jour. Une première campagne de fouilles (1912-1922) révèle une série de couches stratigraphiques. Elle est suivie d'une seconde qui atteste de 80 000 ans de présence humaine.

Les collections exceptionnelles sont exposées au musée de St-Germain-en-Laye et une série aurignacienne vient de rejoindre le Musée national des Eyzies *(voir Le Guide Vert Périgord)*. Depuis 1999, une nouvelle campagne est destinée à mieux cerner l'occupation du site par les hommes de Cro-Magnon.

En 1929, la **grotte d'Oxocelhaya** est découverte par hasard. Devant la magnificence des lieux, le propriétaire des grottes, A. Darricau, décide de l'ouvrir au public, faisant percer en 1953 un tunnel entre les deux grottes. Les représentations pariétales seront ensuite découvertes au fil des ans.

Depuis les premières découvertes, la volonté du propriétaire (prolongée par ses descendants qui ont pris la relève) est de faire partager ces richesses qui renseignent sur l'histoire de l'homme. Le **musée** didactique en est la preuve.

Visiter

LES GROTTES

☎ *05 59 29 64 72 - www.grottes-isturitz.com - visite guidée (45mn) juil.-août : 10h-12h, 13h-18h ; juin et sept. : 11h, 12h, et 14h-17h ; mars-mai et oct.-nov. : 14h-17h, dim., j. fériés et vac. scol. visite supplémentaire 11h - 6,80 € (enf. 3,40 €).*

En saison (juil.-août), la Bodega propose une petite restauration sur une agréable terrasse ouvrant sur les vallons.

Les grottes, superposées, correspondent à deux niveaux, abandonnés, du cours souterrain de l'Arberoue (qui coule à présent au troisième niveau). Elles sont groupées en une même visite.

Grotte d'Isturitz

Vous pénétrez dans la montagne par cette grotte qui présente surtout un intérêt scientifique. Vous verrez un **pilier** sur lequel ont été gravés trois rennes superposés épousant le relief de la pierre, ainsi qu'un cheval. Les fouilles ont mis au jour nombre d'objets quotidiens mais aussi des objets d'art, notamment des baguettes demi-rondes à décor sculpté curviligne et des gravures, dont on retrouve des copies dans le **musée**.

Grotte d'Oxocelhaya

15 m plus bas se trouvent des salles décorées de **concrétions** dont les formes étranges et variées sollicitent l'imagination : stalactites, stalagmites, colonnes, draperies translucides, cascade pétrifiée toute scintillante.

En outre, deux reproductions illustrent la trentaine de **dessins** (contours au charbon de bois, raclage ou tracé au doigt sur argile) découverts sur les parois qui ne sont pas montrés au public par mesure de préservation.

Aux alentours

Hasparren

10 km au nord-ouest par la D 251, puis la D 10.

Village labourdin autrefois tourné vers la tannerie. Le poète Francis Jammes (1868-1938) s'y installa en 1921 jusqu'à sa mort. Il occupa la maison Eyhartzea.

Chapelle du Sacré-Cœur – Édifice de 1933 construit pour la Maison des frères missionnaires. À l'intérieur, grande fresque murale dans la nef et Christ pantocrator néobyzantin en mosaïque dans le chœur.

Grottes d'Isturitz et d'Oxocelhaya pratique

Adresse utile

Office du tourisme d'Hasparren – ☎ *05 59 29 62 02 - juil.-août : lun.-sam. tte la journée, dim. mat. ; sept.-juin : lun.-vend. mat. et apr.-midi, sam. mat.*

Se loger et se restaurer

⊖ **Gîte d'étape Ferme d'Urkodéa** – 👥 - *Quartier Zelaï - 64240 Hasparren - ☎ 05 59 29 15 76 - www.ferme-urkodea.com - 🍴 - 9 ch. 15 €.* Cette ferme labourdine, réhabilitée en gîte, est un centre de randonnées équestres. Elle organise des sorties à cheval à travers la lande d'Hasparren et la vallée de la Joyeuse. Elle propose aussi des chambres à plusieurs lits, remarquables pour leur propreté et leur calme.

⊖⊛ **Hôtel Les Tilleuls** – *Pl. Verdun - 64240 Hasparren - ☎ 05 59 29 62 20 - hotel. lestilleuls@wanadoo.fr - fermé 10 fév.-5 mars, dim. soir et sam. d'oct. à juin sf j. fériés - 25 ch. 52/58 € - ⊡ 6,50 € - rest. 16/30 €.* La maison qu'habita l'écrivain Francis Jammes est à deux pas de cette construction de style basque disposant de chambres bien rénovées. Sympathique salle de restaurant rustique où l'on vous proposera de goûter aux recettes régionales.

Itxassou★

Itsasu

1 770 ITSASUARS
CARTE GÉNÉRALE C2 – CARTE MICHELIN RÉGION 573 C25
PYRÉNÉES-ATLANTIQUES (64)

Les nuages ont beau essayer de s'accrocher aux montagnes alentour, Itxassou baigne dans une lumière douce où ciel et pentes verdoyantes se mêlent pour donner un paysage immuable et mystérieux. Profitez…

- **Se repérer** – À 4 km au sud de Cambo-les-Bains par la D 918 et la D 932, ou à 6 km au sud-est d'Espelette par la D 249.

- **Se garer** – Près du fronton ou près de l'église selon que l'on se trouve dans l'un ou l'autre quartier.

- **À ne pas manquer** – L'église St-Fructueux.

- **Organiser son temps** – N'hésitez pas à consacrer une après-midi à vous promener du côté du Pas de Roland.

- **Avec les enfants** – Contemplez les petits pensionnaires de la Forêt des Lapins.

- **Pour poursuivre la visite** – Voir aussi Cambo-les-Bains, Espelette et Ossès.

Visiter

Le village d'Ixtassou disperse ses hameaux parmi des centaines de cerisiers *(Fête des cerises, voir « Fêtes et festivals »)*. Le quartier de la Place, qui comprend le fronton et la mairie, occupe une hauteur, tandis que celui de l'Église s'est développé près de la Nive, dans un bassin verdoyant entouré d'une couronne de monts.

Église St-Fructueux★

Très bel édifice du 17e s., doté de trois étages de galeries, d'une chaire aux beaux réchampis (ornement ressortant du fond) dorés et d'un **retable★★** en bois doré sculpté à la mode espagnole du 18e s. Tous ces éléments, ainsi que les confessionnaux et les bancs du fond, sont classés. Notez la statue de la Vierge, polychrome et dorée (17e s.), à gauche dans la nef, et les stèles discoïdales et tabulaires le long de l'église, à l'extérieur.

Détail du retable de l'église St-Fructueux.

Amaury de Valroger / MICHELIN

Aux alentours

Louhossa

4 km au nord-ouest par la D 918.
Fondé en 1684, ce village labourdin conserve un remarquable **retable** polychrome dans l'église de **N.-D. de l'Assomption** (17e s.). Admirez ses couleurs et la belle statue en bois polychrome représentant la Vierge portée par les anges. Des scènes de la Passion encadrent le tabernacle et des panneaux sculptés représentent les quatre évangélistes dans le chœur. Ce dernier déploie une jolie décoration de lierre et de tiercerons.

La Forêt des Lapins – *Fléchage en forme de lapin, au niveau de l'entreprise de carrosserie (à gauche sur la D 918 dir. Bayonne, avant le pont routier). ℘ 05 59 93 30 09 - www. laforetdeslapins.com - juin-sept. : tte la journée ; oct.-mai : tlj apr.-midi - 6,10 € (5-10 ans 3,90 €).*

- Point de sophistication ici, mais beaucoup de soins apportés aux soixante variétés de lapins et trente races de cochons d'inde qui peuplent les clapiers et les cages accrochés à flanc de colline. Ravissement assuré pour les enfants, les portées ayant lieu toute l'année. Les plus grands profiteront du joli panorama sur les collines environnantes.

Circuit de découverte

LA ROUTE DES MONTS

20 km – env. 2h. Depuis l'église, descendez vers la Nive en passant à côté de l'hôtel du Chêne. Parvenu sur la route principale, prenez à droite et suivez le panneau « Pas de Roland ». La D 349 mène au site.

Pas de Roland

Faites un arrêt sur l'élargissement peu après une petite croix sur le parapet, pour regarder en contrebas. Juste en dessous de la route, le rocher percé en porte fut, selon la légende, ouvert par le sabot du cheval de Roland poursuivi par les Vascons. Évitez les marches, assez dangereuses, et faites le petit détour par le sentier.

Poursuivez jusqu'à Laxia. Là, ne franchissez pas la rivière et tournez à droite pour monter jusqu'à Artzamendi. La route, très étroite, à fortes rampes et virages serrés (comptez 40mn de montée), traverse une forêt aux arbres et aux pierres couverts de mousse et de fougères. Prenez votre mal en patience si vous vous trouvez derrière un troupeau montant à l'estive. Le paysage récompensera largement votre attente !

Artzamendi★

Des abords de la station de télécommunications, le **panorama★** s'étend au nord sur la basse vallée de la Nive, le bassin de la Nivelle et ses hauts pâturages, et, au-delà de la frontière, sur les hauteurs de la vallée de la Bidassoa.

Redescendez vers Laxia, et à l'intersection qui précède le lieu-dit Fagola, tournez à gauche en direction d'Itxassou. Au bourg, prenez la direction d'Espelette puis de l'aérodrome.

Mont Urzumu

De la table d'orientation, près d'une statue de la Vierge, panorama sur les Pyrénées basques et sur la côte, de la pointe Ste-Barbe à Bayonne.

Revenez à Itxassou par la même route.

Itxassou pratique

Se loger

⌂ **Camping Hiriberria** – ☏ 05 59 29 98 09 - hiriberria@wanadoo.fr - ouv. 15 fév.- 15 déc. - réserv. conseillée - 228 empl. 17,30 €. Arbres, haies parfaitement taillées et fleurs délimitent agréablement les emplacements de ce camping. Côté location : mobile homes avec terrasse en bois couverte et superbes chalets blanc et rouge. Le plus : le bloc-sanitaires avec chauffage et climatisation.

⊜⊜ **Chambre d'hôte Legordia Borda** – *Rte de l'Artzamendi - 7 km au sud, rte de l'Artzamendi par le Pas de Roland* - ☏ 05 59 29 87 83 - www.legordia.fr - 80/95 € - ⬜ 6 € - repas 12 €. Vivez vos rêves d'enfants grâce à ces trois cabanes perchées dans les arbres à côté de l'ancienne bergerie ! Elles abritent les chambres d'hôte, un peu exiguës mais avec du confort, idéales pour un retour au calme, en pleine forêt. Petits-déjeuners et repas livrés dans un panier hissé à l'aide d'une corde !

Se restaurer

⊜⊜ **Le Chêne** – *Près de l'église -* ☏ 05 59 29 75 01 - fermé janv., fév., mar. d'oct. à juin et lun. - 16/28 €. Ah, les confitures à la cerise noire d'Itxassou de Madame Salaberry… Un régal ! La patronne de cette auberge fondée en 1696 continue de défendre avec succès les traditions régionales. Dans la salle à manger rustique ouvrant sur la campagne, vous goûterez aux recettes du terroir basque et à quelques spécialités maison.

⊜⊜ **Fronton** – *La Place -* ☏ 05 59 29 75 10 - www.hotelrestaurantfronton.com - fermé 1er janv.-17 fév., 14-20 nov. et merc. - 18/38 €. La salle à manger rustique de cette maison labourdine typique jouit d'un charmant panorama sur les montagnes d'Itxassou. Décor de vieux meubles régionaux et belle charpente en bois. À table, l'authentique et généreuse cuisine du terroir met en valeur les produits de la région.

Que rapporter

Jenofa – *Rte d'Espelette - 2 km à l'ouest sur D 249, rte d'Espelette et chemin à gauche -* ☏ 05 59 29 33 20 - tlj sf dim. et merc. mat. 9h-12h30, 13h30-19h30 (hiver : 18h). La renommée de cette belle maison blanche décorée de cordes de piment dépasse largement les frontières d'Itxassou. Jenofa, la propriétaire, fabrique ici une inégalable confiture de cerises noires, qu'elle vend dans sa petite boutique ou sur les marchés locaux. Autre spécialité : le piment d'Espelette AOC vendu en poudre, en purée, en gelée ou en corde.

Événement

Fête des cerises d'Itxassou (1er dim. de juin) : kermesse, messe, partie de pelote, repas, vente de cerises, etc. La cerise noire d'Itxassou sert à préparer la fameuse confiture dont on fourre souvent les gâteaux basques ou que l'on mange avec le fromage de brebis.

Labastida★

1 391 HABITANTS
CARTE GÉNÉRALE B3 – CARTE MICHELIN RÉGION 573 E21 – ÁLAVA

Juchée sur sa colline que domine l'ermitage du Christ, Labastida veille sur la plaine de l'Èbre et le mont Toloño écrasés par le soleil. Mais loin de se plaindre de ce climat extrême, la ville en tire sa richesse, comme en témoigne le nombre de « bodegas » qui ont pignon sur rue.

Se repérer – À 44 km au sud de Vitoria-Gasteiz. La ville et ses *bodegas* s'articulent autour de la colline sur laquelle trône l'ermitage du Saint-Esprit.

Se garer – Au bas du village, vers l'avenue de la Diputación.

À ne pas manquer – Le point de vue depuis l'esplanade de l'ermitage.

Organiser son temps – Visite du village en matinée et quelques *bodegas* l'après-midi…

Pour poursuivre la visite – Voir aussi Vitoria-Gasteiz et Laguardia.

Labastida vue depuis l'Ermita Sto Cristo.

Comprendre

Une belle reconversion – Ancienne place forte autrefois disputée par la Navarre et la Castille, elle intègre définitivement l'Álava au 16e s. Elle connaît alors une période de prospérité qui explique le nombre de belles maisons et de blasons des 17e et 18e s. qui caractérisent sa vieille ville (la plus blasonnée de la Rioja !). Sa population atteint même à cette époque le chiffre de 3 000 habitants. Sa position frontalière n'étant plus source de richesse ou d'insécurité, elle s'est progressivement tournée vers l'agriculture, surtout la vigne, jusqu'à devenir aujourd'hui un bourg viticole incontournable de la Rioja.

Se promener

Le village s'échelonne en espaliers, depuis l'ermitage Santo Cristo en hauteur, jusqu'aux nombreuses bodegas près de la route principale.

Arco de Larrazuria

Cet arc de style Renaissance se dresse à l'ouest de la cité et constitue sa porte d'entrée naturelle. Il ouvre sur la calle Mayor.
Engagez-vous dans la calle Mayor.

Calle Mayor

Axe principal de la vieille ville, elle est bordée de cavistes et de vieilles maisons des 16e et 17e s., dont la plus représentative se trouve au **n° 9**. Si sa porte massive est ouverte, n'hésitez pas à jeter un œil pour admirer le **sol** en galets de rivière de l'entrée, les candélabres en fer forgé et les poutres en bois apparentes.
Continuez jusqu'à la place de la Paix.

Plaza de la Paz

Elle marque le centre du village. Tous les monuments importants la cernent, à commencer par l'**hôtel de ville**, installé dans une maison du 18ᵉ s. de style Renaissance et gréco-romain située en retrait de la calle Mayor, sur la droite. Notez le travail de ferronnerie de ses balcons.

Sur la même placette s'élève une autre maison noble : le palais de Los Salazar, actuelle Maison de la culture.

Détail architectural d'une maison de la calle Mayor.

N.-S. de la Asunción

La construction de cette église aux styles Renaissance et baroque s'est échelonnée entre le 16ᵉ et le 18ᵉ s., se terminant par l'édification de la sacristie octogonale. Admirez son portail Renaissance monumental et, si vous y passez à l'heure de la messe, glissez-vous à l'intérieur pour contempler la richesse de son retable baroque, ainsi que son bel orgue du 17ᵉ s.

Quittez la place de la Paix pour vous engager dans la calle Frontin, qui prolonge la calle Mayor.

Calle Frontin★

On ne compte plus les maisons blasonnées qui jalonnent cette vieille rue.

Parvenu au bout, prenez n'importe quelle rue sur votre gauche, qui grimpe vers le barrio (quartier) La Mota.

La Mota★

Ce quartier ancien s'accroche à la colline et domine N.-S. de la Asunción. Petites maisons aux pierres délavées par le temps, belles portes cloutées et ruelles étroites dégagent un authentique charme. Elles mènent doucement à l'ermitage qui trône au sommet.

Ermita Sto Cristo

Vous vous trouvez devant le plus ancien monument de la ville : le temple-forteresse du Saint-Christ. Édifié au 12ᵉ s., il mêle les styles roman (portail, début de la nef) et gothique (chœur) derrière des murs massifs.

Depuis son parvis, le **panorama** se déploie à perte de vue sur la plaine de la Rioja et sur Haro (à droite dans le lointain).

Au chevet du sanctuaire a été aménagée une sorte de pelouse plantée de quelques arbres, qui ombragent des bancs tournés vers le paysage. Idéal pour se reposer tout en contemplant la vue.

Arco de Tolono

Jouxtant l'ermitage, ce petit arc marque l'ancienne entrée du village. Une petite niche dédiée à la Vierge Marie le surmonte.

Redescendez dans le centre par la rue de droite. Elle passe devant une vieille maison qui abrite une des bodegas de la ville : la bodega Fernando Gomez.

Circuit de découverte

VERS LES MUSÉES DU VIN DE LA RIOJA
20 km - Partez en direction de Laguardia par la LR 132 et bifurquez à droite après 5 km.

San Vicente de la Sonsierra
Ce village viticole aux ruelles écrasées de soleil conserve les ruines d'un ancien château depuis lequel on jouit d'un très beau **panorama★** sur la région.

Au pied du village, en direction de Briones, un **vieux pont★** franchit l'Èbre (circulation interdite).

Traversez le fleuve.

Briones
Des ruelles pavées bordées de vieilles demeures de pierre, un hôtel de ville installé dans un ancien palais du 18e s., l'ermitage Sto Cristo de los Remedios (18e s.) au dôme octogonal et l'église **Sta Maria de la Asunción★** (16e s.) aux riches retables rococo : tout participe au charme de ce village qui vit au rythme de la vigne.

Fondation Dinastía Vivanco – *Au pied de Briones, dir. Logroño sur la N 232.* 🖉 *941 322 323 - www.dinastiavivanco.com - mar.-dim. tte la journée - réservation conseillée - 7 € (-12 ans gratuit).* Cette énorme bodega consacre 9 000 m² à un passionnant **musée du vin★** qui promène le visiteur à travers les âges et les étapes d'élaboration du vin, depuis les origines du breuvage, sa diffusion géographique, socio-culturelle, son élaboration, son vieillissement, jusqu'à sa distribution. Reproductions, photos, films, reconstitutions et mécanismes (pressoirs du 18e s.) ponctuent le parcours. Une salle entière aborde le vin à travers l'**art religieux ou profane** (cratères grecs, œuvres de Picasso…). Une autre expose une collection de plus de 3 000 tire-bouchons. Dégustation à la fin.

Prenez la N 232 pour aller à Haro.

Haro
La capitale de la Haute Rioja, fameuse pour la qualité de ses crus, abrite un **musée du Vin (centro de interpretación del Vino)** qui, sur deux étages, présente tout le processus d'élaboration, depuis la culture du cépage jusqu'au conditionnement. Il évoque aussi la question des labels, du contrôle de la qualité et des organismes en charge de cette surveillance. 🖉 *941 305 719 - mar.-vend. mat. et apr.-midi, w.-end tte la journée - 3 € (-6 ans gratuit).*

Revenez à Labastida par l'A 3202.

Labastida pratique

Adresse utile

Office de tourisme – *Pl. de la Paz, s/n - 01330 Labastida -* 🖉 *945 331 015 - www. labastida-bastida.org - mat. et apr.-midi, w.-end et j. fériés mat. - fermé lun., 1er et 6 janv., 25 déc.*

Visites

Visites guidées – Visite du centre historique et des églises N.-D. de l'Ascension et St-Christ, sur demande à l'office de tourisme - 4 €.

Se loger

🛏🛏 **Hôtel Palacio de Samaniego** – *Constitución 12 - Samaniego -* 🖉 *945 609 151 - recepcion@palaciosamaniego. com – fermé 1er-15 janv. - 12 ch. 64/88 € - 🍽 7 € - rest. 40 €.* La sobriété de l'ancienne noblesse survit encore dans cet établissement dont l'intérieur abrite des chambres chaleureuses et confortables, à la décoration exquise. Restaurant divisé en trois salles dans lesquelles l'austérité d'autrefois crée une atmosphère accueillante.

Se restaurer

🍴 **El Bodegón** – *C/Frontín 31 -* 🖉 *945 331 027 ou 629 829 775 - 10/12,50 €.* Presque tous les clients de ce petit restaurant choisissent comme plat principal les côtelettes. Cuites au feu de sarment de vigne, elles sont divines ! La maison propose également d'autres plats bien mitonnés, à déguster dans un décor rustique composé de murs en pierre, poutres apparentes et photographies anciennes.

Que rapporter

Vinoteca Landa – *Florida 8 -* 🖉 *945 331 009 - vinotecalanda@hotmail.com - 10h-14h, 16h-20h.* Cette boutique expose une belle sélection de produits du terroir. La spécialité de la maison reste la vente de vins de Labastida, mais vous trouverez aussi des crus de propriétaires récoltants vendus en vrac, des olives et des articles spécifiques à la région. Avant d'acheter, vous avez bien sûr le droit de goûter.

Laguardia★★
Biasteri

1 483 HABITANTS
CARTE GÉNÉRALE B3 – CARTE MICHELIN RÉGION 573 E22 – ÁLAVA

La capitale de la Rioja alavesa s'enorgueillit avec justesse de ses vins, mais aussi de son bourg médiéval miraculeusement préservé, dont le fleuron demeure le portail de l'église Sta María de los Reyes.

- **Se repérer** – Comptez 47 km depuis Vitoria-Gasteiz en prenant l'A 2124 qui descend au sud. Sinon, 21 km depuis Labastida qui se trouve à l'ouest. Le village ceint de ses remparts trône au sommet de la colline, elle-même adossée à la chaîne de Cantabrie et tournée vers le bassin de l'Èbre.
- **Se garer** – Au parking aménagé devant les remparts.
- **À ne pas manquer** – La visite de l'église Sta María de los Reyes.
- **Avec les enfants** – Les plus jeunes ne pourront qu'être fascinés par les oiseaux de Los Molinos.
- **Pour poursuivre la visite** – Voir aussi Labastida et Viana.

Laguardia et son vignoble.

Comprendre

Histoire – Son nom, tout comme ses remparts, lui vient de sa position stratégique sur la frontière navarro-castillane. Fondé en 1164 par Sanche le Sage, le village est fortifié au 13ᵉ s. avant d'être rattaché à l'Álava sur décision des Rois Catholiques en 1486. Les guerres d'indépendance du 19ᵉ s. entament ses murailles sans défigurer toutefois le bourg, qui a conservé tout son charme médiéval.

La Rioja alavesa – Le bourg doit sa prospérité au vin, celui de la Rioja alavesa que l'on compare volontiers aux vins de Bordeaux. La relation s'explique par l'implantation dans la région, à la fin du 19ᵉ s., de vignerons bordelais ruinés par l'épidémie de phylloxéra. Le précieux liquide est élaboré à partir de *tempranillo*, un cépage que l'on taille ici en buisson.

Se promener

Puerta de la Carniceria
Du 15ᵉ s., elle représente l'entrée principale du village.
Prenez à droite la calle Sta Engracia.

Calle Sta Engracia
Ruelle bordée de vieilles maisons, dont certaines sont blasonnées. La n° 19 porte même deux blasons, ainsi que de beaux balcons en fer forgé. Arrêtez-vous aussi devant le n° 16 pour admirer son blason et le travail des poutres du toit.
Au bout de la rue, tournez à gauche vers Sta María de los Reyes.

Sta María de los Reyes★ *(voir « Visiter »)*
Prenez face à l'église la calle Mayor.

Calle Mayor

Flânez-y le nez en l'air pour étudier les façades, et remarquer que celles du n° 4 ou du n° 13 sont en briques rouges, simples et archaïques, alors que celle du n° 18 (du 17e s.) affiche un blason et des poutres sculptées sous le toit. De la même façon, vous noterez qu'en plus de son écusson, les pans de bois du n° 25 sont travaillés. Vous vous intéresserez aussi aux balcons des n° 34 et 36, et vous vous direz que le n° 54, avec son blason, son balcon et ses fenêtres en avancée, est décidément représentatif des maisons de la rue…

Dans votre promenade, vous passerez devant l'église San Juan, qui fait face à l'office de tourisme. Elle a été agrandie au 18e s. Prenez le temps d'admirer son portail et l'expressive Descente de la croix.

Au bout de la calle Mayor, tournez à droite deux fois pour vous engager dans la calle Paganos.

Calle Paganos

Plus tranquille que la calle Mayor, elle aligne des maisons moins cossues mais au charme tout aussi présent grâce aux chapelets de piments encadrant les fenêtres, ou ses portes de bois s'ouvrant à mi-hauteur. Elle débouche sur une esplanade qui borde Sta María de los Reyes.

Là, postez-vous face à la tour abbatiale du 13e s. afin de contempler la finesse de son **portail en fer forgé★**.

Visiter

Sta María de los Reyes★

☎ 945 600 845 - &. - visite guidée sur demande à l'office de tourisme - 2 €.

Cette église, édifiée à partir du 12e s., présente différents styles architecturaux : roman pour certains piliers, gothique pour les voûtes et Renaissance pour le chœur, ce qui ne la distingue pas de beaucoup d'églises régionales. Même ses intéressants retables dorés du 17e s. ne suffisent pas à expliquer son renom.

Son originalité lui vient en fait de son splendide **portail polychrome★★★**, véritable joyau de l'art gothique. Sculpté au 12e s., il doit son exceptionnel état de conservation à la construction d'un portique au 17e s., qui l'a protégé des intempéries. D'où l'éclat de sa polychromie, refaite au moment de ces travaux (cela explique par exemple les motifs plutôt Renaissance de la robe portée par la Vierge). Elle n'a pas été retouchée depuis ! Outre ses couleurs soutenues, ce portail affiche une grande **richesse sculpturale**. Le tympan retrace l'histoire de la Vierge avec, de gauche à droite et par « palier » : l'Annonciation, la visite à Elisabeth, l'Adoration des Mages, la Dormition de la Vierge (le Christ porte l'âme de la Vierge dans ses bras), puis la Vierge en gloire. Les voussures se parent d'anges musiciens et de personnages de l'Ancien et du

Détail du portail polychrome de l'église Sta María de los Reyes.

Nouveau Testaments. Enfin, les statues des Apôtres, à commencer par Pierre à gauche, et Paul à droite, encadrent les vantaux.

Au passage, essayez de définir combien de chevaux accompagnent les Mages. Un premier coup d'œil n'en montre qu'un, mais si l'on compte le nombre de pattes et de rênes, on s'aperçoit alors que chacun des mages a bien son destrier !

Notez, à droite du portail, dans l'angle, deux petites statues polychromes : il s'agit des Rois Catholiques, qui ont donné leur nom à l'église.

Aux alentours

La Hoya
À la sortie de Laguardia, suivez les panneaux.

Musée archéologique – ☏ 945 621 122 - de déb. mai à mi-oct. : mat. et apr.-midi, w.-end et j. fériés mat. ; reste de l'année : mat. - fermé lun. - gratuit.

Un petit édifice moderne battu par les vents se dresse à proximité des vestiges de ce village, vieux de plus de 5 000 ans. Il présente le résultat des fouilles menées depuis sa mise au jour en 1935, ainsi qu'une reconstitution grandeur nature d'une maison-hutte comme celles qui se trouvaient sur le site. Ce dernier ne comporte pas de ruines impressionnantes, mais il offre en revanche un beau point de vue sur la *bodega* Ysios.

Los Molinos
À la sortie de Laguardia, au carrefour, tournez en direction d'Elvillar et suivez les panneaux de La Hoya. Dépassez le site romain, laissez sur votre gauche les bâtiments modernes de la bodega Ysios et roulez vers les contreforts de la sierra. Ne manquez pas le carrefour où un petit panneau indique à droite Los Molinos.

Parc ornithologique – ☏ 659 972 539 - www.parquelosmolinos.com - mat. et apr.-midi - 5 € (- 14 ans 2,50 €).

Vous serez accueilli par une paire de chiens patauds et un petit perroquet déplumé appelé Oscar. Il n'est pas exclu que ce dernier vous fasse un brin de conduite, car il adore marcher en société.

Cela dit, vous n'aurez pas besoin de lui pour arpenter les 13 ha de la propriété, parsemée de cages où s'ébattent toucans, émeus, perruches, tétras, ibis, spatules, cigognes, etc.

Mis à part la calopsite qui siffle la « cucarracha », ça crie, ça piaille, ça glougloute et ça émet des sons de tambour de partout. Les odeurs sont à l'avenant, sans toutefois gâcher la visite. Allergiques s'abstenir !

Puerto de Herrera (col de Herrera)
12 km à l'ouest par l'A 124. Après 5,5 km, prenez à droite l'A 2124.

Très belle route boisée menant à ce col de la chaîne de Cantabrie, culminant à 1 100 m.

Circuit de découverte

ARCHITECTURE ET VINS
65 km – env. 1h20. À la sortie de Laguardia, au carrefour, tournez en direction d'Elvillar et suivez les panneaux de La Hoya. Tout de suite après les hangars et les entrepôts, prenez la route de gauche. Elle mène à la bodega.

Ysios
Parking sur le côté de la bodega. ☏ *945 600 640 - visite guidée tlj sur demande - 5 €.*
Réalisé par l'architecte Santiago Calatrava pour le groupe Bodegas y Bebidas, le bâtiment évoque une vague qui reprendrait la courbe des monts Cantabriques tout proches. Son profil fait plutôt songer aux marquises, ces auvents de verre qui ornent les immeubles de la Belle Époque, ou bien à ces coiffes que les précieuses portaient à la fin du 18e s. et qui leur faisaient comme une visière. À l'intérieur, cuves et bouteilles sont entreposées en arc de cercle face à l'entrée. Aucun mur n'est fermé pour laisser l'air circuler. La salle de dégustation se trouve à l'étage,

Bodega d'Ysios, par Santiago Calatrava.

caractérisée par une hauteur de plafond incroyable et une double vision sur les fûts et sur l'extérieur.

Revenez vers Laguardia et prenez la direction de Logroño.

Après une dizaine de kilomètres, vous apercevrez, au faîte d'une colline sur la droite, la forme discoïdale de la bodega **Viña Real**, propriété de la Compañía Vinícola del Norte de España (Cvne). Dessinée par l'architecte français Philippe Mazières, elle allie le cèdre rouge du Canada au béton et à l'acier. ℰ *945 625 210 - www.cvne.com - sur réserv.*

Logroño

La capitale de la Rioja, fièrement accrochée aux rives de l'Èbre, compte dans ses alentours immédiats, plusieurs bodegas, dont la bodega **Ontañon**, qui a conçu un original parcours où l'art invite à découvrir le vin. Les œuvres de Miguel Ángel Sainz (peintures et sculptures) deviennent ainsi prétextes à explications œnologiques. À *l'est de Logroño, par l'av. de la Paz, dir. Varea, la bodega se trouve sur la gauche, avant une station-service -* ℰ *941 234 200 - www.ontanon.es - sur réserv. - 5 €.*
Quittez Logroño vers l'ouest, dir. Haro sur la N 232, et tournez à droite à Fuenmayor.

Elciego

Autre village viticole ne comptant pas moins de 14 *bodegas* réputées pour leurs crus. Voyez sa jolie **plaza Mayor**, plantée de petits arbres et bordée d'une mairie du 18e s. dont le blason arbore l'aigle bicéphale.
À l'entrée se dresse la silhouette bien protégée de la **Ciudad del Vino**, un complexe hôtel-spa-restaurant-centre de congrès, construit par la bodega **Marqués de Riscal** selon les plans de Frank Gehry, auteur du Guggenheim. On reconnaît ses courbes de métal, ici de différentes couleurs pour figurer la bouteille (rouge pour le liquide, argent pour la capsule et or pour le filet).
Engagez-vous sur l'A 3214 en direction de Samaniego.

Samaniego

La bodega **Baigorri**, dessinée par Iñaki Aspiazu Iza, trône à l'entrée du village, avec sa terrasse en espalier à flanc de colline et son hall d'accueil tout en verre. ℰ *945 60 94 20 - réserv.*
Revenez à Laguardia par l'A 124.

Laguardia pratique

Adresse utile

Office de tourisme – *Pl. San Juan - 01300 Laguardia -* ℰ *945 600 845 - mat. et apr.-midi, dim. et j. fériés mat. - fermé 1er et 6 janv., 24 et 29 juin, 25 déc.*

Visite

Visite guidée (1h) de la ville sur demande, pour les groupes seulement, à l'office de tourisme - 2 €.

Se loger

◉◉ **Antigua Bodega de Don Cosme Palacio** – *Ctra de El Ciego -* ℰ *945 621 195 - antiguabodega@cosmepalacio.com -* 🅿 - *fermé 24 déc.-24 janv. - 13 ch. 76/82 € -* 🍽 *8,25 € - rest. 29,80 €.* Ancienne cave réhabilitée en pierre, qui propose des chambres spacieuses de style néo-rustique, portant chacune le nom d'une variété de raisin. Agréable salle à manger.

Se restaurer

◉◉ **Héctor Oribe** – *Gasteiz, 8 - Páganos -* ℰ *945 600 715 - fermé 1er-15 juil., 20 déc.-10 janv., dim. soir et lun. - 24/33 €.*
Établissement disposant d'un comptoir à l'entrée et d'un salle fonctionnelle où quelques petits paravents séparent l'espace « à la carte » de celui proposant un menu unique.

◉◉◉ **Marixa** – *Sancho Abarca, 8 -* ℰ *945 600 165 - hotelmarixa@terra.es - 37 € - 22 ch. 70/100 € -* 🍽. Restaurant familial très réputé dans le secteur. La salle à manger offre de belles vues et une cuisine traditionnelle. L'établissement possède également quelques chambres très correctes, mais simples.

◉◉◉◉ **Posada Mayor de Migueloa** – *Mayor-de-Migueloa, 20 -* ℰ *945 621 175 - www.mayordemigueloa.com - 47/53 € - 8 ch. 80/93 € -* 🍽 *9 €.* La noblesse d'antan survit dans ce palais du 17e s., à l'atmosphère accueillante, soigneusement aménagé et doté d'une cave remarquable. Des chambres de style rustique sont proposées en complément.

Que rapporter

Vinoteca – *Plaza Mayor, 1 -* ℰ *945 621 213.* Vous trouverez ici une belle sélection de produits régionaux. Outre un bon choix de vins de la Rioja et maints objets liés au monde vinicole (tire-bouchon, décantateur…), vous pourrez repartir avec quelques souvenirs gastronomiques typiques. Parmi les plus prisés : les piments, les asperges et les spécialités sucrées.

Larrau

214 HABITANTS
CARTE GÉNÉRALE D2 - CARTE MICHELIN RÉGION 573 C27
PYRÉNÉES-ATLANTIQUES (64)

Les clarines des chevaux et des vaches ne sont jamais bien loin de ce bourg, autrefois étape sur la route de Compostelle. Aujourd'hui, on y vient plutôt pour son site et le choix d'excursions qu'il offre vers les alpages et vers les gorges.

▷ **Se repérer** – On rallie Larrau via St-Jean-Pied-de-Port (43 km à l'ouest, par la D 18 puis la D 19) ou bien par Mauléon-Licharre (31 km au nord en suivant la D 918 puis la D 26).

▣ **Se garer** – Près du fronton couvert.

👁 **À ne pas manquer** – Les gorges de Kakuetta.

⏱ **Pour poursuivre la visite** – Voir aussi la forêt d'Iraty et Mauléon.

Découvrir

Larrau a tout du village typique de la Haute-Soule : des toits pentus en ardoise, des maisons regroupées autour de l'église et un paysage grandiose. Niché au pied du mont Orhy, le bourg fait en effet face aux falaises noires du massif de Mendibelza, parfois noyées dans les nuages.

Église

Minuterie derrière l'harmonium. Retouchée en 1655, elle conserve une abside romane où est exposée une jolie **Vierge à l'Enfant** en bois polychrome. Notez que la tribune occupe presque toute la nef. Du temps des pèlerins de Compostelle, elle a fait office de prieuré puis d'hôpital.

🗣 *Demandez le dépliant des randonnées à l'office de tourisme.*

On peut encore marcher sur les traces des pèlerins en suivant le chemin qui monte à l'ermitage St-Joseph, à 1 300 m *(départ derrière le fronton. Comptez env. 2h d'ascension).*

Aux alentours

Col d'Erroymendi★

À 1 362 m d'altitude, vaste **panorama★** de montagne, caractérisant la vocation pastorale et forestière du haut pays de Soule. Faites quelques pas vers l'est pour découvrir les vallées du haut Saison et, à l'horizon, le massif rocheux du Pic-d'Anie.

Circuit de découverte

LA ROUTE DES GORGES

37 km – 2h . Quittez Larrau en direction de Mauléon.

Crevasses d'Holçarté★

🗣 *1h30 à pied AR par le GR 10 qui s'amorce aussitôt après le café et le pont de Laugibar.*

Le site n'a été exploré pour la première fois qu'en 1908 par le spéléologue Martel. Après une montée rude, vous apercevez l'entrée des « crevasses », gorges taillées dans le calcaire sur près de 200 m de hauteur. Le sentier passe au-dessus de la gorge affluente d'Olhadubi, qu'il franchit sur une passerelle lancée, en 1920, à 171 m de hauteur !

Poursuivez vers Mauléon.

La route suit le joli **gave** de Larrau, encaissé et verdoyant.

À l'intersection avec la D 113, tournez à droite et roulez vers Ste-Engrâce. Sachez que le village, comme beaucoup de bourgs basques, est éclaté en divers hameaux. Le premier, Ste-Engrâce-Caserne, ne présente pas d'intérêt. Continuez donc en direction de Ste-Engrâce-Bourg.

La D 113 monte en surplomb des gorges, inondées par un barrage.

Gorges de Kakuetta★★

Parking aménagé le long de la D 113, route de Ste-Engrâce. Passerelles aménagées sur les 2 km du parcours (à reprendre au retour). 𝄞 05 59 28 73 44 (bar La Cascade) ou 05 59 28 60 83 (mairie) - de mi-mars à mi-nov. : tte la journée - 4,50 € (enf. 3,50 €). 👥 Taillées à pic dans le calcaire, ces gorges sont très belles. L'entrée du « Grand Étroit » est le passage le plus grandiose de Kakuetta. C'est un splendide canyon verdoyant, large seulement de 3 à 10 m et profond de plus de 200 m, menant à une cascade haute de 20 m formée par une résurgence. On franchit le torrent sur des passerelles. Une grotte ornée de stalactites et de stalagmites géantes marque le terme de ce magnifique parcours.

Reprenez votre voiture en direction de Ste-Engrâce.

Des niches sont aménagées sur le bas-côté de la route, qui permettent d'admirer les gorges.

Gorges de Kakuetta.

Ste-Engrâce★

Ce village de bergers est entouré de montagnes boisées.

Son église romane, une ancienne abbatiale du 11e s., dresse son toit asymétrique dans le **site★** pastoral de la combe supérieure de l'Uhaïtxa ; elle jalonnait autrefois un itinéraire vers St-Jacques-de-Compostelle. Le chœur montre des **chapiteaux★** richement ornés. À gauche : scènes de bateleurs ; au centre : scènes de chasse et une Résurrection ; à droite : Salomon et la reine de Saba.

🚶 Devant l'église, un panneau marque le point de départ d'une randonnée pour les gorges Éhugar. Larges et grandioses avec leur profil en auge, elles ont la réputation d'être plus belles que celles de Kakuetta, mais elles ne sont pas aménagées.

Larrau pratique

Se loger

😊😋 **Hôtel-Restaurant des Touristes** – *Au bourg - 64560 Licq-Atherey - 10 km au sud-est de Larrau par D 26, rte de Tardets -* 🕿 *05 59 28 61 01 - www.hotel-des-touristes. fr - fermé nov.-fév. -* 🅿 *- 15 ch. 65 € -* ⌨ *8 € - rest. 15/35 €.* Le plus ancien hôtel de la Soule, tenu par la même famille depuis cinq générations, propose des chambres meublées à l'ancienne. Celles côté jardin disposent d'une terrasse privative. À table, copieuse cuisine régionale. Pour le shopping, boutique de produits du terroir attenante à l'hôtel.

😊😋 **Les Chalets de Soule** – *64470 Montory -* 🕿 *05 59 28 53 28 - www. leschaletsdesoule.com - réserv. conseillée - 15 mobile homes de 210 à 450 €/sem. pour 6 pers.* Niché dans un domaine particulièrement verdoyant, ce parc résidentiel comprend 15 mobile homes ultra confortables et bien isolés grâce à des haies d'arbustes. Chaque logement possède sa terrasse, son salon de jardin et son barbecue. L'intérieur est également bien équipé : micro-ondes et télévision sur demande.

Se restaurer

😊😋 **Etchemaïté** – 🕿 *05 59 28 61 45 - www.hotel-etchemaite.fr - fermé 3 janv.- 5 fév., 28 nov.-6 déc., dim. soir et lun. de déc.* à avr. - 18/45 €. Les frères Etchemaïté vous accueillent en famille dans leur attachante auberge de montagne. La belle salle à manger – poutres et pierres apparentes, bibelots, linge basque – ménage une jolie vue sur les sommets de la haute Soule. Vous goûterez ici une authentique cuisine du terroir. Chambres douillettes et calmes.

Que rapporter

Ferme Elixabe – *Rte d'Iraty - 5 km à l'ouest par rte d'Iraty et chemin à droite -* 🕿 *05 59 28 58 23 - m.bengochea@wanadoo.fr - fermé dim. apr.-midi d'oct. au 15 mars.* Cette ferme isolée mérite le détour. Plantée sur un piton, elle offre une vue impressionnante sur les Pyrénées. Elle produit par ailleurs un excellent fromage de brebis d'appellation d'origine contrôlée Ossau-Iraty. Ce dernier est mis à la vente à partir du 15 mars et jusqu'à rupture du stock (en général fin septembre).

Sports & Loisirs

Pyrénées Pleine Nature – *Rte de Licq -* 🕿 *0 870 396 464 - ouv. tte l'année suivant météo.* Les sportifs apprécient cet organisme spécialisé dans les loisirs de plein air. Découverte, initiation ou perfectionnement : à vous de repérer votre niveau ! Les deux activités principales, la spéléologie et le canyoning, sont encadrées par des moniteurs brevetés d'état.

Monastère de **Leyre** ★

CARTE GÉNÉRALE D3 – CARTE MICHELIN RÉGION 573 E26 – NAVARRE

Au terme de la route d'accès, sinueuse et en forte montée, le panorama★★ est splendide sur le lac de Yesa et son environnement de collines marneuses. Les crêtes calcaires de la sierra font un majestueux rempart. De grands murs ocre confondus avec les roches alentour s'accrochent à mi-pente sur le versant de la sierra de Leyre.

- ▶ **Se repérer** – Le monastère est situé sur le versant sud de la sierra de Leyre, près de la retenue de Yesa.
- 🅿 **Se garer** – Des parkings ont été aménagés en bout de route, juste avant et devant le monastère.
- 👁 **À ne pas manquer** – Le magnifique portail de l'église et l'impressionnante crypte.
- 🕐 **Organiser son temps** – Comptez 1h de visite.
- ⏱ **Pour poursuivre la visite** – Voir aussi Sangüesa.

Crypte du monastère de Leyre.

Comprendre

Un peu d'histoire – L'abbaye San Salvador de Leyre s'affirme au début du 11e s. comme le grand centre spirituel de la Navarre. Le roi Sanche III le Grand et ses successeurs en font leur panthéon et permettent l'édification d'une église qui compte, avec sa crypte, parmi les tout premiers témoignages de l'art roman en Espagne (elle fut consacrée en 1057). Les évêques de Pampelune étaient alors traditionnellement choisis parmi les abbés de Leyre, dont le pouvoir s'étendait sur près de 60 villages et 70 églises ou monastères.

Déclin et renaissance – Au 12e s., cependant, la Navarre ayant été réunie à l'Aragon, la royauté délaisse Leyre pour San Juan de la Peña, dans le temps même où l'évêché de Pampelune cherche à accroître son autorité sur les puissants moines. Un long procès s'engage, qui entame les finances et le prestige du monastère. Au 13e s., la réforme cistercienne est adoptée.

Abandonné au 19e s., le couvent a été réoccupé en 1954 par les bénédictins venus de Silos. Ils ont restauré les bâtiments des 17e et 18e s.

Une étape de choix en Navarre – Conscientes de l'importance historique et de l'intérêt touristique de l'abbaye, les autorités ont encouragé le retour des moines et l'installation d'une hostellerie (32 chambres, restaurant) dans ce cadre prestigieux.

⏱ Pour en savoir plus sur les possibilités d'**accueil** de l'abbaye vous pouvez consulter le site : www.hotelhospederiadeleyre.com - 🔗 948 884 100.

Visiter

📞 948 884 150 - www.monasteriodeleyre.com - mars-oct. : mat. et apr.-midi ; reste de l'année : mat. et apr.-midi, w.-end et j. fériés apr.-midi - fermé 1er et 6 janv., 25 déc. - 2,10 € (-13 ans 0,60 €).

Crypte★

Elle fut construite au 11e s. pour soutenir l'église romane supérieure dont elle épouse le plan, mais on la dirait plus ancienne encore, tant il s'en dégage une impression de rudesse et d'archaïsme. Les voûtes sont assez hautes, mais coupées d'arcs en claveaux énormes et parfois à double rouleau, qui retombent sur des chapiteaux massifs, incisés de lignes très simples. Curieusement, ces chapiteaux sont posés sur des fûts de hauteur inégale, presque au ras du sol.

Iglesia★★

Visite : compter 1/2h.

Chevet – 11e s. Trois absides de même hauteur composent, avec le mur de la nef surmonté d'un clocheton et la tour carrée à triple fenêtres, un très charmant ensemble. Les murs parfaitement lisses et l'absence de décoration, à part quelques modillons, dénotent l'ancienneté de la construction.

Intérieur★ – Lorsque les cisterciens réédifièrent au 13e s. une nef unique à la voûte gothique audacieuse, ils gardèrent de l'église romane les deux premières travées et le chœur avec ses absides semi-circulaires. Les trois nefs nous sont parvenues intactes avec leurs voûtes en berceau dont le départ est situé à la même hauteur, leurs arcs à double rouleau, l'élégance décorative des colonnes engagées et du dessin des chapiteaux, et l'assemblage minutieux des grandes pierres de taille. Dans la nef gauche, un coffre en bois abrite les dépouilles mortelles des premiers rois de Navarre.

Portail ouest★ – 12e s. La richesse de son décor lui fait porter le nom de « Porta Speciosa ». Les sculptures occupent toute la surface disponible. Sur le tympan, des statues archaïques représentent : au centre, le Christ, à sa droite, la Vierge et saint Pierre, à sa gauche, saint Jean. Les voussures fourmillent de monstres et d'animaux fantastiques. Au-dessus, dans les écoinçons, on reconnaît à droite l'Annonciation et la Visitation.

Aux alentours

Fuente de la Virgen (fontaine de la Vierge)

À 250 m du monastère. Prenez la route qui s'engage face à l'entrée du monastère, le long du petit parking.

Fontaine de pierre sculptée de deux silhouettes de femmes. Vous verrez certains des visiteurs et des pèlerins en revenir avec de petites bouteilles qu'ils auront remplies à son filet d'eau. Le site, très ombragé et moyennement entretenu, fait office d'aire de pique-nique.

Genevieve Corbic / MICHELIN

Paysage au nord du lac de Yesa.

Llodio
Laudio

18 931 HABITANTS.
CARTE GÉNÉRALE A2 – CARTE MICHELIN RÉGION 573 C21 – ÁLAVA

À première vue, Llodio ressemble à n'importe quel bourg industriel, les constructions et maisons modernes le disputant à une route principale très passante. Mais grâce à ses fêtes et son musée de la Gastronomie, la commune a su entretenir ses traditions agricoles, servant ainsi de point de départ à la découverte d'une région qui vit encore au rythme des saisons.

- **Se repérer** – Porte septentrionale de l'Álava, Llodio ne se trouve pourtant qu'à 20 km au sud de Bilbao. On la rejoint par l'A 68 reliant la capitale économique de Biscaye à Logroño.
- **Se garer** – Près de la mairie et du parc botanique de Lamuza.
- **À ne pas manquer** – Le panorama sur la sierra Sálvada depuis Maroño.
- **Pour poursuivre la visite** – Voir aussi Bilbao, Balmaseda, Durango et Orduña.

Découvrir

Iglesia San Pedro

Cachée de la rue principale par un bâtiment moderne bâti en fer à cheval, l'église San Pedro n'est pas directement visible. Il faut pénétrer dans ce demi-cercle où siègent mairie et police pour découvrir sa silhouette, caractérisée par un auvent latéral construit au 19e s. à partir d'une structure de métal.

Museo Vasco de Gastronomía

Passez derrière l'église San Pedro et franchissez la rivière. Puis longez-la sur votre droite.
944 034 940 - www.museovascodegastronomia.com - vend. et sam. apr.-midi, dim. et j. fériés mat. - possibilité de visite guidée - gratuit.

Aménagé dans une maison traditionnelle du 18e s. doublée d'un petit jardin, ce musée passe en revue tout ce qui touche à la table basque, depuis les meubles jusqu'aux ustensiles et contenants. Confréries et spécialités locales sont aussi présentées.

Circuits de découverte

EN LISIÈRE DE PROVINCE, LA VALLÉE D'ALAYA

56 km - 2h30. Quittez Llodio pour rejoindre l'A 635.

Amurrio

Ce n'est qu'en 1919 qu'Amurrio reçoit le titre de ville, mais le bourg a déjà plusieurs siècles d'existence puisque, au 15e s., il passe sous le contrôle des confréries d'Álava.

Iglesia Sta María – Son portail date du 12e s., mais le reste de l'édifice a été retouché voire reconstruit au 16e s. Si vous avez la chance d'y entrer, vous aurez l'occasion d'admirer un beau retable du 17e s. en trois parties (celui du centre est doré).

Noyau historique – Il s'agit des quelques maisons anciennes en relativement mauvais état qui entourent l'église. Parmi elles, vous reconnaîtrez le palacio Urrutia à ses clés d'arc du rez-de-chaussée, à ses deux blasons et à ses angles de façade en colonnes.

En sortie d'Amurrio, prenez la direction Artziniega puis, après 2 km, tournez à gauche en direction d'Izoria, que vous traverserez en direction de Madaria et de Salmantón. Après 2,5 km, dépassez le barrage et faites attention à ne pas manquer sur la droite, en angle aigu, l'intersection pour Maroño.

Maroño

Garez-vous devant le petit ermitage et admirez la retenue d'eau avec le panorama de la sierra Sálvada en arrière-plan. La **vue★★** est magnifique!

Vous pouvez explorer les petites routes qui s'enfoncent vers Madaria, Salmantón ou Aguíniga. Sans regret ni hésitation, car les **paysages★★** sont splendides, verdoyants et vallonnés, au pied de montagnes imposantes qui forment un cirque.

Rejoignez l'A 624 et prenez à gauche. Après Respaldiza, allez à gauche vers Quejana.

Quejana★

Ce monument médiéval dresse sa massive silhouette dans la vallée d'Ayala qui a donné son nom aux seigneurs commanditaires des différents éléments de cet impressionnant ensemble. La place forte en elle-même (tour crénelée, tours carrées d'angle) date de 1300 et le couvent des dominicaines du 18e s. *(ne se visitent pas)*.

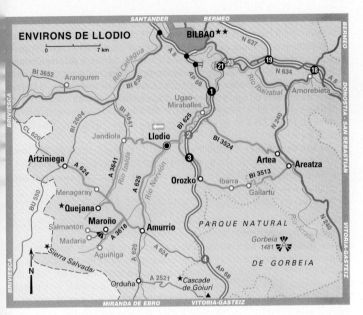

Mais les bâtiments les plus remarquables sont la **chapelle de la Virgen del Cabello** *(accès par le patio de 1735)*, qui conserve les gisants en albâtre de Pedro López de Ayala et de son épouse ainsi que la reproduction d'un retable de 1396 (aujourd'hui à Chicago), et l'**église de San Juan Bautista**. Celle-ci a été construite à la fin du 15e s., puis décorée d'un superbe retable du 17e s. en bois doré, très bien préservé grâce à la stabilité thermique de l'édifice *(on ne peut a priori pas visiter les églises, mais demandez toujours au gardien du musée)*.

Museo – ☎ 945 399 264 - mat., sam. mat. et apr.-midi - gratuit. En castillan. Deux salles présentent une rétrospective sur panneaux expliquant l'histoire du monastère, du bâtiment militaire et de la famille des Ayala. Exposition d'objets sacerdotaux dans la salle du fond, telle cette belle coupe en argent doré du 15e s.

Quittez Quejana en direction de Menagaray et reprenez votre route pour Artziniega.

Artziniega
Village autrefois fortifié dont s'enorgueillit la vallée. Les remparts ne sont plus et les maisons de pierre qui bordent ses trois ruelles d'est en ouest remontent pour certaines à la Renaissance, tout comme l'église N.-S. de la Asunción, reconnaissable à son fronton triangulaire. Cependant, ses demeures les plus importantes datent du 18e s.

Museo etnográfico – C/Arteko Aldapa, 12 - 01474 Artziniega - ☎ 945 396 210 - www.artziniegamuseoa.org - &. - visite guidée mat. et apr.-midi, dim. et j. fériés mat. - fermé lun., 1er janv. et 25 déc. - 4 € (-12 ans 2 €). 1 700 m² d'exposition pour comprendre les modes de vie traditionnels des habitants de la vallée.

Retournez sur vos pas. Peu après Menagaray, tournez à gauche sur l'A 3641 pour suivre la rivière Izalde jusqu'à Jandiola. Là, vous prendrez à droite la route menant à Llodio.

VERS LE PARC NATUREL DE GORBEIA, LA VALLÉE D'OROZKO
50 km – 1h30. Quittez Llodio par le quartier d'Areta pour rallier la BI 2522.

Orozko
Joli petit village connu pour ses haricots secs, où les maisons de pierre bien entretenues ont un petit air montagnard. Le vieux centre a conservé quelques demeures blasonnées ainsi que son hôtel de ville du 18e s.

Museo – Face à la mairie. ☎ 946 339 823/934 - www.orozkoudala.com - &. - mai-sept. : jeu.-vend., dim. et j. fériés mat., sam. mat. et apr.-midi - gratuit. Maquettes, panneaux, reconstitutions et audiovisuels retracent sur trois niveaux la vie d'autrefois dans la vallée d'Orozko. Habitat, métiers (forge, travaux agricoles, pastoralisme), alimentation, productions, environnement : tous les aspects sont abordés.

Engagez-vous sur la BI 3513.

La route jusqu'à Ibarra et au-delà dévoile de beaux points de vue sur la verdoyante sierra de Gorbeia.

Après Gallartu, prenez la direction d'Areatza.

Areatza

Classé Monument historique, ce village fondé en 1338 cultive le charme de ses ruelles pavées bordées de maisons de pierre remontant parfois au Moyen Âge. Certaines affichent un style plus récent mais non moins historique, comme le **palacio Gortazar** de style baroque (16e s.), reconnaissable aux vestiges de fresque ornant sa façade de briques. Il se trouve sur la place de la *casa consistorial* (mairie), tout comme la **Maison du parc de Gorbeia** où vous pourrez vous documenter sur ce vaste parc naturel de 20 000 ha, à cheval sur la Biscaye et l'Álava, et riche de plus de 167 espèces animales vertébrées. ℘ 946 739 279 - ♿ - *mat. et apr.-midi - fermé 1er et 6 janv., 24 août, 25 et 31 déc. - gratuit.*

Iglesia San Bartolomé – Construite entre la fin du 15e s. et le début du 16e s., cette église présente une façade d'inspiration classique aux statues disproportionnées.

Face à elle, au niveau du panneau du parc, part une randonnée vers la sierra *(renseignez-vous à la Maison du parc).*

Dirigez-vous vers Artea.

Artea

Le village comprend deux musées.

Museo Historico del Nacionalismo Vasco – *À l'entrée du village en venant d'Orozko ou de Bilbao. Meñaka Jauregia - Herriko Plaza, 39 - 48142 Artea Arratia - ℘ 946 317 286/946 317 399 - www.abertzaletasunarenmuseoa.org - mat. et apr.-midi, dim. et j. fériés mat. - fermé lun., 1er janv. et 25 déc.* Il porte aussi le nom de Sabino Arana, pionnier de l'indépendance basque au 19e s. On y découvre au travers d'archives, de photos et d'objets, les différentes étapes de l'autonomie basque.

Ecomuseo de Artea – *À 100 m derrière l'église et la mairie (première à gauche après la mairie en venant de l'église). Herriko Plaza, 1 - 48142 Artea - ℘ 946 317 086 - www.euskalbaserria.com - tte la journée, w.-end et j. fériés mat. et apr.-midi - fermé vend., 23 déc.-23 janv. - 3 €.* Une série de reconstitutions retracent l'habitat et la vie traditionnelle des Basques, depuis la Préhistoire jusqu'au 19e s. Passez très vite sur les premiers millénaires pour privilégier les métiers d'autrefois.

Iglesia de San Miguel★ – *Avant l'entrée du village, sur la droite (intersection quasiment en angle aigu) en venant de Bilbao.* De forme allongée, cette jolie église champêtre présente une belle façade de bois et des galeries extérieures sous auvent pavées de galets.

Revenez à Llodio en prenant la direction de Bilbao par la BI 3524 pour aboutir à Ugao-Miraballes. Là, prenez la BI 625 pour rejoindre Llodio.

Llodio pratique

Adresse utile

Office de tourisme – *Parque de Lamuza, 11 - 01400 Llodio - ℘ 944 034 930 - juil.-sept. : mat. et apr.-midi ; reste de l'année : tlj sf lun. mat. et apr.-midi, dim. et j. fériés mat.*

Se loger

⊖⊜ **Hôtel Los Arcos de Quejana** – *Ctra Beotegi, 25 - Kexaa - ℘ 945 399 320 - info@arcosdequejana.com -* 🅿 *- 16 ch. 61,60 € -* ☞ *5,11 € - rest. 17,95 €.* Dans un pittoresque paysage, ancien palais où s'illustre toute la noblesse et la sobriété du Moyen Âge. Il dispose d'une annexe de construction récente qui abrite des chambres soignées mais peu spacieuses.

⊖⊜ **Hôtel Torre de Artziniega** – *Cuesta de Luciano, 3 - Artziniega - ℘ 945 396 500 - hoteltorre@hotmail.com - 8 ch. 63/75 € -* ☞ *6,50 € - rest. 13,50 €.* La prestance d'une ancienne tour médiévale transformée en hôtel. De majestueux murs de pierre abritent des chambres agréables au plancher de bois et aux salles de bains modernes. Son restaurant associe l'héritage historique et le confort des temps modernes.

Se restaurer

⊖⊜⊜ **Axpe Goikoa** – *Barrio Iturrioz, 11 - Dima - ℘ 946 317 215 - www.axpegoikoa.com - fermé 15-31 août et lun. - 30/42 €.* Maison de campagne basque de construction réc ente nichée en pleine nature. Intérieur campagnard garni de planchers, de grosses poutres et de piliers en bois. Cuisine traditionnelle et bourgeoise.

⊖⊜⊜ **Palacio de Anuncibai** – *Barrio Anuncibai - Llodio - ℘ 946 726 188 - rest@palacioanunciabai.com - fermé Sem. sainte et 7-27 août - 34/47 €.* Installé dans un hôtel particulier moderne, entouré de jardins, il possède un bar et plusieurs salles classiques, celle du dernier étage étant réservée au service du menu.

Mauléon-Licharre
Maule

3 315 MAULÉONNAIS
CARTE GÉNÉRALE D2 – CARTE MICHELIN RÉGION 573 C27
PYRÉNÉES-ATLANTIQUES (64)

Au pied d'une colline où s'élèvent les ruines d'un château fort coule le Saison.
Joli nom pour un gave. De part et d'autre, l'ancienne place forte, dont le capi-
taine-châtelain était gouverneur du rude pays de Soule, demeure la capitale de
la plus petite des sept provinces basques. Surtout, n'oubliez pas les chaussures
de marche, vous manqueriez de superbes balades.

▶ **Se repérer** – À 24 km au sud-est de St-Palais. Le quartier de Licharre, siège des
États de Soule, s'étend sur la rive gauche autour de la place des Allées, bordée
par quelques édifices dont le château d'Andurain. La ville neuve se blottit vers
l'aval tandis que le château fort domine toujours la rive droite.

🅿 **Se garer** – Sur la place de la mairie.

👁 **À ne pas manquer** – L'adorable église de L'Hôpital-St-Blaise.

♿ **Pour poursuivre la visite** – Voir aussi la forêt des Arbailles, St-Palais et Larrau.

Vue étendue de la ville de Mauléon.

Stéphane Sauvignier / MICHELIN

Comprendre

Une histoire tumultueuse – Mauléon, c'est le « mauvais lion ». Une façon affec-
tueuse de rappeler la fonction défensive de la cité, ses résistances et ses coups de
sang ? À l'origine, Mauléon est en effet une bastide dominée par son château fort,
et c'est autour des murs de ce dernier que la capitale de la Soule vécut ses heures
les plus mouvementées. La place forte résista en effet pendant 50 ans avant de se
rendre aux Anglais en 1307. Ces derniers y installèrent une capitainerie jusqu'à ce
qu'ils la cèdent à la maison de Foix en 1449. C'est après que se focalisa sur Mauléon
le mécontentement des croquants.

En 1662, écrasés par les charges fiscales qu'impliquaient entre autres la démolition
et la reconstruction de l'édifice, ces derniers suivirent Bernard de Goyenetche, dit
Matalas, curé de Moncayolles, et refusèrent de payer leur dû. Ils furent écrasés par
les troupes royales et seigneuriales, et leur meneur décapité à Licharre.

Licharre était à l'époque une commune indépendante. Elle ne devint que récemment
un quartier industriel de Mauléon, celui où sont concentrées les fabriques d'espadrilles.
La mairie y est installée, dans l'ancien **hôtel de Montréal** (17e s.) qui servait autrefois
de résidence au gouverneur de la Soule.

Capitale de l'espadrille – *Espartina* en basque, cette chaussure de toile à la semelle
de chanvre a été utilisée dès le 18e s. Elle fait marcher Mauléon depuis 150 ans. D'abord
fabriquée à domicile par les paysans en appoint de leurs travaux agricoles, elle est

produite à échelle industrielle à la fin du 19e s. lorsque les premières usines ouvrent leurs portes vers 1880. On appelait *hirondelles* les jeunes Espagnoles qui venaient travailler dans ces usines pour la saison, de mai à septembre. Aujourd'hui, 70 % de la production française sort des manufactures mauléonnaises, qui ont du mal à résister à la concurrence internationale.

Visiter

Château d'Andurain

📞 05 59 28 04 18 - visite guidée de déb. juil. à mi-sept. : tlj sf jeu. 11h, 15h, 16h15, et 17h, dim. 15h, 16h15 et 17h - 4,50 € (enf. 2,30 €).

Cet édifice à décor Renaissance fut construit vers 1600 par un membre d'une illustre famille souletine, Arnaud Ier de Maytie, évêque d'Oloron. Belles cheminées sculptées, mobilier 17e-18e s. et exposition d'in-folio restaurés des 16e et 17e s. Les combles sont couverts de bardeaux de châtaignier avec une belle charpente de chêne.

Château fort de Mauléon

Montée un peu raide à pied. Possibilité d'accès pour les voitures uniquement. 📞 05 59 28 02 37 - de mi-juin à fin sept. et vac. scol. Pâques : mat. et apr.-midi ; de déb. mai à mi-juin : w.-end et j. fériés mat. et apr.-midi - 2,50 € (-7 ans gratuit).

Élevé au 12e s. sur une colline surplombant la vallée du Saison, il aurait dû être démoli au 17e s. sur ordre royal. Dans la cour restent le puits et les bases de murs de bâtiments, mais on peut également voir le cachot et une salle de réserve. Sur le chemin de ronde, trois canons datant de 1685.

Le document de la visite décrit la bastide que vous pourrez aller voir ensuite (escaliers sur la droite en descendant du château).

Coupole de l'église.

Aux alentours

Ordiarp★

7 km au sud-ouest par la D 918.

Charmant village traversé par une rafraîchissante rivière où caquettent les canards. Le cours d'eau est bordé d'un seul côté par les traditionnelles maisons souletines aux toits d'ardoise. Un pont romain l'enjambe.

Église★ – 12e s. Cette jolie église romane en surplomb de l'Arangorena arbore un original **clocher-mur** au clocheton carré. Elle est le seul vestige du relais hospitalier et de la commanderie des Augustins de Roncevaux, qui étaient installés dans ce village-étape du pèlerinage de Compostelle.

Centre d'évocation du patrimoine souletin – *📞 05 59 28 07 63 - juil.-août : lun.-vend. mat. et apr.-midi - fermé w.-end - hors saison, sur demande - 2 € (-10 ans, gratuit).* Culture basque, mythologie, art roman et témoignages de pèlerins de Compostelle se mêlent dans cet espace d'exposition. Il propose des visites guidées *(1h30)* du village par un conteur du pays *(17h -lun.-vend. en saison).*

Circuit de découverte

LA BASSE-SOULE

50 km – 1h30. Quittez Mauléon par la D 24, puis la D 25.

L'Hôpital-St-Blaise

℘ 05 59 66 11 12 - visite audioguidée - tte la journée. Un spectacle son et lumière vous guide tel un pèlerin dans l'église.

Ce minuscule village du pays de Soule se distingue par son **église★★** du 12e s., classée Monument historique depuis 1888 et aujourd'hui inscrite au patrimoine mondial de l'Unesco.

Construite par les chanoines augustins de l'abbaye Ste-Christine du Somport, elle est l'ultime vestige de l'ensemble édifié à l'époque pour accueillir les pèlerins en route pour Compostelle.

De construction romane très ramassée, c'est un précieux témoin de l'art hispano-mauresque au nord des Pyrénées. Les quatre corps de son plan en croix grecque contrebutent la tour centrale. La croisée est couverte d'une **coupole** à huit pans bandés de nervures en étoile *(voir plan p. 88)*. Admirez les bagues sculptées de façon naïve. Les grilles de pierre aux fenêtres sont d'inspiration espagnole.

Prenez le temps, en sortant de l'église, de flâner dans les rues du village. Vous verrez quelques belles demeures des 17e et 18e s.

Sortez du village en direction d'Oloron-Ste-Marie et prenez à droite la D 859.

Barcus

L'intérieur de son **église** surprend par la richesse de sa décoration baroque et de son agencement : galeries de bois, murs peints et retable baroque doré figurant l'Ascension.

La D 347 qui vous mène à Tardets passe à travers les collines couvertes d'un patchwork de bocages dont les vaches n'ont cure, préférant paître en bord de route.

Tardets

Ancienne bastide pourvue d'une place centrale entourée de maisons à arcades du 17e s. Le village sert de point de départ pour différentes randonnées ou excursions *(se renseigner à l'office de tourisme)*.

Reprenez la route en direction de Mauléon.

Trois-Villes

Le nom, plus que le château construit par Mansart entre 1660 et 1663, rappelle la carrière militaire et le personnage littéraire de M. de Tréville. La demeure affiche deux avant-corps et des fenêtres à meneaux. Elle profite également de jardins à la française.

Continuez vers Mauléon.

Gotein

Arrêtez-vous pour admirer le **clocher-calvaire** *(voir p. 82)* à trois toits de cette église du 16e s. Elle est typique de ce que l'on appelait auparavant les clochers trinitaires, formés d'un solide mur de pierre percé d'alvéoles pour les cloches et surmonté de trois frontons triangulaires. À l'intérieur, remarquez le beau retable en bois doré du 18e s., une jolie Vierge et un bénitier Louis XIII.

Le circuit s'achève à Mauléon.

Un pour tous, tous pour un

Les mousquetaires d'Alexandre Dumas ne sont pas qu'une invention et certains d'entre eux étaient originaires, ou ne fût-ce qu'attachés à la Soule ou à la frontière entre le Pays basque et le Béarn. Ainsi, M. de Tréville était-il en réalité Arnaud Jean du Peyer, comte de Trois-Villes, nommé capitaine-lieutenant des mousquetaires en 1625. Isaac de Porthau, né à Pau en 1617 et devenu mousquetaire en 1643 après avoir été garde du roi, inspira Porthos. Il avait une résidence à Lanne (sur la D 918 à l'est de Tardets). Quant à Aramis, c'est Henri d'Aramits, écuyer et abbé laïque d'Aramits (à 2 km de Lanne), entré chez les mousquetaires la même année que son acolyte. C'est le cousin de Tréville.

Mauléon-Licharre pratique

Adresses utiles

Office du tourisme de Mauléon – *10 r. J.-B.-Heugas - 64130 Mauléon - ✆ 05 59 28 02 37.*

Office du tourisme de Tardets – *Pl. Centrale - 64470 Tardets - ✆ 05 59 28 51 28 - juil.-août : mat. et apr.-midi, dim. et j. fériés mat. ; reste de l'année : mat. et apr.-midi - fermé dim. et j. fériés (sf juil.-août).*

Visites

Visite guidées – Des visites guidées de la ville et du château sont proposées par l'office de tourisme le mardi en juil.-août.

Se loger

Bon à savoir – Le petit village de l'Hôpital-St-Blaise abrite deux hôtels-restaurants situés côte à côte, face à l'église romane : l'Hôtel des Touristes et l'Auberge du Lausset. Leur confort et leurs prix sont quasi similaires.

Hostellerie du Château – *R. de la Navarre - ✆ 05 59 28 19 06 - www.hostellerieduchateau.net - fermé 3 sem. en fév. - P - 27 ch. 47/49 € - 6,50 € - rest. 12 €.* Cette immense bâtisse est un vrai labyrinthe ! Reprise en 2002, elle a été progressivement restaurée et les chambres ont été rénovées. Situées côté jardin, elles respirent le calme. À table, goûteuse cuisine régionale et un menu très attractif à midi.

Se restaurer

Hôtel-Restaurant Bidegain – *13 r. de Navarre - derrière le château d'Andurain - ✆ 05 59 28 16 05 - bidegain.hotel@orange.fr - fermé dim. soir sf en sais. et lun. midi - 13/34 € - 20 ch. 49,50/56 € - 6 €.* En pénétrant dans cet ancien relais de poste, attendez-vous à changer d'époque. Le décor possède un charme suranné : tapisseries avec médaillons, boiseries, moulures, odeurs de cire d'abeille et cheminée dans la plus petite des deux salles à manger. L'été, la terrasse ombragée est particulièrement agréable.

Que rapporter

Espadrille – *Pl. Centrale - 64130 Mauléon-Licharre - ✆ 05 59 28 28 48 - www.espadrilles-mauleon.fr - tlj sf dim. et j. fériés : hors sais. 9h-12h30, 14h-18h ; été : 9h-13h, 14h-19h, dim. 10h-12h30.* Visite sur vidéo (30mn) de l'atelier situé dans la zone artisanale de Mauléon (prendre la rue de Navarre, puis à gauche au rond-point).

Stéphane Sauvignier / MICHELIN

Espadrilles.

Sports & Loisirs

Cycles Poppe – *1 cité St-Jean - ✆ 05 59 28 13 62 - tlj sf dim. et lun. 9h-12h, 14h-19h (sam. 18h) - fermé 10 j. en août.* Si vous souhaitez découvrir Mauléon à bicyclette, adressez-vous à ce magasin de cycles. Il loue des vélos et VTT à l'heure, à la demi-journée ou à la journée.

Aventure Parc Aramits – *Espace Forêt-Loisirs - 64570 Aramits - ✆ 05 59 34 64 79 - www.aventure-parc.fr - juil.-août : 10h-19h ; reste de l'année : 13h30-18h30 - fermé nov.-avr. - 20 € (enf. 15 €).* Si vous avez toujours rêvé de sauter d'arbre en arbre tel un écureuil, tentez ces parcours composés de 95 jeux aériens (à partir de 1,55 m bras levés). Également au programme : saut à l'élastique, miniparc pour les petits (à partir de 3 ans), bar-restaurant et aire de pique-nique.

Rafting Eaux Vives – *Le Pont - 64190 Navarrenx - ✆ 05 59 66 04 05 - www.rafting-eaux-vives.com - 9h-18h, uniquement sur réserv. - descente journée : 44 € (enf. 31 €) ; demi-journée : 26 € (enf. 19 €).* Descente du gave d'Oloron, entre Navarrenx et Sauveterre-de-Béarn (20 km), dans un raft pneumatique ou, pour des sensations plus fortes, à bord d'un miniraft de 2 ou 3 personnes. Si vous optez pour la sortie d'une journée complète, vous profiterez d'une pause repas (grillades) sur une plage sauvage.

Événement

Fête de l'espadrille, le 15 août.

Olite ★★

Erriberri

3 435 HABITANTS
CARTE GÉNÉRALE C3 – CARTE MICHELIN RÉGION 573 E25 – NAVARRE

Résidence de prédilection des rois de Navarre au 15ᵉ s., Olite, la « ville gothique », vit dans l'ombre d'un château si démesuré qu'il a l'allure et les dimensions d'une cité médiévale. Durant l'été, le village est envahi par les touristes attirés par l'animation des rues et les « bodegas ».

▷ **Se repérer** – Depuis Pampelune, la N 121 comme l'A 15 partent plein sud en direction d'Olite. Comptez environ 40 km.

🅿 **Se garer** – Le centre médiéval étant piétonnier, laissez votre voiture à l'une des portes du vieux quartier.

👁 **À ne pas manquer** – Les chapiteaux de Sta María, à Ujué.

🕓 **Organiser son temps** – En matinée, la vieille ville et son château, puis l'après-midi, les alentours avec Ujué, les lagunes et le monastère d'Oliva.

👪 **Avec les enfants** – Le château des Rois de Navarre, pour son ampleur, et les lagunes de Pitillas, pour leurs oiseaux.

✐ **Pour poursuivre la visite** – Voir aussi Pampelune, Puente-la-Reina, Sangüesa et Tudela.

Château des Rois de Navarre.

Stéphane Sauvignier / MICHELIN

Comprendre

De la place forte à la ville royale – Place forte romaine, Olite a vu son noyau d'origine tripler avec l'octroi du *fuero* d'Estella de García Ramírez en 1147. Le bourg passe alors du *cerco de dentro* (intra-muros) au *cerco de fuera*, enceinte médiévale nouvellement dressée au sud des anciens remparts. Des vestiges de ces murailles sont visibles à l'ouest du centre historique, le long de la rúa Romana et de la rúa Alcalde de Maillata où se sont installées les *bodegas*.

Au 13ᵉ s., la cité devient siège royal des rois de Navarre, mais c'est Charles III le Noble (1337-1425) qui en fait leur résidence principale (elle le restera jusqu'en 1512) et réutilise la forteresse romaine pour la transformer en château.

Un patrimoine exceptionnel sauvé de justesse – Cet immense et fabuleux château semble sorti d'un conte de fées, mais ce patrimoine classé Monument national en 1925 aurait pu ne pas nous parvenir. En 1813, un général espagnol soucieux de ne pas le voir tomber entre les mains des Français y met en effet volontairement le feu. L'ouvrage perd alors plusieurs tours, mais à la suite de campagnes de restauration, dont les dernières se sont achevées à la fin du 20ᵉ s., il a retrouvé toute sa majesté.

La meilleure **vue** d'ensemble sur le monument et sur Olite se découvre depuis la route de San Martín de Unx. Celle de Beire offre aussi un joli panorama sur la ville.

Découvrir

Plaza Teobaldos

Occupant une place centrale dans le tissu urbain délimité autrefois par les murailles romaines, elle regroupe autour de ses arbres les principales curiosités de la ville, dont le *parador*, l'église Sta María et le musée du Vin *(voir « Visiter »)*. Des porches permettent de rejoindre la plaza de Carlos III.

Plaza de Carlos III

Cette place tout en longueur assure la jonction entre le quartier nord (ancien *cerco de dentro*) et la partie sud de la vieille ville (auparavant *cerca de fuera*). C'est par elle que l'on accède au château des Rois de Navarre *(voir « Visiter »)*. À l'opposé du monument, sur la place, se trouve l'entrée de galeries souterraines du 15e s. reconverties en salles d'exposition.

Iglesia de San Pedro

À l'extrémité sud-est du quartier médiéval, en bordure du paseo de Doña Leonor.

Dotée d'un clocher effilé octogonal, la façade de l'église offre un aspect assez disparate. Les voussures du portail sont soulignées de boudins. De part et d'autre, deux aigles symbolisent l'un la Violence (à gauche, tuant un lièvre), l'autre la Douceur. À l'entrée, dans le bas-côté à gauche, une pierre sculptée au 15e s. représente la sainte Trinité.

Visiter

Castillo de los Reyes de Navarra★ (château des Rois de Navarre)

Entrée par la plaza de Carlos III el Noble.

✆ 948 740 035 - tte la journée - fermé 1er et 6 janv., 25 déc. - 2,80 € (enf. 1,40 €) ; billet combiné avec la visite guidée des églises Sta María et San Pedro : 6 € (enf. 4 €).

👥 On peut distinguer deux parties : le vieux palais, transformé aujourd'hui en *parador* (hôtel de luxe), et le nouveau palais dont Charles III le Noble ordonna la construction en 1406. Les origines françaises de ce prince – il était comte d'Évreux et natif de Mantes – expliquent le caractère élégant des fortifications, transition entre les lourdes maçonneries du 13e s. et les palais-résidences gothiques de la fin du 15e s., comprenant galeries et petites cours. Architectes venus du nord et artisans maures y ont collaboré. Pendant la guerre d'indépendance (contre l'occupation napoléonienne), un incendie détruisit presque entièrement le bâtiment. Derrière la quinzaine de tours qui renforcent l'enceinte s'étendaient des jardins suspendus. Un décor d'azulejos (carreaux de céramique colorés), de stucs peints et de plafonds à marqueterie polychrome illuminait les salles. Sont remarquables : la salle de la Reine, la galerie du Roi aux arcs élancés, le petit cloître couvert de vigne vierge, la vue sur le toit de lauzes de l'église Sta María et la ville depuis la tour du Retrait. Notez la glacière en forme d'obus qui se dresse au pied des murailles du château.

Iglesia de Santa María la Real

✆ 948 741 273 - www.guiartenavarra.com - ♿ - visite guidée des églises Sta María la Real et San Pedro juil.-août : 13h et 17h30 - 4 € (enf. 3 €) ; billet combiné avec le château des Rois de Navarre : 6 € (enf. 4 €).

C'est l'ancienne chapelle royale. Un atrium aux fines arcades polylobées précède la **façade★** du 14e s., excellent témoin de la sculpture gothique navarraise. Sur le portail, seul le tympan est historié (vies de la Vierge et du Christ). Remarquez l'attitude de Marie et Joseph dans le tableau de la Nativité : tous deux ont le menton dans leur main, comme s'ils étaient perplexes, voire nonchalants.

L'intérieur est également intéressant. Au-dessus du maître-autel, un très beau **retable★★** peint au 16e s. encadre une Vierge gothique.

Museo del Vino★ (musée du Vin)

✆ 948 741 273 - ♿ - avr.-oct. et Sem. sainte : mat. et apr.-midi, dim. et j. fériés mat. ; reste de l'année : tte la journée, w.-end et j. fériés mat. - 3,50 € (enf. 2 €). Panneaux en anglais et en français. Partageant le même bâtiment que l'office de tourisme, ce musée récent a pris possession des étages et du sous-sol afin d'exposer de façon moderne et didactique toutes les étapes et le savoir-faire liés à l'élaboration du vin.

Chacun des paliers correspond à une thématique : l'histoire du vin, la viticulture (entretien des vignes, outils), la vinification (embouteillage, conservation). Particulièrement intéressante, la partie consacrée à l'œnologie donne quelques clés pour reconnaître et déguster les vins.

Aux alentours

Marcilla

29 km au sud d'Olite par l'A 15. Seul monument digne d'intérêt, le château du 15ᵉ s. est construit en briques. Ses habitants aujourd'hui sont les cigognes qui ont élu domicile sur ses tours et ses créneaux. Mais en dépit de son état de délabrement avancé, l'édifice a gardé fière allure et illustre encore avec son fossé, ses tours d'angle et ses mâchicoulis, ce que pouvait être le système défensif de l'époque. L'ensemble a cependant été transformé en résidence dès le 16ᵉ s.

Villafranca

34 km au sud d'Olite par l'A 15 puis la NA 660. Visez la calle Mayor pour trouver le quartier historique.

Une fois oubliée l'allure négligée de la ville, on peut apprécier les maisons de briques regroupées sur l'esplanade sur laquelle donne l'église Sta

Alexandra Forterre / MICHELIN

Château de Marcilla.

Eufemia, de 1497. La couleur rosée des édifices, tels que le palais de los Obadina ou le couvent du Carmel, et les quelques cyprès plantés sur l'esplanade face à la sierra donnent une allure méditerranéenne à l'ensemble.

Circuits de découverte

VAISSEAUX DE PIERRE ET MARAIS

70 km – 3h30. Quittez Olite par la NA 5300 à l'est.

San Martín de Unx

Garez-vous devant Sta María del Popolo et montez vers San Martín (fléché). Demandez la clé à la maison marquée « Visitas guiadas », sur la gauche dans la montée.

Charme assuré dans ce village dont la rue principale est bordée de vieilles demeures de pierre. Elle mène à l'église des 12ᵉ-16ᵉ s.

La NA 5310 vous mènera à Ujué.

Ujué★★

Possibilité de se garer au pied de l'église. Juché sur un sommet, dominant le pays de la Ribera, Ujué est resté tel qu'au Moyen Âge, avec ses rues tortueuses et ses façades pittoresques.

Iglesia de Santa María★★ – Une église, romane, avait été construite à la fin du 11ᵉ s. Au 14ᵉ s., le roi Charles II le Mauvais entreprit d'édifier l'église gothique ; mais les travaux durent être interrompus et le chœur roman subsista. Dans la chapelle centrale est vénérée Santa María la Blanca, statue romane en bois recouverte de plaques d'argent. Les murs extérieurs sont décorés de chapiteaux aux sculptures soignées, illustrant des scènes de la Bible (Annonciation, Nativité), des personnages (musiciens, bergers, vignerons, etc.). Notez sur le tympan le poisson qui sort du cadre.

Sa fête patronale est célèbre : chaque année depuis le 14ᵉ s., le dimanche suivant la Saint-Marc (25 avril), se déroule la procession traditionnelle avec des pénitents.

Fortaleza (forteresse) – Des tours de l'église, la **vue** s'étend jusqu'à Olite, le Montejurra et les Pyrénées. Ce poste d'observation avait un rôle militaire : du palais médiéval, il reste de hauts murs et un chemin de ronde couvert qui contourne l'église.

Revenez sur vos pas pour prendre à gauche la NA 5311 jusqu'à Murillo-el-Fruto au sud. De là, allez à Carcastillo par la NA 124. En ville, prenez à droite la direction de Mélida par la NA 5500.

Monasterio de la Oliva

Fléché depuis Carcastillo. On l'aperçoit à la sortie de la ville, sur la droite en direction de Mélida. 📞 948 725 006 - www.monasteriodelaoliva.eu - ♿ - mat. et apr.-midi - possibilité de visite guidée sur demande (1 sem. av.) - 2 € (-12 ans 0,50 €). La Oliva est un des premiers monastères cisterciens édifiés par des moines venus de France du vivant même de saint Bernard de Clairvaux. Son rayonnement intellectuel fut grand au

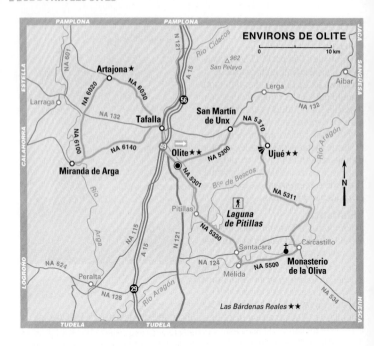

Moyen Âge. Vidé de ses trésors, le monastère offre encore la remarquable pureté de son architecture cistercienne.

Iglesia★ – Fin 12ᵉ s. La façade, extrêmement dépouillée malgré le couronnement triangulaire et la tourelle dont on l'a affublée au 17ᵉ s., joue avec une rare élégance de la perfection des lignes de son portail et des deux rosaces. Le vaisseau surprend par sa grande profondeur : ses piliers et ses ogives aux épaisses nervures polygonales ont la rigueur du style cistercien.

Claustro – Fin 15ᵉ s. Les baies apparaissent d'une exceptionnelle légèreté. Cette architecture gothique fut plaquée sur la construction d'origine comme en témoignent les retombées d'arcs qui masquent en partie l'entrée de la salle capitulaire du 13ᵉ s.
Quittez le monastère en direction de Mélida. Dans le village, prenez à droite la direction de Santacara que vous traverserez. Roulez ensuite environ 6 km en direction de Pitillas. Vous verrez alors en bord de route une sorte de ferme, isolée ou presque, et un petit panneau qui indique les lagunes.

Lagunas de Pitillas

Cette zone marécageuse couvre 216 ha au pied de monts couronnés d'éoliennes. L'eau a une profondeur moyenne de 3 m grâce à une digue qui maintient ce niveau. Le site a été déclaré réserve naturelle en 1987 en raison de son importance écologique. Il se trouve en effet sur les axes migratoires de nombreux oiseaux, qui viennent également s'y reproduire. La meilleure saison pour le découvrir est l'hiver.

Observatorio de Aves – ℰ 619 463 450 ou 948 741 703 *(office de tourisme) - www. lagunadepitillas.org - de mi-juil. à mi-sept. : mat. et apr.-midi, lun. apr.-midi ; reste de l'année : w.-end et j. fériés mat. et apr.-midi - gratuit.* 👪 Des longues-vues sont à la disposition des visiteurs pour regarder les marais et leurs habitants à plumes (canards, sarcelles, hérons, aigles, etc.). Des explications sont également fournies sur l'origine des marais, de la faune et de la flore.

🥾 Trois sentiers partent du centre d'observation, sans vraiment entrer au plus profond des marécages. Le premier fait 1 km (45mn) ; le second s'étire sur 5 km (2h30) ; le troisième conduit, après 1 km de promenade, à un joli point de vue. Ils seront peut-être déconseillés en période de nidification (de mars à juin).
Revenez à Olite par Pitillas, puis Beire, en empruntant la NA 5330 et la NA 5301.

VERS LE VERGER NAVARRAIS

58 km – 2h. Quittez Olite par la N 121.

Tafalla

En garant votre voiture près du centre-ville, vous pourrrez mieux arpenter les rues du vieux Tafalla, dont les principaux monuments sont l'église Sta María (retable du 16ᵉ s.

réalisé par Juan de Anchieta et l'un de ses disciples) et le couvent de la Concepción (retable baroque du 16e s.), relié par un arc au manoir des Mencos.

La NA 6030 vous conduit à Artajona.

La route dévoile un magnifique panorama sur la crête fortifiée d'Artajona.

Cerco de Artajona★ (enceinte d'Artajona)

Pour atteindre le sommet de la colline depuis la route principale, prenez la calle Hospital dont l'agence CAN fait l'angle. Possibilité de monter en voiture et de se garer à proximité des fortifications.

Perchée en haut de la colline, **l'enceinte** d'Artajona dresse encore vers le ciel ses impressionnantes tours de défense et des portions de murs qui laissent deviner l'ampleur de cette fortification médiévale du 11e s., l'une des plus importantes de Navarre.

Sur les 14 tours d'origine, 9 tiennent encore debout pour encadrer l'**église-forteresse de San Saturnino**, construite au 13e s. pour s'intégrer au système défensif de la forteresse. Dans un état proche du délabrement, elle sert aujourd'hui de lieu de réunion pour les habitants.

Suivez la NA 6020 prolongée par la NA 6100, et tournez ensuite à droite sur la NA 6140 pour arriver à Miranda de Arga.

Miranda de Arga

Le village s'étage sur une colline, depuis l'hôtel de ville blasonné à mi-pente jusqu'à la plaza de la Cruz, reconnaissable à la tour de l'horloge et à la tour mudéjar qui complète l'église de la Asunción.

🐌 Un peu en dehors du bourg, au-dessus de l'église, se dressent un petit sanctuaire et les vestiges d'une tour depuis laquelle s'offre un beau panorama sur l'Arga en contrebas, le patchwork de champs et de carrés de vigne et les rangées d'éoliennes dans le lointain.

Revenez à Olite par Tafalla via la NA 6140.

Olite pratique

Adresse utile

Office de tourisme – *Pl. de los Teobaldos - 31190 Olite - ℘ 948 741 703 - 1er juin-11 oct. : mat. et apr.-midi, dim. et j. fériés mat. ; reste de l'année : mat. et apr.-midi, w.-end et j. fériés mat. - fermé 1er et 6 janv., 25 déc.*

Se loger

⌂❷ **Hôtel Merindad de Olite** – *Rua de la Judería, 11 - ℘ 948 740 213 - merindad_de_olite@telefonica.net - 10 ch. 60/69 € - ☕ 6 €.* Établissement familial agréable, reconstruit sur les restes d'une ancienne muraille romaine et décoré dans un style rustique chaleureux. Chambres au mobilier de qualité.

⌂❷❷❷ **Hôtel Joyosa Guarda** – *Rua de Medios, 23 - ℘ 948 741 303 - hotel@lajoyosaguarda.com -* **P** *- 24 ch. 120/170 € - ☕ 13 €.* Cet édifice du 18e s., orné de balcons en bois, se remarque de loin. L'intérieur, restauré avec goût, mêle des éléments de différents styles : classique, oriental, design… Ses chambres personnalisées possèdent de grands lits.

Le soir venu, on se laisse gagner par la quiétude du patio, seulement éclairé par des torches.

Se restaurer

⌂ **Casa del Preboste** – *Rua de Mirapies, 8 - ℘ 948 712 250 - estrellapreboste@hotmail.com - 11 € déj. - 25/35 €.* Les larges murs en pierre de ce restaurant datent du 15e s. Ils abritaient jadis la « maison du prévôt ». L'intérieur se divise aujourd'hui en trois salles. Deux d'entres elles sont réservées au service à la carte (assiettes traditionnelles très copieuses) ; l'autre s'adresse aux amateurs de pizzas (le soir seulement).

⌂❷ **Merindad de Olite** – *Rua de la Juderia, 11 - ℘ 948 740 735 - merindad-de-olite@telefonia.net - 18/36 €.* Si vous avez envie de tester de nouvelles saveurs gastronomiques, cette adresse est tout indiquée. On y mitonne une cuisine atypique, à base d'insectes comestibles élevés en Angleterre et en Thaïlande. Si vraiment les petites bêtes ne vous tentent pas, sachez que la carte recèle aussi des plats traditionnels.

Oñati ★

10 711 HABITANTS
CARTE GÉNÉRALE B2 – CARTE MICHELIN RÉGION 573 C22 – GUIPÚZCOA

Au creux d'une agreste vallée, Oñati s'est assoupie entre ses palais, ses couvents et son ancienne université, ménageant au visiteur une paisible halte avant de partir à la découverte des sanctuaires et des petites cités alentour. L'église moderne d'Arantzazu mérite en effet le détour, tout comme l'antique église de Sta María la Antigua à Zumarraga.

- **Se repérer** – Oñati se trouve au cœur d'une belle vallée, à 71 km à l'est de Bilbao, à 45 km au nord-est de Vitoria-Gasteiz et à 74 km au sud-ouest de St-Sébastien.
- **Se garer** – Dans le centre-ville, à proximité de l'hôtel de ville.
- **À ne pas manquer** – Le remarquable bâtiment de l'université du Saint-Esprit.
- **Pour poursuivre la visite** – Voir aussi Durango, Azpeitia, Tolosa et Vitoria-Gasteiz.

Comprendre

Une cité privilégiée – Le bourg s'est développé à la source du Deba, au pied de monts dont le plus élevé, l'Aketegi, culmine à 1 544 m. Les archives attestent de son existence à partir du 14e s. D'abord seigneurie, il fut élevé au rang de comté et vécut sous l'égide de puissantes familles telles que les Vela, puis les Guevara de l'Álava.

Il essaya de se rebeller contre leur autorité et demanda en 1540 son rattachement au Guipúzcoa. Le procès dura plus d'un siècle et le village le perdit en 1653. Ce n'est qu'en 1845, avec la suppression des droits seigneuriaux, qu'il put réaliser son souhait et devenir guipúzcoan.

Pendant la première guerre carliste, il servit à deux reprises de quartier général à don Carlos, et c'est la prise de la ville par le général Espartero qui obligea les carlistes à signer la convention de Vergara mettant fin à la guerre.

Se promener

Palais baroques et églises jalonnent la découverte du centre historique d'Oñati.
Partez de l'office de tourisme qui fait face au Deba et à l'université du Saint-Esprit.

Universidad Sancti Spiritus ★ (université du Saint-Esprit)

943 783 453 - www.oinati.org - visite guidée sur demande préalable - mat. et apr.-midi, w.-end mat. - 12 €/visite (1-5 pers.), 2 €/pers. (+ 6 pers.).

Elle fut créée en 1545 par un prélat natif d'Oñati, l'évêque Rodrigo Mercado de Zuloaga, et supprimée au début du 20e s. Elle est actuellement occupée par les services administratifs de la province de Guipúzcoa et l'Institut international de sociologie juridique. Unique université du Pays basque, elle eut un grand prestige culturel. Surmonté de pinacles, son **portail ★**, œuvre du Français Pierre Picart, est chargé de statues, parmi lesquelles on reconnaît, en haut, l'évêque fondateur, à droite, saint Grégoire et, à gauche, saint Jérôme. La même décoration exubérante se retrouve aux angles des tours. Dans le même style, le patio est d'une grande élégance.
Dirigez-vous à droite du bâtiment vers l'église.

Iglesia de San Miguel

943 783 453 - visite guidée sur demande à l'office de tourisme 12h et 17h.

Cette église gothique a été transformée à l'époque baroque. Dans le collatéral gauche, une chapelle Renaissance, gardée par de belles grilles, renferme un intéressant retable de bois doré et le tombeau en marbre du fondateur de l'université. Avec sa galerie ajourée, ses arcs en accolade, ses niches à statues et la couleur dorée de ses pierres, l'extérieur du cloître se rattache au style plateresque isabélin. La rivière passe par son cloître. Face à elle, de l'autre côté de la rue, se dresse la **casa Hernani** du 16e s. Elle accueillit provisoirement l'université pendant les travaux de construction.

Plus haut dans la rue se trouve la maison-tour de Lazarraga avec son arc en ogive.
Contournez l'église. Vous arriverez face à la mairie.

Ayuntamiento (hôtel de ville)

C'est un bel édifice baroque construit au 18e s. par l'architecte Martín de Carrera. Sur la place ont lieu, le jour du Corpus Christi, d'étranges danses et des processions dont la tradition remonte au 15e s.

Université du Saint-Esprit.

À sa gauche se déploie la place Sta Marina, bordée par trois grands palais du 18e s. : les casas Madinabeitia, Antia et Baruena.
Prenez la rue qui part à gauche de la mairie.

San Martín

Cet édifice du 15e s. porte une armature en bois et abrite un retable central de Pierre Picart.
La calle Patrue fait l'intersection avec Kalebarria par laquelle vous êtes arrivé. Remontez-la sur votre gauche jusqu'à la plaza Sta Marina.

Plaza Sta Marina

Ce petit espace vert est entouré du monastère de Bidaurreta, fondé en 1510 par Juan López de Lazarraga (haut dignitaire des Rois Catholiques), de la casa Otadui Jausoro, reconnaissable à son balcon en coin (fin 16e s.-début 17e s.), et de la tour Zubiaur.

Aux alentours

Arantzazu★★

9 km au sud par la GI 3591. Le **parcours★** suit en corniche les gorges du río Arantzazu. Le sanctuaire est perché à 800 m d'altitude dans un **site★** élevé, au-delà du mont Aitzgorri, l'un des points culminants de la province (1 549 m).

Sanctuaire – *Se garer sur le vaste parking aménagé à cet effet devant l'église.* 📞 *943 796 463 - possibilité de visite guidée de déb. juin à mi-oct. : 10h30, 11h30, 12h30, 16h et 17h ; reste de l'année : se renseigner - 2 €.*

Cet impressionnant **édifice★** moderne a pris la place d'un sanctuaire qui existait depuis le 15e s. C'est en 1950 que la décision fut prise de l'élever. Résultat : deux tours et un immense campanile en pierre calcaire taillée en pointes de diamant dressent leur silhouette dans un site à la fois verdoyant et minéral (selon l'horizon que l'on regarde).

On y accède par un escalier pavé en pente douce, qui conduit aux portes conçues par Eduardo Chillida, creusées dans la terre. Elles sont dominées par une frise comportant 14 silhouettes (les Apôtres ?) signée Jorge Oteiza.

Notez la façade en pointes de diamant : elles symbolisent les épines du buisson dans lequel la Vierge apparut au berger en 1468. *Arantzazu* signifie d'ailleurs « aubépine » en basque.

À l'intérieur, le regard est irrémédiablement attiré par le puits de lumière qui tombe sur le gigantesque **retable★** de Lucio Muñoz. Ce dernier a travaillé le bois jusqu'à lui donner une apparence de rocher, si bien que sa fresque ressemble à une falaise, tourmentée à sa base et plus lisse au fur et à mesure que le regard monte à la lumière. Au centre, une niche abrite la statue de la Vierge, trouvée en 1468.

Notez la forme originale des **vitraux★** dessinés par Xabier Alvarez de Eulate.

🐾 Les pèlerins ne sont pas les seuls à monter jusqu'à Arantzazu. Le hameau sert en effet de point de départ pour plusieurs randonnées dans la sierra de Alona-Aizkorri.

Sanctuaire d'Arantzazu.

Pour atteindre les pâturages d'Urbia, compter par exemple 1h. Pour aller au-delà vers le sommet d'Aketegi (1 549 m), ajouter 3h de plus… *(plaquette disponible au centre d'information d'Arantzazu).*

Circuit de découverte
47 km env. 2h Quittez Oñati en direction de Zumarraga par la GI 2630. À Zumarraga, suivez les panneaux « Sta María la Antigua ».

Sta María la Antigua★★
L'extérieur massif de cet ermitage du 15ᵉ s. ne laisse pas soupçonner le côté aérien et chaleureux de sa nef unique. Celle-ci est en effet dominée par une galerie et une magnifique **charpente★★** de bois dont tous les éléments sont visibles. Admirez le soin du détail dans les sculptures des poutres et de la galerie. L'ensemble constitue un exemple éclatant d'architecture religieuse populaire.

Prenez le temps de profiter du paysage (à l'exception de la vue sur Zumarraga l'industrielle). Une aire de pique-nique a été ménagée à l'arrière du sanctuaire, au point de départ de sentiers de randonnée.
Reprenez la route en direction de Bergara par la GI 632.

Bergara
Garez-vous sur le parking, face à la Sta Marina, car le centre est piétonnier.
Cette agréable bourgade a su conserver un centre historique cohérent, en dépit de son développement industriel du 19ᵉ s.

Sta Marina – Du fait des travaux de restauration, cette église haute et massive (16ᵉ-17ᵉ s.) est exceptionnellement ouverte en dehors des heures de messe. Elle renferme un impressionnant **retable★** baroque en bois sculpté, réalisé entre 1739 et 1742.

Plaza de San Martin Agirre – Elle constitue le centre du quartier historique et du bourg en général, puisque les arcades de la mairie (édifice du 17ᵉ s. arborant les écus : de la province à gauche, d'Espagne au centre et de la ville à droite) donnent dessus. Le Séminaire royal et la casa Jauregi la bordent aussi.

Real Seminario de Bergara – Faisant face à l'hôtel de ville, cet édifice rappelle que Bergara accueillit à la fin du 18ᵉ s. un centre d'enseignement et de recherche scientifique comptant parmi les plus importants d'Europe.

Casa Jauregi – Sa **façade★** présente sur presque toute sa hauteur un bas-relief délicatement sculpté, qui daterait du 16ᵉ s. Il mêle végétaux, personnages royaux ou galants (troubadour avec sa dame), et animaux fantastiques.

San Pedro – Cette église dresse son clocher Renaissance derrière la mairie.

Barren Kalea – Partant de la place San Martin Agirre, c'est l'une des trois artères délimitant le vieux centre. À l'intersection avec la rue Arrese, à gauche, remarquez l'originale **fenêtre en angle**, décorée d'un blason et d'un balcon. En la suivant jusqu'au bout, vous parviendrez à la place **Egino Mallea** sur laquelle donne le palais du même nom, belle bâtisse de 1585.
Revenez à Oñati par la GI 632, puis, après Elorregi, la GI 2630.

Oñati pratique

Adresse utile

Office du tourisme d'Oñati – *San Juan, 14 - 20560 Oñati - ℘ 943 783 453 - www. oinati.org - mat. et apr.-midi, w.-end et j. fériés mat. - fermé 1ᵉʳ et 6 janv., 25 déc., de fin sept. à déb. oct.*

Visites

Bergara – L'office du tourisme de Bergara propose des visites guidées en français ou en anglais. *Se renseigner : ℘ 943 77 91 28.*

Se loger

⊖⊜ **Hôtel Ormazabal** – *Barrenkale, 11 - Bergara - ℘ 943 763 650 - ormazabalreservas@infonegocio.com - 14 ch. 54 € - ⊑ 4 €.* Le calme d'antan dans cette maison du 18ᵉ s. Salle pour le petit-déjeuner décorée avec des objets anciens, accueillant salon commun et chambres chaleureuses avec mobilier d'époque.

⊖⊜ **Hôtel Mauleon** – *Nafarroa Kalea, 16 - Legazpi - ℘ 943 730 870 - www. hotelmauleon.com -* 🅿 *- 9 ch. 52 € - ⊑ 3,80 € - rest. 7,80/35 €.* Ce magnifique édifice du début du 20ᵉ s. a réouvert ses portes en 2001 après plusieurs mois de travaux. Il propose aujourd'hui des chambres personnalisées, parfois dotées de meubles anciens. Le restaurant, décoré dans le style des années 1920, sert des plats au goût du jour et des pâtisseries maison.

Se restaurer

⊖⊜⊜ **Etxe-Aundi** – *Torre Auzo, 9 - Oñati - ℘ 943 781 956 - reservas@etxe-aundi.com - fermé août et 22 déc.-1ᵉʳ janv. - 39 € - 12 ch. 55 € - ⊑ 5 €.* Ancienne maison familiale à l'ambiance accueillante où est servie une cuisine aux racines locales. L'établissement est complété par une salle de réception plus simple et des chambres confortables.

⊖⊜⊜ **Zumelaga** – *San Antonio, 5 - Bergara - ℘ 943 762 021 - restaurantezumelaga@zumelaga.com - fermé août et dim. - 30/50 €.* Des touches de style rustique médiéval sont visibles dans tous les recoins. Le cadre est agrémenté par une série d'arcs de pierre, et l'on y propose une carte bien pensée.

Événements

Corpus Christi y Trinidad – 6 juin. Fête médiévale comprenant la procession de la confrérie du Saint-Sacrement, les danses et la musique traditionnelles.

Orduña

4 057 HABITANTS
CARTE GÉNÉRALE A2 – CARTE MICHELIN RÉGION 573 D-C20 – BISCAYE

Si ses fortifications ont en partie disparu, Orduña n'en conserve pas moins sa position frontalière face à la Castille. Elle donne accès à l'un des plus beaux sites naturels de la région, celui du Nervión.

◗ **Se repérer** – Orduña se trouve presque à mi-chemin entre Bilbao et Vitoria, en prenant les routes de traverse à l'ouest de l'A 68. On y accède depuis Bilbao par Llodio et, depuis Vitoria, par Murguia.

👁 **À ne pas manquer** – Le belvédère du saut du Nervión.

🖐 **Pour poursuivre la visite** – Voir aussi Llodio, le Parc naturel de Valderejo, Vitoria-Gasteiz.

Se promener

Sans déborder de charme, Orduña dispose tout de même d'une belle place centrale : la **plaza de los Fueros**, entourée des plus anciennes maisons du village (17ᵉ et 18ᵉ s.). Les bâtiments les plus remarquables sont le **collège des Jésuites**, construit en 1694 et jouxtant l'église de la Sagrada Familia (18ᵉ s.), ainsi que la **Maison de la douane** de 1782, reconnaissable à ses arcades. Elle porte l'écusson de l'Espagne. Deux autres églises dressent leur clocher dans le bourg : Sta María de la Asunción (16ᵉ s.) et la Antigua du 18ᵉ s.

Aux alentours

Cascade de Goiuri/Gujuli★

12 km à l'est par l'A 2521. Dans le hameau, repérez sur votre gauche les containers d'ordures ménagères, ils marquent une intersection où vous tournerez. Roulez jusqu'à l'église.

Ce n'est sans doute pas un hasard si seul un panneau de bois, accroché au pied de l'église, indique la direction de la cascade. Son accès, au-delà de la voie de chemin de fer, et ses abords ne sont pas sécurisés et peuvent être dangereux : évitez de vous y rendre avec des enfants.

Le spectacle vaut surtout en période humide : une belle **chute** d'eau plongeant dans un ravin profond. Faites très attention, car aucune protection n'a été installée, et la tentation est grande de prendre des risques pour mieux jouir du spectacle. Notez que la rivière peut parfois être à sec en été.

Porte de Orduña (col d'Orduña)
10 km au sud par la Bl 625 et la Bl 2625, puis, après Tertanga (passez à proximité), l'A 2625 et la C 625

La **route** depuis Orduña se révèle magnifique. Au-delà des champs se dressent la silhouette de la sierra Selvada et l'extrémité du canyon du Nervión. Les lacets se font de plus en plus serrés au fur et à mesure que la pente augmente, dévoilant de splendides **points de vue★** sur la plaine en contrebas. Le col d'Orduña culmine à 900 m et introduit à des paysages d'une austère beauté.

Monte Santiago★
De la porte d'Orduña, passez la clôture sur votre gauche et prenez le chemin de terre et de cailloux pour atteindre le centre d'interprétation. La route qui y mène est à peine carrossable, pleine de nids-de-poule qui aident à respecter les 30 km/h demandés. www. patrimonionatural.org - 10h-14h, 16h-18h.

Classé Monumento Natural depuis 1996, cet espace situé aux confins de la province de Burgos réserve au promeneur de magnifiques points de vue, dont le **saut du Nervión** *(voir ci-après)* n'est pas le moindre. La plupart des dix randonnées balisées partent de la **fontaine St-Jacques** (fuente Santiago), une source à côté de laquelle se dresse le centre d'interprétation, construit sur les ruines d'un ancien monastère. Vous y découvrirez l'histoire et l'écosystème de la zone, qui compte 20 espèces de mammifères différentes (chat sauvage, fouine, marte, blaireau), et le triple d'oiseaux (vautours, choucas, aigles). Tous profitent de la lande, des chênaies, des hêtraies et des pinèdes restaurées de cette zone protégée.

Canyon de Delika.

Mirador cañón del Nervión★★★ (belvédère du saut du Nervión) – *Sentier 42, à quelques centaines de mètres du centre d'interprétation.* Il faut traverser un bois avant d'atteindre le plateau dans lequel s'encaisse une rivière : le Nervión. En suivant son lit, on aboutit au vertigineux **canyon de Delika★** dans lequel sautent ses eaux (lorsqu'il n'est pas à sec) depuis une hauteur de 270 m. Depuis la plate-forme aménagée en point de vue, le regard plonge au fond de ce paysage minéral qui file vers la vallée entre des parois de plus en plus incurvées.

Le plateau battu par les vents, où les rochers le disputent aux broussailles et aux arbres, constitue également un belvédère naturel d'où l'on peut contempler la plaine à perte de vue : un **panorama★★** sur la sierra de Salvada à couper le souffle. Attention : aucune barrière de protection n'a été fixée à l'extrémité des falaises.

Le sentier 45 longe les falaises et mène au belvédère d'**Esquina Rubén**★★ qui dévoile une vue grandiose sur la vallée d'Arrastaria. Vous rentrerez au parking par le sentier 41, agréablement ombragé *(30mn).*

Orduña pratique

Se loger

🍴🛏 **Hôtel Casa del Patrón** – *San-Martín, 2 - Murguía* - ☎ *945 462 528 - hotel@casadelpatron.com* - 14 ch. 51/55 € - ⌷ 4,50 € - rest. 15 €. Derrière une avenante façade, l'intérieur est celui d'une accueillante maison d'antan. Chambres douillettes avec salles de bains en marbre, certaines chambres sont mansardées. Restaurant bien aménagé au 1er étage et bar à tapas très prisé.

Se restaurer

🍴 **Sidrería Casa Areso** – *Domingo-de-Sautu, 35 - Murguía* - ☎ *945 430 220 - 10/22 €.* Voici une adresse où l'on se sent tout de suite bien. Le décor montagnard – prédominance du bois, de la pierre, grande cheminée… – est chaleureux. Le service attentif renforce ce sentiment de bien-être. Dans l'assiette : plats traditionnels, spécialités locales et desserts maison.

Sports & Loisirs

Picadero de Gopegui – *Carretera de Manurga s/n - Gopegui* - ☎ *945 464 031 ou 630 386 105.* Ce centre hippique possède de belles installations. Sa propriétaire, d'origine française, propose des séances d'initiation au cheval et au poney ainsi que des cours d'équitation de différents niveaux. Elle organise également des randonnées équestres à travers le magnifique parc naturel du Gorbea.

Hípica Eribe – *Eribe* - ☎ *945 464 215.* Ce centre équestre dispense des cours d'équitation tout au long de l'année. En saison, il organise de superbes randonnées à cheval, accompagnées d'un guide, à travers le beau parc naturel du Gorbea. Sur place : restauration en plein air, type grill, et tables pour pique-niquer.

Événements

Fêtes d'Otxomaio (w.-end av. et apr. le 8 mai) - ☎ *945 384 384.*

Ossès
Ortaize

785 HABITANTS
CARTE GÉNÉRALE D2 – CARTE MICHELIN RÉGION 573 C26 – PYRÉNÉES-ATLANTIQUES (64)

À quelques tours de roue des sommets pyrénéens, ce village éclaté en différents quartiers sert de porte d'entrée aux collines verdoyantes de Basse-Navarre. Vous y découvrirez des maisons nobles à l'architecture très typique et des paysages de prairies baignés dans une lumière éthérée.

▸ **Se repérer** – Sur la route reliant Cambo-les-Bains (22 km au nord-ouest) à St-Jean-Pied-de-Port (14 km au sud-est). Le village est posté au rebord du bassin dessiné par le confluent de la Nive des Aldudes et de la Grande Nive.

▸ **Avec les enfants** – Le parcours Aventure de St-Martin-d'Arrossa.

▸ **Pour poursuivre la visite** – Voir aussi Itxassou, Isturitz, St-Palais, St-Jean-Pied-de-Port et St-Étienne-de-Baïgorry.

Découvrir

Ossès se partage en différents quartiers dont les principaux sont présentés ci-dessous. La plupart des maisons anciennes portent une double influence : labourdine par la présence de pans de bois et basse-navarraise pour les murs latéraux en avancée, les auvents et les parements de pierre. Vous aurez donc l'occasion de voir de très belles demeures nobles telles que l'imposante et opulente **maison Harizmendi**, reconnaissable à ses pans de bois et ses fenêtres à meneaux.

Église St-Julien

16e s. Son clocher orné d'une superposition de pierres blanches et rosées comporte sept côtés (sans doute en référence au nombre de quartiers de la vallée). Elle abrite un retable baroque du 17e s. et un bel escalier à vis. Notez son portail, baroque lui aussi, construit en 1668 à la demande de l'évêque d'Olce, qui présida la cérémonie de mariage de Louis XIV.

Sur la **place** bordée de vieilles maisons à l'architecture navarro-labourdine, un puits jouxte une caluchette longée par une espèce de balustrade : cette dernière signale la présence d'une ancienne balance à peser les animaux ou les chargements.

Vers Irissarry

Prenez la route à gauche de l'église. Il faut dépasser les maisons anciennes qui entourent l'église (1673, 1783), se diriger vers la sortie du village pour voir la **maison Sastriarena**, autrefois résidence secondaire des évêques de Bayonne. Admirez sa façade en encorbellement et ses colombages ouvragés (1628 indique la date de réfection de la maison). Notez que l'inscription qui coiffe la porte est rédigée en espagnol. Monseigneur d'Olce y aurait fini ses jours.

Quartier de Gahardou

En direction de Cambo. Vous verrez en bord de route quelques belles demeures traditionnelles dont les linteaux affichent souvent les noms et les dates de construction, qui remontent pour la plupart aux 17e et 18e s. Ne manquez pas la **maison Apalatzia**, de 1635, au croisement des deux départementales.

Quartier d'Eyharce

Voyez la **maison Arrosagaray** du 16e s., repérable à ses fenêtres à meneaux, et la **maison Arrossa** (linteau de 1613).

Village d'artisans

Sur la D 918, en direction de St-Jean-Pied-de-Port.

Rue donnant sur l'église et le fronton d'Ossès.

Un potier, un ferronnier, un sandalier, un ébéniste, des producteurs de pays qui proposent directement le fruit de leur travail : fromages, miel, mais aussi foie gras… Ce regroupement d'artisans a pris possession de la D 918, afin d'offrir le plus large panel possible du savoir-faire basque. Certains ont aménagé leur espace de façon à laisser voir leur atelier (poterie, sandalier, conserves de foie gras…) : n'hésitez pas à pousser les portes.

Aux alentours

St-Martin-d'Arrossa

4 km au sud-ouest par la D 8, puis la D 918 en direction de St-Jean-Pied-de-Port sur 100 m, avant de prendre à droite la D 608. Cet ancien quartier d'Ossès conserve quelques belles fermes anciennes et une église dont l'autel est en bois doré.

Parcours Aventure – *Comptez 2h15 depuis l'initiation au sol jusqu'à la fin du parcours dans les arbres. Les accompagnateurs fournissent l'équipement et les casques. Capacité d'accueil jusqu'à 50 personnes. Mieux vaut réserver. ℘ 05 59 49 17 64 - Adultes, 19 €.* Une trentaine d'ateliers, depuis la tyrolienne jusqu'au pont de singe, ponctuent ce parcours aménagé dans les arbres bordant la Nive des Aldudes.

Possibilités de randonnées à partir du village. L'une part en direction du mont Jarra (812 m) depuis la voie de chemin de fer qui franchit la Nive, à l'entrée du village. L'autre part de l'église (à droite) et, après 1,5 km, fait le tour du mont Larla (700 m).

Circuit de découverte

35 km – 1h. Quittez Ossès par la D 8.

Irissary

Le village a conservé la **commanderie** des chevaliers de St-Jean-de-Jérusalem édifiée au 12e s. et reconstruite au 17e s. Cet ordre assurait la sécurité et l'hébergement des pèlerins en route pour Compostelle, mais le bâtiment lui-même ne constitua jamais une étape du pèlerinage. Il représentait plutôt le siège de la puissance seigneuriale et fut saisi à ce titre sous la Révolution. Il accueille aujourd'hui **Ospitalea**, un centre d'exposition et d'éducation au patrimoine *(℘ 05 59 37 97 20 - lun.-sam. mat. et apr.-midi - gratuit.)* Remarquez les bretèches qui s'accrochent aux angles du bâtiment. Il s'agit d'éléments défensifs.

Église – Le plafond à berceau avec effet de caissons modernes abrite un orgue de style classique et un retable baroque représentant le baptème du Christ.

Rejoignez Iholdy par Olce.

La D 8 se déploie dans un paysage de douces collines dont le vert est parfois ponctué de bosquets, plus sombres.

Iholdy

L'église, avec sa grande galerie extérieure en bois, et le fronton accolé forment un bel ensemble.

Château – ℰ 05 59 37 51 07 - *visite guidée avr.-oct. : apr.-midi sf jeu. - 5,50 € (enf. 3 €).* À l'écart du bourg (fléché), cette demeure mérite une visite autant pour Mgr d'Olce (évêque qui bénit le mariage de Louis XIV et de l'infante d'Espagne) qui fit rebâtir cette demeure en 1664 sur un château de famille (14e s.) que pour ses actuels propriétaires qui l'ont sauvé de la ruine. En métayage jusqu'au 19e s., il fut laissé à l'abandon ; vous pourrez donc apprécier le beau travail de restauration des plafonds à la française et surtout de récupération des stucs en relief (en vogue sous Louis XIV). À commencer par la chapelle avec son retable cannelé et le blason d'Orce qui orne le plafond. Puis l'escalier monumental, à vide central (15 m de haut), avec sa coupole baroque. Dans chaque pièce, une cheminée au décor plus ou moins chargé. L'ensemble est meublé 17e-18e s., respectant l'esprit des lieux.

Retournez à Ossès en quittant Iholdy par la D 745, direction Hélette.

Hélette

Agour - Musée basque du pastoralisme et du fromage – *Sur la D 119, en direction de Louhossa.* ℰ 05 59 37 63 86 - *juil.-août : lun.-vend. mat. et apr.-midi, sam. mat. ; le reste de l'année, deux visites à 10h et 15h - 5 €.* Quel meilleur moyen de mettre en valeur ses produits que d'organiser un musée pour en expliquer la fabrication ? C'est ce qu'a fait cette fromagerie sur son site de production. La voix du berger Joanes explique la tradition basque du pastoralisme, projection et reconstitution d'une *etxe* et d'une bergerie à l'appui. La visite s'achève par un film sur les procédés actuels de fabrication, et une dégustation. On peut voir les salles d'affinage à travers les vitres.

Prenez la direction d'Hérautiz. Parvenu à l'intersection avec la D 22, tournez à gauche. Engagez-vous ensuite sur les chemins de traverse en prenant la première à droite. Après quelques kilomètres, à une nouvelle intersection, tournez à droite, franchissez la rivière et, parvenu au croisement avec la D 8, tournez à nouveau à droite en direction d'Ossès.

Ossès pratique

Se loger et se restaurer

⊜⊜ **Hôtel-Restaurant Mendi-Alde** – *Pl. de l'Église - ℰ 05 59 37 71 78 - www. hotelmendialde.com - fermé déc.-15 janv. - 14,50/33 € - 24 ch. 43/60 € - ⊑ 7 €.* Ce bel hôtel typique – le seul du village – vous réserve un accueil sympathique. Les chambres offrent un calme olympien et la cuisine regorge de saveurs. Goûtez donc la piperade et le gâteau basque… ce n'est pas pour rien si tout le monde connaît l'adresse dans la région !

Sports & Loisirs

Ferme Équestre Les Collines – *Chemin derrière l'église - ℰ 05 59 37 75 08 - www. fermelescollines.com - sur réserv.* Si vous avez plus de 10 ans, la ferme équestre Les Collines vous propose de belles randonnées à cheval à travers le Pays basque. Les promenades durent deux heures, une demi-journée ou une journée. Possibilité également de partir en excursion de 3 à 7 jours.

Pampelune★★

Iruña/Pamplona

193 328 HABITANTS
CARTE GÉNÉRALE C3 – CARTE MICHELIN RÉGION 573 D25 – NAVARRE

Ancienne capitale du royaume de Navarre et chef-lieu de la province actuelle, elle a conservé autour de la cathédrale son aspect de vieille cité fortifiée. Ses ruelles étroites tournent autour de petites places à arcades comme la plaza Consistorial et la plaza de los Burgos. Aux environs de la plaza del Castillo, les noms des rues animées et bruyantes rappellent les vieux métiers de la cité (Cordonnerie, Tuilerie, etc.).

- **Se repérer** – La vieille ville, délimitée au nord et à l'est par le río Arga, comprend différents quartiers dont le plus ancien autour de la cathédrale s'appelle la Navarrería. Les autres correspondent généralement aux paroisses. Au sud se développent les quartiers modernes (les *ensanches*) : longues perspectives bordées d'immeubles cossus, de jardins et de fontaines. De là partent deux routes importantes : l'une passe par Roncesvalles (Roncevaux) et mène aux Pyrénées françaises, l'autre passe par le puerto (col) de Velate en direction d'Hendaye.

- **Se garer** – Seuls les résidents peuvent se garer dans le centre-ville. Dans les quartiers des 19e et 20e s., le stationnement est payant. Il est en revanche gratuit autour des parcs.

- **À ne pas manquer** – L'ambiance de la St-Firmin, la cathédrale et la citadelle.

- **Organiser son temps** – Musées en matinée, sieste dans les jardins, tapas sur la plaza del Castillo le soir.

- **Avec les enfants** – Le planétarium.

- **Pour poursuivre la visite** – Voir aussi Puente-la-Reina, Sangüesa, Olite.

Comprendre

Pampelune, des origines à l'apogée – D'origine romaine, Pampelune aurait été fondée par Pompée à qui elle doit son nom. Au 8e s., les Maures occupent la ville ; ils en sont chassés peu après avec l'aide des troupes de Charlemagne qui profite de la faiblesse de leurs alliés pour démanteler les remparts. Pour se venger, les Navarrais contribuent à l'écrasement de l'arrière-garde des armées impériales au col de Roncevaux *(voir à Roncevaux)*.

Au 10e s., Pampelune devient la capitale de la Navarre. Tout au long du Moyen Âge, la vie de la cité sera troublée par des luttes entre les habitants du vieux quartier – la Navarrería –, partisans de l'alliance avec la Castille, et les francs-bourgeois des faubourgs de San Cernín et San Nicolás, favorables au maintien de la couronne navarraise sous une dynastie française. Ces luttes se terminent en 1423 avec le privilège de l'Union promulgué par Charles III le Noble. Les trois municipalités se fondent alors en une seule et Pampelune connaît son apogée. En 1571, sous le règne de Philippe II, débute la construction de la citadelle.

Les « Sanfermines »

Du 6 au 14 juillet, les fêtes de la Saint-Firmin donnent lieu à de bruyantes réjouissances populaires. Une atmosphère de liesse règne alors dans la ville qui voit doubler le nombre de ses habitants. De grandes courses de taureaux sont organisées, mais la manifestation la plus spectaculaire et la plus prisée des Pampelonais reste l'*encierro* qui a lieu tous les matins à 8h. Les taureaux qui combattront le soir même sont lâchés dans les rues suivant un itinéraire précis, long de 800 m, qui les mène aux arènes en quelques minutes. Les jeunes gens, vêtus de blanc avec béret, foulard et ceinture rouges et brandissant un journal roulé, vont à la rencontre des puissants taureaux fonçant toutes cornes en avant, et se mettent à courir devant eux. Toute l'Espagne suit avec passion ce spectacle plein d'émotion, retransmis en direct par la télévision et chante :

« Uno de enero, dos de febrero [1er janvier, 2 février]
Tres de marzo, cuatro de abril [3 mars, 4 avril]
Cinco de mayo, seis de junio [5 mai, 6 juin]
Siete de julio, San Fermín ! » [7 juillet, saint Firmin ! »].

Jusqu'au 18e s. inclus, la ville se dotera de nombreux bâtiments monumentaux comme le Palais épiscopal (1732), la *casa consistorial* (hôtel de ville, 1752) et la cathédrale qui sera non seulement achevée (16e s.), mais agrémentée d'une façade néoclassique en 1783.

Temps troublés – Au 19e s., Pampelune subit le passage des troupes françaises, puis, pendant les guerres de Succession, les sièges organisés par les partisans de la reine Isabelle II comme par les carlistes, elle-même soutenant la cause de Don Carlos, garant des *fueros* et des congrégations.

Soucieuse de ses intérêts et de ses privilèges, elle s'oppose à la fin du siècle à la réforme fiscale envisagée par le gouvernement de l'époque. Ses habitants manifestèrent massivement contre l'abolition de leur régime fiscal, leur mouvement de protestation étant connu sous le nom de « Gamazada ». Un monument a été érigé en 1903 pour commémorer ces manifestations : le **monument aux Fors**.

Toujours dans ce même souci de préserver au mieux ses acquis, la capitale navarraise soutient Franco pendant la guerre civile, et se démarque à nouveau des autres provinces basques lorsque, en 1979, elle refuse de se joindre à la Communauté autonome basque (Euskadi). Elle obtient un statut d'autonomie, conserve une administration issue directement des privilèges médiévaux, et peut aussi se prévaloir d'une identité bien marquée.

Plaza del Castillo.

Amaury de Valroger / MICHELIN

Se promener

Partir de la plaza del Castillo.

Plaza del Castillo★ B1

De par sa taille, cette grande place sert de point de ralliement à toutes les fêtes. Autrefois place d'armes du vieux château, elle assure maintenant la jonction entre le quartier historique et le premier *ensanche* (nouveau quartier).

Des immeubles à arcades du 18e s. la bordent sur trois côtés, le quatrième s'ouvrant sur la grande avenida Carlos III qui débute avec le palais du Gouvernement de Navarre. À l'opposé de cet immense bâtiment du 19e s. s'étale l'enseigne rococo Belle Époque du café Iruña, l'un des plus anciens d'Espagne, idéal pour prendre un verre le soir.

Dos au palais du Gouvernement de Navarre, dirigez-vous à droite vers la calle Badaja de Javier qui débouche sur la place. Elle aboutit à la calle Dormitalería sur laquelle donne, à gauche, le Musée diocésain accolé à la cathédrale.

Museo Diocesano y Catedral★★ B1 *(voir « Visiter »)*

Arrivant de la calle Badaja, tournez à droite dans la calle Dormitalería pour vous diriger vers la plaza Sta María la Real et les murailles qui se trouveront à votre gauche.

Au pied des remparts se dresse la façade du **palacio Arzobispal** du 18e s., au double portail baroque.

Montez sur les murailles.

Ronda del Obispo Barbazán★ B1 (Chemin de ronde de l'évêque Barbazan)

Ce chemin de ronde jalonné de petites guérites offre de beaux points de vue sur la boucle de l'Arga et le quartier de la Magdalena par lequel arrivent les pèlerins. Il donne aussi l'occasion de voir l'arrière de la cathédrale et les fortifications en contrebas des murailles.

Il aboutit au **baluarte del Redín**, un petit bastion de 1540 aménagé en un agréable jardin, depuis lequel on aperçoit, en contrebas et sur la gauche, la porte fortifiée de Zumalacárregui (de Francia) et une partie des murailles. La vue est dégagée sur le méandre du río Arga et le mont Cristóbal.

Poursuivez éventuellement le chemin de ronde jusqu'au portail de Francia, après lequel vous rejoindrez l'itinéraire au niveau du Palacio Real. Sinon, rentrez dans la ville en franchissant le petit porche du baluarte del Redín.

Marchez jusqu'à la cathédrale et prenez ensuite à droite la calle Navarrería jusqu'au bout. Tournez à droite puis à gauche. Vous aboutirez à une sorte de terre-plein. Contournez-le et grimpez jusqu'au sommet.

Palacio Real AB1

Au sommet de la petite éminence, jouxtant l'ancien couvent des Adoratrices, trône l'ancien palais royal, demeure des vice-rois, puis des gouverneurs militaires et généraux de Navarre. Le bâtiment du 12e s. construit sous le règne de Sanche VI a été restauré par Rafael Moneo ; il accueille les archives de la province et allie dans un mélange réussi, vieilles pierres et aménagements modernes où le verre domine.

Devant son entrée, **basílica de San Fermín de Aldapa** (18e s.) à l'intérieur baroque. De l'esplanade, très belle **vue** sur le Museo de Navarra et le quartier San Cernín dont on aperçoit le clocher de l'église (San Saturnino).

Redescendez la butte et prenez la calle del Mercado.

Museo Sarasate A1 *(voir « Visiter »)*

Allez jusqu'à l'extrémité de la rue.

À droite, au bout de la calle Domingo s'élève le portail du **Museo de Navarra★** *(voir « Visiter »)* et celui de l'église **Santo Domingo** (façade du 18e s.) qui servit de sanctuaire aux dominicains, puis d'université de 1630 à 1771. Retable et orgue du 17e s. Sur votre gauche se trouve le marché couvert.

Tournez à gauche jusqu'à la plaza Consistorial.

Ayuntamiento A1 (hôtel de ville)

Remarquable **façade★** baroque de la fin du 17e s. (reconstruite) avec ses statues, balustrades et frontons.

Dirigez-vous vers l'église de San Saturnino que vous aurez aperçue sur votre droite.

Iglesia de San Saturnino A1

En plein cœur du quartier ancien de San Cernín aux rues étroites, cet édifice composite mêle le roman de ses tours de brique et le gothique de son porche et de ses voûtes (13e s.) à de nombreux ajouts postérieurs.

À l'intérieur, l'édifice présente deux nefs en perpendiculaire : l'une gothique et l'autre de style classique. Le sol de la première se compose de grandes planches de bois cirées et numérotées. Elle occupe l'emplacement de l'ancien cloître et est dédiée à la Virgen del Camino, patronne de la ville aux côtés de saint Firmin.

Calle Mayor A1

Cette rue présente quelques belles façades dont les plus notables sont au n° 3, celle du palacio de los Redín y Cruzat (17e s.), aujourd'hui Conservatoire de musique, et, plus loin, au n° 65, celle du palacio del Conde de Ezpeleta du 18e s., identifiable à sa façade baroque ornée de statues.

La rue débouche sur l'avenida Taconera. San Lorenzo fait l'angle à gauche.

Ayuntamiento (hôtel de ville).

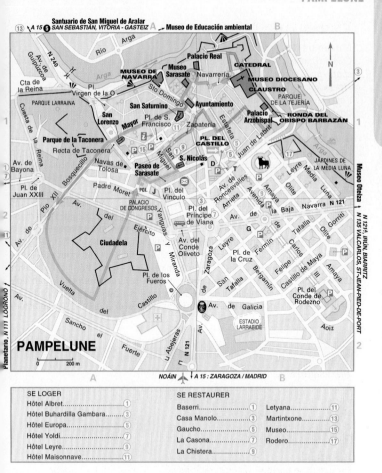

San Lorenzo A1

Église du 19e s. Elle abrite la statue de saint Firmin (celle qui est promenée dans la ville à l'occasion des fêtes) dans la chapelle de droite.

Traversez l'avenue pour rejoindre le parc de la Taconera.

Parque de la Taconera A1

Il s'agit du parc le plus ancien de Pampelune. Conçu comme un jardin à la française avec ses allées rectilignes, il est bordé de fossés dans lesquels s'ébattent cerfs, daims, chèvres, coqs, cygnes, tortues et poissons rouges.

Dirigez-vous vers la citadelle. Contournez-la pour entrer par l'arrière.

Ciudadela (citadelle) A2

Le plan des fossés et des murailles encore debout permet de prendre la mesure de cet ouvrage construit entre 1571 et 1645 selon le modèle de la forteresse d'Anvers, et devenu depuis l'un des poumons verts de la capitale navarraise (ses fossés aménagés en promenade se couvrent au printemps de boutons d'or et de coquelicots). En son centre, la citadelle conserve encore sa poudrière et la salle d'armes, transformée en lieu d'exposition. Ses pelouses présentent d'ailleurs des œuvres contemporaines.

Engagez-vous dans la calle Chinchilla qui fait face à l'entrée de la citadelle. Au bout, prenez à droite pour atteindre le paseo de Sarasate.

Paseo de Sarasate A1

San Nicolás – Construite sur un ancien sanctuaire roman, cette église gothique consacrée en 1231 présente une façade très retouchée. Elle détient de très belles **orgues**★★ baroques de 1769, les plus belles de Pampelune avec celles de Santo Domingo.

Le paseo aboutit au palacio de Navarra à côté duquel se dresse le monument aux Fors *(voir « Comprendre »).* Vous voilà de retour à la plaza del Castillo.

Visiter

Museo de Navarra★ A1

C/Santo Domingo, 47 - ℘ 848 426 492/493 - www.cfnavarra.es/cultura/museo - ♿ - mat. et apr.-midi, dim. et j. fériés mat. - possibilité de visite guidée sur demande préalable - fermé lun. - 2 € (-16 ans gratuit).

Il est élevé à l'emplacement de l'hôpital de Nuestra-Dama de la Misericordia (16ᵉ s.) dont il a conservé la porte Renaissance et la chapelle qui héberge une exposition d'art sacré.

Parmi les chefs-d'œuvre exposés dans ce musée moderne, citons le **coffret★** hispano-arabe en ivoire taillé à Cordoue (début du 11ᵉ s.) et provenant de San Salvador de Leyre. L'époque romaine est représentée par les vestiges lapidaires (sous-sol et 1ᵉʳ étage) : stèles funéraires, inscriptions et pavements de **mosaïques★** provenant de villas des 2ᵉ et 4ᵉ s. Les dessins sont surtout géométriques, souvent blanc et noir.

L'art roman est en vedette avec les **chapiteaux★** de l'ancienne cathédrale de Pampelune (12ᵉ s.) : l'artiste inconnu qui sculpta les trois scènes bibliques des chapiteaux – Passion, Résurrection et histoire de Job – se montre aussi minutieux dans les détails que puissant dans la composition et génial dans l'invention.

Le musée compte aussi une importante collection de **peintures murales★** collectées dans toute la province : Artaíz (13ᵉ s.), Artajona et Pampelune (13ᵉ-14ᵉ s.), Gallipienzo (14ᵉ-15ᵉ s.), Olleta (15ᵉ s.). Si les genres apparaissent divers, on retrouve le trait légèrement appuyé, l'accumulation des personnages, le hanchement prononcé, hérités de la miniature française et illustrés par Juan Oliver qui décora en 1330 le réfectoire de la cathédrale.

Museo de Navarra.

Amaury de Valroger / MICHELIN

La peinture Renaissance est présente aussi avec la reconstitution de l'intérieur du palais d'Oriz, décoré de panneaux peints en grisaille (16ᵉ s.) relatant l'histoire d'Adam et Ève et les guerres de Charles Quint. Toute une partie du 3ᵉ étage est consacrée à la peinture des 17ᵉ et 18ᵉ s. Une salle expose les œuvres de Luis Paret et de Francisco de Goya (portrait du marquis de San Adrián).

Le musée abrite également une vaste exposition de peintres de Navarre du 19ᵉ et 20ᵉ s.

Catedral★★ B1

Billet combiné avec le Museo diocesano et le claustro. ℘ 948 222 990 - www.gpcnavarra. com - ♿ - de mi-juil. à mi-sept. : tte la journée ; reste de l'année : mat. et apr.-midi, sam. mat. - fermé dim., 1ᵉʳ janv. et 25 déc. - 4,25 € (-12 ans 2,50 €). De l'église romane primitive subsistent quelques chapiteaux des portails et du cloître, exposés au musée de Navarre. On reconstruit aux 14ᵉ et 15ᵉ s. une cathédrale gothique et, à la fin du 18ᵉ s., Ventura Rodríguez réédifie la façade principale dans les styles baroque et néoclassique alors à la mode. La nef ne compte que deux étages : grandes arcades et fenêtres. La sobriété des nervures, les grandes surfaces de mur nu lui donnent l'aspect dépouillé du gothique navarrais. Devant la grille ouvragée qui ferme le sanctuaire se dresse le **tombeau★** en albâtre commandé en 1416 par le roi Charles III le Noble, fondateur de la cathédrale, pour lui-même et son épouse. Le sculpteur tournaisien Janin Lomme, instruit de l'art funéraire bourguignon, a su personnaliser les visages des gisants et varier les attitudes et les costumes des pleurants. Admirez également les **stalles★** Renaissance du chœur, réalisées entre 1531 et 1541, et le retable hispano-flamand (fin 15e s.) exposé dans une chapelle du déambulatoire à droite.

Claustro★★ – 14e et 15e s. D'élégantes baies gothiques parfois surmontées de gâbles donnent à ce cloître une grande légèreté. Les tombeaux sculptés et les portes des différentes dépendances sont intéressants. La **Dormition de la Vierge** figurant au tympan de la porte d'accès au cloître est d'une expression presque baroque.

Dans l'aile est, la chapelle Barbazane (de Barbazán, l'évêque qui y a fait ériger son tombeau) présente une belle voûte en étoile du 14e s. Du côté sud, la porte de la « Sala Preciosa » est une pièce maîtresse de la sculpture de la même époque : le tympan et le linteau, consacrés à la vie de la Vierge, sont sculptés avec beaucoup de finesse ; de part et d'autre de la porte se répondent les deux statues d'une fort belle Annonciation.

Museo Diocesano★ – Il est installé dans l'ancien réfectoire et la cuisine attenante qui datent de 1330. Dans le réfectoire, grande pièce voûtée de croisées d'ogives, la chaire du lecteur est ornée d'une charmante chasse à la licorne. La cuisine carrée comporte une cheminée dans chaque angle et une lanterne centrale haute de 24 m. Le musée expose de nombreux objets de culte précieux dont le reliquaire du Saint-Sépulcre (13e s.) offert par Saint Louis, des Vierges de bois polychrome et des Christs provenant de toute la région.

Museo Sarasate A1

✆ 948 420 189 - mat. - fermé w.-end et j. fériés - gratuit.

Installé dans le bâtiment des archives municipales, autrefois séminaire St-Jean (sa façade baroque du 18e s. présente dans une niche la statue de saint Jean-Baptiste), il se résume à une salle où sont exposés les objets personnels, les récompenses, les décorations, les partitions et les photos de ce musicien du 19e s.

Museo de educación ambiental San Pedro

C/Errotazar. ✆ 948 149 804 - mar.-sam. mat. et apr.-midi, dim. et j. fériés mat. - gratuit.

Installé dans le cloître du monastère San Pedro (18e s.), cet espace a pour but de sensibiliser le public à l'environnement, panneaux, chiffres et schémas à l'appui. Soleil, ressources naturelles, biodiversité, territoire, consommation, transports et bruit en composent les étapes. Bornes interactives. Tests sonores.

Planetario A2

✆ 948 262 628 - www.pamplonetario.org - mat. et apr.-midi, lun. mat. - fermé dim. et j. fériés, juil. - 4 € (- 18 ans 3 €).

Dans le parc Yamaguchi, dessiné selon le modèle japonais, le planétarium dresse sa silhouette d'inspiration égyptienne. Aire de jeux pour enfants à proximité.

Aux alentours

Museo Oteiza B2

7 km à l'est. Prenez la direction de la France, par Roncevaux. À la hauteur d'Huarte, suivez le fléchage Hoz de Lumbier. Une fois sur la NA 150, rejoignez Alzuza. C/de la Cuesta, 7 - 31486 Alzuza-Valle de Egüés - ✆ 948 332 074 - www.museooteiza.org - ♿ - juin-sept. : tte la journée - reste de l'année : mat., w.-end et j. fériés mat. et apr.-midi. - fermé lun., 1er janv. et 25 déc. - 4 € (-12 ans gratuit).

La visite nous fait pénétrer dans l'univers créatif de Jorge Oteiza (1908-2003), un des personnages clés de la sculpture espagnole contemporaine. Le musée, hébergé dans un bâtiment jouxtant la maison de l'artiste, est l'œuvre de son ami l'architecte Saénz de Oiza. Après avoir abandonné l'art figuratif à la fin des années 1950, Oteiza entama une période abstraite d'expérimentation géométrique et métaphysique qui lui valut d'être reconnu comme le grand sculpteur du « vide ».

Monreal

20 km au sud-est par la N 240. Pittoresque village avec un petit pont médiéval à double arche, depuis lequel on entend les grenouilles coasser ; une placette, de vieilles maisons et une église dominent le bourg.

Artaiz

24 km au sud-est par la N 240. Après environ 16 km, prenez à gauche la NA 234, puis roulez encore sur 6,5 km avant de prendre à droite la NA 2400.

Charmant hameau doté d'une adorable petite église du 12e s. Si son état extérieur laisse peut-être à désirer, son **portail et ses corbeaux★★** romans n'en demeurent pas moins admirables pour la délicatesse et l'expressivité de leurs sculptures (lions, masque grimaçant, homme à trois têtes, musicien, guerrier, etc.).

Petite fontaine romane du 13e s. (en fait, une sorte de petit réservoir) en sortant du village en direction de Zuazu *(sur la gauche, la route non carrossable, derrière les bâtiments longs en contrebas de la route, cachée dans un creux du terrain).*

Circuit de découverte

CHÊNES, RANDONNÉES ET SANCTUAIRE

120 km - env. 2h. Quittez Pampelune au nord en direction de la France par la N 121ᴬ. Parvenu à Ostiz après 14 km, prenez à gauche la NA-411 vers Gerendiain. Parcourez 8 km et avant le village, suivez à gauche les panneaux Lizaso. Sur la route qui y mène, ne manquez pas, planté sur le bas-côté gauche, un panneau parking : il marque l'entrée de la chênaie d'Orgi.

Chênaie d'Orgi (robledal de Orgi)

Cette forêt de chênes centenaires couvre au total 77 ha, mais seulement une moitié est accessible au public grâce à trois sentiers, ponctués de panneaux explicatifs sur le développement et l'écosystème de la chênaie. Un livret de visite *(1,50 €)*, disponible au point d'information, rend la promenade *(env. 1h)* plus interactive encore. Aire de pique-nique.

Traversez Lizaso et poursuivez dans la vallée d'Ultzama jusqu'à Jauntsarats.

Jauntsarats

Ce hameau agricole compte sur son territoire deux **chênes pluricentenaires** classés Monumento natural de Navarra. Le plus accessible se dresse à côté du terrain de sport de l'école, à l'entrée du village, derrière la haie qui cache les bois.

Continuez sur la NA-411 jusqu'à atteindre l'A 15 que vous suivrez en direction de Tolosa. Sortez à Lekunberri.

Lekunberri

À l'entrée du village, ne manquez pas les panneaux indiquant Plazaola.

Vía verde del Plazaola★ – Certains tronçons de cette ancienne voie de chemin de fer qui reliait Pampelune à St-Sébastien, après avoir transporté le minerai de fer de Plazaola à Andoain, est progressivement reconvertie en voie verte, ouverte aux randonneurs, aux cavaliers et aux cyclistes. L'ex-station de Plazaola présente aujourd'hui le milieu naturel traversé par ces sentiers. Un wagon-jeux a été spécialement aménagé à l'intention des enfants.

Lekunberri-Mugiro – *2 km - 1h15 AR.* Cette portion suit une rivière jusqu'à un petit barrage, au-delà duquel la voie reste à baliser. Elle dévoile des paysages de prairies et de collines boisées, dont certaines se resserrent presque en gorge.

Quittez Lekunberri vers la sierra de Aralar (NA-1510) et le sanctuaire de San Miguel.

Santuario de San Miguel de Aralar★★ A1

948 373 013 - www.aralar-excelsis.com - mat. et apr.-midi.

L'**église**, construite à différentes époques – l'abside et une partie des murs sont wisigothiques (9e s.), le reste est préroman (10e s.) –, englobe une petite chapelle romane. C'est là que l'on retrouva, au 18e s., le magnifique **parement d'autel★★** doré et émaillé, œuvre capitale de l'orfèvrerie romane européenne, qui viendrait peut-être d'un atelier limousin de la fin du 12e s.

Le sanctuaire permet de rallier le reste du parc d'Aralar *(voir Tolosa).*

Descendez vers Uharte-Arakil.

Sur une dizaine de kilomètres, la NA 751 traverse la sierra d'Aralar, dévoilant de beaux paysages rocheux, des forêts de chênes et de nombreux points de vue.

Revenez à Pampelune par l'A 10.

Pampelune pratique

Adresse utile

Office de tourisme – C/Eslava, 1 - 31001 Pampelune - ℰ 848 420 420 - mat. et apr.-midi, dim. et j. fériés mat. - fermé 1er et 6 janv., 25 déc.

Visites

Visites guidées de Pampelune – Il y a de nombreux organismes et les offres sont variées en saison. Se renseigner pour les circuits et tarifs.

Cultura 5 – ℰ 948 210 827.
Erreka – ℰ 948 221 506.
Novotur Guías Culturales - ℰ 948 383 755.

Arènes de Pamplune.

Amaury de Valroger / MICHELIN

Se loger

⊖⊖ **Hôtel Leyre** – Leyre, 7 - ℰ 948 228 500 - reservas@hotel-leyre.com - 55 ch. 60/290 € - ⊡ 9 €. Hôtel central aux installations correctes. Parking dans les parties communes bien entretenues. Chambres spacieuses et parquetées, décorées avec un mobilier classique.

⊖⊖ **Hôtel Yoldi** – Av. de San Ignacio, 11 - ℰ 948 224 800 - yoldi@hotelyoldi.com - 52 ch. 69/84 € - ⊡ 9 €. Cet hôtel a été rénové et constitue une bonne option dans le centre de Pampelune, aussi bien d'un point de vue fonctionnel que du confort. À proximité des arènes, il accueille en plein, pendant la période des fêtes, des toreros et des gens du monde des taureaux.

⊖⊖ **Hôtel Europa** – Espoz y Mina, 11 - ℰ 948 221 800 - europa@hreuropa.com - 25 ch. 71/126 € - ⊡ 9 €. Gestion familiale convenable, emplacement central et petites chambres bien équipées aux salles de bain en marbre. Bonne option dans cette catégorie.

⊖⊖ **Hôtel Albret** – Ermitagaña 3 - ℰ 948 172 233 - reservas@hotelalbret.net - 107 ch. 74/215 € - ⊡ 12 €. Hall-réception bien aménagé. Chambres de ligne moderne, parfois peu spacieuses. Cafétéria avec quelques menus et une petite carte.

⊖⊖ **Hôtel Maisonnave** – Calle Nueva, 20 - ℰ 948 222 600 - informacion@ hotelmaisonnave.es - 138 ch. 79/107 € - ⊡ 10,50 € - rest. 17 €. Agencement convenable, prestations haut de gamme et emplacement central. Cet établissement dispose de chambres intimes et équipées de salles de bains modernes.

⊖⊖ **Hôtel Buhardilla Gambara** – Serapio Huici, 15 - Villava - ℰ 948 382 872 - info@labuhardilla.com - ℙ - 4 ch. 70 € - ⊡ 8 €. Cette très belle demeure ne ressemble à aucune autre, tant par le décor soigné que par l'ambiance. Les chambres, personnalisées, possèdent des appuie-têtes originaux et des armoires massives. La suite avec terrasse et solarium, agrémentée de meubles anciens et d'un sofa en cuir, est tout simplement superbe.

Se restaurer

⊖ **Museo** – San Gregorio 48 - ℰ 948 222 050 - fermé 15-31 juil. - ⊡ - 3,50 €. Un décor moderne et une offre gastronomique correcte sont les principaux atouts de ce restaurant. Installations très soignées.

⊖ **Gaucho** – Espoz y Mina, 4 - ℰ 948 225 073 - www.cafebargaucho.com - fermé 15-31 juil. - ⊡ - 12 €. Établissement bien géré qui jouit d'une bonne réputation locale. Le bar, qui propose une multitude de tapas appétissantes, est doté de quelques tables d'appoint.

⊖ **Baserri** – San-Nicolás, 32 - ℰ 948 222 021 - info@restaurantebaserri.com - 12 €. Établissement situé dans une rue centrale où se trouvent de nombreux bars. La salle du fond est simple et vous y dégusterez un menu à base de tapas et différentes brochettes.

⊖ **Letyana** – Travesía de Bayona, 2 - ℰ 948 255 045 - fermé 26 fév.-4 mars, 15-31 juil., 8-14 août, dim. en été et mar. - 12 €. Bar à tapas surprenant ! Au rez-de-chaussée, le bar propose d'innombrables tapas succulentes. À l'entresol, une petite salle de restaurant, à l'étage un menu dégustation y est servi.

⊖⊖ **Martintxone** – Nagusia, 63 - Arbizu - ℰ 948 460 057 - martintxonea@msn.com - fermé 25 déc.-15 janv. et lun. - 22/37 €. Petit restaurant familial, aménagé dans une ancienne maison en pierre. Bar ouvert au public et salle à manger agréable proposant une cuisine traditionnelle.

⊖⊖⊖ **La Casona** – Pueblo Viejo (Barañain) - ℰ 948 186 713 - www. lacasonarestaurante.net - fermé lun. - 26/40 €. Ancienne bâtisse de type rôtisserie avec cidrerie d'un côté et salle de restaurant de l'autre avec gril apparent. Deux salles de réception au 1er étage.

⊖⊖⊖ **Casa Manolo** – García Castañón, 12-1 - ℰ 948 225 102 - info@ restaurantecasamanolo.com - fermé août, dim. soir et lun. - 30/41 €. Situé au 1er étage.

Après avoir doublé sa surface, il a augmenté son offre pour la célébration de banquets. Carte proportionnée et service de table soigné.

⊜⊜⊜🍴 **La Chistera** – *San-Nicolás, 40-42 - ☎ 948 210 512 ou 948 227 881 - www. restaurantelachistera.com - 35/60 €*. La décoration de cet élégant restaurant, réalisée par María Mendez, mérite à elle seule l'attention. Admirez les colonnes et chapiteaux du bar, le plafond en bois de la salle Saint-Firmin et les peintures évoquant la vie du violoniste Pablo de Sarasate. En cuisine, recettes traditionnelles et spécialités de Navarre.

⊜⊜⊜🍴 **Rodero** – *Emilio Arrieta, 3 - ☎ 948 228 035 - info@restauranterodero. com - fermé sem. Sainte, lun. soir et dim. - 48 €*. Une table luxueuse. Bien situé juste derrière les arènes, cet établissement compte parmi les meilleurs de la région. Organisation familiale mais offrant un service de très haut niveau et une cuisine créative, innovante et d'auteur. Prix élevés.

Que rapporter

Vinoteca Murillo – *San-Miguel, 16-18 - ☎ 948 221 015 - tlj sf dim. 9h30-13h30, 16h30-19h45, sam. 9h-14h - fermé j. fériés*. Ce bel établissement se transmet de père en fils depuis 1890. Son décor d'époque reste superbe et les produits proposés se signalent par leur qualité. Vous trouverez, entre autres, une belle sélection de vins espagnols, des crus prestigieux en provenance du monde entier, des spiritueux et des spécialités de Navarre.

Las Tres Z.Z.Z. – *Comedias, 7 - ☎ 948 252 629 ou 948 224 438 - www.lastreszzz. com*. La visite de cette institution locale, fabriquant des outres à vin artisanales depuis 1873, mérite le détour. Vous découvrirez les différentes matières premières utilisées dans la fabrication des outres, son histoire ainsi que le rituel qui préside à l'utilisation de cet objet devenu culte au Pays basque.

Événements

Feria del Libro (fin mai).

Feria de Ganado (7 juil.).

Los Sanfermines (6-14 juil.).

Concours international de chant Julián Gayarre (2ᵉ et 3ᵉ sem. sept. années paires) - ☎ 848 424 683 - www.cfnavarra.es/ gayarre

Concours international de violon Pablo Sarasate (2ᵉ et 3ᵉ sem. de sept. années impaires) - ☎ 848 424 683 - www. cfnavarra.es/sarasate

San Fermín de Aldapa (25 sept.).

Puente-la-Reina ★

Gares

2 611 HABITANTS
CARTE GÉNÉRALE C3 – CARTE MICHELIN RÉGION 573 D24 – NAVARRE

Traversée par la N 111 qui lui apporte quelques désagréments sonores et esthétiques, Puente-la-Reina n'a cependant rien perdu de son importance sur la route de Compostelle. Sa rue principale et ses églises continuent à accueillir les pèlerins, qui franchissent d'un pas allègre son vieux pont jeté sur l'Arga.

▸ **Se repérer** – Première étape importante sur la route de Compostelle depuis Pampelune, à 23 km au sud-ouest de la capitale navarraise par la N 111. Celle-ci scinde le bourg en deux.

🅿 **Se garer** – Dans les contre-allées qui bordent la grande route.

👁 **À ne pas manquer** – Les statues des églises du Crucifix et de St-Jacques.

⏱ **Pour poursuivre la visite** – Voir aussi Pampelune, Estella et Olite.

Comprendre

L'importance du pèlerinage – Point de convergence des deux chemins de Compostelle, celui de Roncevaux d'un côté et le tronçon toulousain de l'autre, en provenance de Sangüesa, Puente-la-Reina doit son existence aux pèlerins. C'est Alphonse Iᵉʳ qui ordonna en 1121 la création d'un village régi par le *fuero* d'Estella, de façon à peupler l'itinéraire de la route de St-Jacques et à en tirer profit grâce aux péages et aux échanges commerciaux. Au 14ᵉ s., la cité s'est tellement développée qu'elle compte cinq quartiers et s'est entourée de remparts.

Suite au déclin du pèlerinage, elle s'est reconvertie dans l'agriculture, et notamment le piment.

Se promener

Le vénérable **pont en dos d'âne** qui enjambe le río Arga et donne son nom à la ville fut construit au 11e s. pour permettre le passage des pèlerins se rendant à St-Jacques. À l'entrée de la ville en venant de Pampelune, un pèlerin en bronze signale ce point de rencontre entre les deux *caminos* (chemins).

Iglesia del Crucifijo (église du Crucifix)

948 340 050. Premier monument pour les pèlerins arrivant de Pampelune, elle se trouvait hors les murs et communique par un porche avec l'ancien hospice des pèlerins. Accolée à la nef d'origine (12e s.), une nef postérieure (14e s.) abrite la fameuse croix en Y et son **Christ★** en bois d'un expressionnisme violent. Il aurait été rapporté d'Allemagne par un pèlerin du 14e s.

S'engager à pied dans l'étroite calle Mayor, très élégante avec ses maisons en briques dorées, ses blasons (nos 27, 61, 66) et ses avant-toits de bois sculpté (nos 15, 19, 29, 33, 46, 80), qui mène au fameux pont. On rencontre en chemin l'église Santiago.

Iglesia Santiago (église St-Jacques)

948 341 301 - mat. et apr.-midi, w.-end apr.-midi.

Son **portail roman★** fourmille de figures presque effacées. La nef, refaite au 16e s., a été décorée de retables. Remarquez, face à l'entrée, un **saint Jacques★** pèlerin en bois doré et le **saint Bartholomé★** qui lui fait pendant (14e s.).

La calle Mayor aboutit au pont.

Sur la gauche, les rues mènent à la iglesia **San Pedro** (église St-Pierre, 14e s.) qui conserve, depuis le milieu du 19e s., la **Vierge de Txori** (16e s.) autrefois postée sur le pont.

Aux alentours

Cirauqui★

7 km à l'ouest par la N 111. Le long des ruelles tortueuses bordées d'escaliers se pressent des façades à demi blanchies, ornées de portes arrondies, de balcons, blasons et corniches sculptés. En haut du village (montée difficile), l'église San Román possède un **portail★** du 13e s. polylobé, semblable à celui de San Pedro de la Rúa à Estella.

Circuit de découverte

ROUTE DES ÉGLISES

20 km – 1h30. Quittez Puente-la-Reina par N 111 en direction de Pampelune, puis tournez presque immédiatement à droite sur la NA 601. Parvenu à la hauteur d'Obanos, prenez à droite la route qui monte vers les collines face à Obanos.

Santa María de Arnotegui

Comptez 1 km de piste à partir de la fin de la route goudronnée.

Protégée par un petit mur défensif, cette sobre chapelle se compose d'un simple narthex et d'une pièce dans laquelle l'autel est encadré de retables baroques. Notez la statue de la Vierge en bois et respirez l'odeur de pin. Contemplez également les alentours depuis son parvis, car elle est juchée au sommet d'une colline.

Revenez sur la NA 601, tournez à droite et dépassez Obanos. Au prochain carrefour, tournez à droite vers Campanas. Suivez les panneaux indiquant « Sta María de Eunate ».

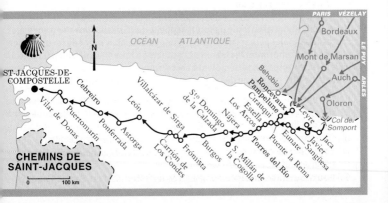

CHEMINS DE SAINT-JACQUES

Iglesia de Santa María de Eunate★★

948 341 301 - janv.-fév. : mat. ; reste de l'année : mat. et apr.-midi - fermé lun., déc.
Cette chapelle romane si harmonieuse de proportions reste d'origine énigmatique. La découverte d'ossements tend à accréditer la thèse d'une chapelle funéraire établie sur le chemin du pèlerinage qui, à l'époque, venait de Toulouse (la même thèse prévaut pour la chapelle de Torres del Río - *voir Viana*).

On estime sa date de construction aux alentours de 1170. Sa structure octogonale intègre un petit chevet pentagonal proche du style cistercien. Quant à l'intérieur, il trahit des influences musulmanes avec les huit nervures à section carrée convergeant vers le centre à la façon mozarabe, sans clé de voûte. Admirez les 26 chapiteaux, sculptés pour beaucoup de motifs végétaux.

La galerie extérieure, aujourd'hui curieusement découverte, se rattachait à des bâtiments annexes ; elle servait d'abri aux pèlerins. *Eunate*, en basque, signifie « cent portes ». Un surnom qui fait référence aux arcades entourant le sanctuaire.
Revenez sur la NA 601 et reprendre la direction de Puente-la-Reina.

Obanos

Église avec une fine tour-clocher. Un arc introduit le visiteur sur la plaza de los Fueros en forme d'entonnoir, sur laquelle se dresse un crucifix.
Revenez à Puente-la-Reina.

Puente-la-Reina pratique

Adresse utile

Office de tourisme – *Casa del vínculo - c/ Mayor s/n - 31100 Puente-la-Reina - *948 341 301 - nov.-Sem. sainte : mat. et apr.-midi, dim. et j. fériés mat. ; reste de l'année : apr.-midi, dim. et j. fériés mat. - fermé lun.*

Se loger et se restaurer

⊜⊜⊜⊜ **Hôtel El Peregrino** – *Irunbidea, s/n - 1 km au nord-est de Puente-la-Reina par la rte de Pampelune - *948 340 075 - peregrino@relaischateaux.com - fermé 10-31 janv., dim. soir et lun. - 45/62 € - 13 ch. 190 € - ☕ 18 €. Restaurant de charme installé dans une magnifique maison de pierre. Le décor soigné, aussi rustique que select, crée une ambiance idéale pour se délecter d'une cuisine avec des touches créatives. Salle à manger avec vue sur le jardin et la piscine.*

Sta María de Eunate.

Stéphane Sauvignier / MICHELIN

Roncevaux ★
Roncesvalles/Oreaga

CARTE GÉNÉRALE D2 – CARTE MICHELIN RÉGION 573 C26 – NAVARRE

L'ensemble abbatial entouré de forêts rappelle qu'ici passe l'une des principales routes espagnoles vers St-Jacques-de-Compostelle. Mais avant de la suivre, rien n'empêche d'emprunter le chemin des écoliers en faisant un détour par les trois vallées navarraises qui se déploient à l'est du monastère. L'occasion de découvrir toute la beauté préservée des contreforts navarro-pyrénéens.

- **Se repérer** – Ce point de passage obligé pour tous ceux qui rallient Pampelune depuis St-Jean-Pied-de-Port se trouve à 20 km de la frontière française, au pied du col d'Ibañeta.
- **Se garer** – En contrebas du monastère, sur le parking prévu à cet effet.
- **Organiser son temps** – Comptez une journée d'excursion pour suivre l'itinéraire des trois vallées.
- **Pour poursuivre la visite** – Voir aussi St-Jean-Pied-de-Port, Pampelune et Sangüesa.

Comprendre

Une bataille légendaire – Roncevaux est célèbre dans l'histoire pour la déroute que les Vascons y infligèrent, en 778, à l'arrière-garde de l'armée de Charlemagne qui rentrait en France sous les ordres de Roland. De chaque côté des Pyrénées, la légende a idéalisé cet événement à sa façon, en s'éloignant facilement de la réalité historique.

Le **Poème de Bernardo del Carpio** (fin 12e-début 13e s.) parle de ce jeune homme comme d'un héros national qui, à la tête de compagnons basques, navarrais et asturiens, aurait vengé la violation du territoire espagnol par l'armée franque.

Pour sa part, la **Chanson de Roland**, première chanson de geste française, glorifie la résistance héroïque et désespérée de quelques preux chevaliers chrétiens face à des milliers de Sarrasins.

Bas-relief de Roland.

Stéphane Sauvignier / MICHELIN

Découvrir

De vastes bâtiments aux murs gris et aux toits de zinc bleuté apparaissent, entourés d'épaisses frondaisons ; leur fondation remonte au 12e s. L'ensemble comprenait alors une importante hostellerie qui accueillait et réconfortait les pèlerins, une chapelle funéraire, de plan carré, actuellement chapelle du Saint-Esprit, et une collégiale riche en reliques. L'abbaye se visite. *℘ 948 790 480 - fév.-déc. : mat. et apr.-midi ; janv. : tlj sf merc. mat. - fermé 1er et 6 janv., 8 sept. et 25 déc. - 3,90 € (-12 ans 1,60 €).*

Iglesia de la Real Colegiata (collégiale)

Visite comme le reste de l'ensemble abbatial, excepté pendant les offices. La consécration de cet édifice gothique, très inspiré des églises d'Île-de-France, eut lieu en 1219. Sous le dais du maître-autel, le symbole actuel du pèlerinage est une **Vierge à l'Enfant★** en bois recouverte de plaques d'argent, œuvre d'un atelier français du 13e ou 14e s.

Sala Capitular (salle capitulaire)

Cette belle salle gothique abrite, sous une hauteur de voûte impressionnante, le tombeau du fondateur de l'église, le roi de Navarre **Sanche VII le Fort** (1154-1234), et de sa femme. Remarquez la scène de la **bataille de Las Navas** de Tolosa que le souverain remporta sur les Almohades en 1212, représentée sur le vitrail du début du 20e s.

Capilla del Espíritu Santo (chapelle du Saint-Esprit)

Édification la plus ancienne de l'ensemble monumental avec son plan carré et sa voûte sur arcs diagonaux, la chapelle romane du Saint-Esprit, ou silo de Charlemagne, date du 12e s. Sa crypte sert d'ossuaire aux pèlerins qui mouraient à l'hôpital. La légende suppose qu'elle est située à l'endroit même où Charlemagne a demandé de construire la tombe de Roland. On dit que les restes des soldats morts à la bataille y sont enfouis.

À sa gauche se dresse **San Santiago**, petite église gothique du 13e s., et, de l'autre côté de la route, **Itzandegia**, autrefois hôpital (18e s) et aujourd'hui auberge pour pèlerins.

Visiter

Museo★

℘ 948 790 480 - mat. et apr.-midi - possibilité de visite guidée sur demande préalable - fermé 1er janv. et 25 déc. - 2,10 € (enf. 1,60).

Installé dans les anciennes écuries, il possède de très belles pièces d'orfèvrerie ancienne : coffret mudéjar, évangéliaire roman, **reliquaire émaillé** du 14e s. qui, sans doute à cause de sa disposition en petits compartiments géométriques, a été surnommé « l'échiquier de Charlemagne ». À signaler aussi un triptyque flamand du 16e s., une émeraude qui aurait orné le turban du sultan Miramolín le jour de la bataille de Las Navas de Tolosa, et une très belle *Sainte Famille* de Morales.

Aux alentours

Puerto de Ibañeta (col d'Ibañeta)

2 km au nord par la N 135. Parking aménagé derrière la petite chapelle. 1 057 m. Une petite chapelle contemporaine et une stèle marquent le passage de ce col, première halte des pèlerins de St-Jacques en Espagne. Derrière l'édifice, notez le petit monticule hérissé de grossières croix de bois laissées par de pieux randonneurs. À proximité, un monolithe rappelle que la bataille de Roncevaux a eu lieu à proximité.

Circuit de découverte

200 km – Une journée.

À l'est de Roncevaux se déploient trois vallées pyrénéennes aux identités bien marquées. Il y a d'abord celle d'**Aezkoa**, agricole et boisée, dont les greniers traditionnels ont fait la renommée. Au-delà, celle du **Salazar** paraît plus austère, ponctuée de quelques villages isolés. Enfin, la plus orientale des trois suit le cours de l'Esca, tout en prenant le nom du village le plus important de son territoire : **Roncal**.

Au départ de Roncevaux, suivez la N 135, traversez le village-rue d'Auritz et prenez ensuite la première à gauche, la NA 140. Vous pénétrez dans la vallée d'Aezkoa.

VALLÉE D'AEZKOA★

Juste avant Aribe, vous pouvez tourner à gauche et monter à Orbaitzeta.

Orbaitzeta *(voir forêt d'Iraty)*

Aribe

L'Irati traverse ce village qui conserve un grenier à céréales et un pont médiéval à double arche, en assez mauvais état.

Garaioa

Charme discret pour ce bourg dominé par sa tour-clocher. Notez le portail de type roman et la naïveté des chapiteaux, protégés par un auvent. Jouxtant l'église, un petit cimetière aux herbes folles.

Traversez Abaurrea Alta ou Abaurregaina.

En sortie du village, magnifique **panorama★★** sur les sommets enneigés des Pyrénées précédés de prairies moutonnantes. La route se révèle aussi particulièrement jolie à la hauteur de Remendia, lorsque le contraste entre résineux et feuillus se fait plus prononcé.

Vous arrivez ensuite à Escároz, après avoir traversé Jaurrietia, le village le plus haut de la vallée de Salazar.

VALLÉE DE SALAZAR

Ezcároz

Chef-lieu de la vallée de Salazar, ce pittoresque village accueille aussi sa Junte *(voir p. 73)*. Promenez-vous quelques minutes dans ses ruelles pavées, pour goûter le charme de la place de l'église agréablement ombragée, ou celui de ses demeures aux massives pierres grises.

Prenez ensuite la NA 178 pour descendre la vallée.

La route longe le Salazar dans un fond de vallée relativement plat, encadré par des versants peu élevés. Mais après Güesa, leurs flancs se resserrent un peu comme à l'entrée d'un canyon.

Franchissez à droite le Salazar pour rejoindre Izal.

La route menant à Izal est plutôt sauvage, avec un côté parfois méditerranéen lorsque la rocaille affleure au milieu d'une végétation relativement sèche et chiche. Mais au détour d'un lacet, les pentes se couvrent aussi de résineux et de feuillus, rendant soudain verdoyant un paysage qui, un instant plus tôt, paraissait aride.

Izal★

Adorable village de montagne niché dans un creux. Rien n'y manque, ni les maisons traditionnelles aux toits de tuiles, ni le fronton, et encore moins l'église. Le clocher de **San Vincente** dépasse à peine de l'ensemble mais n'en signale pas moins la présence de cet édifice trapu, à l'intérieur encaustiqué et décoré d'un petit retable. Remarquez que la maison de l'entrée, avant le pont à gauche, cache un grenier à blé, le seul de la vallée encore bien conservé.

🐾 Peu avant l'entrée d'Izal *(env. 200 m)*, sur la droite, est signalée N.-S. de Arburua, un sanctuaire du 16ᵉ s. On peut y monter à pied en laissant la voiture sur l'aire de parking, nullement aménagée (véritable bourbier en cas de pluie).

Revenez sur la NA 178 et continuez à descendre la vallée.

Uscarrès

Petit village accroché à flanc de colline en surplomb de la route. Quelques maisons ornées de blasons bordent ses ruelles pavées.

Admirez son adorable **église** au chevet roman. À l'intérieur *(si vous pouvez entrer)*, traces de fresques gothiques.

Poursuivez votre chemin jusqu'à Navascués.

Navascués

Sympathique petit village, typique de la vallée avec ses grosses maisons de pierre grise. Il était l'une des deux places fortes de la vallée avec Usún.

Après l'avoir traversé, suivez la NA 214 en direction de Burgui.

Le paysage se fait plus sec. À peu près à mi-chemin de Burgui, lorsque la route redescend, admirez la **vue** sur les Pyrénées.

VALLÉE DE RONCAL★

Burgui

Prenez le temps de flâner dans ses petites ruelles aux pavés irréguliers, où la pierre des maisons s'est noircie au fil du temps.

Remontez la NA 137 vers Roncal.

Des versants aux crêtes feuillues encadrent le fond plutôt rocailleux de cette vallée qui gagne en étroitesse une fois dépassé le sanctuaire de N.-S. del Camino.

Prenez à droite la NA 176 en direction de Garde.

Sierra de San Miguel

Garde est son seul village, accroché à flanc de montagne sous la protection de son impressionnante et massive église sur laquelle court une galerie à auvent. Dans le bourg, la pierre domine, depuis les pavés jusqu'aux maisons dont les linteaux sont parfois travaillés.

🐾 400 m avant Garde, un sentier à gauche mène au sanctuaire de San Sebastián.

Retournez sur la NA 137.

Roncal★

L'office de tourisme et le Centre d'interprétation de la vallée de Roncal se trouvent en bordure de route, en contrebas du village (voir Roncevaux pratique).

Il faut se perdre dans les rues pavées de Roncal pour profiter pleinement de l'atmosphère intemporelle du bourg, construit tout en pierre. Ici, la ruelle embaume le lilas printanier. Là, une cheminée ronde pointe à l'angle d'un toit. Quelques demeures anciennes conservent de magnifiques portes cloutées, des linteaux sculptés, des blasons ouvragés et des encorbellements de bois (calle Iriandoa, Arana).

Dans le centre du village se trouve la maison natale du ténor **Julián Gayarre** (1844-1890), enterré sous un mausolée rococo dans le cimetière du village. Sa demeure a été transformée en musée, où sont exposés objets personnels, partitions, décorations et photographies. 🎧 948 475 180 - avr.-sept. : tlj sf lun. mat. et apr.-midi ; oct.-mars : w.-end mat. et apr.-midi - 1,80 € (- 18 ans 0,60 €).

Enfin, ne quittez pas Roncal sans être monté à son église juchée sur sa colline. De dimensions massives, elle offre un vaste panorama sur la commune et la vallée.

Reprenez la route en direction du nord.

Aux abords d'Isaba, le paysage devient plus accidenté, la vallée plus étroite et plus boisée.

Drôle de tribut...

Le 13 juillet n'est pas un jour anodin pour la vallée de Roncal. Ce jour-là, ses syndics montent en effet dans la vallée de Belagua jusqu'à la borne frontière 262, dite « Pierre de St-Martin », où ils retrouvent leurs homologues français de la vallée béarnaise de Barétous. Ces derniers leur remettent trois génisses sans défaut et identiques de couleur, en échange d'un droit de pacage de 28 jours dans la vallée navarraise.

Ce tribut remonte à un arbitrage prononcé en 1375 pour mettre fin aux rivalités des deux communautés concernant leurs estives.

Isaba★

Parking aux deux extrémités du village. Reconnaissable à la grosse tour-clocher de **San Cipriano** (16e s.), il regroupe ses maisons montagnardes (grosses pierres et bois) autour de son église fortifiée qui abrite un retable plateresque et des orgues baroques du 18e s. Certaines demeures accrochent des chardons à leurs fenêtres.

Un belvédère en haut du village ménage une belle **vue** sur les toits du bourg et les montagnes environnantes couvertes d'un patchwork de résineux et de feuillus.

Après Isaba, deux options se présentent à vous. Vous pouvez choisir de monter vers la vallée de Belagua (NA 1370) qui mène à la frontière française *(voir encadré)* et à la réserve de Larra, caractérisée par de profonds gouffres. Vous pouvez aussi continuer votre route vers Ochagavía et la vallée de Salazar par la NA 140.

Ustárroz

Jolie vue depuis la route sur ce hameau accroché à une colline en bordure de rivière. Ici aussi, l'église fortifiée domine les maisons.

Plus on approche du col de Lazar, plus la route devient montagneuse avec parfois de beaux dégagements sur le paysage à la fois minéral et boisé.

Avant d'arriver à Ochagavía, ne manquez pas les panneaux indiquant sur la droite le sanctuaire de N.-S. de Muskilda.

N.-S. de Muskilda★

Adorable sanctuaire perché face aux Pyrénées. Son clocher rond et sa nef toute simple abritent des restes de fresques, un retable de style classique et une voûte centrale dont les arcs présentent une brisure. Notez les piliers massifs, trahissant l'origine romane de l'édifice (12e s.) retouché au 17e s. La tranquillité du site n'est troublée que par le son des clarines qui parvient jusqu'à son enclos.

🥾 Un chemin de randonnée aboutit à l'arrière du bâtiment par le chemin de croix *(départ depuis Ochagavía).*

Ochagavía *(voir forêt d'Iraty)*

Pour revenir à Roncevaux, rejoignez Ezcároz et reprenez la vallée d'Aezkoa.

Roncevaux pratique

Adresses utiles

Office du tourisme de Roncevaux – ℘ 948 76 03 01- Sem. sainte au 12 oct. : lun.-sam. : 10h-14h, 16h-19h, dim. 10h-14h ; 12 oct. à la Sem. sainte : lun.-sam. 10h-14h, 14h30-17h.

Office du tourisme de Roncal – Gayarre, s/n - 31415 Roncal - ℘ 948 475 256 - de mi-juin à mi-sept. : mat. et apr.-midi, dim. et j. fériés mat. ; reste de l'année : mat., vend. et sam. mat. et apr.-midi.

Office du tourisme d'Isaba – Déménagement prévu - 31417 Isaba - ℘ 948 893 251 - www.isaba.es - mat. et apr.-midi, dim. et j. fériés mat. - fermé lun.

Se loger

⊖ **Hôtel La Posada** – Roncevalles - Orreaga - ℘ 948 760 225 - www.laposadaderoncesvalles.com - fermé nov. - **P** - 18 ch. 45/48 € - ⊇ 6 € - rest. 15 €. Établissement installé dans une ancienne maison de ville. Les chambres, décorées dans un style rustique, et dont certaines sont des duplex, vous offriront un confort satisfaisant.

⊖⊖ **Hôtel Loizu** – Avda Roncesvalles, 7 - Auritz-Burguete - ℘ 948 760 008 - hloizu@ telefonica.net - fermé 15 déc.-15 mars - **P** - 27 ch. 51/72 € - ⊇ 6 € - rest. 16 €. Un lieu conçu pour se reposer dans un cadre agréable. Venez profiter de ses

installations accueillantes, rénovées pour proposer un meilleur confort, et décorées à grand renfort de détails rustiques. Une cuisine soignée est servie dans la salle à manger.

⊖⊖ **Hostería de Zubiri** – Avda Roncesvalles, 6 - Zubiri - ℘ 948 304 329 - info@hosteriadezubiri.com - fermé nov.-avr. - 10 ch. 57/70 € ⊇. Hôtel de montagne typique qui offre un intérieur néorustique et des chambres gaies aux salles de bain soignées. Service de restauration en soirée réservé aux clients.

Se restaurer

⊖⊖ **Txikipolit** – Auritz-Burguete - ℘ 948 760 019 - 16/25 €. Ce restaurant de style pyrénéen a connu une belle page d'histoire. C'est ici que le roi Carlos VII cacha son or durant sa fuite en France (1876). En récompense, il légua deux tableaux toujours exposés. Aujourd'hui, le lieu est connu pour ses spécialités : le jarret d'agneau, le magret de canard et le gâteau de légumes.

⊖⊖⊖ **Maitena** – Elizaldea - Luzaide - ℘ 948 790 210 - www.hostalmaitena.com - 29 € - fermé janv.-fév. - 6 ch. 42/50 € - ⊇ 4 €. Établissement fondé en 1950 dont l'activité principale est le restaurant, à la décoration soignée et au service en salle simple. Chambres un peu passées de mode, mais qui conservent un charme particulier.

Saint-Étienne-de-Baïgorry ★

1 602 HABITANTS
CARTE GÉNÉRALE D2 – CARTE MICHELIN RÉGIONAL 573 C25
PYRÉNÉES-ATLANTIQUES (64)

Village basque à la fois caractéristique par ses maisons typiques, sa belle place ombragée de platanes, et original par sa disposition le long de la vallée. Ses quartiers autrefois rivaux vivent maintenant paisiblement de part et d'autre du torrent, et le vieux pont « romain » ne sert plus qu'à faire la jonction entre les deux rives. Le bonheur n'est pas loin…

◗ **Se repérer** – À 11 km à l'ouest de St-Jean-Pied-de-Port par la D 15.

◉ **À ne pas manquer** – La belle église St-Jean-Baptiste et son retable.

👥 **Avec les enfants** – La vallée des Aldudes : fermes piscicoles, balades avec âne.

🕯 **Pour poursuivre la visite** – Voir aussi St-Jean-Pied-de-Port, Ossès, la vallée du Baztan.

Comprendre

Un peu d'histoire – Le bourg et son territoire ont été rattachés à Pampelune et à la Navarre jusqu'au couronnement d'Henri IV, après lequel ils tombèrent dans l'escarcelle du royaume de France. Cela n'a pas empêché la famille d'Etxauz de régner en maître sur le village et la vallée des Aldudes pendant des siècles. Certains de ses membres se distinguèrent par de prestigieuses carrières, comme Bertrand d'Etxauz qui fut nommé évêque de Bayonne en 1599 et conseilla Louis XIII.

Situation – La commune de St-Étienne-de-Baïgorry compte 17 quartiers éclatés le long de la vallée. Les plus notables sont : celui de Mitchelene, en amont du pont romain sur la rive gauche, autrefois quartier des cagots *(voir p. 72)* ; le quartier Urdos-Bastide, vers Bayonne ; et enfin Guermiette, vers St-Jean-Pied-de-Port *(voir « Découvrir »)*.

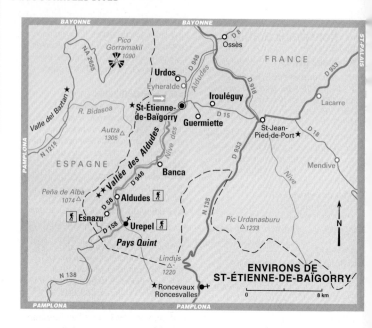

ENVIRONS DE
ST-ÉTIENNE-DE-BAÏGORRY

Se promener

Église★

Reconstruite au 18ᵉ s. sur une base romane, elle est intéressante pour ses galeries, son chœur surélevé dont les trois autels sont ornés de retables de bois doré, son orgue (contemporain) de style baroque et son arc triomphal peint. Notez, à droite de l'entrée principale, la porte des cagots *(voir p. 72)* avec le bénitier qui leur était réservé.

Passez sur l'autre rive. Sur la rive gauche se dresse l'ancien **château d'Etxauz** *(hébergement, visites, voir encadré pratique)* au corps de logis rectangulaire flanqué d'échauguettes et de tours. Après la Révolution, il passa à la famille Harispe, puis fut racheté par la famille d'Abbadie d'Arrast.

Pont romain

Il date en fait de 1661 mais porte ce nom en raison de son arche unique, inspirée de l'architecture romaine. Notez l'empreinte des charrois dans les galets qui recouvrent son tablier. Il offre un très beau point de vue sur le château.

Découvrir

Guermiette

En direction de St-Jean-Pied-de-Port. Après le restaurant L'Étape Gourmande, prenez à la fourche la direction de Germieta (Guermiette). Fermes à l'abandon et maisons habitées se partagent ce hameau plein de charme où quelques demeures du 17ᵉ s. tiennent encore debout. Elles se repèrent à leur linteau, souvent daté et parfois sculpté. Celui de la **chapelle** affiche 1668. Vous la dénicherez en prenant à droite du vieux lavoir.

Urdos

En direction de Bayonne. Le hameau se trouve après Eyrehalde. Tournez à gauche et prenez la première à gauche après avoir dépassé de quelques centaines de mètres un petit hameau doté d'un restaurant. Le hameau situé au pied d'Iparla comprend une petite chapelle du 17ᵉ s. dotée d'une voûte en trois plans, d'une double galerie et d'un retable de style classique. À deux pas se dresse la massive demeure des Ahaxe, autrefois propriété des seigneurs d'Urdos et aujourd'hui chambre d'hôte.

Aux alentours

Irouléguy

5 km à l'est par la D 15. Petit village typiquement basque avec des fermes et des maisons crépies de blanc aux volets rouges. Connu pour ses vins, classés AOC depuis 1970, il n'est cependant pas noyé dans les **vignes** (environ 200 ha) qui s'étagent plutôt à flanc de colline. ━ Un panneau devant l'église indique des itinéraires de randonnée (entre 30mn et 6h de marche).

Circuit de découverte

VALLÉE DES ALDUDES★★

26 km – 1h30. Sortir par la D 948 en direction de Banca.

Banca

Le village qui s'étage à flanc de montagne s'est développé au 18ᵉ s. grâce à la fonderie située sur la rive gauche de la rivière, à l'entrée du village en direction de St-Étienne (aujourd'hui en ruines).

La **ferme aquacole** de Banka occupe le site d'un ancien moulin du 19ᵉ s.

Aldudes

Grand centre de la chasse à la palombe. Sur la placette, évidemment pittoresque, église à la belle voûte de bois en berceau et aux galeries originales. Une grille fixée au sol précède l'auvent pour empêcher les animaux d'accéder à l'édifice. À voir, dans le cimetière, les stèles basques du 19ᵉ s., entreposées contre le mur.

Randonnée du col de Lepeder★ – *4 km - 2h - balisage jaune - départ avant la station-service (dir. Urepel), l'escalier en retrait sur la gauche.* Une sente pierreuse et pentue marque le début de cette promenade qui dévoile de beaux **panoramas** sur la vallée verdoyante et la frontière espagnole, plus découpée. La fin du circuit passe devant des élevages de cochons pie noir.

En prenant la première à droite en sortant du village, vous arriverez à **Esnazu**, dont la petite église construite par les habitants renferme un retable en bois doré du 17ᵉ s. provenant de l'ancienne église de Larressore.

Possibilité de faire le tour du bourg et de ses fermes en suivant le balisage jaune qui commence à gauche de l'église. Après environ 20 mn de marche, parvenu au bout du chemin de terre, tournez à droite, quoi qu'en dise le marquage. Jolies vues sur les hauteurs des Aldudes. *2 km - 40mn.*

Revenez sur vos pas et reprenez la D 948.

Urepel

À l'entrée du village, une stèle commémore Xalbador, un des plus grands poètes du Pays basque. Église intéressante avec une voûte de bois et une coupole.

Randonnée Elizamendi★ – Depuis l'église, partez en direction de Bordaluzea. La route longe la rivière canalisée. Au premier hameau, un sentier, très raide, part sur la gauche. Prenez-le : l'effort est récompensé par une belle vue sur la vallée suivante, moutonnante et verdoyante. Le **panorama★★** se dévoile pleinement depuis la petite éminence qui se dresse à gauche. Le sentier descend ensuite dans un vallon boisé, traversé par un torrent, avant de remonter ves une route goudronnée qui ramène à l'église d'Urepel. *2 km - 1h30 - balisage jaune.*

La D 158 (6 km AR) qui s'amorce à hauteur de l'église d'Urepel mène au pays Quint.

Pays Quint

Autrefois indivis entre les vallées française et espagnole, ce territoire présente, depuis le traité de Bayonne signé en 1856, la particularité d'être reconnu à l'Espagne mais donné en bail perpétuel aux habitants de la vallée des Aldudes, les Quintoars (au nombre de sept familles), qui jouissent des pâturages en territoire espagnol et ont le statut de ressortissants français à l'étranger.

Saint-Étienne-de-Baïgorry pratique

Adresse utile

Office de tourisme – Pl. de l'Église - 64430 St-Étienne-de-Baïgorry - ✆ 05 59 37 47 28 - mai-sept. : mat. et apr.-midi ; reste de l'année : tlj sf sam. mat. et apr.-midi - fermé dim. et j. fériés.

Se loger

⊖ **Chambre d'hôte La Maison Inda** – Quai Occos - ✆ 05 59 37 43 16 - fermé déc. - ⊠ - 3 ch. 43/46 € ☐ - repas 15 €. Voici une vraie chambre d'hôte, comme on les aime ! La ferme est toujours en activité. On peut y visiter le potager, l'étable où voisinent vaches et volailles et bien sûr dormir dans l'une des chambres meublées d'ancien. À table, les repas cent pour cent maison utilisent les succulents produits du terroir.

⊖⊖ **Chambre d'hôte Jauregia** – Hameau d'Urdos - 5 km au nord par la D 948, à Exheralde - ✆ 05 59 37 49 72 - daniel.hargain@wanadoo.fr - ⊠ - 4 ch. 55 € ☐. Cette imposante demeure du 16ᵉ s., jadis halte sur le chemin de Compostelle et ancienne propriété de

Jeanne d'Albret, est aussi une ferme laitière. Ses vastes chambres, où se mêlent meubles anciens et modernes, sont desservies par un magistral escalier en chêne. Le patron, guide, organise des randonnées.

😊🛏🛏🛏🛏 **Château d'Etxauz** – ☎ 05 59 37 48 58 - etxauz@wanadoo.fr - 6 ch. 149/169 €. Ce petit château, magnifiquement restauré, vaut le coup d'œil. La salle d'armes et l'extraordinaire charpente du 16ᵉ s. de la salle de réception se visitent. Les chambres, immenses et nanties de meubles d'époque, possèdent parfois un salon. Une petite folie !

Se restaurer

👁 **Bon à savoir** – La grande place de la mairie accueille quelques commerces, une boulangerie-pâtisserie et le Bar du Fronton. Ce dernier est l'endroit idéal pour faire une pause revigorante autour de ses belles salades et omelettes, à base de produits frais exclusivement locaux. Lorsque le temps le permet, vous vous régalez sur la terrasse ombragée d'énormes platanes.

😊🍴 **Le Manechenea** – Quartier Urdos - 4 km au nord par la D 948, à Eyheralde - ☎ 05 59 37 41 68 - fermé déc.-janv. - 18/31 €. Ce petit restaurant, protégé par les crêtes d'Iparla, et sa terrasse, ombragée de platanes et surplombant un ruisseau, offrent un cadre bucolique à souhait. Sa cuisine du terroir, à prix tout doux, ravira les papilles les plus difficiles.

😊🛏🍴 **Arcé** – Rte du Col-d'Ispéguy - ☎ 05 59 37 40 14 - www.hotel-arce.com - fermé de mi-nov. à mi-mars, merc. midi et lun. du 15 sept. au 15 juil. sf j. fériés - 26/39 €. L'écrin de verdure qui entoure la maison, la typique façade blanche aux volets rouges, la coquette terrasse ombragée de platanes, les eaux frémissantes de la rivière, le chaleureux accueil familial… La table ? Vous ne voudrez certainement plus la quitter après avoir goûté à la généreuse cuisine régionale du chef !

Que rapporter

L. Petricorena – Rte de St-Jean-Pied-de-Port - ☎ 05 59 37 41 36 - www.petricorena.com - tlj sf dim. 8h30-12h30, 13h30-18h30 - fermé janv. Ce magasin fabrique maintes spécialités gastronomiques locales. On trouve d'un côté des produits traditionnels à base de canard ou de brebis, de l'autre les créations maison : sauce Sakari (huile, vinaigre, piment et aromates), confiture de piments doux, apéritif et liqueur pimentés.

GAEC Tambourin - Maison Enautenea – Enautenea - ☎ 05 59 37 40 64 - tambourin3@wanadoo.fr - 9h-13h, 14h-20h. M. et Mᵐᵉ Tambourin, avec leur fils Michel, entretiennent l'exploitation familiale fondée en 1718. Dans leur laboratoire, et grâce à leur élevage de brebis « Manex Tête Rousse », ils fabriquent leur propre fromage fermier, onctueux et affiné comme il se doit : l'AOC Ossau-Iraty. Le sésame de la maison ? Dites « ardi gasna », autrement dit « fromage de brebis », et les portes s'ouvriront…

Pierre Oteiza – 15 km au sud par D 948, rte d'Espagne - 64430 Les Aldudes - ☎ 05 59 37 56 11 - www.pierreoteiza.com - 9h30-19h - fermé 1ᵉʳ janv., 25 déc. et dim. en hiver. C'est ici que sont élevés en liberté les porcs pie noir du Pays basque qui serviront à fabriquer de fameuses charcuteries. Un sentier de découverte permet de découvrir librement les élevages de la vallée des Aldudes (possibilité de faire la promenade en compagnie d'un âne). Une dégustation clôt la visite.

Cave d'Irouléguy – Rte de St-Jean-Pied-de-Port - ☎ 05 59 37 41 33 - www.cave-irouleguy.com - tlj sf dim. 9h-12h, 14h-18h ; tlj de mai à sept. La réputation de cette cave qui, depuis une cinquantaine d'années, vinifie et commercialise l'essentiel des vins d'AOC Irouléguy blancs, rouges et rosés n'est plus à faire. Elle propose de nombreuses cuvées de qualité.

La ferme aquacole de Banca – Rte des Aldudes - 19 km au sud-ouest de St-Jean par D 15 et D 948 - 64430 Banca - ☎ 05 59 37 45 97 - tlj sf dim. 10h-12h, 15h-18h - fermé j. fériés - visite libre ou guidée (45mn) sur RV : 2 € (enf 1,50 €). La truite de Banca, issue d'une pisciculture pyrénéenne réputée, est élevée au plus proche de la nature. Évoluant dans une eau de qualité exceptionnelle, elle bénéficie d'une nourriture saine et ne reçoit aucun antibiotique. Elle se vend fraîche ou conditionnée en produits dérivés (filets fumés, terrines).

Sports & Loisirs

Escap'Ânes – Le bourg - 64220 Irouléguy - ☎ 05 59 37 00 34 - www.escapane.com - sur réserv. Depuis 18 ans, Charlotte et la Compagnie aux longues Z'Oreilles emmènent petits et grands à la découverte de l'environnement rural et montagnard du Pays basque. Vous partirez à pied, à dos d'âne, seul, en groupe, en famille, libre, accompagné d'un guide, pour 2 heures, une journée, un stage… : c'est vous qui décidez !

Jean-Luc Durgueil – Le bourg - 64430 Banca - ☎ 05 59 37 49 00 ou 06 80 63 34 60 - jean-luc.durgueil@wanadoo.fr. Cet accompagnateur en montagne organise des balades pédestres nocturnes dans les Aldudes.

Ur Bizia Rafting – D 918 - 14 km au nord par D 948 et D 918 - 64780 Bidarray - ☎ 05 59 37 72 37 - www.ur-bizia.com - 9h-18h30 - 26 à 45 €. Sports d'eaux vives et d'aventure, toute l'année.

Saint-Jean-de-Luz★★

13 247 LUZIENS
CARTE GÉNÉRALE C2 – CARTE MICHELIN RÉGION 573 B24-25
PYRÉNÉES-ATLANTIQUES (64)

Oh ! Combien de marins, combien de capitaines ont quitté St-Jean-de-Luz pour des courses lointaines… Après avoir ainsi fait fortune sur les mers, la ville maria le Roi-Soleil, puis fut happée par le tourbillon mondain né à Biarritz dans les années 1850. Les villas balnéaires poussèrent aux côtés des maisons basques aux bois peints et des palais du 17e s. Il se dégage de cet heureux mélange de styles une exquise douceur de vivre que l'on savoure en farniente sur la grande plage ou en balades dans le petit port de pêcheurs.

▶ **Se repérer** – La vie de St-Jean-de-Luz se concentre entre la Nivelle au sud-ouest et les plages au nord, c'est-à-dire entre le port et la mer.

🅿 **Se garer** – Choisissez la place du Mar.-Foch, à deux pas de la place Louis-XIV et du port, pour laisser votre voiture.

👁 **À ne pas manquer** – La splendide église St-Jean-Baptiste et son retable.

🕐 **Organiser son temps** – Visite du centre-ville le matin, avec son église, ses maisons basques et ses musées ; farniente sur la plage l'après-midi ; sentier botanique depuis la pointe de Ste-Barbe en fin de journée ; petit verre en terrasse sur le port le soir : voilà le planning idéal d'une journée à St-Jean-de-Luz.

🌶 **Pour poursuivre la visite** – Voir aussi Guéthary, Hendaye, Ascain, St-Pée-sur-Nivelle.

Vue étendue de la vieille ville et du port.

Comprendre

Le mariage du Roi-Soleil – Prévu par le traité des Pyrénées *(voir Hendaye)*, le mariage de Louis XIV avec l'infante d'Espagne Marie-Thérèse a lieu à St-Jean-de-Luz. Accompagné de sa suite, le roi arrive le 8 mai 1660. Le 9 juin au matin, logé à la maison Lohobiague, il rejoint la maison de l'infante. Entre les Suisses qui font la haie, le cortège s'ébranle en direction de l'église. Derrière deux compagnies de gentilshommes, le cardinal Mazarin, en costume somptueux, ouvre la marche, suivi par Louis XIV en habit noir orné de dentelles. À quelques pas derrière, Marie-Thérèse, en robe tissée d'argent et manteau de velours violet, la couronne d'or sur la tête, précède Monsieur, frère du roi, et l'imposante Anne d'Autriche. Toute la cour vient derrière.

Le service, célébré par Mgr d'Olce, évêque de Bayonne, dure jusqu'à 3 heures. La porte par laquelle sort le couple royal est murée après la cérémonie.

Le cortège regagne la maison de l'infante. Puis les jeunes époux soupent à la maison Lohobiague en présence de la cour. Une étiquette rigoureuse les conduit jusqu'au lit nuptial dont la reine mère ferme les rideaux en donnant la bénédiction traditionnelle. Marie-Thérèse sera, pour Louis XIV, une épouse douce et digne. Quand elle mourra, le roi dira : « C'est le premier chagrin qu'elle me cause. »

Se promener

Le port★ A2

Le temps des baleines est fini, mais le port reste important pour la sardine, le thon et l'anchois. C'est un vrai port de carte postale avec bateaux peints de couleurs très vives et pêcheurs œuvrant sur le quai auprès des filets amoncelés. Avec, en plus, une odeur de saumure qui flotte et un délicieux concert cristallin joué par le ponton sur pilotis, qui roule avec la marée.

La majestueuse **maison de l'Infante (A2)** semble veiller sur les bateaux. Cette riche demeure en brique et pierre avec des galeries à l'italienne accueillit l'infante et la reine mère. Dans la grande salle 17ᵉ s., cheminée monumentale sculptée et peinte ainsi que des poutres décorées de peintures de l'école de Fontainebleau. ☎ 05 59 26 36 82 - de mi-juin à mi-oct. : mat. et apr.-midi, lun. et dim. mat. - commentaire audio (15mn) - 2,50 € (-18 ans gratuit).

De l'autre côté du port, l'église et les maisons de **Ciboure** (voir « Aux alentours »).

Rue Mazarin A2

Domaine des armateurs au 17ᵉ s., la langue de terre isolant la rade du port fut réduite des deux tiers par le raz de marée qui, en 1749, anéantit deux cents maisons de la ville. Elle conserve quelques demeures distinguées, dont la **maison St-Martin (A2)**, au nᵒ 13.

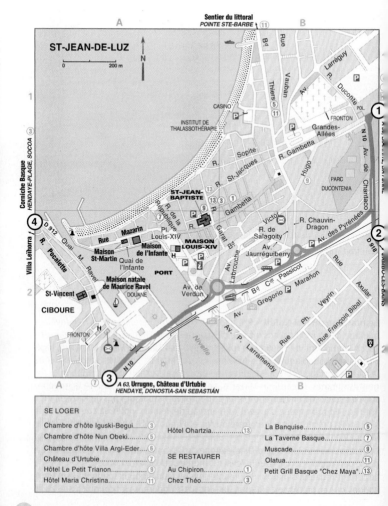

Maison de l'Infante et port.

Centre-ville

Avec ses rues piétonnes (rue de la République, rue Gambetta), il a beaucoup de caractère. Au n° 17 de la rue de la République se trouve la plus vieille maison de la ville ; en pierre de taille, elle contraste avec les maisons basques voisines.

Sentier littoral

St-Jean-de-Luz donne accès à deux portions du sentier littoral *(voir « Organiser son voyage » p. 35)*, totalement différentes : vers Hendaye, la promenade dévoile les montagnes et surtout la corniche basque *(voir ci-après)*, mais elle longe la départementale, tandis que vers Bidart, elle traverse des espaces naturels, urbains ou semi-urbains. On part alors du jardin de la pointe de Ste-Barbe, au bout de la promenade des Rochers.

Visiter

Maison Louis-XIV★ A2

📞 05 59 26 01 56 - visite guidée 2 juin-14 oct. - fermé dim. mat., 14 juil. et 15 août : mat.
Cette noble demeure fut construite par l'armateur Lohobiague en 1643. À l'intérieur, le caractère « vieux basque » est donné surtout par l'**escalier** à volées droites, travail robuste de charpentier de marine : comme pour tous les planchers anciens des pièces d'habitation, les lattes sont fixées par de gros clous apparents, qui interdisent le rabotage et le ponçage.
Du palier du 2e étage, une passerelle intérieure conduit aux appartements où la veuve de Lohobiague reçut Louis XIV en 1660. En passant dans la **galerie à arcades**, prenez le temps de savourer le panorama des Pyrénées basques.
Dans la salle à manger aux lambris verts, table de marbre Directoire et cadeau de l'hôte royal à la maîtresse de maison : un service de trois pièces en vermeil décoré d'émaux niellés.

Église St-Jean-Baptiste★★ A2

📞 05 59 26 08 81 - mat. et apr.-midi.
Extérieurement, elle est d'une architecture très sobre, presque sévère avec ses hautes murailles percées de maigres ouvertures, sa tour massive sous laquelle se glisse un passage voûté. Un bel escalier à rampe en fer forgé donne accès aux galeries.
L'intérieur, somptueux, date pour l'essentiel du 17e s. Trois étages de galeries de chêne (cinq au mur du fond) encadrent la nef unique que couvre une remarquable voûte en carène lambrissée. Le chœur très surélevé, clos par une belle grille de fer forgé, porte un **retable★** (vers 1670, restauré en 1987) resplendissant d'or. Entre les colonnes et les entablements qui l'ordonnent en trois registres, des niches abritent une foule de statues d'anges : saints populaires locaux, apôtres, saint Laurent et son gril. Remarquez en outre la chaire (17e s.) supportée par des sphinges (sphinx femelles) menaçantes ; dans l'embrasure de la porte murée, statue parée de **N.-D.-des-Douleurs** et, à côté, petite Vierge de rosaire en tenue de cérémonie.

Aux alentours

Écomusée de la Tradition basque B1

Au nord de St-Jean-de-Luz, par la D 810. ☎ 05 59 51 06 06 - www.ecomusee.com - visite audioguidée juil.-août : tte la journée ; avr.-juin et sept.-oct. : mat. et apr.-midi, dim. apr.-midi - 5,50 € (-12 ans 2,30 €). Un parcours scénographique, tourné vers le passé, évoque les différents savoir-faire et activités traditionnels : fabrication de l'*izarra*, histoire du linge basque, pelote, danses, artisanats (bérets, espadrilles, gourdes), etc.

Château d'Urtubie★ A2

3 km au sud-ouest par D 810. ☎ 05 59 54 31 15 - mat. et apr.-midi - 6 € (enf. 5 €).
Du simple donjon construit par autorisation du roi Édouard III d'Angleterre en 1341, ce château est devenu au fil des âges une élégante demeure classique avec ses **toits à l'impériale** coiffant les deux tours qui, au 14ᵉ s., encadraient le pont-levis. Dans la tour centrale, remarquable **escalier à vis suspendu** datant du 16ᵉ s. Dans la chapelle édifiée au 17ᵉ s., au chœur redoré au 19ᵉ s., une salle de bains fut aménagée derrière la sacristie en 1830.

L'intérieur du château est décoré de grandes **tapisseries** de Bruxelles du 16ᵉ s. (Grand Salon), d'un ensemble de chaises et de fauteuils espagnols de l'époque Louis XIV (salle à manger) ainsi que de divers meubles et bibelots ayant appartenu depuis des générations aux châtelains d'Urtubie. Dans la **salle de chasse**, au rez-de-chaussée, plusieurs pièces (coffre, armoire) évoquent le mobilier basque traditionnel.

Le château, entouré de douves en eau jusqu'au 18ᵉ s., s'inscrit aujourd'hui au cœur d'un agréable parc à l'anglaise. L'**orangerie** abrite une exposition sur le cidre.

Urrugne A2

5 km au sud-ouest par la D 810.
L'**église St-Vincent**, de style Renaissance, garde à l'extérieur une allure militaire. Elle s'adosse à un clocher-porche du 16ᵉ s., qu'orne un cadran solaire affichant la devise *Vulerant omnes ultima necat* («Toutes les heures blessent, la dernière tue »). Son vaisseau peu ajouré et joliment peint affiche une hauteur de 22 m, mise en valeur par des galeries en bois sculpté.

Notre-Dame-de-Socorri – *Sur la grand-place d'Urrugne, prendre le chemin en montée vers N.-D.-de-Socorri.* Joli **site★** de chapelle de pèlerinage, dans l'enclos d'un ancien cimetière. Vue sur un paysage mamelonné dominé par l'éperon de la Rhune et, à l'horizon, sur le Jaizkibel et les Trois Couronnes.

Circuit de découverte

LA CORNICHE BASQUE★★

14 km. Quittez St-Jean-de-Luz à l'ouest par la D 912.

Ciboure

Petite sœur de Saint-Jean-de-Luz, la très charmante Ciboure gravit une colline de l'autre côté du port.

Falaises de roche feuilletée à Socoa.

La **rue Pocalette (A2)** mêle les maisons labourdines à pans de bois (maison de 1589 à encorbellement, au coin de la rue Agorette) et de hautes demeures de pierre plus nobles, comme le nᵒ 12, au chevet de l'église.

Église St-Vincent (A2) – 16ᵉ s. Vous apercevez de loin son original clocher de charpente à deux étages. Elle est accessible latéralement par un beau parvis dallé, au milieu duquel est plantée une croix de pierre de 1760. L'intérieur abrite un joli retable aux tons bleus, ainsi qu'une triple galerie qui avance sur la nef.

L'office de tourisme occupe la **maison natale de Ravel**, compositeur du fameux *Boléro*, au nᵒ 27 du quai portant son nom. En le longeant, vous arriverez à la capitainerie.

De l'autre côté du port se dresse la silhouette quelque peu négligée de l'ancien couvent des Récollets, construit en 1610. Des habitations ont investi son cloître, qui conserve une fontaine, don de Mazarin en 1660.

Villa Leïhorra (A2) – *1 imp. Muskoa. Ne se visite pas.* Construite en 1926-1928 par l'architecte Hiriart pour sa famille, cette villa est de style **Art déco**, tant dans son architecture que dans sa décoration intérieure.

Socoa

🚶 *3 km à l'ouest, par la D 912. Laissez la voiture sur le port et poursuivez (3/4h à pied AR) vers la jetée.* L'entrée de la baie de St-Jean-de-Luz était défendue autrefois par le fort de Socoa, construit sous Henri IV et remanié par Vauban. Du port, prenez à droite et montez au phare (rue du Phare), puis au sémaphore (rue du Sémaphore) : **vue★★** au sud-ouest sur la Côte basque, du cap du Figuier (cabo Higuer) en Espagne jusqu'à Biarritz. Au premier plan, les falaises plongent en oblique leurs roches feuilletées vigoureusement attaquées par les flots. Le site est particulièrement beau les jours de tempête.

La tombe de l'écrivain de *L'Atlantide*, **Pierre Benoit**, se trouve dans le cimetière de l'Untxin à Socoa.

La route sinueuse, bordée d'ajoncs, se rapproche des falaises de Socoa. Au gré des échappées s'ouvrent de jolies **vues★★** sur l'Océan qui vient battre les rochers.

Le **château d'Antoine Abbadie★★** et le **domaine d'Abbadia** *(voir p. 209)* annoncent l'arrivée sur Hendaye.

St-Jean-de-Luz pratique

Adresses utiles

Office de tourisme – *20 bd Victor-Hugo - ☎ 05 59 26 03 16 - www.saint-jean-de-luz. com - juil.-août : tte la journée, dim. et j. fériés mat. et apr.-midi - reste de l'année : mat. et apr.-midi - fermé dim. (nov.-vac. scol. de fév.), 1er janv., 1er Mai et 25 déc.*

Office du tourisme de Ciboure – *27 quai Maurice-Ravel - 64500 Ciboure - ☎ 05 59 47 64 56 - juil.-août : lun.-sam. mat. et apr.-midi, dim. mat. ; mai-juin et sept. : lun.-sam. mat. et apr.-midi ; janv.-avr. et oct.-déc. : lun.-vend. mat. et apr.-midi.*

Visite

Visite guidée de la ville – Cette visite permet de découvrir les principaux monuments et quartiers de la ville - *juil.-août : mar. et jeu. 10h ; reste de l'année : mar. 10h - s'adresser à l'office de tourisme.*

Visite guidée de Ciboure – L'office de tourisme propose 5 visites guidées, dont trois tournées vers la mer et le port. *5 €.*

Se loger

😊😊 **Hôtel Le Petit Trianon** – *56 bd Victor-Hugo - ☎ 05 59 26 11 90 - www. hotel-lepetittrianon.com - fermé janv. - 26 ch. 55/82 € - ☑ 7 €.* Une adresse sans prétention, mais bien tenue. La plupart des chambres (1er et 2e étages) ont été rénovées, celles du 3e bénéficient de la climatisation. 2 suites familiales. En saison, vous prendrez votre petit-déjeuner dans la cour intérieure décorée d'une immense fresque basque.

😊😊 **Hôtel Ohartzia** – *28 r. Garat - ☎ 05 59 26 00 06 - www.hotel-ohartzia. com - 17 ch. 59/85 € - ☑ 7 €.* Bien que située en plein centre-ville, cette demeure aux volets bleus, longuement restaurée, dégage un réel charme bucolique. Une partie des chambres donnent sur le jardin orné de platanes, de bosquets et de fleurs. De l'autre côté de la rue, la brasserie et sa belle terrasse proposent des spécialités locales.

😊😊 **Hôtel Maria Christina** – *13 r. Paul-Gélos - ☎ 05 59 26 81 70 - www.hotel-maria-christina.com - fermé 13 nov.-15 mars - 11 ch. 64/94 € - ☑ 7,50 €.* Murs colorés, parquets flottants et boiseries décorent les petites chambres de cette maison luzienne. Grand salon ouvrant sur un patio fleuri où pousse un citronnier.

😊😊 **Hôtel du Château d'Urtubie** – *R. Bernard-de-Coral - 64122 Urrugne - 2 km au sud de St-Jean-de-Luz par D 810 (dir. Hendaye) - ☎ 05 59 54 31 15 - www. chateaudurtubie.fr - fermé 16 nov.-14 mars - 🅿 - 10 ch. 70/150 € - ☑ 10 €.* Goûtez à la vie de château dans les belles chambres de caractère de ce monument historique qui appartient à la même famille depuis 1341. Ne vous laissez pas effrayer par la proximité de la route, l'isolation phonique y est efficace et les pièces sont climatisées. Parc et musée.

😊😊 **Chambre d'hôte Villa Argi-Eder** – *Av. Napoléon-III, plage Lafitenia - ☎ 05 59 54 81 65 - www.chambresdhotes-argi-eder. com - 🖅 🅿 - 4 ch. 50/55 € - ☑ 5 €.* Une maison basque bien sûr, une pelouse, des fleurs, le calme et la plage des surfeurs à 100 m. Voilà de quoi séduire plus d'un vacancier ! Les grandes chambres sont simples et s'ouvrent sur des terrasses privatives côté jardin.

😊😊 **Chambre d'hôte Nun Obeki** – *6 r. Élie-de-Sèze - ☎ 05 59 26 30 71 - www. nunobeki.com - 🖅 - 5 ch. 65 € - ☑ 6 €.* Cette grande maison basque peut s'adapter à maintes demandes d'hébergement. Chambres simple, petit appartement ou villa : les possibilités de séparer ou regrouper les différentes pièces sont nombreuses. Autres atouts : le décor ultra cosy, la proximité de la plage et du centre-ville, et surtout la quiétude du jardin.

⌂⌂ **Chambre d'hôte Iguski-Begui** – *8 chemin d'Atalaya - 64122 Socoa - ☎ 06 63 08 03 93 - www.iguski-begui.com -* 🚭 **P** *- 4 ch. 65 € -* 🍽 *5 €.* Difficile de trouver plus belle vue sur la Rhune et la baie de St-Jean-de-Luz qu'installé sur la terrasse de cette grande maison d'hôte. Chaque chambre a son univers. « Sémaphore » donne sur le phare de Socoa, « Marine » est toute bleue, « Chapelle » étonne par son lit et « Jardin » s'ouvre sur la verdure. Charmant !

Se restaurer

⌂ **Au Chipiron** – *4 r. Etchegaray - ☎ 05 59 26 03 41 - www.chipiron.com - fermé de mi-nov. à mi-déc., oct.-fév. sf vac. scol. et w.-end - 11,50/30 €.* Les *chipirons* à l'encre ont fait la réputation de ce restaurant qui propose également de nombreuses autres spécialités régionales. Les deux salles en enfilade, décorées aux couleurs du Pays basque, sont plaisantes de même que la terrasse dressée dans une rue piétonne. Jeux pour les enfants.

⌂ **Muscade** – *20 r. Garat - ☎ 05 59 26 96 73 - fermé de déb. nov. à fin mars - 14 €.* Les gourmands ne résisteront pas à la vue de cette alléchante vitrine : salées ou sucrées, les tartes y sont reines et incitent à s'attabler dans la pimpante salle à manger aux couleurs tendres. Une petite pause sans se ruiner.

⌂ **La Banquise** – *34 bd Thiers - ☎ 05 59 26 05 50 - www.restaurant-labanquise.com - formule déj. 13 € - 16/27 €.* Une véranda très claire, une salle à manger aux couleurs de l'Océan et un accueil souriant donnent le ton ! Ensuite, des assiettes copieuses qui proposent une cuisine traditionnelle régionale : garbure, canards, huîtres, moules, poissons et tous les jours la paella royale ! Le tout pour des prix vraiment raisonnables.

⌂⌂ **Olatua** – *30 bd Thiers - ☎ 05 59 51 05 22 - www.olatua.com - 18/29 €.* Si les atmosphères conviviales vous branchent, rendez-vous sans tarder à l'Olatua. Sa salle à manger aux couleurs vives se complète d'une petite cour-terrasse dressée sous une ravissante tonnelle. À l'intérieur comme à l'extérieur, les recettes inspirées du répertoire régional et mises au goût du jour font un malheur !

⌂⌂ **Chez Théo** – *25 r. de l'Abbé-Onaindia - ☎ 05 59 26 81 30 - chez-theo@wanadoo.fr - fermé 2 sem. en mars, de mi-nov. à fin déc., dim. soir et lun. hors vac. - 18/30 €.* Une auberge dévolue au Pays basque espagnol : azulejos, affiches de férias, murs de torchis, mobilier massif en bois, grand choix de tapas et plats plus solides concoctés avec passion et servis dans une ambiance conviviale.

⌂⌂ **Petit Grill Basque « Chez Maya »** – *4 r. St-Jacques - ☎ 05 59 26 80 76 - fermé 27 mai-3 juin, 20 déc.-20 janv., jeu. midi et merc. - 20/40 €.* Ce sympathique petit restaurant est tenu par la même famille depuis trois générations. L'intérieur basque a pris la patine du temps qui passe : vieilles assiettes et fresques murales peintes par Louis Floutier, cuivres rutilants et étonnant système de ventilation manuel. Copieuse cuisine régionale.

⌂⌂ **La Taverne Basque** – *5 r. de la République - ☎ 05 59 26 01 26 - fermé 7-31 janv., le midi du dim. au mar. en juil.-août, lun. et mar. de sept. à juin - 22/39 €.* En centre-ville, cuisine basque actualisée et composée de produits locaux, à apprécier dans une salle à manger de mise sobre, où flotte une atmosphère cordiale. Terrasse d'été.

Faire une pause

Salon de thé L'Acanthe – *31 r. Garat - au cœur de la ville à 50 m de la plage - ☎ 05 59 26 85 59 - www.lacanthe.com - juil.-août : 9h-22h ; hors sais. : tlj sf lun. 9h-19h - fermé 15-30 janv. et lun. hors sais.* Voici une adresse toute simple et surtout très pratique, à 50 m de la plage. Vous pourrez y prendre un petit-déjeuner (entre 9h et 12h), une collation à toute heure (salades, quiches, plats du moment), un thé (grand choix de thés en feuilles, cafés, chocolat et desserts) ou goûter au superbe jambon exposé dans la salle.

En soirée

👁 **Bon à savoir** – Autour de la **Place Louis-XIV** s'étalent les terrasses de nombreux bars, brasseries et autres restaurants. Lieu de rendez-vous de nombreux Luziens et Luziennes, cet endroit vit en été au rythme des manifestations et concerts qui y sont organisés.

Le Brouillarta – *48 prom. Jacques-Thibaud - ☎ 05 59 51 29 51 - été : tlj 9h-3h ; hors sais. : tlj sf lun. 9h-2h, dim. 9h-18h - fermé janv.* Grâce à sa vue imprenable sur l'Océan et la digue centenaire de l'Artha, cet établissement est idéalement situé pour voir s'approcher la masse noire et inquiétante du *brouillarta*, cette tempête qui survient subitement en mer. Décor marine, peintures d'artistes locaux.

Le Duke – *Pl. Maurice-Ravel - ☎ 05 59 51 12 96 - été : tlj jusq. 3h ; hors sais. : 8h-2h - fermé janv.* Ce bar d'ambiance est tenu par Michel Chardié, un ancien champion de surf qui a baptisé ce bar du nom de son idole, le Duke, une star hawaïenne du surf qui se jouait des vagues dans les années 1950. Musique et clientèle branchées.

SAS Casino de St-Jean-de-Luz – *Pl. Maurice-Ravel - ☎ 05 59 51 58 58 - casino.stjeandeluz@moliflor.com - 10h-2h, w.-end 10h-3h.* Ce casino est doté d'une salle de jeu traditionnelle, d'un espace de machines à sous, d'un restaurant. Animations musicales tous les samedis au restaurant.

Que rapporter

Place des Halles – *Le mat. et l'apr.-midi en sais.; le mat. hors sais.* Ces halles de type Baltard rénovées réunissent des « indépendants » de la région venus vendre leur production. Pas de grands étals donc, mais des petits producteurs qui misent sur la proximité et la qualité : charcutiers, fromagers, épiciers, boulangers-pâtissiers, poissonniers.

Macaron Adam – *6 pl. Louis-XIV - ℘ 05 59 26 03 54 - www.macarons-adam.com - 8h30-12h30, 14h-19h30 ; sais. : 8h-13h, 14h-20h - fermé 15 janv.-15 fév. et 2 sem. en nov.* La famille Telleria-Adam tient cette pâtisserie depuis le 17e s., soit 12 générations. C'est dire si elle en a vu défiler des gourmands ! Les macarons Adam auraient même été servis lors du mariage de Louis XIV avec l'infante Marie-Thérèse en 1660. Gâteaux basques, tourons et chocolats mettent également l'eau à la bouche.

Mouchous de chez Paries.

Maison Thurin – *32 r. Gambetta - ℘ 05 59 26 05 07 - maisonthurin@wanadoo.fr - tlj sf dim. et lun. 8h30-12h30, 15h30-19h ; en sais. : tlj sf dim. apr.-midi 8h30-12h30, 15h30-19h.* Cette boutique de poche renferme des produits du terroir dénichés de part et d'autre de la frontière franco-espagnole : excellent jambon de Bayonne, goûteux fromages de brebis, piments d'Espelette bien rouges, bon foie gras et magnifiques pièces de volaille sur commande. Minicave de vins basques.

Maison Paries – *9 r. Gambetta - ℘ 05 59 26 01 46 - www.paries.fr - 8h30-13h, 14h30-19h30 ; été : jusqu'à 23h.* Créé en 1910 par Robert Pariès, maître chocolatier, l'établissement figure parmi les « références gourmandes » de la ville. Le Mouchou basque (macaron à base d'amandes) est très apprécié, mais « la » spécialité maison reste le caramel tendre Kanouga. Près de 50 sortes de chocolats aux saveurs exotiques (piment, café, vanille, etc.) rappellent également que c'est par l'intermédiaire du Pays basque que le cacao est arrivé en Europe au 17e s.

Bipia – *Rte d'Halsou - 64480 Larressore - ℘ 05 59 93 21 86 - www.bipia.com - tlj sf w.-end 9h-12h, 14h-18h - fermé apr.-midi 24, 31 déc. et j. fériés.* Le piment d'Espelette, acheté aux petits producteurs locaux puis transformé artisanalement, est la spécialité de la maison : vous le trouverez présenté sous forme de poudre, en gelée, en purée, en sauce (basquaise, ketchupade, bayonnaise), en moutarde ou dans du vinaigre de cidre. Également, exposition sur son histoire.

Maison Charles Larre – *Pl. Louis-XIV - ℘ 05 59 26 02 13 - juil.-août : 9h-20h30 ; le reste de l'année : 9h30-12h30, 14h30-19h30 - fermé 1er janv. et 25 déc.* Cette adresse incontournable crée de la toile basque depuis 1925. Vous y trouverez le tissu aux motifs rayés traditionnel vendu au mètre, mais aussi la toile épaisse d'origine baptisée la mante à bœuf, du linge d'office, des nappes et une ligne bébé renouvelée chaque année.

Sports & Loisirs

Holiday-Bikes – *Gare SNCF - ℘ 05 59 26 75 76 - www.holiday-bikes.com - sur réserv. : 10h-19h.* Cette boutique loue VTT, vélos, scooters et motos pour découvrir la région en toute liberté.

Hélianthal – *Pl. Maurice-Ravel - ℘ 05 59 51 51 51 - www.helianthal.fr - 9h-13h, 14h15-19h45 - fermé de fin nov. à mi-déc. - à partir de 18 €.* Week-end découverte thalasso (vend.-dim. ou sam.-lun.) comprenant l'hébergement et 3 soins quotidiens durant 2 jours. Parcours bio-marin, plusieurs forfaits au choix : semaine bien-être et santé, dos, jeune maman, jambes toniques, anti-stress, cap minceur… il y en a pour tous les maux !

Jaï Alaï – *Av. André-Ithurralde - ℘ 05 59 51 65 30 - www.saint-jean-de-luz.com - tlj sf sam. et dim. 9h-19h - à partir de 8 €.* La *cesta punta* est le sport emblématique du Pays basque : elle se joue sur un fronton espagnol couvert (*jaï alaï*) à trois murs (devant, derrière, à gauche). De fin juin à fin août, des matchs professionnels de cesta punta ont lieu à cette adresse le mardi et le vendredi.

Trinquet Maïtena – *42 r. du Midi - ℘ 05 59 26 05 13 - 9h-22h.* Même si les Basques pratiquent volontiers d'autres sports comme le squash, le tennis ou le golf, ils en reviennent tous à la *pala*, qu'ils pratiquent dans un *trinquet* (petite salle couverte). Après une partie, c'est à cette adresse qu'ils se retrouvent pour se rafraîchir et pour chanter.

Luzaz gazte – *1 av. André-Ithurralde, fronton municipal - ℘ 05 59 26 13 93 - http://perso.wanadoo.fr/luzazgazte/ - juil.-sept. : lun., jeu. 20h30-23h - 8 €.* De juillet à septembre, vous pourrez assister à des parties de chistera le lundi et de grand chistera le jeudi (à 21h15) souvent accompagnées de chants et de danses. Ouvert à tous en dehors des compétitions, le fronton est souvent occupé par des ateliers de pratique encadrés pour enfants et adultes.

Aquabalade – *4 km de St-Jean-de-Luz sur rte d'Ascain -* ☏ *05 59 85 90 02 et 06 62 58 09 97 - www.pyreneesatlantiques.com/ aquabalade - juil.-août : 10h-18h ; le reste de l'année sur RV.* Balades entre Ascain et St-Jean-de-Luz à bord de canoës insubmersibles de 1 à 4 places. Dépaysement, silence, découverte de la faune et de la flore font le charme de cette balade sur la Nivelle.

Billabong – *16 r. Gambetta -* ☏ *05 59 26 07 93 - tlj sf dim. 10h-12h30, 14h30-19h30 ; juil.-août : tlj 10h-23h.* Cette boutique de sport organise des cours de surf et de *bodyboard*. Deux autres boutiques situées dans la même rue proposent les mêmes services : il s'agit de Bakea (au n° 37) et du H2O (au n° 2).

École de voile internationale – *Parking de Socoa - 4 km à l'ouest de St-Jean-de-Luz par D 810 - 64500 Ciboure -* ☏ *05 59 47 06 32 ou 06 80 13 79 22 - contact@ guyonnet-nautic.com - mai-sept. : 9h-12h, 14h-19h.* Cette école propose des stages de voile, ski nautique, bouée tractée ou wake board et la location de bateaux à moteur ou à voile et de planches à voile.

Sports Mer – *7 bd Thiers - digue aux Chevaux -* ☏ *05 59 26 96 94 ou 06 80 64 39 11 - www.sportsmer.com - juil.-août : tlj 10h-20h ; bureau ouv. tte l'année - fermé j. fériés sf été.* Parachute ascensionnel en solo ou en tandem, bouée tractée et scooter des mers : poussées d'adrénaline assurées ! On accueille ici enfants et adultes et on organise des randonnées en pleine mer en jet-ski qui, si elles ne nécessitent pas de permis, sont tout de même encadrées par un moniteur diplômé…

Yacht Club Basque – *Parking dériveurs Socoa - 64500 Ciboure -* ☏ *05 59 47 18 31 -* *www.ycbasque.org - tlj sf dim. 9h-18h - fermé de nov. à fin janv.* Ce club ouvert toute l'année organise des stages de voile durant les vacances scolaires à bord de 420, de Hobie Cat 16 et de planche à voile. Les enfants pourront se former sur le traditionnel Optimist ou à bord d'un petit catamaran nommé Colibri. Bon vent !

Association sportive de la Nivelle – *Pl. William-Sharp - 64500 Ciboure -* ☏ *05 59 47 18 99 - www.golfnivelle.com - été : 7h-20h30 ; hors sais. : tlj sf jeu. 8h-19h.* Si, en France, l'engouement pour le golf demeure un phénomène récent, ce sport a toujours compté parmi les plus populaires au Pays basque. Le lieu ne verse donc guère dans le snobisme. Outre un golf de 18 trous, cette association possède 3 tennis et 2 squashs.

Golf de Chantaco – *Rte d'Ascain -* ☏ *05 59 26 14 22 ou 05 59 26 19 22 - www. golfdechantaco.com - hors sais. : 8h30-18h ; sais. : 8h-19h - de 57 à 70 €.* Parcours renommé de 18 trous dont les 9 premiers sont tracés en forêt.

Événements

Fête de la Saint-Jean (w.-end de la St-Jean) : grand-messe, concerts, chistera, force basque, feux de la Saint-Jean, bal, toro de fuego, etc. ☏ 05 59 26 03 16 - www.saint-jean-de-luz.com

Fête du thon (1er sam. de juil.) : défilé, animations et jeux, dégustations de thon-piperade, bandas et bals. ☏ 05 59 26 03 16.

Internationaux professionnels de cesta punta (juin-août). ☏ 05 59 26 03 16 - www.saint-jean-de-luz.com

Musique en Côte basque (de fin août à déb. sept.). ☏ 05 59 26 03 16 - www. saint-jean-de-luz.com

Saint-Jean-Pied-de-Port ★

1 511 SAINT-JEANNAIS
CARTE GÉNÉRALE D2 – CARTE MICHELIN RÉGION C26
PYRÉNÉES-ATLANTIQUES (64)

Les maisons de l'ancienne capitale de Basse-Navarre ont les pieds dans la Nive. La citadelle rénovée par Vauban veille sur la ville aux murs rougis par le grès. Somme toute, un endroit bien tranquille blotti dans ses remparts des 15ᵉ et 17ᵉ s.

- **Se repérer** – St-Jean-Pied-de-Port se trouve à 34 km au sud-est de Cambo, soit à 53 km de Bayonne et 61 km de St-Jean-de-Luz. Elle se situe également à 31 km au sud-ouest de St-Palais et à 8 km de la frontière espagnole. Le nom de la ville rappelle qu'elle constitue l'ultime étape des pèlerins ou voyageurs avant la montée au port (ou col) de Roncevaux (puerto de Ibañeta).

- **Se garer** – Laisser la voiture près de la porte de France ; suivre les remparts et prendre l'escalier pour gagner la porte St-Jacques par laquelle les pèlerins pénétraient dans la ville.

- **À ne pas manquer** – La vieille ville, les chapelles d'Alciette et Bascassan.

- **Organiser son temps** – La découverte de la ville en elle-même ne prend qu'une demi-journée, mais les possibilités d'excursions aux alentours sont quasiment illimitées.

- **Pour poursuivre la visite** – Voir aussi Roncevaux, St-Étienne-de-Baïgorry, Ossès, St-Palais, la forêt des Arbailles et celle d'Iraty.

Maisons anciennes bordant la Nive.

Comprendre

Sur le chemin de St-Jacques – Au Moyen Âge, St-Jean-Pied-de-Port, dernière étape avant l'Espagne, est un grand centre de regroupement de jacquets venus de tous les coins d'Europe. Dès qu'un cortège est signalé, la ville est en émoi : les cloches sonnent, les prêtres récitent des prières ; les enfants escortent les pèlerins vêtus du manteau gris, le bourdon à la main ; les habitants, sur le pas de leur porte, tendent des provisions. Le cortège s'éloigne en chantant des répons. Ceux qui sont trop las font halte rue de la Citadelle où le monastère de Roncevaux leur a ménagé un abri.

Se promener

LE TRAJET DES PÈLERINS ★

Vous trouverez devant l'office de tourisme un plan de la cité.

Rue de la Citadelle

En descente vers la Nive, elle est très fréquentée par les touristes et les pèlerins ; elle est bordée de maisons des 16ᵉ et 17ᵉ s. avec de beaux portails arrondis et linteaux droits sculptés. Au n° 41, la « **prison des Évêques** » abrite une exposition évoquant

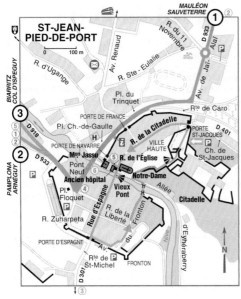

les chemins de St-Jacques au Moyen Âge. *41 r. de la Citadelle - ℘ 05 59 37 00 92 - juil.-août : tte la journée ; 23 mars-30 juin et sept.-oct. : tlj sf mar. mat. et apr.-midi - 3 € (-10 ans gratuit).*

Église Notre-Dame

Gothique, elle présente de beaux piliers de grès rouge (18e s.). Sa fondation remonterait à Sanche le Fort, victorieux des Maures à Las Navas de Tolosa (1212).

Rue de l'Église

Elle mène à la porte de Navarre. Vous y verrez l'**ancien hôpital** transformé en librairie et la **maison Jassu**, qui fut celle des ancêtres paternels de saint François-Xavier (1506-1552).
Revenez à l'église, passez sous la voûte du clocher et franchissez la Nive.

Vieux Pont

Belle vue sur l'église et les vieilles maisons au bord de l'eau. Le chemin qui remonte la Nive, sur la rive droite, mène au pont d'Eyheraberry *(10mn AR).*

Rue d'Espagne

Elle monte vers la porte d'Espagne par où les pèlerins quittaient la ville : elle est restée commerçante, fidèle au temps où les jacquets l'empruntaient.
Prenez à gauche l'avenue du Fronton. Retraversez la Nive et prenez les escaliers derrière l'église pour monter à la citadelle.

Citadelle

Du bastion formant belvédère face à l'entrée du fort, vous pouvez voir tout le bassin de Saint-Jean et ses jolis villages (table d'orientation).
Revenez à la porte St-Jacques.

Circuit de découverte

VERS IRATY

25 km – 1h30. Quittez St-Jean-Pied-de-Port en direction de St-Palais.

St-Jean-le-Vieux

Le village conserve dans ses alentours des traces de l'occupation romaine : le site d'un oppidum près de la rivière, dont les résultats des fouilles sont exposés au petit **Musée archéologique**. *Faites 50 m dans le village en venant de St-Jean et tournez à droite. ℘ 05 59 37 91 08 - de mi-juin à mi-sept. : lun.-jeu. apr.-midi - 2 € (-14 ans 1 €).*
Quittez le village par la D 18 en direction de Mendive. Après 1,5 km, tournez à droite et prenez la D 118.

Aincille

L'église, d'extérieur sobre, conserve un chœur de style baroque (18e s.) ainsi qu'une jolie Vierge ancienne du 14e s.

Revenez sur la D 18 et, après environ 2 km, prenez à droite vers Bascassan.

Bascassan

Petite chapelle en haut du hameau dont les fresques naïves viennent juste d'être restaurées. Plafond étoilé, retable du 16e ou 17e s. et baptistère peint : ses thèmes se retrouvent dans sa chapelle jumelle à Alciette.

Revenez sur la D 18 et roulez en direction de Mendive. Dépassez l'intersection menant à gauche sur Ahaxe, et prenez la suivante sur la gauche (ne manquez pas le panneau).

Alciette

Demandez la clé de la chapelle à la ferme Bidart, dans le hameau en contrebas. Pour y accéder : au carrefour central du hameau, prenez la voie de droite qui fait une courbe.

Cette chapelle de campagne recèle de surprenantes **fresques★** touchantes de naïveté et peintes à même le bois, qui demanderaient à leur tour une restauration. Notez le baptistère caché derrière des panneaux de bois dont les vantaux du haut représentent le baptême du Christ.

Retournez sur la D 18 et roulez vers Mendive. Dans le village, prenez à gauche de l'église pour suivre la D 117.

Béhorléguy

Pittoresque petit village accroché à flanc de colline, gardé par son église qu'entourent le cimetière (alignement de croix basques).

Saint-Jean-Pied-de-Port pratique

Adresse utile

Office de tourisme – 14 pl. Charles-de-Gaulle - 64220 St-Jean-Pied-de-Port - ℘ 05 59 37 03 57 - www.pyrenees-basques. com - juil.-août : tte la journée ; reste de l'année : mat. et apr.-midi - fermé dim. et j. fériés (sf juil.-août).

Visite

Visite guidée de la ville – S'adresser à l'office de tourisme - découverte de la citadelle, des monuments et des rues de la vieille ville - juil.-août - 4,50 € (-12 ans 1,50 €)

Le Train Touristique – ℘ 05 59 37 00 92 - fermé déc.-mars - 5 € (-12 ans 2,50 €). Le petit train touristique de St-Jean-Pied-de-Port est un bon moyen de découvrir tour a tour la maison dite « Mansart », la Nive, les murailles, le pont romain, les rues anciennes, la citadelle… Un départ a lieu toutes les heures face à l'hôtel de ville.

Se loger

⊖ **Chambre d'hôte Maison Donamaria** – 1 chemin d'Olhonce - ℘ 05 59 37 02 32 - http://perso.wanadoo.fr/ maisondonamaria - fermé oct.-avr. - ⊠ - 4 ch. 40/60 € ⊑. Le temps semble s'être arrêté dans cette grande demeure du 18e s. Ses chambres coquettes ouvrent leurs fenêtres sur la Nive, la petite cascade, le pont romain et le parc boisé. Le petit-déjeuner se prend sur la terrasse en surplomb de la rivière ou dans le salon près de la cheminée. Du pur bonheur !

⊖ **Europ'Camping** – 64220 Ascarat - ℘ 05 59 37 12 78 - www.europ-camping. com - ouv. de déb. avr. à sept. - réserv. conseillée - 111 empl. 18,30 € - restauration. Exemplaire est le mot qui qualifie le mieux ce camping : allées agrémentées de massifs de fleurs, emplacements bien ombragés pour les tentes, confortables locations en dur et entretien sans faille des sanitaires. En sus : snack au bord de la piscine.

⊖⊖ **Hôtel Central** – Pl. Charles-de-Gaulle - ℘ 05 59 37 00 22 - fermé 1er déc.-1er mars et mar. de mars à juin - 12 ch. 59/70 € - ⊑ 8 € - rest. 19/44 €. Comme son nom l'indique, un hôtel bien situé, en plein quartier animé. Un escalier bicentenaire conduit à des chambres un brin démodées ou récemment rajeunies, toutes équipées d'une bonne isolation phonique.

⊖⊖ **Chambre d'hôte Ferme Etxeberria** – 64220 Ispoure - 0,8 km au nord-est de St-Jean-Pied-de-Port par D 933 - ℘ 05 59 37 06 23 - www.domainemourguy. com - fermé déc.-janv. - ⊠ - 4 ch. familiales 48 € ⊑. Dormez dans l'ancienne grange de cette ferme face à la campagne, à deux pas de St-Jean-Pied-de-Port. Chambres sobres, pas très grandes mais avec une mezzanine, idéale pour les enfants. Belle véranda pour un petit-déjeuner face aux vignobles d'Irouléguy. Balades en famille inoubliables à dos d'âne. Visite du chai, dégustation et vente du vin de la propriété.

Se restaurer

⊖ **Paxkal Oillarburu** – 8 r. de l'Église - ℘ 05 59 37 06 44 - fermé 1 sem. en janv., mar. sf juil.-août, jeu. soir et merc. de nov. à mars - 14/35 €. Posé contre les remparts, ce restaurant joue le répertoire régional : garbure, ris d'agneau au chorizo et poivrons, truitelles d'Iraty au beurre aillé, anguilles en persillade et bien d'autres spécialités du terroir tout au long de l'année.

🍴🛏 **Auberge Lafitte** – *Au bourg - 64430 Urepel -* 📞 *05 59 37 58 58 - fermé 20 nov.-15 mars - 18 €.* Cette auberge sans prétention dotée d'une terrasse bordant la source Itarri-Aundi et réputée pour ses préparations de truites, conjugue avec brio simplicité, convivialité et savoureuse cuisine « de grand-mère ». Dans l'assiette, produits frais locaux accommodés sans façon (truitelles meunières, cuisse de canard confite…).

🍴🛏 **Cidrerie Aldakurria** – *64220 Lasse - 3,5 km à l'ouest de St-Jean-Pied-de-Port par D 918 puis D 403 -* 📞 *05 59 37 13 13 - www.cidrerie-aldakurria.com - fermé déc.-20 janv., dim. soir et lun. sf juil.-août - réserv. conseillée - formule déj. 8 € - 20/30 € - 5 ch. 40/45 € - 🍽 6 €.* À la mode espagnole, cette cidrerie propose omelette de morue, côte de bœuf ou gigot d'agneau à la plancha avec cidre à volonté. Le cadre est rustique dans cette maison au milieu des champs : poutres et murs crépis, grandes tables et bancs de bois. Chambres confortables (avec terrasse).

🍴🛏🚭 **Etche Ona** – *15 pl. Floquet -* 📞 *05 59 37 01 14 - fermé 2e quinz. de fév., 1 sem. déb. juil., de fin nov. à mi-déc., merc. soir et jeu. - 🚭 - 30 €.* À l'entrée de la cité, cette maison familiale basque vous propose de composer votre menu à l'aide d'une monumentale ardoise qui affiche un large choix de plats inventifs et goûteux, composés de produits du terroir.

Faire une pause

Refuge-auberge Orisson – *Chemin de St-Jacques - 64220 Uhart-Cize -* 📞 *05 59 49 13 03 ou 06 81 49 79 56 - www.refuge-orisson.com - ouv. mars-oct.* Sur la route menant à Roncevaux, venez partager le repas des pèlerins ou prendre un verre sur une terrasse aménagée face à un paysage grandiose. Vous apprécierez d'autant plus cet environnement si vous choisissez de vous y rendre à pied (8 km de montée à partir de St-Jean-Pied-de-Port). Dur, mais quelle récompense à l'arrivée !

Que rapporter

Les bergers de St-Michel – *64220 St-Michel -* 📞 *05 59 37 23 13 - tlj sf dim. 8h-12h, 14h-17h, sam. mat. de déc. à juin.* Venez découvrir l'Arradoy, fromage cylindrique composé d'une pâte pressée non cuite, issu du lait entier de brebis manech.

Étienne Brana – *3 bis av. de Jai-Alaï -* 📞 *05 59 37 00 44 - www.brana.fr - tlj sf w.-end 8h30-12h, 14h-18h - fermé 2e quinz. de janv. - visite 7 €.* Au fil de la visite des chais, l'étendue de la gamme d'eaux-de-vie produites par ce domaine au charme indéniable se dévoile : connus et réputés sur tout le territoire français, le marc d'Irouléguy, l'eau-de-vie de poires Williams et le Txapa à base de vin blanc, cerises et épices n'ont plus besoin de faire leurs preuves.

Poterie Navarraise – *36 r. d'Espagne -* 📞 *05 59 37 34 46 - tlj sf dim. hors sais. 9h-19h - fermé 1 sem. en fév. et 5 déc.-2 janv.* Sitôt franchi le seuil, des rayonnages remplis d'objets, plats et autres ustensiles en terre cuite s'offrent à votre regard. L'atelier de poterie se trouve dans l'arrière-boutique. Olivier Carriquiry y façonne devant le public et cuit à 1 300 °C ses pièces selon les gestes transmis par son père.

Sports & Loisirs

Syndicat Mendi Gaiak- Bureau des Accompagnateurs du Pays Basque – *Errobi Baztera - 64780 St-Martin-d'Arrossa -* 📞 *05 59 49 17 64 - mendi-gaiak@wanadoo.fr - juil.-août : 10h-18h ; sinon à l'année pour les groupes (minimum 12 pers.) sur RV.* Organisation et accompagnement par des guides diplômés, de randonnées pédestres, escalade, canyoning, activités sportives de montagne, VTT…

Cycles Garazi – *32 av. de Jaï-Alaï -* 📞 *05 59 37 21 79 - motocyclesgarazi@wanadoo.fr - 9h-19h.* Cette enseigne loue des vélos, des VTT, des motos 125 cm^3. Elle propose également une pléiade d'itinéraires en forêt d'Iraty. Parmi les sorties les plus intéressantes : l'excursion à vélo, accompagnée d'un guide, sur une partie du chemin de Saint-Jacques-de-Compostelle.

Saint-Palais

Donapaleu

1 874 SAINT-PALAISINS
CARTE GÉNÉRALE D2 – CARTE MICHELIN RÉGION 573 C26
PYRÉNÉES-ATLANTIQUES (64)

Dans la Basse-Navarre des collines et des rivières calmes, St-Palais justifie son appartenance au monde basque surtout par ses traditions : galas de pelote, festival de force basque… Les ponts, gués, chapelles, tronçons d'antiques chemins pavés rencontrés aux environs évoquent le passage des pèlerins de Compostelle.

- **Se repérer** – En lisière de Soule, cette cité de Basse-Navarre se rallie par la D 933 depuis St-Jean-Pied-de-Port (31 km au sud-ouest) ou par la D 11 depuis Bidache (23 km au nord-ouest) qui se trouve à 33 km à l'est de Bayonne par la D 1.
- **Organiser son temps** – Prévoyez une demi-journée pour découvrir St-Palais et explorer ses environs.
- **Avec les enfants** – Un tour au bois de Mixe ou la visite du château de Camou.
- **Pour poursuivre la visite** – Voir aussi les grottes d'Isturitz et d'Oxocelhaya, Ossès, la forêt des Arbailles et Mauléon.

Vieille ville bordant la Bidouze.

Comprendre

Une ancienne capitale – Le nom de St-Palais viendrait du culte d'un jeune Navarrais martyrisé à Cordoue en 925. Fondée au 13e s., la ville a été pendant un temps capitale de Basse-Navarre. Elle a battu monnaie de 1351 à 1672 et accueilli le siège des états de Navarre au moment de la scission d'avec la Navarre espagnole au 16e s. Vers elle convergeaient les pèlerins en provenance du Puy, de Paris, de Tours et de Vézelay. C'est pourquoi la ville s'est développée autour de sa rue principale d'alors, autrefois bordée de remparts et fermée par les péages : l'actuelle rue du Palais-de-Justice.

Se promener

Départ devant la mairie, rue Gambetta. Partez à gauche vers l'église et prenez la première venelle qui s'ouvre à gauche.

Rue de la Monnaie

Adorable ruelle bordée de murs où serpente la glycine. Face aux volets blancs et à la façade d'ardoise de la maison du fond, le temps s'arrête.
Tournez à gauche dans la rue du Palais-de-Justice.

Palais de Justice

Après avoir servi de siège aux états de Navarre aux 16e et 17e s. ainsi que d'église réformée sous Jeanne d'Albret et Henri IV, l'ancienne église St-Paul est devenue édifice civil sous la Révolution en accueillant jusqu'en 1955 le tribunal d'instance.

Maison des Têtes

Face au tribunal. Ancienne maison noble Derdoy-Oyhenart (16ᵉ s.), elle se reconnaît aux cinq médaillons sculptés qui ornent sa façade. Ils caricaturent entre autres les rois de Navarre : Henri II, sa fille Jeanne d'Albret et son petit-fils, le futur Henri IV de France. Ceux du diable et de la femme au bandeau ont été rajoutés au 17ᵉ s.
Continuez dans la rue.

Remarquez cette maison en renfoncement, à gauche, dont le linteau affiche la date de 1660. Il s'agit de l'ancienne prison. Elle abrita la sénéchaussée de Navarre entre 1639 et 1790. *Revenez sur la rue Gambetta et dirigez-vous vers l'église.*

Église

Édifice néogothique du 19ᵉ s. au tympan Art nouveau. À l'intérieur, bel orgue de Cavaillé-Coll.
La rue Gambetta vous ramène à la mairie.

Visiter

Musée de Basse-Navarre et des chemins de St-Jacques

Accès par l'office de tourisme. Juil.-août : visite guidée lun. et vend. apr.-midi ; de mi-avr. à fin juin et sept. : lun. et vend. apr.-midi - fermé j. fériés - 4 € (enf. 2,50 €). Divisé en quatre parties, il expose de façon claire l'histoire de St-Palais et des villes neuves de Navarre ainsi que leur importance sur la route de St-Jacques-de-Compostelle. Il explique également l'art lapidaire basque (linteaux et stèles discoïdales). La visite s'achève sur l'outillage et la cuisine basque, abordée en tant qu'espace de vie traditionnel.

Aux alentours

Bois de Mixe

15 km au nord-ouest par la D 11. Roulez en direction de Bidache. À Arraute, tournez à gauche en direction d'Orègue, sur la D 246. Prenez la première à droite (D 313) en direction de Bidache et roulez tout droit pendant environ 10mn. Parking aménagé en bordure de route, à gauche.

👥 Cette petite forêt couvre 800 ha et permet de découvrir, en plus des essences endémiques (noisetiers, chênes, hêtres), des arbres importés tels que le chêne rouge d'Amérique ou le tulipier de Virginie. Un **sentier★** aménagé pour toute la famille et jalonné de panneaux permet de les repérer et de traverser la Patarena, sur des plots ou des ponts suspendus *(1h - départ à droite de la cabane à pique-nique).*

Maisons typiques du village de Garris.

Garris★

3 km au nord-ouest par la D 11. Fondée sur la voie romaine de Bordeaux à Astorga, cette très ancienne petite cité est antérieure à St-Palais. Elle a forgé sa réputation au Moyen Âge grâce à ses foires, mais a toujours été moins importante que sa voisine au niveau administratif, sauf pendant les cinq années durant lesquelles elle a organisé les états généraux de Basse-Navarre (18ᵉ s.). Demeurent aujourd'hui de sa prospérité la tradition de ses foires aux bestiaux et surtout un village au charme indéniable.

1771, 1748, 1741, 1769, 1663, 1664, 1689 : arpenter la rue principale de cet adorable village admirablement entretenu revient à faire une promenade dans le temps. Ce n'est qu'une succession de maisons traditionnelles des 17ᵉ et 18ᵉ s. ! Certaines sont à pans de bois, d'autres en briques ou à encorbellement, la plupart donnant sur des bas-côtés pavés de galets. Les plus anciennes se trouvent à l'opposé de l'église. Remarquez les chevrons en têtes sculptées qui décorent la façade de la maison Sehabla (1641).

Château de Camou

5 km au nord-ouest par la D 29. ☎ 05 59 65 84 03 - juil.-août : apr.-midi - 3 €.

👥 Sur une motte médiévale du 11ᵉ s., cette maison forte classée du 16ᵉ s. présente par le biais de petites mises en scène réalisées avec des outils, les travaux et les jeux agricoles d'autrefois. À l'étage, le guide explique, démonstration à l'appui, le mécanisme des inventions de Léonard de Vinci et de Francesco di Giorgio.

Circuit de découverte

VERS SAINT-JACQUES *16 km - 1h30.*

Stèle de Gibraltar

À l'entrée d'Uhart-Mixe, prenez à droite la D 302 qui marque un angle aigu. Laissez la voiture à un carrefour multiple de chemins pour prendre le 1er à droite.

À flanc du mont Saint-Sauveur, ce monument, surmonté d'une stèle discoïdale, marque le point de convergence de trois des chemins de Compostelle.

🐾 La stèle se trouve sur une petite boucle de randonnée dont le départ se prend à Uhart-Mixe, après le « château » qui longe la rivière, au-delà du petit pont de l'église, à gauche *(10 km - 3h30).*

Revenez à Uhart-Mixe et suivez la D 933. Ne manquez pas sur la droite la petite voie qui vous mènera à Harambels.

Harambels

Le hameau était une halte sur le chemin de Compostelle. Une communauté de « donats » y assurait l'hébergement des pèlerins. Leurs descendants se chargent aujourd'hui de l'entretien de la **chapelle St-Nicolas★**, qui abrite encore des fresques sur bois et un retable du 17e s. *(restauration en cours - ☎ 05 59 65 71 78 - 11h-13h.)*
Retournez sur la D 933 et prenez la direction d'Ostabat.

Ostabat

Autrefois importante étape sur la route de St-Jacques, le village ne conserve aujourd'hui de ses auberges et de ses deux hôpitaux que le souvenir.

🐾 Un sentier de randonnée part de l'église, descend la rue principale (escalier à droite de la maison) et tourne ensuite à gauche, hors du village. Il mène à la chapelle d'Harambels à travers la forêt communale *(6 km - 1h AR - le chemin peut se révéler boueux après la pluie).*
Revenez à St-Palais par la D 933.

St-Palais pratique

Adresse utile

Office de tourisme – *Pl. Charles-de-Gaulle - 64120 Saint-Palais -* ☎ *05 59 65 71 78 - www.tourisme-saintpalais.com - de mi-juil. à fin août : mat. et apr.-midi, dim. et j. fériés mat. ; reste de l'année : tlj sf dim. et j. fériés mat. et apr.-midi - fermé j. fériés sf 1er et 8 mai, 14 juil. et 15 août.*

Se loger

⊜⊜ **Hôtel de la Paix** – *33 r. du Jeu-de-Paume - 14 km au sud-ouest de Sauveterre-de-Béarn par D 933 -* ☎ *05 59 65 73 15 - fermé 1er-11 juil., 26 déc.-25 janv., dim. soir et sam. sf du 11 juil. au 31 août - 27 ch. 52/57 € -* 🍽 *7 € - rest. 13,50/32 €.* Cette jolie façade ornée de briques rouges et de loggias en bois est située sur la place du marché. Les chambres, parfois dotées de balcons, bénéficient toutes d'une cure de jouvence réussie. Salle à manger rustique prolongée d'une terrasse ombragée. Cuisine traditionnelle.

⊜⊜ **Chambre d'hôte La Maison d'Arthezenea** – *42 r. du Palais-de-Justice -* ☎ *05 59 65 85 96 - www.gites64.com/maison-darthezenea -* 📷 🅿 *- 4 ch. 65/70 €* 🍽 *- rest. 25 €.* Cette chaleureuse demeure en pierre se dresse au sein d'un joli jardin. Ici, tout est fait pour que l'on se sente comme dans une maison de famille. Les chambres, vastes et confortables, se distinguent par leur couleur et leur nom : Lahiria (bleu), Obiloa (vert), Iparia (blanc) et Erdoya (jaune). Toutes possèdent de beaux meubles anciens.

Se restaurer

⊜⊜ **Trinquet** – *31 r. du Jeu-de-Paume -* ☎ *05 59 65 73 13 - hoteltrinquet. saintpalais@wanadoo.fr - fermé 25 avr.-15 mai, 19 sept.-11 oct., vend. soir en juin, dim. soir et lun. - 21/42 € - 9 ch. 50/54 € -* 🍽 *7,50 €.* Cette maison au charme rétro abrite un hôtel-restaurant et, plus insolite, un trinquet de 1891 fréquenté par de nombreux pelotaris. À table, vous aurez droit à une appétissante cuisine du terroir servie dans un chaleureux décor rustique. À l'étage, chambres un peu désuètes, mais bien tenues.

Que rapporter

Ona Tiss – *23 r. de la Bidouze -* ☎ *05 59 65 71 84 - onatiss@wanadoo.fr - lun.-jeu. 9h-12h, 14h-17h ; vend.-sam. en sais. - fermé 2 sem. en oct. et fêtes de fin d'année.* Attention, vous pénétrez ici dans le dernier atelier de tissage traditionnel et artisanal du Pays basque ! Créé en 1948, il fabriquait à l'origine la toile des espadrilles. La visite, gratuite, raconte l'histoire du linge basque. On y apprend que chaque rayure représente une des sept provinces de l'Euskadi.

Événement

Festival de la force basque (3e dim. d'août). ☎ *05 59 65 95 77.*

Saint-Pée-sur-Nivelle

Senpere

5 106 SENPERTARS
CARTE GÉNÉRALE C2 – CARTE MICHELIN RÉGION 573 B25
PYRÉNÉES-ATLANTIQUES (64)

Un nom aux consonances béarnaise, voire bigourdane, pour un village labourdin ? Le paradoxe est vite oublié lorsque l'on se promène dans les rues de St-Pée et que l'on voit ses maisons traditionnelles aux volets peints. Plus de doute, on est bien en terre basque !

▶ **Se repérer** – Posté sur la D 918, St-Pée se trouve à 8 km à l'est d'Ascain et à 11 km à l'ouest d'Espelette. Ses plus vieilles demeures entourent l'église, dressée en bordure de Nivelle.

👥 **Avec les enfants** – La base de loisirs du Lac.

⏱ **Pour poursuivre la visite** – Voir aussi Ascain, Sare, Ainhoa, Espelette et St-Jean-de-Luz.

Découvrir

Église des saints Pierre et Paul

Admirez la voûte en cul-de-four dont la forme rappelle au choix un soleil levant ou une coquille. Elle domine un très beau **retable** aux tons doré et bleu pâle du 17e s., réalisé en l'honneur de saint Pierre, patron de la paroisse. Le panneau de gauche montre la scène du reniement au chant du coq et celui de droite, sa libération d'une prison par un ange. Les portes du tabernacle, quant à elles, mettent en scène saint Antoine de Padoue. Notez la nef plate et peinte en bleu, ainsi que la beauté des galeries.

Château

En direction de Cambo. Ancienne propriété des seigneurs de St-Pée, autrefois l'une des plus puissantes familles de la région, il fut le théâtre de quelques-uns des procès en sorcellerie menés par Pierre de Lancre. Incendié en 1793, il n'en reste qu'une massive tour carrée des 15e et 17e s., abandonnée, ainsi que des bâtiments du 18e s.

Saint-Pée-sur-Nivelle pratique

Adresse utile

Office de tourisme – *Pl. du Fronton - 64310 Saint-Pée-sur-Nivelle - ☎ 05 59 54 11 69 - mat. et apr.-midi, sam. mat. - fermé dim. et j. fériés (sf juil.-août).*

Se loger

🛏 **Camping Goyetchea** – *☎ 05 59 54 19 59 - info@camping-goyetchea.com - ouv. 4 juin-17 sept. - réserv. conseillée - 140 empl. 21,20 €.* Ce camping a été repris en 2002 par deux sœurs vraiment dynamiques. Les 140 emplacements répartis sur 3 ha sont très bien entretenus. La plupart des mobile homes viennent d'être achetés et les allées montrent de jolies fleurs. Ambiance calme et accueil souriant.

Se restaurer

🍴🍴 **Le Fronton** – *À Ibarron - ☎ 05 59 54 10 12 - jean-batiste.daguerre@wanadoo.fr - fermé 15 fév.-15 mars, dim. soir sf juil.-août, mar. d'oct. à avr. et lun. - 24/45 €.* La salle à manger lumineuse et fleurie de cette maison basque est agencée à la façon d'un jardin d'hiver. On y sert un large choix de plats appartenant au répertoire classique et quelques recettes régionales. La terrasse ombragée de platanes, très agréable en été, ne souffre pas de la proximité de la route.

Que rapporter

Maison Pereuil – *Chemin Karrika - 64310 St-Pée-sur-Nivelle - ☎ 05 59 54 10 05 - tlj sf merc. 8h-13h, 15h-19h30.* Petite boutique avec une porte d'entrée en fer forgé où l'on trouve des gâteaux basques. Maison créée en 1876.

La Ferme Machalenea – *À partir du bourg de St-Pée, prendre dir. d'Espelette-Cambo vers le lac de St-Pée, faire 1,5 km et chemin à dr. au panneau Ferme Machallenea - 64310 St-Pée-sur-Nivelle - ☎ 05 59 54 16 37 - 9h-21h.* Dans cette ferme familiale les femmes assurent la fabrication du fromage : de brebis (Noël-fin mai), de vache (lait cru et pâte cuite) toute l'année. Vente sur place et sur les principaux marchés de la région (St-Jean-de-Luz, Espelette, Biarritz, etc).

Sports & Loisirs

Le Lac – *Base de loisirs - 14 km à l'est de St-Jean-de-Luz par D 918, rte de Cambo - 64310 St-Pée-sur-Nivelle - ☎ 05 59 54 18 48.* Ce lac de 12 ha, que l'on nomme ici « la petite mer intérieure » regroupe maints activités et services : plage surveillée, pédalos, canoës, toboggan aquatique, jeux pour les enfants, tennis, minigolf, pêche, etc.

Saint-Sébastien★★

Donostia/San Sebastián

182 930 HABITANTS
CARTE GÉNÉRALE C2 – CARTE MICHELIN RÉGION 573 C23-24 – GUIPÚZCOA

Une baie★★★ en forme de coquille, la « Concha », qui lui a valu le doux surnom de « perle du Cantabrique », des plages de sable à la courbure parfaite, des immeubles luxueux et cossus, d'agréables promenades et des jardins : rien ne manque à St-Sébastien pour un séjour idyllique. Pas même la gastronomie puisque la réputation de ses tapas et de ses grands chefs a dépassé les frontières. L'art de vivre est ici porté à son zénith : profitez-en !

Amaury de Valroger / MICHELIN

La fameuse baie de la Concha.

- **Se repérer** – Stratégiquement situé dans le golfe de Biscaye, St-Sébastien se trouve à 25 km à l'ouest de la frontière avec la France, à 79 km au nord de Pamplona, à 102 km à l'est de Bilbao et à 95 km au nord-est de Vitoria-Gasteiz. La ville s'étend entre le mont Urgull et le mont Igueldo, le long d'une baie presque fermée par l'îlot de Sta Clara. Elle comporte différents quartiers, dont Gros à l'ouest, sur la rive droite du río Urunea, la Parte vieja, el Centro et Amara viejo sur la rive gauche, en prise directe avec la baie. De l'autre côté s'étend le quartier d'Antiguo, mitoyen d'Ondarreta au pied du mont Igueldo.
- **Se garer** – La voiture est à proscrire dans le centre-ville. Mieux vaut se garer sur le paseo Nuevo, contre le mont Urgull, ou du côté de l'office de tourisme.
- **À ne pas manquer** – Le soleil couchant sur la baie de la Concha.
- **Organiser son temps** – Plage et farniente la journée, tapas et fête le soir !
- **Avec les enfants** – L'aquarium, le musée de la Science Miramon, le petit parc d'attractions au sommet du mont Igueldo.
- **Pour poursuivre la visite** – Voir aussi la Côte du Guipúzcoa, Tolosa et Azpeitia.

Comprendre

Une ville pionnière du tourisme – La vocation balnéaire de St-Sébastien s'éveilla au 19ᵉ s. lorsque la reine Marie-Christine d'Autriche la choisit comme lieu de villégiature. De cette époque, la ville a conservé le palais Miramar, construit à la demande de la reine.

Une capitale gastronomique – Bien caractéristiques de cette ville, une trentaine d'associations réunissent des amis et amateurs de bonne chère. Les associés, uniquement des hommes, se confectionnent d'excellents repas qu'ils arrosent de cidre ou de *txacoli*, un vin basque. Parmi les spécialités basques, évoquons les poissons (dorades, merlus, sardines) et les fameux *chipirones* (calmars).

Se promener

CASCO VIEJO★ (vieille ville)

2h sans monter sur le mont Urgull – 3h en comptant son ascension.

La vieille cité a été reconstruite après l'incendie de 1813. Bien que les bâtiments datent du siècle dernier, ses rues étroites contrastent avec les avenues de la ville moderne. Elle s'anime tous les soirs à l'heure de l'apéritif. La population locale, les touristes et de nombreux Français, passant la frontière le temps d'un repas, envahissent les bars et les petits restaurants qui pullulent autour de la place de la Constitución et le long du port, pour y déguster tapas, coquillages, crustacés ou *chipirones*; c'est dans les rues Portu, Muñoa et Fermín Calbetón que l'art des tapas atteint les sommets les plus vertigineux!

Partez du Boulevard prenant la calle San Juan qui longe la halle couverte en direction du mont Urgull.

Plaza de Zuloaga B1

Logée en contrebas du mont Urgull, cette vaste place séduit par le contraste de ses architectures, les immeubles des 19e et 20e s. ainsi que la devanture moderne des cafés faisant face au très hiératique **Museo de San Telmo** *(voir « Visiter »)*, autrefois couvent de dominicains.

Engagez-vous dans la calle 31 de Agosto et tournez presque tout de suite à gauche.

San Vincente B1

16e s. Il s'agit de l'édifice le plus ancien de la ville. De style gothique, il abrite un remarquable **retable★** baroque de Bengoechea e Iriarte.

Descendez la calle Narica et tournez à la troisième à droite.

Plaza de la Constitución B1

Entourée de maisons à hautes arcades, elle fut utilisée comme arènes pour les premières courses données à St-Sébastien. Les numéros que portent encore les balcons rappellent qu'ils servaient alors de tribunes.

Traversez la place droit devant vous et engagez-vous sous le passage qui débouche sur la calle San Jeronimo. Tournez à droite et prenez la première à gauche, la calle Puerto Inigo. Elle croise la calle Mayor qui aboutit à droite à l'église Sta María.

Basílica de Santa María del Coro B1

☎ 943 423 124 - mat. et apr.-midi.

On est frappé par l'exubérance de son **portail★** (fin 18e s.). La sobriété de l'architecture intérieure rend plus frappante encore la profusion des autels baroques.

Derrière l'église, un chemin grimpe au mont Urgull.

Mont Urgull B1

Un jardin public couvre cette colline, couronnée par la statue du **Sagrado Corazón** haute de 30 m. Sur son flanc nord se trouve le **cimetière des Anglais**, établi en hommage aux troupes britanniques pour leur participation aux guerres d'indépendance et de Succession du 19e s.

Paseo Nuevo B1 – Cette large promenade en corniche autour du mont Urgull offre de belles vues sur la mer Cantabrique et la baie. Elle débouche sur le port, trapu et coloré, où se côtoient bateaux de pêche et voiliers.

Puerto

Le port est séparé de la vieille ville par des restes de remparts. De petites maisons de pêcheurs aux façades carrelées de rouge ou de blanc bordent son quai, où l'on peut encore voir des femmes raccommoder les filets. Le soir, les bateaux y déchargent la pêche du jour devant les badauds.

Notez la vieille maison surplombée par la statue du Christ : il s'agit de la première école de pêche créée par la Société océanographique de Giz (1912).

Info pratique

LES MEILLEURS POINTS DE VUE

Le **mont Igueldo★★★** – *☎ 943 210 564 - www.monteigueldo.es - de fin janv. à mi-mars et nov.-déc. : tlj sf merc. tte la journée ; reste de l'année : tte la journée - fermé 2e et 3e sem. de janv, 1er janv., 25 déc. - 1,20 € A (- 7 ans 0,80 €), 2,10 € AR (- 7 ans 1,50 €).* Le sommet est occupé par un parc d'attractions et un hôtel-restaurant. On y découvre un splendide panorama sur la mer, la rade avec l'île de Santa Clara et St-Sébastien dans son cirque de montagnes. Le soir, la ville illuminée offre un beau spectacle.

Depuis le **mont Urgull★★** : ce mont est occupé par un parc municipal et couronné par le fort de Santa Cruz de la Mota. Du sommet, beau panorama sur la Concha et sur les monuments de la vieille ville que l'on surplombe.

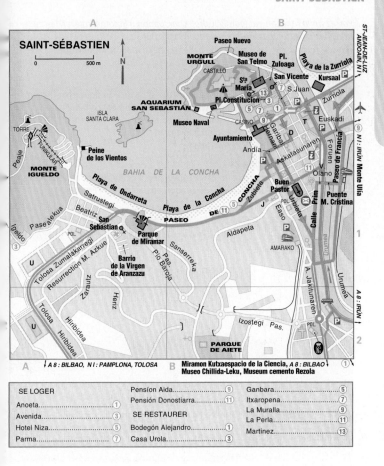

SAINT-SÉBASTIEN

Paseo Nuevo
Museo de San Telmo
Pl. Zuloaga
Playa de la Zurriola
MONTE URGULL
CASTILLO
San Vicente
Kursaal
Sta María
S. Juan
Zurriola
Pl. Constitucion
AQUARIUM SAN SEBASTIÁN
ISLA SANTA CLARA
Museo Naval
CASINO
Euskadi
TORRE
Ayuntamiento
Peine de los Vientos
Andía
Askatasunaren
MONTE IGUELDO
Olano
Puente M. Cristina
BAHIA DE LA CONCHA
Buen Pastor
Playa de Ondarreta
Playa de la Concha
CONCHA
Zubieta
San Sebastian
PASEO DE
Calle Prim
Parque de Miramar
Aldapeta
AMARAKO
Barrio de la Virgen de Aranzazu
Sanserreka
Izostegi Pas.
PARQUE DE AIETE

A 8 : BILBAO, N I : PAMPLONA, TOLOSA
Miramon Kutxaespacio de la Ciencia, A 8 : BILBAO
Museo Chillida-Leku, Museum cemento Rezola

SE LOGER		Pensión Aida	⑨	Ganbara	⑤
Anoeta	①	Pensión Donostiarra	⑪	Itxaropena	⑦
Avenida	③	SE RESTAURER		La Muralla	⑨
Hotel Niza	⑤	Bodegón Alejandro	①	La Perla	⑪
Parma	⑦	Casa Urola	③	Martinez	⑬

Le quai mène au **Museo Naval** et aboutit à l'**aquarium★** *(voir « Visiter »).*
Longez le port vers la ville et dirigez-vous vers la plage.

Ayuntamiento (hôtel de ville) B1

Ce bâtiment soigné, inauguré en 1897, était à l'origine un casino. Fermé en 1927 suite à l'interdiction des salles de jeu par le dictateur Primo de Rivera, il servit d'hôpital de convalescence pendant la guerre civile, et ce n'est qu'en 1947 que St-Sébastien en fit son hôtel de ville.
Terminez votre promenade sur le Boulevard, ou bien prolongez ces instants de flânerie sur le front de mer.

PARTE MODERNA

Surnommée le *barrio romantico*, elle s'est développée à partir de la fin du 19e s., d'où l'influence prononcée de l'Art nouveau, appelé « moderniste » en Espagne. C'est le quartier du shopping et des avenues résidentielles. Une ambiance plus actuelle.
Départ du Boulevard.

Boulevard

Trait d'union entre le vieux centre et la partie moderne de St-Sébastien, il occupe l'emplacement des anciens remparts et a été récemment transformé en zone piétonne sur une grande partie. Son **kiosque** à musique est typique de la Belle Époque.
La calle Loiola mène directement à la cathédrale.

Catedral del Buen Pastor B1

Sa tour culmine à 75 m de hauteur et sert de point de repère à presque toute la ville. Tout comme l'édifice, elle a été érigée en 1897 dans un style néogothique. Grande sobriété à l'intérieur. Notez les gigantesques coquillages à l'entrée en guise de bénitiers, dignes de *20 000 lieues sous les mers.*

Passez sur la calle Urbieta (parallèle droite par rapport à la cathédrale) et descendez-la jusqu'à la plaza Centenario, bordée par un jardin public.

En vous retournant, vous aurez une belle perspective sur le mont Urgull.

Calle Prim B1

Première à gauche, à angle aigu avec la calle Urbieta.

Cette artère rassemble tout ce que l'architecture de la Belle Époque et de la première moitié du 20e s. a pu produire. Bow-windows et vitraux ornent certaines façades. L'œil repère sur d'autres des détails cubistes ou Art nouveau (ornements du n° 28, poignée de porte du n° 23). Il faut s'y promener le nez en l'air.

Tournez à droite à la calle Valentín Olano.

Puente María Cristina B1

Inauguré en 1905, il doit son nom à la souveraine, bienfaitrice de St-Sébastien. Ses obélisques portent l'écu de la ville et symbolisent la Paix et le Progrès.

Pont María Cristina.

Paseo de Francía B1

Promenade longeant le fleuve jusqu'au pont Sta Catalina. Ornée d'une pelouse, plantée d'arbres et de palmiers, elle tire son nom des anciens hôtels particuliers « à la française » qui la bordent.

Traversez la plaza de Euskadi, devant le puente Sta Catalina, et engagez-vous dans le paseo Colón, puis la calle Peña y Goñi à gauche, pour rejoindre la plage.

Kursaal B1

Symbole du renouveau architectural de la ville, cet édifice moderne composé de deux cubes en verre surveille la plage de la Zurriola et l'embouchure du río Urumea. Signé Rafael Moneo, il accueille des congrès et des manifestations culturelles.

Traversez le fleuve pour revenir sur le Boulevard.

Découvrir

Paseo de la Concha★★ B1

Si vous souhaitez faire tout le front de mer d'un mont à l'autre, comptez 45mn voire une heure en flânant. Commençant à l'hôtel de ville, cette promenade, mondialement réputée pour la vue qu'elle offre sur la baie, se déploie jusqu'au parc de Miramar.

Parc de Miramar (A1) – Ancienne résidence d'été de la famille royale, il s'élève entre la plage de la Concha et celle d'Ondarreta. Ses jardins ont été dessinés par le jardinier français Pierre Ducasse et la demeure de style anglais, par l'architecte Selden Wornum. Celle-ci accueille des expositions et un centre de musique, d'où les gammes et les vocalises qui s'en échappent parfois! Son esplanade offre un splendide **panorama★★★** sur la baie et l'îlot de Sta Clara.

San Sebastian (A1) – *Derrière le parc, sur la plaza Alfonso III accolée à Ondarreta*. Cette église mérite le coup d'œil pour son intérieur très contemporain et la fresque moderne fermant la nef (à gauche, un homme tire ses chaînes ; à droite, saint Sébastien subit son martyre).

Barrio de la Virgen de Aranzazu (A1) – *En bordure d'Ondarreta. Accès par la plaza Alfonso III et la calle Matia. 3ᵉ à gauche*. Maisons de pêcheurs crépies à pans de bois, cachées par des immeubles plus modernes.

Plages

Playa de la Concha★★ (B1) – *Débute à l'hôtel de ville jusqu'au parc Miramar*. Magnifique étendue de sable fin qui s'enflamme aux rayons du soleil couchant. Sa courbe est parfaite. Très prisée des amateurs de bains de mer ou de soleil.

Playa de Ondarreta★★ (A1) – Dans le prolongement de celle de la Concha, jusqu'au pied du mont Igueldo. Seul un rocher la sépare de sa voisine car, pour le sable comme pour l'ensoleillement, cette aristocratique plage reliée au quartier d'Ondarreta n'a rien à envier à sa rivale !

Au pied du mont Igueldo se trouve le *Peine de los Vientos*, œuvre du sculpteur Eduardo Chillida.

Playa de la Zurriola★ (B1) – *À l'embouchure del río Urumea, sur la rive droite, le long du quartier Gros. Passez le pont de la Zurriola vers le palais Kursaal pour y accéder depuis la vieille ville*. La préférée des surfeurs. Elle est aussi plus conviviale et plus « intime » que celles de la baie, car moins étendue. Sa promenade est bordée d'immeubles 19ᵉ s. ou plus modernes.

Parque de Aiete★★ B2

Difficilement accessible à pied, sauf si vous aimez les kilomètres et la grimpette. Mieux vaut prendre la voiture ou les bus 19, 23, 31.

Déployé sur une colline, ce magnifique parc est sans doute le plus attrayant de St-Sébastien. Conçu par Pierre Ducasse, il entoure le palais construit en 1878 pour les ducs de Bailén. La reine Marie-Christine, le roi Alphonse XIII et Franco y résidèrent. Il ne s'ouvrit au public qu'en 1977.

Havre de verdure et de paix, il allie bois et bosquets à des parties plantées de cèdres de l'Atlas, de ginkgo bilobas, de platanes, de sequoias et de parterres de fleurs. Aires de jeux et bancs pour les lecteurs ou les rêveurs sont aussi au rendez-vous.

Visiter

Aquarium San Sebastián★ B1

Pl. Carlos Blasco de Imaz, s/n - ☎ *943 440 099 - www.aquariumss.com - ♿ - tte la journée - fermé 1ᵉʳ janv. et 24 déc. - 10 € (-12 ans 6 €).*

👥 Le palais de la Mer abrite un Musée océanographique et un aquarium. Si le musée présente une collection intéressante mais courante de maquettes, la surprise vient de l'aquarium. Un bassin tactile, où l'on peut toucher les espèces inoffensives, deux bassins des microcosmes, où des caméras permettent d'observer sa marine la plus modeste, et, surtout, l'**Océanorium★**, un bassin traversé par un grand tunnel de 360° qui nous immerge dans la surprenante diversité de l'Océan, sont quelques-unes des installations qui assurent son succès.

Museo Naval B1

P° del Muelle - ☎ *943 430 051 - http://um.gipuzkoakultura.net - mat. et apr.-midi - possibilité de visite guidée sur demande (2 sem. av.) - fermé 25 déc. - 1,20 € (-10 ans gratuit).*

Il est installé dans un simple édifice du 18ᵉ s. autrefois destiné à abriter la Bourse du commerce. Le rez-de-chaussée montre les matériaux et les outils traditionnels de la construction navale, tandis que le premier étage abrite des maquettes et des instruments de navigation. Sa visite permet d'apprécier l'importance de la mer dans l'histoire du Pays basque.

Museum Cemento Rezola★ (musée du Ciment) B2

Accès par le bus 25 depuis le Boulevard. ☎ 943 364 192 - www.museumcemento.rezola. net - juil.-août : tlj sf dim. mat. et apr.-midi ; reste de l'année : tlj sf lun. mat. - gratuit.

Installé sur le site d'une cimenterie, il présente ce matériau sous un angle original grâce à un film-documentaire très bien conçu sur son histoire, et des panneaux didactiques très clairs sur sa préparation, les conditions de travail des ouvriers de la cimenterie et l'exemple de la famille Rezola. Son but est de montrer au visiteur tout ce que le ciment a permis de faire, en architecture notamment, les innovations qui ont été nécessaires pour cela, et les incidences qu'elles ont eu sur notre vie et la structure de nos sociétés.

Miramon Kutxaespacio de la Ciencia (musée de la Science) B2

Accès par le bus 28, direct depuis le centre-ville (comptez 20mn). Comptez 1h30 à 2h de visite. Mikeletegi, 43 - ☎ 943 012 478 - www.miramon.org - mat. et apr.-midi - fermé lun. - 7 € (-18 ans 5 €). 🚶🚶 Les principaux monuments de la province représentés en maquette précèdent le bâtiment qui abrite un planétarium et les salles d'exposition. Chacune d'entre elles aborde un thème (la lumière, l'énergie, les sens, les effets mécaniques…) et propose de petites expériences à faire pour mieux comprendre la démonstration. Didactique et amusant.

Quartier du Kursaal et de la plage de Zurriola.

Museo de San Telmo B1

☎ 943 48 15 80 - fermé pour travaux.
Cet ancien monastère, fondé au 16ᵉ s., a été transformé en musée. Sous les voûtes du cloître Renaissance est disposée une collection de stèles funéraires basques en pierre sculptée, de tradition ibérique, datant pour la plupart du 15ᵉ au 17ᵉ s. La galerie supérieure du cloître est consacrée à la section ethnographique (intéressante reconstitution d'un intérieur basque). Elle donne sur les salles de peinture (un Ribera, un Greco, des peintres du 19ᵉ s.). L'ancienne chapelle a été décorée par José María Sert de peintures en camaïeu illustrant avec vigueur divers épisodes historiques du Pays basque.

Aux alentours

Andoain

15 km au sud par la N 1 en direction de Tolosa. Destination de promenade idéale pour découvrir un peu l'intérieur des terres l'espace d'une après-midi. Vous pouvez toujours jeter un œil à l'**église**, dont le retable baroque occupe tout le chœur, mais le but de votre excursion vise surtout la voie aménagée dans la vallée du Leitzaran.
Depuis la place de l'église et l'hôtel de ville, prenez la rue en pente qui arrive en perpendiculaire sur l'esplanade. À la 2ᵉ intersection, tournez à droite. Le chemin commence au bout d'un parking. Suivez-le jusqu'au bout.
On suit la vallée à flanc de colline, le chemin s'éloignant progressivement de la ville et de ses faubourgs pour entrer dans la campagne. Le panorama est celui d'un paysage de montagne. Quelques éléments de parcours-forme ponctuent la route que se partagent promeneurs et cyclistes. Passé les deux tunnels, la voie débouche sur une route goudronnée et un panneau indiquant différents GR. À vous de choisir lequel suivre.

Monte Ulía★ B1

7 km à l'est, suivez la N 1 en direction d'Irún. Avant d'atteindre le sommet de la montée et de redescendre vers St-Sébastien, prendre la première route à droite. Après plusieurs lacets au cours desquels les vues se développent sur la ville et son site, on atteint le sommet d'où un chemin à droite conduit, à travers un beau parc, au restaurant du mont Ulía.

Museo Chillida-Leku★ B2

5 km au sud. De la N 1, prenez à Rekalde la GI 2132 en direction de Hernani puis suivez la bifurcation indiquée. B° Jáuregui, 66 - 20120 Hernani - ✆ 943 336 006 - www.museo-chillidaleku.com - &. - juil.-août : tte la journée, dim. mat. ; reste de l'année : tlj sf mar. mat. ; fermé 1er janv. et 25 déc. - 8 € (-8 ans gratuit).

Ce musée a permis à Eduardo Chillida (St-Sébastien, 1924-2002), l'un des maîtres de la sculpture contemporaine, de concrétiser son rêve : un espace en plein air exposant ses œuvres sculptées, que les visiteurs découvriraient tout en se promenant. Le résultat : quarante imposantes sculptures émergeant sur un domaine de 12 ha et illustrant parfaitement la communion de l'art et de la nature. La ferme de Zabalaga (16e s.) a été minutieusement remaniée pour exposer les petites sculptures et les dessins.

Astigarraga

10 km au sud, en direction d'Hernani.

Musée du cidre basque (Sagardoetxea) – *En centre-ville, à flanc de colline, repérable par le tonneau posé sur la rue. ✆ 943 550 575 - www.sagardoetxea.com - mai-sept. : mar.-sam. mat. et apr.-midi ; oct.-avr. : mar.-sam. apr.-midi, dim. matin - 3,5 € (-10 ans, gratuit).* Le Pays basque compte 53 variétés de pommes. Pour le cidre, il en faut 80 % d'acides, 20 % de douces. Vous apprendrez tout sur l'élaboration de cette boisson typique en arpentant le verger, où l'on greffe les pommiers, et l'allée du musée qui explique toutes les étapes de fabrication au travers de schémas, de vidéos et d'objets. N'hésitez pas à demander un guide : votre visite n'en sera que plus vivante ! Dégustation à la fin.

Saint-Sébastien pratique

Adresse utile

Office de tourisme – *Erregina Errenentearen, 3 - 20003 San Sebastián - ✆ 943 481 166 - www.sansebastianturismo.com - juin-sept. : tte la journée, dim. et j. fériés mat. et apr.-midi - reste de l'année : mat. et apr.-midi, dim. et j. fériés mat.*

Visites guidées

Petit train – *✆ 943 422 973 - www.txu-txu.com - départ de la plage de la Concha - juil.-sept., Sem. sainte, Sem. de Pâques et ponts : tte la journée ; reste de l'année : mat. et apr.-midi - fermé 1er janv. et 20 janv., 25 déc., 4,50 € (-10 ans 2,50 €).*

En bus – *Bus touristique Donosti Tour propose deux itinéraires - ✆ 696 429 847 - juil.-sept. et Sem. sainte : tte la journée ; reste de l'année : tlj sf mar. mat. et apr.-midi - départ ttes les h en face du théâtre Victoria Eugenia - 12 € (-12 ans 6 €) ; billet combiné pour les deux itinéraires : 14 € (-12 ans 8 €).*

Se loger

⊖⊟ **Hôtel Parma** – *Salamanca pasealekua, 10 - Donostia-San Sebastián - ✆ 943 428 893 - hotelparma@hotelparma.com - 27 ch. 74/130 € - ⬚ 6,60 €.* Hôtel discrètement géré qui offre un confort satisfaisant. Belles parties communes, chambres peu spacieuses, avec moquette au sol et matériel de qualité standard.

⊖⊟ **Pensión Donostiarra** – *San Martín, 6 1° - Donostia-San Sebastián - ✆ 943 426 167 - www.pensiondonostiarra.com - 16 ch. 58/83 €. ⬚.* Située en plein centre-ville, très proche de la Catedral Nueva, cette pension classique de Saint-Sébastien a été récemment rénovée. Elle occupe le 1er étage d'un bâtiment du 19e s. Les chambres, avec parquet et mobilier assez simple, sont confortables et équipées de salles de bains modernes.

⊖⊟ **Pensión Aida** – *Iztueta, 9-1° - Donostia-San Sebastián - ✆ 943 327 800 - aida@pensionesconencanto.com - 9 ch. 79 € - ⬚ 3 €.* Vous serez surpris par le confort proposé par cette pension, située à quelques pas du centre historique et du Kursaal. Les chambres, dont 7 avec balcon et en général assez charmantes, sont bien équipées. Service Internet gratuit.

⊖⊟⊟ **Hôtel Anoeta** – *Anoeta pasealekua, 30 - Donostia-San Sebastián - ✆ 943 451 499 - hotel@hotelanoeta.com - 26 ch. 87/110 € - ⬚ 6 €.* Organisation familiale, entretien impeccable. Chambres fonctionnelles, dotées de salles de bains au goût du jour. Salle à manger modulable, décorée dans un style classique soigné. Menu à midi et plats à la carte le soir.

⊖⊟⊟⊟ **Hôtel Avenida** – *Igeldo pasealekua, 55 - Donostia-San Sebastián - ✆ 943 212 022 - avenida@hotelavenida.net - fermé mars-9 déc. - 🅿 - 47 ch. 102/141 € ⬚.* Situé sur les hauteurs, cet hôtel domine la ville. Efficacement géré, il offre des chambres bien tenues et progressivement rénovées.

⊖⊟⊟⊟ **Hôtel Niza** – *Zubieta, 56 - Donostia-San Sebastián - ✆ 943 426 663 - niza@hotelniza.com - 41 ch. 113/133 € - ⬚ 10 €.* Son entretien parfait et sa décoration agréable créent un cadre non dénué d'un certain charme. Chambres aux tons clairs et au mobilier classique ; salles de bains rénovées.

Se restaurer

👁 **Bon à savoir** – En matière de gastronomie, St-Sébastien offre le meilleur de la cuisine basque. Ici, la tradition des **tapas** (sorte de canapés généreux) et des **pintxos** (tartines améliorées) a été élevée au rang de festin gourmand. Le soir venu, les bars à tapas du vieux quartier ne désemplissent pas. Habitués et touristes s'y régalent de canapés aux anchois, d'assiettes de jambon ibérique, de *chipirones*, de *tortillas* ou de *patatas bravas*…

Du côté des **restaurants**, la qualité des menus et des produits est aussi à la hauteur : pêche du jour, légumes guipúzcoans, fromage de brebis ou *kaiku* (fromage caillé). Certains ne viennent que pour cela ! L'essentiel des adresses se concentrent dans le quartier historique, mais vous en trouverez également dans le Barrio romantico et celui de Gros. N'oubliez pas qu'il y a des grands chefs trois étoiles à proximité *(voir p. 28)*.

🍴 **Martínez** – *Abutzuaren, 31-13 - Donostia-San Sebastián -* 📞 *943 424 965 - barmartinez13@yahoo.es - fermé 2ᵉ quinz. de janv., 2ᵉ quinz de juin, jeu. et vend. midi -* 🍽️ *- 10 €.* Affaire de vieille tradition familiale, située en plein centre historique. Grâce à la généreuse et appétissante variété de ses tapas, cet établissement est devenu tout un classique dans la ville.

🍴 **Ganbara** – *San-Jerónimo, 21 - Donostia-San Sebastián -* 📞 *943 422 575 - ganbarajatetxea@telefonica.net - fermé 2ᵉ quinz. de juin, 2ᵉ quinz. de nov., dim. soir et lun. - 12 €.* Situé derrière la place de la Constitución, ce bar à tapas réputé est très recherché pour ses délicieux pintxos. Au sous-sol se trouve un restaurant très accueillant qui n'est pas mal non plus.

🍴 **Itxaropena** – *Embeltran, 16 - Donostia-San Sebastián -* 📞 *943 424 576 - info@ restaurantitxaropena.com - fermé fév. et oct. - 14/37,50 €.* Voici sans doute l'une des meilleures adresses de la ville pour goûter la gastronomie basque traditionnelle. Les deux salles à manger du restaurant présentent un décor identique : murs en pierre, boiseries, poutres apparentes et lampes en fer forgé. À table, le menu baptisé Cidrerie remporte un franc succès.

🍴 **Casa Urola** – *Fermín Calbetón 20 - Donostia-San Sebastián -* 📞 *943 423 424 - urola@restauranteurola.com -* 🍽️ *- 28/40 €.* Décoré dans les tons sombres, il est composé par un bar et deux salles à manger, où l'on sert une carte régionale avec des fruits de mer, à des prix modérés.

🍴 **La Perla** – *Kontxa pasealekua - Donostia-San Sebastián -* 📞 *943 462 484 - comercial@la-perla.net - fermé dim. soir, lun. et mar. soir sf mars-oct. - 29/40 €.* Magnifique emplacement face à la plage de la Concha. Belle verrière avec vue sur la mer, sur différentes hauteurs et décorée avec un mobilier design.

🍴 **Bodegón Alejandro** – *Fermín Calbetón, 4 - Donostia-San Sebastián -* 📞 *943 427 158 - bodegonalejandro@*

Terrasse de café, plaza de la Constitución.

Alexandra Fortere / MICHELIN

martinberasategui.com - fermé 24 déc.-9 janv., dim. soir, mar. soir et lun. - 31 €. Ce beau restaurant, appartenant au réputé cuisinier Martín Berasategui, offre une excellente cuisine créative à des prix plus que surprenants. Il ne propose qu'un seul menu par jour, mais les plats sont variés. Son excellent emplacement, à l'intérieur de la vieille ville, constitue un plus.

🍴 **La Muralla** – *Embeltrán 3 - Donostia-San Sebastián -* 📞 *943 433 508 - lamuralla@euskalnet.net - fermé 1ʳᵉ quinz. de juin, fêtes de Noël, merc. soir et dim. - 33/44 €.* Le jeune patron gère avec fierté son affaire. Derrière la discrète façade, on découvre une salle pas très grande mais avec un cadre soigné et une agréable décoration actuelle.

Que rapporter

Saski-Naski – *Boulevard, 24 - Donostia-San Sebastián -* 📞 *943 422 891 - saskinaski@telefonica.net - tlj sf dim. 10h-13h30, 16h-20h ; juil.-août : 10h-20h30.* Si vous ne savez que rapporter de votre périple basque, visitez donc cette boutique typique. Le lieu ressemble à une caverne d'Ali Baba. On y trouve le meilleur de l'artisanat régional dont des produits originaux comme le makhila, bâton de marche richement décoré et l'Argizaiola, sorte de bougie réservée aux veillées.

Événements

Fêtes patronales (20 janv.).

Festival du film sous-marin (avr.) - 📞 943 481 166.

Festival publicitaire ibéro-américain de San Sebastián (fin mai).

Festival de jazz (fin juil.) - 📞 943 481 900 - www.jazzaldia.com

Semana grande (mi-août) - 📞 943 481 166.

Quinzaine musicale (août-sept.) - 📞 943 003 170 - www.quincenamusical.com

Euskal Jaiak ou Fêtes basques (1ʳᵉ quinz . de sept.).

Festival international du Cinéma de San Sébastian (fin sept.).

Festival du film fantastique (oct.-nov.) - 📞 943 481 157/197.

Salvatierra ★

Agurain

4 006 HABITANTS
CARTE GÉNÉRALE B3 – CARTE MICHELIN RÉGION 573 D22 – ÁLAVA

Trois longues rues bordées de maisons blasonnées, aboutissant aux deux extrémités à des églises fortifiées : voilà le profil de cette petite cité au charme prégnant. Autrefois étape sur le chemin de Compostelle, elle attire aujourd'hui les visiteurs en quête de calme et d'atmosphère intemporelle.

▶ **Se repérer** – Cette petite ville se trouve sur le tracé de la N 1, à 26 km à l'est de Vitoria.

🅿 **Se garer** – Au pied des remparts, dans le centre-ville moderne.

👁 **À ne pas manquer** – La petite porte de la casa de Diezmos, calle Carnicerías.

🕐 **Organiser son temps** – Compter une bonne heure de flânerie dans la vieille ville.

👣 **Pour poursuivre la visite** – Voir aussi Vitoria-Gasteiz.

Comprendre

Castille ou Navarre ? – Des documents écrits en 1024 attestent de l'existence du village d'« Hagurahin », rebaptisé Salvatierra, en 1256, par le roi de Castille, Alphonse X. Entré dans la sphère d'influence de Charles II le Méchant, roi de Navarre, en 1368, il est à nouveau rattaché à la Castille à partir de 1371.

Épreuves – Au cours de l'année 1564, la cité est ravagée par la peste et détruite ensuite par un incendie. La vieille ville actuelle est donc postérieure à cette date, ce qui n'ôte rien à son charme ! Quant à ses remparts, après avoir tenu bon face aux guerres provinciales et au temps, ils ne résistèrent pas aux guerres carlistes du 19e s. et furent partiellement détruits à cette période.

Se promener

On entre dans le vieux centre-ville par la rue Portal del Rey, dont le nom évoque une porte détruite en 1841.

Plaza San Juan

Principale place de la vieille ville, elle accueille depuis le 13e s. le marché qui se tient aujourd'hui tous les mardis. L'église St-Jean-Baptiste occupe sa face nord tandis que des maisons déploient leurs **arcades★** côté ouest.

Iglesia de San Juan Bautista – Construite de la fin du 15e au début du 16e s. dans un style gothique, elle présente un portique et un campanile baroques. Notez le chemin de ronde qui court le long de son mur. À l'intérieur, le retable réalisé par Mateo de Zabala date de 1660.

Dirigez-vous vers les arcades qui font face à l'église et engagez-vous dans la rue Zapatari, à droite.

Calle Zapatari

Elle aligne quelques-uns des bâtiments les plus anciens de la ville, dont l'église St-Martin du 13e s., incorporée dans l'hôtel de ville des 17e et 18e s. situé après les maisons à arcades, sur la gauche.

Plus loin au n° 30, face à un carré de petits arbres aux branches tordues, se dresse la casa de los Bustamante édifiée en 1564. Un magnifique **blason**, encadré par des satyres et surmonté d'un heaume et d'un oiseau, orne sa façade.

La rue aboutit à une sorte d'esplanade verdoyante occupée par l'**église Sta María**.

Iglesia Sta María

En dépit de son style fortifié et austère, cet édifice du 16e s. abrite un chœur platéresque (nombreux éléments baroques) et un retable Renaissance de Lope Larrea, achevé par Foronda après 1623. Sa silhouette marque l'extrémité nord de la vieille cité.

Engagez-vous dans l'axe central de la vieille ville.

Calle Mayor

Principale artère de Salvatierra, elle concentre un grand nombre de maisons blasonnées, à commencer par la **casa de Azkerraga (17e-18e s.)**, au n° 79., dont la façade arbore deux écussons ainsi qu'un joli balcon d'angle.

Après la plaza Sta María, remarquez les trois blasons du n° 46. Ne manquez pas non plus l'**écu** très ouvragé du n° 42. Il est protégé par deux lions. Dans les volutes du bas apparaissent deux petits personnages aux couvre-chefs emplumés.

À sa suite, le **blason** du n° 40 (16e s.) déploie lui aussi une certaine magnificence de par sa taille. Remarquer le travail floral effectué au niveau du heaume et les deux guerriers qui le cernent.

Les n°s 30 et 28 ne formaient au 17e s. qu'une seule et même demeure. Notez les balcons et l'écusson (19e s.). Au n° 23, la *casa cural*, repérable à sa porte-fenêtre d'angle et à sa petite annexe tournée vers le jardin, date du 18e s. Presque à la fin de la rue, les balcons du n° 8 présentent des dessous de balcons joliment sculptés.

De retour sur la plaza San Juan prenez, à gauche, la plaza Sta Clara, pour vous engager dans la calle Carnicerías.

Calle Carnicerías

Étroite et bordée de maisons construites en grosses pierres, cette artère débute par le massif couvent des mères clarisses au n° 2, suivi par la **chapelle St-Pierre**, indécelable au premier coup d'œil.

Mais le détail le plus original de cette rue reste la minuscule **porte** précédant de peu, sur la gauche, la galerie habitée. Une tour encadrée d'épis marque son fronton, indiquant qu'ici se récoltait la dîme, d'où son nom de casa de Diezmos.

Revenez à la plaza San Juan en passant par la porte nord-est de la ville, le portal de la Madura, et en longeant les remparts.

Aux alentours

Arrízala

4 km au sud-est par l'A 2128, puis l'A 3110.

Après l'église se dresse un mégalithe, le dolmen de Sorginetxe, entouré de quelques petits arbres malingres.

Puerto de Opacua★★ (col d'Opacua)

9 km au sud-est par l'A 2128.

Une belle route boisée franchit ce col sauvage d'où part une piste « goudronnée » qui s'enfonce à travers les bois et la lande. Vaches et chevaux portant clarines y paissent librement.

Eguilaz

6 km à l'est par l'A 3100 jusqu'à la sortie 385.

Dans le village, suivre le panneau « Aizkomendi ». Ce beau spécimen de dolmen, trouvé en 1831, serait le premier du genre à avoir été découvert dans le Pays basque.

Salvatierra pratique

Se loger

◌◌◌◌ **Hôtel Parador de Argómaniz** – *Argómaniz* - ℘ 945 293 200 - argomaniz@parador.es - 🅿 - 53 ch. 115/125 € - ☐ 13 € - rest. 28 €. Palais de la Renaissance dont la façade conserve encore le blason de famille. Si les parties communes affichent la sobriété d'autrefois, les chambres ont, quant à elles, un goût contemporain. Salle à manger au plafond de bois, aux murs blanchis à la chaux, dont la décoration inclut des détails anciens.

Se restaurer

◌◌ **Jose Mari** – *Mayor, 69 - Agurain-Salvatierra* - ℘ 945 300 042 - 11/35 € - 10 ch. 30/50 €. Cette adresse ne paye pas de mine, pourtant elle connaît un grand succès grâce aux deux spécialités culinaires du chef, à savoir le poisson et le gibier. Pour dormir, vous trouverez ici des chambres de style rustique, avec poutres, pierres apparentes et têtes de lit en fer forgé.

Sangüesa

5 041 HABITANTS
CARTE GÉNÉRALE D3 – CARTE MICHELIN RÉGION 573 E26 – NAVARRE

Au milieu des champs de céréales, Sangüesa se groupe sur la rive gauche de l'Aragón. Elle semble toujours veiller sur le pont qui, au Moyen Âge, lui apporta la prospérité. Son patrimoine artistique, ses maisons et ses grandes demeures témoignent de son rôle sur le chemin de Saint-Jacques.

- **Se repérer** – Sangüesa se trouve à 36 km de Pampelune par la N 240, à la limite orientale de la Navarre.
- **Se garer** – En périphérie du vieux centre.
- **À ne pas manquer** – Le magnifique portail de Sta María la Real.
- **Organiser son temps** – Visiter l'église Sta María la Real et les rues alentour prend 2 ou 3h. Cela vous laissera tout le temps nécessaire pour aller voir d'un peu plus près les défilés de Lumbier et d'Arbayún.
- **Avec les enfants** – Le château de Javier.
- **Pour poursuivre la visite** – Voir aussi le monastère de Leyre, Olite et Pampelune.

Détail du portail sud de l'église de Santa María La Real.

Stéphane Sauvignier / MICHELIN

Comprendre

La prospérité liée au chemin de Compostelle – Au 11e s., ses habitants, jusque-là repliés sur la colline de Rocaforte en raison du péril maure, descendirent près du pont pour le défendre et faciliter le passage des pèlerins.

À la fin du Moyen Âge, Sangüesa connaît son apogée et d'élégantes demeures bourgeoises s'élèvent, que l'on peut encore admirer en flânant dans les rues du vieux centre.

Se promener

Sta María la Real★ se trouve à l'entrée de la ville, contre la rivière. C'est elle qui ouvre la calle Mayor.

Calle Mayor

Rue principale, autrefois empruntée par les pèlerins (certains l'arpentent encore), les maisons de brique cossues sont dotées du classique auvent en bois sculpté et de fenêtres aux riches encadrements gothiques ou plateresques.

Leurs façades contrastent avec l'austère palais du Prince-de-Viane, résidence des rois de Navarre (aujourd'hui la mairie), dont on peut voir (en passant sous le porche) la façade flanquée de deux imposantes tours crénelées.

Tournez à droite dans la calle Santiago.

Iglesia de Santiago

Commencée dans le style roman tardif et achevée avec une architecture gothique, cette église abrite un retable platéresque (Renaissance espagnole teintée de baroque) du 16ᵉ s. Notez le portail roman et la statue de St-Jacques.

Face à lui se dresse une maison décorée de blasons. Il s'agit de l'ancien hôpital reconnaissable aux coquilles St-Jacques sculptées.

Prenez la rue qui longe cette maison.

Iglesia San Salvador

Cette église gothique du 14ᵉ s. est précédée d'un porche aux arcs impressionnants de hauteur. Notez la scène du Jugement dernier sur le tympan. À l'intérieur, retable italianisant de Juan de Berroeta.

Tournez à gauche et suivez la calle Enrique Labrit jusqu'à la prochaine intersection.

Casa Íñiguez-Medrano

Cette maison d'angle est surmontée d'un avant-toit traditionnel. Regardez-le bien et notez le personnage accroché aux griffes d'un aigle, sculpté dans la poutre d'angle.

Revenez sur vos pas et continuez dans la calle Alfonso el Batallador.

Palacio Vallesantoro

Ce palais aligne sa façade baroque sous un **auvent monumental★★** sculpté d'animaux chimériques crachant grappes et fruits. *La rue aboutit à la calle Mayor.*

Visiter

Iglesia de Santa María la Real★

Elle a été édifiée au 12ᵉ s. et terminée au 13ᵉ s. par le splendide portail, la tour octogonale et sa flèche.

Portail sud★★ – Fin 12ᵉ-13ᵉ s. C'est un tel foisonnement de sculptures que l'on reste étonné devant la variété des sujets et leur richesse d'expression. Deux artistes au moins y ont travaillé : le maître de San Juan de la Peña et un certain Leodegarius. Les statues-colonnes, déjà gothiques, s'inspirent de leurs modèles de Chartres et d'Autun. Au tympan, Dieu le père encadré d'anges musiciens accueille à sa droite les Élus, tandis que, de son bras gauche abaissé, il accable les Réprouvés. On distingue dans un coin saint Michel pesant les âmes. Les voussures sont riches d'une multitude de motifs. Sur la deuxième en partant de l'intérieur, les humbles métiers sont illustrés : sabotier, luthier, boucher. Œuvres plus anciennes et d'une austérité tout aragonaise, les arcades supérieures représentent Dieu entouré des symboles des évangélistes, de deux anges et des Apôtres.

À l'intérieur, notez le dôme octogonal, la croix processionnelle et le retable baroque de la chapelle de gauche.

Aux alentours

Castillo de Javier★ (château de Javier)

Château de Javier.

7 km au nord-est par la NA 5410. ℰ 948 884 024 - mat. et apr.-midi - possibilité de visite guidée sur demande préalable - fermé 1ᵉʳ janv., 24, 25 et 31 déc. - 2 € (-12 ans 1 €). Saint François-Xavier, patron de la Navarre, est né ici en 1506. À Paris, il rencontre Ignace de Loyola avec lequel il allait lancer les bases de la Compagnie de Jésus. Envoyé comme missionnaire à Goa par les Portugais, il accompagne ensuite ces derniers au Japon. Mort en 1552, juste avant d'arriver en Chine, il fut canonisé en 1622.

Visite – Cette forteresse, totalement restaurée, fut en partie démolie par le cardinal Cisneros en 1516. Une fois franchi les fossés et la porte principale, on monte à la salle des blasons, suivie par la grande salle, au mobilier du 17ᵉ s. Parmi les pièces dont les murs remontent aux 10ᵉ et 11ᵉ s. se trouve la chambre du saint. Elle jouxte la tour de l'hommage, ou tour San Miguel (belle vue sur les environs). La visite s'achève par la **chapelle Santo Cristo**, qui abrite un Christ en noyer du 13ᵉ s. et une **danse macabre**, fresque du 15ᵉ s.

Caseda

12 km au sud-ouest. Quittez Sangüesa en direction de Sos del Rey Católico et bifurquez à droite après 1 km pour suivre la NA 5341. La route menant à Caseda coupe à travers les champs, verts au printemps, brûlés en été et au repos l'hiver.

Le village apparaît soudain, juché sur un flanc de colline, comme une vision de Méditerranée. Son église gothique la domine, ornée d'un portail de style classique et entourée des maisons les plus anciennes.

Gallipienzo l'Ancien

20 km au sud-ouest par la NA 132 en direction de Tafalla et Olite. Après 14 km, prenez à gauche la NA 5320.

Vision impressionnante que ce village accroché sur une colline couronnée par une église massive. La route dévoile, au fur et à mesure de la montée, des vestiges de fortifications et de murs de maisons, rappelant que Gallipienzo se trouve dans la zone frontalière avec l'Aragon.

Le village en lui-même paraîtrait presque à l'abandon s'il n'y avait du linge séchant aux fenêtres. Les ruelles sont défoncées et les maisons battues par le vent. Mais l'ascension vers le sommet de la colline est récompensée par la **vue**★ sur la vallée, le patchwork des champs et les toits du village, sans oublier les éoliennes sur les crêtes.

Les bords du lac de Yesa.

Sos del Rey Católico★

13 km au sud-est par l'A 127.

Ferdinand le Catholique y naquit en 1452. Le bourg a conservé son cachet médiéval perceptible au détour des ruelles pavées, bordées de maisons et de palais de pierre. Sur la **plaza Mayor**, l'hôtel de ville du 16ᵉ s. et le palais des Gil de Jaz arborent de grand auvents en bois sculpté.

Ne manquez pas de visiter l'église **San Esteban**★, accessible par un passage voûté. Fresques du 14ᵉ s., beaux chapiteaux dans l'abside centrale, **crypte**★ du 11ᵉ s. - *mat. et apr.-midi - 1 €.*

Circuit de découverte

DE L'IRATI AU SALAZAR

44 km – 2h. Quittez Sangüesa en direction de Pampelune par la NA 140 puis la N 240. Après 6 km, tournez à droite sur la NA 150. Juste avant Lumbier, prenez à gauche la direction de Tabar.

Tabar

Se garer sur la place de l'église.

Iglesia – On peut y admirer un adorable retable de bois.

Revenez sur la NA 150 pour rejoindre le défilé de Lumbier.

Foz de Lumbier★ (défilé de Lumbier)

Creusé par l'Irati dans les contreforts de la sierra de Leyre, le défilé, long de 5 km, situé entre Lumbier et Liédena, offre à ses extrémités l'aspect d'une mince coupure dans la falaise. Une belle vue sur cette gorge s'offre du belvédère aménagé sur la N 240.

Le foz est fléché à l'entrée de la ville. Comptez env. 1 km jusqu'au parking. L'entrée est à quelques centaines de mètres. 1h AR pour 2,6 km, et env. 2h30-3h en passant par la montagne (5,5 km, 175 m de dénivelé), début juste à gauche, à l'entrée du défilé depuis le parking.

🚶 L'ancienne voie de chemin de fer qui traversait le *foz* a été transformée en chemin. On parcourt donc plus de 2 km en surplomb de la rivière tumultueuse, survolée par de nombreux vautours dont l'envergure dépasse le mètre. Les falaises où ils nichent déploient des palettes de couleurs allant du gris au rouille et des formes parfois torturées. La promenade débouche sur un tunnel au-delà duquel se dressait autrefois le pont du Diable, sur l'embouchure du *foz*. Vous pouvez décider de revenir sur vos pas ou de rallier le sentier qui passe par la montagne pour retourner à votre point de départ.

Lumbier

Centro de Interpretación de las Foces – ☏ 948 880 874 - mat., vend.-dim. et j. fériés mat. et apr.-midi - fermé lun. - 1,20 €.

Occupant un bâtiment moderne sur la place située derrière l'église, ce centre fournit toutes les explications nécessaires à la compréhension géologique, géographique et écologique du défilé de Lumbier et des autres. Présentation de la faune et de la flore, projection vidéo : les moyens les plus didactiques et modernes sont ici employés.

Ceux qui le désirent peuvent faire un petit détour par **Murillo** pour visiter la chapelle, ornée d'un adorable petit retable *(clé sur porte)*.

Poursuivez sur la NA 178. Arrivé à Domeño, prenez à droite la NA 2161.

Usún

3 km de Domeño. Petit parking aménagé en début de village.

Cette petite localité donne accès à l'embouchure sud du défilé d'Arbayún, le plus grand *foz* fluvial de Navarre.

🐾 *Sentier signalé par un panneau de bois dans le village (route non carrossable). Env. 5 km de promenade. 2h en passant devant l'ermitage St-Pierre. Attention, le terrain peut être glissant les jours de pluie en raison des rochers qui affleurent dans la descente vers le Salazar.*

Le sentier franchit le Salazar sur un pont moderne qui permet d'admirer toute la beauté sauvage du défilé.

Revenez à Domeño et continuez votre route sur la NA 178.

Foz de Arbayún★★ (défilé d'Arbayún)

Parking aménagé dans un virage, sur la droite : ne le manquez pas !

👥 Le Salazar est fortement encaissé dans les calcaires de la sierra de Navascués, mais la route s'éloigne du fleuve et il faut atteindre le belvédère aménagé au nord d'Iso pour avoir une splendide **vue★★** sur la sortie du canyon. Les falaises font place vers le bas à une végétation dense au milieu de laquelle scintille l'eau du torrent.

Sangüesa pratique

Adresses utiles

Office du tourisme de Sangüesa – C/ Mayor, 2 - 31400 Sangüesa - ☏ 948 871 411 - juil.-sept. : mat. et apr.-midi, dim. mat. ; oct.-déc. : tte la journée, dim. mat.

Office du tourisme de Lumbier – Pl. Mayor, 3 - Lumbier - ☏ 948 880 874 - de mi-juin à mi-sept. : mat. et apr.-midi - reste de l'année : vend., w.-end et j. fériés mat. et apr.-midi, mar.-jeu. mat. - fermé lun., 1er et 6 janv., 25 déc.

Visite

Visite guidée – **Sangüesa Tour** - ☏ 620 110 581. Visites guidées permettant de découvrir les principaux monuments de la ville.

Se loger

😊😊 **Hôtel Yamaguchy** – Ctra Sangüesa a Javier s/n - ☏ 948 870 127 - info@ hotelyamaguchi.com - 🅿 - 41 ch. 58/64,50 € - 🛏 6 € - rest. 12 €. Établissement familial qui s'avère une bonne alternative dans sa catégorie. Chambres aux différents niveaux de confort, les individuelles au rez-de-chaussée et les plus modernes au 1er étage.

Se restaurer

😊😊 **Mediavilla Erretegía** – Alfonso el Batallador - ☏ 948 870 212 - mediavilla15@hotmail.com - fermé 15 sept.-5 oct. - 20/35 €. Cela fait presque 30 ans que la famille Mediavilla régale ses clients de petits plats régionaux. Elle jouit d'une grande popularité. La salle à manger, rustique et bien éclairée, est très accueillante. Parmi les spécialités culinaires : les viandes et poissons rôtis à la braise, les toasts frottés à l'ail et la jardinière.

Sare ★

2 262 SAROIS
CARTE GÉNÉRALE C2 – CARTE MICHELIN RÉGION 573 C25
PYRÉNÉES-ATLANTIQUES (64)

Le joli village que Pierre Loti a décrit sous le nom d'Etchxezar dans « Ramuntcho » a conservé toute son allure basco-basque avec son grand fronton, ses rues ombragées et sa belle église aux galeries de bois.

- **Se repérer** – À 3 km de la frontière espagnole et à 14 km au sud-est de St-Jean-de-Luz via Ascain, par la D 918 puis la D 4.
- **Se garer** – Parking devant la mairie ou à l'entrée de la ville.
- **À ne pas manquer** – La maison Ortillopitz.
- **Avec les enfants** – La grotte, la maison Ortillopitz et la ferme Etxola.
- **Pour poursuivre la visite** – Voir aussi Ascain, St-Pée-sur-Nivelle, Ainhoa et la vallée de la Bidassoa.

Comprendre

L'« enfer des palombes » – C'est ainsi que les connaisseurs appellent Sare. Mais leur enfer s'étend en fait à tout le Sud-Ouest, où la chasse au pigeon ramier prend des allures de sport national. Elle a lieu en automne, quand les palombes venues des pays nordiques descendent vers des horizons plus cléments. Les volatiles font halte dans les forêts landaises ou pyrénéennes, vivant là leur dernière heure. Depuis les palombières (tours-cabanes placées sur les lieux de passage des oiseaux), on les rabat en effet à grand renfort d'appeaux et de fausses palombes vers les filets tendus ou, usage de plus en plus fréquent, vers les canons des fusils.

Stéphane Sauvignier / MICHELIN

Hôtel de ville de Sare et drapeau basque.

Découvrir

Église St-Martin

Inscrite à l'inventaire des Monuments historiques, elle abrite trois étages de galeries et de riches retables. La chaire peinte surplombant l'assemblée est du 18e s. Remarquez à gauche de la nef la plaque en l'honneur de Pierre Axular, auteur de *Gero*, un classique de la littérature basque paru en 1643.

À l'extérieur, notez les fenêtres découpées dans l'épaisseur du mur, ainsi que l'escalier donnant accès aux galeries.

Visiter

Grotte de Sare

📞 05 59 54 21 88 - www.grottesdesare.fr - visite guidée avr.-oct. : tte la journée ; janv.-mars et 8 nov.-31 déc. : apr.-midi, w.-end et j. fériés tte la journée - fermé 1er janv. et 25 déc. - 3,50 € (- 6 ans gratuit).

La grotte de Sare, ou *lezea* (« grotte » en basque), fait partie d'un vaste réseau de galeries creusées dans le calcaire dur : le travail de corrosion et d'abrasion a fait apparaître toutes sortes de cavités karstiques. Les outils de silex (grattoirs, haches, pointes de sagaie, etc.) et débris d'os découverts témoignent d'une occupation humaine, dont la phase la plus dense a été située au Périgordien supérieur (20 000 av. J.-C.). Passé le vaste porche, on suit un parcours de 900 m mis en valeur par des éclairages et un montage audiovisuel sur fond de *txalaparta* (instrument à percussions qui évoque le son d'un galop) : cette ambiance sonore contribue au projet d'ensemble qui est de retracer l'histoire du peuplement basque.

🚶 2h AR. Le sentier des Contrebandiers mène aux grottes de Zugarramurdi en Navarre *(voir Ainhoa)*.

Musée du Gâteau basque

℘ 05 59 54 22 09 - www.legateaubasque.com - du 17 juil. au 19 août : 15h, 16h, 17h et 18h (visite supplémentaire sam. 11h) ; de déb. juil. à mi-juil. et du 20 août au 15 sept. : 15h, 16h, 17h (visite supplémentaire sam. 11h) - fermé sam. apr.-midi et dim. - 5 € (enf. 4 €).

Ne résistez pas ! Un pâtissier vous donnera quelques conseils avisés en réalisant devant vous ce gâteau traditionnel (à la crème pâtissière et à la cerise noire)

Sare pratique

Adresse utile

Office de tourisme – *Herriko etxea - 64310 Sare - ℘ 05 59 54 20 14 - www. sare.fr - juil.-août : mat. et apr.-midi, dim. mat. ; avr.-juin et sept. : tlj sf dim. mat. et apr.-midi, sam. mat. ; oct.-mars : lun.- vend. mat. et apr.-midi.*

Aux alentours

Maison Ortillopitz★

4 km au nord-ouest par la D 4. ℘ 05 59 85 91 92 - www.ortillopitz.com - visite guidée uniquement (1h) juil.-août : tte la journée ; reste de l'année : apr.-midi - 7 € (-14 ans 3 €).

C'est une belle et grande ferme (600 m^2 sur trois étages) labourdine du 17e s. que fit construire un armateur, d'où le confort des lieux. Sa visite vous permettra d'entrer dans la vie quotidienne d'une famille basque. À noter : l'escalier droit en bois sur le modèle d'un bateau, la cuisine avec son four à pain, la belle charpente du grenier (qui nécessita 600 arbres !) ; à l'extérieur : le pressoir avec son impressionnante poutre maîtresse et le lavoir.

Ortillopitz possédait 18 ha de terres alentour qui assuraient une vie en autarcie. Vous découvrirez à votre gré le potager, le verger, les vignes, les parcelles de chanvre et de piments.

Col de Lizarrieta

9 km au sud-ouest par la D 406, sur la frontière espagnole, en direction d'Etxalar.

Alt. 441 m. Très animé à l'époque de la chasse à la palombe (postes de guet et de tir le long du chemin de crête).

Ferme Etxola

3 km au sud-ouest par la D 406. Peu après l'intersection menant à la grotte de Sare, sur la gauche. Rte des grottes de Sare et col de Lizarrieta - www.parc-animalier-etxola. com - ℘ 06 15 06 89 51 - de Pâques à la Toussaint : tte la journée ; reste de l'année : se renseigner - 5 € (-12 ans 4 €).

Les clapiers à lapins côtoient les enclos à poules, les cages des calopsytes (perruches) jouxtent celles des dindons et des poules huppées, et les pigeons frisés de Hongrie avoisinent les sabelpoots (poules naines). Quant au cochon vietnamien, il dort non loin du parc à chèvres tandis que le mouton de Valachie partage son pré avec celui de Jacob. Bref, c'est une véritable arche de Noé que vous découvrirez, sans doute tout aussi rustique que l'originale.

Possibilité d'acheter du pain à l'entrée pour les animaux.

Tolosa★★

17 829 HABITANTS
CARTE GÉNÉRALE C2 – CARTE MICHELIN RÉGION 573 C23 – GUIPÚZCOA

Tolosa a la réputation d'être un bastion du séparatisme basque mais, pour le visiteur de passage, c'est avant tout une cité au vieux centre pittoresque, aux marchés colorés et à l'art de vivre incontesté.

- **Se repérer** – Étape incontournable sur la route reliant St-Sébastien à l'intérieur des terres (Vitoria ou Pampelune), Tolosa se rejoint depuis la côte par la N 1 (26 km). La ville en elle-même s'étale le long du río Oría, principalement sur sa rive gauche. Son quartier historique se délimite d'ailleurs au sud par la Triangulo Plaza, à l'ouest par la calle Pablo Gorosabel, un ancien bras de l'Oría, et à l'est par la rivière.

- **Se garer** – Le vieux centre étant piétonnier, mieux vaut vous délester de votre voiture dès que vous le pouvez.

- **À ne pas manquer** – Le marché couvert du samedi le long de la rivière.

- **Organiser son temps** – Tolosa constitue un point de rayonnement idéal pour découvrir la vallée de l'Oría. On peut donc y passer une agréable demi-journée et partir en excursion aux alentours le reste du temps.

- **Pour poursuivre la visite** – Voir aussi St-Sébastien, la Côte du Guipúzcoa, Azpeitia et Oñati.

Comprendre

Une position stratégique – À peine fondée en 1256, Tolosa se fortifiait déjà du fait de sa situation stratégique sur le couloir de passage entre la côte et la Navarre qu'est la vallée de l'Oría. Mais l'avantage qu'elle en tirait compensait les agressions et les invasions puisqu'elle prélevait un droit de péage qui fit sa richesse.

Industries – En partie détruite par les Français en 1794, la ville retrouva une certaine prospérité avec l'industrialisation.

La première usine de papier ouvrit en effet ses portes en 1842 et la ville prit le surnom de « Cité papetière ». Cette industrie a aujourd'hui presque disparu, ce qui ne signifie pas que toutes ont périclité, car la ville a su se diversifier, avec notamment la création du polygone d'Apattaerreka.

Il reste une activité traditionnelle, dont la popularité ne se dément pas, c'est la fabrication de **bérets**. Elle perdure et l'on dit toujours que ce sont les meilleurs du pays.

Se promener

CASCO VIEJO★★ (Vieille ville)

Il demeure le cœur de la cité, là où commerces et marchés entretiennent une animation quotidienne.

Départ depuis la Triangulo Plaza.

Maisons et célèbres arcades du marché en bordure du río Oría.

Triangulo Plaza

Elle est reconnaissable à son plan et surtout à l'œuvre du sculpteur Jorge Oteiza, *Atauts*, qui précède la porte de Castille donnant accès au quartier historique.
Prenez tout droit la calle Solana.

Halles

Érigées au 19e s., elles bordent un alignement de façades colorées ainsi que la rivière voisine. Le marché aux produits locaux s'y tient tous les samedis.
Au bout de la calle Solana, tournez à gauche.

Plaza Zarra

Le drapeau basque flotte au balcon de l'*ayuntamiento* (hôtel de ville) aux briques roses (17e s.), qui partage la place avec de vieilles demeures baroques et blasonnées. Face à elles s'étale la vitrine du chocolatier Xaxu, qui organise les visites au **musée de la Confiserie** dans la rue voisine de Letxuga. ℘ 943 670 727 - www.gorrotxategi. com - mat. et apr.-midi - 1,50 €.
Prenez la rue qui part à droite de la mairie pour aboutir à Sta María Plaza.

Sta María

17e s. D'extérieur baroque (1761), l'édifice déploie à l'intérieur une architecture gothique basque.
En sortant de l'église, prenez la rue de gauche qui mène à la rivière.

Bords d'Oría

Le palacio Idiakez du 17e s. donne la réplique à la façade mi-ancienne, mi-moderne du palacio Aranburu (17e s.), reconverti en centre d'expositions.
Contournez l'église en longeant la rivière et rejoignez Sta María Plaza par la place Jesusen Bihotza. Engagez-vous ensuite dans la calle Agintari, au fond à droite.

Calle Agintari

Représentative des rues de la vieille ville, cette artère est bordée de façades anciennes dont la plus significative est celle du **palacio Atodo** (16e s.) au n° 33, que vous repérerez à son blason et son double avant-toit.
Parvenu sur Felipe Gorriti Plaza, tournez immédiatement à gauche.

Calle Nagusia

Réplique de la précédente, elle vous amènera à passer devant la torre Andia (15e s.) puis la Berdura Plaza.

Berdura Plaza★

Une petite halle couverte d'une verrière occupe le centre de la place entourée de maisons à arcades. C'est ici que se tient chaque samedi le marché aux fleurs.
Traversez-la et prenez à gauche dans la calle Korreo. Elle vous ramènera à votre point de départ.

Pour prolonger la promenade, n'hésitez pas à flâner dans les autres rues parallèles à la calle Korreo. Le samedi matin, un marché se tient sur Arostegieta ou encore sur la place néoclassique Euskal Herria.

Aux alentours

Ordizia★

14 km au sud par la N 1.
Porte de la comarca de Goierri, Ordizia comporte un agréable quartier historique en surplomb de la gare. Il compte plusieurs demeures notables telles que le palais Barrena du 17e s., le palais Zabala reconnaissable à son balcon ouvert sur une double fenêtre en arcs, ou encore le palais Abaria à l'angle de la plaza Mayor, dont la halle fut inaugurée en 1925. Cette dernière accueille l'un des plus grands marchés du Guipúzcoa.

Place du marché d'Ordizia.

Alexandre Forterre / MICHELIN

Centro de la Alimentación y de la Gastronomía – *Juste à côté du palais Barrena.*
$\mathscr{C}$ *943 882 290 - www.delikatuz.com -* ♿ *- mat. et apr.-midi - fermé 1er et 6 janv., 25 déc.
- 3 € (-12 ans 2 €).* Chacun des trois niveaux de ce musée moderne aborde un angle
différent de la culture culinaire locale : le premier présente les villages de la *comarca* ;
le deuxième, l'histoire de l'alimentation et l'art de bien doser ses repas (amusant
plateau-repas à composer soi-même) ; quant au troisième, il recense les spécialités
régionales.

Beasain

18 km au sud-ouest par la N 1. En prenant la direction de Zurramaga dans le centre-ville,
vous passerez à proximité du hameau médiéval entouré d'immeubles modernes. Il
s'agit de quelques **maisons anciennes** (13e-15e s.), dont certaines à pans de bois, qui
se répartissent de part et d'autre de la rivière enjambée par un vieux pont.
À droite de la route seront fléchés deux sanctuaires : celui de N.-S. de Loinaz, sorte de
petite chapelle campée à côté d'une maison et, plus loin, la basilique San Martin.

Circuits de découverte

Les deux itinéraires proposés partent de Beasain.

LE GOIERRI OUEST

*Quittez Beasain par la N 1 en direction d'Altsasu et Vitoria, et sortez à l'échangeur 416
pour suivre la GI 637 en direction d'Idiazabal.*

Idiazabal

Le nom évoque un célèbre fromage de brebis, mais il correspond d'abord à un petit
village tranquille, parsemé de quelques maisons des 13e et 14e s.
Sur ses hauteurs se trouve le sanctuaire **Sta María de Gurutzeta★** *(fléché à partir
de l'église).* Accolé à une maison *(demandez la clé)*, il séduit par son charme rustique
(la charpente est en bois brut, les fenêtres sont fermées par des volets), sa Vierge du
13e s. et son retable du 16e s. Il offre le prétexte de découvrir les pâturages puisque
fermes traditionnelles et prés se succèdent dans la montée.
Suivez la GI 2637 pour rejoindre Segura.

Segura

Charmant bourg perché qui conserve de ses anciens remparts deux portes ouvertes
vers les monts alentour. Ses rues sont pavées et bordées de demeures autrefois
prospères. La plus intéressante est celle des Guevara, identifiable à ses blasons et
ses gargouilles. Elle se situe sur la calle Mayor (Nagusia Kalea) à quelques pas de la
jolie église fortifiée N.-S. de la Asunción (portail Renaissance). Voyez également le
palais Lardizabal (17e s.), reconverti en mairie.
Poursuivez sur la GI 2637.

Zegama

Bâtiments modernes et anciens se partagent le village, au cœur duquel se dressent
la mairie à arcades et l'église au portail Renaissance.
Revenez sur vos pas et, après environ 3,5 km, prenez à gauche la GI 3520.

Zerain

Ce hameau isolé dans la montagne conserve quelques maisons typiques comme le
palais Jauregui, typique de l'architecture rurale basque. Il se dresse non loin de la
place de l'église (13e s., refaite au 18e s.).
Museo – $\mathscr{C}$ *943 801 505 - mat. et apr.-midi - 2 €.* Une vidéo de 14mn présente la
démarche des habitants qui ont voulu préserver leur patrimoine et sauvegarder leurs
traditions. Le résultat est visible au grenier où panneaux et objets expliquent
le travail du bois, de l'élevage, de l'agriculture, du fromage, de la chasse, etc.
*Reprenez la GI 637, dépassez Segura et prenez sur votre gauche la GI 3571 menant à
Mutiloa puis Ormaiztegi.*

Ormaiztegi

Museo Zumalacárregui – $\mathscr{C}$ *943 889 900 -* ♿ *- mat. et apr.-midi - fermé lun., 25 déc.
- 1,20 € (enf. gratuit).*
Installé dans une maison traditionnelle basque du 18e s. où Tomás Zumalacárregui
vécut quelques années, ce musée retrace l'histoire du Pays basque au moment des
guerres carlistes et du mouvement libéral qui s'est développé dans les provinces au
19e s. Une vidéo de 10mn en castillan, des reproductions de gravures et des objets
personnels du général ponctuent la visite.
Revenez à Beasain en suivant la GI 632 puis la N 1.

VERS LE PARC NATUREL D'ARALAR

15 km – 1h. Franchissez la N 1 pour rejoindre Lazkao.

Lazkao

Plus préservé que Beasain, ce bourg rassemble quelques beaux monuments *(aucun ne se visite)* autour de l'église San Miguel (16e s.). Au plus près d'elle, le **palacio del Infantado** est entouré d'un beau jardin. Admirez sa façade et son entrée, organisée en trois parties. Un peu plus loin sur le même trottoir, le monastère des bénédictins comprend un vaste jardin-potager dont le mur longe la rue. Face à l'église, le couvent des bernardines arbore un magnifique blason.
Suivez la GI 120.

Ataun

Le village s'étire en fond de vallée et s'éparpille le long de l'Aguantza en divers quartiers. À l'entrée de celui de San Gregorio, arrêtez-vous à la maison Sara. Contre son mur et devant elle sont disposées des œuvres d'art moderne en métal oxydé qui reprennent la forme des stèles discoïdales traditionnelles, avec des formes découpées à l'intérieur. Elles sont signées Ion Iturrarte Artola et ont été réalisées en 1990 pour le centenaire de l'anthropologue Joxemiel Barandiaran mort en 1989.

Centro de Interpretación del Parque de Aralar – Il occupe une salle dans l'auberge du col de Lizarrusti. La flore et la faune y sont présentées, ainsi qu'une maquette du parc où passe la ligne de partage des eaux du Pays basque. Des cartes de randonnées y sont disponibles à l'achat. Comptez 2h AR pour aller au **lac d'Urtagia**.

Tolosa pratique

Adresses utiles

Office du tourisme de Tolosa – *Sta María Plaza, 1 - 20400 Tolosa -* 943 697 413 - *www.tolosaldea.net - juin-sept. : mat. et apr.-midi ; reste de l'année : mat. et apr.-midi, sam. mat. - fermé dim. (sf juin-sept.).*

Office du tourisme d'Ordizia – *Sta María, 24 - 20240 Ordizia -* 943 882 290 - *www.delikatuz.com - mat. et apr.-midi - fermé 1er et 6 janv., 25 déc.*

Office du tourisme de Zerain – *Herriko Plaza, s/n - 20214 Zerain -* 943 801 505 - *www.zerain.com - mat. et apr.-midi - fermé 1er janv., 16 août et 25 déc.*

Se loger

Hôtel Oria – *Oria, 2 -* 943 654 688 - *hoteloria@hoteloria.com - 45 ch. 72/78 € - 8 € - rest. 15 €.* Les chambres sont réparties dans deux bâtiments, l'un de construction moderne et l'autre datant du début du 20e s., qui ressemble à un chalet. Fonctionnalité confortable. Vaste restaurant, type rôtisserie, meublé de longues tables et décoré de tonneaux de cidre.

Se restaurer

Botarri – *Oria, 2 (Bajo) -* 943 654 921 - *13,50/30 €.* Ce restaurant se trouve dans les murs de l'hôtel Oria mais sa gestion est totalement indépendante. Son décor intérieur, où domine le bois, rappelle celui d'une cidrerie traditionnelle. En cuisine, le chef utilise les produits de saison et élabore des menus équilibrés très bien présentés.

Frontón – *San-Francisco, 4 -* 943 652 941 - *www.fronton.com - fermé fêtes de Noël, dim. soir et lun. - 27/38 €.* Cet établissement occupe un édifice de 1930, avec accès direct à un fronton. Bar à pinchos (tapas basques) au rez-de-chaussée ; restaurant Art déco à l'étage.

Hernialde – *Martín-José-Iraola, 10 -* 943 675 654 - *fermé 3 sem. en août, 10 j. en déc., mar. soir et merc. - 29/37 €.* Établissement familial doté d'un petit bar et d'une salle claire au sol en parquet. Cuisine savoureuse aux accents basques et élaborée à base de produits naturels.

Faire une pause

Pasteleria Eceiza – *Pablo-Gorosabel, 34 -* 943 655 161 - *pastecei2A@euskalnet.net - 8h-20h30.* Ne quittez pas Tolosa sans avoir visité la délicieuse Pasteleria Eceiza et goûté ses exquis « tejas y cigarillos » (tuiles aux amandes et cigarettes russes). La boutique, qui existe depuis 1924, vend également de savoureux tourons, truffes et tartes artisanales. Sur place, vous pourrez déguster un café.

Que rapporter

Marché chaque samedi matin.

Artzai-Gazta (Queso de Pastor) – *Kale Nagusia, 37 - Idiazabal -* 943 187 129 - *www.artzai-gazta.net.* La coopérative Artzai-Gazta regroupe 120 fromagers du Pays basque espagnol et de Navarre. Plus connue sous le nom de Casa del pastor (maison du berger), elle est à la fois un centre d'information sur la fabrication du fromage de brebis Idiazabal et un lieu de vente. Il n'est pas toujours facile d'en trouver en France…

Tudela ★

32 345 HABITANTS
CARTE GÉNÉRALE C4 – CARTE MICHELIN RÉGION 573 F25 – NAVARRE

Tudela, dépendance du califat de Cordoue au 9ᵉ s., a conservé un important quartier maure (Morería) et d'anciennes demeures de style mudéjar. Après la reconquête de la ville (12ᵉ s.), des églises dignes d'intérêt furent construites. À vous de les découvrir.

▶ **Se repérer** – Presque oubliée tellement elle est excentrée au sud de la province (96 km au sud de Pampelune par l'A 15), Tudela veille à la frontière navarro-aragonaise. Campée au bord de l'Èbre, elle s'intègre à la Ribera, région de plaines ouvertes qui suit le cours de ce fleuve majeur.

🅿 **Se garer** – Le vieux centre est en grande majorité piétonnier. Garez-vous en périphérie (payant) ou dans un parking proche de la plaza de los Fueros.

👁 **À ne pas manquer** – Une promenade dans les Bardenas Reales.

🕗 **Pour poursuivre la visite** – Voir aussi Olite.

Comprendre

Origine musulmane – Fondée par les Arabes en 802, Tudela devient chrétienne après la conquête de Saragosse par Alphonse Iᵉʳ le Batailleur en 1119. Navarraise depuis 1134, elle fut la dernière cité à se soumettre au roi de Castille en 1512. Dès le 16ᵉ s., elle profite d'une certaine prospérité agricole et commerciale comme en témoignent les édifices plateresques (Renaissance espagnole) qui parsèment son vieux centre. Des atouts économiques (situation stratégique et agriculture) qu'elle a entretenus et préservés tout au long des siècles puisque, à la fin du 19ᵉ s., céréaliculture et viniculture se développent comme jamais (asperges, haricots, artichauts, piments, etc.).

Aujourd'hui, Tudela représente le grand centre de la Ribera, où industries agroalimentaires côtoient métallurgie et équipements lourds.

Alexandra Forterre / MICHELIN

Détail du portail de la cathédrale à Tudela.

Se promener

Plaza de los Fueros

Au moindre événement, festif ou politique, tous les habitants convergent vers cette place baroque construite en 1687, véritable trait d'union entre le quartier historique et la ville moderne.

Quittez la place par le Muro, large rue qui rejoint le paseo de Pampelune. À son extrémité, tournez à gauche pour rejoindre la plaza de la Judería.

Plaza de la Judería

Son nom rappelle que, jusqu'à son expulsion en 1498, la ville abritait une importante communauté juive dont les plus illustres représentants ont été le philosophe Abraham ibn Ezra ou le poète Yehouda Ha Lévi. Le **palacio** Renaissance **del Marquès de San Adrián** du 16ᵉ s. borde l'un de ses côtés. Notez à l'étage les arcs de style aragonais et l'avant-toit sculpté par Esteban de Obray. L'intérieur abrite un patio Renaissance.

Prenez la petite rue qui longe le palais sur sa droite et marchez tout droit dans les rues Magallón puis Pontarrón pour aboutir à la cathédrale.

Catedral ★★ *(voir « Visiter »)*

Plaza Vieja

Elle jouxte la cathédrale, tout comme l'hôtel de ville et le musée d'Art moderne.

Rejoignez la calle Roso, à l'opposé de la calle Portallón, pour voir le palacio Decanal.

Palacio Decanal

L'ancien **palais épiscopal** construit en briques au 16ᵉ s. abrite le **Museo de Tudela** *(voir « Visiter »)*. Admirez le superbe portique platéresque (le style Renaissance espagnol) qui orne sa façade côté Roso.

En passant par la plaza San Jaime, engagez-vous dans la calle Rúa.

Calle Rúa

Cette rue comprend quelques-uns des plus beaux édifices civils du vieux Tudela. Voyez plutôt la magnifique façade de la **casa del Amirante**★★ (1515) ornée de cariatides, d'un joli balcon platéresque et d'un avant-toit à caissons. Plus loin se dresse celle de la **casa Ibañez Luna** (16ᵉ s.), plus modeste mais aussi de style baroque. Admirez son tympan roman.

La rue mène à l'église San Nicolás.

Iglesia San Nicolás

En la rééditant au 18ᵉ s., on a replacé sur la façade en brique de style mudéjar le tympan roman d'origine où figure Dieu le Père assis, tenant son fils et entouré des symboles des évangélistes.

Prenez la calle Serralta avec laquelle l'église fait un angle, suivez-la jusqu'au bout puis tournez à gauche dans la plaza Mercadal.

Plaza Mercadal

Cette place étroite est longée par San Jorge-Castel Ruiz du 17ᵉ s. Construit en 1608, l'édifice baroque abrite un centre d'exposition. N'hésitez pas à y entrer pour admirer les caves en pierre de taille, son patio et l'ornementation baroque de la voûte.

À son extrémité, prenez sur votre droite la rue qui débouche sur la rue Herrerías dont le terre-plein est verdoyant.

Palacio del Marqués de Huarte

Ce palais du 18ᵉ s. de style néoclassique accueille aujourd'hui la bibliothèque.

Revenez par la calle Yanguas y Miranda à la plaza de los Fueros.

Découvrir

MUSEO-CATEDRAL

Le musée donne accès au cloître et à la cathédrale. ℰ 948 402 161 - www.ciudadtudela. com/decanal - mat. et apr.-midi, sam. et j. fériés mat. - fermé dim. (sf j. fériés) - 3 € (- 18 ans 1,50 €).

Catedral★★

12ᵉ-13ᵉ s. C'est un excellent exemple de l'architecture de transition romano-gothique. Le **portail du Jugement**★★, surprenant ensemble sculpté, difficile à voir globalement à cause du manque de recul, expose près de 120 groupes de personnages illustrant le Jugement dernier.

L'intérieur, roman dans son élévation, est gothique dans les voûtes et les fenêtres hautes. Si l'on excepte la clôture du chœur et quelques chapelles latérales baroques, l'église est riche en œuvres gothiques : stalles du chœur (début 16ᵉ s.), retable du maître-autel (vers 1500), Notre-Dame la Blanche (vers 1200 – statue reliquaire en pierre d'allure byzantine) dans la chapelle absidiale droite. La **chapelle N.-D.-de-l'Espérance**★, juste à côté, renferme plusieurs chefs-d'œuvre du 15ᵉ s. : le sépulcre d'un chancelier du roi de Navarre et le **retable central** (1412) dédié à la Vierge. Dans l'abside gauche, l'une des chapelles abrite le **retable de santa Catalina**★★, en bois doré polychrome (fin 14ᵉ s.). Toutes les chapelles disposent de panneaux montrant les étapes de leur restauration récente.

Cloître★★

Construit aux 12ᵉ-13ᵉ s., il présente un ensemble très harmonieux. Les arcades romanes reposent alternativement sur deux ou trois colonnes aux chapiteaux historiés qui relatent, pour la plupart, les épisodes du Nouveau Testament et de la vie des saints. Le style est d'inspiration aragonaise. Dans le mur d'une des galeries a été conservée une porte de l'ancienne mosquée. La **chapelle de San Dionis**, ancienne synagogue, retrace quant à elle l'histoire de la communauté juive de Tudela, tout comme les panneaux installés dans les galeries présentent la succession et la cohabitation historiques des trois religions révélées dans la ville.

Museo de Tudela

Collection d'art sacré exposée dans l'ancien palais du Doyen. Ne manquez pas les **azulejos★** du 16e s. de la chapelle.

Visiter

Museo de Arte moderno Muñoz Sola

Pl. Vieja, 2 - ☏ 948 402 640 - www.museomunozsola.com - &. - mat. et apr.-midi, w.-end et j. fériés mat. - fermé 1er et 6 janv., 24-26 juil., 24-25 déc. - 1 € (-16 ans gratuit) ; 3 € billet combiné avec le musée de Tudela (enf. 1 €).

Natif de Tudela, le peintre Muñoz Sola (1921-2000) a réuni au cours de sa vie une collection d'œuvres picturales, pour la plupart françaises et datant de la seconde moitié du 19e s. (Girodet de Roucy, Hugart de la Tour, Julien Tavernier, Foubert…). Elle est aujourd'hui exposée dans ce musée, qui consacre également une salle aux peintures de l'enfant du pays.

Paysage des Bardenas.

Aux alentours

Bardenas Reales★★

Las Bardenas Reales, ce sont 42 500 ha de terres arides aux multiples couleurs selon que le gypse, l'argile ou le grès affleurent. Elles se divisent en plusieurs secteurs, reconnaissables à leur végétation. Ainsi, le nord et la **Bardena Negra** (partie méridionale) se caractérisent par les pinèdes et la présence de chênes kermès. Dans le centre et dans la **Bardena Blanca**, il s'agit plutôt de maquis assez chichement réparti. C'est dans cette zone que se trouvent les sites les plus spectaculaires. Cette variété de paysages et de flore permet la cohabitation d'une faune sauvage (pinsons, rapaces, serins) et d'animaux domestiques. Il est en effet encore de tradition de faire entrer les brebis sur ce territoire pour qu'elles y paissent l'hiver. Leur arrivée se célèbre très officiellement lors de la Sanmiguelada qui a lieu le 18 septembre.

15 km au nord. Deux accès permettent d'aborder désert. L'un se prend 800 m avant Arguedas, après le km 13 en venant de Tudela sur la NA 134, à droite. Vous verrez de petits panneaux marqués « Case » et « Bardenas Reales ». Tournez là. Ne manquez pas la route qui est très discrète ! L'autre accès se fait au niveau de N.-S. del Yugo, qui se rallie via Arguedas. Ne vous aventurez pas dans le parc sans documentation ni carte, et encore moins sans eau ni couvre-chef si vous êtes à pied ou à vélo ; attention également à la présence de serpents. Excursions organisées (voir « Tudela pratique »).

La première route traverse des sortes de marais avant de passer devant des champs et des montagnes râpées. Ce n'est qu'au sixième kilomètre que la piste commence et qu'elle s'enfonce dans un territoire un peu plus désertique, pour passer à côté d'une base militaire. Plus le chemin pénètre dans les Bardenas, plus le spectacle de l'érosion devient féerique. Tout est raboté et raviné par le vent et l'eau.

L'entrée par N.-S. del Yugo, sanctuaire abritant une Vierge du 15e s., mène à la partie la plus connue des Bardenas, celle de la Blanca où se trouvent des sites tels que Pisquerra, la butte de Sanchicorrota, la Ralla et le Rallón. Dépaysement total assuré !

Circuit de découverte

PALAIS ABANDONNÉS ET SANCTUAIRES

75 km – 2h. Dans Tudela, suivre la direction de Logroño puis Corella par la NA 160.
La NA 160 traverse des paysages de pinèdes, de rocailles et de buissons rachitiques, avec les éoliennes en toile de fond.

Corella★

Bien que les palais baroques du quartier historique de Corella tombent en décrépitude, ils donnent à la vieille ville un charme suranné auquel on ne reste pas insensible. Voyez plutôt le vieux palais de brique qui borde la plaza de los Fueros, avec son avant-toit sculpté, ses arcades au dernier étage et les vestiges de céramiques qui entourent encore sa porte. Depuis la plaza de España où se trouvent l'*ayuntamiento* et le palais blasonné du marquis de Pajamare, un

> **Une cité à la mode**
>
> C'est grâce à l'épouse du roi d'Espagne Philippe V que **Corella** connut son heure de gloire au 18e s. La qualité de son air lui ayant été bénéfique, elle y revint avec la Cour, qui s'y fit construire certains des palais que l'on peut encore admirer.

réseau de ruelles vous révèlera des maisons anciennes aux murs tout juste droits comme ceux de la casa de los Sada ou encore ceux du palais Sopranis (18e s.).

Musée de l'Incarnation – *Juil.-sept. : apr.-midi.* Accolé à l'église, le cloître accueille désormais une intéressante collection d'art religieux des 16e, 17e et 18e s.
La NA 161 vous conduit à Cintruénigo.

Cintruénigo

Quelques palais au faste fané se fondent dans le vieux centre de Cintruénigo, notamment sur la plaza de los Fueros ou dans la calle Baron de la Torre.

Basilique de la Purissima – *Aux portes du bourg en direction de Fitero.* Sanctuaire de style maniériste de la première moitié du 17e s. À l'intérieur, l'un des premiers retables baroques de Navarre représentant l'Immaculée Conception.
Reprenez la NA 160.

Fitero

Garez-vous sur la place ombragée s'étalant devant l'hôtel de ville. Contournez-le pour accéder au monastère. Monument national depuis 1931, Fitero est le premier couvent cistercien construit dans la péninsule (1140). Fait rare, il est intégré au tissu urbain, ce

Monastère de Fitero.

Alexandra Forterre / MICHELIN

qui s'explique par le développement de la population du village thermal de Fitero au 15e s. Sa mainmise sur le bourg provoqua de nombreuses révoltes jusqu'en 1836 où la loi de sécularisation permit aux villageois de s'en émanciper.

Une partie des bâtiments accueille aujourd'hui des institutions civiles (mairie, maison de retraite, bibliothèque), qu'un plan de réhabilitation prévoit à terme d'installer ailleurs. Seule l'église se visite donc pour l'instant.

Église de Fitero★ – Elle date du 12e s., comme en témoigne l'allure romane de son **chevet★** auréolé de chapelles absidiales, visibles en contournant l'édifice par la gauche. L'intérieur, représentatif de la sobre architecture cistercienne, conserve un retable majeur Renaissance (fin du 16e s.), d'autres baroques, comme celui de sainte Thérèse (abside droite), et un orgue datant du 17e s.

Achevez la traversée du village et tournez à gauche sur la NA 6900 pour rejoindre Cascante.

Jolis paysages de vergers au pied de collines arborées.

Cascante

N.-S. del Romero★, construite en brique à la fin du 17e s., domine le bourg du haut de sa colline, depuis laquelle se déploie un très beau **panorama★** sur les plaines de Queiles, les Bardenas, la frontière aragonaise et le massif du Moncayo. On y accède par une **rampe★** irrégulièrement pavée que bordent 39 arcades de brique.

À l'intérieur, admirez le dôme Renaissance, la riche décoration du chœur, son retable baroque et celui, plus ancien, de la chapelle de droite.

Prenez la N 121 en direction de Tarazona.

Tulebras

Le monastère de brique abrite depuis 1149 une communauté de cisterciennes (la première implantée en Espagne).

Derrière le monastère et le hameau passent plusieurs voies de randonnée, comme la voie verte del Tarazonica ralliant Tudela à Tarazona sud, ou celle allant de Tulebras à Cascante via Ablitas.

Revenez à Tudela par la N 121.

Tudela pratique

Adresses utiles

Office du tourisme de Tudela – *C/ Juicio, 4 - 31500 Tudela -* ✆ *948 848 058 - mat. et apr.-midi, dim. et j. fériés mat. - 1er janv. et 25 déc.*

Office du tourisme de Fitero – *C/ de la Iglesia, 8 - 31593 Fitero -* ✆ *948 776 600 - mat. et apr.-midi, sam. mat. - fermé dim. et j. fériés.*

Visites

Bardenas Reales – *Bardenas Reales - Information et réservation* ✆ *948 412 396 ou 666 570 261 - www.turismobardenas. com - propositions des activités (minimum 4 pers.) - promenade en 4x4 : 160 € (4h, 4 pers.) - vélo : 30 €/pers. (4h).*

Se loger

⌨ **Hôtel Remigio** – *Gaztambide, 4 -* ✆ *948 820 850 ou 948 820 854 - www. hostalremigio.com - 34 ch. 50/55 € -* ⌨ *4 € - rest. 13 €.* Cet hôtel fonctionnel constitue un point de départ idéal pour parcourir la ville à pied. Il propose des chambres d'une propreté exemplaire, desservies par un élégant escalier. Le restaurant offre un menu attractif et des spécialités locales à base de bons produits maraîchers.

⌨ **Hôtel Pichorradicas** – *Cortadores, 11 -* ✆ *948 821 021 - info@pichorradicas.es - 7 ch. 75 € -* ⌨ *8,50 € - rest. 35/40 €.* Aucun doute, cet hôtel mérite l'attention. Outre sa situation enviable en plein quartier historique, ses chambres, personnalisées et bien équipées, s'avèrent très accueillantes. Si vous le pouvez, choisissez de préférence les pièces mansardées. Plus vastes, elles possèdent des baignoires hydromassantes.

⌨ **Hôtel AC Ciudad de Tudela** – *Misericordia s/n -* ✆ *948 402 440 - ctudela@ ac-hotels.com -* P *- 41 ch. 121 € -* ⌨ *11 € - rest. 34/44 €.* Belles installations et alliance judicieuse entre le passé et l'avant-garde. Venez découvrir son charme dans des chambres équipées, dans le pur style de la chaîne. Salle à manger moderne et claire, où l'on peut déguster une grande variété de plats.

Se restaurer

⌨ **Meson Julian** – *Merced, 9 -* ✆ *948 822 028 - info@mesonjulian.com - fermé 1re quinz. de sept. - formule déj. 20 € - 18,70/30 €.* Ce restaurant séduit par sa situation, en plein quartier historique, par son décor où se mêlent la brique et le bois et bien sûr par ses savoureux petits plats traditionnels. Le chef utilise essentiellement les produits frais de saison qu'il fait mijoter longuement. La carte des vins fourmille de bons petits crus.

🍽️🍽️🍽️ **Casa Ignacio (Pichorradicas)** – Cortadores, 11 - ☎ 948 821 021 - info@pichorradicas.es - fermé dim. soir et lun. - 28/33 €. Intime et installé dans une maison du quartier historique, les deux salles de style moderne de ce restaurant sont dotées de poutres au plafond et de quelques murs en briques apparentes. Prix raisonnables.

🍽️🍽️🍽️ **Treintaitres** – Pablo Sarasate, 7 - ☎ 948 827 606 - restaurant33@terra.es - fermé 1er-23 août, 24 déc.-2 janv., lun. soir, mar. soir et dim. - 41 €. Établissement familial, avec un bar et deux salles, l'une sur le côté et l'autre à l'étage, toutes deux à la décoration minimaliste. Carte et menu disponibles.

Faire une pause

Pastelería Salinas – Muro, 1 - ☎ 948 820 115 ou 948 820 084. On ne peut que vous recommander de visiter cette institution transmise de père en fils depuis 1870. La pâtisserie doit sa renommée à ses *mantecadas*, petits gâteaux au beurre agrémentés de fruits secs. Elle vend aussi d'autres spécialités : tuiles, tourons, chocolats blancs… Sur place, petit salon de dégustation.

Événements

Course de taureaux et la *revoltosa* sur la place de Los Fueros (fin juil.).

Fêtes patronales de Ste-Anne (24-30 juil.).

Parc de **Valderejo** ★

CARTE GÉNÉRALE A2-3 - CARTE MICHELIN RÉGION 573 D20 – ÁLAVA

On touche ici aux confins de la province d'Ávala, avec tout ce qu'elle offre de sauvage et d'agreste. Petits villages aux églises bien conservées, sites sauvages préservés et les fameuses salines d'Añana n'attendent que votre visite.

▶ **Se repérer** – Le parc se situe à l'extrémité ouest de l'Álava, à 56 km de Vitoria par la N 1, l'A 2622, puis la BU V 5532.

👁 **À ne pas manquer** – Le défilé du Sobrón et l'arrivée sur le village de San Zodronil depuis San Millan (la route franchit une sorte de barrière naturelle qui ressemble à une porte gardée par des géants de pierre).

🕐 **Organiser son temps** – Le hameau de Lalastra, porte d'entrée du parc, tout comme les autres villages y menant, dispose de structures d'agrotourisme qui permettent d'envisager de rester plusieurs jours dans les parages pour arpenter la vallée. En repartant, un détour par le défilé du Sobrón s'impose, de même que par Gesaltza-Añana, pour voir les salines.

👶 **Pour poursuivre la visite** – Voir aussi Orduña et Vitoria-Gasteiz.

Comprendre

Un éden préservé – Doyen des parcs naturels d'Álava, celui de Valderejo créé en 1992 s'étend sur quelque 3 500 ha, qui attirent les amateurs de nature sauvage par leur grande variété d'essences et de faune. La forêt couvre plus de la moitié de la superficie avec des pins sylvestres, des chênes verts ou des chênes rouvres, ainsi que des hêtraies. Les sommets (dont le plus élevé, le mont Leron, culmine à 1 235 m) sont quant à eux le domaine de la pierre et des rochers, tandis que les fonds de vallée sont dédiés à l'économie agropastorale (prés et champs).

Dans cet environnement varié et protégé, les **espèces menacées** trouvent un espace à leur mesure.

L'une des grandes communautés de **vautours fauves** du Pays basque règne ainsi sur les cieux, qu'elle partage avec l'aigle royal, le faucon pèlerin, les choucas, le vautour percnoptère, le monticole de roche, etc. Bois et sous-bois abritent amphibies (salamandre, grenouille vermeille, tritons), mammifères (chevreuil, sanglier, chat sauvage, fouine) et oiseaux (roitelet, faucon abeille) qui raviront les zoologues et ornithologues amateurs. Quant au papillon Apollon ou à la vipère aspic, ils trouveront certainement aussi leurs fans.

Découvrir

Les villages

Lalastra – Il représente en quelque sorte la porte d'entrée du parc. Ne vous fiez pas à son premier abord, un peu négligé. Il suffit de dépasser les premières habitations pour découvrir un adorable village, où rien ne manque, depuis l'église du 11e s. jusqu'à l'ancien four à pain ou le lavoir.

Vous trouverez toutes les informations concernant la faune, la flore et l'environnement humain du parc au **Centre d'interprétation**, qui vous fournira également cartes et conseils pour partir en randonnée. ℘ 945 353 146 - ⮟ - tte la journée - fermé lun., 1er janv., 25 et 31 déc. - gratuit.

Lahoz – On y accède par Lalastra, mais sans voiture puisque les non-riverains parquent les leurs à l'entrée de Lalastra.

Villamardones et Ribera – Ces deux villages ont été abandonnés mais constituent d'agréables buts de randonnée. On peut atteindre Ribera par le défilé du Puron ou par le hameau de Villafria de San Zadornil (comptez 4 km à pied, car la route n'est pas carrossable).

Les randonnées

Le parc a balisé 9 randonnées et quelques sentiers permettant de passer de l'une à l'autre. Les plus belles partent à proximité du centre d'interprétation, n'hésitez donc pas à en pousser la porte pour acheter une carte *(1,50 €)*.

Le défilé de Purón★★

3h30 AR. Rivière la plus importante du parc, le Purón prend sa source au nord de Lahoz et se resserre au sud-ouest en un défilé ponctué de grottes lorsqu'il franchit le barrage des falaises qui clôturent Valderejo. On passe ainsi de la douceur des pâturages à la forêt de conifères et de feuillus, avant de découvrir dans les gorges une végétation plus méditerranéenne. La promenade passe au pied de **Ribera** dont seule subsiste l'église, en ruines. Elle conserve encore des **fresques** gothiques, inattendues !

San Lorenzo★

1h30 AR. Cet oratoire dédié au saint patron de la vallée offre depuis sa falaise une **vue★** dégagée sur l'ensemble du parc et de ses prairies où paissent moutons et chevaux. En continuant sur le plateau, vers l'ouest, et en redescendant un peu (sentiers balisés), on parvient à l'abreuvoir **El Cubo**, à proximité duquel se trouve un observatoire ornithologique *(derrière le bosquet)*, tourné vers les falaises où évoluent les vautours.

Vautour fauve en pied.

Rodolphe Corbel / MICHELIN

Aux alentours

Défilé de Sobrón★★

24 km au sud-est par l'A 4338, puis la BU V 5532, l'A 2622 et l'A 625 après Villanae, en direction de Bergüenda. Une fois dépassé le village, le défilé du Sobrón se déploie à droite, le long de l'A 2122, en direction de Tobalinilla et San Martín de Don. Le nom de ces gorges noyées vient du hameau de Sobrón, posté en hauteur au-dessus de la route. On y accède par une route très sinueuse qui révèle de superbes points de vue sur le défilé et les monts alentour. L'accès au village est barré d'un portail qu'il faut ouvrir manuellement. En contrebas, le défilé long d'une vingtaine de kilomètres déploie à fleur d'eau une nature rocailleuse et boisée. La partie la plus belle commence après le barrage, en direction de Tobalinilla, avec quelques goulets d'étranglement et une route qui donne l'impression de frôler l'Èbre.

Tuesta

22 km à l'est par l'A 4338, puis la BU V 5532, l'A 2622 et l'A 625 en direction d'Espejo. Après le village, vous récupérez l'A 2622 à gauche. Tuesta sera fléché sur la gauche. Le principal intérêt de ce petit hameau réside dans son église, N.-S. de la Asunción, édifiée au

13ᵉ s. dans un style roman tardif. Fermée dans la journée, elle présente un magnifique **portail★★**, merveilleusement conservé. Admirez les détails de ses **voussures★** richement sculptées. Anges, personnages aux différentes attitudes, animaux plus ou moins fantastiques (oiseaux, griffons), végétaux et scènes de vie rendent vivants ces arcs, reposant sur des piliers aux **chapiteaux★** non moins travaillés. Remarquez le baiser échangé, sur le deuxième pilier en partant du vantail de gauche. Au-dessus de l'archivolte, six statues entourent celle de la Vierge à l'Enfant. Reconnaissez, à gauche, les trois figures des Rois mages.

Salines de Gesaltza-Añana★

4 km à l'est de Tuesta par l'A 2622. La réputation de ce village classé provient de ses salines à ciel ouvert, dont la présence est attestée depuis le 10ᵉ s. La légende veut que ce soit une vache en quête de sel qui fit jaillir la Muera. En réalité, l'eau de la rivière se charge en sel au fur et à mesure de son écoulement jusqu'à la vallée d'Añana, où elle était distribuée vers les « fermes » par des canaux. Cette richesse a permis au village médiéval de multiplier les privilèges de la part des rois de Castille, qui touchaient leur part des bénéfices. Dans l'église, un tableau flamand représente l'Annonciation ; remarquer la finesse des traits.

Visites guidées – ☎ 945 351 111 - www.vallesalado.net - 11h-14h, 16h-19h - 3 € *(-12 ans, gratuit).* La zone d'exploitation se présente comme une succession de petites plate-formes en escaliers, montées sur pilotis (un ensemble de 5 à 25 parcelles était appelé « ferme »). Le sel en provenance de la rivière Muera y séchait à partir d'avril. Aujourd'hui, le site est en cours de restauration. La visite permet d'en comprendre l'histoire et l'évolution, de façon empirique.

Parc de Valderejo pratique

Adresse utile

Maison du Parc – ☎ 945 353 146 - &. - tte la journée - fermé lun., 1ᵉʳ janv., 25 et 31 déc. - gratuit.

Se loger

⊖ **Hôtel Agroturismo Valderejo Etxea** – *Real, 2 - Lalastra -* ☎ *945 353 085 ou 635 707 308 - fermé sept. et 25 déc. - 20 € - 6 ch. 45 € -* �) *3,50 €.* Difficile de trouver adresse plus tranquille que ce lieu planté en plein cœur du Parc naturel de Valderejo. Les chambres, associant poutres apparentes, armoires en bois et maints autres détails de décoration, sont d'une propreté exemplaire. Au restaurant, cuisine familiale, servie l'hiver devant la cheminée.

Événement

Le jour de Pâques, les sauniers descendent en procession pour la traditionnelle Quema de Judas.

Viana★

3 596 HABITANTS
CARTE GÉNÉRALE B3 – CARTE RÉGION 573 E22 – NAVARRE

La taille du bourg perché sur sa colline derrière ses remparts ne révèle rien de l'importance de cette étape sur le chemin de St-Jacques-de-Compostelle. Ce n'est qu'en se mêlant aux pélerins sur le départ ou bien au repos sur le parvis de sa magnifique église, que l'on en prend conscience.

▶ **Se repérer** – En lisière de Navarre, Viana se trouve sur la route de Compostelle, à 39 km au sud-ouest d'Estella sur la N 111. Logroño n'est qu'à 10 km au sud-ouest dans le prolongement de cette voie importante de pèlerinage.

🅿 **Se garer** – En dehors des remparts, à côté de l'église San Francisco, ou bien dans la vieille ville, sur la plaza del Coso.

👁 **À ne pas manquer** – La chapelle romane del Santo Sepulcro de Torres del Río.

🕓 **Organiser son temps** – Prenez Viana comme point de départ pour rayonner une journée sur les contreforts des sierras de Urbasa et de Santiago de Loquiz.

👣 **Pour poursuivre la visite** – Voir aussi Estella, Laguardia et Salvatierra.

Se promener

Plaza de los Fueros

Une fois franchi l'arc séparant la vieille ville de ses anciens faubourgs, on pénètre sur cette petite place délimitée par l'hôtel de ville et le parvis clos de l'église, pavé de galets et planté d'arbres.

Casa consistorial – 17e s. Identifiable à ses arcades et au gigantesque blason qui orne la balustrade entre ses deux tours, elle déploie une belle façade à la fois Renaissance et platéresque.

Iglesia Sta María★★

De style gothique et fortifiée, elle fut édifiée entre 1250 et 1312.

Portail Renaissance★ – Monumental, il représente différentes scènes des Évangiles, depuis Jésus priant au mont des Oliviers à gauche de la porte, jusqu'à la Passion à droite, en passant par l'Annonciation et la Nativité. Surplombant le tympan, la Crucifixion et la Descente de la Croix surmontées d'un demi-dôme à caissons.

Intérieur★ – Retables baroques du 17e s. dans les chapelles encadrant le chœur (celle de droite expose une jolie Vierge du 14e s.). Admirez les fresques de Luis Paret y Alcázar et notez les chaires baroques décorées d'angelots.

Dans l'atrium repose César Borgia, le frère de la célèbre Lucrèce, tombé en 1507 au pied des remparts de Viana alors qu'il combattait pour son beau-frère, roi de Navarre.

« Balcones de Toros ».

Alexandra Forterre / MICHELIN

Calle de Sta María

Fondée en 1219 par Sanche le Sage, Viana s'est développée grâce à sa position stratégique sur le chemin de Compostelle. Les maisons de sa rue principale témoignent encore de l'importance des hospices et auberges qui la ponctuaient.

Elle longe l'église et mène à la plaza del Coso où se dressent les « balcones de Toros », la mairie à arcades dotée d'un balcon léger et d'un avant-toit travaillé. Remarquez en chemin un autre avant-toit ouvragé (à caissons celui-ci).

Revenez vers la plaza de los Fueros et dépassez-la.

Dans cette direction, la rue principale est bordée de maisons blasonnées (nos 2, 3 et 9) ou ornées d'un avant-toit sculpté (n° 12). Elle aboutit à l'église San Pedro.

Iglesia San pedro

Ses ruines laissent entrevoir une architecture gothique (13e s.) et conservent un portail baroque de 1740.

Derrière l'église, on accède, par la ruelle de l'ancien cimetière et la muraille du 13e s., à un petit **jardin** aménagé sur les anciens remparts.

Ressortez de la vieille ville par la place de los Fueros.

Le couvent et l'église San Francisco (17e s.) font face à l'arche donnant accès au centre historique de Viana. Le premier a été transformé en résidence pour personnes âgées, la seconde paraît inemployée (17e s.)

Circuit de découverte

130 km – Une demi-journée. Partez de Viana en direction d'Estella par la N 111.

Torres del Río

Demandez la clé à Mercedes ou Aurora (comme indiqué sur les panonceaux de l'enclos). Sinon, renseignez-vous au bar.

Petit village concentré sur le sommet d'une colline couronnée par son église paroissiale. Prenez le temps de vous asseoir dans son jardinet pour admirer la vue sur les toits et sur le bourg voisin de Sansol.

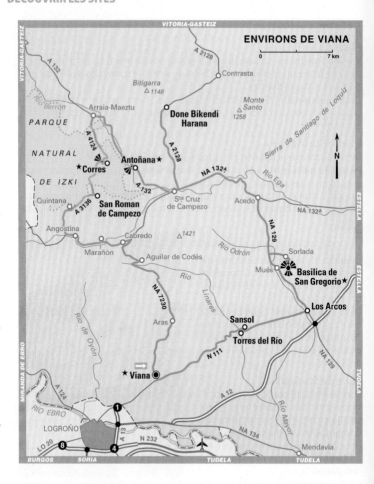

Iglesia del Santo Sepulcro★ – À mi-hauteur dans le village. C'est un curieux édifice roman tout en hauteur et de plan octogonal, construit vers 1200. Sa ressemblance avec la chapelle d'Eunate a frappé les spécialistes qui y voient une chapelle funéraire. À l'intérieur, les lignes verticales dominent ; la magnifique **coupole★** en étoile, d'influence mudéjare, est d'une géométrie parfaite *(voir p. 80)*. L'acoustique y est particulièrement bonne, comme vous pourrez le constater si certains pèlerins entonnent des chants. Les minuscules fenêtres disposées au bout des branches de l'étoile, les modillons et chapiteaux historiés sont les seuls éléments décoratifs.

Reprenez la route en direction d'Estella.

Sansol

Quelques maisons anciennes en assez bon état entourent une petite église postée sur le haut d'une colline. Belle vue sur le village de Torres del Río.

La N 111 se dirigeant vers Los Arcos laisse derrière elle les collines douces pour un paysage plus âpre.

Los Arcos

Garez-vous sur la plaza del Coso, plus ou moins en face de la station-service.

Le vieux centre longe la rivière sur laquelle donne le portal de Castilla. Ce dernier permet d'accéder directement à la plaza de Sta María, bordée par l'église du même nom et une belle maison à arcades blasonnée.

Iglesia Sta María de los Arcos – Reconnaissable à sa haute tour, l'église appartient par sa décoration intérieure au baroque espagnol. L'effet est saisissant : les stucs, les statues, les peintures ne laissent aucune surface à nu. On remarquera tout particulièrement les murs du transept et leur décoration imitant des cuirs de Cordoue. Sur le maître-autel, du plus pur style baroque, trône une statue en bois polychrome du 13e s. représentant la Vierge noire de Santa María de los Arcos. Le cloître (15e s.) avec ses fenêtres flamboyantes montre l'élégance du gothique.

Calle Mayor – Elle est ponctuée de maisons blasonnées, de façades ornées de balcons, de portes (n° 16) ou d'avant-toits ouvragés (n° 8).

Longez le río Odrón en passant devant le vieil Arcos et remontez-le sur la NA 129. Après Mués, tournez à droite sur la NA 7410 en direction de Sorlada que vous traverserez pour rejoindre la basilique St-Grégoire (fléchage).

Basilica de San Gregorio Ostiense★

☎ 948 534 015 - ouv. jusqu'à 19h.

Depuis sa crête, ce temple baroque richement décoré domine à la fois Mués et les maisons de grès rose de Sorlada. Admirez son joli portail Renaissance.

Le lieu est habituellement empreint de tranquillité, mais affiche complet les jours de fêtes religieuses. On fait alors la queue pour se faire bénir et partager le pique-nique.

Revenez sur la NA 129 et poursuivez jusqu'à Acedo. Là, tournez à gauche en direction de Sta Cruz de Campezo. À l'entrée du village, prenez à droite l'A 2128 qui vous mènera à Done Bikendi.

Done Bikendi

L'église **San Vincente** arbore un auvent et un portail Renaissance, tandis que son chœur abrite un superbe **retable★★** polychrome de 1516 récemment restauré. Surélevé, il illustre richement quelques épisodes de la Passion du Christ comme la Cène ou son arrestation. Admirez la richesse des détails, l'expression des anges et des démons ainsi que la vivacité des couleurs de l'ensemble *(demandez la clé à la ferme qui se trouve au bas des marches, à l'angle des rues).*

Retournez à Sta Cruz de Campezo pour emprunter l'A 132, en dir. de Vitoria-Gasteiz.

Antoñana★

Petit village accroché à flanc de colline. Les anciens vous diront qu'il s'agit du plus vieux d'Álava et, de fait, il a conservé une très jolie maison-porche médiévale à pans de bois pour marquer son entrée. Ses anciennes murailles servent de murs de soutènement aux demeures du bas et l'eau de son lavoir chante toujours à l'autre bout du bourg.

Poursuivez sur cette route jusqu'à Arraia-Maetzu et tournez à gauche sur l'A 4124.

Corres★

Le village mérite que l'on s'y arrête, non seulement parce qu'un panneau du **parc d'Izqui** y présente les différentes randonnées possibles sur la région et qu'un petit chalet y fait office de Maison du parc, mais aussi parce que le bourg se situe en surplomb d'un défilé.

En sortie de village, garez-vous sur le côté si vous le pouvez de façon à admirer le **panorama★**.

Des balisages de randonnées parsèment le village et débutent également au niveau de l'église.

Reprenez la route pour rallier San Roman de Campezo.

San Roman de Campezo

Hameau champêtre servant de point de départ à différentes randonnées.

Sanctuaire rupestre – *Montez jusqu'au lavoir en haut du village et commencez l'ascension après l'église. Comptez 45mn. Très bien balisé.*

La pente peut paraître parfois ardue, mais on est récompensé par la beauté du chemin qui laisse entrevoir les monts environnants pour déboucher ensuite sur un col ouvert au vent. La vue ne cache rien alors des champs de la vallée, des routes qui serpentent et des éoliennes sur les crêtes. On rallie le petit sanctuaire aménagé dans une grotte par une sente à flanc de montagne.

Revenez à Viana en prenant la direction de Quintana, puis d'Angostina et de Mara-ñón. Après Cabredo, tournez à droite sur la NA 7200 en direction d'Aguilar. À la hauteur du bourg, dans le lacet, ne manquez pas sur votre droite la NA 7230 qui vous ramènera à Viana.

Viana pratique

Adresse utile

Office de tourisme – *Pl. de los Fueros, 1 - 31230 Viana -* ☎ *948 446 302 - mars-nov. : mat. et apr.-midi, dim. et j. fériés mat. ; reste de l'année : tlj sf dim mat. - fermé 22 juil.*

Viana constitue la dernière halte navarraise pour les pèlerins qui ont tous suivis la même route depuis Pampelune : Puente-la-Reina, Estella, Los Arcos et Torres del Río. C'est pour eux un point de ravitaillement incontournable, voire, pour les plus fatigués, une étape bienvenue.

Vitoria-Gasteiz ★★

Gasteiz

226 490 HABITANTS
CARTE GÉNÉRALE B3 - CARTE MICHELIN RÉGION 573 D21-22 – ÁLAVA

Capitale de la plus vaste des provinces basques et siège du gouvernement de la Communauté autonome basque (Euskadi), Vitoria-Gasteiz fut fondée sur une colline et entourée d'une muraille au 12ᵉ s. Aujourd'hui, c'est une ville agréable et élégante qui conserve, dans sa partie haute, un magnifique centre historique.

- **Se repérer** – Vitoria-Gasteiz se trouve à 64 km au sud de Bilbao et à 93 km à l'ouest de Pampelune, au cœur de la llanada alavesa, ample plateau cultivé de céréales à 500 m d'altitude. La ville encercle son quartier historique, planté sur une colline.

- **Se garer** – Le centre médiéval étant piétonnier, mieux vaut se garer en périphérie dans l'un des parkings publics (près de l'Artium par exemple ou de la plaza de Fueros) ou à proximité de la nouvelle cathédrale. Reste aussi la gare.

- **À ne pas manquer** – Le quartier historique, l'amusant musée moderne de l'Artium et le jardin Sta Catalina avec son cadre romantique.

- **Organiser son temps** – Une journée suffit pour prendre la mesure du centre médiéval de Vitoria. Flânez dans ses ruelles pavées, visitez un ou deux musées et réservez-vous les alentours de la plaza de la Virgen Blanca pour prendre un verre le soir.

- **Avec les enfants** – Le musée des Jeux de cartes, le château de Mendoza, le musée du Sel.

- **Pour poursuivre la visite** – Voir aussi Salvatierra, Orduña, le Parc de Valderejo, Labastida et Laguardia.

Comprendre

Plusieurs fondations – D'un simple oppidum construit sur une colline en surplomb de la voie romaine reliant Bordeaux à Astorga, Vitoria est devenue cité barbare avec le roi wisigoth Léovigild, à qui l'on attribue sa fondation officielle en 581, avant de recevoir ses *fueros* du roi Sanche le Sage en 1181. Ce dernier fortifie la place, mais le roi de Castille l'incendie en 1202. Tout le bâti médiéval subsistant est donc postérieur à cette date.

Prospérité commerciale – De par sa position stratégique entre les sierras et la Rioja, bénéficiant de l'ancien tracé de la voie romaine, Vitoria a pu développer une importante activité économique : artisanale d'abord, comme en témoignent les noms des rues (Zapatería pour la cordonnerie, Cuchillería pour la coutellerie, etc.), mais aussi commerciale puisque le vin de la Rioja, le blé de la plaine et le fer des montagnes convergeaient vers elle.

Guerres du 19ᵉ s. – C'est à la bataille de Vitoria, remportée par Wellington et les Espagnols en 1813, que Napoléon perd définitivement l'Espagne. Pendant les guerres de Succession, si la ville a montré une certaine neutralité, cela ne l'a pas empêchée d'être occupée par les carlistes. La cité traverse donc tout au long du siècle une longue période de léthargie.

Capitale administrative – Le 23 mai 1980, le parlement basque choisit Vitoria pour y siéger. Elle devient ainsi capitale de la communauté autonome, l'Euskadi. Cette décision l'a redynamisée en attirant les administrations centrales, des entreprises de services et des industries. Elle présente donc aujourd'hui un visage à la fois ancien et moderne.

Le saviez-vous ?

La **Virgen Blanca** occupe une place à part dans le cœur des habitants de Vitoria-Gasteiz, et ce depuis sa fondation par Sanche VI le Sage, roi de Navarre, en 1181. La ville a en fait adopté la dévotion que son souverain portait à la Vierge et elle l'a développée au fil des siècles. Ainsi, en 1613 était créée la confrérie de N.-S. de la Virgen Blanca. Au 19ᵉ s., celle-ci devenait officiellement la sainte patronne de la ville, et plus récemment, en 1954, elle était couronnée « reine de la cité ». Le 4 août a lieu en son honneur le défilé des *faroles*.

Plaza de la Virgen Blanca : monument dédié à la victoire du 21 juin 1813.

Se promener

LA VIEILLE VILLE★★

1h30. La vieille ville est formée de plusieurs rues curvilignes qui entourent la cathédrale et portent les noms des anciens métiers. Les vieilles maisons nobles à blason y abondent.

Plaza de España ou plaza Nueva B2

Édifiée en 1791, œuvre de l'architecte Olaguíbel, elle présente une noble ordonnance néoclassique en forme de carré parfait.

Un passage permet d'accéder directement à la plaza de la Virgen Blanca, trait d'union entre les quartiers ancien et moderne.

Plaza de la Virgen Blanca B2 5

Dominée par l'église San Miguel, elle est l'image la plus caractéristique du centre névralgique de Vitoria. Ses façades, éclairées de *miradores* (vérandas vitrées), encerclent un lourd monument à la victoire du 21 juin 1813, date à laquelle Wellington mit en déroute les troupes napoléoniennes.

D'anciens édifices des 18ᵉ et 19ᵉ s. abritent de très agréables cafés (Café Marañón, Café Vitoria). Notez que les rues les plus animées sont celles situées à gauche de la place, avec leurs boutiques et leurs commerces pleins de charme.

Montez jusqu'à l'église San Miguel.

Iglesia San Miguel B2

À l'extérieur du porche, une niche de jaspe abrite la statue polychrome, de style gothique tardif, de la Vierge blanche, patronne de la ville. On entre dans l'église par un portail de la fin du 14ᵉ s., dont le tympan retrace des épisodes de la vie de saint Michel. À l'intérieur, on remarquera surtout le retable du maître-autel, dû à Gregorio Fernández (17ᵉ s.), et, à sa droite, un arc platéresque (orné d'éléments baroques).

Plaza del Machete★★ B2 3

Une niche au chevet de l'église San Miguel abritait autrefois le *machete*, coutelas sur lequel le procureur général jurait de défendre les libertés de la ville. C'est de ce couteau que cette calme et vaste place tire son nom. On aperçoit, derrière, le clocher de San Vincente (1871).

Los Arquillos (B2) – Enfilade d'arcades reliant la ville haute à la ville basse, à l'extrémité droite de la place.

Villa Suso – Cette belle demeure du 16ᵉ s., construite sur l'ancienne muraille, est aujourd'hui reconvertie en palais des congrès.

Quittez la place par l'escalier contigu au palais.

Vous passerez à proximité de l'église **San Vincente** de style gothique (15ᵉ s.)

Par la cuesta de San Vincente, rejoindre la calle Cuchillería que vous remonterez par la gauche.

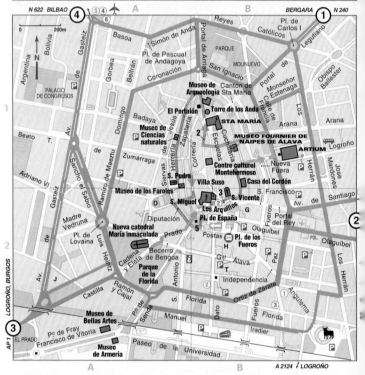

Notez, au n° 24, la **casa del Cordón** (16e s.) qui accueille une salle d'expositions temporaires.

À l'intersection avec le cantón de San Francisco de Javier, prenez à droite et marchez jusqu'à l'Artium.

Artium★ B1 *(voir « Visiter »)*

En sortant de l'Artium, prenez à droite la calle de Francia et remontez-la jusqu'à la prochaine intersection en croix. Là, prenez à gauche la calle San Ildefonso, prolongée par la calle de Sta Ana.

Museo de Naipes★ (Musée des Jeux de cartes) B1 *(voir « Visiter »)*

À l'intersection avec la calle Cuchilleria.

Ce singulier musée des Jeux de cartes a pris possession du palais de Bendaña, reconnaissable à sa tour d'angle et à son portail simple encadré par un alfiz. L'intérieur conserve une belle cour Renaissance.

Reprenez la calle Sta Ana, qui débouche sur la calle Fray Zacarías Martínez.

Calle Fray Zacarías Martínez B1 2

Vieilles demeures à colombages et anciens palais caractérisent cette jolie rue. La calle Sta Ana vous a justement amené devant le portail Renaissance du palais des Escoriaza-Esquivel, construit sur un pan de l'ancienne muraille. Avec un peu de chance, si ce dernier est ouvert, vous pourrez jeter un œil au joli patio couvert.

Suivez la rue sur votre droite en direction de l'ancienne cathédrale.

Catedral Sta María B1 *(voir « Visiter »)*

La construction de cette église fortifiée débuta à la fin du 13e s. et ne fut réellement achevée qu'au 14e s. Initialement partie intégrante de l'enceinte défensive, elle fait aujourd'hui l'objet d'un important processus de réhabilitation.

Face à la plaza de la Burullería qui lui est accolée, un ensemble de vieilles demeures donne un aspect moyenâgeux à la rue.

Torre de los Anda (B1) – Sa partie inférieure fut une tour de défense médiévale. Elle forme un triangle avec les deux édifices suivants.

El Portalón (B1) – *De l'autre côté de la rue*. Établissement de commerce typique de la fin du 15e-début 16e s.

Museo de Arqueología B1 – La casa Godeo-Guevara-San Juan est un édifice en brique et à colombages du 16e s., reconstruit, qui héberge le petit Musée d'archéologie *(voir « Visiter »)*.

Rejoindre la calle Herrería depuis la plaza de la Burullería en empruntant le cantón del Seminario Viejo.

Vous passerez devant la torre de Doña Ochanda qui abrite le **Museo de Ciencias Naturales (B1)** *(voir « Visiter »)*.

San Pedro A1

Cette église du 14e s. présente une intéressante façade gothique.

En haut des escaliers qui lui font face, vous apercevez la façade du **centre culturel Montehermoso (B1)** qui occupe un palais Renaissance (1524).

Prenez les escaliers.

Dans la première ruelle à droite se trouve le **Museo de los Faroles (A1)**, repérable à sa très haute porte (nécessaire pour laisser passer les éléments du rosaire). *Zapatería, 35 - ☎ 945 277 077 - se renseigner pour les horaires - 1 €.*

La confrérie de N.-S. de la Virgen Blanca prend soin des *faroles*, ces éléments en vitraux qui symbolisent les mystères du rosaire (joyeux, douloureux et glorieux), les Ave, les Pater et les Gloria. Tous sont portés en procession la nuit du 4 août, selon une tradition qui remonte à 1897.

Revenez aux escaliers et prenez la ruelle suivante, toujours sur votre droite. Poussez jusqu'à la plaza de la Virgen Blanca en marchant tout droit ou en prenant à droite le cantón de San Roque pour retrouver la calle Herrería.

Découvrir

La ville moderne

Si Vitoria s'agrandit au 18e s. avec les réalisations néoclassiques des Arquillos et de la plaza de España, elle s'étend au 19e s. vers le sud avec l'aménagement du parc de la Florida.

Nueva Catedral María Inmaculada A2

Construite en 1907 dans le style néogothique, elle borde le parc de la Florida et abrite le Musée diocésain *(voir « Visiter »)*.

Paseos

Le paseo de la Florida longe le parc du même nom et se prolonge par ceux de la Senda et de Fray Francisco. Cette enfilade d'allées agréablement ombragées sert de

Façade de la maison du marquis Alameda.

Alexandra Forterre / MICHELIN

promenade aux habitants qui viennent y prendre le frais en fin de journée, saluer leurs amis et flâner tout en regardant la foule.

Paseo de Fray Francisco – Il commence au-delà de la voie ferrée et va jusqu'au parque de El Prado sur lequel donne la capilla de la Sagrada Familia. Sur sa longueur se succèdent palais et grandes maisons bourgeoises de la fin du 19e et du début du 20e s., dont le palais de **Ajuria Enea**, siège du gouvernement basque. Le **Museo de Bellas Artes** et celui de **la Armería** *(voir leur description dans « Visiter »)* donnent également sur cette promenade.

Plaza de los Fueros B2
À quelques pas de la plaza de España (à l'opposé de la plaza de la Virgen Blanca).
Cette place moderne (1981) de granit rose a été dessinée par l'architecte José Luis Peña Ganchegui et par le sculpteur Eduardo Chillida.

Visiter

Visite du chantier de restauration de la cathédrale Santa María★★ B1
1h30. Visite en français, en anglais ou en castillan. Visites en français, anglais, castillan, italien, euskara et allemand - ℘ 954 255 135 - en travaux - visite guidée sur demande préalable - 3 € (-12 ans gratuit).
En raison de son emplacement, cette cathédrale gothique nécessite depuis des siècles d'être étayée afin d'éviter qu'elle ne s'effondre. En 2000, un projet de grande envergure a été lancé afin de restaurer et préserver ce monument d'une valeur historique et artistique inestimable ; fin des travaux prévue pour 2010.
La visite du chantier permet de contempler au plus près la restauration des œuvres (le circuit de visite est fonction de l'avancée des travaux). Cette initiative totalement novatrice est très intéressante. Équipé d'un casque, vous emprunterez les passerelles métalliques et percerez les secrets de ce temple-forteresse ; vous comprendrez ainsi le développement et le tracé du quartier historique de la ville.

Museo « Fournier » de Naipes de Álava★ B1
C/Cuchillería, 54 - ♿ - mat. et apr.-midi, w.-end et j. fériés mat. - possibilité de visite guidée sur demande préalable - fermé lun., 1er janv. et Vend. saint - gratuit.
👥 Depuis 1868, la célèbre fabrique de cartes à jouer de Heraclio Fournier fonctionne à Vitoria. Félix Alfaro Fournier, petit-fils du fondateur de la célèbre manufacture de cartes à jouer, a su réunir une incomparable collection qui a été acquise par la diputación foral de Álava en 1986. La collection actuelle compte 15 000 jeux de cartes, allant du 14e s. à nos jours et provenant du monde entier. Ils couvrent une grande variété de thèmes (concernant l'histoire, la géographie, l'art, les caricatures, les coutumes, etc.) et utilisent les supports d'impression les plus divers (papier, parchemin, feuilles d'arbre, tissu, métal, etc.).

Artium★ B1
C/Francia, 24 - ℘ 945 209 000 - www.artium.org - ♿ - tte la journée - fermé lun. (sf j. fériés), 1er janv. et 25 déc. - 4,50 € (-18 ans 2,20 €).
Cet important centre muséographique d'art contemporain, inauguré en 2002, a pour vocation de faire connaître et de rendre plus accessible l'art actuel au travers d'expositions permanentes et temporaires.
Un système d'exposition rotative bisannuelle permet de voir une sélection significative de sa magnifique **collection★**. Son fonds est constitué de plus de 1 800 œuvres d'artistes espagnols des années 1920-1930 jusqu'à aujourd'hui. Des noms aussi évocateurs que Picasso, Miró, Gargallo, Tàpies, Canogar, Palazuelo, Oteiza, Chillida… ou bien encore Barceló, Iglesias, Urzay, Badiola, Sicilia, Broto, etc. complètent ce panorama de l'art contemporain espagnol.

Museo de Armería A2
P° de Fray Francisco, 3 - ℘ 945 181 925 - mat. et apr.-midi, w.-end et j. fériés mat. - fermé lun., 1er janv. et Vend. saint - gratuit.
Agréablement présentée dans un bâtiment moderne, la collection, preuve de la tradition militaire basque, montre l'évolution des armes de la hache préhistorique au pistolet du début du 20e s. On y remarquera des armures (15e-17e s.), d'autres, japonaises, du 17e s. et une maquette reconstituant la bataille de Vitoria.

Museo Diocesano de Arte Sacro
Calle Cadena y Eleta. Catedral de María Inmaculada - ℘ 945 150 631 - www.diocesisvitoria.org - ♿ - mat. et apr.-midi, w.-end et j. fériés mat. - possibilité de visite guidée sur demande préalable - fermé lun. et 1er janv. - gratuit.

Installé dans la nef contournant l'abside de la Nouvelle Cathédrale, ce musée expose des œuvres appartenant aux diocèses de Vitoria et Álava. Outre les œuvres romanes avec lesquelles débute la visite, remarquer les belles images gothiques ainsi que les intéressantes œuvres flamandes de Van der Goes (Descente de Croix) et de Ambrosius Benson (Crucifixion). Plus loin, arrêtez-vous devant la belle collection de pièces d'orfèvrerie.

Museo de Bellas Artes A2

P° Fray Francisco, 8 - 𝒫 945 181 918 - &.
- mat. et apr.-midi, dim. et j. fériés mat.
- fermé lun., 1er janv. et Vend. saint - gratuit.

> **Assoiffés…**
>
> Alimenté par les rivières Barrundia et Zadorra qui descendent de la sierra de Urkilla, le lac Ullíbarri, à l'instar de son voisin, Urrúnaga, fournit en eau l'agglomération de Vitoria.

Le palais de Agustín, monument historique construit au début du 20e s., abrite une collection d'art espagnol des 18e et 19e s. ainsi qu'un éventail très complet de la peinture basque (Iturrino, Regoyos, Zuloaga).

Un étage est consacré à Fernando de Amárica (1866-1956). La visite permet d'apprécier les changements intervenus à cette période où la peinture académique et classique s'est tournée davantage vers le romantisme ou le réalisme.

Museo de Arqueología B1

C/Correría, 116 - 01001 Vitoria - 𝒫 945 181 922 - mat. et apr.-midi, w.-end et j. fériés mat.
- fermé lun., 1er janv. et Vend. saint - gratuit.

Ce musée d'Archéologie présente les produits de fouilles effectuées en Álava, couvrant une période allant du Paléolithique au Moyen Âge. On remarquera les collections provenant de dolmens, et les stèles et sculptures romaines dont la stèle du Cavalier.

Museo de Ciencias Naturales A1

Torre de Doña Ochanda. C/Siervas de Jesús, 24 - 𝒫 945 181 924 - mat. et apr.-midi, w.-end mat. - fermé lun. (sf j. fériés) - gratuit.

Dans une ancienne tour du 15e s. Une salle entière dédiée à l'ambre occupe le rez-de-chaussée (écrans interactifs, jeux de lumières, crâne de T-rex). Le 1er étage réunit quant à lui une vaste collection de fossiles, tandis que le dernier niveau, à la présentation un peu datée, se concentre sur les écosystèmes d'Álava.

Aux alentours

Jugo

22 km au nord-ouest par la N 622. Sortez à la sortie 21 et prenez la direction de Murguia. Dans le bourg, engagez-vous sur la route partant de l'église et menant à Jugtaxi. Traversez le hameau suivant et, sur votre gauche, vaguement peint sur le mur d'une maison, le sanctuaire sera indiqué. Suivez ensuite les panneaux de bois et montez jusqu'au parking naturel.

🚶 Le chemin monte à travers bois *(comptez 10mn)*, offrant de beaux dégagements sur la vallée et Murguia en contrebas. L'ermitage en lui-même se dresse dans une sorte de clairière, ouverte sur les monts alentours et le massif de Gorbeia.

N.-S. del Oro

28 km au nord-ouest par la N 622. Sortez à la sortie 21 et prenez la direction de Murguia. Dans la traversée de la commune, prenez à droite la direction de Bitoriano. Visez l'église, trônant sur une petite éminence en sortie de bourg, et prenez à gauche. Ouv. w.-end, dans la journée.

La route dévoile de jolies vues sur les prairies et les collines environnantes. Après 2 km, elle aboutit au parking de l'ermitage, construit au 16e s. sur le flanc d'un petit mont dégagé. Sa silhouette trapue se niche au creux du sommet qui révèle un magnifique **panorama★** sur la région et Gorbeia.

Sarria

21 km au nord-ouest par la N 622. Sortez à la sortie 21 et prenez la direction de Murguia. Dans la traversée de la commune, prenez à gauche la direction de Sarria, puis suivez les panneaux indiquant le parc de Gorbeia.

Parque natural de Gorbeia – Cette Maison du parc constitue l'autre entrée du Parc naturel de Gorbeia *(voir Llodio)*, côté Álava cette fois.

🚶 Plusieurs sentiers de randonnée, bien balisés, partent du centre d'interprétation. Le n° 3 mène au mont Gorbeia et peut s'effectuer en partie à vélo.

Château de Mendoza.

Circuits de découverte

Histoire et jardin 1

35 km – 2h30. Quittez Vitoria par la N 622 en direction de Bilbao, puis la N 1 vers Madrid. Sortez à la sortie 348.

Mendoza

Au cœur du village, le **château** est une forteresse à meurtrières, dépourvue de créneaux, mais entourée de quatre tours. Belle vue sur la plaine. Cette ancienne résidence du duc de l'Infantado abrite aujourd'hui le **Museo de Heráldica Alavesa** qui présente une collection de blasons de familles nobles de la région. ℘ 945 181 918 - de déb. mai à mi-oct. : 11h-15h, 16h-20h, sam. 11h-15h, dim. et j. fériés 10h-14h ; reste de l'année : 11h-15h, dim. et j. fériés 10h-14h - gratuit.
Revenez sur l'A 3302 et prenez à droite pour rejoindre Trespuentes.

Jardín Botánico Sta Catalina★

Accès depuis Trespuentes (fléchage) jusqu'à une sorte de carrière de pierre. Ne vous laissez pas impressionner et suivez encore les panneaux. Montez en voiture jusqu'à un portail que vous ouvrirez, puis un parking. De là, comptez 15mn à pied (ça grimpe) pour accéder à l'entrée réelle du jardin. Visite env. 1h. ℘ 680 470 146 - www.cuadrilladeanana. es/santacatalina - juil.-août : tte la journée ; reste de l'année : mat. - fermé lun. - 3 € (-10 ans gratuit).
Ce jardin enchanté qui a ouvert ses portes en 2002 a été réalisé autour des ruines du monastère de Sta Catalina. Les sentiers aménagés serpentent autour et dans les vestiges, réservant de belles échappées sur le plateau de Vitoria-Gasteiz. Les essences sont toutes marquées et exhalent leurs senteurs, surtout le matin ou en fin de journée. La meilleure saison pour en profiter se situe à la fin du printemps, vers mai ou juin.
Revenez sur l'A 3302 pour rallier Villodas.

Oppidum de Iruña

Le chemin d'accès en voiture se trouve juste à l'entrée de Villodas, à droite. Autre possibilité : venir à pied depuis Trespuentes. ℘ 945 403 044 - www.veleia.com - mat. et apr.-midi, w.-end et j. fériés apr.-midi - possibilité de visite guidée sur demande préalable (avr.-nov.) - fermé lun., 1er janv. et 25 déc. - gratuit ; 3 € visite guidée.
Vestiges de murailles des 3e et 4e s. d'une ville romaine tardive. Les fouilles menées entre 1949 et 1954 ont révélé une agglomération qui couvrait 11 ha mais seuls cinq contours de maisons, présentés par des panneaux, ont été mis au jour.
Restez sur l'A 3302 jusqu'à ce qu'elle rejoigne, en passant sous la N 1, la N 102 qui traverse Armentia pour aboutir à Vitoria.

Basílica de San Prudencio de Armentia

Cet édifice du 13e s. se caractérise par un chevet roman, et un intérieur à la nef et aux arcs déjà gothiques. Son auvent conserve deux superbes **tympans et deux bas-reliefs★** du 11e s.
Rentrez à Vitoria en suivant le fléchage.

Entre lacs et plaine ②

80 km – 4h. Quittez Vitoria par la N 240 en direction de Durango.
La route contourne le lac d'Urrúnaga tout en offrant de belles vues sur ses berges.

Alfarería Vasca (atelier de poterie basque)

Dépassé le panneau Elosu, l'atelier de poterie sera sur votre gauche, repérable à sa jarre géante. ☎ 945 455 145 - www.euskalzeramika.com - mat. et apr.-midi, sam. matin - fermé dim. et j. fériés - gratuit.

Passionnée et accueillante, la maîtresse des lieux vous fera les honneurs de son atelier. Elle vous montrera l'ancien four tricentenaire (1711), classé Monument historique, où l'on cuisait autrefois les récipients traditionnels. Elle vous commentera aussi, si vous le souhaitez, les objets exposés dans le petit musée à l'étage (les céramiques bleues du 16e s., les vertes du 18e s., etc.) : une bonne occasion pour le visiteur de comprendre l'histoire et les coutumes de la province. Ventes possibles *(voir encadré pratique)*.

Revenez sur vos pas et, après Legutiano, à la hauteur d'Urbina, passez sur l'A 627 en direction de Mondragon afin de rallier, après le col d'Arlaban, le village de Leintz-Gatzaga.

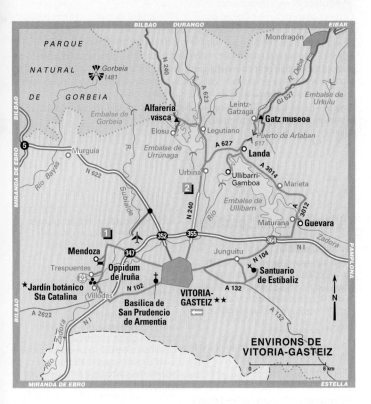

Gatz Museoa (musée du Sel)

Dépassez le village de Leintz-Gatzaga et suivez le panneau. ☎ 943 714 792 - visite guidée seulement, se renseigner. Mieux vaut prévenir de son passage.

👥 Vous verrez sur la rive opposée du torrent un charmant ensemble de petites bâtisses où les femmes extrayaient autrefois le sel. Elles présentent aujourd'hui les anciens mécanismes d'extraction du sel, dont un moulin hydraulique, ainsi que des maquettes et des panneaux explicatifs.
Repartez sur l'A 627 en direction de Vitoria.

Landa

De ce hameau en bordure du **lac Ullíbarri** partent divers itinéraires dont une ancienne voie de chemin de fer reconvertie en voie verte.

Longez donc la berge en direction d'**Ullíbarri** pour découvrir ce village ancré au bord des eaux, dont l'église domine le lac. De petits bateaux tanguent au rythme du vent à deux pas de la petite base nautique et offrent une vision de carte postale au

soleil couchant. Une terrasse de café permet d'apprécier pleinement cette vision…
Revenez à Landa et suivez la berge en direction de Marieta. Après le village et Larrinzar, roulez jusqu'à l'intersection avec l'A 3012 et tournez à droite pour rejoindre Maturana. Là, vous suivrez les panneaux « Guevara ».

Guevara

Les ruines d'un château se dressent un peu en dehors du village, derrière un rideau d'arbres *(prendre à droite derrière l'église et aller jusqu'aux dernières maisons)*.

1h d'ascension. En suivant le chemin de pierres qui s'élève à sa gauche, vous accèderez à la ruine qui domine Guevara du haut de son piton rocheux. Au cours de l'ascension, le chemin devient sentier, puis sente, et offre de beaux panoramas sur le lac Ullibarri et la plaine en contrebas.

Retournez à Maturana et prenez la direction de Vitoria en franchissant la N 1 et en ralliant la N 104. À Junguitu, prenez à gauche la direction de Zerio et d'Aragandoña. Parvenu à ce dernier village, suivez la direction Estíbaliz.

Santuario de Estíbaliz

📞 *945 293 088 -* ♿ *- tte la journée.*

Ce sanctuaire est chez les Álavais, depuis le 10e s., un lieu de pèlerinage très populaire à la Vierge d'Estíbaliz, dont la statue préside les assemblées législatives et judiciaires de la province. La communauté compte encore une petite dizaine de moines.

Iglesia – L'église romane conserve une Vierge du 12e s. Admirez ses **chapiteaux**★ d'abord sobres puis ornés de feuillages et de personnages expressifs. Notez aussi les motifs arabisants. Le portail extérieur, avec ses ornementations géométriques, mérite également votre attention. Sur la façade sud, joli clocher à peigne.

Crypte – Construite en 1995 selon une disposition en cercle avec une ouverture sur la verdure, elle n'est ouverte qu'aux heures d'office.

Revenez à Vitoria par l'A 132.

Vitoria-Gasteiz pratique

Adresse utile

Office de tourisme – *Pl. del General Loma, 1 - 01005 Álava -* 📞 *945 161 598/ 599 - www.vitoria-gasteiz.org - juil.-sept. : tte la journée ; reste de l'année : tte la journée, dim et j. fériés mat. - fermé 1er janv. et 25 déc.*

Visites guidées

Guidarte – 📞 *650 176 435/690 089 288/685 349 186- se renseigner pour circuits et tarifs.*

Kultour – 📞 *945 123 202/ 630 015 294 - se renseigner pour circuits et tarifs.*

Se loger

🛏 **Hôtel Dato** – *Dato, 28 -* 📞 *945 147 230 - info@hoteldato.com - 14 ch. 44/50 €.* Hôtel central très bien entretenu et de bon confort mais à la décoration quelque fois un peu trop chargée.

🛏🛏 **Hôtel Achuri** – *Rioja, 11 -* 📞 *945 255 800 - 40 ch. 50,30 € -* ☕ *3 €.* Emplacement idéal pour cet établissement central. Les chambres sont assez confortables et propres, toutefois les salles de bains sont un peu vieillottes.

🛏🛏 **Hôtel Haritz Ondo** – *Elosu -* 📞 *945 455 270 - haritzondo@hotelharitzondo.com - 🅿 - 14 ch. 66/72 € -* ☕ *6 € - rest. 18 €.* Situé dans une maison de campagne calme entièrement restaurée ;

ambiance accueillante et décor rustique. Chambres confortables avec mobilier ancien et salles de bains modernes. Le vaste restaurant entièrement vitré offre un très beau panorama sur le Parc naturel.

🛏🛏🛏🛏 **Hôtel Palacio de Elorriaga** – *Elorriaga, 15 - 1,5 km de Vitoria par l'av. de Santiago et la N 104, dir. de San Sebastián. -* 📞 *945 263 616 - info@ hotelpalacioelorriaga.com - 🅿 - 21 ch. 105 € -* ☕ *- rest. 26/38 €.* Ancienne gentilhommière dont la rénovation avisée a repris les anciennes traditions. La majesté des poutres et le mobilier ancien survivent dans la chaleur du confort contemporain. Restaurant rustique au cadre intime.

Se restaurer

🍴 **El Rincón de Luis Mari** – *Rioja, 14 -* 📞 *945 250 127 - fermé mars et sept. - 7,50 €.* Établissement central à caractère familial et impeccablement entretenu, au comptoir riche en brochettes et en portions. Ambiance confortable et décontractée.

🍴🍴 **Gurea** – *Pl. de la Constitución, 10 -* 📞 *945 245 933 - fermé Sem. sainte, 3 sem. en août, lun. soir et mar. - 21/32 €.* Sa façade, aux détails en bois, présente un petit hall d'entrée qui ouvre sur la salle de restaurant de style néorustique très soigné.

Boîte à lettre typique de la poste.

Stéphane Sauvignier / MICHELIN

plusieurs succursales, dont les deux situées sur la rue Dato (n° 6 et 20) conservent leur décor d'origine. Large choix de chocolats, truffes et nougats d'excellente qualité, avec de très belles présentations dans des boîtes métalliques. Goûtez aux Vasquitos et aux Nesquitas.

⊖⊝🖹 **Arkupe** – *Mateo Moraza, 13 - Vitoria-Gasteiz -* 📞 *945 230 080 - arkupevit@euskalnet.net - 32/43 €*. Ce restaurant, situé derrière l'hôtel de ville, offre une cuisine basque traditionnelle avec de bonnes viandes et poissons. Un bâtiment du 18ᵉ s. classé Monument historique avec un intérieur, d'esprit rustique, dans lequel on trouve deux salles au rez-de-chaussée plus une autre à l'étage, le tout complété par quelques réserves.

⊖⊝🖹 **Gure Ametsa** – *Leintz-Gatzaga -* 📞 *943 714 952 - fermé 6 août-2 sept. et lun. - 35 €*. Établissement familial situé non loin d'un col. Il possède un bar et deux salles de restaurant, la plus accueillante est dotée d'une cheminée et l'autre est réservée aux banquets.

⊖⊝🖹 **Arlobi** – *Elizalde, 21 - Sarria -* 📞 *945 430 212 - fermé dim. soir, mar. soir et seult déj. du lun. au jeu. sf juil.-août - 32/38 €*. Alors que certaines de ses salles affichent des tendances modernes, une salle de restaurant de style rustique reprend le caractère typique de cette maison en pierre. Bar avec cheminée.

Faire une pause

Confituras Goya – *Dato, 20 -* 📞 *945 231 944 - www.confiturasgoya.com*. Maison fondée en 1886. Véritable institution avec

En soirée

Festival de jazz de Vitoria-Gasteiz – *Paseo de la Florida, 3-2° D -* 📞 *945 141 919 - jazzvitoria@jazzvitoria.com*. Né en 1977, le Festival de jazz de Vitoria-Gasteiz est aujourd'hui le plus important d'Espagne et fait partie de l'IJFO (International Jazz Festivals Organization). Il accueille chaque année, à la mi-juillet, les plus grands noms de la scène musicale internationale de jazz.

Que rapporter

Museo de Alfarería Vasca – *Ollerías, 9 - Elosu -* 📞 *945 455 145 - www. euskalzeramika.com*. Après d'importants travaux, cet ancien atelier de poterie (1711) a rouvert ses portes en 1993. Il abrite désormais le musée de la Poterie basque *(voir p. 325)*. Magasin de vente sur place.

Événements

Fêtes de San Prudencio (27-28 avr.).

Festival international de folklore (mai).

Festival de cinéma européen (1ʳᵉ quinz. de mai).

Festival image et son : projections, spectacles et ateliers (mai-juin).

Festival de jeux dans la rue (1ʳᵉ sem. de juil.).

Festival de jazz (3ᵉ sem de juil.) - 📞 945 141 919 - www.jazzvitoria.com

La nuit de « los faroles » (4 août).

Fêtes de la Vierge Blanche (4-9 août).

Festival international de théâtre (fin sept.-nov.).

Festival de cerfs-volants (oct.)

MES ADRESSES

Nom ....

Adresse ....

Lieu .... ☎ ....

☺ ....
....
....

☹ ....
....
....
....

Nom ....

Adresse ....

Lieu .... ☎ ....

☺ ....
....
....

☹ ....
....
....
....

Nom ....

Adresse ....

Lieu .... ☎ ....

☺ ....
....
....

☹ ....
....
....

Nom ....

Adresse ....

Lieu .... ☎ ....

☺ ....
....
....

☹ ....
....
....

Nom ....

Adresse ....

Lieu .... ☎ ....

🙂 ....
....
....

🙁 ....
....
....

Nom ....

Adresse ....

Lieu .... ☎ ....

🙂 ....
....
....

🙁 ....
....
....

Nom ....

Adresse ....

Lieu .... ☎ ....

🙂 ....
....
....

🙁 ....
....
....

Nom ....

Adresse ....

Lieu .... ☎ ....

🙂 ....
....
....

🙁 ....
....
....

MES CONTACTS

Nom ....
Adresse ....
.... Ville ....
☎ .... 📞 ....
@ ....

Nom ....
Adresse ....
.... Ville ....
☎ .... 📞 ....
@ ....

Nom ....
Adresse ....
.... Ville ....
☎ .... 📞 ....
@ ....

Nom ....
Adresse ....
.... Ville ....
☎ .... 📞 ....
@ ....

Nom ....
Adresse ....
.... Ville ....
☎ .... 📞 ....
@ ....

Nom ....
Adresse ....
.... Ville ....
☎ .... 📞 ....
@ ....

Nom ....
Adresse ....
.... Ville ....
☎ .... ✆ ....
@ ....

Nom ....
Adresse ....
.... Ville ....
☎ .... ✆ ....
@ ....

Nom ....
Adresse ....
.... Ville ....
☎ .... ✆ ....
@ ....

Nom ....
Adresse ....
.... Ville ....
☎ .... ✆ ....
@ ....

Nom ....
Adresse ....
.... Ville ....
☎ .... ✆ ....
@ ....

Nom ....
Adresse ....
.... Ville ....
☎ .... ✆ ....
@ ....

MES COUPS DE CŒUR

Nom ....

Date de la visite ....   Lieu ....

😊 ....
....
....
....
....

Nom ....

Date de la visite ....   Lieu ....

😊 ....
....
....
....
....

Nom ....

Date de la visite ....   Lieu ....

😊 ....
....
....
....
....

Nom ....

Date de la visite ....   Lieu ....

😊 ....
....
....
....
....

Nom ....

Date de la visite ....   Lieu ....

😊 ....
....
....
....
....

Nom ....

Date de la visite ....   Lieu ....

😊 ....
....
....
....
....

Nom ....

Date de la visite .... Lieu ....

😊 ....
....
....
....
....

Nom ....

Date de la visite .... Lieu ....

😊 ....
....
....
....
....

Nom ....

Date de la visite .... Lieu ....

😊 ....
....
....
....
....

Nom ....

Date de la visite .... Lieu ....

😊 ....
....
....
....
....

Nom ....

Date de la visite .... Lieu ....

😊 ....
....
....
....
....

Nom ....

Date de la visite .... Lieu ....

😊 ....
....
....
....
....

Bayonne : villes, curiosités et régions touristiques.
Jacques, saint : noms historiques et termes faisant l'objet d'une explication.
Les sites isolés (châteaux, abbayes, grottes…) sont répertoriés à leur propre nom.
Nous indiquons, entre parenthèses, le département ou la province auquel appartient chaque ville ou site.

A

INDEX

CARTES ET PLANS

Manufacture française des pneumatiques Michelin
Société en commandite par actions au capital de 304 000 000 EUR
Place des Carmes-Déchaux - 63000 Clermont-Ferrand (France)
R.C.S. Clermont-Fd B 855 200 507

Compogravure : Maury à Malesherbes
Impression : Aubin à Ligugé
Dépôt légal janvier 2007
Imprimé en France 12-2007.

QUESTIONNAIRE
LE GUIDE VERT

VOTRE AVIS NOUS INTÉRESSE...
TOUTES VOS REMARQUES NOUS AIDERONT À ENRICHIR NOS GUIDES.

Merci de renvoyer ce questionnaire à l'adresse suivante :
MICHELIN
Questionnaire Le Guide Vert
46, avenue de Breteuil
75324 PARIS CEDEX 07

En remerciement,
les 100 premières réponses recevront en cadeau
la carte Michelin Départements de leur choix !

VOTRE GUIDE VERT

Titre acheté : ....

Date d'achat : ....

Lieu d'achat *(point de vente et ville)* : ....

VOS HABITUDES D'ACHAT DE GUIDES

1) Aviez-vous déjà acheté un Guide Vert Michelin ?

      O oui   O non

2) Achetez-vous régulièrement des Guides Verts Michelin ?

      O tous les ans   O tous les 2 ans

      O tous les 3 ans   O plus

3) Si oui, quel type de Guides Verts ?

– des Guides Verts sur les régions françaises : lesquelles ? ....

....

– des Guides Verts sur les pays étrangers : lesquels ? ....

....

– Guides Verts Thématiques : lesquels ? ....

....

4) Quelles autres collections de guides touristiques achetez-vous ?

....

5) Quelles autres sources d'information touristique utilisez-vous ?

O Internet : quels sites ? ....

....

O Presse : quels titres ? ....

....

O Brochures des offices de tourisme

VOTRE APPRÉCIATION DU GUIDE

1) Notez votre guide sur 20 : ....

2) Quelles parties avez-vous utilisées ?...
....
....

3) Qu'avez-vous aimé dans ce guide ? ....
....

4) Qu'est-ce que vous n'avez pas aimé ? ....
....

5) Avez-vous apprécié ?

	Pas du tout	Peu	Beaucoup	Énormément	Sans réponse
a. La présentation du guide (maquette intérieure, couleurs, photos...)	O	O	O	O	O
b. Les conseils du guide (sites et itinéraires)	O	O	O	O	O
c. L'intérêt des explications sur les sites	O	O	O	O	O
d. Les adresses d'hôtels, de restaurants	O	O	O	O	O
e. Les plans, les cartes	O	O	O	O	O
f. Le détail des informations pratiques (transport, horaires, prix…)	O	O	O	O	O
g. La couverture	O	O	O	O	O

Vos commentaires ....
....

6) Rachèterez-vous un Guide Vert lors de votre prochain voyage ?

O oui   O non

VOUS ÊTES

O Homme   O Femme   Âge : ....

Profession :

O Agriculteur, Exploitant   O Artisan, commerçant, chef d'entreprise

O Cadre ou profession libérale   O Employé   O Enseignant

O Étudiant   O Ouvrier   O Retraité

O Sans activité professionnelle

Nom ....

Prénom ....

Adresse ....
....
....
....

Acceptez-vous d'être contacté dans le cadre d'études sur nos ouvrages ?

O oui   O non

Quelle carte Michelin Départements souhaitez-vous recevoir ?

Indiquez le département : ....

Offre proposée aux 100 premières personnes ayant renvoyé un questionnaire complet.
Une seule carte offerte par foyer, dans la limite des stocks disponibles.